Monetäre Integration

Wirtschaftswissenschaftliche Beiträge

Informationen über die Bände 1–110
sendet Ihnen auf Anfrage gerne der Verlag.

Band 111: G. Georgi, Job Shop Scheduling in der Produktion, 1995. ISBN 3-7908-0833-4

Band 112: V. Kaltefleiter, Die Entwicklungshilfe der Europäischen Union, 1995. ISBN 3-7908-0838-5

Band 113: B. Wieland, Telekommunikation und vertikale Integration, 1995. ISBN 3-7908-0849-0

Band 114: D. Lucke, Monetäre Strategien zur Stabilisierung der Weltwirtschaft, 1995. ISBN 3-7908-0856-3

Band 115: F. Merz, DAX-Future-Arbitrage, 1995. ISBN 3-7908-0859-8

Band 116: T. Köpke, Die Optionsbewertung an der Deutschen Terminbörse, 1995. ISBN 3-7908-0870-9

Band 117: F. Heinemann, Rationalisierbare Erwartungen, 1995. ISBN 3-7908-0888-1

Band 118: J. Windsperger, Transaktionskostenansatz der Entstehung der Unternehmensorganisation, 1996. ISBN 3-7908-0891-1

Band 119: M. Carlberg, Deutsche Vereinigung, Kapitalbildung und Beschäftigung, 1996. ISBN 3-7908-0896-2

Band 120: U. Rolf, Fiskalpolitik in der Europäischen Währungsunion, 1996. ISBN 3-7908-0898-9

Band 121: M. Pfaffermayr, Direktinvestitionen im Ausland, 1996. ISBN 3-7908-0908-X

Band 122: A. Lindner, Ausbildungsinvestitionen in einfachen gesamtwirtschaftlichen Modellen, 1996. ISBN 3-7908-0912-8

Band 123: H. Behrendt, Wirkungsanalyse von Technologie- und Gründerzentren in Westdeutschland, 1996. ISBN 3-7908-0918-7

Band 124: R. Neck (Hrsg.) Wirtschaftswissenschaftliche Forschung für die neunziger Jahre, 1996. ISBN 3-7908-0919-5

Band 125: G. Bol, G. Nakhaeizadeh/ K.-H. Vollmer (Hrsg.) Finanzmarktanalyse und -prognose mit innovativen quantitativen Verfahren, 1996. ISBN 3-7908-0925-X

Band 126: R. Eisenberger, Ein Kapitalmarktmodell unter Ambiguität, 1996. ISBN 3-7908-0937-3

Band 127: M. J. Theurillat, Der Schweizer Aktienmarkt, 1996. ISBN 3-7908-0941-1

Band 128: T. Lauer, Die Dynamik von Konsumgütermärkten, 1996. ISBN 3-7908-0948-9

Band 129: M. Wendel, Spieler oder Spekulanten, 1996. ISBN 3-7908-0950-0

Band 130: R. Olliges, Abbildung von Diffusionsprozessen, 1996. ISBN 3-7908-0954-3

Band 131: B. Wilmes, Deutschland und Japan im globalen Wettbewerb, 1996. ISBN 3-7908-0961-6

Band 132: A. Sell, Finanzwirtschaftliche Aspekte der Inflation, 1997. ISBN 3-7908-0973-X

Band 133: M. Streich, Internationale Werbeplanung, 1997. ISBN-3-7908-0980-2

Band 134: K. Edel, K.-A. Schäffer, W. Stier (Hrsg.) Analyse saisonaler Zeitreihen, 1997. ISBN 3-7908-0981-0

Band 135: B. Heer, Umwelt, Bevölkerungsdruck und Wirtschaftswachstum in den Entwicklungsländern, 1997. ISBN 3-7908-0987-X

Band 136: Th. Christiaans, Learning by Doing in offenen Volkswirtschaften, 1997. ISBN 3-7908-0990-X

Band 137: A. Wagener, Internationaler Steuerwettbewerb mit Kapitalsteuern, 1997. ISBN 3-7908-0993-4

Band 138: P. Zweifel et al., Elektrizitätstarife und Stromverbrauch im Haushalt, 1997. ISBN 3-7908-0994-2

Band 139: M. Wildi, Schätzung, Diagnose und Prognose nicht-linearer SETAR-Modelle, 1997. ISBN 3-7908-1006-1

Band 140: M. Braun, Bid-Ask-Spreads von Aktienoptionen, 1997. ISBN 3-7908-1008-8

Band 141: M. Snelting, Übergangsgerechtigkeit beim Abbau von Steuervergünstigungen und Subventionen, 1997. ISBN 3-7908-1013-4

Band 142: Ph. C. Rother, Geldnachfragetheoretische Implikationen der Europäischen Währungsunion, 1997. ISBN 3-7908-1014-2

Band 143: E. Steurer, Ökonometrische Methoden und maschinelle Lernverfahren zur Wechselkursprognose, 1997. ISBN 3-7908-1016-9

Band 144: A. Groebel, Strukturelle Entwicklungsmuster in Markt- und Planwirtschaften, 1997. ISBN 3-7908-1017-7

Band 145: Th. Trauth, Innovation und Außenhandel, 1997. ISBN 3-7908-1019-3

Fortsetzung auf Seite 360

Waltraud Schelkle

Monetäre Integration

Bestandsaufnahme und Weiterentwicklung
der neueren Theorie

Physica-Verlag

Ein Unternehmen
des Springer-Verlags

Reihenherausgeber
Werner A. Müller

Autor
Priv.-Doz. Dr. Waltraud Schelkle
Freie Universität Berlin
Fachbereich Wirtschaftswissenschaft
Boltzmannstraße 30
14195 Berlin
Deutschland
E-mail: schelkle@wiwiss.fu-berlin.de

ISSN 1431-2034
ISBN 3-7908-1359-1 Physica-Verlag Heidelberg

Die Deutsche Bibliothek – CIP-Einheitsaufnahme
Schelkle, Waltraud: Monetäre Integration: Bestandsaufnahme und Weiterentwicklung der neueren Theorie /
Waltraud Schelkle. – Heidelberg: Physica-Verl., 2001
(Wirtschaftswissenschaftliche Beiträge; Bd. 181)
ISBN 3-7908-1359-1

Physica-Verlag Heidelberg
ein Unternehmen der BertelsmannSpringer Science+Business Media GmbH

© Physica-Verlag Heidelberg 2001
Printed in Germany

Umschlaggestaltung: Erich Kirchner, Heidelberg

SPIN 10789656   88/2202-5 4 3 2 1 0 – Gedruckt auf säurefreiem und alterungsbeständigem Papier

Meinen Eltern

Vorwort

Die vorliegende Arbeit wurde 1999 vom Fachbereich Wirtschaftswissenschaft der Freien Universität Berlin als Habilitationsschrift angenommen. Ich danke Professor Hajo Riese sowie Professor Horst Tomann für ihre konstruktive Begutachtung.

In der Druckfassung sind zahlreiche Verbesserungs- und Korrekturvorschläge berücksichtigt worden. Besonders geholfen haben mir durch ihre aufmerksame Lektüre ein anonymer Gutachter des Verlages sowie Sebastian Dullien, Heike Joebges und Jürgen Kaube.

Schließlich möchte ich mich für die große Unterstützung bedanken, die ich über viele Jahre durch die Fachbereichsbibliothek, namentlich Herrn Gerold Streif, erfahren habe.

Berlin, im Juli 2000

Waltraud Schelkle

Inhaltsverzeichnis

1 Arbeitshypothesen und Ergebnisse

Monetäre Integration von Wirtschaftsräumen umfaßt alle Formen der *koordinierten Währungsstabilisierung*. Dazu gehört auch die Währungsintegration, bei der die Geldpolitik durch Einführung einer gemeinsamen Währung vereinheitlicht wird. Durch diese Definition wird monetäre Integration weit gefaßt. Währungsstabilisierung bedeutet nicht nur Wechselkursstabilisierung, schließt letztere aber ein. Ein solches Verständnis von monetärer Integration beschränkt sich nicht auf die Analyse von Regimen entweder frei floatender oder „unwiderruflich fixierter" Wechselkurse, wie es die von Mundell (1961) begründete Theorie des optimalen Währungsraumes tat. Beides, das völlig freie Floaten wie die unwiderrufliche Fixierung, sind äußerst selten beobachtbare Währungsregime.[1] Die Beschränkung auf diese beiden Extreme würde demnach den Gegenstand der monetären Integrationstheorie zum Verschwinden bringen.

Das anhaltende Interesse für dieses Forschungsgebiet ist im wesentlichen zwei empirischen Phänomenen geschuldet: der Instabilität des Weltwährungssystems, seitdem 1973 die Festkursvereinbarung von Bretton Woods offiziell aufgehoben wurde, sowie dem europäischen Einigungsprozeß, der mit der Europäischen Zahlungsunion 1950 begann und über verschiedene Stufen 1999 in die Europäische Währungsunion mündete. Vor diesem Hintergrund verstanden sich die dadurch angeregten Forschungen meist als Beiträge zur Problemlösung, eben zur Lösung der mit diesen empirischen Phänomenen aufgeworfenen Probleme für die internationale Wirtschaftspolitik. Aus Sicht der herrschenden Außenwirtschaftstheorie erhielt die Literatur zur monetären Integration infolge dieser Anwendungsorientierung einen zweifelhaften Status, nämlich den einer langen Fußnote zur reinen Theorie der Marktintegration (Johnson 1969).

Diese Arbeit möchte zeigen, daß sich gewissermaßen im Rücken dieser erfahrungswissenschaftlichen Bezüge ein grundlegend anderes theoretisches Verständnis davon durchgesetzt hat, was monetäre Integration bewirkt und unter welchen Bedingungen sie für die betreffenden Wirtschaftsräume vorteilhaft ist. Dieser Wandel ergab sich vor allem aus Entwicklungen in der Theorie des Wechselkurses einerseits und in der Theorie der Wirtschaftspolitik andererseits. Obwohl dies von der neueren Integrationstheorie rezipierte und anerkannte Entwicklungen sind, hat sie daraus nicht durchgängig die Konsequenzen gezogen. So schließt einer der führenden Experten auf diesem Gebiet aus den beiden genannten Entwicklungen geradezu auf eine Renaissance der Theorie des optima-

---

[1] Die theoretische Begründung, warum diese Extreme so selten beobachtet werden, liefern moderne Wechselkurskonzeptionen, wie unten und im 3.Kapitel ausgeführt wird.

len Währungsraumes (Frankel 2000, 12f.). Mir scheint dieses Festhalten zu theoretischen Inkonsistenzen und wirtschaftspolitischen Fehlschlüssen zu führen.[2]

Das allgemeine Ergebnis der Analyse ist, daß sich zentrale Aussagen der älteren Literatur zur monetären Integration in ihr Gegenteil verkehren können. Was die ältere Theorie als Kosten monetärer Integration verbuchte, muß in der neueren Theorie unter bestimmten Umständen als Gewinn betrachtet werden; was in der älteren Theorie eine Voraussetzung für erfolgreiche Integration ist, kann in der neueren geradezu als angestrebte Folge der Integration begründet werden.

Dieser Befund ist nicht nur von im engeren Sinne wissenschaftlichem Interesse. Er ist auch für die wirtschaftspolitische Anwendung relevant. Um dies mit einem Beispiel zu verdeutlichen: In der außerwissenschaftlichen wie in der fachlichen Diskussion über die Europäische Währungsunion lautet ein zentrales Argument, mit den Wechselkursen verlören die Beitrittsländer ein wichtiges Anpassungsinstrument. Dieses Argument gegen monetäre Integration kann sich auf die ältere Theorie des optimalen Währungsraumes stützen, die mit Mundell (1961) begann. Aber inzwischen ist es im strengen Sinne haltlos geworden angesichts des Umstands, daß der Wechselkurs in allen heute gängigen Theorien als ein Vermögenspreis, eine *asset market variable* (Allen/Kenen 1980, 199), gefaßt wird. Der Wechselkurs ist deshalb kein verläßlich auf realwirtschaftliche Schocks reagierendes Instrument und kann deshalb auch nicht als solches verloren gehen.

Das Beispiel deutet an, daß vermeintlich entlegene theoretische Entwicklungen informativ für wirtschaftspolitische Fragestellungen sind. So wird in dieser Arbeit, die ihren Schwerpunkt in der theoretischen und konzeptionellen Auseinandersetzung hat, wiederholt gezeigt, wie sich solche Auseinandersetzungen auf das Für und Wider der europäischen Währungsintegration oder auf die Suche nach stabilisierenden Reformen des Weltwährungssystems auswirken.

Nachstehend nun die spezifischen inhaltlichen Ergebnisse dieser Arbeit, verbunden mit einem Überblick zum Gang der Untersuchung. Eine gewisse Vorkenntnis, insbesondere der älteren Integrationstheorie (Mundell 1961, McKinnon 1963, Kenen 1969), wird bei dieser kompakten Präsentation der Resultate vorausgesetzt.[3]

---

[2] Vgl. direkt zur These von Frankel (2000) die Schlußbemerkungen zu Kapitel 5.

[3] In den Kapiteln 2 und 3 wird sie ebenfalls nur soweit referiert, daß die Akzentsetzung neuerer Beiträge sichtbar wird. Rose/Sauernheimer (1999, Kap.7) liefern eine kompakte Lehrbuchdarstellung der älteren Theorie, kritische Überblicke zu den relevanten - alten und neuen - Topoi geben Baßeler/Naser (1997) sowie Tomann (1997, Kap.13).

1.1 Von der älteren zur neueren Theorie

Die folgenden beiden Kapitel (2 und 3) geben eine ausführliche Bestandsaufnahme, kritische Darstellung und Fortführung der neueren Beiträge zur monetären Integration. Leitmotive dieser Sichtung sind zwei theoretische Entwicklungen, die auf diese neueren Beiträge revolutionierend wirkten oder zumindest so hätten wirken müssen.[4] Das ist zum einen die Entwicklung in der Theorie der Wirtschaftspolitik, nach der die Analyse wirtschaftspolitischer Maßnahmen immer unter dem Vorbehalt steht, der sogenannten *Lucas-Kritik* genügen zu müssen. Und das ist zum anderen die Entwicklung in der Wechselkurstheorie, die auf das Verständnis des Wechselkurses als eines Vermögenspreises geführt hat.

Die wichtigsten Ergebnisse dieser Bestandsaufnahme und Weiterführung lassen sich wie folgt zusammenfassen. Zunächst diejenigen zum Leitmotiv **Theorie der Wirtschaftspolitik**, genauer den Folgen der Lucas-Kritik. Die von Lucas (1976) geübte Kritik am Ziel-Mittel-Ansatz der Wirtschaftspolitik besagt, in aller Kürze, daß sich die vermeintlich gegebene Struktur einer Ökonomie an wirtschaftspolitische Maßnahmen anpaßt. Wirtschaftspolitik kann daher nicht als ein möglichst geeigneter Mittel-Einsatz in bezug auf politisch vorgegebene Ziele betrachtet werden. Wenn sich Strukturmerkmale, insbesondere erwartungsbestimmte Verhaltensparameter, mit der Zielverfolgung ändern, berührt das auch die Eignung der Mittel. Das Verhältnis von Ziel und Mittel kann daher nicht als vorgegeben betrachtet werden. Diese im Prinzip schlichte Einsicht revolutionierte die Theorie der Wirtschaftspolitik, die auf dem Ziel-Mittel-Ansatz beruhte.

Über die Intentionen der Lucas-Kritik hinausgehend heißt das im Zusammenhang dieser Arbeit, daß Integrationspolitik als Regimewechsel begriffen werden muß, der einen Strukturwandel auslöst. Monetäre Integration ist kein Eingriff in einen Marktprozeß, sondern stellt Weichen für Marktprozesse, insbesondere für die Marktteilnahme wirtschaftspolitischer Instanzen, und zwar mit der Intention, dadurch zukünftige Marktgleichgewichte in der wirtschaftspolitisch gewünschten Richtung zu verschieben.[5] Weil sie dabei aber zugleich das verändert, was für jeden einzelnen Eingriff als Gegebenheit unterstellt wird, muß monetäre Integration mit Rücksicht auf den induzierten Strukturwandel konzipiert werden.

---

[4] Diese Leitmotive begründen deutliche Unterschiede zu anderen sehr instruktiven Bestandsaufnahmen, wie dem Lehrbuch von De Grauwe (1997), den Überblicksartikeln von Tavlas (1993, 1994) oder der kritischen Diskussion von Baßeler/Naser (1997).

[5] Vgl. zum Begriff der Marktteilnahme in der Theorie der Wirtschaftspolitik Riese (1988) sowie Tomann (1997, Kap.1.1). Die Spezifikation, daß eine solche Wirtschaftspolitik auf Verschiebung von Gleichgewichten abstellt - und nicht auf die Erzeugung von Ungleichgewichten, wie dies dem postkeynesianischen Ziel-Mittel-Ansatz entsprach -, findet sich bei Betz (1993, 145f.).

Die methodische *Rezeption der Lucas-Kritik* hat in der neueren Literatur nachhaltige Spuren hinterlassen.

- Wenn ökonomische Strukturen sich mit wirtschaftspolitischen Maßnahmen verändern, dann werden Kriterien für die Optimalität monetärer Integration ganz oder teilweise endogen. In der älteren Literatur, der bereits erwähnten Theorie des optimalen Währungsraumes, wurden Kriterien wie Mobilität der Faktoren, Flexibilität von Löhnen und Preisen, der Offenheitsgrad oder die Diversifiziertheit der Produktionsstruktur als exogene Merkmale betrachtet. Anhand dieser Kriterien ließ sich bestimmen, ob andere Mechanismen an die Stelle des Wechselkurses treten, seine Anpassungsleistungen ersetzen oder überflüssig machen könnten. Demgegenüber beschäftigt sich ein großer Teil der neueren Beiträge mit der Frage, wie sich einzelne Strukturmerkmale durch die Integration selbst verändern. Dabei zeigt sich, daß die endogene Veränderung bestimmter Merkmale, wohlfahrtsökonomisch ausgedrückt, sowohl zur Optimalisierung als auch zur Suboptimalisierung eines Währungsraumes führen kann. Und unter Umständen ist die Aussage, ob es zur Optimalisierung oder zur Suboptimalisierung kommt, sogar in bezug auf ein einzelnes Merkmal ambivalent.[6] Die genaue Ausgestaltung eines Integrationsarrangements erhält dadurch entscheidende Bedeutung.

- Wenn ökonomische Strukturen sich mit der koordinierten Währungsstabilisierung verändern, dann ist Konvergenz in bezug auf bestimmte Größen nicht die Voraussetzung erfolgreicher monetärer Integration, sondern die angestrebte Folge. Konvergenz ist gerade das, was durch die Integration erreicht werden soll. Die ältere Literatur hatte insbesondere eine Konvergenz in Bezug auf Inflationsraten zur Voraussetzung erfolgreicher Integration erklärt. Die neueren Beiträge diskutieren dagegen verstärkt, wie mit der Stabilisierung des Wechselkurses auch Anpassungen auf Arbeits- und Gütermärkten oder Veränderungen im geldpolitischen Regime erfolgen, die unter Umständen zu einer Konvergenz der Inflationsraten führen. In dieser Arbeit wird besonders auf die Veränderungen für die Höhe der durchschnittlichen Zinssätze und die wirtschaftspolitische Effektivierung der Zinspolitik abgestellt. Die Konvergenz der Inflationsraten folgt demgegenüber aus der Nominaleinkommensbildung in einer gemeinsamen Währung. Gerade wenn Inflation „strukturell" bedingt ist, ihre Ursachen z.B. in der Geldverfassung (mangelnde Unabhängigkeit der Zentralbank) oder im System der Lohnfindung (Indexierung, fragmentierte Lohnverhandlungen) liegen, kann unter Umständen nur durch

---

6   Das gilt z.B. für die Diversifikation der Produktionsstruktur. Sie kann sich infolge der monetären Integration verstärken, weil der Wettbewerb intensiviert wird, so daß die integrierten Wirtschaftsräume weniger anfällig für asymmetrische Schocks werden. Es kann aber auch zu verstärkter regionaler Spezialisierung kommen, so daß das Ergebnis Suboptimalisierung wäre (Tavlas 1994, 221; ausführlicher dazu Abschnitt 2.2.1).

monetäre Integration eine Beseitigung dieser strukturellen Ursachen erreicht werden.

Das zweite Leitmotiv betrifft die **Wechselkurstheorie**, die in den neueren Beiträgen eher als gegeben vorausgesetzt denn systematisch angewandt wird (z.B. Eichengreen 1994, 1):

- Wenn der Wechselkurs ein Vermögenspreis ist, muß grundlegend unterschieden werden zwischen solchen Formen der monetären Integration, in denen der Wechselkurs beibehalten wird, und einer vollkommenen monetären Integration (Währungsintegration), in deren Folge bilaterale Wechselkurse aufgegeben werden. Währungsintegration ist vollkommen koordinierte Währungsstabilisierung in dem Sinne, daß die Geldpolitik vereinheitlicht, der bilaterale Wechselkurs identisch eins gesetzt, mithin ein gemeinsamer Währungsraum geschaffen wird. In der frühen Literatur, der Theorie des optimalen Währungsraumes, wurde die Währungsintegration gleichgesetzt mit der „unwiderruflichen" Fixierung des Wechselkurses zwischen den betreffenden Volkswirtschaften (Mundell 1961). Aber der Wechselkurs ist ein Bestandshalte- oder Vermögenspreis , dessen gegenwärtiges Niveau auch von Erwartungen über seinen zukünftige Entwicklung bestimmt wird. An einen in diesem Sinne intertemporalen Preis können sich selbsterfüllende Erwartungen seiner Veränderbarkeit knüpfen.[7] Deshalb wird heute zwischen monetärer Integration unter Beibehaltung und solcher unter Aufgabe des Wechselkurses strikt unterschieden (Kenen 1997).

- Wenn der Wechselkurs ein Vermögenspreis ist, kann er nicht mehr als ein verläßliches Anpassungsinstrument für realwirtschaftliche Schocks betrachtet werden. Die ältere Theorie hatte ihn als ein solches Instrument insbesondere für den Fall vorgesehen, daß Schocks asymmetrisch auftreten, also die prospektiv integrierten Ökonomien unterschiedlich betreffen. Waren solch asymmetrische Schocks bedeutsam, so stellte die Einschränkung oder Aufgabe dieses Instruments durch koordinierte Währungsstabilisierung einen Verlust dar, der durch anderweitige Gewinne der monetären Integration aufgewogen werden mußte. Ist der Wechselkurs dagegen ein intertemporaler Preis, können realwirtschaftliche Schocks durchaus Auslöser für Erwartungsänderungen und damit Wechselkursbewegungen sein. Aber diese wirken nicht verläßlich in Richtung Stabilisierung. Mit der monetären Integration verliert der betreffende Währungsraum also kein wirtschaftspolitisches Anpassungsinstrument.

---

7 Die Bezeichnung des Wechselkurses als eines *asset price* hat sich in der englischsprachigen Literatur eingebürgert, um anzudeuten, daß er nicht durch die Einkommensströme der Leistungsbilanzsalden bestimmt wird, sondern auf Vermögensmärkten wie den Geldmärkten oder den Finanzmärkten i.w.S. (Branson 1979, Hallwood/MacDonald 1994, 155-158 und passim).

der betreffende Währungsraum also kein wirtschaftspolitisches Anpassungsinstrument.

- Im Gegenteil: Wenn der Wechselkurs ein Vermögenspreis ist, kann er zu einer eigenständigen Quelle der Destabilisierung werden. So hat die außenwirtschaftliche Literatur eine Reihe von Erklärungen für die große Volatilität der Wechselkurse in der Ära nach 1973 gefunden, die diesen Vermögenspreischarakter zur Grundlage haben. Dazu gehören spekulative Blasen oder überschießende Reaktionen (vgl. Abschnitt 3.1.2). Bei festen Wechselkursen kann es zu sich selbst erfüllenden Attacken kommen und das Wechselkursziel unhaltbar werden lassen. Das aber bedeutet, daß Wechselkursbewegungen nicht nur nicht stabilisieren, sondern selbst stabilisiert werden müssen und damit den Einsatz anderer wirtschaftspolitischer Instrumente notwendig machen. Die Aufgabe des Wechselkurses kann dann für Wirtschaftsräume, in denen solche Phänomene eine große Rolle spielen, geradezu einen Zugewinn an Freiheitsgraden in der Wirtschaftspolitik bedeuten.

An dieser Stelle könnte es freilich erscheinen, als wären in neueren Beiträgen die Aussagen der älteren Literatur so auf den Kopf gestellt worden, daß monetäre Integration nunmehr zum „free lunch" wird. Doch wohl kaum einer der einschlägigen Autoren wird dem Ausgangspunkt von Mundell (1961) widersprechen, *der optimale Währungsraum sei nicht die Welt.* Traditionell wurde dieses Diktum so gedeutet, als stellte sich damit die Frage nach den ökonomisch begründbaren Grenzen der koordinierten Währungsstabilisierung. Meine Gegenthese lautet jedoch, daß diese Frage im Lichte der neueren Theorieentwicklungen nicht mehr sinnvoll ist. Vielmehr ist zu fragen, warum einzelne Währungsräume sich zu Formen der koordinierten Währungsstabilisierung - bis hin zur Selbstaufgabe in einer monetären Union - veranlaßt sehen.[8]

Bevor diese Gegenthese näher erläutert wird, allerdings noch ein Hinweis, der Mißverständnissen über die paradigmatischen Grundlagen der neueren Theorie der monetären Integration vorbeugen soll: Bekanntlich ist der Autor der Lucas-Kritik auch ein Begründer der neuklassischen Makroökonomie. Lucas (1976) präsentierte seine Kritik als eine Konsequenz des Rationalitätspostulats. In der durch ihn etablierten Verwendung des Begriffs bedeutet rationale Erwartungsbildung ganz spezifisch, daß die theoretischen Annahmen des Modells über die Funktionsweise der Ökonomie in die auf Erwartungen beruhenden Handlungsmaximen eingehen. Rationale Erwartungen sind modellkonsistente Erwartungen.

---

[8] Zu dieser Gegenthese angeregt haben mich ähnlich gelagerte, nämlich methodisch begründete Zweifel an der wohlfahrtsökonomischen Fragestellung nach den „Grenzen des optimalen Währungsraumes" bei Tomann (1997, 230-232). Wie jedoch vor allem in Abschnitt 2.2.3 zu sehen ist, ziehe ich weiterreichende Schlußfolgerungen aus der dort angedeuteten Kritik. Vgl. auch Bofinger (1994).

In der neuklassischen Makroökonomie beinhalten solch rationale Erwartungen dann z.B. das Wissen, daß eine Geldmengenausdehnung zu einem proportionalen Anstieg der absoluten Preise führen wird. Geld ist insofern nur ein Schleier über den realwirtschaftlichen Vorgängen. In dieser Modellwelt ist monetäre Integration, insofern sie eine antizipierbare währungspolitische Maßnahme ist, deshalb neutral für das Niveau und die Stabilität der realen Einkommensbildung.

Offenkundig wäre dies kein sehr fruchtbarer Ausgangspunkt für die Untersuchung monetärer Integration. Der überwiegende Teil der neueren Beiträge ordnet sich daher dem neokeynesianischen Paradigma zu, weil dieses großen Wert auf die Begründung unvollkommener Lohn- und Preisflexibilität sowie die Persistenz temporärer Störungen legt. Solche Anpassungsträgheiten eröffnen der Geldpolitik prinzipiell eine Möglichkeit, Einfluß auf die Beschäftigung und Ressourcenallokation zu nehmen.[9]

Die monetäre Integrationstheorie weicht außerdem von den neuklassischen Vorstellungen über das Verhältnis von Markthandeln und Wirtschaftspolitik ab. Die Anpassung der ökonomischen Struktur an die Wirtschaftspolitik führt in der neuklassischen Makroökonomie langfristig zur Neutralisierung des wirtschaftspolitischen Eingriffs. Das jedoch ist nur ein Ergebnis des unterlegten Modells, nicht etwa der Rationalität neuklassischer Agenten im Unterschied zu einer vermeintlichen Irrationalität keynesianischer Agenten zu verdanken (Sinn 1984). Wirtschaftspolitik ist hier im Prinzip ein Störfaktor, die von eigennützigen Politikern mit wahlzyklenbedingt kurzen Zeithorizonten ausgeübt wird.[10] Das Neutralisierungsergebnis soll vor wirtschaftspolitischen Eingriffen eher warnen.

---

[9] Man kann freilich darüber streiten, wie treffend die Bezeichnung „neokeynesianisch" für diese Beiträge ist. Die keynesianischen Ergebnisse - wie ein Einfluß der effektiven Nachfrage oder die Existenz unfreiwilliger Arbeitslosigkeit - werden durch die mikroökonomische und nicht durch die makroökonomische Modellierung erzeugt. Die makroökonomischen Grundlagen sind neoklassisch, insofern eine ressourcenbeschränkte Ökonomie mit exogener Geldversorgung vorausgesetzt wird.

[10] Nicht zufällig begann sich ungefähr zeitgleich, d.h. in der zweiten Hälfte der 70er Jahre, eine weitere Alternative in der Theorie der Wirtschaftspolitik durchzusetzen, die sog. ökonomische Theorie der Politik. Ihren analytischen Kern bildet die Maximierung von Renten, die durch wirtschaftspolitische Interventionen in den Marktmechanismus geschaffen werden. Wie die Lucas-Kritik besteht sie auf einer strikten Beachtung des Rationalitätspostulats und des methodischen Individualismus, vor allem in bezug auf diejenigen Akteure, die wirtschaftspolitische Maßnahmen durchführen. Auf die Theorie des optimalen Währungsraumes exemplarisch angewandt wird dieser Ansatz von Eichengreen (1994, 87-94). In dieser Arbeit wird darauf in Abschnitt 2.2.2.4 eingegangen.

Dagegen hat die monetäre Integrationstheorie mit ihren Kosten-Nutzen-Analysen koordinierter Wechselkursstabilisierung schon immer implizit angenommen, daß Maßnahmen wie die Stabilisierung eines Wechselkurses von den Marktkräften selbst gefordert oder unterstützt werden können. Ein jüngeres Beispiel dafür ist der Vorteil einer monetären Union, den Ansatzpunkt für Währungskrisen zu vermindern. Der wirtschaftspolitisch implementierte Regimewechsel kann hier geradezu gefordert sein, um solchen Krisen vorzubeugen. Denn im Falle einer Währungsattacke ist die Sicherung der systemischen Zahlungsfähigkeit nicht mehr durch einzelwirtschaftliches Handeln zu gewährleisten. Selbst eine einzelne Bank, die bei Schwankungen des normalen Geschäftsbetriebs ausreichend Liquidität mobilisieren könnte, kann im Falle eines - durch den Zusammenbruch anderer Banken ausgelösten - Ansturms illiquide werden. Da Banken und Finanzinstitutionen davon aufgrund ihrer Zugehörigkeit zum Währungsraum betroffen sind, würde auch die Einräumung gegenseitiger Ziehungsmöglichkeiten das Problem nicht lösen.

Die neuere Theorie monetärer Integration hat die Lucas-Kritik dagegen implizit auf die Wirtschaftspolitik selbst angewandt (vgl. Kap.6): Wenn diese weiß, daß Maßnahmen wie eine koordinierte Wechselkursstabilisierung die ökonomische Struktur verändern, dann kann sie die Maßnahme auch um der gezielten Strukturänderung willen einsetzen. Die neuklassische Botschaft wird dadurch geradezu in ihr Gegenteil verkehrt. Die neuere Integrationstheorie will und kann sich somit allenfalls in methodischer Hinsicht auf die Lucas-Kritik berufen.

1.2 Die Umkehrung der Fragestellung

Die neueren Beiträge kommen insgesamt zu dem Schluß, daß die Erträge monetärer Integration höher, die Kosten niedriger zu veranschlagen sind als dies traditionell der Fall war (Tavlas 1993, 682; De Grauwe 1997, 50f.). Entsprechend schwerer fällt es ihr zu bestimmen, unter welchen Umständen es für einen Währungsraum nicht mehr sinnvoll ist, die koordinierte Währungsstabilisierung auf weitere Räume auszudehnen. Zu erkennen ist diese Schwierigkeit daran, daß die Grenzziehung häufig anhand von Kriterien erfolgt, die im Widerspruch zu den revidierten theoretischen Grundlagen stehen. So wird doch wieder der Verlust des Wechselkurses als eines Anpassungsinstrumentes konstatiert, der vielleicht nicht unter allen Umständen tragbar ist. Prompt muß der maßgebliche Wechselkurs als ein relativer Güterpreis gefaßt werden. Oder es wird doch wieder Konvergenz in bezug auf einen *exogen gegebenen* Tradeoff zwischen Arbeitslosigkeit und Inflation gefordert, und zwar als Voraussetzung, die vor der monetären Integration angeblich erfüllt sein muß. Damit wird ein Topos des Ziel-Mittel-Ansatzes bemüht, der gemäß der Lucas-Kritik eigentlich in die Geschichte wissenschaftlicher Irrwege gehört.

Meine Schlußfolgerung aus diesen Schwierigkeiten der Grenzziehung ist, daß die neuere Theorie ihre Fragestellung umkehren muß. *Monetäre Integration ist nicht*

als (optimale) Ausdehnung des Währungsraumes zu begreifen, sondern als **währungsbezogene Kooperation** eines Währungsraumes mit anderen. Die Grenzen
bleiben dabei bestehen und sind, ob mit oder ohne Kooperation, ein Marktergebnis. Selbst Währungsintegration beinhaltet ja nicht Ausdehnung der beteiligten
Währungsräume, sondern deren Selbstaufgabe, und die Bildung eines neuen
Währungsraumes, eben in Form einer monetären Union.[11]

Die revidierten Grundlagen der neueren Theorie nötigen meines Erachtens zu
einer Abkehr von der wohlfahrtsökonomischen Fragestellung nach optimaler
Veränderung von Währungsgrenzen. Die wichtigsten Gründe dafür sind die
folgenden:

- Die Kriterien des „optimalen Währungsraumes" - wie Lohn- und Preisflexi-
  bilität, Faktormobilität etc. - sind wegen der Lucas-Kritik prinzipiell *endogen*.
  Dann aber läßt sich keine Kosten-Nutzen-Analyse durchführen, weil sich die
  Grundlagen der Erhebung ändern. Vielmehr muß sich das Augenmerk auf die
  Veränderung von Marktbedingungen richten. Auch der Einwand, dies zeige
  nur einmal mehr, welch ein Desiderat die „Dynamisierung" von Kosten-
  Nutzen-Abwägungen sei, verfängt kaum. Denn auch eine dynamische Betrachtung änderte nichts daran, daß die wesentlichen Szenarien und möglichen Marktkonstellationen in den Mittelpunkt der Analyse rücken. Den jeweiligen Nettowohlfahrtsgewinn auszurechnen, wird zu einer Nebensache,
  die strikt abhängig ist von der Erfüllung der eigentlichen theoretischen Aufgabe, nämlich die relevanten Entwicklungsmöglichkeiten zu identifizieren.

- Die neuere Theorie nimmt die Lucas-Kritik für die Begründung einer aktiven
  Wirtschaftspolitik in Anspruch: Koordinierte Währungsstabilisierung läßt
  sich mit dem Versuch begründen, weiterreichende Strukturreformen auf den
  Weg zu bringen. Die eigentliche Stoßrichtung der monetären Integration ist
  dann aber nicht die Veränderung der Währungsgrenzen zur Hebung der allgemeinen Wohlfahrt, wie z.B. der Einsparung von Transaktionskosten oder
  der flexibleren Anpassung. Vielmehr geht es dann um die Gestaltung der eigenen wirtschaftspolitischen Handlungsspielräume und der nationalökonomi-
  schen Entwicklungsbedingungen. Der Bezugspunkt der zu analysierenden
  Änderungen und Zwecksetzungen bleibt der bestehende Währungsraum. Der

---

[11] Die deutsche Währungsunion 1990 beinhaltete den Spezialfall, daß sich nur ein Währungsraum als solcher aufgab, um sich dem anderen anzuschließen. Aus Sicht der
BRD war dies in der Tat eine Ausdehnung, keine Neugründung des Währungsraumes.
Allerdings war selbst hier die Frage nach der „Optimierung" dieser Ausdehnung abwegig, und zwar nicht allein aus politischen Gründen. Auch ökonomisch gab es nur
eine Alles-oder-Nichts-Lösung und keineswegs die Option, nur Sachsen und Branden-
burg, oder gar nur Teile Sachsens zu integrieren, wie dies die Frage nach der optimalen Ausdehnung suggeriert.

Versuch, dies mit den Wohlfahrtsveränderungen für andere beteiligte Währungsräume zu verrechnen, müßte Annahmen wie Kardinalität der Nutzenmessung treffen, die wohlfahrtsökonomisch selbst fragwürdig sind.

- Ein großer Teil der neueren Literatur zur monetären Integration geht von unterschiedlich starken Währungen aus. Die Metapher der Stärke meint Währungsqualitäten und bezieht sich vor allem auf die davon bestimmte Souveränität und Effektivität der Geldpolitik (Kapitel 4). Solche Unterschiede in Währungsqualitäten lassen sich systematisch damit erklären, daß der Wechselkurs ein Vermögenspreis ist. Es zeigt sich, daß es sehr davon abhängt, wo in der Hierarchie der Währungen der betreffende Wirtschaftsraum steht, ob etwa der Verlust des Wechselkurses ein „Gewinn" oder „Verlust" monetärer Integration ist. Insbesondere können sich Gewinne und Verluste deshalb auf ganz unterschiedliche Ebenen beziehen: Das regionale Leitwährungsland mag die Integration eingehen, um offene Handelsgrenzen zu sichern; das Satellitenwährungsland mag die Integration eingehen, um weniger den asymmetrisch verteilten Anpassungslasten ausgesetzt zu sein. Wiederum erforderte die Verrechnung von Handelsgewinnen mit Anpassungsgewinnen, daß Meßkonzepte unterstellt werden, die aufgrund der eigenen methodischen Prämissen fragwürdig sind.

- Hinzukommen schließlich empirisch begründete Irritationen: Die extensiven Untersuchungen zur Optimalität einer zukünftigen Europäischen Währungsunion liefern regelmäßig das Ergebnis, daß zumindest die große Lösung, die ab 1999 realisiert wird, nach allen denkbaren Kriterien suboptimal ist. Ein Nebenprodukt dieser Untersuchungen war allerdings auch, daß bestehende Währungsräume keineswegs optimale Währungsräume sind.[12] Selbst in OECD-Ländern sind regionale Preisniveaus nur bedingt flexibel; die interregionale Mobilität ist überall zu begrenzt, um die Hauptlast der Anpassung tragen zu können; fiskalische Transfers kompensieren regionale Schocks zu weniger als der Hälfte. Wenn aber diese bestehenden Währungsräume trotzdem existenzfähig sind und ihre Nicht-Optimalität mit ganz unterschiedlichen Entwicklungsniveaus einhergehen kann, erscheint es erfahrungswissenschaftlich steril, immer wieder die *ex ante* Optimalität eines Währungsraumes als zentrale Fragestellung einer Theorie monetärer Integration zu behandeln.

Der primäre Untersuchungsgegenstand sind deshalb die **Bedingungen für monetäre Integration** aus Sicht der beteiligten Währungsräume, nicht die Veränderung von Währungsgrenzen. Unter Bedingungen ist dabei zweierlei zu verstehen. Eine Bedingung für monetäre Integration ist, daß die einzelnen Währungsräume sich zu Formen der koordinierten Währungsstabilisierung veranlaßt sehen, sich davon beispielsweise Vorteile für die Stabilität der Einkommensbildung verspre-

---

[12] So das Fazit von Fatás in seinem Kommentar zu Obstfeld/Peri (1998, 253f.).

chen. Bedingung meint hier die Veranlassung zur monetären Integration aufgrund bestimmter Eigenschaften der Währungsräume, die sich im einzelnen benennen lassen: so der Schuldner- bzw. Gläubigerstatus und der Entwicklungsstand insbesondere der Geld- und Fiskalverfassung. Eine andere Bedingung für monetäre Integration ist, daß die vereinbarte Koordination der Wechselkursstabilisierung im Marktprozeß bestehen kann, also beispielsweise keine Veränderungen im Funktionieren bestimmter Makromärkte eintreten, die die Vereinbarung im Nachhinein als destabilisierend erscheinen lassen. Bedingung meint hier die Marktkonformität monetärer Integrationsvereinbarungen.

Für die neuere Theorie bedeutet das allgemein, daß sich ihr Untersuchungsgegenstand nicht nur auf die Feststellung der Bedingungen monetärer Integration ex ante erstrecken kann, auf die Feststellung der Veranlassungen (Kapitel 5). Vielmehr erstreckt er sich darüberhinaus auf die Evolution einer solchen Vereinbarung post factum (Kapitel 6). Denn Integrationsvereinbarungen können an den von ihnen selbst ausgelösten Veränderungen scheitern, die Bedingungen ihrer eigenen Nachhaltigkeit aufheben.

Es sei angemerkt, daß dieser Hinweis auf das Selbstzerstörungspotential von Integrationsvereinbarungen einen Einwand gegen ein bestimmtes Verständnis der Lucas-Kritik enthält. Dieses Verständnis läßt sich vereinfacht in der Aussage zusammenfassen, jede Struktur passe sich nach einer gewissen Zeit dem neuen Regime vollkommen an. Eine solche *Anpassung* im Sinne der Fügung zu einem neuen und besseren Gleichgewicht folgt keineswegs aus der Annahme rationaler Erwartungsbildung. Allein die für monetäre Integrationsfragen höchst relevante Einführung *nicht*-repräsentativer Akteure genügt, um eine Veränderung von Strukturmerkmalen begründen zu können, die im Ergebnis nicht mehr zurechenbar ist auf ein identifizierbares interessegeleitetes Handeln der Wirtschaftssubjekte. Eher wäre von *Emergenz* der Struktur als von ihrer Anpassung sprechen. Daß die emergente Struktur den wirtschaftspolitischen Absichten entspricht, ist vorab nicht gewährleistet. Diese Einschränkung wird sich noch als relevant erweisen, wenn die instrumentalistische Umdeutung der Lucas-Kritik durch die neuere Integrationstheorie exemplarisch untersucht wird (Unterkapitel 6.1).

Bei der Analyse der Bedingungen monetärer Integration wird im Rahmen dieser Arbeit strikt aus Sicht des einzelnen Wirtschaftsraumes argumentiert. Die relevanten Einheiten können dabei eine *Region* innerhalb eines Währungsraumes sein, eine *Nation* als politische Größe, deren Grenzen nicht unbedingt mit Währungsgrenzen zusammenfallen müssen, sowie schließlich der *Währungsraum* als ökonomische Größe, dessen Grenzen ein Marktergebnis sind. Wegen der oben angesprochenen Asymmetrie, den Unterschieden in der Währungsqualität, ist zu berücksichtigen, daß im Prozeß der Integration ganz unterschiedliche Interessenlagen der Wirtschaftsräume einen Ausdruck finden müssen. Andernfalls wäre das Zustandekommen der Integration ökonomisch nicht zu erklären. Damit werden Erklärungsmuster *qua Annahme* ausgeschlossen, die wie Unterwerfung bzw. Beherrschung oder dauerhafte Fehleinschätzung damit vereinbar wären, daß ein

Wirtschaftsraum durch Integration wirtschaftlich schlechter gestellt wird - im voraus absehbar und gegen den erklärten Willen seiner Regierung. Nicht ausgeschlossen ist dagegen, daß eine Regierung mit der Integration etwas erreichen will, was bestimmten funktionalen Gruppen des Wirtschaftsraumes (z.B. lohnbeziehenden Haushalten, Kleinunternehmen) zum Nachteil gereicht.

Solche überindividuellen Kategorien wie Wirtschaftsräume erscheinen mir jedoch gerade wegen der erfolgreich etablierten Forderung nach „Mikrofundierung" aller aggregierten Beziehungen unverzichtbar für die ökonomische Analyse. Die Rede von der „Interessenlage einer Schuldnernation" beispielsweise ist nicht weniger mikrofundiert als die von der „Interessenlage *des* repräsentativen Haushaltes" einer Nation. Denn die durch den Schuldnerstatus bestimmten Anpassungsmöglichkeiten gehen potentiell in die Erwartungsbildung jedes wirtschaftlich Handelnden in und mit einer solchen Volkswirtschaft ein. Es muß z.B. in erhöhtem Maße mit Liquiditätsengpässen, Devisenverkehrsbeschränkungen, Währungsattacken gerechnet werden, die die Handlungsmöglichkeiten aller in dieser Währung Wirtschaftenden betreffen. Ohne solche Kollektivsingulare, die das zum Ausdruck bringen und entsprechend theoretisch ausgewiesen sein müssen, läßt sich wenig zum Thema beitragen.[13]

Damit kann die Darstellung der wichtigsten Ergebnisse abgeschlossen werden. In dieser Arbeit wird versucht, die Entwicklungen in der Theorie der Wirtschaftspolitik und in der Währungstheorie systematisch für Fragen der Politik und Theorie monetärer Integration fruchtbar zu machen. Infolge dieser Entwicklungen ist die klassische Frage nach der Grenze ökonomisch begründbarer Integration problematisch geworden: der Wegfall des Wechselkurses als eines Anpassungsinstrumentes taugt nicht mehr zur Begründung; und es wird theoretisch denkbar, daß koordinierte Währungsstabilisierung sogar vorteilhaften Strukturwandel befördern kann. Der von mir vorgeschlagene Lösungsversuch besteht

---

[13] Diese Vorbehalte gegen die konventionelle Forderung nach Mikrofundierung gründen sich auch darauf, daß die Herleitung aggregierter Überschußnachfragefunktionen aus den Walrasianischen *first principles* nicht das leistete, was man sich davon versprach. Ihre Herleitung aus der Nutzenmaximierung eines für die Haushalte einer Nation repräsentativen Akteurs genügt nicht, um wohlverhaltene, d.h. im Preis monoton fallende aggregierte Überschußnachfragen zu erhalten. Neben den mikroökonomischen *first principles* müssen für dieses Ergebnis noch weitere, nicht-triviale Annahmen z.B. bezüglich der Einkommensverteilung getroffen werden, um perverse Verläufe auszuschließen (vgl. Kirman 1990 als einen hervorragenden Überblick; sowie Hildenbrand 1998 zu einem konstruktiven Lösungsversuch). Es müssen also in der neoklassischen wie in der keynesianischen Makroökonomie wohlverhaltene aggregierte Nachfragefunktionen *postuliert* werden. Wer das aus methodischen Gründen ablehnt, müßte konsequenterweise auf volkswirtschaftliche Verallgemeinerungen einzelwirtschaftlicher Betrachtungen verzichten.

darin, die Fragestellung der Theorie monetärer Integration zu reformulieren. Zu erforschen sind dann die Bedingungen monetärer Integration, und zwar im Sinne der Veranlassung dazu in asymmetrischen, d.h. hierarchischen, Währungsbeziehungen als auch im Sinne ihrer marktkonformen Nachhaltigkeit. Die Abkehr von der erfahrungswissenschaftlich sterilen Bestimmung eines optimalen Währungsraumes eröffnet neue Forschungsfragen, insbesondere in Bezug auf den Stellenwert der Währungsqualität und auf die weiterreichenden Folgen für das Regime der Makropolitik.

In den nächsten beiden Kapiteln erfolgt die bereits erwähnte Bestandsaufnahme, Kritik und Weiterentwicklung der neueren Beiträge. Die grundlegende Unterscheidung zwischen Integration unter Aufgabe und unter Beibehaltung des Wechselkurses erfordert u.a., die in der neueren Integrationstheorie kaum rezipierte Literatur zur Politikkoordination zu berücksichtigen. Und die Portfoliotheorie des Wechselkurses wird als ein für Fragestellungen monetärer Integration fruchtbares, wenn auch wenig genutztes Instrumentarium kenntlich gemacht.

Anschließend werden ausgewählte Fragen einer Theorie monetärer Integration behandelt, die mir in den bisherigen Diskussionen unterbelichtet scheinen:

- Zunächst wird die Bedeutung von Währungsgrenzen bzw. von Währungsqualitäten für Vermögensdispositionen erörtert, da die Theorie monetärer Integration nur prinzipielles Interesse beanspruchen kann, wenn die Geldsphäre wesentlich für die Einkommensbildung und Ressourcenallokation ist (Kapitel 4).

- Wirtschaftspolitik als Marktteilnahme verlangt, die Zielsetzung monetärer Integration nicht auf kurzfristige Stabilisierung, d.h. auf möglichst effiziente Anpassung an Schocks, zu beschränken. In den Mittelpunkt rücken vielmehr außenwirtschaftliche Restriktionen und ihre Veränderung durch monetäre Integration. Dabei wird besonders darauf abgestellt, daß die relativen Positionen in der Währungshierarchie bestimmen, welchen Restriktionen die betreffenden Währungsräume ausgesetzt sind und inwiefern sie sich deshalb zu monetären Integrationsversuchen veranlaßt sehen könnten (Kapitel 5).

- Schließlich wird die Endogenität der Kriterien für den optimalen Währungsraum einer exemplarischen Betrachtung unterzogen, weil sie die entscheidende Neuerung gegenüber der älteren Theorie darstellt. Der endogene Strukturwandel wird an den Auswirkungen auf die Lohnfindung untersucht, die aus einer einheitlichen Geldpolitik in einem heterogenen Währungsraum resultieren. Daran schließen sich Überlegungen an, wie die marktkonforme Stabilisierung der Einkommensbildung durch fiskal- und sozialpolitische Maßnahmen gewährleistet werden kann (Kapitel 6).

Im Schlußkapitel 7 werden die wichtigsten Vorschläge festgehalten, die in dieser Arbeit zur Weiterentwicklung der Theorie monetärer Integration gemacht werden.

A. Grundzüge der neueren Theorie monetärer Integration

Die monetäre Integrationstheorie entstand in der Auseinandersetzung um Vor- und Nachteile fester bzw. flexibler Wechselkurse. Sie bemühte sich um eine Position jenseits der schlichten Alternative fix versus flexibel, indem sie nach den Spezifika fragte, die zwischen manchen Regionen flexible, zwischen anderen fixierte Wechselkurse nahelegen können. Methodisch gesehen, gewann sie ihre Position durch einen Perspektivenwechsel: Bestehende Grenzen zwischen Währungsräumen würden nicht mehr als Datum ökonomischer Handlungen behandelt. Die sog. Theorie des optimalen Währungsraumes listete vielmehr Kriterien für eine ökonomisch begründete Grenzziehung zwischen Regimen mit fixen und veränderlichen Wechselkursen auf.

Doch nicht die unmittelbar von Mundell (1961) angestoßene Forschung sollte für die neuere Integrationstheorie folgenreich sein. Die Theorie des optimalen Währungsraumes wurde von einem einflußreichen Ökonomen schon sehr bald als eine wissenschaftliche Sackgasse, "something of a dead-end problem", bezeichnet (Johnson 1969, 395), weil sie lediglich eine Suche nach immer neuen Kriterien für den optimalen Währungsraum angestoßen habe. Und in dem Maße, wie sie bei dieser Suche erfolgreich sei, werde der optimale Währungsraum als theoretisches Konzept widersprüchlich und für die wirtschaftspolitische Praxis zu komplex.

Folgenreich war hingegen der Umbruch in der Makroökonomie, der mit der Kritik an den theoretischen Grundlagen der vorherrschenden keynesianischen Wirtschaftspolitik einherging. So änderte sich zum einen die entscheidungstheoretische Grundlegung der Wirtschaftspolitik mit der Annahme rationaler Erwartungsbildung. Zum anderen wurden Konsequenzen aus der Konzeption des Wechselkurses als eines Vermögenspreises gezogen.

Die Akzentsetzung und die methodischen Zugriffe der neueren Literatur zur monetären Integration sind erst vor diesem Hintergrund der Theorieentwicklung zu verstehen. So muß monetäre Integration, die sich unter Beibehaltung des Wechselkurses zwischen den betrachteten Wirtschaftsräumen vollzieht (Kapitel 3), strikt getrennt werden von monetärer Integration, die in der selektiven Aufgabe bilateraler Wechselkurse besteht (Kapitel 2). Denn solange es einen Wechselkurs gibt, kann die festgesetzte Parität geändert werden, weil dieser Preis wie andere Vermögenspreise von den Erwartungen seiner Veränderbarkeit bestimmt wird.

2 Monetäre Integration durch Bildung eines Währungsraumes

Die Theorie der Währungsintegration entstand in der Nachkriegszeit als Frage nach dem „optimalen Währungsraum". Seit Mundell (1961) bedeutet die Bestimmung des optimalen Währungsraumes zum einen, nach Kriterien zu suchen, die eine Währungsintegration besonders nahelegen bzw. erschweren. Zum anderen bedeutet es, im Sinne einer Kosten-Nutzen-Analyse danach zu fragen, ob ein Währungsraum sich erweitern oder verkleinern sollte. Optimal ist dann jene Ausdehnung des Währungsraumes, die die Kosten der Zahlungsbilanzanpassung und/ oder der Politikharmonisierung minimiert (Allen/Kenen 1980, 381, 386).

Diese methodische Herangehensweise hat sich bis heute im wesentlichen nicht verändert. Es wird im folgenden gezeigt, daß zwar die vernichtende Kritik des Ziel-Mittel-Ansatzes der Wirtschaftspolitik, wie er mustergültig in der Phillips-Kurve zum ausdruck kommt, tiefe Spuren hinterließ. Von der Grenzziehung für den optimalen Währungsraum hat die Theorie auch nicht abgelassen, als dessen Bestimmung immer schwerer fiel bzw. die endogen werdenden Kriterien keine eindeutigen Aussagen über seine optimale Ausdehnung zuließen.

Im ersten Unterkapitel (2.1) wird aufgezeigt, worin diese Kritik bestand und welche allgemeinen währungspolitischen Schlußfolgerungen daraus gezogen wurden. Im zweiten Abschnitt (2.2) ist dann darzustellen, wie sich diese Kritik im einzelnen auf die Kriterien für die Bildung eines Währungsraumes und die Kosten-Nutzen-analytische Ermittlung seiner „optimalen" Ausdehnung ausgewirkt hat.

2.1 Makropolitische Steuerung in der offenen Volkswirtschaft

Für die Theorie der monetären Integration war Mundell (1961) bahnbrechend, weil er die Währungsintegration in einen beschäftigungs- und stabilitätspolitischen Kontext stellte. Mit der Abschaffung eines veränderlichen Wechselkurses gegenüber anderen Wirtschaftsräumen werde ein makroökonomischer Anpassungsmechanismus aufgegeben - und damit ein Freiheitsgrad der Wirtschaftspolitik besetzt. In Begriffen des Ziel-Mittel-Ansatzes der Wirtschaftspolitik gesprochen: Mit dem Beitritt zu einer Währungsunion wird das Instrument des Wechselkurses aufgegeben und kann damit nicht mehr dem Ziel der Beschäftigungsstabilisierung dienen. Vorläufer wie Meade (1957, 385-388) oder Scitovsky (1958, Kap.2) hatten nicht vorrangig die stabilitätspolitischen Implikationen der Währungsintegration diskutiert, sondern ihren möglichen Beitrag zur Einhaltung der außenwirtschaftlichen Budgetrestriktion.

2.1.1 Erste Trennlinie zwischen alter und neuer Theorie: die Interpretation des Ziel-Mittel-Ansatzes

Der Ziel-Mittel-Ansatz der Wirtschaftspolitik ist in der Theorie der Politikkoordination immer noch fest etabliert. Mit der Lucas-Kritik des Ziel-Mittel-Ansatzes ist jedoch das Bewußtsein dafür geschärft worden, daß die wirtschaftspolitische Zielerreichung endogen bestimmt wird, weil Märkte auf die Maßnahmen zur Realisierung der Ziele reagieren. Daher wird nun die Konsistenz von Zielen und Mitteln zum Problem. Für die monetäre Integrationstheorie lautet eine mögliche Schlußfolgerung aus dieser Kritik, daß unter - näher anzugebenden - Umständen nur die Aufgabe des Wechselkurses erlaubt, eine wirtschaftspolitische Zielsetzung zu erreichen. Die mit der Kritik an der Phillips-Kurve einsetzende Revolutionierung der Theorie der Wirtschaftspolitik wird deshalb im folgenden dargestellt.

2.1.1.1 Die Kritik an der Phillips-Kurve

Die von Mundell begründete Theorie der Währungsintegration setzt eine langfristig stabile Phillips-Kurve im Sinne eines Tradeoff voraus. Die *Phillips-Kurve* ist zu einer Gattungsbezeichnung für eine Klasse von Funktionen geworden, in der die Änderungsrate eines nominellen Preises, wie des Preisniveaus oder des Lohnsatzes, abhängig ist vom Niveau einer realen Variablen, die, wie das Beschäftigungsniveau, ein Indikator der gesamtwirtschaftlichen Nachfrage ist (Gordon 1997, 14). In Frage steht, welcher Marktprozeß einen solchen Zusammenhang herzustellen vermag.

Wenn ein stabiler inverser Zusammenhang zwischen Inflationsrate und Niveau der Unterbeschäftigung herrscht, dann kann im Falle des Leistungsbilanzüberschusses eine Aufwertung an die Stelle des Preisniveauschubs treten. Andernfalls stellt die Preisniveauerhöhung ein neues Gleichgewicht her, indem auf eine Sterilisierung des Devisenzuflusses aus der überschüssigen Leistungsbilanz verzichtet wird.[1] Im Falle des Leistungsbilanzdefizits könnte eine Abwertung den Anstieg der Unterbeschäftigung ersetzen, der mit einer nachfragerestringierenden Politik einhergeht (Mundell 1961, 657). Der Wechselkurs als wirtschaftspolitisches Instrument erlaubt also, eine bestimmte Kombination von Inflation und (Unter-)Beschäftigung zu realisieren.

---

[1] Genaugenommen ist also die modifizierte Phillips-Kurve von Samuelson/ Solow (1960) unterstellt. Der Zusammenhang selbst, als Aussage über einen Anpassungsmechanismus bei nicht vollkommen flexiblen Nominallöhnen, wurde übrigens auch von Friedman (1953, 165) unterstellt, um damit die Vorteile flexibler Wechselkurse zu begründen. Bekanntlich war Friedman (1968) eine der folgenreichsten Kritiken der Phillips-Kurve, die zu ihrem Niedergang als einem wirtschaftspolitischen Konzept führte.

Das wird im folgenden Fenster 2.1 skizziert. Generell werden formale Modellierungen oder graphische Veranschaulichungen im Rahmen abgesetzter Kästen diskutiert. Sie dienen der Präzisierung, sind aber nicht Voraussetzung für die weitere Lektüre, insofern die Hauptaussagen immer im Fließtext zusammengefaßt werden. Ich habe dieses Verfahren gewählt, weil mir Modelle für den Erkenntnisgewinn und die kompakte Darstellung bestimmter Argumentationen unverzichtbar scheinen. Zugleich denke ich aber, daß relevante ökonomische Einsichten ihre Relevanz u.a. darin erweisen, daß sie auch nicht-mathematisch vermittelbar sind und daß sie selbst dann relevant bleiben, wenn sie sich gegen eine mathematische Fassung sträuben.

Fenster 2.1: Der Wechselkurs als wirtschaftspolitisches Instrument

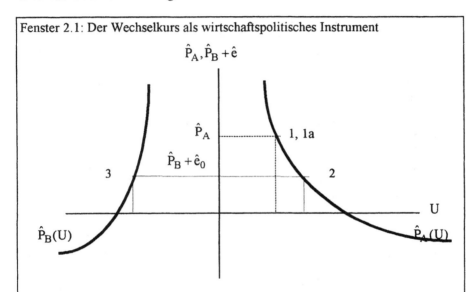

Dargestellt sind die Phillips-Kurven zweier offener Volkswirtschaften A und B: $\hat{P}$ steht für die Inflationsrate, $\hat{e}$ (> 0) für die Abwertungsrate des Wechselkurses (Einheiten A-ländischer Währung je Einheit B-ländischer Währung), U für das Niveau der Unterbeschäftigung, die Indizes 0 und 1 für aufeinanderfolgende Zeiträume.

Bei Realisation der Punkte 1 bzw. 3 ergibt sich die Situation eines Leistungsbilanzdefizits für Land A, da $\hat{P}_A > \hat{P}_B + \hat{e}_0$. D.h., der Leistungsbilanzausgleich ist durch die Geltung der relativen Kaufkraftparität bestimmt. Die Anpassung i.S. eines Leistungsbilanzausgleichs kann entweder durch Nachfragerestriktion und entsprechendem Rückgang der Inflation (auf 2) erfolgen, was der von Land B realisierten Kombination (3) entspricht. Oder die Anpassung kann durch höhere kontinuierliche Abwertung erfolgen, was in (1a) eine gleichbleibende Inflation und Beschäftigung bei $\hat{P}_A = \hat{P}_B + \hat{e}_1$ aufrechtzuerhalten erlaubt.

Die vernichtende Kritik der Phillips-Kurve als einem wirtschaftspolitischen Konzept des Ziel-Mittel-Ansatzes (McKinnon 1963, 717) hat in der neueren Theorie der monetären Integration nachhaltige Spuren hinterlassen. Die folgenden Ausführungen vorwegnehmend heißt das:

- Die inverse Beziehung zwischen Inflation und Arbeitslosigkeit wird nicht mehr als ein wirtschaftspolitisch ausbeutbarer Zusammenhang gesehen, sondern als eine kurzfristige Anpassungsreaktion, die aus „rational" erklärbaren Lohn- und Preisrigiditäten resultiert. Diese kurzfristigen Phillips-Kurven sind bezüglich der Preisniveausteigerungsrate unbestimmt, da die Inflationserwartungen einen Lageparameter dieser Kurven darstellen. Nur eine Wirtschaftspolitik, die in kurzen Zeithorizonten plant, wird diesen instabilen Trade-Off ausnutzen. Denn ein gleichbleibend geringeres Niveau der Unterbeschäftigung ist dann nur mit steigenden Inflationsraten oder beschleunigter Abwertung der Währung zu erreichen. Eine Währungsintegration, die diese Möglichkeiten der akzelerierenden Geldentwertung versperrt, kann daher langfristig durchaus erwünscht sein.

- Monetäre Integration kann geradezu damit begründet werden, daß die Wirtschaftspolitik den Wechselkurs als einen Freiheitsgrad loswerden will. Das ist der Fall, wenn die Verfügbarkeit eines eigenständigen Wechselkurses zu unüberwindlichen Glaubwürdigkeitsproblemen einer Stabilitätspolitik führt. Solche Glaubwürdigkeitsprobleme entstehen, wenn sich die Anreize für die monetären Autoritäten, einen bestimmten Wechselkurs zu halten, im Zeitablauf verändern, jedes definitive Wechselkursziel also „zeitinkonsistent" ist.

Die neuere Theorie verbucht somit die Aufgabe des Wechselkurses nicht notwendigerweise unter den Kosten, sondern unter den Erträgen der Währungsintegration (De Grauwe 1997, 47). Weshalb kam es zu diesem Niedergang der wirtschaftspolitischen Konzeption, die hinter der Phillips-Kurve stand und sich merklich auf die Theorie des optimalen Währungsraumes ausgewirkt hat?

Der Niedergang der Phillips-Kurve als einer wirtschaftspolitischen Konzeption begann definitiv mit Friedman (1968) und Phelps (1967).[2] Beide wiesen darauf hin, daß der unterstellte Zusammenhang nur gelten würde und wirtschaftspolitisch ausnutzbar wäre, wenn insbesondere auf der Arbeitsangebotsseite statische Inflationserwartungen vorherrschten. Nur dann führte eine höhere Inflationsrate,

---

2   Beide legten jeweils einen Grundstein für die nachfolgende Forschung, insbesondere auch zur Währungsintegration: Friedman (1968) führte zu einer deutlichen Aufwertung der „Rolle der Geldpolitik", Phelps (1967) zur Aufwertung der Mikroökonomie nicht-Walrasianisch funktionierender Arbeitsmärkte als Erklärung von Unterbeschäftigung. Mit der Bezeichnung „nicht-Walrasianisch funktionierend" ist gemeint, daß Angebot und Nachfrage nicht allein über Preisanpassungen koordiniert werden, sondern auch über Mengenanpassungen bzw. die Rationierung einer Marktseite.

etwa infolge expansiver Geldpolitik, nicht zu höheren Nominallohnforderungen, die den Reallohn mittelfristig wieder auf sein Ausgangsniveau hebten. Statische Erwartungen respektive Nominalillusion der Arbeitsangebotsseite aber sind empirisch und methodisch höchst fragwürdige Annahmen. Passen sich stattdessen Erwartungen an die tatsächlich stattfindende Inflation an, dann ist eine Ausweitung der Beschäftigung immer nur temporär und zu steigenden Inflationsraten möglich: die Preissteigerungen werden in Lohnverhandlungen bereits antizipiert. Langfristig wird dieser folgenreichen Argumentation zufolge das Beschäftigungsniveau von jenen Faktoren bestimmt, die auch in einer nur über den Walrasianischen Preismechanismus koordinierten Ökonomie noch für eine Unterauslastung des Ressourcenbestandes sorgen könnten: Faktoren wie unvollkommener Wettbewerb, Zufallsschwankungen von Angebot und Nachfrage, Kosten der Informationsbeschaffung am Arbeitsmarkt oder Kosten der Mobilität.

Die Kritik von Friedman (1968) und Phelps (1967) stellte nicht grundsätzlich die Markttheorie in Frage, die der Phillips-Kurve in der Fassung von Samuelson und Solow (1960) zugrundelag. Vielmehr ist aus der Phillips-Kurve nun ein Instrument der Anpassung geworden, das nach einem exogenen Schock die Anpassungsleistung auf eine makroökonomische Kombination von Preisänderungen, Beschäftigungsvariation und Wechselkursänderung zu verteilen erlaubt. Solche Schocks können insbesondere auch Geldmengenänderungen oder Währungsabwertungen sein, die unvorhersehbar sind, denn nur der unvorhergesehene Änderungen zeitigen temporäre Beschäftigungseffekte. Darauf werden sich die Wirtschaftssubjekte jedoch einstellen. Langfristig erlaubt ein veränderlicher Wechselkurs also nur, die Inflationsrate zu wählen.

Fenster 2.2: Der Wechselkurs als nur temporäres Anpassungsinstrument

Die **langfristige Phillips-Kurve** über dem „natürlichen" Beschäftigungsniveau - oder mit nicht steigenden Inflationsraten vereinbaren Beschäftigungsniveau (NAIRU)[3] - ist eine Vertikale. Das heißt, sie stellt eine Relation dar, die unterschiedliche Inflationsraten demselben (Unter-)Beschäftigungsniveau zuordnet. Die **kurzfristige, um Erwartungen erweiterte Phillips-Kurve** ergibt sich aus einer Preissetzungsgleichung der Unternehmen und einer Lohnsetzungsgleichung der Gewerkschaften, an die sich die Beschäftigungsnachfrage der Unternehmen bei gegebenen Preiserwartungen anpaßt.

---

3   Das Akronym dieser „natürlichen" Arbeitslosenrate lautet NAIRU, was für „Non-Accelerating Inflation Rate of Unemployment" steht. Der Ausdruck ist mißverständlich, da er die dritte Ableitung des Preisniveaus (Beschleunigung der Preissteigerungsrate) suggeriert, obwohl nur die zweite Ableitung (Erhöhung der Preissteigerungsrate) gemeint ist.

(B1) $\hat{P} = \delta_P + \hat{W} + \varepsilon_P$

(B2) $\hat{W} = \delta_W + \hat{P}^e - \rho u + \varepsilon_W$ mit $\hat{P}^e = \hat{P}_{-1}$

wobei $\hat{P}$ die Veränderung eines Index' für das Aggregat der einzelnen Güterpreise darstellt, $\hat{W}$ die Veränderung der Nominallöhne, u den Logarithmus des Unterbeschäftigungsniveaus und ρ (>0) die Reaktionselastizität der Lohnforderungen auf Arbeitslosigkeit, δ_P und δ_W für Konstanten (z.B. autonome Umverteilungsansprüche) stehen, ε_P und ε_W für Störterme.

In bezug auf die Inflationserwartungen wurde die einfachste Form der adaptiven Erwartungsbildung unterstellt. Durch Einsetzen der zweiten in die erste Gleichung erhält man die um Erwartungen erweiterte Phillips-Kurve ($\delta_P + \delta_W \equiv \delta$ und $\varepsilon_P + \varepsilon_W \equiv \varepsilon$):

(B3) $\hat{P} = \delta + \hat{P}_{-1} - \rho u + \varepsilon$

Die „natürliche" Arbeitslosigkeit u* bezieht sich auf eine konstante Inflationsrate, bei der $\hat{P} = \hat{P}^e = \hat{P}_{-1}$ und $u^* = \dfrac{\delta + \varepsilon}{\rho}$. Die „Vollbeschäftigungsmenge der Unterbeschäftigung" (Phelps) wird daher positiv vom autonomen Preis- und Lohndruck sowie exogenen Störungen bestimmt, negativ von der Reaktionselastizität der Lohnforderungen auf Unterbeschäftigung.

Wie in 2.1A seien Phillips-Kurven der beiden offenen Volkswirtschaften Land A und B betrachtet: Und wiederum sei ein außenwirtschaftliches Ungleichgewicht durch die Realisation von 1 (für Land A) bzw. 3 (für Land B) markiert. Aber die Realisation von 1 erlaubt bei der um Inflationserwartungen erweiterten Phillips-Kurve (Index e) nur kurzfristige Beschäftigungsgewinne. Sobald sich die Inflationserwartungen von $\hat{P}_1^e$ auf $\hat{P}_2^e$ erhöht haben und entsprechende Nominallohnforderungen durchgesetzt werden, kehrt die Unterbeschäftigung auf ihr langfristiges Niveau zurück. Die kurzfristige Phillips-Kurve verschiebt sich nach oben, es wird 1a realisiert.

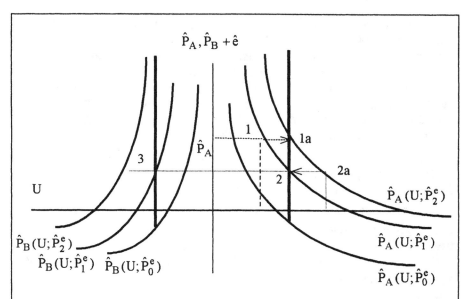

Die höhere Inflationsrate von Land A bringt allerdings keine Beschäftigungsvorteile mit sich, sondern lediglich ein Leistungsbilanzdefizit bzw. ständig erhöhten Abwertungsdruck. Währungsintegration oder Fixierung des Wechselkurses, die eine einheitliche Inflationsrate für ein Gleichgewicht verlangten, wären deshalb ohne langfristigen Beschäftigungsverlust bei 2 bzw. 3 möglich. Auf dem Weg dorthin, d.h. bis sich die Inflationserwartungen zurückgebildet haben, müßte Land A allerdings eine temporär höhere Unterbeschäftigung in Kauf nehmen (2a).

Die Graphik illustriert zwei weitere Aussagen der Phillips-Kurven-Kritik im Anschluß an Friedman (1968) und Phelps (1967). (i) Die der Inflationsserwartung $\hat{P}_2^e$ entsprechende kurzfristige Phillips-Kurve von Land B zeigt, daß bei sehr hohen Inflationsraten sogar kurzfristig kein Trade-Off mehr möglich sein kann. Graphisch zeigt das der vertikale Abschnitt im oberen Teil an. Das wird der Fall, wenn die Lohnpolitik sehr schnell auf jede Preiserhöhung reagiert, also beispielsweise keine längerfristigen Abschlüsse mehr eingegangen werden bzw. eine Indexierung der Löhne erzwungen wird. Die wiederholte Ausnutzung des Trade-Off kann daher nachhaltig die institutionellen Bedingungen der Lohnfindung ändern. (ii) Die kurzfristigen Phillips-Kurven beider Länder, die den Preiserwartungen $\hat{P}_0^e$ entsprechen, erlauben zwar das langfristig gleichgewichtige Niveau der Unterbeschäftigung bei absoluter Preisstabilität zu realisieren. Zugleich ist entsteht ein Glaubwürdigkeitsproblem der Wirtschaftspolitik daraus, daß durch diese Punkte auf der Abszisse ($\hat{P} = 0$) kurzfristige Phillips-Kurve verlaufen: der temporäre Trade-Off könnte ausgenutzt werden und das wiederum antizipieren rationale Wirtschaftssubjekte.

Inflation ist auch in der Friedman-Phelps-Version der Phillips-Kurve ein Arbeits-
und Gütermarktphänomen. Ein höheres Niveau der Unterbeschäftigung schwächt
die Lohnsetzungsmacht der Arbeitsangebotsseite und wirkt deshalb moderierend
auf die Preisniveauentwicklung. Wie in der neoklassischen Synthese von Samuel-
son/Solow (1960) resultiert Inflation aus Kostendruck bzw. Nachfragesog auf
nicht-atomistischen Arbeits- und Gütermärkten. Die Abweichung dieser Märkte
vom atomistischen Wettbewerb ist letztlich dafür verantwortlich, daß das gegebene Arbeitsangebot nicht voll ausgelastet wird.

Eine neoklassische, d.h. ressourcenbeschränkte Ökonomie bildet das Referenz-
modell der Phillips-Kurve. Das zeigt sich darin, daß das Niveau und nicht die
Änderungsrate der Beschäftigung auf die Preissteigerungsrate wirkt. Letzteres,
also eine Funktion $\hat{P} = \hat{P}(\hat{U};...)$, entspräche einer Keynes'schen Position, die
diesen Zusammenhang als temporären Ausdruck der Anpassung von Kapazitäten
bzw. ihrer vom Durchschnitt konjunkturell abweichenden Auslastung interpretiert (Keynes 1936, 300-303). Kapazitäten werden hier durch das reale Kreditvolumen knappgehalten. Sie sind nicht wegen gegebener Ressourcenbestände
knapp.[4]

Friedman's Neufassung der Quantitätstheorie hätte dagegen eine zur neoklassischen Synthese alternative Geldangebotstheorie verlangt, die die Inflation zu
einem Ergebnis des Geldmarktes machte. Der theoretisch wie empirisch fragwürdige Realkasseneffekt lieferte die Krücke von der alten zur neuen Phillips-
Kurve.[5] Der Realkasseneffekt soll die langfristige Neutralität des Geldes gewährleisten und eine Integration der neoklassischen Geld- und Werttheorie leisten (vgl. Unterkapitel 4.1). Tritt Inflation auf, muß eine passive Zentralbank den
Preisniveaudruck, der von den Güter- und Arbeitsmärkten ausgeht, durch ihr
Geldangebot alimentiert haben. Sobald die Haushalte ihre Realkassenhaltung
wieder an das neue Niveau der Geldmenge angepaßt haben - was sie durch erhöhte Verausgabung ihrer Zahlungsmittel tun, die preiserhöhende Effekte hat -,
kehrt die Ökonomie in ihr realwirtschaftlich bestimmtes Gleichgewicht zurück,
das durch das „natürliche" Beschäftigungsniveau bei freilich höherem Preisniveau gekennzeichnet ist. Die dabei unterstellte Willfährigkeit des Geldangebotes
steht aber in einem Spannungsverhältnis zu der „autoritären" Konzeption der
Zentralbank, die in der Quantitätstheorie des Geldwertes die Geldmenge exogen
zu setzen vermag und damit auch die Preisniveau- bzw. Wechselkursbildung
bestimmt.

---

4   Allerdings gleicht die Formulierung einer von der Änderung der Arbeitslosenquote
abhängigen Preisniveauänderung formal der Insider-Outsider-Theorie der Lohnverhandlungen. Vgl. dazu z.B Layard/ Nickell/ Jackman (1991, Kap.8). Der Unterschied
liegt in der ökonomischen Interpretation dieses Zusammenhangs.

5   Vgl. Patinkin (1990, 306f.) zu dieser Fragwürdigkeit des Realkasseneffektes.

Wie nachstehend zu sehen ist (Fenster 2.3), lebt die ganze Literatur zum Glaubwürdigkeitsproblem der Stabilitätspolitik von dieser Inkonsistenz der NAIRU-
Phillips-Kurve: Die - auf kurzfristige Beschäftigungseffekte zielende - Destabilisierung des Preisniveaus und damit des Wechselkurses ist möglich unter der
Bedingung eines passiven Geldangebotes, obwohl die hoheitliche, nicht als
Marktteilnehmerin konzipierte Zentralbank in der Lage wäre, mit ihrem (unelastischen) Geldangebot das Preis- oder Wechselkursniveau festzulegen.

Die wirtschaftspolitischen Autoritäten regieren in einer Welt des Zweitbesten, in
der ein temporärer Phillips-Tradeoff existiert, und den sie kurzfristig Anreiz
haben auszunutzen. Inflation und Arbeitslosigkeit werden insofern durch eine
Theorie der Fehler bzw. des wirtschaftspolitischen Fehlverhaltens „erklärt". Die
Politiker präferieren eine Beschäftigung oberhalb der „natürlichen", wollen also
das in diesem Modell ökonomisch Unmögliche. Das Wahlvolk verhilft den Autoritäten immer wieder ins Amt und muß daher diese Präferenzen mehrheitlich
teilen. Da es für keinen einzelnen Haushalt genügend Anreiz gibt, durch seine
Angebote bzw. Nachfragen bei gegebenen Preisen eine höhere Beschäftigung zu
erzielen, muß diese Erhöhung durch die Politik besorgt werden. Sobald sie aber
dazu ansetzt, reagiert das Wahlvolk mit Preis- und Lohnforderungen, die die
Beschäftigungsausweitung konterkarieren.[6] Anders gesagt, die Inkonsistenz der
Präferenzen des Wahlvolkes drückt sich darin aus, daß es seine politische Wahl
durch seine wirtschaftlichen Handlungen konterkariert.

2.1.1.2 Die dynamische Konsistenz wirtschaftspolitischer Zielsetzungen

Die markttheoretische Widersprüchlichkeit der Friedman-Phelps-Kritik hängt
freilich eng mit dem theoretischen Fortschritt zusammen, den sie für die Theorie
der Wirtschaftspolitik bedeutete. Ihr bleibendes Verdienst ist, daß sie die fundamentale Bedeutung der Erwartungsbildung für die Theorie der Wirtschaftspolitik
in einem analytisch faßbaren Sinne entdeckte. Explizit gemacht wurde dies von
Lucas (1976). In seinem als „Lucas-Kritik" einschlägig gewordenen Beitrag
kritisiert er eine Wirtschaftspolitik, die auf die Konstanz von Verhaltensparametern setzt. Denn aus methodischen Gründen sind rational handelnde Wirtschaftssubjekte zu unterstellen, die auf wirtschaftspolitische Maßnahmen wissend um
die Funktionsweise der modellierten Ökonomie reagieren. Solche Wirtschaftssubjekte zugrunde zu legen stellt sicher, daß der modellierte Marktprozeß ausschlaggebend für das Ergebnis ist und nicht etwa Mechanismen, die vom Modell
selbst nicht gedeckt sind. Oder um es noch prinzipieller zu sagen: Die Hypothese
rationaler Erwartungen ist *nicht* als empirisch plausiblere Hypothese über die
Erwartungsbildung anzusehen, sondern als methodischer Härtetest.

---

[6] Es hat sich eingebürgert, das als ein typisches Gefangenendilemma bezeichnen. Mir
scheint dies wenig plausibel angesichts der Wiederholung des Spiels sowie der durchaus gegebenen Möglichkeit beider Seiten, zu kommunizieren.

Infolge solch rationaler Reaktionen auf Wirtschaftspolitik kann sich das Verhalten der Ökonomie strukturell ändern. Die signalisierte Politik verändert das ökonomische Entscheidungsverhalten, weil Erwartungen über die zukünftige Umwelt für die einzelwirtschaftliche Optimierung ebenso wichtig sind wie bekannte Preise: Eine expansive Geldpolitik führt nicht nur zu einer Ausweitung der Geldmenge und anschließender Güterpreiserhöhung, sondern zu einer Änderung der Lohnfindung, die den veränderten Inflationserwartungen Rechnung trägt, etwa durch kürzere Laufzeiten der Tarifverträge und die Einbeziehung von Indexklauseln. Die Wirtschaftspolitik schafft sich ihre eigenen Voraussetzungen, Wirtschaftspolitik und Marktprozeß werden rekursiv.

Wie soll wiederum die Wirtschaftspolitik auf diese Einsicht reagieren? Lucas (1976, 125) vermutete, daß Erwartungen sich unvorhersehbar und unsystematisch ändern, wenn die Wirtschaftssubjekte ihre Informationen über die intendierte Politik nur den wirklichen oder vermeintlichen Wirkungen dieser Politik entnehmen können. Erfolgt die Erwartungsbildung adaptiv oder rational, vergangenheitsorientiert oder antizipativ lernend? Wieviele der verfügbaren Informationen werden verarbeitet? Wem werden die Wirkungen zugeschrieben, der Politik, dem Anlaß, auf den die Politik reagierte, oder gleichzeitig auftretenden Störungen? Aus der berühmten Lucas-Kritik wurde das Postulat abgeleitet, Politikmaßnahmen aufgrund angekündigter *Regeln* durchzuführen und auf diskretionäre, d.h. fallweise eingreifende Maßnahmen zu verzichten. Ein solches Regelwerk ist auch das gewählte Wechselkursregime oder die Befolgung einer Zentralbankstrategie, die angekündigte Geldmengenziele verfolgt.

Kydland/Prescott (1977) begründeten die Notwendigkeit der Regelbefolgung damit, daß eine optimale Politik keineswegs eine konsistente Politik sein müsse. Optimale Politik, worunter eine aus Modellen der optimalen Kontrolltheorie gewonnene Planung verstanden wird, beruht auf der Auswertung vergangener und laufender Informationen. Aber nur, wenn die daraus resultierende Politik keine Wirkung auf die Modellstruktur hat, insbesondere nicht auf die von Erwartungen über die Zukunft bestimmte Parameter, nur dann ist ein optimaler Plan auch konsistent. Konsistent bedeutet hier, daß es in der Zukunft keinen Anlaß zu einer Änderung des Planes gibt. Diese Übereinstimmung von optimaler und konsistenter Politk sei jedoch höchst unwahrscheinlich, weil nach der Lucas-Kritik jede Maßnahme einen Erwartungen generierenden und verändernden Effekt hat. Das ändert den Datenkranz des Modells der optimalen Kontrolle und zwar in Abhängigkeit vom Ausgang der eigenen Optimierung. Gesucht ist daher ein Fixpunkt gegenwärtiger und zukünftiger Pläne, der eine Fortschreibung trotz vorhandener Rückwirkungen erlaubt.

Fenster 2.3: Das Glaubwürdigkeitsproblem der Stabilitätspolitik

Kydland/ Prescott (1977, 477-480) illustrierten ihr Argument an der Phillips-Kurve. Die konsistente Politik wird ermittelt, indem eine soziale *Wohlfahrts*funktion W (mit den Argumenten Inflationsrate und Niveau der Unterbeschäftigung) maximiert wird, gegeben die Restriktion einer um Erwartungen erweiterten, linear spezifizierten Phillips-Kurve. Sie bildet die zugrundeliegende Makroökonomie ab.

(C1) $\text{Max} W(\hat{P}_t, U_t)$ u.d.N. $U_t = \lambda(\hat{P}_t^e - \hat{P}_t) + U*$

Entscheidend ist erstens die Annahme, daß Nominallöhne *vor* der wirtschaftspolitischen Festlegung der erwünschten Inflationsrate bestimmt werden. Entscheidend ist zweitens die Annahme, wie Inflationserwartungen gebildet werden. Kydland/ Prescott (1977, 478) unterstellen rationale Erwartungen in dem Sinne, daß auch Voraussagen über die zukünftige Politik das aktuelle Verhalten bestimmen, wenn und insofern die Politik zur Struktur der Ökonomie gehört. Die politischen Handlungsmöglichkeiten verkörpert hier die Phillips-Kurve. Somit entspricht die erwartete Inflation dem Erwartungswert der tatsächlichen Inflation:

(C2) $\hat{P}_t^e = E\hat{P}_t$

Das Auseinanderfallen der optimalen und der konsistenten Stabilitätspolitik kann wie folgt illustriert werden:

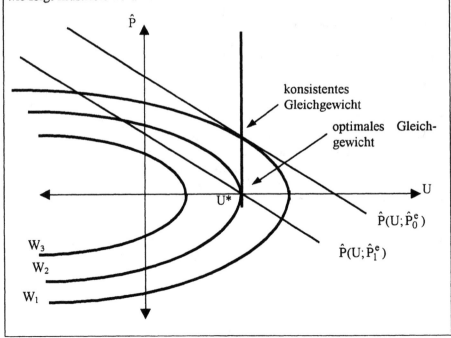

Das **dynamisch konsistente Gleichgewicht** ist dadurch gekennzeichnet, daß die Phillips-Restriktion (Tangenten an die Wohlfahrtsfunktionen) bei gegebenen rationalen Inflationserwartungen $\hat{P}_0^e$ (oder Wechselkurserwartungen) voll ausgeschöpft wird. Formal: die Tangentialbedingung $\dfrac{\partial W}{\partial \hat{P}} = -\dfrac{1}{\lambda}$ ist bei $\hat{P}_0^e = \hat{P}_0$ erfüllt.

Das aber ist nicht optimal: Die soziale Wohlfahrt ließe sich noch ohne Einbußen bei der gleichgewichtigen Beschäftigung auf $W_2 = W(0, U^*) > W_1$ erhöhen, wenn die Inflationsrate auf 0 gesenkt würde. Versuchte die Politik, das optimale Gleichgewicht zu realisieren, würde ihr das bei rationalen Erwartungen nicht geglaubt: Die Wirtschaftssubjekte wüßten, daß die wirtschaftspolitischen Autoritäten einen Anreiz zur Erhöhung der Inflationsrate, nämlich zur Erhebung einer höheren Inflationssteuer, hätten (formal: daß die Tangentialbedingung, gegeben die soziale Wohlfahrtsfunktion und gegeben den Verlauf der kurzfristigen Phillips-Kurven, nicht erfüllbar ist). Somit kann das Ergebnis einer dynamisch konsistenten - und damit glaubwürdigen - Politik nicht optimal sein.

Calvo (1978) und Barro/ Gordon (1983) haben erstmals für monetäre Ökonomien bzw. die Geldpolitik das wirtschaftspolitische Dilemma untersucht, daß optimale Pläne zeitinkonsistent sein können, weil ihre Implementation die eigenen Voraussetzungen verändert und damit Anreize zur Abweichung liefern. Das wiederum nehmen Wirtschaftssubjekte vorweg, wenn sie rational in dem Sinne sind, daß sie das Wissen der Politiker teilen. Das Glaubwürdigkeits- bzw. Inkonsistenzproblem hat seine Ursache in einer zweitbesten, d.h. Distortionen verursachenden Technologie zur Durchsetzung wirtschaftspolitischer Ziele bei gleichzeitig rationalen Wirtschaftssubjekten. Die Rationalität bedingt, daß immer wieder das inferiore, aus diskretionären Eingriffen resultierende Gleichgewicht realisiert zu werden droht, wenn die Stabilitätsorientierung nicht glaubwürdig gemacht werden kann. Denn letztlich bestimmen die Inflationserwartungen nominelle Verträge und damit die tatsächliche Inflation. Die wirtschaftspolitischen Autoritäten müßten ihre Anreize verändern können, damit sich die Erwartungen ändern. Diese Glaubwürdigkeit zu erreichen, hat in der Regel den Preis des Verzichts auf kurzfristige Wohlfahrtsmaximierung zugunsten der langfristigen. Ein solcher Zeithorizont muß institutionell verankert werden, z.B. durch die Unabhängigkeit wirtschaftspolitischer Gremien wie der Zentralbank, durch die Dauer von Wahlzyklen, die gesellschaftliche Akzeptanz der Stabilitätsorientierung oder durch Sanktionsmechanismen für stabilitätsgefährdende Maßnahmen.

Dies mußte in der Theorie des optimalen Währungsraumes zu einer starken Umbewertung des Wechselkurses als eines wirtschaftspolitischen Instrumentes führen.[7] Ein Wechselkurs kann aufgrund des Glaubwürdigkeitsproblems zu einer

---

[7] Mithilfe von (D2) in Fenster 4.4 kann man das Inflationsziel der Regierung auch in ein Wechselkursziel übersetzen, die perfekte Substitutionalität der im In- und Ausland

Restriktion der Wirtschaftspolitik werden. Damit ist der vorläufige Schlußstein einer wirtschaftspolitischen Theoriebildung markiert, die mit der Kritik an der Phillips-Kurve als eines stabilen Zusammenhangs zwischen Inflationsrate und Beschäftigungsniveau einsetzte. Sie führte über die Lucas-Kritik an der damit verbundenen Konzeption der Wirtschaftspolitik, die sich selbst nicht als Teilnehmerin am Marktprozeß begriff, zum Postulat der Regelbindung und zum Glaubwürdigkeitsproblem stabilitätsorientierter Politik. Freilich wird die Wirtschaftspolitik auch hier nach wie vor als ein den Marktprozessen fern stehendes Handeln konzipiert.

Bevor auf die Folgen dieser Theorieentwicklung für die Politik der Währungsintegration näher eingegangen wird, sei allerdings auf zwei in aller Regel unterschlagene Eigentümlichkeiten der Glaubwürdigkeitsliteratur verwiesen:[8]

- Zum einen ist die Konstruktion eines Glaubwürdigkeits- oder dynamischen Konsistenzproblems der Wirtschaftspolitik reichlich artifiziell (Agénor/ Montiel 1996, 190ff.). Um ein solches zu erhalten, müssen (i) die Zielfunktionen der gewählten Politiker von denen ihres Wahlvolkes im Hinblick auf die Gewichtung (Diskontierung) der Argumente unterschieden sein; (ii) die Zielfunktion der Politiker einen Tradeoff aufweisen, durch den sie „bestraft" werden können, und (iii) die Wahl der Mittel durch Politiker und Wahlvolk sequentiell erfolgen und zwar so, daß die Wirtschaftspolitik den letzten Zug hat (der freilich antizipiert wird). Der common sense-Begriff der „Glaubwürdigkeit" verschleiert, wie voraussetzungsvoll die Entstehung eines diesbezüglichen Problems unter Bedingungen rationaler Erwartung ist.

- Zum anderen ist auf die Ironie hinzuweisen, daß die Literatur zum Glaubwürdigkeitsproblem der Geld- und Wechselkurspolitik auf die Ausbeutung eines kurzfristigen Phillips-Kurven-Tradeoff angewiesen bleibt, obwohl sie in einer Tradition der Kritik an diesem Tradeoff steht. Daß er von der Wirtschaftspolitik überhaupt ausgenutzt wird, findet üblicherweise seine Begründung in den Wahlperioden der Politiker, die für dessen kurzen Zeithorizont verantwortlich sind. Der Tradeoff muß darüberhinaus immer so lange wirksam oder ausnutzbar sein, wie es die Zeithorizonte der maßgeblichen wirtschaftspolitischen Instanzen erfordern. Andernfalls gäbe es keinen Grund, die inversen Beziehung von Inflationsrate und Unterbeschäftigung auszunutzen, da der Ertrag „übernatürlicher" Beschäftigung nur zum Preis steigender Inflationsraten zu haben ist.

---

produzierten Güter vorausgesetzt. Die Verbindung zwischen einem Barro-Gordon-Modell und dem in Kap.3.2.2.1 skizzierten Zielzonen-Modell stellen Coles/ Philippopoulos (1997) her.

[8] Vgl. darüberhinaus die instruktive Detailkritik von Spahn (1998).

Warum das rationale Wahlvolk solch kurzsichtige Mandatsträger wählt bzw. nur solche sich zur Wahl stellen, die anschließend bekanntermaßen nicht genügend Anreize für eine optimale Politik haben, bleibt freilich unerklärt. Genauer gesagt: es wird eine Externalität postuliert, die eine interventionsfreundliche Politik auf den Plan ruft, um sie dann aber nicht internalisieren zu können. Die nur zweitbeste Technologie der Politikdurchsetzung (Inflation um willen der Beschäftigung und vice versa) ist eine nicht-triviale Annahme. Als Konsequenz aus der Lucas-Kritik läge nahe, die Arbeitsmarktparteien z.B. eine synchronisierte Lohn- und Preisniveaufestlegung vereinbaren zu lassen, etwa im Rahmen einer Konzertierten Aktion. So könnte der Politik die zweitbeste Technologie aus der Hand genommen werden. Gleichermaßen ad hoc ist die Voraussetzung, daß der Zeithorizont der Wirtschaftspolitik und ein kurzfristig wirksamer Phillips-Kurven-Tradeoff zusammenfallen. Nur dann hat die Politik überhaupt einen Anreiz, die Phillips-Kurve zu instrumentalisieren.

Es waren solche Formen der Ad-Hoc-Begründung, auf die die Kritik einer stabilen Phillips-Kurve bzw. des Ziel-Mittel-Ansatzes der Wirtschaftspolitik zielte. Seitdem werden deutlich höhere Anforderungen an die entscheidungstheoretischen Grundlagen makroökonomischer Modelle gerichtet. Insofern verstößt die wirtschaftspolitische Ausnutzung des genannten Tradeoffs in der Glaubwürdigkeitsliteratur gegen die eigenen und zurecht etablierten methodischen Prinzipien.

2.1.2 Allgemeine Folgerungen für die Politik der Währungsintegration

Monetäre Integration kann eine Antwort auf das währungspolitische Glaubwürdigkeitsproblem einer Regierung sein. Dieser Befund beinhaltet die nahezu völlige Umkehrung der Mundell'schen Sichtweise des Wechselkurses bzw. der Wechselkursfixierung. Ein flexibler Wechselkurs stellt darin eine Restriktion der Wirtschaftspolitik dar, die man durch Selbstbindung - das vertragliche Unterbinden stabilitätsgefährdenden Verhaltens - loszuwerden gedenkt. Die Unabhängigkeit der Geldpolitik kann langfristig eine Bürde sein, nämlich genau dann, wenn sie immer wieder in einen Zyklus von Abwertung und Inflationsschub mündet.

Giavazzi/ Pagano (1988) haben die mögliche Schlußfolgerung auf den Punkt gebracht: „The Advantage of Tying One's Hand: EMS Discipline and Central Bank Credibility". Der Ausweg ist ein „Import von Glaubwürdigkeit" durch monetäre Integration (Giavazzi/ Giovannini 1987, 255-260). Die Anbindung an eine andere, stabilere Währung oder gar ihre Übernahme könnten als ein so drastischer dauerhafter Politikwechsel wahrgenommen werden, daß die Inflationserwartungen auf $\hat{P}_1^e$ zurückgehen würden und/ oder der kurzfristige Phillips-Tradeoff steiler würde, so daß kein Anreiz zur Abweichung von der optimalen Politik bestünde.

Eine starke Betonung des Glaubwürdigkeitsproblems wertet außerdem die Währungsintegration gegenüber der monetären Integration auf. Barro/ Gordon (1983) weisen darauf hin, daß auch eine Regelbindung keinen instantanen Ausweg bietet, denn gerade dann, wenn die Wirtschaftssubjekte auf sie vertrauen, gibt es Anreize für ihre Verletzung. Das gilt entsprechend für die Regelbindung, die mit der Fixierung des Wechselkurses gegenüber einer anderen Währung gegeben ist: Warum sollte ein Wechselkursziel glaubwürdiger sein als ein Inflationsziel? Warum sollte eine Zentralbank von einer überraschenden Abwertung eher Abstand nehmen als von einer überraschenden Inflation? Es bedarf deshalb eines langfristigen Reputationsaufbaus. Das ist u.U. erheblich leichter dadurch zu erreichen, daß man sich der bereits erworbenen Reputation einer anderen Zentralbank bedient und deren Währung übernimmt (Frenkel/ Goldstein 1991, 192; Tavlas 1994, 225). Die Konvergenz der Inflationsraten ist dann angestrebtes Ziel der monetären Integration zwischen zwei Ländern mit unterschiedlichen Geldpolitiken und nicht mehr eine der Voraussetzungen, wie Fleming (1971, 476f.) meinte.

Welche Konsequenzen ergeben sich daraus für die Anpassungsmechanismen, die der älteren Theorie zufolge den Wechselkurs ersetzen sollten, wie beispielsweise die Lohnflexibilität? Bereits der deutlich andere Stellenwert des Wechselkurses in der neueren Theorie hat die Frage nach alternativen Anpassungsmechanismen noch dringlicher werden lassen. Denn auch die entwicklung in der Wechselkurskonzeption hat die Argumentation der Mundell-Tradition geradezu auf den Kopf gestellt. Der Wechselkurs ist als ein Vermögenspreis zu stabilisieren, gerade weil er eine eigenständigen Quelle von Störungen darstellt. Ist er selbst eine Quelle von Störungen, dann muß die von Wechselkursschocks ausgehende Instabilität durch andere Anpassungsmechanismen kompensiert werden. Dasselbe gilt, wenn er keinen verläßlichen Beitrag zur Schockabsorption zu leisten vermag und sein Ausfall zu kompensieren ist. Wenn andere Anpassungsmechanismen nicht vorhanden oder zu solcher Kompensation nur sehr unvollständig in der Lage sind, dann kann dies geradezu die Abschaffung des Wechselkurses begründen. Die Umkehrung der Mundell'schen Argumentation ist offensichtlich: Bei zu geringer Lohnflexibilität oder Arbeitskräftemobilität kann es der neueren Theorie zufolge angeraten erscheinen, den Wechselkurs als *Quelle* von Schocks auszuschalten.

Gleichwohl bleibt die stabilitätspolitische Kardinalfrage, wodurch nach der Bildung eines größeren Währungsraumes die Anpassung erfolgen soll. Die Antwort darauf zieht Konsequenzen aus der Lucas-Kritik: Eine so tiefgreifende Änderung der Politikregeln, wie sie die Bildung eines neuen Währungsraumes darstellt, muß eine Revolutionierung der ökonomischen Strukturen bedingen. Die zuvor nicht vorhandenen Anpassungsmechanismen müssen dieser Argumentation zufolge durch rationale Einsicht in die Zwänge des neuen Politikregimes entstehen. Denn die Arbeitsmarktparteien wissen dann, daß es keinen, wie immer unvollkommen funktionierenden, Wechselkurs mehr gibt, der die außenwirtschaftlichen Folgen zu hoher oder zu niedriger Lohnabschlüsse abzufedern vermag. Die Unternehmen müssen sich dann auf verstärkten, weil transparenteren und nicht durch ungleichgewichtige Wechselkurse verzerrten Wettbewerb einstellen. Aber auch: Die fiskalischen Autoritäten wissen dann, daß ihre Verschuldung weniger Verdrängungseffekte durch steigende Zinsen und aufwertende Währung verursacht, da ihnen ein größerer Kapital- und Devisenmarkt zur Verfügung steht. Die neuere Theorie schließt daraus auf die Notwendigkeit fiskalischer Stabilitätsregeln wie beispielsweise eine verfassungsmäßige Beschränkung der Staatsverschuldung.

Mit der europäischen Währungsintegration ist diese aus der Lucas-Kritik folgende Argumentation bereits politikwirksam geworden.[9] Die Beseitigung des Wechselkurses stellt vermeintlich einen Sachzwang her, bisher nicht vorhandene Anpassungsmechanismen zu etablieren, insbesondere die Flexiblität der Löhne. Aber dieses Setzen auf den Sachzwang, der mit der Änderung einer Politikregel für andere Politikbereiche entsteht, überzieht die Lucas-Kritik einerseits und nimmt sie andererseits nicht ernst genug.

Die Lucas-Kritik wird überzogen, insofern diese Argumentation davon ausgehen muß, daß eine Regeländerung die Verhaltensparameter in eine eindeutig bestimmbare Richtung verändert. Diese Änderungsrichtung ist jedoch bei rationalen Erwartungen modell- oder theorieabhängig. So wird beispielsweise die Flexibilisierung der Löhne in einem neoklassischen Modell zu einer effizienteren Allokation des vorhandenen Arbeitskräftebestandes führen, in einem keynesianischen Modell dagegen zu größerer Instabilität der Beschäftigungs- und Preisniveauentwicklung. Je nachdem, welchem Modell die repräsentativen Wirtschaftssubjekte anhängen, werden sie angesichts der Flexibilisierung ein anderes Verhalten an den Tag legen. Gewerkschaften können sich in das neoklassisch Unvermeidliche schicken und einer Deregulierung zustimmen, oder sie können sich in keynesianischer Überzeugung der Flexibilisierung entgegenstemmen. Genau das und nur das sagt die **rationale Erwartungshypothese**: Da die ökonomische Theorie nicht weiß, wie Erwartungen gebildet werden und welche Informationen in die Voraussagen über die Zukunft einfließen, erfordert die analytische Konsistenz, daß als geteiltes Wissen unterstellt wird, was das jeweilige Modell über ökonomische Mechanismen und daraus folgende Änderungen aussagt. In der

---

9 Das Charakteristikum der Maastrichter Strategie zur Europäischen Währungsunion besteht darin, durch Verschuldungs- bzw. Schuldenstandskriterien für fiskalische Disziplin vor und nach Bildung der Währungsunion zu sorgen. Damit wird auch die Fiskalpolitik als Anpassungsmechanismus weitgehend passiviert. Umso stärker daher der Druck auf die Güter- und vor allem die Arbeitsmarktanpassung. Hochreiter/ Winckler (1995, 90f., 101) begründen so, daß Österreich seine Anbindung an die DM durchhalten konnte: Die glaubwürdige Hartwährungsstrategie habe die Flexibilisierung der Reallöhne erzwungen. Diesen Effekt vermerken auch Artis/ Ormerod (1994, 237) für die am Europäischen Währungssystem teilnehmenden Länder. Theoretisch und empirisch begründete Skepsis melde ich dagegen in Schelkle (1997) an.

praktischen Politik herrschen jedoch unterschiedliche Modelle vor und diese fließen in das Handeln ein.

Die Lucas-Kritik wird von einer Strategie des Sachzwangs zugleich nicht ernst genug genommen, denn schließlich warnt sie aus methodischen und empirischen Gründen davor, die theoretischen Setzungen als Aussagen über die Welt mißzuverstehen. Erwartungen über die Zukunft, Präferenzen und die Technologie werden in der Regel als gegeben vorausgesetzt. Aber die Theorie sagt damit nicht, daß Erwartungen, Präferenzen und Technologien tatsächlich gegeben seien, sondern nur, daß dies für bestimmte Fragestellungen anzunehmen sinnvoll sei (Lucas 1981, 11f.). Sobald die theoretisch gewonnenen Einsichten in praktische Politikmaßnahmen münden, ist zu berücksichtigen, daß die ceteris-paribus-Annahme ein analytisches Hilfsmittel war. Und sowenig die Theorie der Wirtschaftspolitik unterstellen darf, daß Verhaltensparameter konstant bleiben, wenn sie von Erwartungen über die Zukunft bestimmt werden, so wenig darf sie unterstellen, daß sich die Parameter in eine genau vorhersehbare Richtung verändern, wenn den ökonomisch Handelnden für die Zukunft gravierende Änderungen signalisiert werden.

Die *Strategie des Sachzwangs*, die durch die neuere Theorie der Wirtschaftspolitik nur bedingt gedeckt wird, ist in Unterkapitel 6.1 Gegenstand eingehenderer Untersuchungen.

2.2 Bestimmung der optimalen Ausdehnung des Währungsraumes

Die Auf- oder Abwertung der Währung kann, so Mundell (1961), die Veränderung des Preisniveaus oder der Beschäftigung unter bestimmten Umständen vollständig ersetzen. Solche Umstände sind im Falle des Auftretens asymmetrischer Schocks gegeben. **Asymmetrische Schocks** bezeichnen Änderungen von Größen, die die jeweilige Theorie in den Datenkranz wirtschaftlicher Handlungen verlegt hat, die also *Schock* i.S. der exogenen Variation sind, und die zugleich nur einen Teil des betrachteten Wirtschaftsraumes (z.B. einen von zwei Währungsräumen) betreffen und insofern *asymmetrisch* wirken.[10] Solche Schocks bewirken regionale Leistungsbilanzungleichgewichte und entsprechenden Anpassungsbedarf. Die Aufgabe des Wechselkurses im Rahmen der Währungsintegration kann deshalb nur sinnvoll sein, wenn (i) das Eintreten solcher asymmetrischer Schocks nicht sehr wahrscheinlich ist und/oder (ii) andere - mikroökonomische oder wirtschaftspolitische - Anpassungsmechanismen an ihre Stelle treten. Diese beiden

---

[10] Die Rede von *asymmetrischer Währungskooperation*, die besonders im nächsten Kapitel behandelt wird, meint entsprechend Kooperationen, in denen die Durchsetzungschancen der nationalen Währungspolitik ungleich auf die Teile des betrachteten Wirtschaftsraumes verteilt sind.

Aspekte motivierten die unermüdliche Suche nach den Kriterien für die Bildung eines optimalen Währungsraumes.[11]

2.2.1 Absorption und Symmetrisierung von Schocks

Nach der älteren Theorie können die monetären Autoritäten eines Landes auf eine eigenständige Währung gegenüber einem zweiten Land verzichten, wenn exogene Störungen symmetrisch anfallen. In der Regel müßte also die Einkommensbildung in beiden Ländern betroffen sein, sollte z.B. die Nachfrage für bestimmte Güter aufgrund sich wandelnder Präferenzen zu- bzw. abnehmen oder sollten sich die Angebotsbedingungen infolge technischen Fortschritts ändern. So haben Nachfrageschocks definitionsgemäß eine symmetrische Inzidenz, wenn beide Räume eine diversifizierte Import- und Exportstruktur aufweisen (Kenen 1969, 49). Der Wechselkurs als Schockabsorbierer ist in einem solchen Fall überflüssig, da die ökonomischen Strukturmerkmale eine Symmetrie der Schocks verbürgen.

Der Wechselkurs erscheint auch infolge der zuletzt geschilderten Glaubwürdigkeitsproblematik deutlich weniger geeignet, als wirtschaftspolitisches Anpassungsinstrument zu dienen. Die Reputation bzw. der Reputationserwerb ist dann insofern ständig gefährdet, als die Abweichungen des Wechselkurses vom angekündigten Ziel der Politik zugerechnet werden können, selbst wenn sie durch starke Zufallsschwankungen oder sich selbst erfüllenden Abwertungsdruck bedingt sind. Im Anschluß daran läßt sich nun genauer fragen: Welche Auswirkungen auf die Kriterien für einen optimalen Währungsraumes hatte der mit der Phillips-Kurven-Diskussion einhergehende Wandel in der Theorie der Wirtschaftspolitik im einzelnen? Um dies zu beantworten, werden die neueren Beiträge danach ausgewählt, ob sie implizit oder explizit die theoretischen Konsequenzen aus diesem Wandel gezogen haben.

2.2.1.1 Konvergente Inflationsraten

Ursprünglich waren ähnliche Inflationsraten als eine Voraussetzung für die Währungsintegration zwischen einer gegebenen Zahl von Ländern betrachtet worden (Fleming 1971, 476f.). Das war eine schlichte Folgerung aus einer möglichen Gleichgewichtsbedingung für ein Leistungsbilanzgleichgewicht, i.e. die Geltung der relativen Kaufkraftparität: $\hat{e} = \hat{P} - \hat{P}_a$. Wenn die Inflationsraten gleichlaufen,

---

11 Ein Kriterium, nämlich das von Vaubel (1978a) präferierte Kriterium der Stabilität des realen Wechselkurses, wird nicht behandelt. Es hat eher den Charakter eines komprimierten Ausdrucks für die Stabilität der Einkommensbildung eines Währungraumes gegenüber anderen, ohne allerdings unterscheiden zu können, ob dies auf bestimmte Merkmale zurückgeht oder bereits der wirtschaftspolitischen Reaktion darauf geschuldet ist. Vgl. dazu auch Obstfeld/Peri (1998, 232, 235, 243).

so der Gedanke, besteht keine Notwendigkeit für Änderungen des Wechselkurses. Infolgedessen kann er zwischen inflationskonvergenten Ländern abgeschafft werden.

Die neuere Literatur kommt aufgrund der Glaubwürdigkeitsproblematik zu dem Schluß, daß eine Währungsunion gerade deshalb gefordert sein kann, weil konvergente Inflationsraten im nationalen Alleingang unerreichbar scheinen. Fehlende Glaubwürdigkeit kann das Problem einer Administration sein, deren Vorgänger eine Reputation dafür aufgebaut haben, kurzfristigen Beschäftigungszielen eine größere Bedeutung einzuräumen als langfristiger Preisstabilität (Bayoumi/ Eichengreen 1994, 7). Durch die Währungsunion mit einem stabilitätsorientierten Land kann sich die betreffende Administration eine zeitkonsistente Selbstbindung auferlegen, etwa weil die Kosten einer Revision prohibitiv hoch sind, so daß die Abschaffung des Wechselkurses auch zukünftig nicht suboptimal werden kann (Tavlas 1993, 673f.). Oder es wird jene Glaubwürdigkeit, die angesichts der vorausgegangenen Geschichte nicht zu haben ist, importiert, d.h. die Reputation der monetären Autoritäten des Partnerlandes instantan übertragen, indem man sich deren Regelwerk zueigen macht. Die Botschaft lautet also: Konvergenz der Inflationsraten ist das angestrebte Resultat und nicht die Voraussetzung einer Währungsunion (De Grauwe 1994, 269-271).

Allerdings wirft diese Umkehrung des Begründungszusammenhanges für das Inflationskriterium zwei Fragen auf: *Erstens*, warum unternimmt eine Administration, die dieses Glaubwürdigkeitsproblem hat, nicht weniger schwerwiegende Maßnahmen, verzichtet stattdessen vollkommen auf eine eigenständige Wechselkurspolitik? Warum macht sie nicht, einem Vorschlag von Rogoff (1985b, Teil IV) folgend, die Zentralbank von ihren Weisungen unabhängig und besetzt sie mit einer konservativen Leitung, um damit die Möglichkeit einer zu expansiven Geldpolitik institutionell zu unterbinden? Die naheliegende Antwort ist: Die Verfügbarkeit des Wechselkurses erlaubt im Rahmen dieses Modells ohnehin nur, eine höhere oder niedrigere Inflationsrate dadurch zu wählen, daß man eine niedrigere bzw. höhere Abwertungsrate zuläßt. Warum also den Wechselkurs nicht aufgeben? Erneut zeigt sich hier, daß an die Stelle der Nominalillusion der älteren Phillips-Kurve nur eine andere Art Erwartungsfehler tritt. Nunmehr wird „Politikillusion" unterstellt. Das Gemeinwesen unterwirft sich Regeln, sofern sie die Übernahme eines ausländischen Politikregimes beinhalten,- ist aber unfähig zu Reformen, die diesen Regeln ohne Währungsunion Geltung verschaffte.

Berücksichtigt man allerdings die Neuerungen in der Wechselkurstheorie, die Gegenstand des nächsten Kapitels sind, so erweist sich zumindest die in der ersten Frage anklingende Unterstellung als abwegig, mit der Aufgabe des Wechselkurses opfere ein Schwachwährungsland seine eigenständige Wechselkurspolitik um willen des Ertrages größerer Preisstabilität.[12] Der angesonnene Tradeoff existiert nicht, wenn sich die Geldpolitik für eine schwache Währung anpassen muß. Unter dem Stichwort „asymmetrische Währungskooperation" wird sich daher zeigen, daß solche Währungsräume mittelfristig keine Spielräume für eigenständige Wechselkurspolitiken haben. Mein Schluß daraus lautet deshalb: Weder verlieren Zentralbanken, die eine Währung niedriger Vermögensqualität emittieren, mit einer monetären Union ein eigenständiges Instrument, noch gewinnen sie einen Freiheitsgrad der Wirtschaftspolitik hinzu. Vor- und Nachteile liegen auf einer anderen Ebene als der einer vermeintlichen Zu- oder Abnahme wirtschaftspolitischer Autonomie (vgl. Kapitel 5.1).

Eine *zweite* kritische Nachfrage drängt sich angesichts der angesonnenen Vereinigung ungleicher Währungsräume auf, die für den einen Raum einen Glaubwürdigkeitsimport, den anderen entsprechend einen Export beinhaltet: Was sollte das Interesse des stabilitätsorientierten Landes sein, sich mit einem Partner von zweifelhafter Reputation zusammenzuschließen? Warum sollte das Schlüsselwährungsland, an das sich die mit dem Glaubwürdigkeitsproblem konfrontierte Administration anschließt, seinerseits das Risiko eines Reputationsverlustes hinnehmen? In der Literatur findet sich als ökonomische Begründung im wesentlichen, die Währungsunion mit einem schwächeren Partner, der sich anpaßt, bedeute einen Zugewinn an Wechselkursstabilität. Dadurch werden periodisch mit jeder Aufwertung eintretende Schwankungen der nationalen Wettbewerbsfähigkeit vermieden, was umso wichtiger ist, je intensiver die Handelsbeziehungen zwischen den betreffenden Ländern sind (Mélitz 1988, Gros 1996). Entsprechende Freisetzungseffekte in der besonders betroffenen Exportindustrie können nachhaltige Beschäftigungseffekte haben, wenn der nationale Arbeitsmarkt keine flexible Anpassung erlaubt oder wenn dadurch längerfristige Investitionen in Exportkapazitäten abgeschreckt werden (Belke/Gros 1998).

Diese Begründung mit Handelsvorteilen (und daraus resultierenden Beschäftigungsvorteilen) kann freilich nicht ganz befriedigen. Denn die Währungsintegration hat aus Sicht des tendenziell aufwertenden Währungsraumes zur Folge, daß er nun auch keine Unterbewertungsstrategie diesen Handelspartnern gegenüber mehr praktizieren kann. Unter einer solchen Strategie ist eine Politik der verzögerten Aufwertung bei anhaltend negativen Inflationsdifferenzen zu den Handelspartnern zu verstehen (Riese 1978, vgl. auch Unterkapitel 5.1). Sie könnte aus Gütermarktsicht verantwortlich dafür sein, daß immer wieder ein Wechslkursanpassungsbedarf entsteht, der sich freilich gemäß den Bewegungsge-

---

[12] Die Ausdrücke schwache Währung und niedrige Vermögens- oder Währungsqualität werden in dieser Arbeit synonym verwandt. Damit ist eine geringe Durchsetzungskraft der Geldpolitik sowie ein positives gleichgewichtiges Zinsdifferential zu Währungen höherer Vermögenssicherungsqualität verbunden, wie in Unterkapitel 4.2 näher ausgeführt wird.

setzen der Vermögensmärkte durchsetzt. Hinzukommt, daß die Angleichung der Inflationsraten für das glaubwürdig stabilitätsorientierte Land bedeuten könnte, eine durchschnittlich etwas höhere Inflationsrate zu erhalten. Zumindest gegenüber dem Rest der Welt würde es dadurch in eine schlechtere Wettbewerbsposition gebracht.

Eine vermögensmarkttheoretische Rationalisierung dieses Interesses einer bereits glaubwürdig stabilitätsorientierten Zentralbank lautete dagegen, daß die Senkung der effektiven Wechselkursvolatilität auch die Geldpolitik für den Schlüsselwährungsraum effektiver werden läßt - eine Geldpolitik, die sich mit einer monetären Union natürlich auf beide Währungsräume erstreckt. Denn entscheidungstheoretisch leuchtet ein, daß die Vermögensnachfrage nach Aktiva unterschiedlicher Währungen umso unelastischer auf eine Erhöhung der Risikoprämie reagiert, je volatiler der Preis dieser Aktiva. Diese Effektivierung der gemeinsamen Geldpolitik ist aus Sicht des Schlüsselwährungslandes abzuwägen gegen eine mögliche Erhöhung des durchschnittlichen Zinsniveaus, wenn die neue Währung beispielsweise eine stärkere (stabile) Abwertungstendenz aufweist. Ein Partialmodell des Vermögensmarktes, das ein solches Argument stützen kann, wird in Kapitel 4 dargestellt.

Schließlich ist zu berücksichtigen, daß der Regimewechsel nicht die Geldpolitik allein betrifft. Aus Gründen, die bereits die ältere Theorie thematisierte, wird sich auch der Stellenwert der Fiskal- und Lohnpolitik verändern. Neuere Beiträge haben darüberhinaus die Änderung der Anreizstrukturen untersucht, die mit einer Föderalisierung der wirtschaftspolitischen Zuständigkeiten einhergeht (vgl. Abschnitt 2.2.2d)). Gegen eine nachteilige endogene Veränderung des wirtschaftspolitischen Regimes können dann wiederum entsprechende Vorkehrungen getroffen werden, die ihrerseits Kosten in Form geringerer oder suboptimaler Anpassungsmöglichkeiten an Schocks beinhalten.

So zeigt Cohen (1997, 408f.) in einem Modell, das dem in der Glaubwürdigkeitsliteratur verwendeten sehr ähnlich ist,[13] daß die Volatilität der Einkommensbildung durch Vereinheitlichung der Geldpolitik, gleichbedeutend mit Vereinheitlichung der Inflationsraten, steigt. Dieser Anstieg rührt daher, daß eine gemeinsame Geldpolitik, die ein geldmengenorientierte Verstetigungsstrategie verfolgt, in Kombination mit fiskalpolitischen Auflagen, die der Einhaltung von Budgetzielen in einem föderalen System dienen sollen, zu einer suboptimalen Zuordnung von Instrumenten und Anlässen für ihren Einsatz führt. Wenn die Geldpolitik einerseits nicht mehr akkomodieren darf, sollte es zu preistreibenden

---

[13] Es enthält als die beiden wesentlichen reduzierten Gleichungen eine geneigte Phillipskurve für die Angebotsseite. Die Nachfrageseite wird allerdings nicht quantitätstheoretisch modelliert (Güternachfrage in Abhängigkeit von der Realkasse), sondern getragen von autonomen Ausgabekomponenten (Terms of Trade-abhängige Nachfrage des Auslands und fiskalische Stimuli).

Angebotsschocks kommen. Wenn die Fiskalpolitik andererseits restringiert wird, Nachfrageschocks zu akkomodieren, dann erhöht sich die Volatilität der Produktion sowie die des effektiven Wechselkurses.[14]

Die wichtige Schlußfolgerung aus diesen Überlegungen lautet, daß in der neueren Literatur die Inflationskonvergenz weniger als Voraussetzung der Währungsintegration, denn als deren erwünschter Ertrag thematisiert wird. Das ist angesichts der zentralen Stellung der Glaubwürdigkeitsproblematik theoretisch zwingend. Allerdings können die Entwicklungen im Anschluß an die Vereinheitlichung der Geldpolitik gravierend sein für das von vornherein stabilitätsorientierte Land oder auch für den gemeinsamen Währungsraum. So mag eine stark steigende Volatilität der Einkommensbildung eine Grenze des „inflationsoptimalen" Währungsraumes markieren.

2.2.1.2 Hoher Diversifikationsgrad oder Ähnlichkeit der Produktionsstrukturen

Einem Argument der älteren Theorie zufolge, benötigt ein Land umso weniger den Wechselkurs zur Korrektur des relativen Preises von Importgütern, der Terms of Trade, je diversifizierter die Produktionsstruktur ist (Kenen 1969, 49-54). Diese Aussage gilt unter der Bedingung, daß exogene Störungen nicht konjunktureller Natur sind, sondern einzelne Sektoren betreffen und unabhängig verteilt sind. Jede Störung in einem Sektor bedeutet dann eine relative Verbesserung der Angebots- bzw. Nachfragebedingungen in anderen Sektoren. Noch schlichter lautet das Argument von Mundell (1961): wenn die Produktionsstrukturen, also die Anteile des agrarischen, industriellen und des Dienstleistungssektors an der gesamtwirtschaftlichen Wertschöpfung, ähnlich sind, betreffen sektorale Schocks immer beide Länder gleichermaßen.

Diese Argumente werden auch in der neueren Theorie im Prinzip akzeptiert. Sie werden von der Phillips-Kurven-Diskussion nicht berührt bzw. lassen sich in diese problemlos integrieren. Ergänzt wurde das Kenen- und Mundell-Argument um die Theorie und Empirie des intraindustriellen Handels, der ein zusätzliches

---

[14] Der Anlaß für diese Warnung ist natürlich die Bildung der EWU gemäß den Maastrichter Beschlüssen, bei der sich eine Zentralbankpolitik nach der Norm der Bundesbankpolitik abzeichnet, und mit dem Stabilitäts- und Wachstumspakt die Spielräume für eine antizyklische Fiskalpolitik beschränkt wurden. Dem läßt sich entgegenhalten, daß die Norm der Bundesbankpolitik keinesfalls ihre Praxis kennzeichnete (Bofinger/Raischle/Schächter 1996, 269-277), so daß ein ähnlich opportunistisches Verhalten auch von der EZB erwartet werden kann. Und die Fiskalpolitik wird mit dem Stabilitäts- und Wachstumspakt nicht notwendigerweise prozyklisch, weil die Sanktionen, wenn überhaupt, mit starker Zeitverschiebung einsetzen (Artis/Winkler 1998, 4f.). Immerhin mag die von Cohen (1997) theoretisch aufgeworfene Problematik eine Praxis befördern, die marktkonform opportunistisch handelt.

Moment der Diversifizierung bzw. der Vereinheitlichung von Produktionsstrukturen beinhaltet. Es wird nicht nur Diversifizierung zwischen Produktgruppen (Automobile, Nahrungsmittel etc.) einbezogen, sondern auch diejenige innerhalb von Produktgruppen (Automarken, Käsesortiment etc.). Die Produktionen unterscheiden sich nicht auf der Herstellungsseite, sondern nur hinsichtlich der von der Nachfrageseite wahrgenommenen Varietät. Ein sektoraler Schock betrifft dann definitionsgemäß immer beide Länder, die einen hohen Anteil intraindustrieller Handelsbeziehungen aufweisen.

Modelle des intraindustriellen Handels weichen in zwei Hinsichten von herkömmlichen Außenhandelsmodellen ab. Die Marktform der monopolistischen Konkurrenz, die die Produktdifferenzierung hervorbringt, wird nachfrageseitig mit der Präferenz der Haushalte für Varietät begründet, also dem Umstand, daß Haushalte kein homogenes Gut Käse, sondern verschiedene Käsesorten konsumieren wollen.[15] Angebotsseitig wird diese Marktform damit begründet, daß ein weiter Bereich steigender Skalenerträge in der Produktion oder Vermarktung der einzelnen Produktausprägungen vorliegt. So läßt sich begründen, daß nicht das ganze Sortiment an differenzierten Produkten (sämtliche Käsesorten) von einem einzelnen Unternehmen bzw. der inländischen Branche angeboten wird.

Währungsintegration hat jedoch einen widersprüchlichen Effekt zwischen zwei Ländern, die einen hohen Diversifikationsgrad oder Ähnlichkeit der Produktionsstrukturen aufgrund intraindustriellen Handels aufweisen. Vor der Integration bilden sie aufgrund dieser Merkmale einen optimalen Währungsraum in dem Sinne, daß ein Wechselkurs zwischen ihnen keine Abschirmungsfunktion zu übernehmen hat. Aber bei Vorliegen steigender Skalenerträge werden Produktionsstandorte tendenziell konzentriert, die verschiedenen Marken einer Produktart somit in einer Region hergestellt. Nach der Integration werden dann aus sektoralen Schocks regionale Schocks. Aus der Währungsintegration, die die Agglomeration begünstigte, hätte sich eine Suboptimalisierung des Währungsraumes ergeben, zuvor symmetrische Störungen wären asymmetrisch geworden. Die paradoxe Schlußfolgerung aus diesem Szenario ist, daß die USA ein weniger optimaler Währungsraum ist als die EU vor Bildung einer Währungsunion - und zwar gerade weil die Vereinigten Staaten seit geraumer Zeit einen Währungsraum bilden (Krugman 1993, 249-255).[16]

In die gleiche Richtung wirkt es, wenn die Diversifizierung oder die Ähnlichkeit der Produktionsstrukturen auf multinational tätige Unternehmen zurückzuführen ist, die ihre Produkte in beiden Ländern herstellen. Auch hier wird die regionale Konzentration durch eine Währungsunion begünstigt, sofern die Standortwahl

---

[15] Eine analytische Darstellung findet sich in Fenster 6.1.

[16] Aus ähnlichen Gründen vermutet Ohr (1993, 40f.), daß der EU-Binnenmarkt gerade nicht die EWU vorbereite.

dieser Unternehmen einem Portfoliokalkül zur Bewältigung von Währungsrisiken oder zur Glättung konjunktureller Schwankungen entspringt.[17] Denn mit der Beseitigung des Währungsrisikos zwischen den zwei Standorten und dem Gleichlauf der regionalen Konjunkturen entfällt der Grund für die Standortaufteilung. Wiederum ergibt sich das paradoxe Ergebnis, daß ein Währungsraum suboptimal wird, indem man ihn bildet.

Allerdings kann die Bildung eines Währungsraumes auch genau in die andere Richtung wirken. So verweisen Fontagné/Freudenberg (1999), gestützt auf theoretische wie empirische Überlegungen, darauf, daß die Beseitigung bilateraler Wechselkursschwankungen zu einer gleichmäßigeren Verteilung monopolistisch konkurrierender Unternehmen führen könne. Denn die Wettbewerbsfähigkeit ihrer Produkte wird von absoluten Vorteilen bestimmt, die sich mit Wechselkursschwankungen verändern. Der intraindustrielle Handel würde sich daher intensivieren und entsprechend das Kenen-Kriterium verbessern.

Die integrations*theoretische* Schlußfolgerung daraus lautet, daß die Feststellung einer integrationsförderlichen Struktur nicht ausreicht, um die Vorteilhaftigkeit der Maßnahme festzustellen. Vielmehr muß der endogene Charakter einer solchen Struktur (hier: die Branchenstruktur der Wertschöpfung und ihre Verteilung im Raum) sowie ihre mögliche Evolution in Betracht gezogen werden. Die integrations*politische* Schlußfolgerung daraus lautet, daß flankierende Maßnahmen, vor allem im Bereich des fiskalischen Föderalismus gefordert sein können (Krugman 1993, 257f.;vgl. Abschnitt 5.2.1).

2.2.1.3 Offenheit und geringe Größe

Die ältere Theorie hatte erklärt, daß das Wechselkursinstrument für die Realisierung des Zielbündels Vollbeschäftigung - Zahlungsbilanzgleichgewicht - Preisniveaustabilität entfällt, wenn die repräsentativen Unternehmen einer Volkswirtschaft Preisnehmer im Weltmarkt sind (McKinnon 1963, 717f.). Das ist der Fall, wenn die betreffende Volkswirtschaft sehr offen ist, so daß die Preise der inländischen handelbaren Güter den Weltmarktpreisen entsprechen. In der Regel ist eine Volkswirtschaft offen, wenn sie sehr klein ist und bestimmte Produktionen im Inland nicht lohnen, etwa aufgrund einer fehlenden Ressourcenbasis. Eine kleine Ökonomie hat definitionsgemäß keinen nennenswerten Einfluß auf einzelne Güterpreise bzw. ihre bilateralen Wechselkurse. Eine nominelle Abwertung würde sich schnell in eine Erhöhung des Preisniveaus übersetzen, der reale Wechselkurs bliebe gleich. Der Wechselkurs entfällt als Anpassungsinstrument, weil die realwirtschaftlichen Gegebenheiten ihn nicht wirksam werden lassen.

---

[17] Kulatilaka/ Kogut (1996) zeigen am Beispiel japanischer Unternehmen in den USA, daß Direktinvestitionen auch der Diversifikation von Wechselkursrisiken dienen.

In neueren Beiträgen ist das Offenheitskriterium eingehender untersucht worden. Ricci (1997, 32-33) zeigt in seinem eindrucksvollen Versuch, die Theorie des optimalen Währungsraumes mikroökonomisch zu fundieren, daß ein höherer Offenheitsgrad keine eindeutige Wirkung auf den Nettoertrag monetärer Integration hat. Zwar sind, wie schon bei McKinnon (1963), die von der Integration zu erwartenden Einsparungen an Transaktionskosten umso höher, je offener eine Ökonomie ist. Freilich ist eine solche Ökonomie auch umso anfälliger für wenig korrelierte Außenhandelsschocks, was den erwarteten Ertrag der Integration schmälert. Hinzukommt, daß Offenheit die Bedeutung monetärer Schocks erhöht: sind solche Schocks im In- und Ausland positiv korreliert und weisen sie im Inland eine geringere Varianz auf, so kann sich im Zweifelsfall aus der Integration zweier offener Volkswirtschaften keinerlei Nettonutzen für das Inland ergeben. Es könnte sich mittels des Wechselkurses nicht mehr abschirmen.[18]

Noch weitreichender ist der Vorschlag von Cohen (1997, 397-398), der dem Offenheitskriterium eine sinnvollere Fassung zu geben versucht. Besser als vom bloßen Durchschnitt der Exporte und Importe im Verhältnis zum Bruttoinlandsprodukt werde die ökonomische Wirkung von Offenheit besser erfaßt im Grad der Substituierbarkeit der inländischen durch ausländische Güter. So seien die europäischen Volkswirtschaften offener zueinander als zum Rest der Welt, weil die zwischen ihnen gehandelten Güter engere Substitutionsbeziehungen aufwiesen. Ein solches Offenheitskriterium muß Produktdifferenzierung und intraindustriellen Handel voraussetzen. Das McKinnon- und das Kenen-Kriterium fallen dann weitgehend zusammen. Genauer gesagt, spiegeln Veränderungen des Offenheitskriteriums die Veränderungen im Diversifikationsgrad wider, z.B. weil sich die Arbeitsteilung dank des Wegfalls von Transaktionskosten des Währungstausches intensiviert. Das Offenheits- und das Diversifikationskriterium werden dann „ko-endogen" oder „jointly endogenous" (Frankel/Rose 1996, 4).[19]

Cohen (1997) ist auch für das Größen-Kriterium des optimalen Währungsraumes relevant. Konventionell wird die Größe als eine kontinuierliche, marginal sich ändernde Bestimmungsgröße für die Offenheit behandelt, z.B. als Prozentsatz des Handels, der durch Integration innerhalb des gebildeten Wirtschaftsraumes stattfindet (Mélitz 1995, 1996). Im Gegensatz dazu behandelt Cohen (1997) die Größe des Währungsraumes als eine Determinante wirtschaftspolitischer Maßnahmen. Sein Modell fragt, wie sich Politiken und Politikresultate verändern, wenn die fiskalischen und monetären Autoritäten in einem größeren Währungsraum

---

[18] Im nächsten Kapitel wird diese Unterstellung einer Abschirmungsfunktion des Wechselkurses kritisiert.

[19] Gleichwohl behandelt Cohen (1997) den Offenheitsgrad als eine Konstante, die von monetärer Integration nicht berührt wird. Er teilt diese Inkonsistenz mit einer ganzen Reihe neuerer Beiträge.

agieren. Der Anreiz, Wirtschaftspolitiken zu ändern, ergibt sich bei ihm daraus, daß die Koordination der Geldpolitiken erlaubt, auf asymmetrische Schocks nicht zu reagieren, weil sie sich auf den gesamten Raum verteilen (Cohen 1997, 408). Diese wohlwollende Vernachlässigung von Wechselkursschwankungen, die mit zunehmender Größe eintritt, steht in deutlichem Kontrast zum ursprünglichen Größen-Kriterium, wonach die wirtschaftspolitischen Autoritäten den Wechselkurs aktiv verändern würden, weil dies effektiver wäre.

Dagegen steht diese neuere Ratio der Bildung eines Währungsraumes, die Ermöglichung eines *benign neglect* von Wechselkursänderungen, im Einklang mit der Lucas-Kritik. Freilich muß diese Strukturänderung durchaus nicht wünschenswerter Art im Sinne einer Anpassung sein: Die Praxis eines benign neglect kann durchaus zu höherer effektiver Wechselkursvolatilität gegenüber dem Rest der Welt führen (Cohen 1997, 408). Es besteht einfach weniger Anreiz zur Wechselkursstabilisierung. Während dies für die betreffenden Länder insgesamt trotzdem vorteilhaft sein kann - weil sie durch ihren Zusammenschluß einen Großteil möglicher Schocks und damit der entsprechenden Anpassungszwänge internalisierten - ist es aus Sicht der restlichen Welt durchaus nachteilig. Zumindest gilt dies, wenn der Währungsraum danach weniger „offen" im Sinne einer geringeren Substituierbarkeit zwischen Güterangeboten der restlichen Welt und Güterangeboten des Binnenmarktes geworden ist.[20] Bei eingeschränkten Substitutionsmöglichkeiten haben effektive Wechselkursänderungen spürbare Wohlfahrtswirkungen und wegen der relativ geringeren Größe für die kleinen Ökonomien der restlichen Welt wiederum spürbarer als für den großen Währungsraum.

Im Zusammenhang mit der europäischen Währungsintegration scheint diese Rationalisierung vorderhand einleuchtend. Sie hat den forschungspolitischen Vorteil, einem eingeführten Kriterium des optimalen Währungsraumes neuen Sinn zu verleihen. Doch selbst hier erscheint es mir mißverständlich, auf die Größe und Offenheit des Euro-Raumes abzustellen. So hätte etwa die Einführung des Euro in 14 EU-Ländern, aber ohne den DM-Raum, zwar einen größeren und weniger offenen Währungsraum geschaffen als etwa die Kernwährungsunion mit den fünf Gründungsmitgliedern der Europäischen Wirtschaftsgemeinschaft (ohne Italien). Und dennoch ist zu vermuten, daß die letztere Kernwährungsunion eher eine regionale Leitwährungsfunktion ausgeübt hätte, zu benign neglect gegenüber den anderen EWS-Ländern in der Lage gewesen wäre, als im Falle der größeren Lösung. Vollends deutlich wird die problematische Anwendung dieses realwirtschaftlichen Kriteriums auf monetäre Integration, wenn man diese Überlegungen auf einen großen, vergleichsweise geschlossenen Währungsraum wie Indien zu übertragen versucht. Die indische Zentralbank hat aufgrund dieses Kriteriums

---

[20] Diese Definition von Offenheit scheint ökonomisch sinnvoller als die konventionell statistische, die auf den Durchschnitt von Exporten und Importen im Verhältnis zum Bruttoinlandsprodukt abstellt (Cohen 1997, 397f.).

keine größeren währungspolitischen Handlungsspielräume als sie beispielsweise Westbengalen nach einer Sezession von Indien hätte. Mit anderen Worten: Es kommt primär auf die Vermögensqualität der gemeinsamen Währung an. Nur für eine gegebene Vermögensqualität, also sekundär, kommen diese Strukturmerkmale in dem von den Autoren betrachteten Sinn in Betracht.[21]

Die Schlußfolgerung daraus ist meines Erachtens, daß die neuere Literatur zwar zurecht ihr Augenmerk auf die *Veränderung* der Größe und Offenheit des geldpolitisch relevanten Wirtschaftsraumes gerichtet hat, die mit einer Währungsintegration unweigerlich einhergeht. Aber selbst wenn man den endogenen Charakter des McKinnon-Kriteriums in Betracht zieht, erscheinen seine Auswirkungen auf die währungspolitischen Handlungsspielräume und die Motivation asymmetrischer Formen der Integration nicht ausschlaggebend. Eine Grenze des optimalen Währungsraumes läßt sich damit nicht bestimmen. Der tieferliegende Grund dafür ist meines Erachtens, daß die Bedeutung dieses Kriteriums auch in der neueren Literatur strikt gebunden ist an die Vorstellung, der Wechselkurs sei ein relativer Güterpreis. Die Position im Welthandel, nicht die Vermögensqualität bestimmt dann, wie wichtig das Wechselkursziel für die Geldpolitik ist. Mit der Änderung der Wechselkurskonzeption erhält daher der Aspekt der Größe und Offenheit einen sekundären Stellenwert.

2.2.2 Alternative Anpassungsmechanismen

Selbst wenn asymmetrische Schocks zwischen Ländern auftreten, so konnte der älteren Theorie zufolge ein optimaler Währungsraum dann gebildet werden, wenn alternative Anpassungsmechanismen die Auf- oder Abwertung der Währung ersetzen können. Solche Anpassungsmechanismen können z.B. hohe Lohn- und Preisflexibilität oder ausreichende Arbeitskräftemobilität sein.

Mit dem Wechselkurs als Vermögenspreis und der Zeitkonsistenzproblematik hat sich der Stellenwert anderer Anpassungsmechanismen deutlich verändert. Sie können unter Umständen geradezu dadurch entlastet oder überflüssig werden, daß Wechselkurse als eine Quelle der Instabilität zumindest mit den Mitgliedern einer Währungsunion entfallen. Doch hat der mit einer Währungsunion vollzogene Wechsel des Politikregimes auch Folgen für einzelne Anpassungsmechanismen. Für ihre stabilisierende Funktionsweise müssen z.B. neue Regeln, wie fiskalische Stabilitätspakte, aufgestellt werden, wie unter Berufung auf die Lucas-Kritik argumentiert wird.

---

21 Auf den Begriff der Vermögensqualität einer Währung und ihre Folgen für die Einkommensbildung und Beschäftigung komme ich in den Unterkapiteln 4.2 und 4.3 zurück. Populär wird sie auch als „Stärke" oder „Härte" bezeichnet.

2.2.2.1 Lohn- und Preisflexibilität

Die ältere Literatur hatte schlicht ein gewisses Maß an Nominalillusion unterstellt, das es den wirtschaftspolitischen Autoritäten erlauben sollte, ihre Präferenzen bezüglich der Kombination von Beschäftigungsniveau und Preisstabilität durchzusetzen (De Grauwe 1975, 635f.). Doch dieses Strukturmerkmal, das einerseits stabilisierungspolitische Gestaltungsmöglichkeiten eröffnete, limitierte andererseits die Reichweite des optimalen Währungsraumes. Schon Fleming (1971, 477) deutete an, daß die Nominalillusion in der Lohnbestimmung nicht so sehr das Ergebnis systematischer Erwartungsfehler sein müsse. Vielmehr könne die Trägheit der Lohn- und Preisanpassung aus vertraglichen Bindungen im Rahmen einer Einkommenspolitik mit begrenzter Reichweite resultieren. Aber bei solchen Andeutungen blieb es. Insbesondere wurde nicht nach einer entscheidungs- und markttheoretischen Begründung für die Lage und endliche Steigung einer noch als stabil unterstellten Phillips-Kurve gesucht.[22]

An dieser Stelle kurz eine terminologische Klärung. Unter *markttheoretischen Aussagen* verstehe ich solche, die sich auf die Interaktion der verschiedenen Markttypen (insbesondere Güter-, Arbeits-, Vermögens- und Geldmarkt) sowie die wirksamen Anpassungsmechanismen (Preis- oder Mengenanpassung, deren Geschwindigkeit) beziehen. *Entscheidungstheoretische Aussagen* betreffen dagegen die Annahmen bezüglich der Präferenzen, Kalküle und Restriktionen, die ökonomischen Handlungen zugrundegelegt werden. Dabei werden typischerweise die ökonomischen Handlungen funktionaler Gruppen, wie die von Haushalten und Unternehmen, Vermögensbesitzern und Vermögenseigentümern, unterschieden, obwohl diese durchaus von einer Person vorgenommen werden können. Die Unterscheidung ist nur teilweise mit der zwischen Makro- und Mikroökonomie kongruent. Insbesondere liegt der Unterschied nicht auf der Ebene Aggregation/Disaggregation oder Totalanalyse/Partialanalyse.

In der neueren Theorie der Währungsintegration werden die Auswirkungen der Währungsintegration auf die Lohn- und Preisflexibilität analysierbar. Denn Bedingungen und Kalküle für deren Anpassungsträgheit werden in der sich als neokeynesianisch bezeichnenden Literatur so genau gefaßt, daß die mit einer monetären Union einhergehenden Änderungen lokalisierbare Ansatzpunkte finden. Zu erinnern ist daran, daß nicht die der Phillips-Kurve zugrundeliegende Markttheorie ein Opfer der Kritik wurde, sondern ihre entscheidungstheoretischen Prämissen und damit die Phillips-Kurve als wirtschaftspolitisches Konzept. In Gestalt der modernen Theorie der NAIRU erlebt die Phillips-Kurve in den 90er Jahren sogar eine Renaissance (Stiglitz 1997, 4). Den höheren Anforderungen an die entscheidungstheoretischen Fundamente trägt ihre Verwendung jetzt dadurch Rechnung, daß sie die Preissetzungsmacht der Unternehmen und der

---

[22] Genau dieses „Mikrofundierungsprojekt" beginnt jedoch um diese Zeit, z.B. mit dem einschlägigen Sammelband von Phelps (1971).

Gewerkschaften rational oder institutionalistisch erklärt. In der neueren Theorie wird also primär die Trägheit der Lohn- und Preisanpassung, die den kurzfristigen Phillips-Kurven zugrundeliegt, in Einklang gebracht mit der mikroökonomischen Axiomatik.

Die Untersuchung der Lohnflexibilität wird sowohl um das Entscheidungskalkül der Arbeitsmarktparteien als auch um eine genauere Untersuchung der institutionellen Bedingungen für die Nominallohnfindung ergänzt (De Grauwe 1997, 14-16). Die Preissetzungsspielräume der Unternehmen ergeben sich aus der nachfrageseitig begründeten Marktform monopolistischer Konkurrenz (nach Dixit/Stiglitz 1977). Zusammengenommen liefern sie einen - und zwar den in der Makroökonomie inzwischen vorherrschenden - Erklärungsansatz dafür, warum auf Arbeits- und Gütermärkten reifer Volkswirtschaften der Preismechanismus nicht die markträumende Funktion übernimmt, die ihm in der Walrasianischen Ökonomie zugeschrieben wird.[23] Vielmehr bedarf es tiefgreifender Änderungen der Regime, die auf diesen Märkten herrschen, um eine Änderung der Preis-Mengen-Lösung zu erhalten. Das ist der Ansatzpunkt für die Theorie der Währungsintegration.

Dieses Totalmodell einer Volkswirtschaft mit ausgebildeten Institutionen der Lohnfindung und Produktdifferenzierung betreibenden Anbietern wird inzwischen auch als „Europäisches Konsensmodell" bezeichnet. Die Mikroökonomie der Lohnfindung stellt sich formal die Aufgabe, ein Gleichgewicht im methodischen Sinne abzuleiten, d.h. ein Gleichgewicht, das nicht durch Markträumung oder einen einheitlichen Preis für homogene Arbeitsleistungen gekennzeichnet ist, sondern durch eine Lohn-Beschäftigungs-Konstellation, die einen Ruhepunkt bei Unterbeschäftigung darstellt. Ein Ruhepunkt ist durch Erfüllung der Erwartungen gekennzeichnet. Entsprechend gibt es zu jeder Inflationserwartung einen solchen Ruhepunkt (Phelps 1994, 9). Analytisch wird dies mithilfe einer Lohnsetzungs- oder Gleichgewichtslohnkurve erfaßt, die - anders als der Wortlaut erwarten ließe - gleichgewichtige Unterbeschäftigung als ein simultanes Güter- und Arbeitsmarktphänomen abbildet (Layard/ Nickell/ Jackman 1991, 378ff.; Phelps 1994, Kap.3-4). Der Geldmarkt ist nach Walras' Gesetz automatisch dann

---

23 Das „Europäische Konsensmodell" mit diesen Merkmalen bildete sich im Zuge von Untersuchungen zur Verschiebung der NAIRU in verschiedenen OECD-Ländern heraus (Layard/Nickell/Jackman 1991). Von manchen Autoren wird der Konsens auch enger als das Insider-Outsider-Modell der Lohnverhandlungen verstanden. Die Berücksichtigung institutioneller und struktureller Bedingungen wurde als unabdingbar erkannt, die divergierenden Beschäftigungsentwicklungen seit den 70er Jahren zu erklären. Die entscheidende Frage, die diesen Beiträgen zugrundeliegt, lautet: Was verhindert das Sinken der Löhne bei einem hohen Überschußangebot an Arbeit, bei Existenz durchaus unfreiwilliger Arbeitslosigkeit? Es wird in Unterkapitel 6.1 ausgeführt.

geräumt, wenn das simultane Gleichgewicht in diesen beiden Makromärkten bestimmt ist.

Währungsintegration könnte in einer solchen Welt die Voraussetzungen der Lohn- und Preissetzung nachhaltig beeinflussen. Um die gängige Argumentation zu skizzieren (vgl. auch Unterkapitel 6.1): Legt man zum Beispiel ein Form der Lohnfindung zugrunde, die von Kernbelegschaften, sog. Insidern, dominiert wird, so kann die Bildung eines einheitlichen Währungsraumes eine moderierende Wirkung auf die Lohnfindung haben. Denn die damit einhergehende Intensivierung des Gütermarktwettbewerbes sorgte für intensiveren Wettbewerb und größere Transparenz auf Gütermärkten und unterminierte dadurch die Gewerkschaftsmacht. Schärferer Wettbewerb würde den monopolistisch oder oligopolistisch konkurrierenden Unternehmen die Möglichkeiten zur Erzielung von Renten beschneiden, die sie dann nicht länger mit den beschäftigten „Insidern" teilen könnten. Durch Währungsintegration würden indirekt die Möglichkeiten der Lohnsetzung vermindert, eine Flexibilisierung der Löhne erzwungen. Da die rational erklärten Formen der Rententeilung zu Lasten der unfreiwillig Arbeitslosen, also der Outsider, gehen, könnte sich somit durch die Bildung des Währungsraumes seine *Optimalisierung* ergeben.

Dem stehen allerdings Wirkungen der Währungsintegration auf die Institutionen des Arbeitsmarktes entgegen. Die Verhandlungsmacht der Insider ist bei hohem gewerkschaftlichem Organisationsgrad auf Betriebsebene am höchsten (Layard/Nickell/Jackman 1991, 29-31). Der Wirkung eines hohen Organisationsgrades, nämlich der Arbeitnehmerseite für sich genommen große Verhandlungsmacht zu verschaffen, steht bei Zentralisation der Verhandlungsebene entgegen, daß die Arbeitsmarktparteien stärker die gesamtwirtschaftlichen Auswirkungen ihrer Abschlüsse in Betracht ziehen müssen. Die Gewerkschaftsbasis ist breiter und heterogener, die Folgen der Arbeitslosigkeit schlagen sich unmittelbar in erhöhter Besteuerung der Gewerkschaftsmitglieder nieder. Aus diesen Überlegungen ergibt sich die prominente, empirisch allerdings nicht robuste Buckel-Hypothese von Calmfors/Driffill (1988): Volkswirtschaften mit sehr zentralisierten und weitgehend dezentralisierten Institutionen der Lohnfindung weisen langfristig die niedrigsten Werte in bezug auf Inflation und/oder Arbeitslosigkeit auf, Volkswirtschaften mit mittlerem Zentralisierungsgrad dagegen relativ hohe Werte.[24]

---

[24] Die Buckel-Hypothese verdankt ihren Namen der Darstellung unterschiedlicher Arbeitsmarktsysteme in einem Diagramm, das an der Ordinate die Inflationsrate und/oder Arbeitslosenrate abträgt und an der Abszisse einen Index des Zentralisierungsgrades. Trägt man Länder mit unterschiedlichen Arbeitsmarktsystemen in dieses Diagramm ein, liegen die Punkte entlang einer Kurve, die ein umgekehrtes U darstellt. Soskice (1990), Schmidt (1996) und andere haben allerdings überzeugend argumentiert, daß die Verhandlungsebene zuwenig über die Koordination der Lohnfin-

Währungsintegration hat einen Dezentralisierungseffekt gerade bei hochkoordinierten Systemen der Lohnfindung. In einem mikroökonomischen Modell haben die Gewerkschaften infolgedessen nurmehr als Ziel, das erwartete Einkommen der regional organisierten Arbeitskräfte zu maximieren. Und die Folgen überhöhter Lohnabschlüsse, etwa in Form steigender Sozialversicherungsbeiträge, verteilen sich auf eine größere Gruppe als die eigene Mitgliedschaft. Es wird somit die Zielfunktion und die Budgetrestriktion der Arbeitnehmerseite verändert und zwar in eine Richtung, die das Insider-Verhalten eher verstärkt. Wenn verstärkte Agglomeration, die sich bei großer Bedeutung steigender Skalenerträge ergeben kann (vgl. Abschnitt 2.1.2b)), die Insidertendenzen von der Gütermarktseite her unterstützt, ergibt sich im Gegenteil eine *Suboptimalisierung* des Währungsraumes.

Die neuere Literatur enthält potentiell interessante Schlußfolgerungen für die Bedeutung der Lohnflexibilität in Währungsunionen. Allerdings ist das Grundmodell und auch dessen Erweiterungen beschränkt auf die Interaktion von Güter- und Arbeitsmarkt, u.U. mit Berücksichtigung des Kapitalmarktes, der aber als Markt zur Allokation des intertemporalen Konsums verstanden wird. D.h. der für die Reputationsliteratur konstitutive Zusammenhang von Geld- und Arbeitsmarkt, neoklassisch interpretiert, wird hier völlig ausgeblendet. Die Geldpolitik hat nur temporären Einfluß auf das Lohn- und Preissetzungsverhalten.

Das ist umso erstaunlicher, als auch diese Literatur bzw. das Konsensmodell eine späte Frucht der Auseinandersetzungen um die Phillips-Kurve ist (Phelps 1971; idem 1994, Kap.1). In deren Gefolge wurden nicht nur das Mikrofundierungsprojekt und die Analytik der strategischen Interaktion auf den Weg gebracht. Es wurde vielmehr der Primat der geldpolitischen Preisstabilisierung über die fiskalpolitische Beschäftigungsstabilisierung errichtet. Dies ist nicht nur von eminenter Bedeutung für die neuere Theorie, die die Währungsintegration geradezu als ultima ratio zur Senkung der gleichgewichtigen Basisinflation inthronisiert. Vielmehr müßte dieser wirtschaftspolitische Paradigmenwechsel auch von beschäftigungstheoretischen Beiträgen zur Kenntnis genommen werden, die die Verschiebung der NAIRU zum Thema haben. Doch wird diese Kenntnisnahme modellimmanent erschwert, weil es keinen Kanal für den Einfluß monetärer Beziehungen gibt. In Kapitel 6 komme ich darauf zurück.

Zu entnehmen ist diesen Untersuchungen, daß eine Grenze des optimalen Währungsraumes die Heterogenität der Lohnfindungsmechanismen und der Preissetzungsspielräume nationaler Unternehmen ist. Überwiegen die Kräfte, die auf eine Suboptimalisierung hinwirken, müßte die Währungsintegration unterbleiben oder aber ergänzende Maßnahmen ergriffen werden. Die in Gang gesetzten Marktprozesse der Reallohnbestimmung scheinen für sich genommen jedenfalls einer

---

dung aussagt und daß der einfache nicht-lineare Zusammenhang zerstört wird, berücksichtigt man die effektive Koordination bei der Indexbildung.

schwer vorhersehbaren Evolution zu unterliegen. Das Kriterium der Lohn- und Preisflexibilität kann daher schwerlich der eindeutigen Grenzziehung dienen.

2.2.2.2 Arbeitskräftemobilität

Für Mundell (1961, 661f.) reichte der optimale Währungsraum so weit wie die Mobilität der ansässigen Produktionsfaktoren, insbesondere die der Arbeitskräfte. Im Falle eines nachteiligen asymmetrischen Schocks könnte die entstehende Arbeitslosigkeit in der einen Region durch Abwanderung in die relativ besser gestellte Region behoben werden. Die Mobilität wird dabei als ein Strukturparameter behandelt, der unabhängig von der Größe des Währungsraumes gegeben ist.

In einem explorativen Beitrag skizzierte Bertola (1989, 107) dagegen eine mikroökonomische Theorie der Faktormobilität, die dem wesentlichen Argument der Lucas-Kritik Rechnung trägt. Die Mobilität wird hier zu einer endogenen Variable des Wechselkursregimes. So werden Investitions- oder Migrationsentscheidungen anders fallen, wenn die Wahl des Wechselkursregimes eine systematische Erhöhung oder Verringerung gesamtwirtschaftlicher Fluktuationen mit sich bringt.

Ein solcher, für Migrationsentscheidungen relevanter Zusammenhang zwischen Wechselkursregime und Volatilität makroökonomischer Größen läßt sich exemplarisch aus den von Dornbusch (1976) begründeten Overshooting-Modellen des Wechselkursverhaltens ableiten. In diesen erfordern träge Preisanpassungen auf Güter- und Arbeitsmärkten eine erhöhte Volatilität des Wechselkurses, um bei integrierten Kapitalmärkten ein anhaltendes Gleichgewicht zu sichern. Das bedeutet im Umkehrschluß, daß die Fixierung des Wechselkurses eine verstärkte Anpassung in den Mengen, insbesondere der Beschäftigung, erzwingen würde. Zumindest gilt dies dann, wenn die Destabilisierung nicht vollständig von der Fiskalpolitik aufgefangen werden kann. Genau das Gegenteil ist der Fall, wenn die Flexibilisierung des Wechselkurses gegenüber einem anderen Wirtschaftsraum zu einer höheren Variabilität des realen Wechselkurses führte. Es wäre dann die Flexibilität der Wechselkurse, die die Unsicherheit für Investitions- oder Migrationsentscheidungen erhöhte. Der Zusammenhang von Wechselkursregime und makroökonomischer Volatilität ist also bezüglich seines Vorzeichens a priori nicht eindeutig.

Der entscheidende Punkt ist, daß Wechselkursintegration zu größerer oder geringerer Mobilität beitragen wird, wenn sie die Variabilität der Einkommensbildung senkt bzw. steigert. Ein solches Verhalten ergibt sich, wenn eine Migrationsentscheidung der einer Investitionsentscheidung unter Unsicherheit gleicht und die Investition wiederum unter Bedingungen stattfindet, die auch das Warten zu einer ökonomisch wertvollen Tätigkeit werden läßt.[25] Es ist die Verbindung dreier Elemente, die in Bertolas Partialmodell einen ökonomisch quantifizierbaren *Optionswert des Wartens* schafft: (i) Die Existenz versunkener Kosten (sunk costs) im Falle einer positiven Entscheidung, beispielsweise für die Wohnungssuche; (ii) die Erscheinung der Unsicherheit in Form unvollkommener, sukzessive bekannt werdender Informationen; schließlich (iii) die Eigenschaft von Wanderungs- oder Investitionsentscheidungen, in der Regel keine einmalige Gelegenheit, sondern anhaltend möglich zu sein.

In einer solchen Entscheidungssituation gleicht Warten dem Halten einer Option, die jederzeit ausgeübt werden kann: die Chance auf den Ertrag wird dauerhaft gewahrt, aber zugleich das Risiko des Verlustes vermieden. Der Wert der Option, d.h. des Abwartens, steigt für jede gegebene Erhöhung der Unsicherheit. Dadurch eröffnet sich ein mit steigender Unsicherheit weiterer Korridor erwarteter Einkommens- bzw. Renditedifferentiale, innerhalb dessen keine Wanderungsbewegung stattfindet. Die sinkende Faktormobilität ihrerseits erhöht wieder die Einkommensunsicherheit. Denn es wird umso wahrscheinlicher, daß jeder einzelne der immobilen Haushalte von Arbeitslosigkeit betroffen wird, je weniger von ihnen migrieren. Das wiederum wissen die rational entscheidenden Haushalte. Die Mobilität weist infolgedessen Hysterese auf (Bertola 1989, 107; Branson 1989, 119).

Fenster 2.4: Arbeitskräftemobilität unter Unsicherheit

Das Entscheidungsproblem einer Optionspreistheorie der Migration läßt sich am einfachsten in einem Szenario zeigen, das zwei Perioden hat und zwei Zustände der Zukunft kennt, einen guten (Index g) und einen schlechten (b wie *bad*) (Burda 1995, 8f.). In diesem einfachen Szenario muß unterstellt werden, daß ein Haushalt auch noch in Periode 2 wandern kann, aber keine Rückkehrmöglichkeit hat, falls er in der Periode 1 gewandert ist. Die Auszahlungsmatrix eines Haushaltes, der über eine Wanderung in Periode 1 oder 2 nachdenkt, lautet:

	Migration	**Abwarten**
Periode 1	$-F + W_1$	0
Periode 2	$\pi^g W_2^g + (1-\pi^g) W_2^b$	$\pi^g (W_2^g - F)$
Nettogegenwartswert der Entscheidung	$-F + W_2 + \dfrac{\pi^g W_2^g + (1 - \pi^g) W_2^b}{1 + r}$	$\dfrac{\pi^g (W_2^g - F)}{1 + r}$

---

[25] Dixit (1992) liefert eine prägnante und gut lesbare Einführung in die Grundgedanken dieser Investitionstheorie, Dixit/ Pindyck (1994) eine umfassende Darstellung.

Dabei steht F für die Fixkosten der Wanderung, W für den Lohnsatz, π^g für die Wahrscheinlichkeit, daß der gute Zustand mit dem hohen Lohnsatz W_2^g eintritt (entsprechend ist $(1-\pi^g)$ die Wahrscheinlichkeit, mit der W_2^b eintritt); r für den Diskontierungsfaktor (Zeitpräferenzrate) und die Indizes 1 und 2 für die Perioden.

Im Falle des Abwartens ist der erwartete Ertrag der Wanderung, die Auszahlung, 0 in Periode 1, aber ungleich 0 für Periode 2. Offenkundig ist Warten aus einzelwirtschaftlicher Sicht sinnvoll, wenn der Nettogegenwartswert der Entscheidung, in Periode 1 zu wandern, kleiner ist als der Nettogegenwartswert der Entscheidung, in Periode 2 zu wandern. Der Optionswert des Wartens läßt sich durch Saldieren dieser Nettogegenwartswerte ermitteln ($1-\pi^g \equiv \pi^b$):

$$V(W_1) = \frac{(r + \pi^b)F}{1+r} - \frac{\pi^b W_2^b}{1+r} - W_1$$

Solange der Wert dieser Option positiv ist, wird gewartet, nimmt er den Wert 0 an, wird sie ausgeübt. Offenkundig ergibt sich ein positiver Wert, wenn F hinreichend groß ist.

Einfache komparative Statik zeigt, daß

der Wert des Wartens sinkt, wenn der niedrige Lohnsatz W_2^b in der Zuwanderungsregion steigt,

der Wert des Wartens steigt, wenn die Wahrscheinlichkeit π^b für das Eintreten von W_2^b steigt;

der Wert des Wartens unabhängig ist vom hohen Lohnsatz W_2^g in der Zuwanderungsregion.

Was geschieht, wenn durch Währungsintegration die Einkommensbildung in der Zielregion unsicherer wird? *Größere Unsicherheit* kann in diesem Szenario bedeuten, daß W_2^g und W_2^b extremere Werte annehmen (W_2^g steigt und W_2^b sinkt). Es würde sich die Mobilität selbst dann verringern, wenn der Erwartungswert des Einkommens für einen migrierenden Haushalt in Periode 2 [$\pi^g W_2^g$ + $(1-\pi^g) W_2^b$] noch genauso hoch wäre wie zuvor. Keine klare Aussage ist möglich, wenn größere Unsicherheit bedeutet, daß durch Währungsintegration die Wahrscheinlichkeit für einen schlechten Zustand π^b steigt, zugleich aber auch die Auszahlung im schlechten Zustand W_2^b. Diese beiden Änderungen, die vereinbar sind mit einem konstanten Erwartungswert des Einkommens in Periode 2, wirkten gegenläufig auf den Optionswert des Wartens. Die Mobilität erhöhte sich, wenn W_2^b über die Fixkosten F steigen würde.

Bertola (1989) und Burda (1995) liefern einen interessanten Ansatz zur Mikrofundierung der notorisch niedrigen Arbeitskräftemobilität, insbesondere in Ländern mit hohem und mittlerem Einkommen (OECD 1994b, 66-68). Aber er teilt ein Problem vieler mikroökonomischer Partialmodelle, nämlich daß ihr Versuch, Realitätsnähe bei möglichst geringer Abweichung von den Axiomen der Paretianischen Entscheidungstheorie zu erreichen, nicht robust ist: Kleine Variationen der Annahmen können das Ergebnis auf den Kopf stellen. Je nachdem, ob Trägheit oder Flexibilität der Güterpreise unterstellt wird, ob die Fiskalpolitik oder die Geldpolitik zuständig für die Einkommensstabilisierung ist, ergibt sich in diesem Modell eine mobilitätsförderliche oder -hemmende Wirkung flexibler Wechselkurse.

Ein weiteres Problem dieses Ansatzes ist die Ambivalenz der abgeleiteten Wirkungen, die aus einer Art Slutsky-Effekt hervorgeht. So macht Stockman (1989, 128) auf zwei gegenläufige Effekte größerer Unsicherheit aufmerksam: für jede gegebene Erhöhung der Unsicherheit wird der Wert des Abwartens zwar steigen, aber zugleich nimmt die Unsicherheit absolut zu, was den Wert des Abwartens senkt. Der Nettoeffekt ist im Prinzip unbestimmt. Die verzögernde Wirkung auf die Migrationsentscheidung, die Bertola (1989) zu zeigen versucht, ergibt sich umso eher, je größer die bereits vorhandene Standardabweichung relativ zu ihrer Erhöhung ist. Das Ergebnis der Analyse, die einen erheblichen formalen Aufwand erfordert, ist dann recht konventionell: Wird die Unsicherheit, z.B. infolge der Währungsintegration, gegenüber dem Ausgangszustand nur wenig erhöht, sinkt die Mobilität, wird die Unsicherheit stark erhöht, steigt die Mobilität erzwungenermaßen an.

Gleichwohl zeigen diese Überlegungen einmal mehr, daß Aussagen wie „die Europäische Währungsunion ist wegen der niedrigen Arbeitskräftemobilität kein optimaler Währungsraum" wenig Rückhalt in der neueren Theorie finden. Ein solches Diktum setzt eine Konstanz von Strukturmerkmalen voraus, die sich entscheidungstheoretisch nicht rechtfertigen läßt. Die neueren Beiträge zu diesem Kriterium des optimalen Währungsraumes können demgegenüber begründen, warum mit großer Sicherheit eine Veränderung der Mobilität zu erwarten ist, sowie die Bedingungen angeben, unter denen eine Veränderung in die eine oder andere Richtung zu erwarten ist. Diese Aussagen sind nicht nur theoretisch besser abgesichert, sondern tragen auch der empirischen Migrationsforschung Rechnung, deren generelle Botschaft lautet, daß die Spezifika zählen und einfache Gesetzmäßigkeiten nicht zu haben sind.[26] Aber in dem Maße, wie das Kriterium Faktormobilität theoretisch besser fundiert ist, eignet es sich auch weniger, den optimalen Währungsraum zu bestimmen.

---

[26] Vgl. Stark (1994) und Zimmermann (1994) zum Stand der ökonomischen Migrationsforschung.

2.2.2.3 Kapitalmobilität

Die Anpassung über Kapitalbewegungen wurde von der älteren Theorie erst vergleichsweise spät systematisch diskutiert. Einer der ersten, Fleming (1971, 472f.), äußerte sich skeptisch in bezug auf die stabilisierende Funktion von Kapitalbewegungen. Im Falle eines asymmetrischen Schocks hänge der Nettoeffekt davon ab, wie stark die Investitionen infolge einer exogenen Kostensteigerung bzw. eines exogenen Nachfragerückgangs eingeschränkt werden relativ zur einkommensabhängigen Ersparnis. Je mobiler Kapital sei, desto stärker werde die Investitionsreaktion relativ zur Ersparnisreaktion ausfallen. Der zinssenkende Effekt wirkt destabilisierend im Falle des Angebotsschocks, weil er den Abfluß von Kapital noch verstärkt. Er wirkt stabilisierend im Falle des Nachfrageschocks, weil er die Investitionsnachfrage begünstigt. Insofern sei hohe Kapitalmobilität als Ersatz für den Wechselkurs „janusköpfig". Mit anderen Argumenten gelangt von Neumann Whitman (1972, 15-18) zu einem ähnlich ambivalenten Ergebnis. Die Anpassung an einen negativen Exportschock, der zunächst zu einem Leistungsbilanzdefizit führt, kann durch den nachfolgenden Exodus des Kapitals sehr schnell in einen Leistungsbilanzüberschuß umgedreht werden. Das ist dann der Fall, wenn der Exodus die Reduktion der Export- und Produktionskapazitäten beschleunigt, die schließlich die Profitrealisierung der „überlebenden" Unternehmen normalisiert. Relativ geringe Kapitalmobilität wird dagegen die Anpassung verzögern bzw. die Ungleichgewichte über lange Zeiträume aufrechterhalten.

Die schockabsorbierende Wirkung von Kapitalbewegungen steht in der neueren Literatur ebenso in Frage wie in der älteren (Emerson et al. 1992, 158ff., Robson 1987, 142). Die Skepsis ist sogar generell besser begründet. Denn es werden nicht mehr die von Leistungsbilanzsalden *induzierten* Kapitalbewegungen als ausschlaggebend betrachtet, sondern die sogenannten *autonomen*, also gegenüber Güterströmen selbständigen Kapitalbewegungen. Wenn diese aus der Disposition über Vermögensbestände herrühren, so werden sie von einem asymmetrischen realwirtschaftlichen Schock nur mittelbar berührt: als Information über eine Datenänderung, die auf Erwartungen wirken kann. Deshalb ist theoretisch auch nicht mit einer genau bestimmbaren Reaktion mobilen Kapitals zu rechnen.

Für die Theorie der Währungsintegration sind zwei Fragen der neueren Forschungen zur Kapitalmobilität besonders interessant.: Erstens: Ist es angesichts steigender und hoher Marktintegration der internationalen Finanzmärkte überhaupt notwendig, einen Währungsraum zu bilden? Und zweitens: Welchen Beitrag leistet mobiles Kapital zur Diversifikation der Risiken volkswirtschaftlicher Einkommensbildung einerseits, zur effizienten Kapitalbildung andererseits?

Zunächst zur Frage, wie integriert die internationalen Finanzmärkte i.S. der Geltung des „law of one price" sind (Obstfeld 1995, 202-204): Vollkommene Kapitalmobilität verlangt, daß der Preis eines Aktivums derselbe ist, unabhängig davon, wo es gehandelt wird. Das bedeutete beispielsweise, daß ein auf Dollar lautendes Depositum denselben Zinssatz erbringt, unabhängig davon, ob es bei einer Bank in New York oder bei einer Bank in London gehalten wird. Vereinbar wäre damit jedoch, d.h. das Gesetz vom einheitlichen Preis würde nicht verletzt, wenn ein in Dollar denominiertes Depositum bei einer amerikanischen Bank und ein in DM denominiertes Depositum bei einer deutschen Bank (das ansonsten in der Laufzeit etc. völlig gleich ist) unterschiedliche Zinssätze aufweisen würden. Kapitalbewegungen müssen dieses Zinsdifferential trotz vollkommener Mobilität nicht zum Verschwinden bringen, wenn Anleger diese Aktiva aufgrund ihrer unterschiedlichen Währungsdenomination als unvollkommene Substitute ansehen. Hohe oder sogar vollkommene Kapitalmobilität ist, mit anderen Worten, vereinbar mit unvollkommener Substituierbarkeit von Aktiva, die auf unterschiedliche Währungen lauten, wie das im portfoliotheoretischen Ansatz der Wechselkurserklärung generell unterstellt ist (vgl. Abschnitt 3.1.1).

Systematisch lassen sich diese beiden Aspekte aufzeigen, wenn man ein Differential zwischen dem Zins $i_{\$}^{US}$ auf das bei einer Bank in den USA gehaltene Dollarguthaben und dem Zins i_{DM}^{G} auf ein bei einer Bank in Deutschland gehaltenen DM-Guthaben aufspaltet. Dabei steht das Superskript off für ein *offsho-re*-Finanzzentrum, das annahmegemäß keiner Regulierung unterliegt, die relevante Transaktionskosten verursacht. Eine Bank in den USA bzw. in Deutschland ist demgegenüber *onshore* angesiedelt und unterliegt der nationalen Bankenaufsicht.

$$i_{\$}^{US} - i_{DM}^{G} = (i_{\$}^{US} - i_{\$}^{off}) + (i_{\$}^{off} - i_{DM}^{off} - \hat{s}^{e}_{\$/DM}) + (i_{DM}^{off} - i_{DM}^{G})$$

Der erste und der letzte Term auf der rechten Seite bezeichnen die Zinsdifferentiale für dasselbe (Dollar- oder DM-)Guthaben, das nur an unterschiedlichen Plätzen - *onshore* und *offshore* - gehandelt wird. Bei vollkommener Kapitalmobilität müßten beide Terme gleich 0 sein. Der mittlere Ausdruck bezeichnet die Verletzung der ungedeckten Zinsparität, die auf unvollkommene Substituierbarkeit der auf Dollar bzw. auf DM lautenden Aktiva hindeutet. Ein beobachtetes Zinsdifferential müßte in einer Welt vollkommener Kapitalmobilität also ausschließlich auf Währungsrisiken, den mittleren Term, zurückzuführen sein.

Nach diesem Kriterium vollkommener Kapitalmobilität, das ein Verschwinden des Zinsdifferentials für *onshore* und *offshore* gehandelte identische Vermögenswerte verlangt, ist unter den OECD-Ländern eine Tendenz zu steigender und hoher Kapitalmobilität feststellbar (Obstfeld 1995, 207-217). Das gilt nicht für Entwicklungsländer, in denen größere politische Unsicherheit, Kapitalverkehrskontrollen als Ersatz für eine wenig effektive Zinspolitik oder eine fragile Situation der Überbewertung formelle oder informelle Barrieren für Kapitalbewegungen errichten.

Unter dem Blickwinkel der Kapitalmobilität wäre demnach zu schließen, daß zwischen Industrieländern mehr und mehr die Bildung von Währungsunionen

Sinn macht, die das Wechselkursrisiko beseitigte. Die bloße Existenz der Währungsgrenzen ist dann noch dafür verantwortlich, daß z.B. die französischen Finanzministerium begebenen Staatsschuldpapiere keine vollkommenen Substitute für die vom deutschen Finanzministerium emittierten sind. Denn der Franc hat eine wechselvolle Währungsentwicklung im EWS, während die DM kontinuierlich aufwertete. Zwischen Entwicklungsländern können auch weniger einschneidende Maßnahmen der monetären Integration zu einer Steigerung der Kapitalmobilität beitragen - sofern dies nicht anderen Zielsetzungen widerspricht.

Daran schließt sich die zweite Frage an, was hohe Kapitalmobilität überhaupt leistet. Genauer gesagt: was trägt mobiles Kapital zur Verstetigung der volkswirtschaftlichen Einkommensbildung und zur Effizienz der Kapitalbildung bei? Um das Ergebnis vorwegzunehmen:[27] selbst zwischen OECD-Ländern überraschend wenig. Soweit sich dies empirisch erheben läßt, führt selbst hohe Kapitalmobilität nicht zu einer wesentlichen Absenkung der Variabilität des Konsums oder der Einkommensbildung von Volkswirtschaften. Die Portfolios sind - gemessen an den verfügbaren internationalen Anlagemöglichkeiten - wenig diversifiziert, weisen eine starken Konzentration in inländischen Titeln auf (sog. *home portfolio bias*).

Mobiles Kapital scheint außerdem nicht zu einer effizienten Verteilung der Investitionstätigkeit zu führen: Weder kam es im Zeitablauf zu einer Angleichung der Kapital-Output-Verhältnisse, wie dies zu erwarten wäre, wenn die Bewegungen sich dorthin wendeten, wo Kapital knapper ist. Noch hat die höhere Mobilität zu einer Entkopplung von nationaler Investitions- und Spartätigkeit geführt, wie dies zu erwarten wäre, wenn Kapital nachfragende Unternehmen sich weltweit der billigsten Refinanzierungsquellen bedienen könnten, Vermögen bildende Haushalte dagegen weltweit die lukrativsten Anlagen wahrnehmen würden. Einem robusten empirischen Ergebnis zufolge sind nationale Spar- und Investitionsquote dagegen hochkorreliert, wenn auch seit den 80er Jahren abnehmend (Siebert 1998, 42f.).

Nach der vieldiskutierten Feldstein/Horioka (1980)-These läßt dies auf geringe Kapitalmobilität schließen. Andere Autoren deuten dies als einen Ausweis geringer Effizienz internationaler Kapitalbewegungen. Die letztere Begründung scheint triftiger, wenn man, wie auch die Vertreter der Feldstein-Horioka-These, eine traditionelle Zinstheorie zugrundelegt. Dieser Zinstheorie zufolge bestimmt die Knappheit des Kapitals *währungsunabhängig* seine Grenzproduktivität und damit seine Rendite. Die Diagnose „mangelnde Effizienz" wäre vereinbar mit

---

27   Vgl. dazu die ausführlichen Diskussionen bei Atkeson/Bayoumi (1993) und Obstfeld (1995, 217-255) sowie die Ausführungen in Unterkapitel 5.2. Diese mangelnde Effektivität von Kapitalbewegungen, Einkommensrisiken zu diversifizieren, begründet eine entsprechende Rolle der Fiskalpolitik (Andersen/Dogonowski 1999, 72f.).

hoher, gar übermäßiger Mobilität, wie sie sich im Herdenverhalten der Zu- und Abflüsse von internationalen Anlagen in Schwellenländern immer wieder dramatisch zeigt.

Der Gesamtbefund ist somit einigermaßen irritierend: hohe Kapitalmobilität zwischen den OECD-Ländern geht mit geringen Beiträgen zur Diversifikation gesamtwirtschaftlicher Risiken und geringen Beiträgen zur Steigerung der Effizienz der volkswirtschaftlichen Kapitalbildung einher. Zwischen Regionen, z.B. *innerhalb* der USA, Kanadas oder Japans, sind diese Beiträge erkennbar höher. Die Irritation läßt sich m.E. dahingehend auflösen, daß die Existenz von Währungen bedeutsamer ist als es die bloße Berücksichtigung einer parametrischen Risikoprämie für Wechselkursschwankungen ausweist.

Die Bedeutsamkeit von Währungsgrenzen läßt sich mithilfe einer veränderlichen Währungsprämie fassen, in die Bestimmungsgrößen für das Vertrauen in das nationale Geld eingehen (vgl. Unterkapitel 4.2). Dieses Vertrauen bestimmt dann die primäre Reaktion von Kapitalbewegungen, wenn beispielsweise ein Währungsraum von einem negativen asymmetrischen Nachfrageschock für seine Güter betroffen wird. So ist zu erwarten, daß ein damit einhergehendes Leistungsbilanzdefizit bereitwillige Finanzierung finden würde, wenn die betreffende Währung diejenige eines Gläubigerlandes ist und daher über eine hohe Vermögensqualität verfügt. Das war die Situation der Bundesrepublik nach der deutschen Vereinigung 1990. Ein Leistungsbilanzdefizit desselben Ausmaßes würde dagegen einen Exodus auslösen, sollte die Währung zu einem Schuldnerland gehören, so daß z.B. mit Überschuldung und entsprechenden Notmaßnahmen wie Kapitalverkehrskontrollen gerechnet werden muß. Der Exodus kann freilich seinen ursprünglichen Verdacht rechtfertigen, d.h. die betroffene Regierung zu den befürchteten Maßnahmen nötigen.

Generell können die Strom-Bestand-Wirkungen, hier: daß ein Leistungsbilanzdefizit die Nettoauslandsposition des betroffenen Währungsraumes verändert, Rückwirkungen haben. Ob diese sekundäre Wirkung den primären Effekt, ein Leistungsbilanzungleichgewicht, verstärkt oder kompensiert, hängt nicht von der Art des Schocks ab. Vielmehr ist das Vertrauen in die Stabilität und Stabilisierbarkeit einer Währung zunächst der primäre Bestimmungsfaktor dafür wie Kapitalbewegungen reagieren, das Ereignis „Schock" sekundär. Aber das Ereignis setzt eine Dynamik in Gang, die gegenläufig wirken kann. Die Portfoliotheorie des Wechselkurses und der Zahlungsbilanz bietet ein Instrumentarium, solche rekursiven Prozesse systematisch zu untersuchen und das Destabilisierungspotential aufzuzeigen.

Für die Theorie der Währungsintegration ergibt sich meines Erachtens aus all diesen Überlegungen, daß *Kapitalmobilität kein hartes Kriterium der Grenzziehung* ist. Die Skepsis der älteren Theorie bezüglich der Anpassungsleistungen von Kapitalbewegungen - zwischen und innerhalb von Währungsräumen - wurde von der neueren Forschung tendenziell bestätigt. Sie hat dabei die Einsicht befördert, daß dieser enttäuschende Befund sich dem Umstand verdankt, daß Kapital-bewegungen der Ausfluß von Vermögensdispositionen und nur zu einem unwe-sentlichen Teil Reflex von Leistungsströmen sind.

2.2.2.4 Fiskalpolitik

In der früheren Theorie des optimalen Währungsraumes wurde die Auffassung vertreten, daß die Domäne der Fiskalpolitik mit dem Währungsgebiet zusam-menfallen sollte (Fleming 1971, 478f.; Kenen 1969, 45-47). Denn Transfers an die von einem asymmetrischen Schock getroffenen Regionen müssen jetzt die Wechselkursanpassung kompensieren. Andernfalls droht, bei unvollkommener Mobilität und unvollkommener Reallohnflexibilität, ein kumulativer Prozeß rückläufiger Einkommensbildung, schrumpfender Steuerbasis, geringerem Ange-bot öffentlicher Güter, Abwanderung von Unternehmen und rückläufiger Ein-kommensbildung. Auch andere Gründe, wie steigende Skalenerträge in der Be-reitstellung öffentlicher Güter und Transaktionskosten unterschiedlicher Steuer-systeme, sprechen aus Sicht der früheren Literatur für eine zentrale Koordination der Fiskalpolitik in einer Währungsunion. Genauer: sie konzentrierte sich auf die Implikationen der Währungsintegration für die Ausgabenseite.

Demgegenüber widmete sich die neuere Literatur verstärkt der *Interaktion von Finanzierung und Ausgaben in einem föderalen fiskalischen System*.[28] Angeregt wurde sie einerseits durch die ökonomischen Theorie der Politik, andererseits durch spieltheoretische Beiträge zum Problem souveräner Verschuldung. Ge-meinsam ist ihnen, daß weniger im Zentrum steht, welche Funktion die Fiskal-politik nach Wegfall des Wechselkursinstrumentes übernehmen muß[29], als die Frage, wie eine Währungsunion die Anreize und die Sanktionsmöglichkeiten exzessiver öffentlicher Verschuldung ändert. Dabei wird plausiblerweise unter-stellt, daß die Vereinheitlichung der Geldpolitik ehemals eigenständiger Wäh-rungsräume keine entsprechende Zentralisierung der Fiskalpolitik nach sich zieht. Somit werden die Auswirkungen des Regimewechsels zu einem fiskali-schen Föderalismus untersucht. Ersichtlich stehen diese Beiträge in der Tradition

---

[28] Für Überblicke aus finanzwissenschaftlicher Sicht, die zugleich Anwendungen auf die Europäische Union beinhalten, vgl. Walsh (1993) und Spahn (1993). Grundsätzliche Fragen des Steuerwettbewerbs und der Steuerharmonisierung diskutiert Sinn (1990), die in Abschnitt 5.2.2 aufgenommen werden. Eine ganz dem Ziel-Mittel-Ansatz ver-bundene Darstellung der Rolle der Fiskalpolitik findet sich in Emerson et al. (1992, 162-166).

[29] Dieser Frage, d.h. der makroökonomischen Stabilisierungsfunktion der Fiskalpolitik in Ergänzung zu einer vereinheitlichten Geldpolitik, widmen sich beispielsweise Kletzer (1999) und Jensen (1999).

der von der Lucas-Kritik ausgelösten Revolution in der Theorie der Wirtschaftspolitik.

Die Interaktion von Steuerfinanzierung und Ausgabenverhalten in einer monetären Union thematisieren vor allem verschiedene Ansätze der ökonomischen Theorie der Politik. Gemeinsam ist diesen Ansätzen, daß sie repräsentative Demokratien marktförmig verstehen: Wähler werden als Kunden aufgefaßt, Politiker als Unternehmer mit Parteiprogrammen zum Zwecke der Produktdifferenzierung, Wahlen bezeichnen den Marktvorgang eines Tauschs von Stimmen gegen Wahlgeschenke (aus Sicht des Wahlvolkes) bzw. eines Tausches von Pfründen gegen Zuwendungen für die eigene Klientel (aus Sicht der Politiker).

Die Modelle kommen im einzelnen allerdings zu deutlich unterschiedlichen Einschätzungen, ob fiskalischer Föderalismus eher zu einer höheren oder niedrigeren Staatsquote, ineffizienteren oder effizienteren Staatsausgaben führt. Berücksichtigt man beispielsweise, daß der Nutzen vieler öffentlicher Güter lokal begrenzt anfällt, Effizienzgründe aber eine möglichst einheitliche nationale Besteuerung nahelegen können, so wird es durch Dezentralisierung zu einem größeren und effizienteren Angebot an öffentlichen Gütern kommen. Bei Mehrheitswahlrecht gab es zuvor ein Unterangebot, weil die Ausdehnung von Angeboten durch die Mehrheit der Wähler blockiert wurde. Denn sie waren nur an den Kosten, nicht aber an den Erträgen der öffentlichen Ausgaben beteiligt. Durch Dezentralisierung auf der Einnahmenseite werden Nutzung und Finanzierung nun effizienter, was zugleich ein größeres Angebot beinhaltet.

Weingast/Shepsle/Johnsen (1981) kommen in ihrem einschlägigen Modell mit den gleichen Ausgangsvoraussetzungen dagegen zu einem gegenteiligen Schluß (vgl. Fenster 2.5). Sie sehen im fiskalischen Föderalismus einen wesentlichen Grund für die Aufblähung staatlicher Ausgaben, z.B. die Überdimensionierung öffentlicher Güter wie Schwimmbäder oder Parks. Entscheidend ist für dieses Ergebnis, daß Politiker nur in lokalen Wahlen politisch legitimiert werden, so daß sie bei der Zentrale als Lobbyisten ihres Wahlkreises auftreten. Das ist die Situation der EWU. Bei einer Währungsunion, die erst den Grundstein zu einer politischen Union legen soll, ist aus dieser Sicht mit einer endogenen Erhöhung der Staatsausgaben und der Steuerbelastung zu rechnen.

Fenster 2.5: Fiskalischer Föderalismus in der ökonomischen Theorie der Politik

Weingast/Shepsle/Johnsen (1981) begründen, warum fiskalischer Föderalismus unter bestimmten Bedingungen zu einer rational erklärbaren Verschwendung öffentlicher Mittel führt. Eine, allerdings noch nicht hinreichende Bedingung dafür ist, daß die Nutzung öffentlicher Güter lokal beschränkt ist, die Finanzierung jedoch aus einem zentralen Topf erfolgt. Werden Politiker in ihren Wahlkreisen direkt gewählt, neigen so finanzierte Projekte dazu, gemessen an der Effizienznorm überdimensioniert auszufallen, also „pork barrel projects" zu werden, mit dem lokale Politiker ihre Wählerschaft mästen.

Ökonomische Theorie der Politik bedeutet zunächst, politisches Handeln nach ökonomischen Kriterien zu beurteilen. Deshalb muß zunächst die *Effizienznorm* abgeleitet werden. Es bezeichne $P_j(x)$ ein staatlich finanziertes Projekt in der Jurisdiktion j, das mittels der Entscheidungsvariable x optimiert werden kann. x bezeichne hier lediglich die Größe des Projektes. Der Gegenwartswert der ökonomisch meßbaren Erträge dieses Projektes sei b(x). Sie sind ebenfalls nur eine Funktion der Größe, wobei diese Funktion die üblichen Eigenschaften positiver, aber abnehmender Grenzerträge aufweist.

(E1) $b = b(x)$ mit $b'(x) > 0, b''(x) < 0$.

Die Kosten des Projektes werden mit c(x) gekennzeichnet und setzen sich aus drei Komponenten zusammen:

(E2) $c(x) = c_1(x) + c_2(x) + c_3(x)$

mit $c_i'(x) > 0$, $c_i''(x) \geq 0$, $i = 1, 2, 3$

c_1 bezeichnet die Kosten für den Einsatz von Produktionsfaktoren aus der Jurisdiktion j, c_2 diejenigen für Produktionsfaktoren aus anderen Jurisdiktionen; c_3 die Kosten aus nichtpekuniären Externalitäten, die in j etwa durch ökologische Schäden entstehen.

Die pekuniären Ausgaben für das Projekt P_j werden annahmegemäß steuerfinanziert.

(E3) $T(x) = c_1(x) + c_2(x)$

Das ökonomische Effizienzkriterium verlangt, den Nettoertrag des Projektes durch geeignete Dimensionierung (x) zu maximieren. Das ist genau dann erreicht, wenn der marginale Nettoertrag 0 ist (B4b) und bei weiterer Ausdehnung des Projektes fällt (B4c).

(E4a) $\max_x E(x) = b(x) - c(x)$ (E4b) $b' - c' = 0$ (E4c) $b'' - c'' < 0$

Die aus ökonomischer Sicht richtige, weil effiziente Größe ergibt sich somit in X^E, wo die Kurve b(x) dieselbe Steigung wie die Kostengerade c(x) hat.

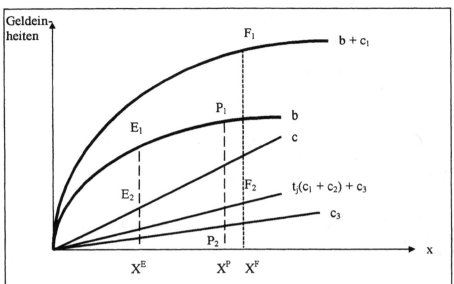

Ein entscheidendes Argument der ökonomischen Theorie der Politik ist nun, daß aus Sicht des politischen Systems die Elemente von c(x) nicht notwendigerweise nur als Kosten veranschlagt werden. Vielmehr kann der in c_1 und c_2 enthaltene Faktorverbrauch durchaus als politischer Ertrag verbucht werden, wenn die Faktorbesitzer in der betrachteten und in den anderen Regionen Wähler sind, die Ausgabenprogramme - und damit die Nachfrage nach den eigenen Faktorleistungen - durch entsprechendes Wahlverhalten honorieren. Ganz unabhängig von der föderalen Verfassung würde also eine politische Instanz mit zentraler Zuständigkeit für alle Jurisdiktionen folgende Funktion maximieren, um die politisch optimale Dimensionierung eines Projektes zu ermitteln:

(E5a) $\max_{x} P(x) = [b(x) + c_1(x) + c_2(x)] - c(x) = b(x) - c_3(x)$

(E5b) $b' = c_3'$

Die „politisch richtige", im Sinne der zentralen Stimmenmaximierung effiziente Lösung bei zentraler Ausgabenplanung ergibt sich in X^P, wo die Kurve b(x) dieselbe Steigung wie die linear unterstellten Kosten vom Typ c_3 aufweist.

Damit schließlich zur Dimensionierung eines Projektes im Rahmen einer föderalen Verfassung, in der die Politiker der einzelnen Jurisdiktionen, in denen sie gewählt werden, Projekte vorschlagen und dimensionieren dürfen. Bei Annahme werden diese Projekte dann von allen finanziert, wobei der Anteil jeder einzelnen Jurisdiktion t_j beträgt. Die zu maximierende Funktion für den Lokalpolitiker lautet also:

(E6a) $\max_{x} F_j(x) = [b(x) + c_1(x)] - t_j[c_1(x) + c_2(x)] - c_3(x)$

(E6b) $b' + c_1' = t_j(c_1' + c_2') + c_3'$

Im obigen Diagramm ist die „föderal richtige", im Sinne der lokalen Stimmenmaximierung effiziente, Lösung X^F illustriert und zwar für den Fall, in dem $c_1' > t_j(c_1' + c_2')$ ist und deshalb $X^F > X^P$ (Weingast/Shepsle/Johnson 1981, 652f.).

Das bedeutet schließlich genau, daß durch Ausweitung des Projektes mehr potentielle Wähler (in ihrer Eigenschaft als Faktorbesitzer) gewonnen werden können, als an zusätzlichen Kosten aufgrund des föderalen Steuerschlüssels zu tragen sind. Die formale Bedingung ergibt sich aus dem Vergleich von (B5b) und (B6b).

Ein großer Teil der neueren Beiträge zur monetären Integration beschäftigt sich mit der Kreditfinanzierung staatlicher Ausgaben. Deren Potential zu erheben ist wichtig, weil im Falle eines asymmetrischen Schocks, der die Staatseinnahmen senkt, die Möglichkeiten zu einer lokalen Anhebung der Steuern begrenzt sind. Innerhalb einer monetären Union ist nämlich mit einem verschärften Steuerwettbewerb zu rechnen (Sinn 1990; Wyplosz 1991, 23ff.). Die Steuersubjekte, Unternehmen und Haushalte, werden mobiler und können sich der Belastung in Hochsteuergebieten entziehen, ohne notwendigerweise auf den Genuß der dortigen öffentlichen Güter zu verzichten.[30] Das läßt die Steuerbelastung für die verbleibenden Unternehmen und Haushalte noch weiter ansteigen und verstärkt so den Abwanderungsdruck. Will oder kann man die Ausgaben nicht ebenso schnell einschränken, wie die Steuerbasis schrumpft, bleibt nur der Weg in höhere öffentliche Verschuldung. Andernfalls droht ein kumulativer Prozeß der Peripherisierung, nämlich Abwanderung der Steuerbasis, Zurückbleiben der Anspruchsberechtigten, weitere Einschränkung der Möglichkeiten, die Standortqualität aufrecht zu erhalten.

Kreditfinanzierung ist eine Alternative zur Steuerfinanzierung von Staatsausgaben, solange die Schuldenbedienung gewährleistet ist und die Schuldenquote nicht explodiert.[31] Mit der Explosion der Staatsverschuldung seit den 70er Jah-

---

[30]   Dazu genügt etwa die Anmeldung eines ersten Wohnsitzes in einem Niedrigsteuergebiet, ohne daß der Schwerpunkt der Lebensführung tatsächlich verlegt würde. Die Mobilität der (vermögenderen) Steuerbürger ist deshalb nicht gleichzusetzen mit der oben diskutierten Arbeitskräftemobilität, die nur unter Umständen steigt.- Notorisch ist auch das „Speckgürtelproblem" von Großstädten, also die Ansiedlung von Unternehmen und beschäftigten Haushalten in fiskalisch selbständige Vororte, die Steuern und Gebühren niedrig halten können, weil ein Großteil der öffentlichen Güter (Museen, Opern, Universitäten) in der Metropole angeboten wird.

[31]   Als Faustregel gilt, daß dann die erforderliche Realverzinsung der öffentlichen Verschuldung nicht höher als die reale Wachstumsrate der Einkommen (und damit der

ren und der Bewältigung der Schuldenkrise in den 80er Jahren setzten Untersuchungen zu der Frage ein, wie effizient Finanzmärkte in der Bewertung souveräner Schulden sind (Cohen 1994, 492ff.). Wären Finanzmärkte effizient, würden Kapitalbewegungen ein Disziplinierungsinstrument zur Verhinderung nicht tragfähiger Verschuldungspfade darstellen, bzw. sie würden im Interesse der Renditeerzielung genau soviel externe Finanzierung bereitstellen, wie das Wohlfahrtsoptimum erfordert. Bei asymmetrischen Schocks würde also die notwendige Überbrückung gewährt, sofern es sich um eine vorübergehende Änderung handelt, oder rasch die Anpassung erzwungen, sofern es sich um eine einmalige dauerhafte Änderung handelt.

Die Besonderheit souveräner, also von hoheitlichen Marktteilnehmern eingegangenen Schulden besteht aus Sicht der Gläubiger darin, daß ihre Rückzahlungswahrscheinlichkeit und ihre Besicherung schwerer zu bewerten sind.

- Einerseits können selbst hochverschuldete Regierung nicht Konkurs anmelden. Da ein Gemeinwesen eine unabsehbare Lebensdauer hat und über hoheitliche Einnahmequellen wie Steuern und Zölle verfügt, kommen aus Sicht der Gläubiger in der Regel nur Umschuldungsmaßnahmen, wie zeitliche Streckung und Senkung des laufenden Schuldendienstes, in Frage. Das kann zu überhöhter Kreditvergabe animieren, insbesondere wenn es im Hintergrund noch multilaterale Organisationen wie den IWF und die Weltbank gibt, die den Ländern notfalls finanzielle Überbrückung gegen Vollzug von Anpassungsmaßnahmen gewähren können. Und gleichzeitig macht dieser immer vorhandene Zugriff auf staatliche Steuereinnahmen oder Einnahmen aus staatlichen Betrieben die Gläubiger intransigent in Bezug auf den Schuldennachlaß. Souveräne Schuldner können daher in eine Schuldenfalle geraten, aus der sich private Schuldner längst durch Insovenzerklärung hätten befreien können. Das Pendant zum einzelwirtschaftlichen Konkurs sind hier Schuldenverhandlungen mit eigenen Anreizproblemen.

- Andererseits besteht wegen der politischen Souveränität ein erhöhtes moralisches Risiko (*Moral Hazard*). Unter Bedingungen unvollkommener Information bezeichnet moralisches Risiko einerseits den für jeden Schuldner gegebenen Anreiz, sein Verhalten nach der Auszahlung zu ändern, um sich das Vermögen des Gläubigers ganz oder teilweise anzueignen. Ein Extrem dieses Verhaltens ist die Verweigerung der Rückzahlung. Der Anreiz dazu ist bei souveränen Schuldnern vermeintlich besonders hoch. Denn eine Regierung hat im Unterschied zu einem privaten Schuldner größere Möglichkeiten, sich der Schuldenzahlung zu entziehen, weil sie privatrechtliche Sanktionen durch hoheitlichen Eingriff unwirksam machen kann. Dasselbe gilt für die Stellung

---

Steuereinnahmen) sein darf. Diese Bedingungen für langfristige Solvenz der öffentlichen Haushalte wird im Zusammenhang mit der Unterscheidung von Region, Nation und Währungsraum in Kapitel 5.1 aufgegriffen.

von Sicherheiten. Läßt sich dieses Problem nicht lösen, resultierte Marktversagen in dem Sinne, daß wohlfahrtssteigernde Verträge erst garnicht zustandekommen, weil sich das Mißtrauen der Gläubiger nicht überwinden läßt und/oder die erforderliche Selbstbindung den Schuldnern zu kostspielig wird.[32]

Als Zwischenergebnis ist festzuhalten: Finanzmärkte bieten im Falle souveräner Schuldner keine effiziente Disziplinierung, sie übertreiben eher in die eine oder andere Richtung.[33] Also stellt sich die Frage nach dem Zuckerbrot der anreizkompatiblen Vertragsgestaltung und der Peitsche angemessener Sanktionen für souveräne Schuldner.

In einer Währungsunion stellt sich diese Frage verschärft (Corsetti/Pesenti 1999, 320). Anreize und Sanktionsmöglichkeiten für die Verschuldung einzelner fiskalischer Autoritäten verändern sich dadurch, daß die einzelnen Jurisdiktionen ebenso wie die prospektiven Gläubiger auf eine Art gesamtschuldnerischer Haftung der fiskalischen Autoritäten einer Währungsunion setzen können. So sicherte sich eine Regierung mit hoher Staatsverschuldung vorderhand den anhaltenden Zugang zum nunmehr internen Kapital- und Kreditmarkt, indem sie an einer Währungsunion teilnimmt. Die Disziplinierung von der Gläubigerseite läßt nach, weil die Gläubiger im Interesse der Kostenminimierung auf eine genaue Bonitätsprüfung der direkten Kreditnehmer verzichten werden, wenn und solange sie sich auf eine Gesamthaftung der Mitgliedsländer verlassen können. Dieses Setzen auf die formelle oder informelle Bürgschaft der anderen Jurisdiktionen, das sog. *bail out*, kann eine exzessive Verschuldung begünstigen. Gegebenenfalls sähe sich sogar die gemeinsame Zentralbank gezwungen, durch Kredite an überschuldete Regionen einen monetären bail out zu leisten.

Die mit der Währungsunion entstehende Externalität verlangt einen anreizkompatiblen Vertrag für die fiskalische Föderation. Das kann z.B. bedeuten, *no-bail-*

---

[32] Das Ergebnis dieser spieltheoretischen Literatur lautet zusammengefaßt, daß Kosten und Nutzen der Reputation, ein guter souveräner Schuldner zu sein, unter Umständen genügen, kooperatives Verhalten aufrechtzuerhalten (Buiter/Corsetti/Roubini 1993, 85f.). Ein solcher, die Einhaltung der Verträge begünstigender Umstand ist z.B. eine ausreichend niedrige Diskontierungsrate der staatlichen Nutzenmaximierung, weil dann der sofortige Gewinn aus der Rückzahlungsverweigerung gegenüber den späteren Kosten möglicher Sanktionen gering veranschlagt wird. Die Höhe der Diskontierungsrate hängt u.a. von der Länge einer Amtsperiode und den Wiederwahlchancen ab. Dagegen haben Bulow/Rogoff (1989) die sehr allgemeinen Bedingungen aufgezeigt, unter denen Reputationsmechanismen allein nicht ausreichen, die vertragsgemäße Rückzahlung eines souveränen Schuldners zu gewährleisten, der keine glaubwürdigen Sicherheiten stellen kann.

[33] Anders dagegen Siebert (1998, v.a. 44ff.).

out-Klauseln oder Verpflichtungen zu einem jederzeit ausgeglichenen Budget (*Balanced-Budget-Rules*) zu vereinbaren (von Hagen 1992, 349-355, Thygesen 1999, 16-25). Glaubwürdigkeit kann ihnen dadurch verliehen werden, daß sie Verfassungsrang erhalten. Auch die Unabhängigkeit der Zentralbank kann als ein Element des fiskalischen Föderalismus in einer Währungsunion gesehen werden. Die Zentralbankunabhängigkeit wird in dieser Literatur als eine Selbstverpflichtung gedeutet, keinen monetären bail-out zu leisten. All diese Maßnahmen lassen sich zugleich als Selbstbindungen interpretieren, in Bezug auf die Schuldenhaftung fiskalische Subsidiarität walten zu lassen.

Die Subsidiarität bezüglich der Haftung muß dieser Argumentation zufolge durch eine Zentralisierung der Sanktionsmöglichkeiten ergänzt werden, um anreizkompatibel zu sein. Den anderen Jurisdiktionen eines Währungsraumes müssen weitergehende Sanktionsmöglichkeiten eingeräumt werden, etwa in Form gesetzlicher oder verfassungsmäßiger Festlegung von Verschuldungsgrenzen.[34] Sie müssen diese im Eigeninteresse geltend machen, wenn die Verschuldungspolitik eines Mitglieds solche Ausmaße annimmt, daß die Qualität der gemeinsamen Währung leidet. In diesem Falle entrichtet nicht mehr nur der betreffende Schuldner einen einzelwirtschaftlichen Risikozuschlag, vielmehr werden alle mit einem währungsbedingt höheren Zins bestraft.[35] Um diese negative Externalität zu vermeiden, wird eine zentrale, supranationale Zuständigkeit bezüglich der Sanktionen postuliert, während die Verantwortlichkeit für tragfähige Schulden subsidiär verteilt sein sollte.

Die hier betrachteten neueren Beiträge zur fiskalischen Koordination lassen sich alle in ein **integrationspolitisches Postulat** zusammenfassen. Sie fordern die Etablierung geeigneter Regeln für eine fiskalisch föderale Währungsunion. Die Gefahren einer übermäßigen Ausgabenausdehnung, wie sie das Modell von Weingast/Shepsle/Johnson (1981) unter Bedingungen zentraler Steuererhebung und fragmentierter politischer Legitimation ableitet, erforderte konstitutionelle Ausgabenbeschränkungen oder gar eine politische Union im Sinne der zentralen politischen Repräsentation. Den Gefahren der übermäßigen Kreditfinanzierung kann durch no-bail out-Klauseln und automatisch einsetzende Sanktionsmecha-

---

[34] Vgl. dazu die ausgezeichnete Diskussion der fiskalischen Maastricht-Kriterien bei Buiter/Corsetti/Roubini (1993, insbes. 84-86). Eine empirische Erhebung, wie wirksam bail out-Klauseln in einer föderalen Währungsunion wie den USA sind, liefert von Hagen (1992). Er gelangt zu einer skeptischen Einschätzung bezüglich des fiskalischen *no-bail out* und zu einer optimistischen Einschätzung bezüglich des Stellenwertes einer unabhängigen Zentralbank.

[35] Das setzt freilich voraus, daß Kapitalmärkte - wie im letzten Abschnitt begründet - nicht vollkommen effizient sind, indem sie nicht zwischen schlechten und guten Kreditnehmern diskriminieren (De Grauwe 1997, 198f.).

nismen begegnet werden. Sollten diese Regeln mit der Bildung einer monetären Union nicht durchgesetzt werden können, markiert die Dynamik des fiskalischen Föderalismus eine Grenze ökonomisch begründbarer Integration.[36]

Unter den vier alternativen Anpassungsmechanismen (zusätzlich zu Preisflexibilität, Arbeitskräfte- und Kapitalmobilität) wäre er demnach der einzige, der zu solcher Grenzziehung taugt. Allerdings selbst dies ex negativo: nur wenn entsprechende Vorkehrungen getroffen werden können, sprechen fiskalische Entwicklungen nicht gegen die Bildung eines Währungsraumes, zumindest wenn dieser keine politische Union beinhaltet. Das ist schwerlich mit der Vorstellung einer Optimierung zusammenzubringen.

Meines Erachtens betont dieser Strang der neueren Literatur zudem einseitig die mikroökonomischen Anreizprobleme in der fiskalischen Ausgestaltung einer Währungsunion. So werden die makroökonomisch bedingten Besonderheiten souveräner Verschuldung weitgehend ausgeblendet. Und sie sieht nicht das Destabilisierungspotential der von ihr vorgeschlagenen Regeln, die von anderen Autoren durchaus betont werden (z.B. Buiter/Corsetti/Roubini 1993, Eichengreen/Wyplosz 1998). So zeigen Andersen/Dogonowski (1999) in einem makroökonomischen Standardmodell, daß die Auferlegung von Regeln, die die Defizitfinanzierung der föderalen Haushalte begrenzen sollen, zugleich die Suspendierung von Regeln der automatischen Stabilisierung verlangen können. Sie interpretieren den Stabilitäts- und Wachstumpakt der EWU als ein insofern widersprüchliches Regelwerk.

Diskutiert man die Frage der Fiskalpolitik für eine Währungsunion weniger unter dem Gesichtspunkt „Regelbindung versus diskretionäre Eingriffe", sondern unter dem Blickwinkel der Interaktion von Geld- und Fiskalpolitik, so treten wieder die makroökonomischen Stabilisierungsanforderungen in den Blick. Und die fiskalischen Entwicklungen, die mit einer monetären Union verbunden sind, können dann durchaus der Anlaß für ihre Bildung sein. Die wichtigsten Gründe dafür sind, daß sinkende Zinsen die Konsolidierung der Staatsschuld erleichtern und daß ein fiskalischer Föderalismus zumindest bei Schwachwährungsräumen effektiver stabilisiert als eine antizyklische Geldpolitik (vgl. Abschnitt 6.2.1).

Zwischenergebnis

Die neuere Diskussion der Kriterien für die Optimalität eines Währungsraumes hat für die monetäre Integrationstheorie zwei wichtige Sachverhalte aufgedeckt. Erstens könnte es gerade die Unterschiedlichkeit der sich zusammenschließenden

---

[36] Charakteristische Merkmale des mit den Maastrichter Verträgen eingeschlagenen Weges zu einer Währungsunion sind offenkundig durch diese Literatur befördert bzw. im Nachhinein rationalisiert worden. Vgl. zum Stabilitätspakt Artis/Winkler (1998), Eichengreen/Wyplosz (1998) sowie Fatás (1998).

Partnerländer sein, die das Interesse an einer gemeinsamen Währung weckt. Unterschiede, die hier besonders zählen, sind in den vorliegenden Beiträgen v.a. diejenigen in Bezug auf die Vertrauenswürdigkeit der jeweiligen Stabilitätspolitik und diejenigen in Bezug auf die Größe bzw. Offenheit der Partnerländer. Zweitens verweist sie auf die Möglichkeit einer Suboptimalisierung des Währungsraumes infolge seiner Bildung. Allgemein formuliert bedeutet dies, daß Optimalität nicht mehr das Ergebnis exogen gegebener Strukturmerkmale der betreffenden Volkswirtschaften ist, sondern endogenes Resultat eines mit der Bildung des Währungsraumes in Gang gesetzten Entwicklungsprozesses. So zumindest muß man die neueren Beiträge verstehen, will man sie in die ältere Tradition einbetten.

Dagegen habe ich in dieser exemplarischen Übersicht deutlich zu machen versucht, daß optimale Grenzbestimmung nicht mehr das ist, was die neueren Beiträge leisten - und zwar aus theoretisch guten Gründen. Ihr hohes Auflösungsvermögen in Bezug darauf, welche Veränderungen die Kriterien des optimalen Währungsraumes erfahren können, reduziert zugleich ihre Fähigkeit, solche Grenzen zu bestimmen. Vielmehr scheint mir die neuere Forschung zu einer Bedingungsanalyse monetärer Integration beizutragen. Ex ante können die Kriterien zum Anlaß für Integrationsversuche werden, sie insofern bedingen. Ex post und hinsichtlich ihrer Endogenität betrachtet, können sie zum Scheitern oder zur Validierung solcher Versuche führen, also ihre Nachhaltigkeit bedingen. Diese Alternative soll im folgenden Abschnitt deutlich gemacht werden, indem sie mit neueren Wiederbelebungsversuchen für die Kosten-Nutzen-Analyse der Währungsintegration konfrontiert wird.

2.2.3 Wohlfahrtsökonomie des optimalen Währungsraumes

Erst vergleichsweise spät wurde in der älteren Theorie die Notwendigkeit gesehen, eine wohlfahrtsökonomische Bestimmung des optimalen Währungsraumes vorzunehmen und damit über die isolierte Diskussion der verschiedenen Kriterien wie Faktormobilität, Offenheit etc. hinauszugehen (Ishiyama 1975, 360; Tower/ Willett 1976, 1; Tavlas 1994, 214f.). Der vorherrschende „Kriterien-Ansatz", nämlich nach einem einzelnen Kriterium für die Bestimmung des optimalen Währungsraums zu suchen, wurde mit jedem neuen Kriterium unplausibler. Insbesondere liefern einzelne Kriterien, die für sich genommen durchaus schlüssig scheinen, widersprüchliche Ergebnisse im Hinblick auf die Frage, ob sich ein Land durch Integration besserstellen würde. Das gilt exemplarisch für die Kriterien des Offenheits- und des Diversifikationsgrades. Kleine Länder sind in der Regel offener, aber auch weniger diversifiziert als große Ökonomien. Nach dem Kriterium der Offenheit können sie auf einen Wechselkurs zu anderen Haupthandelsländern verzichten. Nach dem Kriterium der Diversifikation benötigen sie einen Wechselkurs zur Anpassung an asymmetrische Schocks, für die sie wegen ihrer geringeren Diversifikation anfällig sind.

Eine Schlußfolgerung daraus konnte sein, es bedürfe eines all die anderen synthetisierendes Kriteriums. So sollte die Stabilität der realen Wechselkurse indizieren, ob die betrachteten Währungsräume eine optimale monetäre Union bilden könnten (Vaubel 1978a). Freilich macht eine Bestimmung des optimalen Währungsraumes nach diesem Kriterium den Eindruck, es handele sich um eine Erklärung vom Typ *post hoc ergo propter hoc*. Aus Sicht dieser Arbeit ist an diesem ultimativen Kriterienansatz vor allem problematisch, daß er der Lucas-Kritik nicht standhält. Die Stabilität des realen Wechselkurses für ein Regime erlaubt durchaus keine Rückschlüsse auf deren Stabilität nach dem Regimewechsel. Und eine etwaige Instabilität des realen Wechselkurses kann sehr wohl auf nominale Instabilität des Wechselkurses zurückzuführen sein, die z.B. durch sich selbst erfüllende Attacken oder durch *Spillovers,* Übertragung der Effekte nationaler Wirtschaftspolitik, ausgelöst werden. Wenn aber dies die Ursachen sind, liefert gerade monetäre Integration ein probates Mittel, die Instabilität zu beseitigen (Obstfeld/Peri 1998, 232). Insgesamt kann man sagen, daß dieser Ansatz wenig Nachfolge in der neueren Theorie fand.

Das zentrale Anliegen einer Kosten-Nutzen-analytischen Vorgehensweise ist, für einen Währungsraum, der durch eine spezifische Kombination der Kriterien gekennzeichnet ist, die möglichen Gewinne einer unwiderruflichen Fixierung des Wechselkurses mit allen möglichen Verlusten zu verrechnen. Mit der wohlfahrtsökonomischen Wende rückte ein wichtiger Beitrag der Literatur zum optimalen Währungsraum ins Blickfeld: sie war von vornherein interessiert an einem angemessenen Wechselkurssystem, wenn Länder hinsichtlich ihrer Größe, ihrer Offenheit, der Mobilität ihrer Faktoren oder hinsichtlich ihrer wirtschaftspolitischen Präferenzen unterschiedlich sind - oder eben heterogen, wenn die nichtbeliebige Verbindung dieser Ausprägungen der Kriterien betont werden soll. Die „Bilanz" einer Währungsintegration konnte für jedes Land entsprechend unterschiedlich ausfallen. Dagegen wurde in der Debatte über fixe versus flexible Wechselkurse überwiegend so argumentiert, als sei insbesondere die Vorteilhaftigkeit flexibler Kurse unabhängig von Länderspezifika zu erweisen (Ishiyama 1975, 345).

2.2.3.1 Kosten und Nutzen der Ausdehnung eines Währungsraumes

Der Nutzen einer Währungsintegration wurde in Änderungen auf ganz unterschiedlichen Ebenen gesehen (Mundell 1973, 127f.; Ishiyama 1975, 361-365). Ohne Vollständigkeit der folgenden Aufzählung zu beanspruchen, sah man Vorteile

- in der Einsparung von Kosten des Umtauschs, also einer Verbesserung der Transaktionsfunktion des Geldes;

- in der Ökonomisierung der Reservehaltung, die zur Verteidigung einer gemeinsamen Währung notwendig ist, welche sich sowohl durch die Erzielung bislang entgangener Erträge aus der kommerziellen Veranlagung ergäbe wie durch die Einsparung von Kosten der Verwaltung dieser Reserven;

- in der Versicherungsleistung, die eine gemeinsame - insgesamt größere, für jedes einzelne Mitglied aber geringere - Reservehaltung mit sich brächte;

- in der Internalisierung von Zahlungen, da nun die Leistungsbilanzsalden zwischen den Mitgliedsländern durch internes Clearing oder Forderungs- tausch (Swaps) glattgestellt werden könnten;

- in dem Liquiditätsgewinn durch die Vergrößerung der Geltungssphäre einer Währung;

- und schließlich in der Internalisierung, die eine gemeinsame Währung bei vorhandenen *Spillovers* leistet, welche einen (heilsamen) Zwang zur Politik- koordination ausübt, insbesondere auch zur fiskalischen Integration.

Der Nutzengewinn aus der Verbesserung der Transaktionsfunktion des Geldes spielt eine überragende Rolle in neueren Versuchen, der Theorie des optimalen Währungsraumes eine mikroökonomische Fundierung zu geben (Bayoumi 1994, Mélitz 1995a, Ricci 1997). Alle anderen, genuin monetären und wirtschaftspoli- tischen Aspekte werden explizit ausgeblendet.

Ähnlich wie der Nutzen wurden auch die Kosten auf sehr unterschiedlichen Ebe- nen veranschlagt (Ishiyama 1975, 365-369):

- wirtschaftspolitisch, bestehend im Verlust der geldpolitischen Autonomie;

- fiskalisch, bestehend im Verlust einer Finanzierungsquelle für staatliche Aus- gaben, da mit einer gemeinsamen Zentralbank regionale Budgetdefizite nicht mehr monetisiert werden könnten;

- beschäftigungspolitisch, bestehend in der Verschlechterung des Tradeoffs zwischen Arbeitslosigkeit und Inflation, denn infolge der fehlenden Möglich- keiten der Wechselkursanpassung erhöhe sich wegen des konvexen Verlaufs der Phillipskurven die durchschnittliche Arbeitslosigkeit oder die durch- schnittliche Inflationsrate;

- strukturpolitisch, bestehend in der Verstärkung regionaler Ungleichgewichte, weil erhöhte Kapitalmobilität zu kumulativen Effekten eines negativen bzw. positiven Schocks führe.

Für eine Kosten-Nutzen-Analyse ist die Meßbarkeit der Vor- und Nachteile ein mehr als nur technisches Problem. Ist sie hier zu kruden, methodisch fragwürdi- gen Annäherungen oder Analogien gezwungen, verliert sie an anderer Stelle das, was ihre Durchführung eigentlich rechtfertigen soll: Exaktheit und Quantifizie- rung. Die quantitative Abschätzung des Gewichtes einzelner Argumente und ihre Aggregation zu einem Nettomaß kann dann auch keinen größeren Informations- wert beanspruchen als die bloße Aufzählung und eine theoriegeleitete Intuition bezüglich dieser Gewichte.

Aus den obigen Listen wird jedoch ersichtlich, daß die verschiedenen Nutzen- und Kostenquellen der Währungsintegration nicht ohne weiteres unter- und miteinander verrechenbar sind. Pekuniär bewertbare Verluste wie der Seignorageausfall stehen neben Verlusten, die die stabilitätspolitische Durchsetzungsfähigkeit betreffen und nicht ohne weiteres ökonomisch meßbar sind. Dasselbe gilt auf der Habenseite. Gewinne, die eine Konsumentenrente entstehen lassen, stehen neben Gewinnen wie dem Zwang zur Politikkoordination, die nicht ohne weiteres in (kardinal oder ordinal meßbare) Nutzeneinheiten des repräsentativen Haushalts zu übersetzen sind. In diesen Einwänden ist eine Begründung dafür zu suchen, daß der Kosten-Nutzen-analytische Ansatz nicht systematisch weiterverfolgt wurde.

In jüngster Zeit hat es jedoch verschiedene Versuche gegeben, die Theorie optimaler Währungsräume in die konventionelle Wohlfahrtsökonomie und in die konventionelle Außenwirtschaftstheorie einzubinden. Auf „Konventionalisierung" angelegt sind diese Versuche, insofern sie die seit Marshall geläufige Dichotomie von *Principles and Money*, eine Trennung in die „reine" und die monetäre Außenwirtschaftstheorie, aufrechterhalten. Der wohlfahrtsökonomischen Tradition entsprechend wird die Theorie des optimalen Währungsraumes in die reine, also realwirtschaftliche Theorie eingebunden.

Das Anliegen dieser neueren Versuche ist methodischer Art: Es läßt sich in der **Forderung nach mikroökonomischer Fundierung** zusammenfassen.[37] Die traditionelle Theorie bewertet im Zwei-Länder-Modell jene Änderungen, die sich aus dem Wechsel von dem einen Extrem vollständiger Wechselkursflexibilität zum anderen Extrem vollständiger Wechselkursfixierung ergeben. Dagegen verlangt Mélitz (1995a, 1995b), daß eine mit herkömmlicher ökonomischer Theorie vereinbare Bestimmung des optimalen Währungsraumes einen Perspektivenwechsel erfordere. Es müsse, ausgehend von einem bestehenden Währungsraum, dessen *marginale* Erweiterung analysiert werden. Außerdem seien auch außenstehende Währungsräume zu berücksichtigen, sowohl aus wohlfahrtsökonomischen wie integrationstheoretischen Gründen. Die übliche Herangehensweise soll also durch eine marginalanalytische Betrachtung von Drei-Länder-Modellen ersetzt werden.[38]

---

[37] Das erklärt auch den monetären Agnostizismus der neueren Versuche, denn bis heute gibt es keine allgemein akzeptierte Mikrotherie des Geldgebrauchs,- so im Hinblick auf die Theorie des optimalen Währungsraumes Krugman (1993, 4).

[38] So auch Bayoumi (1994) und Ghosh/Wolf (1994, 23). Letztere benutzen ein sehr einfaches Modell, um mithilfe eines aus der Evolutionsbiologie stammenden Verfahrens empirisch die Optimalität existierender Währungsräume zu bestimmen, insbesondere die der USA, der (erweiterten) Europäischen Union, der afrikanischen Franc-Zone und der Rubel-Zone.

Mélitz (1995a, 1996) formuliert seine Modelle aus der Sicht des wohlwollenden Diktators der Wohlfahrtsökonomie. Ein solcher Diktator, den man analog zur Walrasianischen Allokationstheorie als einen Paretianischen Auktionator bezeichnen könnte, maximiert eine Wohlfahrts- oder soziale Nutzenfunktion. Eine solche Wohlfahrtsfunktion aggregiert die einzelwirtschaftlichen Vor- und Nachteile der Währungsintegration und bewertet sie damit in einem Zuge. Dieses traditionelle wohlfahrtsökonomische Verfahren lehnt sich eng an die Fragestellung der Vorgänger an, die die Währungsintegration aus der Sicht übergeordneter wirtschaftspolitischer Instanzen betrachteten (Cesarano 1997, 52). Diese Vorgehensweise ist im Rahmen einer auf ordinalen Präferenzordnungen beruhenden Wohlfahrtstheorie angreifbar, weil es das Postulat der Konsumentensouveränität ebenso verletzt wie das Axiom, daß die Nutzenstiftungen interpersonell nicht vergleichbar sind. Bayoumi (1994) umgeht diese Kritik durch den inzwischen eingebürgerten Kunstgriff, die Zielfunktionen repräsentativer Wirtschaftssubjekte zugrundezulegen. Es wird somit fingiert, daß innerhalb der betrachteten Währungsräume die Anpassungen an ein Gleichgewicht bereits vollzogen sind. Damit aber wird schlicht ausgeblendet, was das zentrale Anliegen einer wohlfahrtsökonomischen Analyse ist, ein möglichst eindeutiges Wohlfahrtsoptimum zu bestimmen, wenn die einzelwirtschaftlichen Bewertungen sich unterscheiden und manche Individuen durch die wirtschaftspolitische Maßnahme Währungsintegration schlechter gestellt werden.[39]

Bayoumis Modell eines Allgemeinen Gleichgewichts klärt die Minimalbedingungen, die die Bildung eines optimalen Währungsraumes aus mikroökonomischer Sicht begründen können. Diese Minimalbedingungen sind - wie auch bei Mélitz (1995a) - die Existenz nomineller Rigiditäten, also träge Lohn- oder Preisanpassung, sowie das Auftreten nicht vollständig korrelierter Störungen der wirtschaftlichen Aktivitäten in verschiedenen Ländern. Erst das verleiht einem Wechselkurs bzw. der Existenz unterschiedlicher Währungen mikroökonomisch Sinn. Mit der Formulierung solcher Minimalbedingungen wird explizit auf die wohlfahrtsökonomische Situation des Zweitbesten hingewiesen, die die Frage nach einem optimalen Währungsraum, der kleiner als die Welt ist, überhaupt erst entstehen läßt.[40]

---

[39] Die Fiktion des Paretianischen Auktionators bzw. potentieller Kompensation ist dafür eine mögliche, wenn auch nicht sehr befriedigende Lösung. In Unterkapitel 4.1 gehe ich auf die methodische Fragwürdigkeit des repräsentativen Akteurs in der Walrasianischen Ökonomie ausführlicher ein.

[40] So bereits Canzoneri (1982, 285), der darauf hinweist, daß es in einem bezüglich der Schock-Korrelation und der Offenheitsgrade völlig symmetrischen Drei-Länder-Modell keine überzeugende Begründung für die Bildung einer Währungsunion zwischen zwei der betrachteten Länder gibt. Die Bedeutung nomineller Rigiditäten betonen auch Ghosh/Wolf (1994, 5, 8).

Beantwortet wird die Frage in einem Modell, das keine Märkte für finanzielle Aktiva und keinen Ansatzpunkt für eigenständige Wirtschaftspolitik kennt (Bayoumi 1994, 539; Mélitz 1996, 111). Eine solche Spezifikation der Welt, in der eine Begründung für optimale Währungsräume gesucht wird, ist im Rahmen der älteren Theorie unvorstellbar. Aber die neuere Theorie macht damit klar, daß zentrale Aussagen der älteren Literatur zur Währungsintegration rein güterwirtschaftlich begründet werden können. Rationalisiert wird die optimale Reichweite des Gebrauchs eines allgemeinen Tauschmittels. Insofern deckt sie Schwächen der älteren Theorie auf. Freilich tut sie das nur, um sie vollständig ihrer monetären und makroökonomischen Gehalte zu entledigen.

Die Größe und Zusammensetzung einer besten Wechselkursunion wird in diesen neueren Versuchen wesentlich bestimmt vom Tradeoff zwischen dem Nutzengewinn aus niedrigeren Transaktionskosten und den Kosten geringerer Anpassungsflexibilität. Der Nutzen einer Währungsunion steigt mit größerer Offenheit der Ökonomie. Die Kosten sinken mit höherer Arbeitskräftemobilität und größerer Diversifikation der Produktionsstruktur. Die Kriterien von Mundell (1961), McKinnon (1963) und Kenen (1969) bilden somit den Kern der neuen Wohlfahrtsökonomie der Währungsintegration.

Der Unterschied zwischen alter und neuer Fragestellung des Kosten-Nutzen-analytischen Ansatzes besteht daher nicht in der Einbeziehung neuer Argumente, die im Anschluß an Friedman (1968), Phelps (1971) und Lucas (1976) entwickelt wurden, sondern in der Anwendung der im Anschluß an diese Beiträge entwikkelten Methodik.[41] Die Wohlfahrtswirkungen werden aus der Optimierung einer expliziten, sozialen oder für den einzelnen Haushalt repräsentativen, Zielfunktion hergeleitet. Glaubwürdigkeitsaspekte der Geldpolitik, die Zeitkonsistenz fiskalischer Maßnahmen oder der Wechselkurs als Vermögenspreis kommen dagegen nicht vor.

Der Kosten-Nutzen-analytische Ansatz muß konsequenterweise ein **Drei-Länder-Modell**, bestehend aus mindestens zwei potentiellen Mitgliedsländern und dem Rest der Welt, zugrundelegen.[42] Denn nicht nur der potentielle Nettonutzen der Mitglieder, sondern auch die Wohlfahrtswirkungen auf die Länder außerhalb der Union interessieren. So kommt Bayoumi (1994, 546) in seinem Modell zu dem Ergebnis, daß die Bildung einer Währungsunion eindeutig negative Effekte auf die Außenwelt hat. Diese Effekte müssen dem positiven Nettonutzen einer Währungsunion gegenübergestellt werden, um den Weltwohlfahrt-

---

[41] Das muß auch gegen den ansonsten sehr guten Überblicksaufsatz von Tavlas (1994) eingewandt werden, der die neuere Glaubwürdigkeitsliteratur in die Kosten-Nutzen-analytische Tradition einreiht.

[42] Schon Ishiyama (1975, 366 bzw. 346) weist darauf hin, daß dies ein wichtiger Aspekt einer Theorie des optimalen Währungsraumes ist.

seffekt zu erheben. Bayoumis Ergebnis hängt freilich von speziellen Modellannahmen über die Nutzenfunktion und die Transaktionskosten des Währungswechsels ab.[43] Immerhin macht aber die explizite Berücksichtigung außenstehender Länder deutlich, daß es sich bei der Bildung eines optimalen Währungsraumes immer um eine Form der diskriminierenden Integration handelt, so daß die nationalökonomische und die weltwirtschaftliche Bewertung auseinanderfallen können.

Weitere, i.e.S. integrationstheoretische Gründe sprechen dafür, ein Drei-Länder-Modell zur Bestimmung des optimalen Währungsraumes zu verwenden. So weist Mélitz (1995a, 286f.; 1995b, 493f.) zurecht darauf hin, daß ohne den Bezug auf „Außenseiter" garnicht geklärt werden könne, wieviel Wechselkursflexibilität das einzelne Mitgliedsland aufgebe, wenn es einen oder mehrere der bilateralen Wechselkurse abschafft. Wenn die Integration zuerst zwischen Ländern erfolgt, die vergleichsweise stabile reale Wechselkurse zueinander unterhalten, geht damit nicht unbedingt eine bedeutende Senkung der Wechselkursflexibilität einher. Diese hängt vielmehr von den Beziehungen zu den Währungen der außenstehenden Länder ab.

Schließlich ist für die Stabilität einer Währungsunion auch noch das Argument von Canzoneri (1982, 279-283) wichtig, daß erst durch die Einbeziehung der Welt außerhalb ein möglicher Sprengsatz für den Zusammenhalt einer Währungsunion offenbar wird. Denn mit der Bildung einer Währungsunion i.S. der unwiderruflichen Fixierung des Wechselkurses wird jede Störung im bilateralen Wechselkurs eines Mitglieds und des außenstehenden Landes auch zu einer Störung für die Einkommensbildung im anderen Mitgliedsland. Wenn diese Anpassungslasten sehr einseitig verteilt sind, wird das permanent zur Reaktion gezwungene Mitgliedsland vorziehen, die Währungsunion aufzulösen.

Eine Kosten-Nutzen-Analyse, wie sie neuere Beiträge vorschlagen, versucht den marginalen Nettoertrag zu ermitteln, den ein Land erfährt, das mit seinen Handelspartnern sukzessive die bilateralen Wechselkurse fixiert und so eine kontinuierliche Ausdehnung des Währungsraumes vornimmt. Der Sinn einer solchen Übung besteht darin, die zugrundeliegenden Produktions- und Konsumbedingungen in einem Modell explizit zu machen. Die marginalanalytische Darstellung kulminiert dann in einem einfachen Diagramm, das den Grenznutzen als eine fallende Funktion und die Grenzkosten als eine steigende Funktion der Erweiterung des Währungsraumes darstellt. Im Schnittpunkt liegt erwartungsgemäß die optimale Größe des Währungsraumes. Die bekannten Kriterien wie Offenheits-

---

[43] Positive Wohlfahrtseffekte ergäben sich für die Außenwelt, wenn die Reduktion der Transaktionskosten, die bei ihm vom Eisbergtyp sind, nicht nur den Mitgliedsländern, sondern auch dem außenstehenden Land zugute käme. Außerdem könnten andere Integrationswirkungen, wie die Ausnutzung steigender Skalenerträge, nutzenstiftend für den Rest der Welt sein.

und Diversifikationsgrad können dann als Lage- und Steigungsparameter der Kurven analysiert werden (Fenster 2.6).

Fenster 2.6: Wohlfahrtsökonomische Bestimmung des optimalen Währungsraumes

Die Grenznutzenkurve (mb) und die Grenzkostenkurve (mc) der Ausdehnung eines Währungsraumes (u) werden als Ableitungen einer Wohlfahrtsfunktion V ermittelt. Doch zunächst zum graphisch illustrierbaren Ergebnis dieser Ableitung.

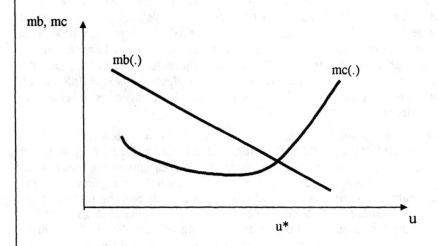

mb steht hier für den Grenznutzen (marginal benefit), mc für die Grenzkosten (marginal costs) der Erweiterung einer Währungsunion (u). Der zunächst fallende Verlauf von mc kann sich daraus ergeben, daß beim Zusammenschluß mit „besten" Partnerländern mittelbar sogar eine verbesserte Anpassungsfähigkeit

gegenüber Drittländern resultiert. Die Parenthesen (.) hinter mb und mc sollen andeuten, daß bestimmte Strukturmerkmale, wie der Offenheitsgrad, Lageparameter der beiden Kurven darstellen. Größere Offenheit würde z.B. beide Kurven nach rechts verschieben. Einerseits wäre der Nutzengewinn für jede gegebene Erweiterung (gegebenes u_0) größer, weil der Wegfall von Transaktionskosten des Währungswechsels für eine offenere Volkswirtschaft stärker ins Gewicht fällt. Andererseits wären die zusätzlichen Kosten für jede gegebene Erweiterung kleiner, weil die Offenheit bereits Anpassungen an Verhältnisse im Weltmarkt- bzw. in den Partnerländer vorwegnimmt, die mit der monetären Integration unabweisbar werden. Das Optimum läge dann bei einer größeren Ausdehnung des Währungsraumes u. Analoge Überlegungen lassen sich für den Grad der Diversifikation anstellen.

Die Variable u ist bei Mélitz (1996) aus Sicht eines Mitgliedslandes definiert als das Verhältnis zwischen seinem Außenhandel mit den anderen Mitgliedsländern und seinem gesamten Außenhandel. Das erlaubt bei unendlich kleinen Handelspartnern die Unterstellung einer *kontinuierlichen* Erweiterung des Währungsraumes durch Fixierung der Wechselkurse.

Die analytische Herleitung soll hier für die verschiedenen Modellvarianten exemplarisch skizziert werden. Eine Wohlfahrtsfunktion V, die die verschiedenen Kriterien zur Bestimmung des optimalen Währungsraumes in einem analytischen Ausdruck kondensiert, weist mindestens zwei Argumente auf: das Argument cr, die „Konsumentenrente im Außenhandel", das dem Ressourcenverbrauch durch Währungswechsel Rechnung trägt, und das Argument a, die „Anpassungsfähigkeit in bezug auf Terms-of-Trade-Schocks", welches dem Wechselkurs als Anpassungsinstrument Rechnung trägt. Somit ist die Wohlfahrt eine steigende Funktion in cr und a, kurz:

(C1) $V = V(cr, a)$ mit $\dfrac{\partial V}{\partial cr} > 0, \dfrac{\partial V}{\partial a} > 0$.

Diese Argumente sind ihrerseits implizite Funktionen der Größe des Währungsraumes: cr(u,...) und a(u,...).

Die erste Ableitung der Wohlfahrtsfunktion nach u ist positiv in bezug auf die Konsumentenrente, weil Handelskosten eingespart werden: $\partial cr/\partial u > 0$. Der Grenznutzen des Wegfalls von Handelskosten wird als positiv, aber abnehmend angenommen, weil der Grenznutzen des Realeinkommens (der Konsumentenrente) mit zunehmendem Einkommen sinkt. Die *mb-Kurve* ist daher das partielle Differential der Wohlfahrtsfunktion V nach u, insofern u auf das Argument Konsumentenrente c_a wirkt: $\dfrac{\partial V}{\partial cr}\dfrac{\partial cr}{\partial u} > 0$.

Die Ableitung der Wohlfahrtsfunktion ist negativ in bezug auf die Anpassungsfähigkeit, d.h. der Wegfall des Wechselkurses erzeugt Kosten: $\partial a/\partial u < 0$. Die *mc-Kurve* ist also das partielle Differential von V in bezug auf u, insofern die Währungsintegration auf die Anpassungsfähigkeit wirkt: $\dfrac{\partial V}{\partial a}\dfrac{\partial a}{\partial u} < 0$.

Die optimale Erweiterung eines Währungsraumes u* ergibt sich dann aus der Bedingung erster Ordnung, daß kein positiver Nettogrenznutzen aus einer weiteren Vergrößerung zu erzielen ist:

(C2) $\dfrac{\partial V}{\partial cr}\dfrac{\partial cr}{\partial u} = -\dfrac{\partial V}{\partial a}\dfrac{\partial a}{\partial u}$

Der so bestimmte Schnittpunkt markiert die Grenze des optimalen Währungsraumes.

Die generelle Vorgehensweise ist wie folgt zu skizzieren (vgl. Menkhoff/Sell/Stiefl 1993; Bayoumi 1994; Ghosh/Wolf 1994; Mélitz 1995a, 1996): Grenznutzen und Grenzkosten der Erweiterung werden aus einer Wohlfahrtsfunktion V ermittelt. Eine solche Wohlfahrtsfunktion leitet sich aus einem Marktmodell her, das in den bisherigen Varianten explizit den Gütermarkt und unter Umständen auch den Arbeitsmarkt enthält. Die Angebots- und Nachfragefunktionen dieser Märkte können ihrerseits auf profit- und nutzenmaximierende Dispositionen der Wirtschaftssubjekte zurückgeführt werden.

Nominallöhne können annahmegemäß nicht nach unten angepaßt werden. Diese ad hoc eingeführte nominelle Rigidität verleiht dem Wechselkurs seinen Wert als Anpassungsinstrument, wenn Schocks auftreten, auf die mit einer Änderung der Nominallöhne bzw. Güterpreise reagiert werden müßte. Der Wechselkurs ist hier ein relativer Güterpreis, der von sog. fundamentalen, also realwirtschaftlichen Faktoren beeinflußt wird. Das Anpassungsinstrument Wechselkurs verursacht allerdings nicht vernachlässigbare Handelskosten, weil im Austausch mit anderen Ländern ein Währungswechsel stattfinden muß.

Der Ertrag der Währungsintegration ist somit der bereits in der älteren Theorie in den Vordergrund gerückte: die Beseitigung des Handelshemmnisses Wechselkurs spart Transaktionskosten. Neu ist daran allenfalls, daß die Bedingungen für einen kontinuierlich abnehmenden Nutzengewinn explizit gemacht werden. Die betreffenden Währungsräume müssen unendlich klein im Verhältnis zur Weltwirtschaft sein und ein Kontinuum von Handelspartnern aufweisen, mit denen abnehmend intensive Außenhandelsbeziehungen bestehen. Schließt man sich zunächst mit denen zusammen, mit denen die intensiveren Beziehungen unterhalten werden, lassen sich durch Vergrößerung des Währungsraumes immer weniger Transaktionskosten einsparen.

Der Kostenseite wird in den betrachteten Modellen mehr Aufmerksamkeit geschenkt. Der Wegfall des Wechselkursinstrumentes erzeugt steigende Grenzkosten, wenn auch die *Zusammensetzung* und nicht nur die Größe der Währungsunion optimal bestimmt wird. Ein Land wird sich dann zuerst mit den „besten" Handelspartnern zusammenschließen. Diese Qualität kann sich auf einen hohen Anteil des intra-industriellen Handels am bilateralen Tausch beziehen, der für ähnliche Produktionsstrukturen und damit geringe Anfälligkeit für asymmetrische Schocks spricht. Oder die Qualität eines „besten" Handelspartners kann sich auf niedrige Handelskosten beziehen, die durch Ähnlichkeit der Rechtssysteme oder der Präsenz von Banken im jeweils anderen Land gegeben sind (Mélitz 1996, 107).

Die Einbeziehung des dritten Landes, also des Restes der Welt (RoW), erlaubt schließlich einen Bereich fallender Grenzkosten, also positiven Grenznutzens, zu begründen. Das bedeutet, daß der Wegfall des Wechselkursinstrumentes in der Währungsunion mit in bestimmter Hinsicht besten Handelspartnern P_i zunächst sogar eine verbesserte Anpassungsfähigkeit mit sich bringen kann. Ob dies gelingt, hängt von der Schock-Korrelation der realen Wechselkurse (ToT) mit den prospektiven Mitgliedsländern P_i und dem Rest der Welt zusammen. Normalerweise wird davon ausgegangen, daß ein asymmetrischer Schock - wie z.B. ein plötzlicher Nachfragerückgang - eine reale Abwertung verlangt und zwar sowohl gegenüber P_i als auch gegenüber RoW, mit dem ebenfalls Handel stattfindet. Eine solche, als normal unterstellte Kovarianz wäre signifikant und positiv. Aber es ist a priori nicht auszuschließen, daß diese Kovarianz fast 0 oder sogar negativ ist. Die Abwertung gegenüber dem wichtigen Handelspartner oder prospektiven Mitgliedsland P_i würde dann keine Anpassung oder sogar eine adverse Anpassung in bezug auf den Rest der Welt bewirken.[44] Dabei wird immer unterstellt, daß P_i und RoW gleichgewichtige reale Wechselkurse miteinander unterhalten. In einem solchen Fall kann sich ein Land besserstellen, wenn es den Wechselkurs gegenüber dem wichtigen Handelspartner aufgibt. Es würde dadurch im Aggregat größere Stabilität seines effektiven Wechselkurses erreichen. Das ist in der obigen Abbildung mit dem fallenden linken Ast der mc-Kurve illustriert (Fenster 2.6).

Die Wohlfahrtswirkungen auf den Rest der Welt sind in dieser Formulierung implizit: Verminderte Anpassungsfähigkeit verursacht (im ansteigenden Teil der mc-Kurve) Kosten für die sich erweiternden Währungsräume. Diese Kosten nehmen beispielsweise die Form höherer Arbeitslosigkeit und verminderten Outputs an. Da die Mitgliedsländer auch mit Nicht-Mitgliedsländern handeln, werden von der Verknappung des Güterangebotes letztere ebenfalls negativ betroffen (Bayoumi 1994, 546). Das kann unter Umständen durch niedrigere Handelskosten, die den Handel der Währungsunionsländer steigern, ganz oder teilweise kompensiert werden. In den Modellen von Bayoumi (1994) und Mélitz (1996) kann dieser Effekt allerdings nicht auftreten. Denn es werden Transaktionskosten vom Eisbergtyp unterstellt, so daß nur das jeweils vom anderen Mitglied importierende Währungsunionsland in den Genuß der niedrigeren Handelskosten kommt. Das Ausland hat dann eindeutig Wohlfahrtsverluste aus der partiellen Währungsintegration zu verzeichnen.

Das Hinausgehen über das Zwei-Länder-Modell eröffnet schließlich die interessante Möglichkeit, daß es für ein Land zwar optimal sein mag, in einer Welt mit n separaten Währungsräumen zu existieren. Sobald eine Subgruppe von Ländern

---

44 Beispielsweise könnte der Nachfragerückgang von P_i für die inländischen Produkte auf eine Präferenzverschiebung der dortigen Haushalte zugunsten von Gütern aus RoW zurückgehen. Das verknappte das Importangebot von RoW an das Inland, so daß ein Leistungsbilanzüberschuß gegenüber RoW entstünde. Das erforderte eine Aufwertung der inländischen Währung. Aber ceteris paribus hat P_i gegenüber RoW einen Abwertungsbedarf, der, wenn er realisiert wird, zu der Abwertung der inländischen Währung gegenüber P_i hinzukäme und so die inländische Abwertung gegenüber RoW verstärkte.

jedoch eine monetäre Union bildet, zieht es vor, in die Union einzutreten. Denn es hätte bei der Bildung einer Währungsunion durch andere Länder nur die Wohlfahrtsverluste aus der Verknappung des Güterangebots der Regionen in der Währungsunion zu tragen. Tritt es selbst in die - ex ante suboptimale - Währungsunion ein, hat es wenigstens kompensierende Wohlfahrtsgewinne aus verminderten Transaktionskosten (Bayoumi 1994, 548).

2.2.3.2 Wohlfahrtsökonomie versus Bedingungsanalyse monetärer Integration

Welche Einsichten vermittelt diese Übung, systematisch Nutzen- und Kostenveränderungen im Gefolge monetärer Integration zu erheben? Der größte Ertrag scheint mir, daß durch die rigorose wohlfahrtsökonomische Formulierung auch die darüber hinausgehende integrationstheoretische Bedeutung eines Analyserahmens mit drei Ländern bewußt wurde: Weder wie hoch der Verlust des Wechselkursinstrumentes noch wie anhaltend stabil ein solches Arrangement ist, kann ohne den Bezug auf eine Drittwährung überhaupt ermessen werden.

Aber das dritte Land kann unabhängig von der Durchführung einer Kosten-Nutzen-Analyse berücksichtigt werden. Die Beziehungen ergeben sich aus der Existenz von Wechselkursen bzw. Salden im Kapital- und Leistungsverkehr. Das ersparte, sich auf so fragwürdige Konzepte wie die Konsumentenrente und soziale Wohlfahrtsfunktionen (Mélitz 1996) oder den repräsentativen Agenten (Bayoumi 1994) stützen zu müssen.

Jenseits dessen vermag ich keinen Nettonutzen in diesen Versuchen zu erkennen, die Theorie des optimalen Währungsraumes in die Außenhandelstheorie einzubinden. Sie genügt den eigenen wohlfahrtsökonomischen Ansprüchen nicht und die Formulierungen fallen hinter den Stand der geldtheoretischen und der makroökonomischen Forschung seit der Phillips-Kurven-Kritik zurück.

- Die angestrebte Bestimmung der „Optimalität" eines Währungsraumes suggeriert eine inkrementale Verbesserung bis zur Erfüllung der Marginalbedingungen erster Ordnung. Das muß ausblenden, daß die Vor- und Nachteile, die sich die währungspolitischen Autoritäten davon versprechen, wegen der Heterogenität der Wirtschaftsräume nicht auf einer Ebene liegen, wie die eingangs dieses Abschnitts aufgeführte Liste zeigte. Vielmehr erforderte die Aggregation und Errechnung des Nettoertrags der Integration eine kardinale Messung von Nutzengewinnen der Konsumenten und der Politiker, die den eigenen Ansprüchen der Paretianischen Wohlfahrtsökonomik nicht genügt.

- Bei der Berücksichtigung aller relevanten Kriterien käme es zu nicht-monotonen Verläufen der Grenzkosten und Grenzerträge, d.h. „normale" Bereiche mit steigenden Grenzkosten und fallenden Grenzerträgen würden sich abwechseln mit „perversen" Bereichen, wo dies gerade umgekehrt ist. Eine Vielzahl von Schnittpunkten und damit multiple optimale Währungsräume sind dann das wahrscheinliche Ergebnis. Der Ausweg ist dann bei all den neueren Beiträgen, sich auf das wichtigste Kriterium auf der Kostenseite bzw. auf der Vorteilseite zu konzentrieren.[45] Das aber macht die vermeintliche Überlegenheit gegenüber dem Kriterien- oder Schockabsorptionsansatz zunichte. Und sie berücksichtigt gerade nicht die Heterogenität der Währungsräume, die mehr ist als Unterschiedlichkeit in Bezug auf ein Kriterium. Das zu tun, ist sie aber einmal angetreten, nämlich unter Abgrenzung von der Literatur zur Wahl des Wechselkursregimes (Ishiyama 1975).

- Der Wechselkurs wird in allen Versuchen als relativer Güterpreis konzipiert. Aber die makroökonomische Wechselkurstheorie ist inzwischen aus zwingenden Gründen von einer güterwirtschaftlichen Bestimmung des Wechselkurses abgerückt. Und die Geldpolitik läßt sich, wenn der Wechselkurs ein Vermögenspreis ist, nicht länger auf die Handelsbilanzanpassung beschränken, wie bei Mélitz (1996, 111). Wird mit der Währungsunion ein neues Aktivum, die gemeinsame Währung, geschaffen, so bedeutet dies einen Regimewechsel im Lucas'schen Sinne. Das kann dauerhafte oder temporäre Glaubwürdigkeitsprobleme schaffen oder beseitigen, die die Geldpolitik in ihrer makroökonomischen Stabilisierungsfunktion tangieren.

- Außerdem nötigt die Gegenüberstellung von definitiven Kosten und Erträgen der Währungsintegration, die Schock-Korrelationen exogen zu setzen. Sie ignoriert die mögliche Endogenität der stochastischen Struktur, etwa wenn der Währungsraum durch regionale Spezialisierung suboptimal wird in dem Sinne, daß er anfälliger für asymmetrische Schocks wird.[46] Dabei kommt es nicht auf dieses spezielle Argument an, sondern darauf, daß eine Kosten-Nutzen-Analyse, will sie zu definitiven Aussagen bezüglich des Nettoertrages kommen, bestimmte Parameter konstant setzen muß, die nicht bloße Vereinfachungen darstellen, sondern die Fragestellung wesentlich berühren. Ein solcher Fall sind die konstant gesetzten Schock-Korrelationen, die in all den genannten Modellen eine zentrale Rolle spielen. Da die Bildung einer Währungsunion der Theorie zufolge geradezu davon getrieben wird, bestimmten Ausprägungen dieser Kovarianzen zu begegnen, dürfen sie aus methodischen Gründen nicht nur als vorgegebene Struktur interpretiert werden.

Möglicherweise gibt es noch zu wenige Versuche in dieser Richtung, um mit Bestimmtheit sagen zu können, daß die Kosten-Nutzen-Analyse prinzipiell verhindert, der angedeuteten Kritik zu entsprechen und den Wechselkurs als Vermögenspreis oder die Bildung einer Währungsunion als folgenreichen Regimewechsel zu berücksichtigen. Meine Hypothese ist allerdings, daß die wohlfahrtsökonomische Grundlegung und das Erkenntnisziel generell ungeeignet sind, der Theorie monetärer Integration den Status einer Theorie der Währungs-

---

[45] So explizit und ehrlich Menkhoff/Sell/Stiefl (1993, 76).

[46] Vgl. Abschnitt 2.2.1 mit Bezug auf Krugman (1993).

politik für die lange Frist zu verleihen. Demgegenüber scheint mir eine Bedingungsanalyse monetärer Integration Vorteile aufzuweisen. Ich sehe vor allem drei Vorteile, nämlich erstens hinsichtlich der Reichweite, zweitens hinsichtlich der paradigmatischen Offenheit und drittens hinsichtlich der wirtschaftspolitischen Konzeption.

Erstens zur **Reichweite des methodischen Ansatzes**: Die angestrebte Bestimmung der optimalen „Ausdehnung" beschränkt die Kosten-Nutzen-Analyse auf den Fall der Währungsintegration, sobald im Lichte moderner Wechselkurskonzeptionen nicht länger aufrecht zu erhalten ist, Abschaffung und „unwiderrufliche Fixierung" der Wechselkurse seien äquivalent. Andere Formen der monetären Integration sind dann nicht einbegriffen, sondern stehen in einem anderen Kapitel und sogar in einem anderen Hauptteil des außenwirtschaftstheoretischen Lehrbuches: Die Theorie des optimalen Währungsraumes findet sich im Hauptteil „Reine Theorie" und die Wahl des Wechselkursregimes im Hauptteil „Monetäre Theorie".

Eine Bedingungsanalyse strebt dagegen eine einheitliche Theorie monetärer Integration an. Die gemeinsame Begrifflichkeit gewinnt sie daraus, daß Integration als institutionalisierte Koordinierung von Wirtschaftspolitiken mit anderen Währungsräumen verstanden wird. Die Bildung eines neuen Währungsraumes bedeutet hier eine Vereinheitlichung der Geldpolitik mit Implikationen für andere Wirtschaftspolitiken (vgl. Kap.6). In jedem Fall hat die Entscheidung zur währungspolitischen Kooperation Alles-oder-Nichts-Charakter. Sie beinhaltet eine diskrete, keine marginale Änderung in Bezug auf die Geldpolitik und andere Wirtschaftspolitiken.

Zweitens zur **paradigmatischen Offenheit für Theorien monetärer Integration**: Prinzipiell ist eine Kosten-Nutzen-Analyse offen für eine klassische, neoklassische oder keynesianische Anwendung, weil sie zunächst einmal nur ein analytisches Instrumentarium zur systematischen Erhebung von Wohlfahrtswirkungen liefert. Doch ihr blinder Fleck ist, daß sie die Bedingungen für ihre eigene Anwendbarkeit nicht selbst zum Gegenstand der Analyse machen kann. Die Situation des Zweitbesten wird vorausgesetzt. Für Kosten-Nutzen-Analysen der Währungsintegration manifestiert sich diese zweitbeste Welt durchweg in nominellen Rigiditäten. Weil die Rigiditäten nicht selbst Gegenstand, sondern Ausgangspunkt der Analyse sind, kann ihnen auch kein ökonomischer Sinn verliehen werden. Insbesondere kann innerhalb der Kosten-Nutzen-Analyse nicht gefragt werden, ob nicht Reformen zur Flexibilisierung von Preisen und Löhnen der probate Weg zur Steigerung der Wohlfahrt wären, eben anstelle der Bildung eines optimalen Währungsraumes. So ist sie nolens volens dazu verurteilt, den ziemlich aufwendigen, mit großer Unsicherheiten behafteten Umweg der Währungsintegration als die einzige Möglichkeit zu evaluieren, das Anpassungshindernis nominelle Rigidität zu kompensieren.

Eine Bedingungsanalyse wird demgegenüber die Alternative zur Währungsintegration ebenso zum Gegenstand der Untersuchung machen, wie die Gründe,
warum sie nicht wahrgenommen wird, d.h. die Bedeutung von nominellen Rigiditäten oder anderen Anpassungshemmnissen. Deren Existenz und angestrebte
Aufrechterhaltung kann schließlich eine Bedingung monetärer Integration sein,
nämlich als Veranlassung zu ihr. Exemplarisch sei in diesem Zusammenhang
Keynes' Begründung für nach unten feste Nominallöhne erwähnt: sie stellen eine
Deflationssperre dar, die man schwerlich durch andere wirtschaftspolitische
Maßnahmen, insbesondere nicht durch geldpolitische, ersetzen kann. Freilich hat
eine solche partielle Rigidität des Lohnniveaus die Kehrseite, daß auch die Lohnstruktur inflexibler wird, wenn Lohnsteigerungen aus Stabilitätsgründen geldpolitisch erschwert werden. Entsprechend könnte monetäre Integration unterstüt-
zend wirken, wenn sie zum Beispiel eine Unterbewertungskonstellation aufrecht
zu erhalten erlaubt, die die Spreizung der Lohnstruktur weniger dringlich macht,
weil dies eine allgemeine Beschäftigungsdynamik erzeugt.[47] Teilt man diese
Keynes'sche Begründung nicht, so könnte die nominelle Rigidität auch beispielsweise als polit-ökonomisches Datum – die Übermacht der Gewerkschaften
oder der Insider in Lohnverhandlungen – explizit gemacht werden. Selbst das
rückte stärker ins Licht, was in einer Kosten-Nutzen-Analyse implizit bleibt,
nämlich daß es sich bei monetärer Integration um eine Alternative zu anderen
grundlegenden Reformen handelt und daß der Verzicht auf diese anderen Reformen weiterwirkt als eine Bedingung, unter der sich monetäre Integration vollzieht. Wie in Unterkapitel 6.1 zu sehen ist, kann monetäre Integration dann sogar als das Mittel interpretiert werden, diese anderen Reformen auf den Weg zu
bringen.

Wie immer man paradigmatisch – eher keynesianisch oder eher neoklassisch –
begründet, was in der Kosten-Nutzen-Analyse schlicht vorausgesetzt werden
muß: letztere hat durch diese schlichte Voraussetzung immer schon einen neoklassischen Einschlag, insofern sie Preisrigiditäten nolens volens als exogenen
Störfaktor behandelt, der konstitutiv für ihre Welt des Zweitbesten ist. Eine Bedingungsanalyse ist hier paradigmatisch offener, eben weil sie die Bedingungen
für die Anwendung von Kosten-Nutzen-Erwägungen selbst zum Thema macht.
Und sie kann, muß aber monetäre Integration nicht als eine allenfalls zweitbeste
Maßnahme diskutieren, eben weil Anpassungshemmnissen auch ökonomischer

---

[47] Mit einer Unterbewertungskonstellation ist eine verhinderte Aufwertung bei geringerer Inflation gemeint, die die inländischen Güter gegenüber denen des Auslandes generell verbilligt. Mélitz (1988) sah darin die Ratio des EWS aus deutscher Sicht: Die
verzögerten und unvollkommenen Realignments stabilisierten immer wieder eine
Unterbewertungssituation der DM, nicht zuletzt garantiert durch die zweiseitige Inter-
ventionsverpflichtung. Auf seiten der Partnerländer kann die Beteiligung an einem Arrangement, das die spiegelbildliche Überbewertung ihrer Währungen aufrecht erhält,
als Strategie der Inflationsbekämpfung rationalisiert werden (Tomann 1997, 112f.).

Sinn verliehen werden kann, etwa indem nach unten starre Nominallöhne als schwer ersetzbare Deflationssperren begriffen werden.

Drittens zur **Modernität der wirtschaftspolitischen Konzeption**: Eine Kosten-Nutzen-Analyse ist auf eine Wohlfahrtsfunktion als ihr grundlegendes Bewertungskonzept angewiesen. So gerät sie in ein Spannungsverhältnis zu modernen Konzeptionen der Wirtschaftspolitik, denn sie setzt damit in irgendeiner Form einen wohlwollenden Diktator voraus, der die Ordnung der sozial zu präferierenden Verteilungen vornimmt. Auch der repräsentative Haushalt und die von ihm bevorzugte Verteilung ist eine solche Vorgabe der für das Gemeinwesen besten, nicht etwa der sich als Marktergebnis einstellenden Verteilung. Der Marktmechanismus wird vielmehr als das Vehikel betrachtet, diese Vorgabe möglichst effektiv durchzusetzen.

Genau diese Vorgabe unterscheidet die konventionell wohlfahrtsökonomische Vorgehensweise von modernen Theorien der Wirtschaftspolitik. Sie kehren das Verhältnis von Marktergebnis und wirtschaftspolitischer Norm gerade um: die Norm ergibt sich aus der Abweichung vom jeweiligen Marktergebnis, es wird nicht das Marktergebnis an einer im Wortsinne idealen Norm gemessen. Entsprechend gelangt man in modernen Konzeptionen der Wirtschaftspolitik zu ganz anderen, wenn auch keineswegs einheitlichen Ergebnissen.

Im Prinzip gibt es drei solche Konzeptionen: Aus der Einbeziehung von Marktprozessen leitet etwa die neuklassisch inspirierte Theorie ab, daß die Wirtschaftspolitik nur dann auf die Verteilung von Erstausstattungen wirken kann, wenn sie nicht antizipiert werden konnte. Die Politische Ökonomie sieht die Politik selbst als einen Marktprozeß, nämlich des Verteilungskampfes zwischen Bürokraten, Politikern und verschiedenen Wählergruppen. In aller Regel beinhaltet das Marktergebnis eine suboptimale Verteilung und Allokation, insbesondere weil es zur Verschwendung von Ressourcen in diesem Verteilungskampf kommt. Die klassisch-keynesianische Konzeption der Marktteilnahme würde hingegen darauf hinweisen, daß Wirtschaftspolitik nur zum Teil in Umverteilungsmaßnahmen besteht, zum anderen aber in der Stabilisierung von Marktprozessen, die mittelbar und unmittelbar die Beschäftigung bestimmen. Immer unterliegt sie dabei der Restriktion durch diese Marktprozesse selbst. Wirtschaftspolitik ist auf die Erzielung und Verschiebung von Marktgleichgewichten angewiesen, um ihr Ziel nachhaltig zu erreichen. Ungleichgewichte äußern sich dagegen makroökonomisch in Inflation, Wechselkursvolatilität und Beschäftigungsschwankungen, die ein etwaiges Marktversagen gerade nicht beheben. Wirtschaftspolitik als Marktteilnahme benennt sowohl diese Restriktion als den Umstand, daß es das Versagen oder das Destabilisierungspotential von Marktmechanismen selbst ist, die regelmäßig zur wirtschaftspolitischen Intervention anhalten.

Eine Bedingungsanalyse monetärer Integration ist prinzipiell mit jeder dieser modernen Konzeptionen der Wirtschaftspolitik vereinbar. Eine Kosten-Nutzen-Analyse ist das meines Erachtens nicht, weil sie auf eine Wohlfahrtsfunktion als Vorgabe für die Bewertung des Marktergebnisses angewiesen bleibt.[48]

---

[48] Und zwar im Sinne einer vorgegebenen Optimalverteilung und nicht als Ergebnis eines Verteilungskampfes, wie dies die Politische Ökonomie zu modellieren erlaubt. Die Wohlfahrtsfunktion in einer Kosten-Nutzen-Analyse zur Bestimmung des optimalen Währungsraumes kann kein solches Resultat sein, weil sich die Bedingungen für den Verteilungskampf mit der Währungsintegration selbst ändern.

3 Monetäre Integration unter Beibehaltung des Wechselkurses

Monetäre Integration im Sinne der bilateral abgestimmten Festlegung von Wechselkursen bedeutet zunächst einmal die Abkehr von vollkommen flexiblen Wechselkursarrangements. Im „Nonsystem" (Williamson 1976), das seit dem Zusammenbruch der Weltwährungsordnung von Bretton Woods Anfang der siebziger Jahre vorliegt, hat kaum ein Land die vermeintliche Freiheit genutzt und seine Währung völlig frei floaten lassen.[1] Devisenmarktinterventionen sollen vor allem der als „exzessiv" empfundenen Volatilität der Währungen entgegenwirken. Exzessiv waren die Wechselkursschwankungen unter mindestens zwei verschiedenen Gesichtspunkten (Hallwood/MacDonald 1994, 25f.):

- Die Wechselkursschwankungen waren höher als die Schwankungen der sie bestimmenden fundamentalen Faktoren. Fundamentale Bestimmungsfaktoren sind je nach der zugrundeliegenden Wechselkurstheorie das relative Einkommensniveau, Preisniveaus oder Leistungsbilanzsalden, relative Geldmengen oder das Verhältnis von inländischen und ausländischen Vermögensanlagen.

- Die Wechselkursschwankungen waren höher als die Schwankungen der Terminkurse bzw. der Swapsätze. Terminwechselkurse bzw. Swapsätze drücken gemäß dem gedeckten Zinsparitätentheorem die heute erwarteten Kassakurse in der Zukunft bzw. die heute erwartete Veränderung der gegenwärtigen Kassakurse aus. Ein großer Teil der Wechselkursveränderungen war daher unvorhergesehen.

Exzessiv waren die Schwankungen in der Post-Bretton Woods-Ära insbesondere dann, wenn man davon ausgeht, daß Wechselkurse als relative Güterpreise bestimmt werden, sich also im Tausch des inländischen Güterkorbes gegen den jeweiligen ausländischen Güterkorb bilden. Wie alle relativen Güterpreise würde der reale Wechselkurs dann von solchen fundamentalen Daten wie technologischen Produktionsbedingungen und Präferenzen bestimmt, die im Regelfalle keinen starken kurzfristigen Schwankungen unterworfen sind. Die nominalen Wechselkursänderungen spiegelten dann lediglich Inflationsdifferentiale zwischen den betreffenden Ländern wider und hielten gerade dadurch den realen Wechselkurs konstant.

---

[1] Der Internationale Währungsfonds (IWF) veröffentlicht die Wechselkursregelungen in dem gesonderten Periodikum *Report on Exchange Arrangements and Exchange Restrictions*. Die frei floatenden Währungen bilden dabei eine minoritäre, allerdings größer werdende Gruppe. In Bezug auf Entwicklungsländer vgl. Agénor/ Montiel (1996, 190-195).

Die geringe Verbreitung des freien Floatens und die hohe Volatilität bestärken die außerhalb der Integrationstheorie entwickelte Konzeption des Wechselkurses als eines Preises, der aus der Disposition über (Geld-)Vermögensbestände entsteht. Diese Konzeption ist in der makroökonomischen Außenwirtschaftstheorie inzwischen etabliert (Branson/Henderson 1985). Es gibt eine neoklassische Variante in Gestalt des monetären - oder genauer: des monetaristischen - Ansatzes, sowie eine (neo-)keynesianische Variante in Gestalt der Portfoliotheorie des Wechselkurses.[2]

Die integrationstheoretische Bedeutung dieser Vermögenspreiskonzeption ist, daß sie der Stabilität von Wechselkursen neuen Sinn verleiht und insofern Versuche der monetären Integration einsichtig macht. Aber zugleich werden mit dieser Konzeption auch die Schwierigkeiten der Wechselkursstabilisierung generell, der Einhaltung von Festkursvereinbarungen im besonderen offenbar. Auf Wechselkurse kann wie auf andere Vermögenswerte spekuliert werden, und solche Spekulationen können unter bestimmten Bedingungen destabilisierend sein. Diese Elemente der neueren Literatur, die preistheoretische Konzeption des Wechselkurses und die Erwartungsbildung in bezug auf Wechselkursentwicklungen, sind Gegenstand des Unterkapitels 3.1.

Was daraus für die Wirtschaftspolitik der bilateral abgestimmten Wechselkursstabilisierung folgt, ist dann Gegenstand von Unterkapitel 3.2. Zu diesem letzteren Zweck wird auf die Literatur zur makroökonomischen Politikkoordination zurückgegriffen. Sie stellt das eigentlich naheliegende, erstaunlicherweise jedoch wenig genutzte Instrumentarium für eine allgemeine Theorie monetärer Integration bereit.

3.1 Die Problematik der Wechselkursstabilisierung

3.1.1 Zweite Trennlinie zwischen alter und neuer Theorie: die Preistheorie des Wechselkurses

Die neuere Literatur weist darauf hin, daß der Wechselkurs als Vermögenspreis sehr viel volatiler sein kann als das von einem relativen Güterpreis zu erwarten wäre. Aus dem selben Grunde ist die Wechselkursstabilisierung aber auch

---

[2] Gute grundlegende Darstellungen geben Murphy/van Duyne (1980) und, ausführlicher, Gärtner (1997). Sie unterziehen die Modellvarianten der beiden Ansätzen auch einer empirischen Überprüfung. Murphy/van Duyne (1980) gelangen aufgrund ökonometrischer Untersuchungen zu keiner eindeutigen Einschätzung der Güte dieser unterschiedlichen Ansätze. In der Erklärung stilisierter Fakten über flexible Wechselkurse schneiden bei Gärtner (1997, 180-187) der monetaristische Ansatz mit träger Güterpreisanpassung und der portfoliotheoretische Ansatz („Vermögensbestandsansatz") vergleichsweise gut ab.

schwieriger. Diese Problematik bildet den Hintergrund für verschiedene Versuche der monetären Integration unter Beibehaltung des Wechselkurses. Zunächst wird der monetaristische Ansatz,[3] dann der portfoliotheoretische Ansatz hierzu dargestellt. Beide liefern Strukturmodelle des Wechselkurses. In der empirischen Überprüfung haben diese im Vergleich zu rein statistischen Modellen schlecht abgeschnitten (Meese/Rogoff 1983; Isard 1995, Kap.8). Dafür können allerdings methodische Annahmen, insbesondere die unterstellte Rationalität der Erwartungsbildung, verantwortlich sein, welche dem ökonomischen Gehalt äußerlich sind. Ein anderes Problem ist der partialökonomische Charakter der meisten empirisch überprüfbaren Modelle, in denen Einkommensgrößen und Geldangebote als exogene Variablen behandelt werden (Meese/Rogoff 1983, 6). Dieser Einwand greift daher weniger die vermögenspreistheoretische Konzeption des Wechselkurses, denn ihre einkommens- und geldtheoretische Fundierung an. Die Wechselkurstheorie teilt diesbezügliche Mängel mit der Makroökonomie insgesamt.

Die Ergebnisse des folgenden Abschnitts 3.1.1 lassen sich dahingehend zusammenfassen, daß die vermögenspreistheoretische Fassung des Wechselkurses folgenreich für die Theorie der monetären Integration war,

- weil sie die exzessive Volatilität der Wechselkurse preistheoretisch zu begründen vermag und damit integrationspolitische Maßnahmen überhaupt erst legitimiert;

- weil sie eine reichere Dynamik dieses Preises zu modellieren erlaubt und damit verbunden auch eine komplexere Argumentation für und gegen monetäre Integration;

- weil sie insbesondere mit der portfoliotheoretischen Variante die Perspektive auf ein eigenständiges Vermögensmarktkalkül eröffnet (Tobin 1982, 117), das die Theorie der monetären Integration tragen kann und zu mehr als einer bloße Anwendung der reinen Außenwirtschaftstheorie werden läßt;

---

3   Unter dem monetaristischen Ansatz wird hier der auf die Quantitätstheorie rekurrierende Versuch verstanden, Wechselkursbewegungen ausschließlich als Geldmarktphänomen zu beschreiben. In der Literatur wird dieser Versuch vorwiegend als *monetärer* Ansatz des Wechselkurses bezeichnet. Unter dem monetaristischen Ansatz werden dann nur die Modelle mit flexiblen Güterpreisen zusammengefaßt und von Varianten desselben Ansatzes mit trägen Güterpreisen („Overshooting"-Modelle) unterschieden (u.a. Frankel 1983, Gärtner 1997). Hier kommt es mir darauf an, das wesentliche monetaristische Element, das beiden Varianten gemeinsam ist, kenntlich zu machen.

- weil sie den inhärent intertemporalen Charakter dieses Preises beinhaltet und damit einen Anhaltspunkt liefert für die Rolle der Erwartungsbildung bei der Umsetzung wirtschaftspolitischer Maßnahmen im allgemeinen, der Wechselkursstabilisierung im besonderen.

3.1.1.1 Der Wechselkurs als relativer Güterpreis

Der Wechselkurs als relativer Güterpreis entstammt der reinen, i.e. realwirtschaftlichen Außenwirtschaftstheorie. Er wird auf dem Devisenmarkt wie jeder andere Güterpreis aus Angebot und Nachfrage nach Devisen bestimmt. Das Angebot und die Nachfrage nach Devisen ergibt sich aus Leistungsströmen im Außenhandel (Gandolfo 1995, 378-380). Im Gleichgewicht sorgt die über den Devisenmarkt vermittelte Güterarbitrage für eine ausgeglichene Leistungsbilanz. Strenggenommen muß dabei eine Ein-Gut-Ökonomie unterstellt werden oder aber eine Ökonomie, in der das handelbare Gut in einer fixen Proportion zum nicht-handelbaren Gut produziert und konsumiert wird. Dann drückt der nominale Wechselkurs, verstanden als in inländischer Währung gemessener Preis einer Einheit ausländischer Währung, die Kaufkraftparität (KKP) der Währungen aus, der reale Wechselkurs ist 1.[4]

Diese Wechselkurskonzeption legt generell eine Flexibilisierung dieses relativen Güterpreises nahe. Genauer gesagt: es bedürfte geradezu einer besonderen Begründung, warum ein Wechselkurs fixiert werden sollte, wenn er ein relativer Güterpreis ist. Schließlich sind, einem robusten Ergebnis der Allokationstheorie zufolge, flexible Preise das probate Mittel, die effiziente Verwendung knapper Güter zu sichern.

Die hohe Volatilität der Wechselkurse nach dem Zusammenbruch von Bretton Woodes verstärkte jedoch bereits bestehende Zweifel an dieser Wechselkurserklärung. Insbesondere ließen sich die Wechselkursschwankungen nicht durch Infla-

---

[4] D.h. aus der Kaufkraftparität $S^n P_a = P$ folgt ein realer Wechselkurs von 1: $S^r = S^n P_a / P = 1$. Dabei steht S für den (Spot oder Kassa-)Wechselkurs, P für den Preisindex handelbarer Güter gemessen in eigener Währung und die Suffixe r, n und a für real, nominal bzw. ausländisch. Der Wechselkurs wird in dieser Arbeit generell preisnotiert, gibt also die Einheiten inländischer Währung an, die eine Einheit ausländischer Währung kostet. Der reale Wechselkurs ist der reziproke Wert der Terms of Trade (ToT), die den relativen Preis der Exportgüter gemessen in Importgütern wiedergeben. Eine reale Aufwertung, d.h. ein Sinken von S^r, bedeutet also einen Anstieg der ToT, d.h. eine Verteuerung der Exporte oder eine Verbesserung des Tauschverhältnisses von Export- gegen Importgüter. In relativer Form postuliert das Kaufkraftparitätentheorem, daß die Veränderungsrate des Wechselkurses dem Inflationsdifferential entspricht $\hat{S}^n = \hat{P} - \hat{P}_a$.

tionsdifferentiale begründen, wie es das Kaufkraftparitätentheorem in seiner relativen Form voraussagen würde. Ein Wechselkurs, der als relativer Güterpreis interpretiert wird, ändert sich lediglich, wenn tatsächlich Devisen gehandelt werden. Ausgehend von einem Gleichgewicht kommt es zu positiven und negativen Überschußnachfragen nach Devisen nur, wenn - annahmegemäß - unabhängige notionale Angebots- und Nachfragekonstellationen sich verschieben.[5] Diese Verschiebungen sind unmittelbar auf realwirtschaftliche Änderungen wie Technologieschocks oder Präferenzänderungen zurückzuführen.

Demgegenüber kann sich ein Wechselkurs, der ein Vermögenspreis ist, ändern, ohne daß nennenswerte Devisenbewegungen stattfinden (Hallwood/ MacDonald 1994, 156). Es genügt, daß der Markt als ganzer seine Einschätzung des Vermögenswertes ändert. Das bedeutet zum einen, daß Käufer und Verkäufer des Aktivums von denselben Faktoren motiviert werden. Und es bedeutet zu anderen, daß die Wechselkursänderung auf eine reine Umbewertung der Vermögensbestände zurückgeht, die gerade bewirkt, daß keine Bestandsänderung stattfinden muß. Änderungen im realwirtschaftlichen Datenkranz haben darauf nur indirekt Einfluß, d.h. insoweit, als sie die Nachfrage nach oder das Angebot an Forderungen auf eine bestimmte Währung verändern können.

Der monetaristische Ansatz zeigt den fließenden Übergang von dieser Theorie der Wechselkursbestimmung, die an Leistungsbilanztransaktionen ansetzt, zu einer modernen Theorie, die Dispositionen über Vermögensbestände zugrundelegt.

3.1.1.2 Der monetaristische Ansatz

Der monetaristische Ansatz des Wechselkurses ergibt sich daraus, daß die Kaufkraftparität als gültig unterstellt wird und zugleich die Preisniveaus quantitätstheoretisch erklärt werden. Das heißt, sie werden zurückgeführt auf die angebotene Geldmenge und die nachgefragte Realkasse.[6] Aus dem relativen Güterpreis wird so ein Bestandshaltepreis der relativen Geldmenge.

---

[5] Die Angebotsseite wird wesentlich von den technologischen Bedingungen bestimmt, die Nachfrageseite von ihren Präferenzen. Die Unabhängigkeit der notionalen Angebots- und Nachfragefunktionen ist in einem totalanalytischen Modell strenggenommen nicht möglich. In der Vermögensmarkttheorie schließlich macht die Unterscheidung von Angebot und Nachfrage in der Regel wenig Sinn.

[6] Der Quantitätstheorie des Geldwertes besagt, daß der Wert des Geldes das reziproke Preisniveau $(1/P)$ sei und das Preisniveau allein von der Quantität des Geldangebots bei gegebener stabiler Nachfrage nach Realkasse (M/P) bestimmt werde. Vgl. dazu ausführlicher Unterkapitel 4.1.

Das fundamentale monetäre Datum der Wechselkursbestimmung ist das relative Geldangebot, die fundamentalen nicht-monetären Daten sind Realzinsen und Realeinkommen, die als Bestimmungsgründe der relativen Realkassennachfrage aus Sicht der Geldsphäre vorgegeben sind.[7] Dieses monetäre Fundamentaldatum legt jedoch kein eindeutiges Niveau des Wechselkurses fest, sondern nur eine ganze Schar gleichgewichtiger Wechselkurse (vgl. Fenster 3.1). Für gegebene Fundamentaldaten ist nur noch das Verhältnis der Geldmengen relevant, das aber von unendlich vielen Niveaus der beiden Geldmengen erfüllt wird. Die Unbestimmtheit des gleichgewichtigen Wechselkurses, verstanden als relativer Preis einer Währung in Einheiten einer anderen, folgt letztlich daraus, daß Geld keinen intrinsischen Wert hat, sondern nur eine nominelle Variable ist (Kareken/Wallace 1980; Tobin 1982, 117f.). Außerdem sind in der monetaristischen Welt alle anderen Finanzaktiva vollkommene Substitute. Dadurch werden die in der Kapitalbilanz verzeichneten Bestandstransaktionen unabhängig vom Niveau des Wechselkurses. Sie hängen nur noch von der erwarteten Wechselkursänderung ab (Kouri 1983, 119). Monetäre Integration kann hier dazu dienen, sich über die Fixierung der Geldmenge bzw. der Geldmengenausdehnung eines Landes zu einigen. Diese Geldmenge stellt dann den nominellen Anker für den bilateralen Wechselkurs dar.

Fenster 3.1: Der Wechselkurs als Vermögenspreis im monetaristischen Ansatz

Der reale Wechselkurs wird in diesem Ansatz als Bestandshaltepreis der relativen Geldmenge interpretiert. Das einfachste Modell besteht aus zwei Gleichungen für das inländische und das ausländische Geldmarktgleichgewicht (A1) und eine Gleichung für das Gütermarktgleichgewicht in offenen Volkswirtschaften, d.h. die Erfüllung der Kaufkraftparität (A2).

$$(A1a) \qquad M^{sn} \overset{!}{=} M^{dn} (\overset{+}{P}, \overset{+}{Y}, \overset{-}{r}, \overset{0}{W_{net}}) \equiv P \cdot \frac{Y}{V(r)}$$

$$(A1b) \qquad M_a^{sn} \overset{!}{=} M_a^{dn} (\overset{+}{P_a}, \overset{+}{Y_a}, \overset{-}{r_a}, \overset{0}{W_{a,net}}) \equiv P_a \cdot \frac{Y_a}{V_a(r_a)}$$

$$(A2) \qquad S^n = \frac{P}{P_a}$$

---

[7] Das Realeinkommen ist das Ergebnis des Zusammenspiels von Güter- und Faktormärkten, der reale Zins ergibt sich aus der Zeitpräferenzrate der Haushalte und der Produktivität der verfügbaren Technologie.

Dabei steht M für die Geldmenge, V für die Geldumlaufgeschwindigkeit oder eine sehr einfache (inverse) Geldnachfragefunktion, r bezeichnet den Realzins und Y das Realeinkommen, die Superskripte s, d und n kennzeichnen eine Angebotskategorie, eine Nachfragekategorie bzw. eine Nominalgröße. Das Subskript a steht für ausländische Größen. Daraus folgt:

$$(A3) \quad S^n = \frac{M^{sn}}{M_a^{sn}} \frac{V(r)}{V_a(r_a)} \frac{Y_a}{Y} = \frac{M^{sn}}{M_a^{sn}} \frac{M_a^d(\overset{-}{r_a}, \overset{+}{Y_a})}{M^d(\overset{-}{r}, \overset{+}{Y})}$$

Der gleichgewichtige Wechselkurs ist zum einen eine Funktion des relativen Geldangebots: ein Anstieg der inländischen Geldmenge bewirkt ceteris paribus eine reale Abwertung.

Er ist zum anderen eine Funktion der relativen Realkassennachfrage (M^d für reale Geldnachfrage): steigt der inländische Zinssatz r, kommt es zu einer realen Abwertung, weil die reale Geldnachfrage sinkt; und steigt das inländische Realeinkommen Y, kommt es zu einer realen Aufwertung, weil die reale Geldnachfrage steigt.

Diese partiellen Ableitungen nach r und Y widersprechen dem traditionellen, in 3.1.1.1 skizzierten Ansatz, in dem der Wechselkurs auf Änderungen von Stromgrößen bzw. Bestands*veränderungen* reagiert: ein höherer Zins würde dort den Kapitalimport erhöhen und entsprechend zu einer Aufwertung führen (dS/dr < 0); ein höheres Realeinkommen führte zu vermehrten Importen, die eine Abwertung notwendig machten, um die Leistungsbilanz auszugleichen (dS/dY > 0).

Die Konzentration auf den Geldmarkt ergibt sich aus der Annahme einer Ein-Gut-ein-Bond-Welt. (A2) zeigt, daß die gehandelten Güter als vollkommene Substitute betrachtet werden, die Ausblendung der Märkte für zinstragende Aktiva, daß vollständige Substitutionalität der anderen Aktiva unterstellt wird. Es ist Geltung der ungedeckten Zinsparität und damit ständige Räumung anderer Vermögensmärkte impliziert. Schließlich ist auch vorausgesetzt, daß die Geldnachfrage nullhomogen im realen Nettovermögen W_{net}^r ist (Murphy/van Duyne 1980, 638). Der Index *net* soll hier andeuten, daß das Vermögen ohne Außengeld gemeint ist, weil dieses bereits in M^s berücksichtigt ist. Infolgedessen wirkt ein Leistungsbilanzgleichgewicht und die damit einhergehende Veränderung der Nettoauslandsposition nicht auf den Wechselkurs. Die Dichotomie von Geld- alias Vermögensmarktvorgängen und Gütermarktbestimmung des Gleichgewichts bleibt so gewahrt.

Das bereits in (A3) ersichtliche **Unbestimmtheitsresultat** wird noch deutlicher, wenn man reformuliert:

(A4) $\quad \dfrac{S \cdot M_a^{sn}}{M^{sn}} = \rho(\underset{+}{r}, \underset{-}{r_a}, \underset{-}{Y}, \underset{+}{Y_a}) = \text{const.}$

Diese Bedingung ist für beliebig viele Wechselkurs-Geldmengen-Kombinationen bzw. für einen gegebenen Wechselkurs bei beliebig vielen Geldmengenverhältnissen erfüllt. Diese Unbestimmtheit läßt sich durch die Vorgabe eines Ankers, z.B. durch eine Geldmengenregel, beseitigen.

Die Kaufkraftparität ist hier nicht mehr das unmittelbare Ergebnis der Güterarbitrage, sondern das mittelbare Ergebnis eines Geldmarktgleichgewichtes zwischen den betrachteten Währungsräumen. Der für den Leistungsbilanzausgleich notwendige relative Güterpreis wird nicht verändert, sondern als von realwirtschaftlichen Fundamentaldaten bestimmt vorausgesetzt (Gandolfo 1995, 196).[8] Da Geld jedoch primär als Tauschmittel nachgefragt wird, sind die Geldmarktgleichgewichte immer noch eng auf die Güterarbitrage bezogen. Aber der reale Wechselkurs ist nun ein intertemporaler Preis des Durchhaltens von Realkassenbeständen. Wie noch ausgeführt wird, erhalten dann Erwartungen, insbesondere über Veränderungen des Geldangebots, eine eigenständige Bedeutung.

Der monetäre Ansatz entstand unter dem Eindruck der inflationären Weltwirtschaft der 60er Jahre. Er unterstützte eine Flexibilisierung der Wechselkurse und damit die Suspendierung der in Bretton Woods 1944 vereinbarten Festkursordnung. Nominale Veränderungen, wie ein höheres ausländisches Preisniveau, können den gleichgewichtigen realen Wechselkurs zwischen zwei Ländern nicht verändern. Das Hauptargument zugunsten flexibler Wechselkurse ergibt sich aus ihrer „Abschirmungsfunktion". Ein flexibler (nomineller) Wechselkurs erlaubt, sich durch Aufwertung gegen Inflationsimpulse aus dem Ausland abzuschirmen und eine eigenständige Geldpolitik im Sinne der Festlegung des inländischen Preisniveaus zu praktizieren. Zumindest die langfristige Inflationsrate kann unterschiedlich gewählt werden, selbst wenn eine vollständige Insulierung wegen der Verflechtung der Güter- und Kapitalmärkte und bedingt flexiblen Güterpreisen kurzfristig nicht gelingt (Mussa 1976, 240).

Dieses Verständnis des Wechselkurses stand keineswegs im Gegensatz zur frühen Theorie der monetären Integration (Mundell 1961, 657, 660). Letztere ging freilich von konstanten Güterpreisen oder allenfalls trägen Preisniveauverände-

---

8   Wie bereits in 3.1.1.1 erwähnt, ist das Verhältnis der Preisindizes formal ein relativer Preis (ein Verhältnis zwischen Gütermengen), wenn eine Ein-Gut-Ökonomie unterstellt wird oder eine Ökonomie, in der das handelbare Gut in einer fixen Proportion zum nicht-handelbaren Gut produziert und konsumiert wird. Letzteres läßt sich mikroökonomisch schwerlich rechtfertigen. Markttheoretisch unplausibel ist es, das Verhältnis zweier am Geldmarkt bestimmten absoluten Preise als relativen Güterpreis zu interpretieren.

rungen aus. Denn ganz in der Tradition der Keynes'schen *Allgemeinen Theorie* (Keynes 1936) stehend, legte sie eine unterbeschäftigte Wirtschaft zugrunde, in der Kapazitätsspielräume bestehen und kollektive Vereinbarungen eine Untergrenze für Nominallöhne festlegen. Eine Diskrepanz zwischen inländischer Einkommensbildung und Absorption reflektiert Bestandsungleichgewichte auf dem Geldmarkt, die zu relativen Geldmengenveränderungen führen. Ein Zahlungsbilanzdefizit, verstanden als Rückgang der offiziellen Devisenreserven, ist Ausdruck eines überschüssigen Geldangebots. Es wird durch eine die Einkommensbildung übersteigende Absorption abgebaut, indem die hohe Fremdwährungsnachfrage zu abnehmenden Devisenreserven bei der Zentralbank führt. Der Abbau der Zentralbankreserven bewirkt seinerseits den Rückgang der Geldmenge. Und vice versa bei einem Leistungsbilanzüberschuß bzw. höherer gewünschter Geldhaltung. Offenkundig wird dabei eine passive, nicht mit Sterilisierungsoperationen reagierende Zentralbank unterstellt.[9]

Der Absorptionsansatz als flow- oder Bestands*änderungs*version einer quantitätstheoretischen Wechselkurserklärung unterstreicht die monetaristische Aussage, daß durch flexible Wechselkurse eine **eigenständige Wirtschaftspolitik** begünstigt wird. Bei trägen Preisniveaureaktionen können Auf- oder Abwertungen des nominalen Wechselkurses sogar den realen Wechselkurs verändern und damit die Wettbewerbsfähigkeit der nationalen Produktion beeinflussen. Freilich ist die wirtschaftspolitische Souveränität nur zu erlangen, sofern das andere Land die angestrebte Veränderung des realen Wechselkurses akzeptiert. Das ist wenig wahrscheinlich, wenn zwei Währungsräumen einen engen Konjunkturzusammenhang infolge stark verflochtener Güter- und Kapitalmärkte aufweisen. Es drohten dann kompetitive Abwertungen in einer Rezession bzw. kompetitive Aufwertungen in der Hochkonjunktur. Deshalb sahen sich die Vertreter des monetaristischen Ansatzes schon bald gezwungen, die wirtschaftspolitische Koordination bei flexiblen Kursen anzumahnen (Mussa 1976, 238-240). Die angemahnte Koordination mußte entsprechend der monetaristischen Wechselkurserklärung in der Abstimmung der Geldpolitik im weitesten Sinne bestehen. D.h. alle das Geldangebot verändernden Wirtschaftspolitiken mußten koordiniert werden, nicht nur die devisenwirksamen Interventionen (vgl. Abschnitt 3.2.1).

Aber nicht nur die Berücksichtigung wechselseitigen strategischen Verhaltens von Regierungen entzog der Vorstellung die Grundlage, Wechselkurse seien einfach wirtschaftspolitisch zu manipulieren. Theoretisch nachhaltiger war die Erkenntnis, daß der monetaristisch erklärte Wechselkurs ein Vermögenspreis

---

9   Den Zusammenhang zwischen monetaristischer Wechselkurserklärung und Absorptionsansatz erläutert Kouri (1975, insbes. 285-290; vgl. außerdem Gandolfo 1995, Kap. 15.3). In der ursprünglichen Quantitätstheorie wird die Anspassung des Geldangebots an die gewünschte Realkassenhaltung nicht vermittelt über die Zahlungsbilanz, sondern mit flexiblen Preisen begründet.

und damit ein intertemporaler Preis ist, der aus dem Halten von Vermögensbeständen über die Zeit resultiert. Das Halten von Vermögensbeständen verlangt, Erwartungen bezüglich der Wertveränderung einer Währung über die laufende Periode hinaus zu bilden und zwar unabhängig davon, ob dies als Ausfluß eines intertemporalen Konsumkalküls begriffen wird, wie im monetaristischen Ansatz, oder aber als Ausfluß eines eigenständigen Protfoliokalküls, das von Ertrags- und Risikoüberlegungen getragen wird. Durch gegenläufige Vertrauenseffekte können die angestrebten Ziele geradezu konterkariert werden: expansiv intendierte Maßnahmen zinserhöhend wirken, restriktiv intendierte Maßnahmen zinssenkend. Ein von den Erwartungen über die zukünftige Wechselkursentwicklung abhängiger Wechselkurs in der laufenden Periode kann so zu einer Restriktion der Wirtschaftspolitik werden.

Manche Vertreter des monetaristischen Ansatzes erklären die Bedeutung von Erwartungen zum entscheidenden Charakteristikum des Wechselkurses als eines Vermögenspreises (Frenkel/Mussa 1985, 725-728). So können rationale Wechselkurserwartungen die Wirkung einer Geldmengenerhöhung vergrößern, wenn die Erwartungen so sind, daß aus aktuellen Geldmengenerhöhungen auf weitere Erhöhungen geschlossen wird (Fenster 3.2). Der entsprechende Rückgang der gewünschten Kassenhaltung führt dann zu einem sich selbst bestätigenden Anstieg des Preisniveaus. Diese Erwartung kann rational sein, wenn den Wirtschaftssubjekten eine Zielfunktion der monetären Autoritäten bekannt ist, die erwarten läßt, daß sie eine bestimmte reale Geldmengenausweitung anstrebt. Aus dem Versuch, die Geldhaltungswünsche der Haushalte und die Zielsetzung der monetären Autoritäten vereinbar zu machen, kann sich eine so hohe gleichgewichtige Inflationsrate bzw. Abwertungsrate ergeben, daß der einzige Ausweg in der Aufgabe einer eigenständigen Geldpolitik durch Bildung einer Währungsunion besteht.

Fenster 3.2: Die Volatilität des Wechselkurses im monetaristischen Ansatz

Oben wurde der gleichgewichtige Wechselkurs (A4) für eine stationäre Situation abgeleitet, um das Merkmal eines Bestandshalte- oder Vermögenspreises herauszustellen. Berücksichtigt man die Veränderungen über die Zeit, wird ersichtlich, daß der Vermögenspreis S auch von Erwartungen seiner Veränderung abhängt. Die Zinsabhängigkeit der Geldnachfragefunktionen (B1) und die Kaufkraftparität in ihrer relativen Form (B2) werden dann verwendet, um Wechselkurserwartungen zu berücksichtigen: gemäß Zinsparitätentheorem (Kapitalmarktgleichgewicht) muß das reale Zinsdifferential gerade der erwarteten realen Abwertung entsprechen (B3). Im folgenden entsprechen alle Kleinbuchstaben mit Index t natürlichen Logarithmen der betreffenden Niveauvariablen, mit Ausnahme der Zinssätze.

Unterstellt wird eine Geldnachfragefunktion des Typs: $M^d = Py^\phi \exp(-\lambda i)$, wobei ϕ die Einkommenselastizität der Geldnachfrage und λ die Semielastizität der Geldnachfrage bezüglich des nominalen Zinssatzes i darstellt (alle anderen Variablen haben die bekannte Bedeutung). Das in Fenster 3.1 formulierte Modell hat dann folgende Form (Frankel 1983, 86-89, Gärtner 1997, 104-108):

(B1a) $\qquad m_t^s \overset{!}{=} p_t + \phi y_t - \lambda r_t$

(B1b) $\qquad m_{a,t}^s \overset{!}{=} p_{a,t} + \phi_a y_{a,t} - \lambda_a r_{a,t}$

(B2) $\qquad s_t = p_t - p_{a,t}$

(B3) $\qquad \Delta s_{t+1}^e = i_t - i_{a,t} = (r_t + \Delta p_t^e) - (r_{a,t} + \Delta p_{a,t}^e)$

Die ungedeckte Zinsparität oder Ein-Bond-Annahme in (B3) muß hier explizit aufgeführt werden, da sie später noch eine Rolle spielt. In einem inflationären Kontext muß der *nominale* Zinssatz i nach dem Fisher-Theorem zerlegt werden in den realen Zinssatz r und die (erwartete) Preissteigerung Δp^e.

Den gleichgewichtigen Wechselkurs erhält man aus den simultanen Geld-, Güter- und Kapitalmarktgleichgewichten. Der Einfachheit halber wird unterstellt, daß die Geldnachfrageelastizitäten in beiden Länder identisch sind.

(B4) $\qquad s_t = (m^s - m_a^s)_t - \phi(y - y_a)_t + \lambda \Delta s_{t+1}^e$

Schon hier wird ersichtlich, daß die Abwertungserwartung Δs_{t+1}^e eine Tendenz hat, sich selbst zu bestätigen, weil sie positiv auf den tatsächlichen Wechselkurs wirkt. Die Abwertungserwartung ist nach dem inzwischen eingebürgerten Sprachgebrauch dann „rational", wenn sie auf der im Modell angenommenen quantitätstheoretischen Bestimmung der Inflation und der Antizipation des Gütermarktgleichgewichtes beruhen. Ein Gütermarktgleichgewicht verlangt einen konstanten realen Wechselkurs ($s_t - p_t$). Deshalb kann sich in der Abwertungserwartung nur ein Inflationsdifferential niederschlagen, das durch differentielle Erhöhungen der Geldmenge verursacht wird.

(B5) $\qquad \Delta s_{t+1}^e = s_{t+1}^e - s_t = \Delta p_t^e - \Delta p_{a,t}^e = \Delta m_t^e - \Delta m_{a,t}^e$

Eine marginale Erhöhung der nominellen Geldmenge dm^s hat dann eine überproportionale Wirkung auf den laufenden Wechselkurs, wenn sie die Erwartungen einer weiter steigenden Geldmenge erzeugt.

(B6) $\qquad \dfrac{ds_t}{dm_t^s} = 1 + \lambda \dfrac{d(\Delta m_t^e)}{dm} > 1$

Der letzte Term auf der rechten Seite bezeichnet eine **Vergrößerungseffekt** von Wechselkurserwartungen (Gärtner 1997, 106-108, 118). Er kann selbst bei vollständig flexiblen Güterpreisen und jederzeit geräumtem Gütermarkt auftreten. Das wird zum Ansatzpunkt für ein Glaubwürdigkeitsproblem der Geldpolitik, aus dem unter Umständen nur noch die Flucht aus der eigenen Währung hilft (vgl. Kap. 3.2.1). Wegen (B2) muß dann auch das Preisniveau überproportional steigen. Das liegt am Fisher-Effekt (B3), der im nominellen Zinssatz i_t enthalten ist. Da nach (B5) die Abwertungserwartung zugleich auf eine (relative) Inflationserwartung rückführbar ist, so bedeutet umgekehrt, daß durch die Geldmengenerhöhung erzeugte Abwertungserwartungen auch überproportional ansteigende Inflationserwartungen reflektieren. Denn bei der Erwartung einer höheren Abwertung muß der Nominalzins steigen und damit die gewünschte reale Geldhaltung sinken (vgl. (B1a) aufgelöst nach $m_t - p_t$). Der Abbau der Realkassen führt genau zu jener Preisniveauänderung, die über der anfänglichen Geldmengenausweitung liegt und sich so selbst bestätigt.

Der Vergrößerungseffekt bestimmter Wechselkurserwartungen ist nicht die einzige Quelle der **Instabilität**. Die zwei wichtigsten anderen Phänomene, die innerhalb dieses Ansatzes die hohe Volatilität flexibler Wechselkurse erklären können, ist zum einen das sog. „Überschießen" der Wechselkurse bei träger Güterpreisanpassung sowie die Möglichkeit rationaler Blasen. Beiden Phänomenen liegen rationale Erwartungen zugrunde, genauer: rationale Erwartungen sind geradezu Bedingung für das Entstehen vermeintlich irrationaler Devisenkursbewegungen (vgl. Abschnitt 3.1.2).

Eine Grundaussage monetaristischer Modelle ist für die neuere monetäre Integrationstheorie folgenreich geworden. Der Wechselkurs wird hier zu einem Preis, der kurzfristig nur noch Geldmarktbedingungen widerspiegelt. Eine starke Abwertungstendenz kann von rationalen Marktteilnehmern nicht anders wahrgenommen werden denn als Signal für geldpolitisches Fehlverhalten der monetären Autoritäten. Sie haben im Prinzip die Wechselkursstabilität in der Hand. Ist er nicht stabil, entsteht ein Glaubwürdigkeitsproblem für eine aktivistisch eingeschätzte Geldpolitik. Feste Wechselkursarrangements können die disziplinierende Wirkung hoher Kapitalmobilität unterstützen bzw. den Märkten signalisieren, daß die monetären Autoritäten gewillt sind, sich dieser Disziplin zu unterwerfen. Durch eine solche institutionelle Vorgabe oder Regelbindung für die Währungspolitik, z.B. einer Zielzone für den Wechselkurs, soll eine destabilisierende Erwartungsbildung zu einer stabilisierenden werden (vgl. Kap. 3.2).

3.1.1.3 Der portfoliotheoretische Ansatz

Im Unterschied zum monetaristischen bestimmt der portfoliotheoretische Ansatz ein eindeutiges Niveau des Wechselkurses aus Vermögensdispositionen. Das erreicht er durch die Annahme unvollkommener Substituierbarkeit in- und ausländischer Finanzaktiva. Eine solche Annahme läßt sich mikroökonomisch begründen, wenn Vermögensdispositionen nicht mehr auf ein intertemporales Konsumkalkül zurückgeführt werden, das nur die Geltung der gedeckten oder ungedeckten Zinsparität erfordert.[10] Bei Zinsparität erfüllen unterschiedliche Aktiva gleichermaßen die Funktion, den Konsum entsprechend der Zeitpräferenz hinausschieben zu können. Sie lassen sich unter diesem Aspekt alle zu dem Vermögenskompositum „Wertpapier" zusammenfassen.

In der Portfoliotheorie wird dagegen ein eigenständiges Kalkül der Vermögensoptimierung modelliert, d.h. die Allokation individuell gegebener Vermögensbestände auf verschiedene Finanzaktiva.[11] Diese Finanzaktiva unterscheiden sich im einfachsten Fall durch ihre (inversen) Kombinationen von Ertrag und Risiko sowie ihre Risikokorrelation mit anderen Aktiva. Mikroökonomisch begründet das die Vorteile der Vermögensdiversifikation, eben einer Portfoliobildung (Markowitz 1952).

Die Einkommensbildung erhält im portfoliotheoretischen Kontext notwendig intertemporalen Charakter, weil sie mit Vermögensbildung, daher mit Bestandshalteentscheidungen einhergeht (Branson/Buiter 1983). Die daraus resultierende Strom-Bestands-Dynamik rückte ins Zentrum vor allem des wirtschaftspolitischen Interesses, weil sie systematisch die Instabilität von Preis- und Mengenanpassungen auf Märkten begründen kann (vgl. Fenster 5.3). Damit erhielt die vermutete Instabilität von Marktprozessen eine theoretische Fundierung und konnte nicht länger in das Reich keynesianischer Glaubenssätze verbannt werden. Das ist nicht zuletzt bedeutsam für die realwirtschaftlichen Wirkungen monetärer Integration.

Die ersten Versuche einer portfoliotheoretischen Wechselkurserklärung waren vorderhand jedoch von empirischen Beobachtungen motiviert: insbesondere den Beobachtungen, (i) daß ein hoher und ansteigender Teil der Kapitalbewegungen nicht von Leistungsbilanzbewegungen induziert ist, (ii) daß Wechselkursbewegungen zwischen wichtigen Währungen oftmals im Widerspruch zur relativen

---

[10] Die gedeckte oder termingesicherte Zinsparität setzt an die Stelle der erwarteten Wechselkursänderung in (B4) des Fensters 3.2 die Kosten der Kursabsicherung, den sog. Terminaufschlag oder Swapsatz. Ein Aufschlag entspricht einer Abwertungserwartung.

[11] Die makroökonomische Portfoliotheorie hat ihren Ursprung einerseits in der Keynes'schen Trennung der Entscheidung über die Höhe des Vermögens, die einkommensabhängig ist, von der Entscheidung über die Zusammensetzung des Vermögens, die u.a. zinsabhängig ist (Keynes 1936, Kap. 8 und Kap. 15). Andererseits hat sie ihren Ursprung in der Forderung von Hicks (1935), auch dem Geldumlauf eine entscheidungstheoretische Grundlage zu geben. Beide Einflüsse sind im Werk des Begründers der makroökonomischen Portfoliotheorie, James Tobin, unverkennbar. Vgl. dazu weitergehend Unterkapitel 4.2.

Geldmengenbewegung stehen,[12] und (iii) daß die Geltung der ungedeckten Zinsparität im großen und ganzen nicht nachweisbar ist. Der Portfolioansatz, der unabhängig von diesen außenwirtschaftlichen Erklärungsnotständen entwickelt worden ist, schien ein geeigneter Ersatz. Er konnte scheinbar allen drei empirisch begründeten Einwänden gegen den monetaristischen Ansatz begegnen.

- In ihm spielen unvollkommen substituierbare Finanzaktiva jene strategische Rolle, die die Geldmengen im monetaristischen Ansatz innehaben. Die Annahme unvollkommener Substitutionalität trägt der Verletzung der Zinsparität Rechnung, denn sie beinhaltet die Existenz einer Risikoprämie zwischen in- und ausländischen Aktiva. Solche Risikoprämien „erklärten", warum viele empirische Untersuchungen weder die gedeckte noch die ungedeckte Zinsparität bestätigt fanden.

- Wechselkursbewegungen wurden in den ersten Versuchen nicht mit Geldmengenänderungen in Verbindung gebracht: Geld wurde als Innengeld und damit nicht als Teil des Nettovermögens betrachtet. Auf- und Abwertungen wurden ausschließlich auf Verschiebungen der gewünschten Anteile zwischen verzinslichen in- und ausländischen Finanzaktiva zurückgeführt (Frankel 1983, 93ff.). Damit wäre dem fehlenden Zusammenhang zwischen Wechselkurs- und Geldbewegungen Rechnung getragen.

- Die den Wechselkurs ändernden Nachfrageverschiebungen wurden aus einem Vermögenskalkül und nicht aus einem Konsumkalkül abgeleitet. Das Vermögenskalkül berücksichtigte das Überwiegen autonomer Kapitalbewegungen und damit die sekundäre Bedeutung der Leistungsbilanzsalden für die Erklärung von Wechselkursbewegungen.

Außerdem sprach für diesen Ansatz der vermögenstheoretischen Wechselkurserklärung, daß er die Dynamik offenlegte, die den Beziehungen von Einkommenströmen der Leistungsbilanz und Vermögensbeständen der Kapitalbilanz innewohnt. Eine unausgeglichene Leistungsbilanz ändert den Anteil der ausländischen Finanzaktiva am volkswirtschaftlichen Nettovermögen und diese, angebotsseitig veränderte Zusammensetzung des Vermögens erfordert eine Anpassung auch des Wechselkurses. Z.B. erhöht ein Leistungsbilanzüberschuß die Nettoauslandsposition, damit die zukünftig zu erwartenden Zinseinnahmen aus dem Ausland und dies wiederum die Aussichten auf eine anhaltend überschüssige Leistungsbilanz. Eine ausgeglichene Leistungs- cum Zinsbilanz ist somit nicht mehr die jederzeit oder langfristig erfüllte Bedingung für ein Gütermarktgleich-

---

[12] Eine starke relative Geldmengenausdehnung und die Aufwertungstendenz der betreffenden Währung stehen sogar in einem unmittelbaren Zusammenhang, wenn die Sterilisierung starker Kapitalzuflüsse nicht gelingt. Das war die Situation des DM-Raumes gegenüber dem Dollar-Raum Ende der 70er Jahre. Das freilich widerspricht der monetaristischen Marktlogik (Frankel 1983, 92f.).

gewicht, sondern eine nicht unbedingt erfüllte Bedingung für ein dynamisches Interaktionsgleichgewicht von Güter- und Vermögensmärkten. Das folgende, von Branson (1979, 200) adaptierte Schaubild illustriert diese Strom-Bestands-Dynamik:

Abbildung 3.1:

in t_0 gegeben

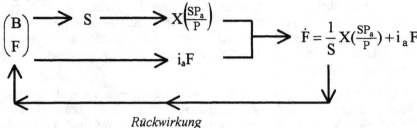

Rückwirkung

Dabei stehen B und F für den Nominalwert inländischer bzw. ausländischer Finanzaktiva und X für die nominellen Nettoexporte (Leistungsbilanz ohne Zinsbilanz), die übrigen Variablen haben die bereits eingeführte Bedeutung. X > 0 bezeichnet einen Leistungsbilanzüberschuß, der den Bestand an ausländischen Titeln und damit das Nettovermögen erhöht. Abb. 3.1 veranschaulicht, daß der Wechselkurs als Bestandshaltepreis direkt aus dem Zusammenspiel der Vermögensmärkte bestimmt wird. Seinerseits beeinflußt er aber den Leistungsbilanzsaldo und bewirkt damit die Veränderung des Bestandes an Auslandsaktiva.[13] Dadurch ändert der Wechselkurs seinerseits die Vermögensmarktbedingungen.

Ein dynamisches Gleichgewicht ist dadurch gekennzeichnet, daß es keine weitere Veränderung des Vermögensbestandes gibt ($\dot{F} = 0$). Ausgehend von einem Handelsbilanzsaldo, der positiv oder negativ ist, kann ein solcher gleichgewichtiger Wechselkurs nur zustandekommen, wenn die Handelsbilanzreaktion normal ($\partial X/\partial S > 0$) und stärker ist als die Reaktion der Dienstleistungsbilanz aufgrund von Zinszahlungen. Insbesondere muß bei einem Leistungsbilanzüberschuß die Aufwertung dahingehend wirken, daß die Nettoexporte stärker sinken als die Zinseinnahmen steigen. Gegeben ein sehr hohes Auslandsvermögen oder eine wenig elastische Handelsbilanzreaktion ist das nicht unbedingt gewährleistet. Die Aufwertung erhöhte dann sogar noch das Leistungsbilanzungleichgewicht mit der Folge weiterer Vermögensakkumulation. Eine andere Quelle von Instabilität ist eine Nettoschuldnerposition der betrachteten Ökonomie (vgl. Unterkapitel 5.2).

---

[13] Die Leistungsbilanz wird hier vereinfacht als Summe aus Handelsbilanz (X) und Dienstleistungsbilanz, die nur Zinszahlungen verbucht ($i_a F$), gefaßt.

Obwohl all dies zwingend für eine portfoliotheoretische Erklärung des Wechselkurses zu sprechen scheint, ist zumindest ihre empirische Rechtfertigung zweifelhaft geworden. In empirischen Untersuchungen schnitt dieser Ansatz tendenziell eher schwächer als der monetaristische Ansatz in der langen Frist ab (Frankel 1983, 105). Daraus hat Frankel (1983) die Konsequenz gezogen, es müsse eine Synthese aus monetaristischem und portfoliotheoretischem Ansatz hergestellt werden, um die empirische Vorhersagekraft der Vermögenspreiserklärung zu erhöhen.[14] Daraus wurde die heute gängige Version der portfoliotheoretischen Wechselkurserklärung, die auch die Geldmenge(n) ins volkswirtschaftliche Nettovermögen einbezieht. Danach ist der Wechselkurs eine Funktion einerseits der relativen Vermögensangebote, andererseits der Anlegerpräferenzen, die in der Nachfrage nach den Vermögensbestandteilen zum Ausdruck kommen. In Fenster 3.3 wird eine sehr allgemeine Formulierung gewählt, in der in beiden betrachteten Ländern jeweils in- und ausländische Geldmenge sowie in- und ausländische Wertpapiere gehalten werden.

Fenster 3.3: Der Wechselkurs als Vermögenspreis im portfoliotheoretischen Ansatz

Ein einfaches allgemeines Portfoliomodell besteht aus vier Finanzaktiva (Murphy/van Duyne 1980, 630f.): der in- und ausländischen Geldmenge (M und M_a), sowie in- und ausländischen festverzinslichen Wertpapieren (B und F). Prinzipiell können Anleger im In- und Ausland alle vier Aktiva halten. Halten ausländische Anleger auch M bzw. inländische Anleger M_a, dann handelt es sich um ein symmetrisches Portfoliomodell mit *Währungssubstitution*.

Die Nachfrage nach diesen vier Aktiva wird von den beiden Zinssätzen (i und i_a) und der Wechselkursänderungserwartung bestimmt. Außerdem ist die Nachfrage linearhomogen im Nominalvermögen W, so daß das Preisniveau bei der Bestimmung der gewünschten Vermögensanteile keine Rolle spielt (Branson 1979, 213n).[15]

---

[14] Das war in der neoklassischen Synthese z.B. von Branson (1979) bereits vorbereitet. Damit sollte eine einfache, dem IS-LM-Modell entsprechende Analyse der Geldpolitik ermöglicht werden. Die Synthese bedeutet für das IS-LM-Modell der offenen Volkswirtschaft in der konsistenten Strom-Bestands-Formulierung, wie sie exemplarisch Branson/Buiter (1983) vorgelegt haben, daß sich monetaristische und portfoliotheoretische Version nur noch in der Steigung der Zahlungsbilanzgleichgewichtskurve unterscheiden.

[15] Homogenität beschreibt das Verhalten einer Funktion y = $f(x_1, x_2,..., x_n)$, wenn alle unabhängigen Variablen x_i mit einem einheitlichen Faktor η multipliziert werden und dann gefragt wird: wie verändert das den Funktionswert y? In $f(\eta x_1,..., \eta x_n) \rightarrow \eta^h y$ gibt h den Homogenitätsfaktor an. Entsprechend meint Nullhomogenität, daß h=0

Die Bestimmungsgleichung eines gleichgewichtigen Wechselkurses soll hier in der *kurzen Frist* betrachtet werden, in der das Aktivaangebot gegeben ist. Das Modell besteht aus der Definitionsgleichung für die Zusammensetzung des Vermögensbestandes (C1), aus den Vermögensmarktgleichgewichten (C2-C3) sowie, der Vollständigkeit halber, der Zahlungsbilanzgleichung (C4), bei der eine normale Handelsbilanzreaktion unterstellt wird. Die Indizes h und f markieren, ob das betreffende Aktivum von *h*eimischen oder von ausländischen (*f*oreign) Anlegern gehalten wird, auf den Nachfrageindex d wird verzichtet.

(C1a) $\quad W \equiv M^h + S\,M_a^h + B^h + SF^h$

(C1b) $\quad W_a \equiv \dfrac{1}{S}M^f + M_a^f + \dfrac{1}{S}B^f + F^f$

(C2a) $\quad M^s \overset{!}{=} M^h + SM^f = m^h(\overset{-}{i},\overset{-}{i_a},\overset{+}{\Delta S^e},y)W + S\cdot m^f(\overset{-}{i},\overset{-}{i_a},\overset{-}{\Delta S^e})W_a$

$\qquad\qquad$ mit $\qquad m^h \equiv M^h/W \qquad$ und $\qquad m^f \equiv M^f/SW_a$

(C2b) $\quad M_a^s \overset{!}{=} S\cdot(M_a^h + M_a^f) = m_a^h(\overset{-}{i},\overset{-}{i_a},\overset{+}{\Delta S^e})W + S\cdot m_a^f(\overset{-}{i},\overset{-}{i_a},\overset{+}{\Delta S^e},\overset{+}{y_a})W_a$

$\qquad\qquad$ mit $\qquad m_a^{\ h} \equiv SM_a^h/W \qquad$ und $\qquad m_a^{\ f} \equiv SM_a^f/SV_a \equiv M_a^f/W_a$

In der Spezifikation (C2) wurde unterstellt, daß Währungssubstitution v.a. aus Gründen der Vermögenssicherung stattfindet: Die Nachfrage nach der jeweils anderen Währung ist nicht einkommensabhängig, d.h. andere Währungen werden nicht als Transaktionskasse nachgefragt.[16]

(C3a) $\quad B^s \overset{!}{=} b^h(\overset{+}{i},\overset{-}{i_a},\overset{-}{\Delta S^e})W + S\cdot b^f(\overset{+}{i},\overset{-}{i_a},\overset{-}{\Delta S^e})W_a$

(C3b) $\quad F^s \overset{!}{=} = f^h(\overset{-}{i},\overset{+}{i_a},\overset{+}{\Delta S^e})W + S\cdot b^f(\overset{-}{i},\overset{+}{i_a},\overset{+}{\Delta S^e})W_a$

(C4) $\quad \dot{F} = \dfrac{1}{S}X(\overset{+}{\dfrac{SP_a}{P}},\overset{-}{y}) + i_a F^h$

---

bzw. $\eta^h = 1$ (keine Änderung des Funktionswerts y), und Linearhomogenität, daß h=1 bzw. $\eta^h = \eta$ (proportionale Änderung des Funktionswerts y).

[16] Bei einer weitgehend dollarisierten Ökonomie muß ausländische Währung auch für Transaktionszwecke gehalten werden, das Einkommen wäre also dann auch ein (positives) Argument in der Nachfrage nach der jeweils anderen Währung.

Die Argumente inländischer und ausländischer Zinssätze sowie Abwertungserwartungen müssen separat aufgeführt werden, weil sie sich nicht, wie es Zinsparität verlangte, zu 0 addieren, sondern in der Summe $(i-i_a-\Delta S^e)$ einer positiven oder negativen Risikoprämie entsprechen (vgl. Fenster 4.1).

Von den vier Vermögensmarktgleichgewichten sind nur drei unabhängig, weil die Vermögensrestriktionen (C1) gleichzeitig bindend sind. Ein Markt, wie z.B. der ausländische Geldmarkt, muß daher nicht explizit berücksichtigt werden, um den gleichgewichtigen Wechselkurs S* zu bestimmen. Dieser S* läßt sich zudem nur angeben, wenn die Wechselkursänderungserwartungen spezifiziert werden. Mit Murphy/van Duyne (1980, 630) sei angenommen, daß die Anleger in der langen Frist den gleichgewichtigen Wechselkurs erwarten, kurzfristig aber die Abwertung über- oder unterschätzen.

(C5) $\Delta S^e = \varepsilon(S^* - S)$ mit $\varepsilon > 0$

Der **gleichgewichtige Wechselkurs** ist dadurch definiert, daß er zu einer freiwilligen Haltung der gegebenen Vermögensbestände beiträgt und zugleich mit einer ausgeglichenen Leistungsbilanz vereinbar ist, so daß das Nettovermögen konstant bleibt ($\dot{F} = 0$). Legt man den ausländischen Geldmarkt (C2b) als den residualen Markt fest, ergibt sich dieser Wechselkurs aus der aggregierten Vermögensrestriktion (C1) und entsprechendem Einsetzen der Nachfragefunktionen.

(C6) $S^*\Big|_{\dot{F}=0} = \dfrac{1-m^h-b^h-f^h}{\mu_a+m^f+b^f+f^f-1} \cdot \dfrac{W}{W_a}$ mit $\mu_a = \dfrac{M^s_a}{W_a}$

aus

$$S = \frac{m^h_a(.)W + Sm^f_a(.)W_a}{M^s_a} = \frac{m^h_a(.)W}{M^s_a - m^f_a(.)W_a} = \frac{(1-m^h-b^h-f^h)W}{M^s_a - (1-m^f-b^f-f^f)}$$

Der gleichgewichtige Wechselkurs S* ist zum einen vom *relativen Angebot an ausländischen und inländischen Vermögenstiteln* W/W_a abhängig. Erhöht sich das inländische Vermögen relativ zum ausländischen, so wertet die Währung cet. par. ab ($\partial S^*/\partial[W/W_a] > 0$). Zum anderen wird er von den Präferenzen für einzelne Vermögensbestandteile bestimmt, die sich in den Nachfragefunktionen äußern. Der Nenner ($\mu_a + m^f + b^f + f^f - 1$) gibt den Grad der Währungssubstitution an.

In der langen Frist, in der keine Änderung der Nettoauslandsposition mehr stattfindet, ist der gleichgewichtige Wechselkurs außerdem unabhängig von der Annahme über die Erwartungsbildung: die Annahme statischer, adaptiver, extrapolativer oder rationaler Erwartungen (mit oder ohne vollkommene Information) spielt nur eine Rolle für die Anpassungsprozesse in der kurzen Frist.

Doch auch die Formulierung mit Geld als Bestandteil des Reinvermögens war empirisch nicht viel aussagekräftiger i.S. der Erklärung von Wechselkursänderungen aus Vermögensumschichtungen. Empirische Untersuchungen testen immer verbundene Hypothesen, nie die Wechselkurstheorie allein: Außer der Erklärung, ob Wechselkursschwankungen auf Vermögensumschichtungen zurückzuführen sind, werden implizit auch methodische Annahmen, wie etwa rationale Erwartungen, dem Testverfahren unterzogen. Sollte letzteres nicht stimmen und z.B. unvorhersehbare Neuigkeiten oder Herdenverhalten der Anleger eine große Rolle für tatsächliche Wechselkursbewegungen spielen, dann wird die empirische Aussagefähigkeit nahezu aller Portfoliomodelle schlecht. So zeigt sich in neueren Untersuchungen, daß die Unterstellung rationaler anstelle adaptiver und extrapolativer Erwartungen problematisch ist (Black 1995; Taylor 1995, 48f.). Außerdem treten bei der Evaluierung von Portfoliomodellen erhebliche Schwierigkeiten bezüglich geeigneter Finanzmarktdaten auf. So ist z.B. die für viele Länder bedeutende Staatsverschuldung (B) in ausländischer Währung (insofern F) nur unzureichend dokumentiert (Golub 1989, 288; vgl. Fenster 5.3). Möglicherweise ist also nicht der fundamentale Erklärungsgehalt zweifelhaft, sondern das von der empirischen Forschung präferierte Erwartungskonzept und die statistische Basis. Die empirische Leistungsfähigkeit portfoliotheoretischer Modelle, etwa im Hinblick auf Wechselkursprognosen, ist dann ein schlechter Indikator für ihre theoretische Validität.[17]

Damit wird aber auch eine Synthese überflüssig, die Außengeld in das Nettovermögen der Volkswirtschaft einbezieht und sich damit theoretisch angreifbar macht. Denn eine Außengeldkonzeption behandelt die Gegenbuchung zu der von den privatwirtschaftlichen Akteuren gehaltenen Geldmenge, als sei sie das Ergebnis von aus der Notenpresse finanzierten Budgetdefiziten und nicht das Ergebnis des Liquiditätsmanagements und der Kreditvergabe von Banken. Dies jedoch ist unvereinbar mit der Funktionsweise entwickelter Geldverfassungen, in denen Zentralbanken operativ unabhängig, d.h. keine Hausbanken der jeweiligen Regierung sind. Gleichwohl hat sich die Einbeziehung der Geldmenge ins volkswirtschaftliche Nettovermögen durchgesetzt. Das hat die analytisch angenehme Eigenschaft, daß ein Aktivum ohne endogen zu bestimmende Ertragsrate im Modell erscheint. Die Analyse erhält infolgedessen einen Freiheitsgrad für die endogene Bestimmung einer anderen Variable, eben des Wechselkurses.

Die Nettovermögensdefinition legt die Höhe des wechselkursbedingten Ertragsrisikos fest, das nicht wegdiversifiziert werden kann. Insofern weisen die gängigen Portfoliomodelle in Höhe des Außengeldniveaus ein zu hohes Wechselkursrisiko - im Sinne eines zu hohen Ertragsrisikos - aus. Doch auch bei endogener Geld-

---

[17] Das gilt selbstverständlich auch für den monetaristischen Ansatz. Deshalb erscheint mir auch triftiger, ihm die fehlende Markttheorie des Geldangebotes vorzuhalten, als darauf hinzuweisen, die Kaufkraftparität sei empirisch nur in so langen Zeiträumen gewahrt, daß unentscheidbar bleiben muß, ob nicht „umgekehrte Verursachung" vorliegt (also Wechselkursbewegungen zur Preisanpassung nötigten, *entgegen* der KKP-Kausalität bei flexiblen Wechselkursen).

mengenbestimmung läßt sich ein Wechselkursrisiko begründen. Denn die Zahlungsfähigkeit gegenüber dem Ausland kann sich auch bei endogener Bestimmung der Geldmenge verbessern oder verschlechtern, wenn Wechselkursänderungen auftreten. Das würde sich in einer Senkung bzw. Erhöhung der Risikoprämie niederschlagen, aber nicht in einem Realkasseneffekt (Black 1995, vgl. Abschnitt 5.1.2).

Der Portfolioansatz steht und fällt nicht mit der Annahme einer exogenen Geldmenge wie der monetaristische Ansatz. Vielmehr kann dies je nach theoretischem Vorverständnis und Erkenntnisinteresse spezifiziert werden. So ist auch die Einbeziehung von Staatsschuldpapieren („Bonds") in die Nettovermögensdefinition mit dem Argument der *Barro-Ricardianischen Äquivalenz* kritisiert worden: Wenn Haushalte bei einer erhöhten Staatsverschuldung die zukünftig anfallenden Steuerzahlungen bzw. die inflationäre Entwertung der öffentlichen Verbindlichkeiten antizipieren, dann stellt eine Erhöhung des Bondbestandes kein Reinvermögen dar.[18] Das Nettovermögen einer Volkswirtschaft reduzierte sich dann auf den harten Kern des Kapitalstocks und der Nettoforderungen gegen das Ausland.

Damit sind schließlich die beiden wichtigsten **Quellen der Strom-Bestands-Dynamik** in Portfoliomodellen genannt: Nettokapitalbildung und Leistungsbilanz-ungleichgewicht.

• Der volkswirtschaftliche Vermögensbestand wird erstens durch Nettoinvestitionen, also die Kapitalbildung der Unternehmen, verändert. Berücksichtigt man die Kapitalbildung in Portfoliomodellen, so können sich Nettovermögen der Volkswirtschaft und Nettoauslandsposition gegenläufig entwickeln. Der Einkommenseffekt der Kapitalbildung kann zu einem passiven Leistungsbilanzsaldo führen, so daß sich die Nettoauslandsposition verschlechtert, während das Gesamtvermögen infolge der Investitionen steigen kann. So ließe sich erklären, warum die Wechselkursdynamik nicht unbedingt der Leistungsbilanzentwicklung folgt. Infolgedessen kann es zu Konstellationen kommen, in denen eine defizitäre Leistungsbilanz mit einer anhaltenden Aufwertung einhergeht.

• Die zweite wichtige Quelle der Strom-Bestands-Dynamik ist, wie bereits erwähnt, ein positiver oder negativer Leistungsbilanzsaldo. Der Veränderung

---

18 Die Gültigkeit der Ricardianischen Äquivalenz (Barro 1974) ist höchst umstritten bzw. empirisch kaum nachprüfbar. Ihr Sinn liegt e contrario in der Klärung der starken Annahme, die die postulierte Gleichwertigkeit von Schulden- und Steuerfinanzierungen öffentlicher Ausgaben voraussetzen muß: einen sehr langen Planungshorizont der Haushalte und eine zwingende Einhaltung der intertemporalen Bugetrestriktion des Staates.

der Nettoauslandsposition entspricht eine anhaltende Überschußnachfrage nach inländischen bzw. ausländischen Gütern.

• Betrachtet man auch die Staatsverschuldung und die Geldmenge als Teile des Nettovermögens der Privaten, so sind drittens und viertens auch die nicht kreditfinanzierten sowie die aus der Notenpresse alimentierten Staatsausgaben eine Quelle der Strom-Bestands-Dynamik, die den Bond-Bestand und die Außengeldmenge, also den nicht auf privatwirtschaftliche Kreditbeziehungen zurückgehenden Teil der Geldbasis, verändern.

Das Augenmerk richtet sich ursprünglich auf die Strom-Bestands-Dynamik, um Inkonsistenzen des Mundell-Fleming-Modells auszuräumen (Branson 1979). Inzwischen hat sich das Interesse an diesem vermeintlich technischen Aspekt makroökonomischer Modelle auf die Erklärung empirisch beobachtbarer Phänomene verlagert, die theoretisch nicht unbedingt zu erwarten sind (Obstfeld/Stockman 1985, 947-957). Als Beispiel wurde bereits die Wirkung der Kapitalbildung in einem Portfoliomodell der offenen Volkswirtschaft genannt. Sie liefert selbst bei vollkommen funktionierenden Güter- und Vermögensmärkten eine Erklärung dafür, warum die Aufwertungstendenz einer Währung anhaltend mit passiver Leistungsbilanz einhergehen kann und vice versa. Oder es läßt sich zeigen, daß Währungssubstitution die, gemessen an der Inflationsentwicklung exzessive, Volatilität von Wechselkursen noch verstärkt gegenüber Portfoliomodellen ohne Währungssubstitution (Girton/Roper 1981).[19] Schließlich kann vergleichsweise einfach gezeigt werden, daß die Strom-Bestands-Dynamik sehr unterschiedlich wirkt und damit ganz unterschiedliche stabilisierende Wechselkursbewegungen notwendig macht, je nachdem, ob ein Land relativ groß oder klein im Verhältnis zum Ausland ist und ob es ein Schuldner- oder ein Gläubigerland ist (vgl. Unterkapitel 5.2).

Die Portfoliotheorie des Wechselkurses bzw. der Zahlungsbilanz stellt ein von der neueren Integrationsliteratur bisher ungenutztes Potential moderner Wechselkurstheorie dar. So erlauben die aufgezählten Umstände genuin vermögensmarkttheoretische Begründungen für monetäre Integrationsversuche. Und all diese, im monetaristischen Ansatz schwerlich zu analysierenden Spezifika lassen sich noch ohne Rekurs auf irgendeinen bestimmenden Einfluß der Wechselkurserwartungen formulieren. Das ist insofern von Vorteil, als Hypothesen über die Erwartungsbildung in angewandten Fragestellungen notorisch unbefriedigend sind. Informationsaufnahme und -verarbeitung folgen empirisch keinen offenkundig verallgemeinerbaren Abläufen. Die möglichen Auswirkungen rationaler Erwartungsbildung, die methodisch noch am wenigsten angreifbar scheint, ist Thema des nächsten Abschnittes.

---

[19] Hallwood/MacDonald (1994, 171-173) stellen die größere Volatilität des Wechselkurses bei Währungssubstitution im monetaristischen Ansatz dar.

3.1.2 Stabilisierende und destabilisierende Erwartungsbildung

Im Mittelpunkt des zum Klassiker avancierten Plädoyers für flexible Wechselkurse steht die Begründung einer stabilisierenden Wirkung der Spekulation (Friedman 1953a). Als *Wechselkursspekulation* wird das Halten einer offenen Vermögensposition im Hinblick auf eine erwartete Auf- oder Abwertung der Währung bezeichnet. Dagegen argumentiert Krugman (1989) in seinem Plädoyer für feste Wechselkursbandbreiten, das im Titel auf den berühmten Vorgänger anspielt, Spekulation wirke sehr häufig destabilisierend.[20] Die Wirkung der Spekulation hängt offenkundig davon ab, ob sie vorrangig ein stabilisierender Übertragungsmechanismus glaubwürdiger Informationen ist oder aber ein potentiell destabilisierender Generator von Informationen, die - weil handlungsleitend - zu objektiven Tatbeständen werden.

Im folgenden werden beide Möglichkeiten dargestellt, soweit sie für die monetäre Integrationstheorie relevant sind. Es wird, aus methodischen Gründen, vor allem die rationale Erwartungsbildung zugrundegelegt. Dies geschieht nicht, weil sie als eine erfahrungswissenschaftlich besonders vielversprechende Erwartungshypothese angesehen wird. Das ließe sich schwerlich begründen, wie im Zusammenhang mit portfoliotheoretischen Ansatz des Wechselkurses ausgeführt wurde. Rationale Erwartungen werden unterstellt, um diesbezüglich eine „Theorie der Fehler" zu vermeiden. Eine Theorie der Fehler[21] erklärte beispielsweise fundamental nicht gerechtfertigte, d.h. theoretisch nicht begründbare Wechselkursschwankungen mit falschem Verhalten der Marktteilnehmer. Das ist offenkundig keine sehr fruchtbare Erklärung. Einer monetären Integrationstheorie muß vielmehr daran gelegen sein, Stabilität und Instabilität möglichst weitgehend aus funktionierenden Marktprozessen zu erklären. Erst eine solche Forschungsstrategie sensibilisiert dafür, ob vielleicht doch andere als herkömmliche Annahmen in bezug auf Informationsverarbeitung, Marktform oder Erwartungsbildung getroffen werden müssen, um das zu untersuchende Phänomen empirisch zutreffend zu beschreiben.

Das zu untersuchende Phänomen ist in diesem Fall die Volatilität der Wechselkurse seit ihrer Freigabe zu Beginn der 70er Jahre. Die große Volatilität kann sowohl aus destabilisierender wie stabilisierender Erwartungsbildung erklärt werden. Der Fall der destabilisierenden Erwartungsbildung wird im folgenden an der Möglichkeit rationaler Blasen und sich selbst erfüllender Währungsattacken

---

[20] Eine Erfolgsbedingung für seinen Vorschlag, Zielzonen für Wechselkurse einzurichten, ist freilich, daß Spekulation auch stabilisierend wirken kann (Abschnitt 3.2.2). Vgl. außerdem Dornbusch/Giovannini (1990, 1267-1270) zum Hintergrund von Friedman's Plädoyer für flexible Wechselkurse.

[21] Der Ausdruck geht auf George Stigler zurück. Er wurde oben bereits im Zusammenhang mit der Glaubwürdigkeitsliteratur verwandt.

erläutert. Rationale Blasen können einen flexiblen Kurs zu immer weiterer Divergenz von seinem - fundamental gerechtfertigten - Ausgangsniveau treiben bzw. eine fixe Parität unhaltbar werden lassen. Das ist auch das Ergebnis sich selbst erfüllender Währungsattacken, die rein aufgrund rationaler Erwartungen und nicht aufgrund fundamentaler Faktoren erfolgen. Der Fall der stabilisierenden Erwartungsbildung wird an der Wechselkursreaktion des Überschießens erläutert. Überschießende Wechselkursreaktionen können immer dann entstehen, wenn unterschiedliche Markttypen, insbesondere Güter- und Vermögensmärkte, unterschiedliche Anpassungsgeschwindigkeiten haben. Stabilisierend wirkt die Erwartungsbildung dann, weil sie auch in der Übergangsphase zwischen zwei Gleichgewichten zumindest das Gleichgewicht auf dem schneller anpassenden Markt aufrechterhält. Und genau dadurch befördert sie auch die Anpassung dort, wo diese Anpassung mit Friktionen oder Verzögerung verbunden ist.

3.1.2.1 Rationale spekulative Blasen

Rationale Blasen beschreiben kumulative Abweichungen von einem Gleichgewicht, gerade weil Erwartungen in Kenntnis der Funktionsweise einer Ökonomie gebildet werden. Ein so gebildeter Wechselkurs hängt von allen künftigen Größen der exogenen Variablen ab. Tritt am Beginn einer Folge von Perioden, über die zukunftsgerichtet rationale Erwartungen gebildet werden, eine unvorhersehbare Abweichung vom fundamental bestimmten Wechselkurs auf, entsteht eine Blase. D.h. eine kleine Abweichung des gleichgewichtigen Wechselkurses führt zu einer sich selbst bestätigenden Erwartung weiterer Abweichungen. Die Entstehung solcher Blasen ist modellunabhängig. Sie können genausogut in einem Portfoliomodell des Wechselkurses entstehen, da sich die Ansätze nur in den fundamentalen Bestimmungsgründen des Wechselkurses unterscheiden.[22]

Fenster 3.4: Rationale Erwartungs- und Blasenbildung

Der rational erwartete Wechselkurs und die Bildung rationaler Blasen lassen sich am einfachsten ausgehend vom (logarithmisierten) Wechselkurs s des monetarisitischen Ansatzes darstellen (zur Notation vgl. Fenster 3.2).

(D1a) $m_t^s \overset{!}{=} p_t + \phi y_t - \lambda r_t$

(D2a) $m_{a,t}^s \overset{!}{=} p_{a,t} + \phi_a y_{a,t} - \lambda_a r_{a,t}$

(D3a) $s_t = p_t - p_{a,t}$

---

[22] Empirische Untersuchungen bestätigen die Existenz von Blasen, verstanden als exzessive Volatilität. Überblicke zu methodisch unterschiedlichen Ansätzen und weiterführende Literaturhinweise geben u.a. Flood/ Hodrick (1990) und Taylor (1995, 47f.).

(D4a) $s_t = (m^s - m_a{}^s)_t - \phi y_t + \phi_a y_{a,t} + \lambda r_t - \lambda_a r_{a,t}$

Unterstellt man identische Geldnachfrageelastizitäten in beiden Ländern sowie die Erfüllung der ungedeckten Zinsparität, so läßt sich der gleichgewichtige Wechselkurs auch schreiben als:

(D4b) $s_t = (m^s - m_a{}^s)_t - \phi(y - y_a)_t + \lambda \, \Delta s_{t+1}^e$

Bei rationalen Erwartungen, die aufgrund der in t verfügbaren Information gebildet werden, ergibt sich s_t aus dem Vordatieren und Einsetzen von (D4b) in den Erwartungsterm Δs_{t+1}^e (Mussa 1976, 241f.; Gärtner 1997, 114-117).

(D4c) $s_t = \dfrac{1}{1+\lambda} \displaystyle\sum_{i=0}^{\infty} \left(\dfrac{\lambda}{1+\lambda}\right)^i \left[(m - m_a)_{t+i}^e - \phi(y - y_a)_{t+i}^e\right]$

D.h. der heutige Wechselkurs (bzw. seine Abweichungen) wird von allen künftigen Größen der exogenen Variablen bestimmt. Der Einfluß dieser Variablen nimmt ab, je weiter in der Zukunft sie anfallen.

Aber dies ist nur eine Lösung und zwar die ausschließlich fundamental bestimmte. Das wird ersichtlich, wenn man (D4c) mithilfe von (D4b) umschreibt und aufspaltet in den fundamental bestimmten Teil und den erwartungsbedingten Teil (μ_t und γ_t stehen für die Differentiale zwischen in- und ausländischem Geldmengen- bzw. Einkommenswachstum).

(D5) $s_t = \dfrac{1}{1+\lambda}[\mu_t - \phi\gamma_t] + \dfrac{\lambda}{1+\lambda} s_{t+1}^e = (1-\alpha)[\mu_t - \phi\gamma_t] + \alpha \cdot s_{t+1}^e$

$\qquad\qquad = (1-\alpha)[\overline{\mu} - \phi\overline{\gamma}] + \alpha \cdot s_{t+1}^e \qquad$ für $\mu_t = \overline{\mu}$, $\gamma_t = \overline{\gamma}$ und $\alpha = \dfrac{\lambda}{1+\lambda}$

Aus Vorwärtssubstitution erhält man eine inhomogene Differenzengleichung, die gerade die Erwartungsänderung zwischen zwei zukünftigen Perioden beschreibt:

(D6) $s_{t+2}^e - \dfrac{1}{\alpha} s_{t+1}^e = -\dfrac{1}{\lambda}\left[\overline{\mu} - \phi\overline{\gamma}\right]$

Die **allgemeine Lösung** dieser Differenzengleichung 1. Ordnung gibt den Wechselkurs als Summe aus fundamental bestimmtem Gleichgewichtswechselkurs s* und einer Blase b_t, die aus einer anfänglich vorhandenen Abweichung A entsteht:

(D7) $s_t = \overline{\mu} - \phi\overline{\gamma} + A\alpha^{-t} = s* + b_t \qquad\qquad$ mit A = s_0 - s*

Da $\alpha^{-1} > 1$, folgt daraus, daß es bei einer anfänglichen Abweichung zu einer nicht platzenden Blase kommt:

(D8) $b_{t+1}^e = \dfrac{\lambda}{1+\lambda} b_t = \alpha b_t$

$$\lim_{t\to\infty} b^e_{t+1} = \lim_{t\to\infty} b_0 \alpha^{-t} = \begin{cases} +\infty \text{ falls } b_0 > 0 \\ 0 \text{ falls } b_0 = 0 \\ -\infty \text{ falls } b_0 < 0 \end{cases}$$

D.h. eine kleine Abweichung von s* führt zu einer sich selbst bestätigenden Erwartung weiterer Abweichungen, einer *rationalen spekulativen Blase*. Konkret bedeutet das: je stärker überbewertet eine Währung ist, desto schneller wird sie aufwerten und je stärker unterbewertet sie ist, desto schneller wird sie abwerten.

Eine Blase kann nicht anders als durch einen Crash, durch Platzen, aufgelöst werden (Dornbusch 1982, 585). Rationale Individuen werden auch das wiederum erwarten, selbst wenn Anlaß und Eintrittszeitpunkt der Auflösung nicht bekannt sind. Die Erwartung, daß die Blase sich auflösen muß, führt zu einer beschleunigten Abweichung vom Gleichgewichtswechselkurs und zwar in Abhängigkeit von der Wahrscheinlichkeit, mit der das Platzen in der jeweils darauffolgenden Periode antizipiert wird. Das kompensiert die Marktteilnehmer gemäß Zinsparitätentheorem für das Risiko von Vermögensverlusten, wenn der erwartete Ab- bzw. Aufwertungssprung tatsächlich eintritt. Anders gesagt: Entlang des Pfades, der vom Gleichgewichtsniveau wegführt, ist der Devisenmarkt i.S. der ungedeckten Zinsparität effizient. Für die betrachtete Währung wird ein zu hoher oder zu niedriger Preis bezahlt im Vergleich zu dem, was die Fundamentaldaten rechtfertigten.[23]

In totalanalytischer Betrachtung erfordert das Auftreten spekulativer Blasen, daß die Zeithorizonte der Individuen begrenzt sind und wenn sie dies sind, daß die Ökonomie dynamisch ineffizient ist (Blanchard/Summers 1990, Kap. 5.2). Nur bei endlichem Zeithorizont können einzelne Marktteilnehmer das betreffende Aktivum unterschiedlich bewerten, weil sie beispielsweise unterschiedlichen Liquiditätsrestriktionen unterliegen. Ein Preis, der anhaltend vom fundamentalen Wert abweicht, kann deshalb ein Gleichgewicht sein. Dynamische Ineffizienz bedeutet, daß die Verzinsung des Kapitalstocks niedriger als die Wachstumsrate der Ökonomie ist. Nur wenn das der Fall ist, bleibt die Blase immer kleiner als die gesamte Ökonomie; sie ist also möglich und kann deshalb auch rational erwartet werden.

3.1.2.2 Sich selbst erfüllende Währungsattacken

Auch sich selbst erfüllende Währungsattacken beruhen auf reinen Erwartungseffekten. Es handelt sich dabei im Unterschied zu unvermeidlichen Währungsattacken um gelingende Angriffe auf fixierte Paritäten, die ohne diesen Angriff

---

[23] Zur Erinnerung: Im monetaristischen Ansatz sind die Fundamentaldaten die reale Geldnachfrage und das Realeinkommen, im portfoliotheoretischen Ansatz sind dies ϖ = W_a/W und die Risikoprämien der unvollkommen substituierbaren Aktiva.

durchaus haltbar gewesen wären.[24] Es wird somit der Zusammenbruch eines Festkursregimes denkbar, obwohl die fundamentalen Bestimmungsgründe des Wechselkurses für seine Überlebensfähigkeit sprechen.

Für die monetäre Integrationstheorie ist die Möglichkeit sich selbst erfüllender Währungsattacken ein wichtiger Baustein. Denn die betreffende Literatur beschreibt destabilisierende Marktprozesse, die durchaus auf die Existenz einer Geld- und Währungspolitik reagieren, aber nicht davon abhängen, daß die Wirtschaftspolitik inkonsistent oder das Anlegerverhalten irrational ist. Dadurch wird der für die Theorie der Integrationspolitik eminent wichtige Umstand erkennbar, daß sie selbst Teil des Problems sein kann, auf das sie reagiert. Die Instabilität der Wechselkurse ist nicht nur als Anlaß für Integrationsbemühungen zu sehen, sondern auch als deren Resultat. Darin liegt einerseits die Warnung, nicht allzu schnell von der Feststellung hoher Volatilität auf die Möglichkeit der Stabilisierung durch Integrationspolitik zu schließen. Andererseits ergeben sich aus der Literatur über sich selbst erfüllende Währungsattacken auch wichtige Konsequenzen für eine effektiv stabilisierende Ausgestaltung von Wechselkursregimen.

Sich selbst erfüllend werden Spekulationsattacken dadurch, daß die Akteure die begründete Erwartung hegen, infolge einer solchen Attacke werde ein wirtschaftspolitischer Regimewechsel stattfinden. Analytisch gesprochen, ergibt sich aus der Endogenität der Wirtschaftspolitik die Möglichkeit multipler Gleichgewichte. Kommt es nicht zu einer Attacke, ist die fixierte Parität unter den gegebenen Bedingungen haltbar; kommt es zu einer Attacke, bricht sie zusammen und der Regimewechsel findet wie erwartet statt. Die Wahrscheinlichkeit eines solchen sich selbst erfüllenden Zusammenbruchs steigt insbesondere mit dem Ausmaß des erwarteten Regimewechsels.

Die Geldangebotsregel oder genauer, die Ausweitung der inländischen Komponente der Geldmenge, ist in den kanonischen Modellen der entscheidende Regimeparameter (Flood/ Garber 1984b, Obstfeld 1986). Unter dem Festkursregime kann sie genau der Ausweitung der Geldmenge im Partnerland entsprechen und insofern im Einklang mit der Aufrechterhaltung einer fixierten Parität stehen. Wenn aber die Anleger erwarten, daß nach dem Zusammenbruch des Festkursregimes eine starke Ausweitung der inländischen Geldmenge und daher Abwertung zugelassen würde, kann es zu einer Attacke kommen. Denn in diesem Fall verspricht die Anlage in ausländischen Vermögenstiteln einen hohen Kapitalge-

---

24 Bei einer unvermeidlichen Währungsattacke führt eine übermäßige Kreditausweitung zu einem unabwendbaren Zusammenbruch des Fixkurssystems. Das Ziel dieser, von Krugman (1979) und Flood/Garber (1984a) ausgehenden Modelle war zu zeigen, daß der Zusammenbruch sogar bereits stattfindet, bevor die Reserven der Zentralbank erschöpft oder auf ein Minimum gesunken sind. Das wirft die Frage auf, warum die monetären Autoritäten das unvermeidliche Eintreten einer Währungskrise nicht durch eine mit ihrem Wechselkursziel vereinbare Politik zu vermeiden suchen.

winn. Infolge der Spekulation auf zukünftige Politikänderungen bricht das an sich haltbare Regime zusammen.

Alle bekannten Modelle zu Währungsattacken beruhen auf dem monetaristischen Ansatz, weil dieser einen schlichten, unmittelbaren Zusammenhang zwischen Geldpolitik und Wechselkursbewegung formuliert. Der Zeitpunkt einer Attacke wird von der Bewegung eines frei floatenden Schattenwechselkurses bestimmt. Wenn er die aktuell fixierte Parität überschreitet, wird von rational disponierenden Marktteilnehmern eine Abwertung erzwungen. Der Verlauf des Schattenwechselkurses folgt den Fundamentaldaten sowie den Erwartungen über eine Zukunft, die auch einen Regimewechsel enthalten könnte.

Fenster 3.5: Das Grundmodell sich selbst erfüllender Währungsattacken

Das in kontinuierlicher Zeit formulierte Grundmodell besteht aus der Kaufkraftparität zur Festlegung des gleichgewichtigen Preisniveaus (E1); der Zinsparität zur Bestimmung der gleichgewichtigen Abwertungsrate (E2); einer nur vom Zins abhängigen Geldnachfragefunktion (E3); einer Geldmengenidentität mit $\dot{D}$ für die Refinanzierung inländischer Kredite und R für Devisenreserven, die gegen Abgabe inländischer Währung M erworben werden (E4); und schließlich den für das jeweilige Regime geltenden Angebotsregeln für die inländische Komponente der Geldmenge (E5). Wie üblich stehen Kleinbuchstaben für logarithmierte Niveauvariablen, mit Ausnahme des Zinses. Größen des Auslands, gekennzeichnet durch Subskript a, sind exogen gegeben und tragen deshalb keinen Zeitindex.

(E1) $p_t = p_a + s_t$

(E2) $r_t = r_a + \dfrac{ds_t^e}{dt}$ bei rationalen Erwartungen

(E3a) $m_t^d - p_t = -\lambda r_t$

(E4) $M_t^s = D_t + R_t$

(E5a) $\dfrac{dD_t}{dt} = \mu D_t \begin{cases} \mu = 0 \text{ für } t < T \\ \mu > 0 \text{ für } t \geq T \end{cases}$

Die Lösung beinhaltet, aus dem Bewegungsgesetz für einen flexiblen Wechselkurs den **Schattenwechselkurs** zu ermitteln, der für eine gegebene Ausweitung der Geldmenge (E5a) gleichgewichtig ist. Das ist der gleichgewichtige Wechselkurs s_t^*, der sich bei flexiblen Wechselkursen ergeben würde (E6).

(E6a) $s_t^* = \lambda\mu - \beta + d_t \left(= -p_a + \lambda r_a + \lambda \dot{s}_t + m_t^s \right)$

aus (E1) und (E2) in (E3) sowie $m^d = m^s$ (Geldmarktgleichgewicht) mit $\beta \equiv p_a - \lambda r_a$ und $\dfrac{ds_t^e}{dt} = \dot{s}_t = \dot{m}_t^s = \dot{d}_t = \mu$

Bei *rationalen Erwartungen* kann es keinen Sprung zwischen den Wechselkursen kurz vor und kurz nach dem Zusammenbruch geben, weil ein Sprung unendlich hohe Arbitragegewinne anzeigt. Unter dieser Bedingung läßt sich aus diesem Schattenwechselkurs im Zeitpunkt T des Zusammenbruchs dieser Zeitpunkt selbst errechnen (E7).

(E6b) $s_T{}^* = \lambda\mu - \beta + d_T = \lambda\mu - \beta + (d_0 + \mu T)$

(E3b) $\bar{s} + p_a - \lambda r_a = m_0^d$ aus (E1) mit $s_0 = \bar{s}$, $r_0 = r_a$

Zum Zeitpunkt der Attacke muß gelten (Arbitragegleichgewicht): $m_0^d = s_T^* + \beta$

(E7) $T = \dfrac{m_0 - d_0}{\mu} - \lambda = \dfrac{\ln\left(\dfrac{M_0}{D_0}\right)}{\mu} - \lambda = \dfrac{\ln\left(1 + \dfrac{R_0}{D_0}\right)}{\mu} - \lambda$

Wenn die (rational) erwartete Geldmengenausdehnung μ nach einem Regimewechsel in der Zeit nach einem Zusammenbruch ($t \geq T$) hinreichend hoch ist, sehen sich Anleger u.U. veranlaßt, die Währung sofort zu attackieren (E5b). Denn bricht dann das jetzige Regime zusammen, besteht eine so hohe Gefahr des Kapitalverlustes bzw. ist ein so hoher Kapitalgewinn für ausländische Anlagen zu erzielen, daß es sich lohnt, die inländische Währungsanlage abzustoßen. Indem die Anleger dies tun, erfüllen sich ihre Erwartungen.

(E5b) $\mu = 0:$ $T \to \infty$

$\mu > 0:$ $\Delta s_t^* > 0$ wenn $s_t^* > \lambda\mu - \beta + d_t \Leftrightarrow \mu > \dfrac{\ln(1 + \dfrac{R_0}{D_0})}{\lambda}$

Eine sofortige Attacke ist also gerechtfertigt, wenn μ hinreichend hoch ist, gemessen an den Reserven der Zentralbank und der Geldnachfrage. Der Schattenwechselkurs ist unter diesen Umständen zu klein und wertet daher ab.

Die Entstehung rationaler Blasen kann in dieses Modell einfach dadurch einbezogen werden, daß das Modell in diskreter Zeit formuliert wird (vgl. auch Obstfeld 1986, 74n für ein stochastisch formuliertes Modell).

(E8) $d_t + \ln R_t = s_t - \lambda(s_{t+1}^e - s_t)$ mit $i_a \equiv 0$

(E9a) $s_t = \dfrac{1}{1+\lambda}(d_t + \ln R_t) + \dfrac{\lambda}{1+\lambda} s_{t+1}^e$

$s_t^* = (1-\alpha)(\bar{d}_t + \ln \bar{R}_t) + \alpha s_{t+1}^e \text{ mit } \alpha \equiv \dfrac{\lambda}{1+\lambda}$

(E9b) $s_t = \left(\overline{d}_t + \ln \overline{R}_t\right) + A\alpha^{-t} = s_t^* + b_t$

Wie bereits in Fenster 3.4 gezeigt, kommt es zu einer rationalen Blase, wenn ungleichgewichtige Ausgangsbedingungen A herrschen. Sie, und nicht die Erwartungen über die Geldpolitik, können einen kumulativen Prozeß weiterer Abweichungen hervorrufen.

Sich selbst erfüllende Währungsattacken sind nicht unbedingt angewiesen auf stochastische Störungen, die die Fundamentaldaten verändern. Ist ein Störterm seriell korreliert, entsteht mit jeder Abweichung von einem konstanten Kreditangebot die Erwartung einer sich verstärkenden Abweichung in der nächsten Periode (Obstfeld 1986, 78f.). Eine stochastische Komponente, beispielsweise im Kreditangebot, kann also begründen, warum dieses für die Stabilitätspolitik schlechte Gleichgewicht mit einer Attacke realisiert wird, obwohl die Politik unter dem gegenwärtigen nationalen Wechselkursregime völlig konsistent ist. In der stochastischen wie in der deterministischen Fassung des Geldangebotes ist es das Wissen um eine Politik in einem anderen Wechselkursregime, das den Ausschlag geben kann für eine sich selbst erfüllende Währungsattacke.

Neben der Erwartung eines Regimewechsels gibt es noch andere Mechanismen, die sich selbst erfüllende Attacken begünstigen. Sie beruhen meist auf dem Wissen der Marktteilnehmer, daß Nominalzinserhöhungen zur Abwehr einer Attacke sehr hohe Kosten verursachten (Obstfeld 1996, 1045; Bensaid/Jeanne 1997). Das ist z.B. bei hoher Staatsverschuldung oder einem finanziell fragilen Bankensystem der Fall. Die Marktteilnehmer wissen dann, daß eine anhaltende Verteidigung des an sich haltbaren Festkursregimes nicht lange möglich ist bzw. von den wirtschaftspolitischen Autoritäten nicht lange gewünscht sein wird. Geldpolitische Kooperation zwischen Notenbanken, etwa durch gegenseitige Einräumung von Überziehungsmöglichkeiten, könnten hier eine stabilisierende Rolle spielen. Sie würde umgekehrt die Erwartung erzeugen, daß eine Notenbank nicht auf jeden, fundamental nicht gerechtfertigten Währungsausschlag mit dem Instrument der Zinserhöhung reagieren muß.

Für die monetäre Integrationstheorie besonders relevant ist schließlich die Möglichkeit der **Kettenreaktion**, die mit dem Auftreten sich selbst erfüllender Währungsattacken entsteht. Eine Kettenreaktion bezieht sich darauf, daß die Zeitpunkte des Zusammenbruchs fixierter Paritäten zwischen zwei Währungen und dieser gegenüber einer Drittwährung interdependent sind. Die Parität einer Währung B gegenüber C bricht dann nur deshalb zusammen, weil eine Attacke auf die Parität zwischen A und C stattfindet.

Es gibt in der Literatur verschiedene Erklärungen für dieses Phänomen (Gerlach/Smets 1995, 46). So können durch den Zusammenbruch der Parität des Landes A gegenüber C die fundamentalen Wirtschaftsdaten von B verändert werden. Beispielsweise verschlechterte sich durch die Abwertung der A-Währung gegenüber C die Wettbewerbsituation von B-Firmen auf den Exportmärkten in C, eventuell auch in A. Es entsteht ein Leistungsbilanzungleichgewicht von B gegenüber C. Wenn die Marktteilnehmer erwarten, daß der neue reale Gleichgewichtswechselkurs nicht anders als durch Abwertung zu erreichen ist, kommt es zu einer Attacke, die ex post gerechtfertigt ist. Somit würde größere Offenheit die Anfälligkeit für Kettenreaktionen bei Währungsattacken auf die Handelspartner erhöhen. Damit wird ein altbekanntes Kriterium für die Bildung eines optimalen Währungsraumes zusätzlich untermauert: Durch Währungsintegration könnte eine offene Volkswirtschaft solchen „spekulativen Übergriffen" die Basis entziehen.[25]

Eine weitere Erklärung ist, daß von Marktteilnehmern, die über die Absichten der monetären Autoritäten unvollkommen informiert sind, aus dem Zusammenbruch der einen Parität auf den nahenden Zusammenbruch der anderen Parität geschlossen wird. Entsprechendes Handeln führt dann ebenfalls zu der Bestätigung dieses - an sich oder ohne Attacke - durchaus falschen Schlusses.

Die dritte Erklärung beruht eben auf dem Grundmodell sich selbst erfüllender Währungsattacken. Aus dem Zusammenbruch der Parität von A gegenüber C schließen die Marktteilnehmer, daß das die wirtschaftspolitischen Präferenzen von Land B so verändert, daß es bei einer Aufgabe seiner Parität (gegenüber C) eine deutlich andere Politik verfolgen würde. Eichengreen/Wyplosz (1993, 90-94) sehen darin eine Möglichkeit zur Erklärung der EWS-Krise 1992, in der Länder mit einer völlig EWS-konformen Geldpolitik plötzlich unter Druck gerieten, als der Zusammenbruch des EWS wegen anderer Länder in Aussicht stand. Die Erklärung lautete, daß auch die EWS-konformen Länder, befreit von dieser Restriktion, eine so expansive Geldpolitik zu betreiben versprachen, daß sie in einer sich selbst erfüllenden Attacke prompt von dieser Restriktion befreit wurden.

3.1.2.3 Überschießende Wechselkursreaktionen

Der Befund einer überschießenden Wechselkursreaktion geht auf Mundell (1963) zurück und wurde von Dornbusch (1976) in seine kanonische Form gebracht. Es besteht darin, daß der Wechselkurs infolge eines Schocks stärker auf- bzw. abwertet, als dies langfristig gerechtfertigt ist. Das Überschießen gewährleistet jedoch das instantane und permanente Vermögensmarktgleichgewicht. Insofern

---

[25] Eichengreen/ Rose/ Wyplosz (1996, 23f.) finden in ihrer empirischen Analyse von 20 Industrieländern über einen Zeitraum von drei Jahrzehnten, daß Handelsverbindungen der wichtigste Transmissionsriemen für Kettenreaktionen waren. Sie testeten dies gegen die Alternativhypothese, daß es makroökonomische Ähnlichkeiten sind, die die Währungsattacke von einem Land auf ein anderes übertragen.- Kaminsky/Reinhart (2000) gebn einen guten Überblick zum Stand der Forschung. Sie liefern Belege dafür, daß Finanzmarktverbindungen einen wichtigeren Kanal für Ansteckung darstellen als Güterhandel.

gehört auch dieser sog. Overshooting-Effekt in die Klasse gleichgewichtstheoretischer, mit rationalen Erwartungen vereinbaren Erklärungen für die exzessive Volatilität von Wechselkursen.

Mundell (1963) nahm statische Erwartungen an, so daß die ungedeckte Zinsparität zu einer schlichten Übereinstimmung von in- und ausländischem Zinssatz wird. Sie ist Mundells Interpretation zufolge der Ausdruck vollkommener Kapitalmobilität. Genauer wäre es zu sagen: Die ungedeckte Zinsparität ist Ausdruck vollkommener Substitutionalität inländischer und ausländischer Aktiva. Wenn sie nicht als vollkommene Substitute angesehen werden und z.B. eine Risikoprämie bei ausländischen Bonds verlangt wird, kann die ungedeckte Zinsparität durchaus verletzt sein und trotzdem vollkommene Kapitalmobilität herrschen.[26] Außerdem nahm er fixe Preise an. Wenn Zinssatz und Preisniveau festgelegt sind, muß eine Geldmengenausweitung zu einer übermäßig starken Abwertung führen. Denn nur durch eine starke Abwertung kann die Geldnachfrage in ein Gleichgewicht mit der erhöhten Geldmenge gebracht werden, indem steigende Exporte zu einer höheren Einkommensbildung führen, die die Geldnachfrage stimuliert.

Die Leistung von Dornbusch (1976) bestand darin, dieses Phänomen überschießender Wechselkurse vom Makel bornierter Erwartungsbildung befreit und rationale Erwartungen geradezu zum Auslöser einer überschießenden Wechselkursreaktion gemacht zu haben.[27] Eine Geldmengenausweitung bewirkt wie bei Mundell ein Geldmarktungleichgewicht. Da Güterpreise träge reagieren, greift der Realkasseneffekt kurzfristig nicht. Aber das Ungleichgewicht führt zu sinkenden Zinsen. Dadurch kommt es zu jenen Kapitalexporten, die eine kurzfristig höhere Abwertung herbeiführen als langfristig aufgrund des neuen Geldmengenverhältnisses gerechtfertigt ist. Die Abwertung ist, genauer gesagt, so stark, daß rationalerweise eine zukünftige Aufwertung erwartet wird. Die Aufwertungserwartung kompensiert das aus inländischer Sicht negative Zinsdifferential. Damit ist das Arbitragegleichgewicht am Devisenmarkt erfüllt. In der mittelfristigen An-

---

26 Herkömmliche Portfoliomodelle nehmen genau das, unvollkommene Substitutionalität bei vollkommener Mobilität, an. Vgl. zu dieser Unterscheidung z.B. die Hinweise bei Frankel (1983, 86 und Fn.1).

27 Dieses Modell von Dornbusch (1976) ist inzwischen in jedem gängigen Außenwirtschaftslehrbuch dargestellt. Eine sehr gute Darstellung und über Dornbusch (1976) hinausgehende Anwendungen finden sich bei Gärtner (1997, Kap.2 und 3).- Der wesentliche Unterschied zum monetaristischen Modell in der bisherigen Darstellung besteht darin, daß für den Gütermarkt (A2) bzw. (B2) in den Fenstern 3.1 bzw. 3.2 eine Angebotsfunktion (Phillips-Kurve) für die verzögerte Güterpreisanpassung spezifiziert werden muß. In der langen Frist ist das Gütermarktgleichgewicht durch Geltung der Kaufkraftparität gekennzeichnet.

passung, wenn träge Güterpreise in Bewegung geraten, sind zugleich (stärker als im Ausland) steigende Preise und ein aufwertender Wechselkurs zu beobachten, also eine bis dahin als anomal betrachtete Dynamik. Somit wird eine dauernde Einhaltung der Zinsparität vereinbar gemacht mit einer langfristig gültigen Kaufkraftparität. Das Verbindungsglied bildet ein „rational überschießender" Wechselkurs.

Diese Annahme einer trägen Anpassung der Güterpreise wird bei Dornbusch (1976) ad hoc getroffen. Denn er argumentiert im Rahmen einer vollbeschäftigten Ökonomie, wo eine Geldmengenexpansion sofort zu Preisreaktionen führen müßte.[28] Kombiniert wird sie mit der Annahme rationaler Erwartungsbildung, die temporär unterschiedliche Arbitragebedingungen für Devisen- und Gütermärkte kompatibel macht. Letzteres ist sicherlich ein Fortschritt gegenüber der Unterstellung statischer Erwartungen, also eines „bornierten" Umgangs mit der Zukunft, der für den wirtschaftlich Handelnden kostenträchtig ist. Allerdings drängt sich im Falle des Dornbusch-Modells der Eindruck auf, daß die Annahme rationaler Erwartungen u.U. in das andere Extrem „überschießt" und ein zu raffiniertes Entscheidungsverhalten unterstellt. Zu raffiniert kann diese Unterstellung selbst im strikt ökonomischen Sinn sein, müssen doch aus Daten erst Informationen gemacht werden, was den Einsatz von Zeit, Mühe und Rechnern erfordert. Veranschlagt man solchen Transaktionsaufwand für die Gütermärkte, müßte er eigentlich auch bei Vermögenstransaktionen berücksichtigt werden.

Die überschießende Wechselkursreaktion im portfoliotheoretischen Ansatz ergibt sich aus der Interaktion der Vermögensmärkte und den Gütermärkten bzw. der Leistungsbilanz. Die Vermögensmärkte bestimmen den Wechselkurs als Bestandshaltepreis. Unter Umständen entstehen aufgrund dieses Preises Leistungssalden, die den Vermögensbestand und damit einen Bestimmungsgrund des Wechselkurses verändern (vgl. Abb.3.1). Die überschießende Reaktion beruht hier darauf, daß das neue langfristige Strom-Bestands-Gleichgewicht eine teilweise Rückbildung derjenigen Wechselkursveränderung erforderlich macht, die bei einem Schock sofort ein neues Vermögensmarktgleichgewicht herstellt. So kann eine reine Umschichtung des volkswirtschaftlichen Vermögensbestandes, wie sie z.B. mit einer Offenmarktpolitik verbunden ist, zu einem Ungleichgewicht in der Leistungsbilanz führen, das dann zu einer Veränderung der Nettoauslandsposition führt (Fenster 3.6). Diese Vermögensbestandsänderung hat

---

[28] In dieser Inkonsistenz offenbart sich eine forschungsstrategische Akzentsetzung der neueren Theorie, die im Zusammenhang mit der Phillips-Kurve und ihrer Kritik bereits angesprochen wurde (Kap. 2.1). Die neuere Theorie hat bedeutende methodische Fortschritte in der entscheidungstheoretischen Grundlegung, insbesondere der Berücksichtigung von Erwartungen, erzielt. Sie ist aber mitunter erstaunlich nachlässig in der markttheoretischen Begründung von Annahmen. Das Modell von Dornbusch (1976) ist dafür ein eklatantes Beispiel.

ihrerseits Rückwirkungen auf den gleichgewichtigen Wechselkurs und zwar in gegenläufige Richtung. Diese überschießende Wechselkursreaktion kann bei vollkommen flexiblen Güterpreisen entstehen.

Fenster 3.6: Überschießende Wechselkursreaktion in einem Portfoliomodell

Die für Portfoliomodelle typische Overshooting-Reaktion geht darauf zurück, daß der Vermögensbestand sich nur allmählich über Handelsbilanzungleichgewichte ändert. Es wird hier die einfachste Spezifikation gewählt (Gärtner 1997, 163-172): Das Inland ist gegenüber dem Ausland klein i.d.S., daß inländische Anleger zwar ausländische Bonds F halten, aber nicht umgekehrt. Es gibt keine Währungssubstitution. Zur Vereinfachung sei außerdem unterstellt, daß sich die ausländische Rendite nicht verändere und insofern weggelassen werden kann, und daß das ausländische Preisniveau P_a auf 1 normiert ist.

Das Modell muß um eine Gütermarktgleichung ergänzt werden, die zur endogenen Bestimmung des Preisniveaus benötigt wird (F6). Der Ausdruck $P \cdot a = A$ steht für die nominelle Absorption, also Konsum-, (nur autonome) Investitions- und Nettostaatsnachfrage. Die Zahlungsbilanzgleichung (F5) dient der endogenen Bestimmung des Vermögens und dadurch mittelbar des Wechselkurses.

(F1) $$W \equiv M + B + SF$$

(F2) $$M^s \overset{!}{=} m^d(\overset{-}{i})W$$

(F3) $$B^s \overset{!}{=} b^d(\overset{+}{i})W$$

(F4) $$eF^s \overset{!}{=} f^d(\overset{-}{i})W$$

(F5) $$\dot{F} = \frac{1}{e}Px(\overset{+}{\tfrac{e}{P}}) + i_a F$$

(F6) $$Py^s = Pa(\overset{+}{y}, \overset{+}{\tfrac{W}{P}}) + Px(\overset{+}{\tfrac{e}{P}})$$

Die Überschußreaktion soll nur graphisch ausführlich illustriert werden. Die algebraische Lösung findet sich dargestellt bei Gärtner (1997, 167-172).

Die komparativ-statische Analyse einer überschießenden Wechselkursreaktion geht von einer exogenen Änderung aus, die selbst nicht den Vermögensbestand, sondern zunächst nur die Zusammensetzung des Portfolios verändert. Beliebt sind deshalb Offenmarktgeschäfte der Zentralbank, bei der eine expansive Geldpolitik durch Ankauf von Bonds bewerkstelligt wird: $dM = -dB$. Die Umstrukturierung des gesamtwirtschaftlichen Vermögens löst dann Anpassungsprozesse aus, infolge derer sich endogen der Vermögensbestand ändert. Die endogene Vermögensbestandsänderung resultiere hier nicht zufällig aus einem temporären Leistungsbilanzungleichgewicht.

Zunächst sei kurz das Ausgangsgleichgewicht der Vermögensmärkte charakterisiert:

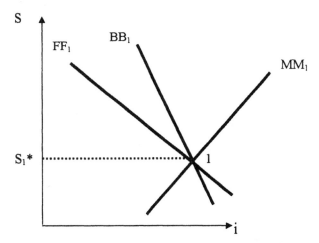

Die Geldmarktgleichgewichtskurve MM steigt im Zins-Wechselkurs-Diagramm, weil ein Anstieg des Zinssatzes - ausgehend von einem Gleichgewicht - die Geldnachfrage verringert. Eine Abwertung würde bei einem Gläubigerland (F > 0) das Vermögen erhöhen ($dW = S \cdot dF + F \cdot dS$) und die dadurch steigende Geldnachfrage wieder in Einklang mit dem gegebenen Geldangebot bringen.

Die Gleichgewichtskurve für inländische Wertpapiere BB verläuft fallend, weil - ausgehend von einem Gleichgewicht - ein höherer Zinssatz zu einer steigenden Nachfrage nach Bonds führt, die nur durch ein geringeres Vermögen in Einklang mit dem gegebenen Angebot gebracht werden kann: bei einem Gläubigerland sinkt das Vermögen bei einer Aufwertung, weil sie einer Entwertung von F entspricht.

Der fallende Verlauf der Gleichgewichtskurve für ausländische Wertpapiere FF erklärt sich daraus, daß ein höherer inländischer Zinssatz zwar zu einer geringeren Nachfrage nach diesen Titeln führt, aber eine Aufwertung erforderlich ist, um das Angebot *wertmäßig* zu reduzieren und somit in Einklang mit der geringeren Nachfrage zu bringen. Schließlich ist eine Standardannahme, daß der inländische

Zinssatz immer stärker auf die Nachfrage nach inländischen als die nach ausländischen Wertpapieren wirkt. Dann verläuft die FF-Kurve flacher als die BB-Kurve, der Anpassungspfad somit stabil.

Damit zu der Vermögensumschichtung infolge eines **expansiven Offenmarktgeschäftes**. Ausangspunkt sei ein Vermögensmarktgleichgewicht in 1 (im Prinzip genügte die Darstellung in zwei Gleichgewichtsloki wegen der Restriktion (F1)). Im linken Diagramm ist die Handelsbilanzfunktion (realer Nettoexport x ohne Nettozinseinnahmen aus dem Ausland) gezeichnet. Ihre Steigung erklärt sich daraus, daß ein höherer nomineller Wechselkurs die preisliche Wettbewerbsfähigkeit und daher den Handelsbilanzsaldo verbessert. Das Preisniveau ist ein Lageparameter. Ein höheres Preisniveau führt zu einem Verschiebung der Kurve nach oben,weil dies eine reale Aufwertung bedeutet, so daß jedem gegebenen nominellen Wechselkurs e ein geringerer Handelsbilanzsaldo entspricht.

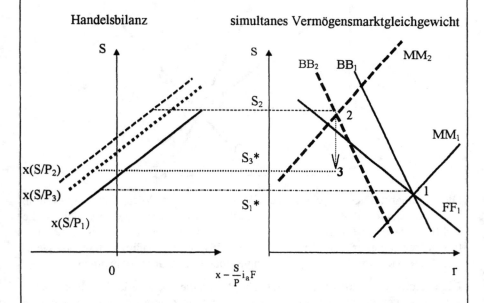

Im Ausgangsgleichgewicht auf den Vermögensmärkten, 1, ergibt sich beim realen Wechselkurs S_1^*/P_1 ein Handelsbilanzsaldo (Defizit), der gerade den Zinseinnahmen aus ausländischen Vermögenstiteln entspricht. Die expansive Offenmarktpolitik dM = -dB verschiebt die MM_1-Kurve nach links oben, weil die zusätzliche Geldmenge nur zu einem sinkenden Zins und steigendem Vermögen (Abwertung der Währung bei einem Gläubigerland) in die Portfeuilles aufgenommen wird. Die Abnahme von B verschiebt die BB_1-Kurve nach links unten, weil bei einem verminderten Bondangebot nur dann keine Überschußnachfrage besteht, wenn eine geringere Verzinsung und ein geringeres Vermögen (sprich: Aufwertung) herrschen. Das führt zum Vermögensmarktgleichgewicht 2.

Entsprechend kommt es zu einer gleichgewichtigen Abwertung: $S_1^* \rightarrow S_2$. Diese erzeugt ein Ungleichgewicht im Außenhandel, nämlich eine überschüssige Handelsbilanz. Infolgedessen erhöht sich auch der Bestand an ausländischen Vermögensaktiva. Gegeben den ausländischen Zinssatz (und die Risikoprämie), kann die Anpassung nur über den Wechselkurs erfolgen. Die FF-Kurve verschiebt sich infolge der Bestandserhöhung aus dem Handelsüberschuß nach links unten (aus Gründen der Übersichtlichkeit nicht eingezeichnet). Denn das zusätzliche ausländische Wertpapierangebot wird nur bei einer relativ besseren Verzinsung nachgefragt, die in diesem Diagramm durch einen sinkenden inländischen Zinssatz abgebildet wird. Eine Aufwertung würde das zusätzliche Angebot außerdem entwerten.

Die für ein langfristiges Vermögensmarktgleichgewicht erforderliche Aufwertung auf S_3^* verringert (bei einem Gläubigerland) das Vermögen und führt zu einer entsprechenden Verschiebung der MM- und der BB-Kurve, ausgehend von 2, nach 3.

Im neuen Vermögensmarktgleichgewicht 3 hat sich infolge der Rückwirkung aus der Handelsbilanz die anfängliche Abwertung teilweise zurückgebildet. Die Wechselkursreaktion bei gegebenem F ($1 \rightarrow 2$) war also aus Sicht des langfristigen Gleichgewichts 3 überschießend. Dieses Ergebnis hängt nicht von Erwartungen ab, denn bei statischen Erwartungen ist das „Overshooting" lediglich ausgeprägter (Branson/Buiter 1983, 272, 283). Außerdem ist ersichtlich, daß ein neues langfristiges Gleichgewicht, bei dem $\dot{F} = 0$ erfüllt ist, einen veränderten Handelsbilanzsaldo erfordert. Die aufgrund des höheren Bestandes gestiegenen Zinseinnahmen erfordern ein größeres gleichgewichtiges Handelsbilanzdefizit gegenüber der Ausgangslage 1. Der nominale Schock einer Offenmarktpolitik hat also langfristige realwirtschaftliche Auswirkungen (Gärtner 1997, 166).

Eine überschießende Wechselkursreaktion ist Ausdruck einer stabilisierenden Erwartungsbildung in dem Sinne, daß dadurch die Vermögensmärkte anhaltend im Gleichgewicht bleiben. Allerdings ist unter bestimmten realwirtschaftlichen Bedingungen nicht gewährleistet, daß der Anpassungsprozeß stabil verläuft. Wie im portfoliotheoretischen Ansatz generell wirkt eine ungenügend elastische Export- und Importreaktion destabilisierend. D.h. die Verletzung der Marshall-Lerner-Bedingung $\partial x / \partial\left(\frac{S}{P}\right) > 0$ führt dazu, daß Aufwertungen immer größere Leistungsbilanzüberschüsse nach sich ziehen bzw. Abwertungen immer größere Defizite (Branson 1979, 216). Dies ist freilich ein durchaus konventionelles Stabilitätserfordernis, das nicht von der Eigenschaft des Wechselkurses, als Vermögenspreis konzipiert zu sein, abhängt.

Zwischenergebnis

Inwiefern sind diese neueren Theorieentwicklungen zur Bedeutung der Erwartungsbildung relevant für die monetäre Integrationstheorie? Die hohe Volatilität flexibler Wechselkurse läßt sich entweder mit rein destabilisierender Erwartungsbildung erklären. Das war der Fall bei Blasen und sich selbst erfüllenden Währungsattacken. Betont man diese Phänomene, so sind alle Versuche zu Festkursvereinbarungen unter Beibehaltung des Wechselkurses extrem störanfällig. Oder die Volatilität läßt sich mit stabilisierender Erwartungsbildung bei Marktfriktionen wie trägen Güterpreisen oder nur mittelbarer Veränderung des Vermögensbestandes erklären. Das war der Fall bei überschießenden Wechselkursreaktionen. Sieht man diese Phänomene als zentral an, dann kann die koordinierte Stabilisierung der Wechselkurse durchaus gelingen. Sie verzögert allerdings die realwirtschaftliche Anpassung weiter, indem sie das Signal überschießender Wechselkurse weniger drastisch ausfallen läßt.

Die beiden Ansätze unterscheiden sich in ihren wirtschaftspolitischen Schlußfolgerungen deutlich. Im monetaristischen Ansatz ist die Geldmenge und damit der Wechselkurs im Prinzip steuerbar. Die Quelle der Instabilität ist hier das Wissen der Privaten um Manipulationsversuche der Wirtschaftspolitik oder einen möglichen Regimewechsel in der Wirtschaftspolitik. Monetäre Integration könnte den Sinn haben, der nationalen Wirtschaftspolitik durch supranationale Vereinbarungen die Hände zu binden. Im portfoliotheoretischen Ansatz muß nationale Wirtschaftspolitik genau zwischen kurz- und langfristigen Effekten unterscheiden - und zwar nicht nur wegen der Vertrauenseffekte. Eine kurzfristig expansive, eine Abwertung billigend in Kauf nehmende Maßnahme kann sich langfristig gerade in ihr Gegenteil verkehren. Die Strom-Bestands-Dynamik birgt jenseits der Frage nach stabilisierenden oder destabilisierenden Erwartungen genügend Stoff für eine kumulative Bewegung weg von einem Interaktionsgleichgewicht der Vermögens- und Gütermärkte. Monetäre Integration könnte den Sinn haben, die Anlässe für solche, von Wechselkursbewegungen ausgehenden Strom-Bestands-Dynamiken zu unterbinden.

3.2 Politik der monetären Integration

In der Post-Bretton Woods-Ära wurden Versuche der Politikkoordination nahezu immer unternommen, um die Wechselkurse der wichtigsten Währungen untereinander zu stabilisieren (Bryant 1995, 52). Die dazu gehörige Literatur zur währungsbezogenen Politikkoordination wird hier unter dem Blickwinkel gesichtet, inwiefern sie zu einer allgemeinen Theorie der monetären Integration beiträgt. Eine solche allgemeine Theorie umfaßt alle Formen der koordinierten Währungsstabilisierung bis hin zur Währungsintegration. Bisher wurde diese Literatur auch von der neueren Theorie der monetären Integration, beispielsweise von De Grauwe (1997) und Tavlas (1994), nicht systematisch einbezogen. In Bezug auf die EWU findet sie jedoch zunehmend Beachtung, nämlich um die EWU-interne Wirtschaftspolitik, insbesondere die Koordination multipler Fiskalpolitiken bei zentraler Geldpolitik, zu analysieren.[29] Hier soll sie herangezogen werden, um der grundlegenden Unterscheidung zwischen monetärer Integration unter Beibehaltung des Wechselkurses und der unter Aufgabe des Wechselkurses Rechnung zu tragen. Eine solche Unterscheidung erscheint zwingend, wenn der Wechselkurs ein Vermögenspreis ist.

Der ökonomischen Theorie der Politikkoordination liegt eine Hierarchie von Schlüssel- und Satellitenwährungen zugrunde. Schließlich war die informelle Aufhebung des Dollarstandards 1971 der Schlußpunkt einer Entwicklung, in der das Leitwährungsland USA nicht länger die Ankerfunktion in einer Festkursordnung übernehmen wollte und konnte. Die Entwicklung zu einem Multiwährungsstandard stieß Forschungen zur expliziten Koordination der Makropolitik maßgeblicher Länder an, die die Orientierung an einem Dollarstandard ersetzen sollte (Cooper 1969, Hamada 1979, McKinnon 1984).

Die vermögenspreistheoretische Fassung des Wechselkurses bietet die Möglichkeit, aus ökonomischer Sicht zu erklären, worauf eine Hierarchie von Währungen zurückzuführen ist. Die für das Kalkül der Vermögenssicherung so wichtigen Vertrauenseffekte lassen sich formal mithilfe von Risikoprämien erfassen, wie sie in portfoliotheretischen Modellen hergeleitet werden. Sie sind der preistheoretische Ausdruck dafür, daß Währungen unvollkommene Substitute sind. Eine Schlüsselwährung ist dann gekennzeichnet durch eine negative Risikoprämie (einen Risikoabschlag) gegenüber schwächeren Währungen sowie eine Geldpolitik, an die sich andere Währungen anpassen müssen.

---

[29] Rose/Sauernheimer (1999, 340-342) kritisieren die ältere Theorie für Mängel in der Behandlung von Koordinationsfragen. Eine frühe Anwendung auf die EWU ist Reither (1993). Für neuere Beiträge vgl. das von Hughes Hallett/Mooslechner (1999) herausgegebene Sonderheft. Auch Hamada/Kawai (1997, 123f.) deuten in ihrem gut lesbaren Überblick an, daß die Theorie der Politikkoordination auf typische Fragestellungen der monetären Integration anzuwenden sei.

Einen Überblick, insbesondere zu neueren Beiträgen, die auf Koordination unter Unsicherheit abstellen, gibt Abschnitt 3.2.1. Die meistdiskutierten Vorschläge zur währungsbezogenen Politikkoordination werden in Abschnitt 3.2.2 vorgestellt. Dabei wird sich zeigen, daß diese Vorschläge die Hierarchie von Schlüssel- und Satellitenwährungen ausnahmslos voraussetzen und sie nicht aus dem Vermögenspreischarakter des Wechselkurses ableiten.[30] Die Währungshierarchie wird vielmehr als empirisches Faktum gedeutet und in einer spieltheoretischen Situation abgebildet. In den Schlußbemerkungen wird diskutiert, was sich die Theorie der währungsbezogenen Politikkoordination dadurch vergibt, daß sie keinen expliziten Zusammenhang zwischen Wechselkurstheorie und strategischer Interaktionssituation herstellt.

3.2.1 Wohlfahrtsökonomie der Politikkoordination

Monetäre Integration im hier verstandenen Sinne ist eine Form der sog. **regelbasierten Politikkoordination**. Es werden formell Indikatoren oder Verfahren vereinbart, an denen sich die Koordination orientiert. Das Gegenstück dazu bildet die diskretionäre Politikkoordination, die bevorzugter Gegenstand internationaler Gipfeltreffen ist und ad hoc auf kritische Situationen reagiert.[31] Beides sind Fälle einer Kooperation, die Abstimmung von Maßnahmen im Unterschied zu bloßen Konsultationen meint. Kooperation ist demnach der Oberbegriff, Koordination ein besonderer Ausdruck kooperativen Verhaltens (Ghosh/ Masson 1994, 169).

Zentral für die Begründung währungsbezogener Politikkoordination ist die Interdependenz infolge von Externalitäten nationaler Wirtschaftspolitik. In der neueren Literatur wird häufig auch auf den Beitrag zur Zeitkonsistenz der Währungs- oder Geldpolitik abgestellt (z.B. Miller/ Williamson 1987, 84f.). Durch internationale Vereinbarungen sollen nationale Regierungen sich selbst binden können, um zu signalisieren, angekündigte Spielregeln auch in der Zukunft einhalten zu wollen. Dieser Aspekt wurde ausführlich im letzten Kapitel behandelt, da er konsequent zu Ende gedacht nur den Schluß zuläßt, daß Schwachwährungsräume auf eine eigenständige Geldpolitik bzw. einen eigenständigen Wechselkurs verzichten sollten. Außerdem hat Rogoff (1985a) ein weithin anerkanntes Argument dafür geliefert, daß die Politikkoordination zwischen Währungsräumen geradezu advers auf die Zeitkonsistenz der Geldpolitik wirken kann (vgl. 3.2.1.2).

---

[30] Wie sich diese Voraussetzungen begründen lassen, wird in Kapitel 4 aufgegriffen.

[31] Auf den ganzen Komplex „Rules versus Discretion" wurde in Kapitel 2.1 eingegangen. Currie (1990, 141) weist darauf hin, daß die seit Kydland/ Prescott (1977) eingeführte strikte Trennung zwischen Regelbindung und diskretionärem Eingriff nicht immer möglich ist.

3.2.1.1 Externalitäten nationaler Wirtschaftspolitik

Die Transmission wirtschaftspolitischer Impulse auf andere Währungsräume ist ein konventionelles Ergebnis im Standardmodell der monetären Außenwirtschaftstheorie, dem Mundell-Fleming-Modell (Kösters 1989, 19; McKibbin/ Sachs 1991, Kap.2). In seinem Rahmen läßt sich zeigen, daß nationale Stabilisierungspolitik in offenen Volkswirtschaften sogenannte *Spillover*-Effekte erzeugt, die die Einkommensbildung und - bei geeigneter Spezifikation - die Preisstabilität anderer Währungsräume berühren.

In wohlfahrtsökonomischer Terminologie können solche Spillover-Effekte als Externalitäten bezeichnet werden, weil das wirtschaftspolitische Handeln der einen Regierung die Zielfunktion der anderen Regierungen betrifft, ohne daß erstere dies in ihr Optimierungskalkül einbezieht. Die Umstände für das Auftreten solcher Externalitäten sind gegeben, wenn die Ökonomie, von der dieser Impuls ausgeht, sowohl offen als von nicht vernachlässigbarer Größe ist. Beides, Offenheit und Größe, sind Bedingungen der Interdependenz (Cooper 1985, 1198).

Modellunabhängig hat die **Interdependenz** zwischen Volkswirtschaften drei Quellen (Hamada 1979, 293f.):

- Saldenmechanisch und gleichgewichtstheoretisch: Die Welt als ganze ist eine geschlossene Volkswirtschaft, so daß die Summe der Zahlungsbilanzsalden (verstanden als Zu- oder Abnahme der offiziellen Devisenreserven) gleich 0 bzw. gleich der Veränderung eines exogenen Reservemediums wie Sonderziehungsrechten ist. Mindestens eine Zahlungsbilanz wird also residual bestimmt. Außerdem gilt Walras' Gesetz. So sind bei n Währungen nur (n-1) Marktgleichgewichte und die entsprechende Zahl von Wechselkursen unabhängig bestimmbar. Die übrigen der insgesamt $n(n-1)/2$ Wechselkurse ergeben sich aus triangulärer Arbitrage.

- Markttheoretisch: Der Grad der Substituierbarkeit der im In- und Ausland produzierten Güter sowie der im In- und Ausland emittierten Vermögenswerte steigt mit dem Abbau von Handels- und Kapitalverkehrsbeschränkungen, Fortschritten in der Transport- und Informationstechnologie, dem Ausbau von Infrastrukturen etc. Arbitrageprozesse stellen dann einen internationalen Preis- und Zinszusammenhang zwischen vergleichbaren Handelsobjekten her.

- Strategisch-interaktiv: Aufgrund der Heterogenität der Weltwirtschaft gibt es im ökonomischen Sinne nicht nur kleine Länder. Entsprechend setzt die Wirtschaftspolitik der großen Volkswirtschaften Daten für kleinere Länder, an die diese sich anpassen müssen. Außerdem reagieren die wirtschaftspolitischen Maßnahmen großer Volkswirtschaften aufeinander, was entscheidend die Stabilität der Wechselkurse und der Leistungsbilanzverhältnisse beeinflußt.

Die Kanäle, durch die sich die ökonomische Interdependenz bemerkbar macht, sind der Außenhandel, der auf die Einkommensbildung und die relativen Preise (Terms of Trade) wirkt, sowie Kapitalbewegungen, die auf Wechselkurs, Zins und Preisniveau wirken.

Es war vor allem das strategisch-interaktive Moment, das der Theorie der Politikkoordination ein eigenständiges Forschungsgebiet eröffnete. In der Standardanalyse interdependenter Wirtschaftspolitik, die bis heute auf dem Mundell-Fleming-Modell beruht, spielt strategische Interaktion der Länder explizit keine Rolle. Hier wird primär untersucht, wie unterschiedliche Strukturparameter, die die Stärke der Interdependenz bestimmen, die Wirksamkeit nationaler Wirtschaftspolitik beeinflussen. Ein wichtiger Parameter ist die Zinselastizität der Kapitalbewegungen, die die Möglichkeiten einer autonomen Geldpolitik begrenzt (je höher die Zinselastizität alias Kapitalmobilität, desto geringer die Autonomie). Andere Strukturparameter, die den Grad der Interdependenz und damit die Effektivität des wirtschaftspolitischen Instrumentariums beeinflussen, sind die Import- und Exportabhängigkeit der inländischen Einkommensbildung,[32] sowie die Flexibilität der Preis- bzw. Lohnbildung. Letztere Interdependenz, die im keynesianischen Standardmodell eher unterbelichtet ist, haben Levin (1983) und Sauernheimer (1984) für den Fall unwiderruflich fixierter Wechselkurse, also für eine Währungsunion im Mundell'schen Sinne, untersucht (vgl. Fenster 3.7).

Der Spillover einer wirtschaftspolitischen Maßnahme, der primär über einen **Einkommenseffekt** erfolgt, wird als „Lokomotiv-Effekt" bezeichnet: Z.B. bedeutet eine expansive Fiskalpolitik in Land A für die Handelspartner zusätzliche Exportnachfrage. Diese ergibt sich unmittelbar aus der mit dem Einkommensanstieg verbundenen zusätzlichen Importnachfrage der Haushalte und Unternehmen in A. Und sie ergibt sich mittelbar aus der Tendenz zu einer Aufwertung der A-Währung, weil eine kreditfinanzierte Fiskalpolitik zinssteigernd wirkt. Die Einkommensexpansion in Land A wird somit zu einer Lokomotive für die Konjunktur in anderen Ländern.

Der Spillover einer wirtschaftspolitischen Maßnahme, der primär über einen **Preiseffekt** erfolgt, wird als ein Akt des *Beggar-thy-neighbour* bezeichnet. So wirkt im Mundell-Fleming-Modell eine expansive Geldpolitik zinssenkend und führt infolge des verstärkten Kapitalexportes zu einer Abwertung, die die Leistungsbilanz verbessert. Die Verbesserung der heimischen Leistungsbilanz be-

---

[32] Formal gesprochen berührt die marginale Importneigung der inländischen Absorption den Nenner des Außenhandelsmultiplikators (je höher die Importneigung, desto kleiner der Multiplikator). Die autonome Exportnachfrage des Auslands berührt komparativ-statisch den Zähler des Außenhandelsmultiplikators.- Die Standardanalyse läßt sich in jedem Außenwirtschaftslehrbuch nachlesen, beispielsweise bei Gandolfo (1995, Kap.13, insbes. 145ff.).

deutet umgekehrt für das Ausland verminderte Nettoexporte bzw. noch höhere Nettoimporte und wirkt dort einkommensreduzierend. Die „Nachbarländer" werden durch expansive Geldpolitik also für den Abbau der heimischen Unterbeschäftigung in Anspruch genommen, die Arbeitslosigkeit wird „exportiert".

Berücksichtigt man den Vermögenspreischarakter des Wechselkurses, läßt sich dagegen die gegenteilige Tendenz zu einem *Aufwertungswettlauf* begründen (Currie 1990, 131f.): Eine restriktive Geldpolitik wird eingesetzt, um die preisliche Wettbewerbsfähigkeit zu steigern ohne dabei jedoch den externen Geldwert wie bei einer Abwertung zu gefährden. D.h. die Abwertung des realen Wechselkurses wird bei gleichzeitiger Sicherung der Vermögensqualität der Währung erreicht. Eine nur verzögert zugelassene Aufwertungstendenz zwingt andere Währungsräume zu einer Hochzinspolitik und löst damit eine weltwirtschaftlich deflationäre Tendenz aus. Das *Beggar-thy-neighbour* zielt bei einer solchen Unterbewertungsstrategie auch auf den Einkommens-, genauer den Beschäftigungseffekt der Währungspolitik ab. Aber zugleich wird die Restriktion gewahrt, die sich aus dem Vermögenspreischarakter des Wechselkurses ergibt.

Solche Externalitäten nationaler Wirtschaftspolitik wurden zum Anlaß, ihre Koordination anzumahnen (Cooper 1985, 1222). Beim *Beggar-thy-neighbour* ist es in der Regel offenkundig, daß das Ausland an einer Abstimmung interessiert sein muß, da es sich aufgrund der eigenen Beschäftigungs- und Preisstabilität in einen Abwertungs- oder Aufwertungswettlauf gezwungen sieht. Beim Lokomotiv-Effekt ist das dann der Fall, wenn im Ausland ein monetäres Stabilitätsziel wie das eines festen, nicht abwertenden Wechselkurses gefährdet wird. Abstimmungsbedarf wird außerdem konstatiert, weil Länder im nationalen Alleingang zu wenig die Lokomotiv-Funktion übernehmen. Ihre nationalökonomische Perspektive läßt die positiven Externalitäten für die ausländische Beschäftigungslage außer acht, so daß aus weltwirtschaftlicher Sicht eine zu geringe Konjunkturstimulierung erfolgt.

Monetäre Integration bedeutet keine vollkommene Koordination aller Wirtschaftspolitiken, also auch nicht die Beseitigung aller Spillovers. Wird z.B. nur die Geldpolitik, nicht aber die Fiskalpolitik koordiniert, ist selbst bei glaubwürdiger Fixierung der Wechselkurse nicht unbedingt das Problem negativer Spillovers beseitigt. Es kann dann sogar erst entstehen. So bieten fiskalische Dezentralisierung und weitgehende Kapitalmobilität, die den europäischen Binnenmarkt charakterisieren, der Theorie zufolge geradezu einen Anreiz, Beggarthy-neighbour zu betreiben. Das Argument folgt unmittelbar aus dem Standardmodell, wenn es auf den drei-Länder-Fall ausgedehnt wird. Zwei kleine Länder fixieren ihren bilateralen Wechselkurs und bilden somit einen Wechselkursverbund gegenüber einem großen Land: So kann es dem einen Land in diesem Wechselkursverbund gelingen, seinen Anteil an der gegebenen Gesamtnachfrage zulasten des Partnerlandes zu steigern. Denn die zinssteigernden Effekte kreditfinanzierter Staatsausgaben führen wie gewohnt zu einer Aufwertung. Doch deren Effekte, negativ auf den Außenbeitrag und damit auf die Einkommensbildung zu wirken, verteilen sich nun auf beide Länder. Die zusätzliche Staatsnachfrage kommt annahmegemäß nur dem Land zugute, dessen fiskalische Autoritäten sich für eine Nachfragestimulierung entschieden haben. Somit werden die positiven Multiplikatoreffekte in dem Land, das eine fiskalische Expansion durchführt, durch negative Multiplikatoreffekte im anderen der beiden unionierten Länder kompensiert (Levin 1983). Das Gesamteinkommen des Wechselkursverbundes bleibt konstant. Das ist der Fall eines fiskalischen Beggar-thy-neighbour: die Expansion des einen Landes erfolgt um den Preis der Depression des anderen Landes.

Fenster 3.7: Spillover bei nur partieller Politikkoordination

Das Ausmaß eines fiskalischen Beggar-thy-neighbour bei fixierten Wechselkursen hängt von den zugrundeliegenden Annahmen über die Preisflexibilität ab (Sauernheimer 1984). Werden Preiseffekte berücksichtigt, läßt sich argumentieren, daß die Fiskal- und die Lohnpolitik in einem Währungsgebiet koordiniert werden sollten.

Das Modell von Sauernheimer (1984) ist ein IS-LM-Modell der offenen Volkswirtschaft, das auf den drei-Länder-Fall ausgedehnt wird: zwei kleine Länder A und B, die eine Wechselkursunion bilden, sowie ein Drittland R (Rest der Welt), das als großes Land das Zinsniveau vorgibt. Formal besteht es aus je einer IS-Gleichung für die Gütermarktgleichgewichte (G1) und einer LM-Gleichung für das gemeinsame Geldmarktgleichgewicht (G2), sowie der Bedingung für vollkommene Kapitalmobilität (G3).

(G1a)
$$S_A(\overset{+}{Y}_A) - I_A(\overset{-}{r}_A)$$
$$- X_{AB}(\overset{-}{Y}_A, \overset{+}{Y}_B, \overset{+}{P_B/P_A}) - X_{AR}(\overset{-}{Y}_A, \overset{+}{Y}_R, \overset{+}{eP_R/P_A}) = \overline{G}_A$$

(G1b)
$$S_B(\overset{+}{Y}_B) - I_B(\overset{-}{r}_B)$$
$$- X_{BA}(\overset{+}{Y}_A, \overset{-}{Y}_B, \overset{-}{P_B/P_A}) - X_{BR}(\overset{-}{P}_B, \overset{+}{Y}_R, \overset{+}{eP_R/P_B}) = \overline{G}_B$$

(G2) $$\overline{M} = P_A L_A(\overset{+}{Y}_A, \overset{-}{r}_A) + P_B L_B(\overset{+}{Y}_B, \overset{-}{r}_B)$$

(G3) $r_A = r_B = \overline{r}_R$

Die Variablen I, G, Y, r, P, M und L haben die übliche Bedeutung und sind bis auf P und M *reale* Größen; S steht jetzt für Ersparnis und e ausnahmsweise für das *Niveau des Wechselkurses*; X_{ij} steht für den realen Wert der Nettoexporte von Land i nach Land j.

Die regionalen Preisniveaus P_i, i = A, B, ergeben sich aus einem mark-up auf die regionalen Lohnstückkosten. Die nominalen Lohnforderungen wiederum hängen positiv vom Konsumentenpreisindex ab. Er ist ein gewichteter Durchschnitt der drei Preisniveaus, in den - wegen der aus R importierten Güter - auch der Wechselkurs S eingeht.

Aus diesem Gleichungssystem lassen sich zunächst die regionalen Niveaus der Güterpreise P_i als implizite Funktionen des Wechselkurses e ableiten:

$$dP_i = \frac{\partial P_i}{\partial e} de \text{ für } i = A,B.$$ In der Regel steigen beide regionalen Preisniveaus in

e, das heißt eine Abwertung führt aufgrund höherer Lohn- und Inputkosten zu steigenden Preisen.

Die Wirkungen einer expansiven Fiskalpolitik, z.B. in Land A, lassen sich durch totale Differentiation der ersten drei Gleichungen und die Bildung entsprechender Multiplikatoren erheben. Es können dann vier Fälle unterschieden werden. Zur Veranschaulichung seien die ersten beiden Fälle, vollkommen starre Preise in A und B bzw. vollkommen flexible Preise in A und B, in einer Graphik dargestellt. Die Graphiken zeigen die drei Gleichgewichtsloki für unterschiedliche Kombinationen der regionalen Einkommensniveaus, wenn der Wechselkurs, das Zinsniveau und die Geldmenge gegeben sind.

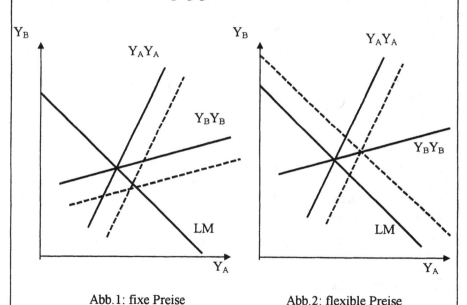

Abb.1: fixe Preise   Abb.2: flexible Preise

Die Y_iY_i-Kurven, die die Gütermarktgleichgewichte (G1a) und (G1b) abbilden, haben eine positive Steigung, weil bei einem komparativ-statisch erhöhten Y_i ein

Nachfrageüberschuß entsteht, die zu vermehrten Importen und höherer Geldhaltung führt. Ein Gleichgewicht erfordert dann ein höheres Y_j, weil damit steigende Nettoexporte von Land i nach Land j einhergehen, die das außenwirtschaftliche Gleichgewicht wieder herstellen. Die LM-Kurve hat eine negative Steigung, weil eine mit höherem Einkommen Y_i steigende Transaktionskasse ein geringeres Einkommen im anderen Land Y_j fordert, um dort die Transaktionskassennachfrage zu senken (gegeben das aggregierte Geldangebot M).

Damit zur Taxonomie der Annahmen über die Preisflexibilität:

Starre Preise: in diesem Fall entspricht der positive Einkommenseffekt im Land mit der expansiven Fiskalpolitik gerade dem negativen Einkommenseffekt des anderen Landes. Das ist der Fall eines beggar-thy-neighbour, der ohne Wechselkursunion nicht möglich wäre.

Abb. 1 zeigt diesen Fall des beggar-thy-neighbour bei fiskalischer Expansion in Land A. Wegen der Leistungsbilanzverschlechterung gegenüber dem Land R sinkt das Einkommen in Land B und ein Teil der fiskalischen Expansion von A wird rückgängig gemacht.

Vollkommen flexible Preise: Wenn die Aufwertung zu einer proportionalen Senkung der Preise führt, wird im Regelfall das Einkommen in beiden Ländern und damit in der Währungsunion steigen. Diese Wirkung ergibt sich aus dem Anstieg der realen Geldmenge, wenn die Güterpreise in beiden Regionen fallen. Abb.2 zeigt diesen Fall, in dem die realen Wechselkurse beider Länder A und B gegenüber der Währung von R konstant bleiben. Ein Teil der Nachfrageexpansion in A führt dann im Normalfall zu höheren Nettoexporten von Land B und hat deshalb auch für das nicht-expandierende Land B eine expansive Wirkung. Die nominale Transaktionskassennachfrage in beiden Ländern steigt.

Preise im expandierenden Land A vollkommen flexibel, starr in Land B: Die relative Preisverschiebung - wegen der Aufwertung sinkende Preise in Land A und konstante Preise in Land B - führen zu einer höheren Nachfrage für die Güter in der expandierenden Region. Der Einkommenseffekt in der interregionalen Zahlungbilanz wirkt dem zwar ein wenig entgegen (höhere Exporte von Land B in das expandierende Land A), aber in der Regel überwiegt der nachteilige Preiseffekt. Es kommt zu einem partiellen beggar-thy-neighbour.

Preise im expandierenden Land A starr, flexibel in Land B: In diesem Fall kann das fiskalisch expandierende Land sogar ein sinkendes Einkommen verzeichnen, wenn die Nachfrageverschiebung zugunsten von Land B wegen des relativen Preiseffektes und der Aufwertung sehr stark ist.

Die unterschiedlichen Preisreaktionen sind in diesem Modell allein auf die unterschiedliche Lohnbildung zurückzuführen, denn die Geldpolitik ist vereinheitlicht und das mark-up auf die Lohnkosten gegeben. Im Rahmen eines solchen Modells

folgt also, daß selbst bei vollständiger Koordination der Geld- und Währungspolitik auch die Lohn- und Fiskalpolitik koordiniert werden müssen, um negative
Auswirkungen auf die Partnerländer oder sogar auf das eigene Land zu vermeiden (Sauernheimer 1984, 156f.; Gandolfo 1995, 439; vgl. auch Beets-
ma/Bovenberg 2000).

Die theoretische Möglichkeit eines fiskalischen Beggar-thy-neighbour, gerade
unter der Bedingung vollkommener Kapitalmobilität, die dies im Normalfall
ausschließt, erfaßt den Aspekt der strategischen Interaktion nur implizit. Doch
sind Vergeltungsmaßnahmen des Landes, das sich in die Rolle des ausgenutzten
Nachbarn gedrängt sieht, nicht auszuschließen. Bei dem daraus resultierenden
Expansionswettlauf würde die Vertrauenswürdigkeit der Währung leiden und ein
anhaltender Anstieg des Zinsniveaus riskiert. Umgekehrt würde ein Stabilitäts-
wettlauf zu steigender Arbeitslosigkeit führen. Die Berücksichtigung der Ver-
geltungsmöglichkeit unterstreicht insofern das Argument, die Aufrechterhaltung
fixierter Wechselkurse unter Bedingungen vollkommener Kapitalmobilität erfordere eine Koordination der Lohn- und Fiskalpolitik.

Der neuen Außenwirtschaftstheorie läßt sich eine weitere Interdependenz entnehmen, die auf dem Wechselkurs als Vermögenspreis beruht. Ein auf Vermögensmärkten bestimmter Wechselkurs kann aus Gütermarktsicht anhaltend ver-
zerrt (*misaligned*) sein. Selbst kurzfristige, hinreichend starke Schwankungen des
Wechselkurses sind dann unter angebbaren Bedingungen nicht neutral, d.h. sie
verändern die Wettbewerbsfähigkeit der nationalen Produktion und den für die
Leistungsbilanz gleichgewichtigen Wechselkurs nachhaltig. Das betrifft umgekehrt auch die Wettbewerbsfähigkeit des Auslands bzw. dessen Leistungsbilanz-
konstellation. Gleichgewichtswechselkurse weisen infolgedessen Züge von Hysteresis auf, was bedeutet, daß sie vom Zeitpfad der vorhergehenden Schwankungen
abhängig werden (Funke 1991).

Eine Bedingung, die solche Hysterese-Effekte hervorbringt, kann das Vorherr-
schen nicht-atomistischer Konkurrenz sein. Oligopole oder Monopole verfügen
über Spielräume der Preissetzung und erzielen daher Renten, d.h. aus Mengenbe-
schränkungen resultierendes Überschußeinkommen. Wechselkursschwankungen
werden deshalb nicht unbedingt in den Preisen wiedergegeben, sondern in der
Veränderung der Rente absorbiert. Beispielsweise wird ein marktbeherrschendes
Unternehmen die Aufwertung der inländischen Währung nicht vollständig in
höheren Preisen wiedergeben, wenn es seinen Marktanteil oder seinen Umsatz
halten will (unvollkommenes *Exchange Rate Pass-Through*). Diese mangelnde
Wiedergabe nomineller Wechselkursänderungen in den Importpreisen kann umgekehrt erklären, warum selbst starke Währungsabwertungen nicht unbedingt zu
einer Verbesserung der Leistungsbilanz eines Landes führen, dessen Importe zu
einem erheblichen Anteil von großen Firmen stammen.[33] Die Strom-Bestands-

---

[33] Einen guten neueren Überblick liefert Bender (1998).

Effekte, in diesem Fall: zunehmende Verschuldung des Importlandes, führen dann zu einer Abwertung des gleichgewichtigen Wechselkurses über das Niveau hinaus, das ursprünglich eine ausgeglichene Leistungsbilanz gewährleistet hätte.

Eine weitere Bedingung, die hysteretische Wechselkurseffekte nach sich ziehen kann, ist die Existenz versunkener Kosten (*sunk costs*). In den prototypischen Modellen von Dixit (1989) und Baldwin/ Krugman (1989) sind dies nicht vernachlässigbare Markteintritts- und -teilnahmekosten. Diese Kosten beinhalten aus Sicht einer Firma, daß der Außenhandel „Direktinvestitionselemente" enthält. Außerdem unterscheiden sich infolge dieser Kosten die Wechselkurse, bei der es für eine Firma gewinnmaximal ist, an diesem Markt anzubieten, je nachdem, ob sie bereits am Markt ist oder nicht. Erst mit größeren Wechselkursschwankungen ändert sich die Angebotsstruktur eines nationalen Gütermarktes, weil Marktaus- bzw. -eintritte stattfinden. Diese werden selbst bei einer Rückkehr zum durchschnittlichen Wechselkursniveau nicht mehr rückgängig gemacht, es ist somit ein Strukturbruch im gleichgewichtigen Wechselkurs eingetreten. Für das Importland wie das Exportland können sich unter diesen Bedingungen die komparativen Vorteile ändern.

Zumindest einer der Urheber dieser neuen außenwirtschaftstheoretischen Forschungen - zur Nichtneutralität von Wechselkursschwankungen im allgemeinen, zur Hysterese gleichgewichtiger Wechselkurse im besonderen - profilierte sich zugleich als Vertreter von Zielzonen zum Zwecke der Wechselkursstabilisierung (Krugman 1991). Zielzonen können im Horizont dieser hysteretischen Wechselkursmodelle den Sinn haben, Schwankungen in den Bandbreiten zu halten, innerhalb derer solche Struktureffekte auf Gütermärkten bzw. die Leistungsbilanz nicht auftreten. Das würde die Spillovers zwischen Volkswirtschaften verhindern, die aus dem Zusammenspiel von vermögensmarktbedingten Wechselkursschwankungen und nicht-atomistischem Wettbewerb an Gütermärkten herrühren.

3.2.1.2 Optimale Politikkoordination und strategische Interaktion

Die etablierte Theorie der Politikkoordination hat ihren Ursprung im *Ziel-Mittel-Ansatz der Theorie der Wirtschaftspolitik* (Tinbergen 1952, Mundell 1962). Dieser beruht auf dem grundlegenden Satz, daß die Wirtschaftspolitik mindestens soviele Instrumente benötige wie sie Ziele zu realisieren gedenke. Die Aufgabe einer Theorie der Wirtschaftspolitik ist es, die geeignete Kombination von Instrumenten zur effizienten Durchsetzung der vorgegebenen Ziele zu suchen. Ihr technokratisches Selbstverständnis offenbart sich darin, daß sie die Diskussion der Zulässigkeit oder Erreichbarkeit ökonomischer Zielsetzungen nicht zu ihrem Gegenstandsbereich zählt (Riese 1995, insbes. 11). Gegen sie richtete sich die im letzten Kapitel dargestellte Lucas (1976)-Kritik.

Die ökonomische Theorie der Politikkoordination entstand, indem sie gegenüber dem Tinbergen-Mundell-Ansatz folgende Modifikationen anregte:

- Niehans (1968) fordert für die geeignete Zuordnung (*assignment*) von Mitteln einen Optimierungsansatz. In ihm werden die Ziele nicht als fest vorgegebene Größen (*fixed targets*) betrachtet, sondern als optimale Grade der Zielerreichung, gegeben die Tradeoffs des Mitteleinsatzes. Der Grad der Zielerreichung wird unter anderem von der Interdependenz mit der Wirtschaftspolitik anderer Regierungen berührt. Diese Interdependenz diskutiert er - im Gegensatz zu der atomistischen Interdependenzanalyse Mundell's - innerhalb eines Oligopolmodells (Niehans 1968, 908-912).

- Cooper (1969, 9-12) macht darauf aufmerksam, daß Interdependenz die Anpassungsgeschwindigkeit nationaler Volkswirtschaften verlangsamt und daß eine Rolle für Kooperation im strikten Sinne daraus entsteht, daß die Zahl der Ziele größer als die Zahl der Instrumente ist.

- Hamada (1979, 298f.; 1985) macht den folgenreichen Vorschlag, die strategische Interaktion und die variable Intensität des Mitteleinsatzes stärker ins Spiel zu bringen, als dies bei Niehans (1968) bereits angelegt ist. Er etabliert damit den Begriff eines koordinierten Politikregimes: in einem solchen haben sich Regierungen darauf verständigt, eine gewichtete Summe der Wohlfahrtsfunktionen jedes Landes zu maximieren.

Das Optimierungsparadigma, das mit diesen Modifikationen aus dem Ziel-Mittel-Ansatz hervorgeht, dominiert bis heute die Theorie der Politikkoordination.[34] Es weist die generelle wohlfahrtsökonomische Überlegenheit der Kooperation nach und untersucht dann, warum diese Kooperation dennoch sehr häufig nicht zustande kommt.

Die generelle ökonomische Überlegenheit der Kooperation ergibt sich, wenn ein Land mehr Ziele als wirtschaftspolitische Mittel zu ihrer Erreichung hat. Die Interdependenz selbst macht dieses Mißverhältnis wahrscheinlich. Angenommen, im hypothetischen Zustand einer Welt kleiner Länder herrschte Übereinstimmung zwischen Zielen und Mitteln. Läßt man nun Interdependenz zu, beinhaltet sie einen nicht gesteuerten Einfluß auf die eigenen Zielfunktionen. Es erforderte zusätzliche Mittel, diese Externalität zu kompensieren.

Kooperation ist in diesem Fall immer potentiell Pareto-verbessernd. Im Grundmodell gilt dies unabhängig davon, ob Regierungen dieselben Ziele verfolgen oder dieselbe Präferenzordnung haben (Currie 1990, 129).[35] Denn das Grund-

---

[34] Zwei weitere analytische Perspektiven sind die politikwissenschaftliche Institutionenanalyse und die regelbasierte Analyse der Politikkoordination (Bryant 1995, 31-34 und Kap. 4-5; Mooslechner/Schuerz 1999, 175-181). Die regelbasierte Analyse ist ausführlich in Kapitel 2.1 dargestellt worden.

[35] Deshalb ist ein häufig vorgebrachter Einwand von Skeptikern unhaltbar, demzufolge Politikkoordination zuviel Übereinstimmung zwischen Politikern voraussetze, die

modell ist dem mikroökonomischen Modell des bilateralen Tausches von Mitteln der Bedürfnisbefriedigung ganz analog. Realisation der Vorteile des Gütertausches erfordert dort nicht nur keine Ähnlichkeit zwischen den Haushalten, sondern läßt ihn potentiell umso vorteilhafter werden, je verschiedener die Marktteilnehmer sind. Im Falle des Politikspiels zeigt sich wegen des Auftretens von Externalitäten, daß die strategische Interaktion im Unterschied zu insulärem oder kurzsichtigem Verhalten selbst schon ein Vorteil der Koordination sein kann, weil sie zur Internalisierung der Spillovers beiträgt. So kann sich im asymmetrischen Fall, in dem eine Partei als Stackelberg-Führer auftritt und die Koordination insofern nicht-kooperativ erfolgt, eine Pareto-Verbesserung gegenüber der symmetrisch unkoordinierten Lösung ergeben (Bryant 1995, 40f.).

Fenster 3.8: Das Grundmodell der Politikkoordination

Das Grundprinzip der Politikkoordination läßt sich wie folgt zusammenfassen. Angenommen, die betroffenen Regierungen A (Ausland) und B (Inland) hätten jede zwei Ziele (Z_1, Z_2) und ein Instrument (M). Durch abgestimmte Dosierung des Mitteleinsatzes läßt sich immer dann eine Pareto-Verbesserung erreichen, wenn die Wirkung des ausländischen Instrumenteneinsatzes M^A auf das inländische Ziel Z_1^B, *relativ* zur Wirkung des inländischen Instrumenteneinsatzes M^B auf dieses Ziel, verschieden ist von der relativen Wirkung auf das zweite inländische Ziel Z_2^B. Entsprechendes gilt natürlich für die relative Wirkung auf die ausländischen Ziele. In der hier metaphorischen Sprache von Preisen ausgedrückt: Wenn der relative Preis der Zielerreichung (zusätzlicher Grad der Erreichung des einen Ziels auf Kosten des anderen) in A und B divergiert, ergeben sich Vorteile aus der Politikkoordination. Im Optimum muß die relative Wirkung auf jedes Ziel gleich sein. Diese Bedingung ist entlang der *Kontraktkurve* erfüllt:

(H1)
$$\frac{\partial Z_1^B / \partial M^A}{\partial Z_1^B / \partial M^B} \overset{!}{=} \frac{\partial Z_2^B / \partial M^A}{\partial Z_2^B / \partial M^B} \qquad \text{mit } Z_i^j = Z(M^j), \ i = 1, 2 \text{ und } j = A, B$$

---

doch vielmehr im nationalen Selbstinteresse handelten. Gerade wenn sie im nationalen Selbstinteresse handeln, müßten sie kooperieren. Daß dieser Einwand selbst von Ökonomen vorgetragen wird, denen das komparative-Vorteils-Argument bekannt sein dürfte, zeigt Bryant (1995, 36n), der entsprechende Äußerungen Martin Feldsteins aus dem *Wall Street Journal* zitiert.

Die algebraische Lösung sei nur allgemein skizziert, d.h. ohne explizit die Wohlfahrtsfunktionen der Regierungen zu spezifizieren (H2) und ohne ein bestimmtes ökonomisches Modell zugrundezulegen, das die Ziel-Mittelbeziehung und die Interdependenz des Mitteleinsatzes bestimmt (H3).[36]

(H2) $U^i = U^i(Z_1^i, Z_2^i)$ für i = A, B

(H3) $Z_k^i = \delta_k M^i + \tau_k M^j$ mit k = 1,2   und j ≠ i

wobei δ_k den „*d*omestic multiplier", τ_k den „*t*ransmission multiplier" in Bezug auf das k-te Ziel bezeichnen (unter Anlehnung an Ghosh/ Masson 1994, 46).

Aus den Bedingungen erster Ordnung (in einem Optimum kann die Zielerreichung durch weiteren Mitteleinsatz nicht mehr gesteigert werden) lassen sich die Reaktionsfunktionen bei Nash-Verhalten ermitteln. *Nash-Verhalten* ist gleichbedeutend mit einer konjekturalen Variation von 0, also aus Sicht von Land i unterstellend, daß $\partial M^j/\partial M^i = 0$.

Das **unkoordinierte Gleichgewicht** ergibt sich aus dem Schnittpunkt der beiden Reaktionsfunktionen. Dieses (Nash-)Gleichgewicht liegt in aller Regel nicht auf der Kontraktkurve, denn es beinhaltet nur ein Optimum für die jeweilige Regierung, *gegeben* die Reaktion des anderen. Die Externalitäten des Mitteleinsatzes sind hier nicht internalisiert.

(H4a) $M^{iN} = M^{iN}(\overline{M}^j, ...)$

aus $\dfrac{\partial U^i}{\partial M^i} \overset{!}{=} 0 \Leftrightarrow \dfrac{\partial}{\partial M^i} U^i \left[\!\left[\delta_k M^i + \tau_k \overline{M}^j\right]\!\right] \overset{!}{=} 0$

Bei **Stackelberg-Führerverhalten** wird dem anderen Nash-Anpassung (Reaktionsfunktion aus der Lösung von (B3a)) unterstellt, das eigene Verhalten berücksichtigt dagegen die Interdependenz (in Form der Anpassung des anderen an die eigene Vorgabe). Diese Lösung ist das Optimum auf der Reaktionskurve des jeweils anderen. Gegenüber der nicht-kooperativen, symmetrischen Nash-Lösung bedeutete dies, daß der Stackelberg-Führer seinen Mitteleinsatz erhöht. Für das nachfolgende Land ist es dann optimal, seinen Mitteleinsatz einzuschränken. Aber es stellt sich gegenüber der Nash-Lösung schlechter.

(H4b) $M^{iF} = M^{iF}(M^{jN}, ...)$ aus $\dfrac{\partial U^i}{\partial M^i} \overset{!}{=} 0 \Leftrightarrow \dfrac{\partial}{\partial M^i} U^i \left[\!\left[\delta_k M^i + \tau_k M^{jN}\right]\!\right] \overset{!}{=} 0$

---

[36] Die der Politikkoordination von Regierungen zugrundeliegende strategische Interaktion kann im Niehans-Hamada-Diagramm veranschaulicht werden (Niehans 1968, 911, Hamada 1985, 58-61).

Symmetrische Koordination bedeutet dagegen eine gemeinsame Zielfunktion durch den eigenen Mitteleinsatz zu optimieren. Symmetrisch ist die Koordination, wenn jedes Land die gleiche Gewichtung (im zwei-Länder-Fall jeweils 1/2) erhält. Die Koordination bedeutet eine konjekturale Variation jedes Landes von $\partial M^j/\partial M^i = 1$. Durch Koordination können die Länder auf die Kontraktkurve gelangen. Welcher Punkt dort genau realisiert wird, ist unbestimmt. Durch Seitenzahlungen an die andere Regierung, beispielsweise die Einrichtung von Fonds für Struktur- oder Zahlungsbilanzhilfe, kann eine Regierung sogar versuchen, ihren jeweiligen Sättigungspunkt zu realisieren.

(H4c) $M^{iC} = M^{iC}(\delta_k, \tau_k)$

aus $$\frac{\partial U^g = \frac{1}{2}\left[U^i + U^j\right]}{\partial M^i} \overset{!}{=} 0 \Leftrightarrow \frac{\partial}{\partial M^i}\left[U^g\left(\delta_k M^i + \tau_k M^j(M^i)\right)\right] \overset{!}{=} 0$$

Die Ergebnisse, die die verschiedenen Arten der strategischen Interaktion beinhalten, ergeben sich aus den Gleichgewichten $M^{iN} = M^{jN}$, $M^{iF} = M^{jN}$ bzw. $M^{iC} = M^{jC}$. Ein Wohlfahrtsvergleich zwischen diesen Ergebnissen erforderte explizite Spezifikationen von (H2) und (H3). Generell läßt sich nur sagen, daß die Nash-Lösung und die Stackelberg-Lösung einer Koordinationslösung Pareto-unterlegen sind.

(H5) $U^i\left(Z^i_k(M^{iN}, M^{jN}, ...)\right) < U^i\left(Z^i_k(M^{iC}, M^{jC}, ...)\right)$

$U^i\left(Z^i_k(M^{iF}, M^{jN}, ...)\right) < U^i\left(Z^i_k(M^{iC}, M^{jC}, ...)\right)$

Zwischen Nash-Lösung und Stackelberg-Lösung hängt der Wohlfahrtsvergleich von Parametern ab, die bestimmen, wie sich der Wohlfahrtsgewinn des Führers zum Wohlfahrtsverlust des Anpassers verhält.

Die Literatur, die die potentiell wohlfahrtsförderlichen Wirkungen der Koordination zeigt, erklärt zugleich, daß sie theoretisch nicht selbstverständlich ist. Die Begründung wird in den notorischen Verhaltensrisiken gesehen, insbesondere im Moralischen Hasard oder im Trittbrettfahrer-Verhalten. Schließlich sind auch Pareto-optimale Lösungen, die durch Koordination erreicht werden können, in der Regel nicht das Optimum aus der Warte der einzelnen Regierung. Analog der Teilnahme an einem Kartell, gibt es in der Regel Anreize, die Koordination zu suchen und dann von ihr abzuweichen, wenn die andere Partei sich daran hält. D.h., selbst eine Pareto-optimale Abstimmung ist nicht unbedingt nachhaltig zu erzielen (*sustainable*), weil die Anreize zur Abweichung zu hoch sind. Oder dieses Wissen auf beiden Seiten läßt die in beiderseitigem Interesse liegende Koordination erst garnicht entstehen.

Ein letztes, in empirischen Simulationsstudien aufgedecktes Problem ist, daß die Wohlfahrtsgewinne aus der Koordination sehr klein zu sein scheinen.[37] Diese quantitativ geringen Vorteile können insbesondere dann keinen Anreiz mehr zur Koordination liefern, wenn sie auch das Potential hat, kontraproduktiv zu sein. Das kann vor allem bei bestimmten Formen der Unsicherheit eintreten.

3.2.1.3 Politikkoordination unter Unsicherheit

Die Literatur zur Politikkoordination unter Unsicherheit enthält für die monetäre Integration zugespitzt die folgende Botschaft: Angenommen, unter dem Festkurssystem von Bretton Woods war keine Politikkoordination nötig, weil die Regierungen nur so viele Ziele verfolgten wie sie auch Mittel zu ihrer Ereichung hatten. Selbst unter dieser Annahme eines Ausgangsgleichgewichts ist mit der Freigabe der Wechselkurse genau dadurch die Notwendigkeit zur Koordination entstanden, daß die Wechselkursvolatilität deutlich höher als erwartet war. Die Volatilität, die aus dem Vermögenspreischarakter erklärbar ist, hat nämlich jene Transmissionsunsicherheit geschaffen, die Koordination nunmehr vorteilhaft macht. Auch die mit der Lucas-Kritik begründbare Veränderung der Strukturparameter, die bei einem Wechsel der Währungsregime zu erwarten ist, läßt sich als Multiplikatorunsicherheit im Grundmodell berücksichtigen (Gosh/Masson 1994, 14f.).

Die Existenz von Unsicherheit unterstreicht demnach unter gewissen Bedingungen das allgemeine Ergebnis, daß Koordination Pareto-überlegen ist. Es gilt genauer gesagt für Unsicherheit, die den Spillover zwischen Ländern berührt. Solche Unsicherheit verändert die Multiplikatoren, die die Ziele und Mittel miteinander verbinden, und damit auch die Interdependenz zwischen den nationalen Wirtschaftspolitiken. Stochastische Einflüsse, die das Niveau der Zielvariablen dagegen nur additiv verändern, sind keine eigenständige Quelle für die Vorteile der Politikkoordiation (Ghosh/ Masson 1994, 66f.; vgl. Fenster 3.9).

Der Stellenwert multiplikativer Unsicherheit für die Politikkoordination läßt sich im Rahmen der Ziel-Mittel-Logik erklären (Ghosh/ Masson 1994, 42-44). Solche Unsicherheit bedeutet eine größere Zahl wirtschaftspolitischer Ziele. Angenommen, die betrachtete Regierung habe in ihrer Welt der Unsicherheit das Ziel, den normalverteilten Erwartungswert der Zielgröße, $E(Z)$, zu minimieren. Ihre Wohlfahrtsfunktion sei quadratisch spezifiziert: $U = U[E(Z^2)]$. Das Quadrat einer solchen stochastischen Zielgröße läßt sich in den Mittelwert μ und die Varianz σ^2 zerlegen (Pindyck/Rubinfeld 1991, 15f.). Das Argument der Nutzenfunktion

---

[37] Oudiz/ Sachs (1984) ermittelten einen Wert von 0,5 bis 1,0% des Bruttoinlandsprodukts gegenüber einem Nash-Gleichgewicht. Einen Überblick zu der an diese Studie anschließende Wohlfahrtsmessungen geben McKibbin (1997, 162-167) und Mooslechner/Schuerz (1999, 181-183).

lautet dann: $E(Z^2) = \mu_Z^2 + \sigma_Z^2$ mit $\sigma_Z^2 > 0$. Herrschte in der hypothetischen Welt ohne Unsicherheit eine Übereinstimmung von Zielen und Mitteln, so kommt mit der Einführung von Unsicherheit mindestens ein weiteres Ziel hinzu, nämlich die Variabilität der Zielgröße. Die wirtschaftspolitischen Autoritäten haben somit bei einer stochastischen Zielgröße zwei Momente zu optimieren (hier: zu minimieren): die durchschnittliche Höhe, beispielsweise der Inflationsrate, und die Schwankungen um den mittleren Wert.

Fenster 3.9: Koordinationsgewinne unter Unsicherheit

Um zu zeigen, daß Unsicherheit per se ein Grund für Koordination der Wirtschaftspolitiken sein kann, sei nunmehr eine Situation unterstellt, in der zwei Regierungen A und B jeweils ein Ziel Z mit einem Mittel M verfolgen (Ghosh/ Masson 1994, 56-67). Die Länder seien sich völlig gleich in Bezug auf Präferenzen und Verhandlungsmacht. In (I1a) wird die Zielfunktion des jeweiligen Landes wie üblich quadratisch spezifiziert, in (I2) wird eine lineare Ziel-Mittel-Beziehung hergestellt, die mit ε einen normalverteilten Schock-Term (wie *error*) enthält.

$$(I1a) \qquad \max_{M_i} U_i = -\frac{1}{2} E\left\{ Z_i^2 \right\} \qquad\qquad i = A, B$$

$$(I2) \qquad Z_i = \delta M_i + \tau M_j + \varepsilon \qquad\qquad i, j = A, B \text{ und } i \neq j$$

Unsicherheit kann sich einerseits auf den Schock-Term s beziehen oder auf eine stochastische Verteilung der Multiplikatoren δ und τ. Die mit ε gegebene Unsicherheit ist *additiv*: sie hat keinen Einfluß auf die Wohlfahrtsökonomie der Politikkooperation (wie leicht festzustellen ist, indem man die Nash-Lösung mit der Kooperationslösung vergleicht). Die mit der Stochastik von δ und τ gegebene Unsicherheit ist *multiplikativ*. Das Auftreten solch multiplikativer Unsicherheit läßt Koordination vorteilhaft werden, weil sie den Spillover zwischen den Ländern verändert. Die Bedingung erster Ordnung für einen optimalen Mitteleinsatz lautet:

$$(I3a) \qquad \frac{\partial U_i}{\partial M_i} = -E\left\{ \delta(\delta M_i + \tau M_j + \varepsilon) \right\} \overset{!}{=} 0$$

Unter Verwendung von $E\{\delta^2\} = \sigma_\delta^2 + \mu_\delta^2$ ergibt sich als Reaktionsfunktion bei *N*ash-Verhalten:

$$(I4a) \qquad M_i^N = -\frac{\mu_\delta \mu_\tau M_j^N + \mu_\delta \varepsilon}{\sigma_\delta^2 + \mu_\delta^2}$$

Ein Nash-Gleichgewicht ist bei Übereinstimmung von unterstelltem und vorhandenem Mitteleinsatz $M_i^N \overset{!}{=} M_j^N$ gegeben:

(I5a) $\quad M^N = -\dfrac{\mu_\delta \varepsilon}{\sigma_\delta{}^2 + \mu_\delta{}^2 + \mu_\delta \mu_\tau}$

Ein Pareto-verbessernder Bereich läßt sich einfach daraus ermitteln, daß die eine Wohlfahrtsfunktion nach dem Mitteleinsatz des anderen differenziert wird. Ist der resultierende Ausdruck negativ, hat die Nash-Lösung unter Unsicherheit eine übermäßig expansive Tendenz: eine Kontraktion von M_j würde eine Pareto-Verbesserung bedeuten. Und vice versa, wenn dieser Ausdruck positiv ist.

(I6a) $\quad \dfrac{\partial U_i}{\partial M_j^N} = -E\left\{\tau(\delta M_i^N + \tau M_j^N + \varepsilon)\right\}$

Die optimale Koordination des wirtschaftspolitischen Mitteleinsatzes läßt sich analog ermitteln:

(I1b) $\quad \max_{M_i} U^g = \dfrac{1}{2}(U_i + U_j) = -\dfrac{1}{2}\left[E\left\{Z_i{}^2\right\} + E\left\{Z_j{}^2\right\}\right]$ u.d.B. (C2)

(I3b) $\quad \dfrac{\partial U^g}{\partial M_i} = -\dfrac{1}{2}\left[E\left\{\delta M_i + \tau M_j + \varepsilon)(\delta + \tau)\right\} + E\left\{\delta M_j + \tau M_i + \varepsilon)(\delta + \tau)\right\}\right] \overset{!}{=} 0$

$\quad$ mit $\dfrac{\partial M_j}{\partial M_i} = 1$

(I4b) $\quad M_i^C = -M_j - \dfrac{2(\mu_\delta + \mu_\tau)}{\sigma_\delta{}^2 + \sigma_\tau{}^2 + (\mu_\delta + \mu_\tau)^2} \cdot \varepsilon$

(I5b) $\quad M^C = -\dfrac{(\mu_\delta + \mu_\tau) \cdot \varepsilon}{\sigma_\delta{}^2 + \sigma_\tau{}^2 + (\mu_\delta + \mu_\tau)^2}$

Die Pareto-Optimalität der Koordination ergibt sich einfach aus der Bedingung (I3b), die sich auch so schreiben läßt:

(I6b) $\quad \dfrac{\partial U^g}{\partial M_i} = \dfrac{1}{2}\dfrac{\partial U_i}{\partial M_i} + \dfrac{1}{2}\dfrac{\partial U_j}{\partial M_i} = 0$ und $\dfrac{\partial U^g}{\partial M_j} = \dfrac{1}{2}\dfrac{\partial U_i}{\partial M_j} + \dfrac{1}{2}\dfrac{\partial U_j}{\partial M_j} = 0$

$\quad \Leftrightarrow dU_i = \dfrac{\partial U_i}{\partial M_i} + \dfrac{\partial U_i}{\partial M_j} = -\dfrac{\partial U_j}{\partial M_i} - \dfrac{\partial U_j}{\partial M_j} = -dU_j$

Das bedeutet, daß in einem Koordinationsgleichgewicht die Wohlfahrtsverbesserung für eine Partei voll zu Lasten der zweiten geht.

Unsicherheit allein kann also eine Quelle der Vorteilhaftigkeit von Koordination sein. Dieses Ergebnis ist sehr robust.[38] Das ist ein zusätzliches Argument für monetäre Integration, da Unsicherheit in der Einschätzung von Wechselkursbewegungen die Spillovers nationaler Wirtschaftspolitik berührt. Das eklatanteste Beispiel dafür sind Kettenreaktionen bei Währungsattacken (Gerlach/ Smets 1995). Die **wechselkursbasierte Koordination der Wirtschaftspolitiken** als Antwort hierauf verlangte, sich ein gemeinsames Wechselkursziel $Z_i = Z_j = Z$ zu geben, auf das die Länder mit den ihnen verfügbaren Mitteln M_i bzw. M_j einwirkten. Diese Übereinstimmung in der Zielsetzung ist zwingend und stellt einen Unterschied zur gemeinsamen Optimierung zweier unterschiedlicher Zielsetzungen Z_i und Z_j dar (wie in der obigen Gleichung (I1b)). Trivialerweise kann der Wechselkurs aus Sicht des einen Landes nur der Kehrwert aus Sicht des anderen sein.

Der Befund, daß Unsicherheit die möglichen Vorteile der Koordination noch steigert, ist keineswegs selbstverständlich. Vielmehr gibt es zwei zentrale Ausnahmen von der Regel, derzufolge Koordination wohlfahrtsförderlich ist, und diese Ausnahmen sind im weitesten Sinne als Phänomene der Unsicherheit zu verstehen.

- Die erste Ausnahme ergibt sich daraus, daß kooperatives Handeln möglicherweise eine Verschiebung von Strukturparametern, einen Regimewechsel nach sich zieht (Rogoff 1985a). Es handelt sich dabei offenkundig um eine durch die Koordination selbst erzeugte Unsicherheit.

- Die zweite Ausnahme ergibt sich aus einer Spielsituation, in der die kooperierenden Regierungen nicht dasselbe Modell über die Funktionsweise der Ökonomie zugrundelegen (Frankel/Rockett 1988; Ghosh/Masson 1994, 139-168). Diese Art Unsicherheit besteht vor der Koordination offenkundig nur latent und wird mit ihr wirksam.

Das Argument von Rogoff (1985a) macht auf den wichtigen Umstand aufmerksam, daß es sich bei der Politikkoordination zwischen Regierungen in der Regel um ein zweistufiges Spiel handelt. Das Spiel „Vereinbarungen auf internationaler Ebene" verändert Daten für das Spiel der Wirtschaftspolitik auf nationaler Ebene (Hamada 1985, 17-21). Rogoff thematisiert den Fall, daß die Lohnverhandlungen auf die Politikkoordination zwischen den Zentralbanken reagieren. Seinem Beispiel zufolge könnte die rationale Erwartung einer expansiveren Geldpolitik (in

---

[38] Es gilt auch für andere, nicht-quadratische Nutzenfunktionen sowie theoretisch unterschiedlich begründete Ziel-Mittel-Beziehungen. Bei komplexerer Stochastik und Präferenzenmodellierung, d.h. wenn E(Z) weder normalverteilt noch U quadratisch spezifiziert ist, müßten sogar noch höhere Momente der statistischen Verteilung berücksichtigt werden. Entsprechend erhöhte sich die Zahl der Ziele gegenüber den wirtschaftspolitischen Mitteln.

beiden Ländern) entstehen. Denn bei abgestimmter Expansion muß keine der monetären Autoritäten mit einer Abwertung rechnen. Um Reallohnverluste zu vermeiden, setzen die Gewerkschaften deshalb auch höhere Nominallöhne durch. Die gleichgewichtige Inflationsrate steigt. Im Endergebnis kann der negative „Rogoff-Effekt" die positiven Wohlfahrtseffekte der Koordination zunichte machen (Frankel 1991, 225).

Mit dem oben eingeführten Begriff der „dynamischen Konsistenz der Geldpolitik" beschrieben: Gegeben, daß die monetären Autoritäten das Beschäftigungsziel höher gewichten als die Gewerkschaften,[39] ist zu erwarten, daß die nationale Zentralbank ihren Präferenzen durch abgestimmte Expansion Geltung zu verschaffen suchen wird. Die Beschäftigungssteigerung würde ihr gelingen, wenn die Gewerkschaften von der Beibehaltung des bisherigen geldpolitischen Kurses ausgingen. Diese antizipieren aber rationalerweise eine Änderung dieses Kurses und setzen entsprechende Nominallohnerhöhungen durch. Der Anstieg der gleichgewichtigen Inflation erfolgt, obwohl dies als gesamtwirtschaftliches Ergebnis von keiner der auf Betriebsebene verhandelnden Gewerkschaften gewünscht wird. Die höhere Inflation ist Folge davon, daß die bisherige Geldpolitik mit der Koordinationsvereinbarung dynamisch *in*konsistent, unglaubwürdig, geworden ist.

Die Zweistufigkeit des Koordinationsspiels macht deutlich, daß Koordination die Strukturparameter des Modells - in Rogoffs monetaristischem Ansatz die gleichgewichtige Inflationsrate - ändert. Weniger formal ausgedrückt: das nationale Politikregime reagiert auf die international abgestimmte Stabilisierungspolitik. Obwohl diese Einsicht wichtig und folgenreich für monetäre Integration ist, scheint mir das in der Literatur hochgeschätzte Modell von Rogoff (1985a) zwei starken Einwänden ausgesetzt:[40]

1. Es ist in der keineswegs beliebig zu ändernden monetaristischen Anlage des Modells nicht klar, wieso der Anstieg der Inflationsrate überhaupt einen Wohlfahrtsverlust beinhaltet. Ad hoc veranschlagte Kosten für die Änderung von Preisschildern und Verträgen, sogenannte Menükosten, weisen eher auf den Erklärungsnotstand als auf eine markttheoretische Begründung hin. Die

---

[39] Rogoff (1985a) liefert keine Begründung für diese durchaus Erläuterung heischende Unterstellung, die zentral für das Modell ist. Sie stellt eine starke Insider-Annahme dar, derzufolge die gewerkschaftlich organisierten Beschäftigten nur noch Reallohnziele zu Lasten der unbeschäftigten Outsider verfolgen.

[40] Carraro/ Giavazzi (1992, 250-256) zeigen in einem an Rogoff (1985a) angelehnten Modell, daß Kooperation bei Auftreten exogener Schocks immer Pareto-überlegen ist. Sie kritisieren an seinem Modell, daß hier das Politikregime - Kooperation - als gegeben unterstellt wird, obwohl sich mit dem Auftreten von Schocks sowohl die Anreize zur Kooperation für die Spieler als auch die Wohlfahrtswirkungen verändern.

Anreize zu einer expansiveren Geldpolitik werden von den Lohnsetzern antizipiert, also in Verträgen und Preisforderungen berücksichtigt, insofern sollte die höhere Geldmenge neutral sein. Nicht beliebig zu ändern ist diese Spezifikation, weil das Marktergebnis „Inflation" eindeutig - und daher rational erwartbar - dem abgestimmten Instrumenteneinsatz zurechenbar sein muß. Nur der monetaristische Ansatz bietet mit der Geldmenge einen so eindeutigen, nämlich quantitätstheoretischen Kausalmechanismus. Aber aufgrund seines Neutralitätspostulats hat er dann Schwierigkeiten, die wohlfahrtsökonomischen Nachteile eines Anstiegs absoluter Preise zu zeigen.

2. Zudem liefert Rogoff (1985a) mit seinem Ergebnis nicht unbedingt Argumente gegen die Politikkoordination. Es ließe sich ebenso gut argumentieren, daß das nationale Politikregime gezielt reformiert werden sollte. Bei ihm sind es die Institutionen der Lohnfindung, genauer gesagt: Betriebsgewerkschaften, die durch ihr Insider-Verhalten die Inflationsrate in die Höhe treiben. Auch das Zeitkonsistenzproblem könnte dadurch trotz Politikkoordination gelöst werden. Zeitkonsistenzprobleme entstehen immer durch eine Art „Politikdistortion", d.h. die wirtschaftspolitischen Autoritäten haben von den privatwirtschaftlichen Präferenzen abweichende Politikziele. Während es bei ihm erscheint, als hätten die Regierungen/ Zentralbanken zu ehrgeizige Beschäftigungsziele, ließe sich ebensowohl argumentieren, daß das durch Betriebsgewerkschaften institutionalisierte Insider-Verhalten zu wenig Rücksicht auf Beschäftigungsziele nimmt.

Frankel/Rockett (1988) und Ghosh/Masson (1994) stellen eine andere Form der Unsicherheit in den Mittelpunkt ihrer Analysen, nämlich die Ungewißheit über das „wahre" Modell, nach dem die Volkswirtschaften funktionieren, und die Ungewißheit über das von der Partnerregierung zugrundegelegte Modell. Das Unwissen oder die Uneinigkeit über das „wahre" Modell erkläre, so Frankel/Rockett (1988, 319), warum in Kommuniqués von Gipfeltreffen regelmäßig - und theoretisch zurecht - der Nutzen und die Notwendigkeit der Koordination beschworen werde, aber selten Einigung über das Pareto-verbessernde Paket an koordiniertem Vorgehen zu erzielen sei. Eine mögliche Erklärung dafür wäre, daß die Modellunsicherheit es den Regierungen schwer mache zu erkennen, welche abgestimmten Maßnahmen in ihrem Interesse liegen.

Diese Art der Unsicherheit reduziert die Wohlfahrtsgewinne der Koordination unter Umständen erheblich.[41] Rationalität in der Wirtschaftspolitik bedeutete

---

[41] So finden Frankel/ Rockett (1988) in einem Zwei-Länder-Modell, in dem zehn ökonometrische Weltmodelle den Glauben der jeweiligen Regierungen sowie die „wirkliche Welt" repräsentieren und der simulierten Koordination zugrundegelegt werden, daß Koordination dann nur in der Hälfte der Fälle wohlfahrtsverbessernd ist. Das bestätigen ähnliche Untersuchungen von Ghosh/ Masson (1994, Kap.6), die außerdem die Verbesserungsmöglichkeiten durch Lernbereitschaft untersuchen. Einen summari-

daher, daß Regierungen solche Unsicherheit in ihre Koordinationsverhandlungen einbeziehen. Beispielsweise müssen konservativ und sozialdemokratisch geführte Regierungen antizipieren, daß sie sich nicht einig in bezug auf ihre Vorstellungen über die Funktionsweise von Volkswirtschaften sind. Dennoch ist Koordination zu beiderseitigem Vorteil auch dann nicht ausgeschlossen (Frankel/Rockett 1988, 336ff.). So läßt sich das Spiel mit verschiedenen Weltmodellen simulieren, wenn die jeweilige Regierung selbst oder bezüglich der anderen unsicher ist, welches Modell sie unterstellen soll. Diese Unsicherheit wird in der Simulationsstudie so übersetzt, daß eine Regierung nur mit gewichteten Wahrscheinlichkeiten an das eigene Modell glaubt oder zumindest das Modell der anderen mit solchen Wahrscheinlichkeiten versieht. Formal bedeutet Modellunsicherheit bei Frankel/Rockett (1988) also, daß „Durchschnitte" der zehn verschiedenen Modelle unterstellt werden.[42]

Das beste Koordinationsergebnis ergibt sich, wenn jede Regierung an ihr eigenes Modell glaubt, also ein bestimmtes und kein „wahrscheinliches" Modell unterstellt, zugleich aber kompromißbereit ist und der gemeinsamen Zielfunktion einen Durchschnitt der beiden Modelle zugrundelegt. Eine gemeinsame Entscheidungsgrundlage herzustellen ist offenkundig wichtiger, als die Annäherung an ein korrektes Modell zu suchen. Das Ergebnis verdankt sich der zweitbesten Situation, weniger Instrumente als Ziele zu haben. Die Bereitschaft zur Durchschnittsbildung wirkt nur abschwächend auf die Mittel, aber die gemeinsame Zielfunktion reduziert effektiv die Zahl der (unabhängigen) Ziele.

Worin liegt der Beitrag dieser Literatur zur internationalen Politikkoordination, wo liegen aber auch ihre Schwächen? Sie ist eine Möglichkeit, in der Theorie monetärer Integration auch Formen der Integration unter Beibehaltung des Wechselkurses zu thematisieren. Hier wird der Wechselkurs als Vermögenspreis zum Problem und zwar in Gestalt der statistisch faßbaren **Transmissionsunsicherheit**. Die Unsicherheit selbst läßt sich damit begründen, daß die Übertragung durch einen Vermögenspreis erfolgt, der keineswegs eindeutig auf primär güter- und arbeitsmarktbezogene Veränderungen reagiert. Und selbst wenn die Folgen realwirtschaftlicher Entwicklungen oder wirtschaftspolitischer Maßnahmen vergleichsweise gut vorhersehbar sind, etwa weil der Mitteleinsatz mit einer höheren Staatsverschuldung einhergeht und damit eine Abwertungstendenz aus Sicht des wirtschaftspolitisch aktiven Landes befördert, so kann die in der Tendenz ein-

---

schen Überblick zu empirischen Untersuchungen der Politikkoordination bei Modellunsicherheit gibt McKibbin (1997, 166f.).

[42] Konkret bedeutet dies z.B., die zu erwartende Geldmengenausdehnung in den zehn unterschiedlichen Modellen mit jeweils 1/10 zu gewichten und unter diesen Bedingungen die Wohlfahrt durch Wahl der eigenen (bestimmten oder durchschnittlichen) Geldmengenausdehnung zu maximieren.

deutige Veränderung doch einen exzessiv volatilen Verlauf nehmen (vgl. Abschnitt 31.2).

Die von der neueren Theorie monetärer Integration präferierte Alternative lautet jedoch, monetäre Integration und Wechselkursintegration vor allem unter dem Aspekt der Glaubwürdigkeit einer stabilitätsorientierten Makropolitik zu diskutieren (Tavlas 1994). De Grauwe (1997, 54-64) diskutiert immerhin die Wohlfahrtsgewinne aus der Eliminierung von Wechselkursunsicherheit. Vernachlässigt wird jedoch die Revolutionierung der Theorie dadurch, daß ein Wechselkurs (von rationalen Regierungen) nicht länger als ein gezielt manipulierbares Instrument der Beschäftigungspolitik eingesetzt werden kann (M_i). Vielmehr wird er zu einem eigenständigen Anlaß für Versuche der monetären Integration, genauer: der wechselkursbasierten Politikkoordination unter Unsicherheit. Es liegt also nahe, den Regimewechsel, den monetäre Integration bedeutet, als die Vereinbarung eines Wechselkurszieles Z zu erfassen.

Es ist abschließend zu konzedieren, daß die Literatur zur ökonomischen Theorie der Politikkordination gleich dem Ziel-Mittel-Ansatz starken Einwänden ausgesetzt ist. So ist ihre teleologische Ausrichtung problematisch, welche die Theorie der Wirtschaftspolitik zur Erfüllungsgehilfin politisch vorgegebener Ziele macht. Stünden auch die Ziele zur Disposition, so könnte die ökonomisch-theoretische Diskussion leicht zeigen, daß eine zweitbeste Situation erst garnicht entstehen muß, wenn die Zahl der Ziele in Einklang mit den effektiven Mitteln gebracht werden oder wenn markttheoretisch ohnehin problematische Ziele - wie die Förderung von Überbeschäftigung durch Inflation - aufgegeben werden.

Zwischenergebnis

Dieser Abschnitt ist ein Plädoyer dafür, in der Theorie monetärer Integration den Ansatz der wechselkursbasierten Politikkoordination unter Unsicherheit anzuwenden. Dadurch ließe sich die Neuerung berücksichtigen, die moderne Wechselkurskonzeptionen für diese Analyse mit sich gebracht haben. Zugleich müßten deutliche Spuren von Ziel-Mittel-Denken in dieser Literatur zur Politikkoordination aufgearbeitet werden. So wäre der Regime verändernde Charakter der Koordination zu berücksichtigen, also eine langfristige Perspektive einzunehmen. Die Zielbestimmung selbst müßte als Gegenstand der Koordination begriffen werden. Schließlich wäre aus der Perspektive dieser Arbeit, analytisch gesprochen, die Optimierung von *gemeinsamen* Wohlfahrtsfunktionen eher als Ausnahme zu thematisieren. Unterschiedliche Vermögensqualitäten von Währungen beinhalten in der Regel, daß die sie emittierenden monetären Autoritäten unterschiedliche Präferenzen bezüglich der koordinierten Wechselkursstabilisierung haben.

3.2.2 Formen der währungsbezogenen Politikkoordination

Generell werden Formen der Politikkoordination, die sich an Wechselkurszielen orientieren, als Surrogate für umfassendere Politikkoordination gedeutet (Hughes Hallett/Holtham/Hutson 1989). Die Notwendigkeit eines solchen Surrogates wird damit begründet, daß souveräne, demokratisch legitimierte Regierungen selten das Potential für jene Wohlfahrtssteigerung ausschöpfen, das die Politikkoordination theoretisch bietet. Die Gründe dafür - Unsicherheit oder Verhaltensrisiken wie Trittbrettfahrertum und Moralischer Hasard - sind naheliegend und wohlerforscht. Ein großer Zweig der neueren Untersuchungen hat sich daher auf die Suche nach einfachen Regeln verlegt, deren Befolgung durch die kooperierenden Länder eine umfassende und komplexe Abstimmung ersetzen könnte (Levine/Currie/Gaines 1989, 282). Gegebenenfalls machten einfache Regeln die Koordination auch robust gegenüber dem Problem der Modellunsicherheit, weil sie sowohl in der einen wie in der anderen Welt eine theoretisch richtige Orientierung lieferten.

Die „kooperationsökonomische" Begründung scheint jedoch vor dem Hintergrund der Entwicklungen in der Wechselkurstheorie zu kurz gegriffen. Sie kann nicht zureichend erklären, warum empirisch wie konzeptionell Regeln *dominieren*, die die Abstimmung durch Einhaltung bestimmter Wechselkurse zu erreichen suchen (Hallwood/MacDonald 1994, 112; Bryant 1995, 52-55). Sie dominieren, obwohl es andere transparente Indikatoren wie Zinssätze gibt und obwohl die „kooperative Effizienz" von Regeln, die Wechselkursziele vorgeben, durchaus zweifelhaft ist.[43] Der Schlüssel liegt in der Einsicht, daß der Wechselkurs ein Vermögenspreis ist. Als solcher bewertet er alle in einer bestimmten Währung denominierten Finanzaktiva und legt entscheidende Bedingungen der nationalen Einkommensbildung fest. Gegenüber dieser makroökonomischen Bedeutsamkeit erscheinen Gesichtspunkte wie Praktikabilität eher nebensächlich.

Im wesentlichen werden drei Typen der Koordination diskutiert, die die abgestimmte, also nicht nur einseitige Befolgung einfacher Regeln vorsehen und so zur Stabilisierung von Wechselkursen beitragen sollen:

1. Zielzonen-Vorschlag: Bei diesem Typ soll die Koordination über die Vorgabe einer Bandbreite für Wechselkursschwankungen erreicht werden. Eine vieldiskutierte Version dieses Vorschlags haben Williamson/ Miller (1987) vorgelegt, in dem sowohl die Koordination der Geld- als auch der Fiskalpolitik erforderlich ist.

---

[43] So kommen Hughes Hallett/Holtham/Hutson (1989, 242) zu dem einleuchtenden Schluß, daß die operationale Einfachheit von wechselkursbezogener Koordination trügerisch ist. Es sei höchst schwierig und nur strikt modellspezifisch möglich, einen wünschbaren Wechselkurspfad zu bestimmen.

2. Simulation des Goldautomatismus: Dieser Typ von Koordination sieht die gemeinsame Geldmengenpolitik einer Kerngruppe von Ländern vor, was die übrigen „Satellitenwährungen" dazu veranlassen soll, sich an dem damit gegebenen Währungsstandard zu orientieren. Der prominente Vertreter dieses Typs ist McKinnon (1984, 1988, 1996).

3. Parallelwährungskonzept: Die Regel besteht hier in der Einführung einer supranationalen Währung, um dadurch Währungswettbewerb zu schaffen, der marktkonform entweder die nationalen Währungen verdrängen oder zur Einhaltung eines Wechselkursziels gegenüber der Parallelwährung nötigen soll. Für unterschiedliche Varianten dieses Konzeptes treten Vaubel (1978b, 1990) und Mundell (1995, 1996) ein.

Diese prominenten und zugleich grundlegenden Regeln werden in den Abschnitten 3.2.2.1-3 diskutiert. Sie können als Beiträge zur monetären Integration einzelner Währungsräume unter Beibehaltung des Wechselkurses gelesen werden. Entstanden sind diese Regeln freilich als Vorschläge zur Reform des Weltwährungssystems, des „Nonsystems" nach Bretton Woods.[44] Es liegt ihnen die Vision einer Welt zugrunde, in der sich (Schlüsselwährungs-)Länder auf die symmetrische Verteidigung fester Wechselkurse einigen. Doch die neuere Forschung stößt empirisch immer wieder darauf, daß Festkursvereinbarungen asymmetrisch funktionieren. So wird insbesondere im Zusammenhang mit der europäischen monetären Integration gefragt, ob das Europäische Währungssystem ein „DM-Block" ist. Aber auch die Revisionen, die die neuere Forschung an der historischen Interpretation des Goldstandards als eines Goldautomatismus' vornimmt, führt auf diese asymmetrische Funktionsweise. Wie diese Asymmetrien der Währungskooperation in der neueren Forschung thematisiert werden, ist Gegenstand des Abschnitts 3.2.2.4.

Diese grundlegenden Möglichkeiten werden unter den folgenden Leitfragestellungen untersucht:

Erstens, inwiefern tragen sie den besonderen **Bedingungen eines multipolaren Währungssystems** Rechnung? Die Multipolarität beruht darauf, daß mehrere Währungen temporär zum international bevorzugten Medium der Transaktionsabwicklung und der Vermögenssicherung („sicherer Hafen") werden können. Dadurch erhalten sie die Funktion eines Ankers für andere Währungsräume, die ihre Wechselkurse dieser Ankerwährung gegenüber zu stabilisieren versuchen. In einem solchen System gibt es definitionsgemäß keine globale Ankerwährung, sondern nur solche mit regionaler Leitwährungsfunktion. Die potentielle Instabi-

---

[44] Eichengreen (1994) ist einer der wenigen, der zumindest den Vorschlag von Williamson/Miller (1987) als Beitrag zur Politik der monetären Integration diskutiert. In dem Standardwerk von De Grauwe (1997) werden diese Reformvorschläge dagegen nicht behandelt.

lität eines multipolaren Währungssystems rührt daher, daß die Leitwährungen des jeweiligen Blocks sich gezwungen sehen, untereinander ein Wechselkursziel zu verfolgen.[45] Das läßt regelmäßig Spannungen innerhalb der Blöcke entstehen, weil das Wechselkursziel der regionalen Leitwährung gegenüber einer anderen Schlüsselwährung durchaus nicht den Zahlungsbilanzverhältnissen der jeweils zugehörigen „Satelliten" entsprechen muß. Das erzwingt unter Umständen ein *Realignment*, eine Neuordnung des Wechselkursgefüges innerhalb des Blocks. Somit beeinträchtigen die Wechselkursbewegungen zwischen regionalen Leitwährungen deren Ankerfunktion. Zu fragen ist also, wie die Vorschläge auf dieses Problem eingehen.

Zweitens, wie begründen sie **das Wechselkursziel**? In der Literatur finden sich im wesentlichen drei Begründungen, mit denen zugunsten des „Wechselkurs-Targeting", also der regelgebundenen Stabilisierung des Wechselkurses als eines obersten oder als eines intermediären Ziels, argumentiert wird (Hughes Hallett 1993, 192):

- Nach dem *Vermögensmarktargument* ist die externe Geldwertstabilität ein Selbstzweck und die gemeinsame Verteidigung von Wechselkurszielen der direkte Weg, diese zu sichern.

- Nach dem *Disziplinierungsargument* stellt die Vorgabe einer Wechselkurs-Regel eine Art Selbstbindung dar, die transparenter ist als andere Regeln und bei Verletzung von den Devisenmärkten leichter sanktioniert werden kann.

- Nach dem *Kooperationsargument* ist die Festlegung eines Wechselkursziels das sicherste Mittel, eine Politik des *Beggar-thy-neighbour*, in der Form sowohl kompetitiver Abwertungs- wie Aufwertungswettläufe, zu vermeiden.

Die Entwicklungen in der Wechselkurstheorie haben tendenziell das Vermögensmarktargument aufgewertet, und so wird zu fragen sein, ob dies Spuren in den betrachteten Vorschlägen hinterlassen hat.

Schließlich: Mit welchen **Mitteln** soll das Wechselkursziel erreicht werden? Vorderhand berührt das nur die technischen Einzelheiten der wirtschaftspolitischen Ausführung. Doch die Beziehung zwischen Zielen und Mitteln läßt sich nur über die explizit oder implizit zugrundegelegte ökonomische Theorie herstellen. Insofern ist die Beantwortung dieser Frage grundlegend für die beiden anderen.

---

[45] Die währungsbezogene Politikkoordination wurde verstärkt in jenem Zeitraum diskutiert, in dem die USA begannen, ein Wechselkursziel insbesondere gegenüber DM und Yen zu verfolgen. Miller/Williamson (1988, 1031) datieren das „Ende des globalen Floatens" auf das Jahr 1985. Vgl. zu dieser Destabilisierungsquelle eingehender Abschnitt 5.2.2.

Diesen Leitfragen wird in umgekehrter Reihenfolge nachgegangen: der Darstellung der operativen Details folgt die Begründung des Wechselkurszieles, um schließlich auf die Kardinalfrage nach der Ankerproblematik in einem multipolaren Währungssystem zu kommen. Den Abschluß bildet eine kritische Einschätzung des jeweiligen Vorschlags.

3.2.2.1 Stabilisierung von Zielzonen für reale Wechselkurse

Die bekannten Formen der währungsbezogenen Politikkoordination beruhen letztlich auf der Abmachung, Wechselkursbandbreiten zu verteidigen. Diese Abmachungen können mehr oder weniger institutionalisiert sein. So kennt das Europäische Währungssystem ein genau festgelegtes Reglement für Interventionen zugunsten stabiler bilateraler Paritäten gegenüber dem Währungskorb ECU, die ursprünglich um 2,5% (ausnahmsweise 6%) nach oben oder unten schwanken durften. Durch die Wahrung der bilateralen Paritäten gegenüber dem ECU werden Zielzonen zwischen den Währungen der Mitgliedsländer errichtet. Einfacher, jedoch weniger transparent waren die Vorgaben bezüglich der Zielzonen, die im Rahmen der G5- bzw. G7-Treffen vereinbart wurden. So hielt der Louvre-Akkord von 1987 die Regierungen der G7-Länder dazu an, ihre aktuellen Wechselkurse in einem Korridor von ±2,5% zu halten und ab Schwankungen von ±5% obligatorisch zu intervenieren. Allerdings wurden diese Bandbreiten weder veröffentlicht noch die Bedingungen für das obligatorische Eingreifen genau fixiert.

Der ambitionierteste Vorschlag zur koordinierten Wechselkursstabilisierung durch ein System von Zielzonen ist im Kontext der G7-Treffen zu sehen. Der sog. *Blueprint* wurde von Williamson/Miller (1987) vorgelegt, um die auf Gipfeltreffen ad hoc und unter Ausschluß der Öffentlichkeit vereinbarte Koordination durch eine explizite Regelbindung zu ersetzen. Zwar brach der Louvre-Akkord bereits einen Monat nach der Veröffentlichung dieses Vorschlags zusammen,[46] doch tat das der wissenschaftlichen Aufmerksamkeit keinen Abbruch. Denn in ihm bündelten sich die neueren Theorieentwicklungen zur Modellierung von Währungsattacken und - als deren Spiegelbild - von Zielzonen (vgl. Fenster 3.10).[47] Während in Währungsattacken das destabilisierende Potential der ratio-

---

[46] Schon im Oktober 1987 wurde diese Abmachung zu Fall gebracht, als die USA im Anschluß an den größten Kurssturz der Nachkriegsgeschichte eine starke Abwertung des US-$ zuließ (Eichengreen 1994, 55f.). Die deutsche Bundesbank hatte kurz vor diesem „schwarzen Montag" ihre Zinsen erhöht, weil sie der Meinung war, daß die US-Regierung nicht genug unternehme, um ihr Leistungsbilanzdefizit zu bekämpfen, sondern sich auf eine gleichschrittig expansive Politik der übrigen Länder verlasse. Nicht zuletzt die Unstimmigkeiten über die mit dem Louvre-Akkord eingegangenen Verpflichtungen scheinen somit den Börseneinbruch befördert zu haben.

[47] Einen guten Überblick, sowohl für den Einstieg wie für fortgeschrittene Fragestellungen, geben die Beiträge in Krugman/Miller (1992). Wegen seiner Verbindung mit der

nalen Erwartungsbildung zum Tragen kommt, sollen Zielzonen die Weichen dafür stellen, die rationale Erwartungsbildung in stabilisierende Bahnen zu lenken.

Eine zentrale Aussage der Literatur über Zielzonen, die Williamson/Miller (1987) mit angestoßen haben, wird im sogenannten *Honeymoon-Effekt* zusammengefaßt. Er besagt, daß eine glaubwürdig angekündigte und rational erwartete Verteidigung von Bandbreiten schon ausreichen kann, Wechselkursbewegungen eine Tendenz zur zentralen Parität der Zielzone zu geben. D.h., der Rahmen der Zielzone (der Flitterwochen) macht die Beziehung harmonischer. Wechselkursbewegungen reagieren weniger stark auf Irritationen durch fundamentale Bestimmungfaktoren, sondern lassen sich von der Existenz der Zielzone beeindrukken.

Aus den beiden Momenten, rationale Erwartungen und Glaubwürdigkeit der Zielzone, läßt sich noch eine zweite wichtige Aussage gewinnen. Eine Wechselkursbewegung stößt dann nicht abrupt an die obere oder untere Grenze, sondern nähert sich ihr asymptotisch. Dieses „sich Anschmiegen" (Smooth Pasting) einer Wechselkursbewegung bedeutet u.a., daß sie durch marginale Interventionen an der Grenze zu stabilisieren ist. Die entsprechende Tangential-oder *Smooth-Pasting-Bedingung* ist das zentrale analytische Instrument, um zu zeigen, wie die Erwartungsbildung in den Dienst der Wechselkursstabilisierung gestellt werden kann, sofern die geeignete Vorkehrung in Form einer Zielzone getroffen wurde. Wenn sie erfüllt ist, bietet der tatsächliche Wechselkursverlauf keine Arbitragemöglichkeiten mehr.

Fenster 3.10: Das Grundmodell der Wechselkursstabilisierung durch Vorgabe einer Zielzone[48]

Das Grundmodell besteht aus einer Bestimmungsgleichung für den (logarithmierten) Vermögenspreis Wechselkurs (J1). Er hängt von rationalen Erwartungen über seine Veränderung und von den fundamentalen Bestimmungsfaktoren ab, die stochastischen Störungen ausgesetzt sind. Die zweite Gleichung gibt die Quellen für eine Wechselkursänderung an, d.h. sie spezifiziert den stochastischen Prozeß und die Interventionen zugunsten der Einhaltung der Zielzone (J2).

---

neueren Theorieentwicklung wird auf den Zielzonen-Vorschlag ausführlicher als auf die beiden nachfolgenden von McKinnon bzw. Vaubel und Mundell eingegangen.

[48] Krugman hat 1987, also im Jahr der Veröffentlichung des Blueprints von Williamson/Miller, erstmals eine Fassung des Grundmodells vorgelegt, aber erst mit Krugman (1991) veröffentlicht. Taylor (1995, 63-71) gibt einen prägnanten Überblick zu Erweiterungen des Grundmodells und seiner empirischen Überprüfung. In die analytischen Grundlagen führt Bertola (1994) ein. Die folgende Darstellung hält sich an Bertola (1994) und Flood/ Garber (1992).

Durch Anwendung von Itô's Lemma auf die Wechselkurserwartungen (J3) erhält man eine Differentialgleichung zweiter Ordnung. Daraus wird der Wechselkurs als Ergebnis der exogenen Variablen ermittelt (J4) und mit der Lösung für den frei floatenden Schattenwechselkurs verglichen.

$$(J1) \qquad s(t) = f(t) + \gamma \frac{E_t[ds(t)]}{dt} \quad , \gamma > 0$$

wobei s für den Wechselkurs steht, f(t) für die theorieabhängig zu bestimmenden *fundamentals*, γ für die Semielastizität der Geldnachfrage und E_t für den *E*rwartungsoperator (t für die Verarbeitung von Informationen der laufenden Periode). s und f sind natürliche Logarithmen der zugehörigen Niveauvariablen.

f(t) wird in aller Regel gemäß dem monetaristischen Ansatz modelliert, weil dieser die notwendigen analytischen Vereinfachungen erlaubt (Krugman 1992, 13f.). Für die Aussagen des Grundmodells ist jedoch nur wichtig, daß f(t) einerseits einem stochastischen Prozeß mit bestimmten Eigenschaften unterliegt und andererseits von wirtschaftspolitischen Maßnahmen so gesteuert werden kann, daß der Wechselkurs eindeutig darauf reagiert.

$$(J2) \qquad df(t) = [\eta dt + \sigma dz] + [dU(t) - dO(t)]$$

Der erste Ausdruck in eckigen Klammern beschreibt den exogenen stochastischen Prozeß, dem eine Komponente der *fundamentals* unterliegt, typischerweise die Geldnachfrage. Der zweite Ausdruck beschreibt die wirtschaftspolitische Intervention, die die fundamentalen Bestimmungsfaktoren innerhalb der Bandbreite halten soll, die dann ihrerseits den Wechselkurs in der Zielzone halten.

$[\eta dt + \sigma dz]$ formuliert den einfachsten stochastischen Prozeß, einen Random Walk (mit Trend ηdt). dz steht für die Änderung der Zufallsvariable z und definiert den Random Walk als einen standardisierten Wiener Prozeß, weil ε in dz = $\varepsilon \sqrt{dt}$ eine N(0,1)-verteilte Zufallsvariable ist. Bei einem solchen Prozeß sind in der letzten Realisation der Zufallsvariable alle kursrelevanten Informationen enthalten (Markov-Eigenschaft). s läßt sich dann unmittelbar als alleinige Funktion von f schreiben, bzw. die oberen und unteren Wechselkursbänder als Funktionen der zulässigen Unter- bzw. Obergrenzen von f: $s(\underline{f}) = \underline{s}$ bzw. $s(\overline{f}) = \overline{s}$.

U(t) bzw. O(t) stehen für wirtschaftspolitische Interventionen (Regulatoren) am *u*nteren bzw. *o*beren Ende des Wechselkursbandes. Also z.B. U(t) für eine Geldmengenausdehnung, wenn eine zu starke Aufwertung droht, O(t) für eine Geldmengenverknappung, wenn übermäßige Abwertung droht. Diese nicht-negativen Regulatorprozesse steigen nur an, wenn sich der Wechselkurs seinem unteren bzw. oberen Ende nähert (Bertola 1994, 276f.).

Mithilfe von *Itô's Lemma*, einem Satz über das totale Differential einer stochastischen Funktion, läßt sich die rational erwartete Wechselkursänderung ermitteln.[49]

$$(J3a) \qquad ds = dg(f) = g'(f)df + \frac{1}{2}g''(f)(df)^2 + g'(f)\sigma dz$$

$$(J3b) \qquad \frac{E[ds]}{dt} = g'(f) \cdot \eta + \frac{1}{2}g''(f) \cdot \sigma^2$$

Die allgemeine Lösung für (J1) lautet:

$$(J4) \qquad s = g(f) = f + \gamma\eta + A\,e^{\lambda_1 f} + B\,e^{\lambda_2 f}$$

mit den beiden Wurzeln der charakteristischen Gleichung λ_i

$$\lambda_{1,2} = \frac{-\gamma\eta \pm \sqrt{\gamma^2\eta^2 + 2\gamma\sigma^2}}{\gamma\sigma^2} = \frac{-\eta \pm \sqrt{\eta^2 + \frac{2\sigma^2}{\gamma}}}{\sigma^2} \quad, \lambda_1 > 0, \lambda_2 < 0$$

In (J4) bezeichnen die ersten beiden Terme auf der rechten Seite die Bestimmungsfaktoren eines frei floatenden Wechselkurses, nämlich die fundamentalen Bestimmungsfaktoren einschließlich ihres Trends $\gamma\eta$, der sich aus dem stochastischen Prozeß und der Reaktion des Wechselkurses auf Änderungserwartungen ergibt.

---

[49] Die erste Formel läßt sich aus der Differenz $\Delta g = g(f+\Delta f) - g(f)$ ermitteln, indem man eine Taylorentwicklung bis zur zweiten Ableitung vornimmt und Δf sehr klein werden läßt. Die zweite Ableitung g'' berücksichtigt die Volatilität oder Unsicherheit der erwarteten Veränderung. Durch den Erwartungsoperator in (J3b) wird der dz-Term eliminiert, da ε in dz einen Erwartungswert von 0 hat. Eingesetzt in (J1) ergibt sich eine Differentialgleichung zweiter Ordnung mit dem variablen Term f(t) auf der rechten Seite (Chiang 1984, Kap.15, insbes. 541-543). Vgl. auch Fenster 4.1.

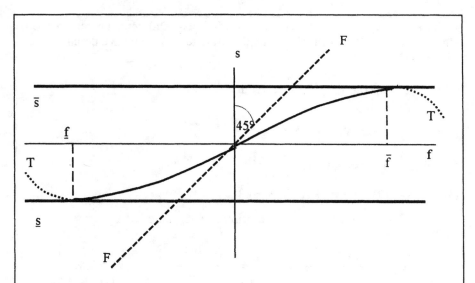

Bei einem *frei floatenden* Kurs würden die Veränderungen der *fundamentals* 1:1 in Wechselkursbewegungen übersetzt, wie dies die 45°-Linie FF beschreibt. Der tatsächliche Wechselkurs TT nach (J4) entfernt sich von diesem FF-Pfad bei der Annäherung an die Grenzen der Zielzone.

Die Terme mit den unbestimmten Integrationskonstanten A und B in (J4) werden ermittelt, indem man die *Smooth-Pasting-Bedingung* auferlegt: am oberen Wechselkursband $\bar{s}$ muß gelten, daß $g'(\bar{f}) = 0$; entsprechend gilt für das untere Wechselkursband $\underline{s}$, daß dort $g'(\underline{f}) = 0$ erfüllt sein muß. Nur ein solch asymptotischer Verlauf an den Grenzen der Zielzone erfüllt die Gleichung (J1), gegeben die Annahme eines kontinuierlichen Verlaufes von f(t) und gegeben rationale Erwartungen von Interventionen zugunsten der Einhaltung der Zielzone. Ein nicht-asymptotischer Verlauf würde darauf hindeuten, daß die Anleger eine rapide Wechselkursänderung erwarten und durch ihre Dispositionen hervorrufen. Mit dem Erreichen der Grenze würde der Wechselkursverlauf jedoch abrupt eine andere Wendung nehmen, was den Anlegern durchschnittlich Verluste zufügen müßte. Wer rechtzeitig auf die - qua Annahme glaubwürdige - Einhaltung der Zielzone setzte, hätte umgekehrt Gewinne gemacht. *Smooth Pasting* folgt also aus der Nicht-Arbitragebedingung eines gleichgewichtigen Wechselkursverlaufs.

Ein Vergleich des Verlaufs von FF und des Wechselkurses TT nach (J4) zeigt den *Honeymoon-Effekt*, wonach der Wechselkurspfad in einer Zielzone überall weniger stark auf eine Veränderung der fundamentalen Bestimmungsfaktoren reagiert als ohne die Zielzone. Der Pfad ist über den gesamten Bereich weniger steil als ein frei floatender Wechselkurs, weil die Vorgabe der Zielzone bei jeder Bewegung oberhalb und unterhalb der zentralen Parität (hier der Einfachheit halber durch die Abszisse markiert) die rationale Erwartung eines stabilisierenden Eingreifens an der Grenze erzeugt.

Nach dieser grundlegenden Darstellung nun zu dem spezifischen **Zielzonen-Vorschlag** von Williamson/Miller (1987) bzw. Edison/Miller/Williamson (1987): Er sieht im Unterschied zum Grundmodell vor, den realen Wechselkurs zwischen den beteiligten Ländern zu stabilisieren. Das Grundmodell stellt auf den nominellen Wechselkurs ab und geht zugleich von vollkommen flexiblen Güterpreisen aus, nominelle und reale Stabilisierung können also nicht auseinanderfallen. Hier wird jedoch träge Preisanpassung unterstellt. In einem expliziten Modell ist die Inflationsrate eine Funktion von Nachfragesog und vergangener Preisniveausteigerung.[50] Solange jedoch die ungedeckte Zinsparität und permanentes Geldmarktgleichgewicht unterstellt werden, macht es qualitativ keinen Unterschied, ob nominelle oder reale Zielzonen verteidigt werden (Bertola 1994, 288; Miller/Weller 1991, 204-208). Insbesondere die Smooth-Pasting-Bedingung behält ihren zentralen Stellenwert.

Der effektive reale Wechselkurs[51] soll nicht mehr als ±10% um einen international vereinbarten „fundamentalen Gleichgewichtswechselkurs" schwanken. Diese zentrale Parität entspricht einem hypothetischen Wert des realen Wechselkurses, bei dem auf mittlere Frist das interne Gleichgewicht und das externe Gleichgewicht gewährleistet wären. Unter interner Stabilität wird dabei die „natürliche" Beschäftigungshöhe verstanden, also Vollbeschäftigung unter Berücksichtigung nicht vollkommen funktionierender Arbeitsmärkte (Existenz von Such- und Mobilitätskosten, Informationsproblemen etc.). Unter externer Stabilität ist ein durch das „normale" Maß an Kapitalbewegungen finanzierbares Leistungsbilanzsaldo zu verstehen (Williamson/Miller 1987, 10f.). Notfalls sei diese reale Zielzone durch eine Anpassung der nominellen Wechselkursbandbreite, also ein *Realignment*, einzuhalten.

Das Wechselkursziel spielt in diesem Vorschlag offenkundig nicht die Rolle eines nominellen Ankers. Diese Funktion soll ein anderes intermediäres Ziel übernehmen, nämlich ein geeigneter Anstieg des nominellen Einkommens (Williamson/Miller 1987, 7-10). Die angestrebten Wachstumsraten sind für die ein-

---

[50] Vgl. dazu die Spezifikationen in Edison/Miller/Williamson (1987, 211ff.), Miller/Williamson (1988, 1034f.) und Weller (1992). Sie beziehen sich auf ein eklektisches Modell der neoklassischen Synthese, in dem der Gütermarkt keynesianisch (nachfragebestimmt) und der Geldmarkt (neo-)klassisch spezifiziert sind. Die Arbeitsmarktlösung ergibt sich nach Walras' Gesetz, was in diesem Fall nur klassische Unterbeschäftigung zuläßt: ein Angebotsüberschuß auf dem Arbeitsmarkt muß einem Güternachfrageüberschuß entsprechen (cet.par., d.h. bei vorgegebener Geldmenge). Mit der Gütermarkträumung entsteht Vollbeschäftigung.

[51] Die Bezeichung eines *effektiven* Wechselkurses bezieht sich in der Regel auf einen Index des Wechselkurses, in den die anderen Währungen jeweils mit ihren Anteilen am Außenhandel des betreffenden Landes gewichtet eingehen.

zelnen Länder so zu wählen, daß sie mit einer abgestimmten Rückführung der Inflationsraten und der Anpassung an tragbare Leistungsbilanzverhältnisse vereinbar sind. Zugleich soll auf die Summe all dieser nationalen Einkommensziele geachtet werden. Denn die Verpflichtung auf ein nominelles Einkommensziel hat die Funktion eines nominellen Ankers sowohl für die einzelne Volkswirtschaft als auch für das gesamte Währungssystem. Nach monetaristischer Lehre würde diese Funktion durch Orientierung an einer Geldmengenregel erfüllt. Mit der Nominaleinkommensregel soll jedoch die Destabilisierung der Güternachfrage vermieden werden. Dazu hält eine Geldangebotsregel an, wenn Preiswirkungen infolge einer Veränderung der Umlaufsgeschwindigkeit auftreten (Williamson/Miller 1987, 14n). Ein nominelles Ziel würde sowohl der Wünschbarkeit einer niedrigen Inflationsrate als auch der eines hohen Güterangebotes entsprechen.

Dennoch stellt sich die Frage, ob eine revidierbare Zielzone noch ihre stabilisierende Wirkung entfalten kann. Mit der Möglichkeit einer sprunghaften Veränderung des Wechselkurses, eben eines Realignments, werden die essentiellen Kontinuitätsbedingungen des Grundmodells aufgehoben. Die Verteidigung einer realen Zielzone mithilfe diskreter Interventionen entspricht unter bestimmten Bedingungen gerade dem periodischen Realignment eines nominellen Wechselkursbandes (Miller/Weller 1991, 208). Damit wird jedoch die Gefahr spekulativer Attacken auf das Währungssystem virulent. So lassen sich analytisch die Bedingungen formulieren, unter denen eine Zielzone glaubwürdig ist bzw. in einer Spekulationsattacke zusammenbricht (Flood/Garber 1992, 17). Es zeigt sich, daß dies vom Ausmaß und der Wahrscheinlichkeit eines Realignments abhängt. Überschreitet beides einen Schwellenwert, kann die Verkündigung einer Zielzone geradezu eine Einladung für Attacken werden.

Fenster 3.11: Realignments im Zielzonenmodell

Bertola/ Caballero (1992, 527-529) haben untersucht, wie sich die erhofften Wirkungen (*Smooth Pasting*-Bedingung und *Honeymoon*-Effekt) einer Zielzone, mit der Wahrscheinlichkeit für Realignments verändern. Das schlagende Ergebnis ist, daß sich mit höherer Wahrscheinlichkeit der S-förmige Verlauf *umkehrt*. Der Wechselkurs würde auf jede stochastische Änderung der *fundamentals* stärker reagieren als ein frei floatender Wechselkurs, der *Honeymoon*-Effekt wirkte also destabilisierend. Infolgedessen ergibt sich auch kein Anschmiegen, vielmehr markiert die *Smooth Pasting*-Bedingung einen Wendepunkt von einer flacheren zu einer höheren Steigung. Zur Abwehr einer Attacke müßte also sehr viel stärker interveniert werden, als dies in der Bewegung auf das Band der Fall war.[52]

---

[52] Bertola/ Caballero (1992, 529) sehen diesen Verlauf in der Erfahrung mit EWS-Realignments bestätigt.

In ihrem Modell interveniert die Zentralbank an den angekündigten Punkten c_t - f_0 und $c_t + f_0$, wobei c_t für die aktuelle zentrale Parität stehe. Die Intervention kann entweder darin bestehen, den Wechselkurs wieder zurück zu c_t zu bringen oder die Distanz zu c_t bei gleicher Weite zu erhöhen, so daß $c_{t(+)} \equiv c_t \pm \delta f_0$. Die Wahrscheinlichkeit für ein Realignment betrage π. Der Wechselkurs s ist dann nicht nur eine Funktion der *fundamentals*, sondern auch der jeweiligen zentralen Parität. Die symmetrische Lösung im Inneren des Bandes lautet analog zu (J4) in Fenster 3.10:

(K1) $s(f;c) = f + Ae^{-\lambda(f-c)} - Ae^{\lambda(f-c)}$

Die Integrationskonstante A wird durch die Nicht-Arbitrage-Bedingung bestimmt, daß risikoneutrale Anleger im Zeitpunkt der Intervention keinen unendlichen Gewinn machen dürfen. Deshalb muß der Wechselkurs, wenn er das Band erreicht, gleich dem gewichteten Durchschnitt der Wechselkurse sein, die sich direkt nach der Zentralbankintervention (*Realignment* oder Verteidigung) ergeben können.

(K2) $s(c_t + f_0; c_t) = \pi \cdot s(c_t + \delta \cdot f_0; c_t + \delta \cdot f_0) + (1-\pi) \cdot s(c_t; c_t)$

Die entsprechenden Werte für f und c aus (K2) in (K1) eingesetzt, ergibt für die Integrationskonstante A:

(K3) $$A = \frac{(1 - \delta \cdot \pi)f_0}{e^{\lambda f} - e^{-\lambda f}}$$

Es zeigt sich, daß die Integrationskonstante mit steigender Wahrscheinlichkeit für ein Realignment π und stärkerem Realignment δ das Vorzeichen umkehrt.

Z.B. würde für $\delta = 2$ (Verdopplung der Distanz von c_t) diese Umkehrung des S-förmigen Verlaufs stattfinden, wenn die Wahrscheinlichkeit für ein Realignment über 50% betragen würde. Der Wechselkurspfad wird mit Erhöhung von p immer steiler, fällt bei $\pi = \frac{1}{2}$ mit dem Pfad für den frei floatenden Wechselkurs zusammen (für $\delta = 2$) und entspricht danach einem liegenden S. Das bedeutet, daß es immer eine *kritische Häufigkeit* von Realignements $\pi = 1/\delta$ gibt, ab der eine Zielzone nicht mehr stabilisierend wirkt bzw. sogar destabilisierende Spekulationen auslöst (Bertola 1994, 282; Miller/Weller 1991, 199-204).

Williamson/Miller (1987, 64f.) setzen voraus, daß eine einzelne Regierung, die an dieser Koordination teilnimmt, langfristig vier Zielgrößen im Visier hat: Wachstum, Inflation, Arbeitslosigkeit und die Leistungsbilanz. Die Einhaltung des realen Wechselkursbandes und eines nationalen Einkommensziels sind intermediäre Ziele, die das makroökonomische Gleichgewicht in der mittleren Frist sichern sollen. Die Instrumente, Zinssatz und Budgetsaldo, werden den Zielen zum Zwecke ihrer koordinierten Verwirklichung folgendermaßen zugeordnet:

1. Die Fiskalpolitik soll zur Erreichung des nationalen Ziels einer wünschbaren Nominaleinkommensentwicklung eingesetzt werden.

2. Das durchschnittliche Niveau der kurzfristigen Zinssätze soll nach oben geschleust werden, wenn die aktuelle Wachstumsrate des aggregierten Nominaleinkommens über der Zielgröße liegt und vice versa bei einer zu geringen Rate des aggregierten Wachstums.

3. Die Differentiale zwischen den kurzfristigen Zinsen sollen zur Einhaltung des Wechselkurszieles eingesetzt werden.

Die Aufspaltung des Zinsinstrumentes in die Niveausteuerung und in die Differentialsteuerung soll der aggregierten Ökonomie des Währungssystems erlauben, eine eigene Zielsetzung losgelöst von den einzelnen Volkswirtschaften des Integrationsraumes zu verfolgen. Diese Separation ist jedoch nur zulässig, wenn die Volkswirtschaften, aus der sie zusammengesetzt ist, völlig symmetrisch sind.[53]

Diese - angesichts der G7-Länder oder des Europäischen Währungssystems heroisch vereinfachende - Annahme dient dazu, einen weiteren Freiheitsgrad zu gewinnen. Bei k Währungen des Integrationsraumes können (k-1) Wechselkurse durch (k-1) Zinsdifferentiale kontrolliert werden. Die koordinierte Steuerung des durchschnittlichen Zinsniveaus kann für ein weiteres kollektives Ziel eingesetzt werden. Die Aufspaltung dient also der „Symmetrisierung" des Zielzonensystems. Sie stellen sich damit bewußt in eine Reihe mit anderen wichtigen Reformvorschlägen, die ebenfalls Währungsregime ohne hegemoniale Elemente vorsehen (Williamson/Miller 1987, 15; Miller/Williamson 1988, 1032).

Dieser Zielzonen-Vorschlag wurde explizit für ein Weltwährungssystem ausgearbeitet, in dem nominale Wechselkursänderungen nicht damit zu erklären sind, daß sie den realen Wechselkurs stabilisieren. Er zielt unmittelbar darauf, die exzessive Volatilität der wichtigen Währungen zu begrenzen und ihre anhaltende Über- oder Unterbewertung zu vermeiden (Bergsten/ Williamson 1994, C-23f.). Von der Vermögenspreiskonzeption des Wechselkurses bleibt nur noch der Aspekt übrig, daß Erwartungen eine große Rolle spielen, weil er dann notwendigerweise ein intertemporaler Preis ist. Deshalb erhielten Neuigkeiten („news") und Launen („fads") eine so große Bedeutung für Anlageentscheidungen. Entsprechend volatil seien Wechselkurse (Williamson 1993, 190f.). Die Verkündigung einer relativ weiten Zielzone um einen fundamental gleichgewichtigen Wechselkurs soll ein Gegengewicht zu diesen destabilisierenden Anlässen für die Erwartungsbildung bilden. Der Bestandshalteaspekt, wie er in den monetaristi-

---

[53] So explizit Miller/Williamson (1988, 1035). Diese Methodik wurde von Aoki (1981) entwickelt. Vgl. auch den Kommentar von Oudiz zu Miller/Williamson (1988, 1053f.).

schen und portfoliotheoretischen Fundamentalfaktoren eingefangen wird, findet keine Beachtung, weil sich sein Einfluß empirisch nicht nachweisen lasse.[54]

Wie ist dieser, akademisch und wirtschaftspolitisch, vieldiskutierte Vorschlag aus Sicht der neueren Theorie monetärer Integration einzuschätzen? Vorderhand gingen hier avancierte Modellbildung und Theorie der Wirtschaftspolitik eine gelungene Verbindung ein, um ein drängendes Problem der Weltwirtschaft seit den 70er Jahren zu analysieren. Allerdings weist Krugman (1992, 13f.), der das kanonische Modell formulierte, darauf hin, daß die im engeren Sinne ökonomischen Grundlagen der bisherigen Zielzonen-Literatur fragwürdig sind.[55] Seine Aussagen über die stabilisierenden Wirkungen einer Zielzone beruhen zum einen auf der monetaristischen Wechselkurstheorie, die in dieser kruden Form schon lange nicht mehr vertreten wird. Freilich generiert sie eine entsprechend einfache Stochastik.

Zum anderen beruhen sie essentiell auf der Annahme, daß Devisenmärkte effizient funktionierten. Das ist eine zwar nicht einhellig abgelehnte, aber zweifellos hochumstrittene Annahme. Insbesondere Williamson (1993, 189-191) selbst lehnt sie ab und plädiert deshalb für aktives Wechselkursmanagement. Ob eine Zielzone unter anderen Erwartungsbildungshypothesen noch stabilisierend wirkt oder aber geradezu eine Einladung für sich selbst erfüllende spekulative Attacken darstellt, ist jedenfalls in dem von Williamson/Miller (1987) beanspruchten Begründungszusammenhang nicht auszuschließen. Wie in Fenster 3.11 dargestellt, steigt mit der Wahrscheinlichkeit für nominelle Realignments auch die Wahrscheinlichkeit für sich selbst erfüllende Attacken. Das gilt unabhängig von der Leitlinie, daß Anpassungen immer nur so hoch sein sollten, daß die ursprüngliche Parität in der neuen Bandbreite enthalten ist (Williamson/Miller 1987, 59). Diese Leitlinie ist zwar wichtig, um einseitige Wetten auf ein Realignment nicht noch zu belohnen, aber ist dies keine ausreichende Vorkehr gegen eine höhere Wahrscheinlichkeit sich selbst erfüllender Realignments. Es gibt zu jeder Anpassung δ eine Häufigkeit π für Realignments, die destabilisierend wirkt.

Ein weiterer Kritikpunkt ist die *markttheoretisch schlecht begründete Ziel-Mittel-Konzeption*, die diesem Vorschlag zugrundeliegt: Er ordnet eine monetäre Variable (den kurzfristigen Zinssatz) der Steuerung einer realen Variable (dem fundamentalen gleichgewichtigen Wechselkurs) zu. Aber es gibt keinen Markt,

---

[54] Auf die Fragwürdigkeit dieses Argumentes wurde vor allem in 3.1.1.3 hingewiesen.

[55] Es ist Wert, dieses Verdikt von Krugman (1992, 13f.) ausführlicher zu zitieren: „One of the ironies of the target zone literature is that it has given a new lease of life to the simple monetary exchange rate model, [...] which most of those working in the new area had long criticized. The new turn to simple monetarism took place not because the monetary model looks any more plausible, but because it is the easiest one in which to express the basic target zone approach."

auf dem dieser Wechselkurs bestimmt würde, er ist das Ergebnis des Zusammenspiels von Güter- und Finanzmärkten. Demgegenüber ist der Zinssatz ein auf dem Geldmarkt bestimmter Preis für die kurzfristige Überlassung absoluter Liquidität, d.h. Zentralbankgeld. Er geht in die Bestimmung eines real gleichgewichtigen Wechselkurses nur unter anderem ein, es gibt keine markttheoretische Begründung für einen Wirkungszusammenhang, der ein solches *Assignment* rechtfertigte.[56]

Das teleologische Moment kommt außerdem darin zum Ausdruck, daß dem Budgetdefizit die Steuerung des Nominaleinkommens zugedacht wird. Mit dem Nominaleinkommen stellen Williamson/Miller (1987) zurecht auf eine marktbestimmte Größe ab, deren Zusammensetzung aus Preis- und Mengenkomponente von der Wirtschaftspolitik nicht ex ante bestimmt werden kann. Gleichwohl setzen sie darauf, daß mit diesem einen Instrument irgendwie die „richtige" Zusammensetzung aus Mengenkomponente (starke Zunahme der Kaufkraft des Einkommens) und Preiskomponente (niedrige Inflation) zu erzielen sei. Damit wird einerseits konzediert, daß Fiskal- und Geldpolitik nicht trennbar sind. Budgetdefizite oder -überschüsse haben Preis-, Zins- und Wechselkurswirkungen. Doch wird daraus andererseits keine Konsequenz für ihre zugrundeliegende Theorie der Wirtschaftspolitik gezogen.

Zu diesem Widerspruch paßt außerdem, daß sie die *Bestandswirkungen von Budgetsalden* vernachlässigen. Die Änderung des volkswirtschaftlichen Vermögensbestandes durch die Fiskalpolitik ist ein weiterer Grund dafür, daß Geld- und Fiskalpolitik nicht so trennbar sind, wie es die separate Ziel-Mittel-Zuordnung verlangte. Die Bestandswirkung des Budgetsaldos verändert, genauer gesagt, den Wechselkurs, wenn er - wie hier im Einklang mit der ganzen neueren Theorie - als Vermögenspreis verstanden wird (vgl. Fenster 3.3). Indem sie sich bei ihrer Wechselkurskonzeption jedoch nur auf die Rolle von Erwartungen konzentrieren, blenden sie diese Implikation einfach aus. Folgerichtig ist dies insofern, als andernfalls ihre Zuordnungsregel - Budgetsaldo für das Nominaleinkommenswachstum, Zinsdifferentiale für den Wechselkurs - Makulatur würde. Doch der so gewonnene konzeptionelle Freiheitsgrad würde wirtschaftspolitisch genutzt erhebliche Destabilisierungspotentiale offenbaren: Ein höheres Budgetdefizit, das der Unterschreitung des nationalen Einkommensziels begegnete, setzte eine Ab-

---

[56] In ihrem eklektischen Ansatz ist der Zinssatz eine monetäre, nämlich von der Liquiditätspräferenz der Geldnachfrageseite, bestimmte Größe. In einem neoklassischen Ansatz wäre er selbst eine reale Größe, d.h. von der Zeitpräferenz des Konsums bestimmt, und würde mittels des Fisher-Effekts in eine nominale Größe transformiert.- Mit der im Text diskutierten Kritik setzen sich Williamson/Miller (1987, 49-52) auseinander und weisen sie mit dem Argument zurück, die Kritik beruhe auf einer „ungültigen Dichotomie", nämlich der Trennung von monetären und realen Variablen. Damit treffen sie m.E. nicht den entscheidenden Punkt.

wertungstendenz in Gang, auf die mit einem steigenden Zinsdifferential geantwortet werden müßte. Das wiederum machte ein steigendes Budgetdefizit notwendig, um den restriktiven Einkommenswirkungen zu begegnen usw.

Eine letzte Kritik betrifft die *Symmetrieannahme*, die ihre Zuordnung des Instrumentes „durchschnittliches Zinsniveau" und aggregiertes Nominaleinkommenswachstum voraussetzt. Diese Annahme setzt als Faktum voraus, was sie zugleich normativ erreichen will, eben Symmetrie. Was aber geschieht, wenn dem Faktum Rechnung getragen wird, daß die geschriebene Geschichte der Weltwährungssysteme keinen Anlaß dazu bietet, von solcher Symmetrie auszugehen? Man gewinnt dann keinen n-ten bzw. k-ten Freiheitsgrad, der sich für anderes als die Wechselkursstabilisierung einsetzen ließe, wie Williamson/Miller (1987, 15) meinen. Wenn Währungsräume hinsichtlich ihrer Marktposition und Größe asymmetrisch sind, kommt es bei einer Anpassung des durchschnittlichen Zinsniveaus unweigerlich zu einer Über- oder Unteranpassung aus Sicht der einzelnen Länder. Den schwächeren Währungsräumen bliebe dann mutmaßlich eine weitere Anpassung nicht erspart. Insbesondere wären sie zur Aufrechterhaltung der Zielzone auf eine ausreichende Reservehaltung bzw. auf Notenbankkredite der Schlüsselwährungsländer angewiesen. Umgekehrt stimmen die Schlüsselwährungsräume langfristig nur den ihnen genehmen Zinsniveauänderungen zu bzw. dürften nur dann bereit sein, die Aufrechterhaltung der Zielzone durch Gewährung von Notenbankkrediten zu alimentieren. Da selbst zwischen den USA, Japan und Deutschland über angemessene Zinsniveaus selten Einigkeit besteht, scheint eine solche Regel - die von symmetrischen Interessen und Restriktionen ausgeht - in einem multipolaren Weltwährungssystem kaum praktikabel.

3.2.2.2 Simulation des Goldstandards

McKinnon (1984, 1988, 1996) hat wiederholt vorgeschlagen, die Währungskoordination nach dem Vorbild des Goldstandards zu organisieren. Er meint damit im einzelnen die Etablierung eines Währungsstandards, der wie das Pfund Sterling bzw. der US-Dollar die Funktion einer Leitwährung einnähme, an der sich die Wechselkurspolitik der übrigen Länder des Integrationsraums orientierte. Dieser Währungsstandard bestünde unter den gegenwärtigen Bedingungen allerdings in einer Fixkursregelung zwischen US-Dollar, Yen und Deutscher Mark (an deren Stelle zukünftig der Euro träte).

Drei Phänomenen ist McKinnon (1996, 60) zufolge Rechnung zu tragen, um ein Währungssystem zu stabilisieren: der großen Offenheit der Gütermärkte zum ersten und der Kapitalmärkte zum zweiten sowie der hohen Staatsverschuldung der OECD-Länder zum dritten. Letztere verbiete es, namentlich den Ländern der EU, eigenständige Währungen aufzugeben. Denn die Existenz einer eigenen Währungen gewährleiste, daß eine Regierung nicht aufgrund interner Staatsverschuldung insolvent werden könne. Die mit der Währungshoheit immer gegebene Möglichkeit eines *bail out* durch die nationale Zentralbank[57] bedeute eine - im Vergleich zu privaten - niedrige Risikoprämie für souveräne Schulden. Umgekehrt steige mit der Aufgabe der Währung und einer föderativen Finanzverfassung das Insolvenzrisiko für öffentliche Schuldner, damit aber auch die geforderte Verzinsung ihrer Schulden. Das könne angesichts des hohen Bestandes in eine Schuldenfalle münden (McKinnon 1996, 67-76). Wechselkursstabilisierung erfordere deshalb eine monetäre Integration unter Beibehaltung der Wechselkurse zwischen den OECD-Ländern, inbesondere aber in der EU.

Die Zentralbank als verlängerter Arm des Fiskus - das ist, was McKinnon's Vorschlag für die Orientierung an einem Währungsstandard erhalten soll. Daran zeigt sich, daß die Politikkoordination zur Verteidigung von Wechselkursen auch monetaristisch begründet werden kann (Frankel 1991, 211). Der Unterschied zwischen diesem Vorschlag und Friedman's Plädoyer zugunsten flexibler Wechselkurse besteht nur darin, daß hier die exogene Geldversorgung als Steuerungsmöglichkeit und nicht als Mißbrauchsmöglichkeit gewertet wird.

Dieser Typ von Koordination sieht vor, nominelle Wechselkurse zu fixieren und zwar im Einklang mit der Kaufkraftparität. Eine Kerngruppe von Ländern im betreffenden Integrationsraum soll sich auf eine gemeinsame Geldmengenpolitik verständigen. Somit ist das Aggregat der Geldmengen bzw. der Geldmengenausweitung dieser Kerngruppe zu steuern. Darin soll man sich an einem Inflationsziel (McKinnon 1984, 67f.) oder an einem Preisniveauziel (McKinnon 1996, 77f.) orientieren. Steigt eine nationale Komponente dieses Aggregats - z.B. wegen einer Änderung der Portfoliopräferenzen oder der Umlaufsgeschwindigkeit - stärker oder schwächer als das anvisierte Aggregat, so müssen die anderen Komponenten entsprechend reduziert bzw. ausgeweitet werden. Um dies bestimmen zu können, ist vorher das Gewicht der einzelnen nationalen Geldmengen in dieser „Weltgeldmenge" bzw. „Kerngeldmenge" festzulegen.

Die koordiniert emittierten Währungen der Kerngruppe spielen daher die Rolle einer k-ten Währung, für die unmittelbar kein Wechselkursziel verfolgt wird und die den Währungsstandard für die Satellitenländer liefert. Bekanntlich können in einem Integrationsraum von k Ländern nur (k-1) gleichgewichtige Paritäten unabhängig festgelegt werden. Die übrigen (k-1) Länder richten ihre Geldpolitik an der Aufrechterhaltung ihres bilateralen Wechselkurses gegenüber einer Währung der Kerngruppe aus (McKinnon 1988, 102). Einer Simulation des Goldstandards kommt dieses Arrangement insofern gleich, als die Aufrechterhaltung der materiellen Konvertibilität oberste Priorität hat. Materielle Konvertibilität meint im Unterschied zur nur formellen, daß ein Währungswechsel nicht nur

---

[57] D.h. des „Freibürgens" mithilfe der Bereitstellung von Zentralbankgeld. Vgl. dazu auch die Diskussion in 2.2.2.4.

rechtlich erlaubt ist, sondern auch zu einem am Anfang des Anlagezeitraums feststehenden Wechselkurs stattfinden kann (Bloomfield 1959, 47ff.).

Der Vorschlag McKinnon's ist aufgrund seines monetaristischen Charakters genauer als der Versuch zu bezeichnen, den Goldautomatismus zu simulieren. Das zeigt sich daran, daß der Zinssatz zur Vermeidung von Wechselkursschwankungen keine aktive Rolle spielen soll. Er wird als ein zweideutiger Indikator der Geldpolitik abgelehnt. Ein nomineller Zinssatz könne aus entgegengesetzten Gründen hoch oder steigend sein: wegen der hohen nominellen Komponente bzw. Inflation, was auf zu starke Geldmengenausweitung hindeutete; oder aber wegen einer hohen realen Komponente bzw. Deflation, was gerade das Gegenteil einer restriktiven Geldversorgung beinhaltete (McKinnon 1984, 27f.). Zum einen wird so die Inflationsrate zu einem bloßen Reflex der exogenen Geldversorgung erklärt. Zum anderen wird beim Goldautomatismus immer ein konstantes Verhältnis von Zentralbankgeldmenge und Kreditvolumen vorausgesetzt (Riese 1986, 282f.). Der nominelle Zinssatz kann annahmegemäß nicht auf dieses Verhältnis, die sog. Reserve- oder Deckungsquote, wirken und den Wechselkurs durch Veränderung dieses Verhältnisses stabilisieren. Der Lehre vom Goldautomatismus zufolge setzen Wechselkursbewegungen vielmehr eine Geldmengenbewegung in Gang, die die Deckungsquote (Gold zu Geld bzw. Geld zu Kredit) konstant hält: bei einer Aufwertungstendenz eine Geldmengenausweitung, vice versa bei einer Abwertungstendenz. In McKinnon's „Goldstandard ohne Gold" muß geldpolitische Koordination diesen Automatismus simulieren.

Stabile Wechselkurse werden von McKinnon aus bekannten wohlfahrtsökonomischen Erwägungen befürwortet: Hohe Volatilität und verzerrte Wechselkurse verunsichern Direktinvestitionen, erlegen dem Außenhandel Kosten auf, die sich letztlich in einer Reduktion der weltwirtschaftlichen Arbeitsteilung niederschlagen, und sie setzen die binnenwirtschaftliche Beschäftigung unnötigen Schwankungen aus. Die Instabilität im Weltwährungssystem ist McKinnon zufolge auf abrupte Verschiebungen in der Geldnachfrage zurückzuführen (McKinnon 1984, 19f., 61). Denn in einem Regime flexibler Wechselkurse seien die Portfoliopräferenzen für die Schlüsselwährungen volatiler. Geldpolitische Stabilisierung der Wechselkurse ziehe dagegen stabilere Portfoliopräferenzen nach sich, weil die monetären Autoritäten damit signalisierten, Schwankungen entgegenzutreten (McKinnon 1984, 30; idem 1988, 87).[58] Die institutionelle Weichenstellung bestimmt dieser Logik zufolge die Erwartungsbildung der Währungsnachfrage.

---

[58] Die darin enthaltene Umkehrung des Begründungszusammenhangs gegenüber Friedman (1953) bringt Ohno (1994, C-11) treffend zum Ausdruck: „The fallacy of Friedman's famous argument on stable speculation when exchange rates float should [...] be clear. Stability of expectations is not a given fact but depends critically on the monetary and exchange regime in place."

Das entspricht einem Vermögensmarktargument zugunsten eines Wechselkurs-ziels.

Eine nominelle Größe müsse das Ziel der koordinierten Geldpolitik sein, weil reale Größen sich erst aus dem Zusammenspiel mit anderen Märkten ergeben würden, nicht - wie die Geldmenge und das Preisniveau - auf dem Geldmarkt bestimmt werden können (McKinnon 1984, 21f., idem 1988, 87f.). Die Steue-rung eines nominellen Aggregats mache die Geldpolitik der Schlüsselwährungs-räume dynamisch konsistent. Die Koordination stelle eine Selbstbindung dar, eine freiwillig auferlegte Restriktion für stabilitätswidrige Politik monetärer Au-toritäten, die eigentlich *benign neglect* praktizieren könnten (McKinnon 1996, 67 und 77). Das läßt sich als ein Kooperationsargument zugunsten des Wechsel-kursziels interpretieren.

Die Beschränkung der geldpolitischen Koordination auf eine Kerngruppe ist offenkundig den Realitäten eines multipolaren Währungssystems geschuldet. Auf Weltebene sieht der McKinnon'sche Vorschlag eine Koordination zwischen den G3-Ländern vor, um die sich jeweils ein Dollar-Block, ein Yen-Block und ein DM-Block bilden solle. Auf europäischer Ebene entspräche dies einer engen geldpolitischen Koordination weniger Kernländer unter Einschluß Deutschlands. Erklärte Absicht ist es, eine wirtschaftspolitische Symmetrisierung zu erreichen, um so der von den Marktkräften hervorgebrachten Pluralität von Schlüsselwäh-rungen Rechnung zu tragen (McKinnon 1996, 67). Für ein hegemoniales System gäbe es heute keine politische Akzeptanz mehr.

Wie ist die von McKinnon vorgeschlagene monetäre Integration in Form der Simulation des Goldautomatismus' zu beurteilen? Seine Problemwahrnehmung und seine wirtschaftspolitischen Schlußfolgerungen enthalten wichtige Einsich-ten für die Theorie der monetären Integration: Erstens die Einsicht, daß Portfo-liopräferenzen keine Strukturparameter für die Wirtschaftspolitik darstellen, sondern sich mit dem Währungsregime ändern. Zweitens die Einsicht, daß Geld- und Fiskalpolitik keine unabhängigen Makropolitiken darstellen, sondern über den Zinszusammenhang und die staatliche Budgetrestriktion verknüpft sind. Drittens die Einsicht, daß der Wechselkurs als Vermögenspreis eigentlich die Gewährleistung materieller Konvertibilität erfordert, die durch nominelle Wäh-rungsstabilität erreicht wird. Indem McKinnon schließlich viertens auf nominelle Stabilität abstellt, folgt er zugleich einer marktkonformen Ziel-Mittel-Konzeption. Insofern trifft ihn die Kritik nicht, welcher der Zielzonen-Vorschlag von Williamson/Miller (1987) ausgesetzt ist.

Aber sein Versuch, unter den gegenwärtigen Bedingungen eines multipolaren Währungssystems den Goldautomatismus zu simulieren, enthält einen sehr grundlegenden Defekt. Wie ältere und neuere, sowohl historische wie theoreti-sche Forschungen überzeugend dargelegt haben, ist der Goldautomatismus eine

Erfindung ökonomischer Lehrbücher.[59] Die Lehre vom Goldautomatismus versuchte, die quantitätstheoretische Erklärung des Geldangebotes und der Geldwertbestimmung in Einklang zu bringen mit der Funktionsweise eines hegemonialen Festkurssystems. Das verlangte passive Zentralbanken, die die quantitätstheoretisch geforderten Goldbewegungen stattfinden ließen.

Tatsächlich praktizierte der Dreh- und Angelpunkt des Pfund-Standards, die Bank von England, eine höchst aktive Zinspolitik. Das machte zwar den Goldstandard global gesehen keineswegs zu einem stabilen Währungssystem, sicherte jedoch die britische Währungsposition. Auch andere Zentralbanken, die über das Zinsinstrument verfügten, haben durch seinen Einsatz versucht, Goldbewegungen zu unterbinden. Die Verfügung über das Zinsinstrument bedeutet, das Verhältnis zwischen Zentralbankgeldmenge alias Goldreserve und Kreditvolumen *variabel* gestalten und in der gewünschten Richtung beeinflussen zu können. Lateinamerikanische Länder mußten dagegen hohe Goldreserven zur Verteidigung ihrer Währung halten, weil sie nolens volens quantitätstheoretisch funktionierten: deren Regierungen monetisierten ihre Budgetdefizite, bescherten den Märkten also eine exogene Geldversorgung und die entsprechende Währungsschwäche machte das Zinsinstrument wirkungslos. Insofern ist ein nur moderates Zinsdifferential solcher Währungsräume kein Indikator dafür, daß sie wegen der anhaltenden Möglichkeit des *bail out* eine niedrige Risikoprämie genießen. Vielmehr zeigt sich daran, daß der Zins seine Steuerungsfähigkeit für die Kreditschaffung verloren hat. Daß aber selbst Goldreserven nicht die Teilnahme an einem Festkurssystem wie dem Goldstandard garantieren konnten, deutet sich darin an, daß die lateinamerikanischen Länder u.a. immer wieder die Teilnahme am Goldstandard suspendieren mußten.

D.h. die Lehre vom Goldautomatismus bringt keineswegs die Erfahrung eines hegemonialen Festkurssystems, eines Pfund- oder Dollar-Standards, auf den Begriff. Wo der Goldautomatismus funktionierte, war das Ausweis der Währungsschwäche und gerade nicht Ausdruck einer gelingenden Wechselkursstabilisierung nach den „Spielregeln" eines Goldstandards. Damit sind seine Prinzipien aber auch ungeeignet, Wechselkurse in einem multipolaren Währungssystem zu stabilisieren. Ein unelastisches aggregiertes Geldangebot der Weltzahlungsmittel und -reserven würde dessen Stabilitätsprobleme geradezu verschärfen, wenn die Ursache dieser Probleme eine instabile Währungsnachfrage ist. Die erzwungene Verknappung der Geldversorgung in jenem Währungsraum, aus dem ohnehin gerade die Anlagen verstärkt abgezogen werden, müßte die Probleme der dortigen Kreditnehmer, insbesondere der Unternehmen zusätzlich

---

[59] Die Standardreferenz dazu ist noch immer Bloomfield (1959). Eine umfassende Untersuchung auf dem neuesten Stand der theoretischen und empirischen Forschung liefert Eichengreen (1992), der auch einen prägnanten Überblick in Eichengreen (1994, 41-47) gibt.

verstärken. Der Versuch einer austeritären Geldmengenpolitik läßt nämlich erwarten, daß das Kreditvolumen drastisch ansteigt und zwar aufgrund von *distress lending*, d.h. aus der Not geborene Liquiditätshilfen der Banken für ihre Kreditnehmer, um deren Zahlungsunfähigkeit zu verhindern. Das wäre gerade das Gegenteil dessen, was eine geeignete Zinspolitik in einem solchen Fall versuchen müßte, nämlich eine Verknappung des Kredits relativ zur Geldversorgung zu erreichen. Schließlich ist fragwürdig, ob die Zentralbank der Reservewährung, die einen hohen Zustrom an Anlagemitteln verzeichnet, dies ohne Sterilisierung zuließe. Schließlich unterminierten die drohenden Preiswirkungen die Vertrauenswürdigkeit ihrer Währung - und was dies bedeutet, läßt sich an den unter Druck geratenden Währungen jeweils beobachten. Die Kritik läßt sich darin zusammenfassen, daß McKinnons Vorschlag destabilisierend wirkte und zu seiner Verwirklichung auf ein unplausibles Zentralbankverhalten setzen muß.

3.2.2.3 Einführung einer Parallelwährung

Die Volatilität und - aus der Perspektive des Gütermarktes bzw. der Leistungsbilanzen gesehen - anhaltende Verzerrung der Wechselkurse von Schlüsselwährungen seit ihrer endgültigen Freigabe 1973 hat nicht nur Stimmen zugunsten einer Reregulierung des „Nonsystems" laut werden lassen. Dem Parallelwährungskonzept liegt im Gegenteil die Idee zugrunde, den Wettbewerb zu verstärken und unreglementierte Marktprozesse als Informationsquelle zu nutzen. Die aus der Instabilität des gegenwärtigen Weltwährungssystems herrührende Unsicherheit über das Wechselkursverhalten wird geradezu als Argument gegen weitere Versuche der Regulierung angeführt (Mundell 1996, 86f.).

Der Währungswettbewerb soll intensiviert werden, indem innerhalb eines Integrationsraums mit k Währungen eine supranationale (k+1)-te Währung geschaffen wird. Die Anlegerentscheidungen sollen dann dazu führen, daß entweder die k Währungen sukzessive von der neuen Währung verdrängt werden oder aber eine nationale Währung sich nur dadurch behaupten kann, daß den Stabilitätsvorgaben der supranationalen Währung folgt. Der von Hayek beschworene „Markt als Entdeckungsverfahren" ermittelt so die Gewinne aus positiven Skalenerträgen der Informationsbündelung und Transaktionsabwicklung. Das Marktergebnis muß Aufschluß darüber geben, ob eine einheitliche Währung für den betreffenden Integrationsraum ein „natürliches Monopolgut/-aktivum" darstelle (Vaubel 1978b, 34; idem 1990, 939). Nicht politische Dezision, sondern praktizierte Anlegersouveränität würde darüber entscheiden, ob eine gemeinsame Währung erwünscht ist oder nicht.

Die (k+1)-te Währung muß von der gemeinsamen Zentralbank stabiler als alle anderen gehalten werden. Das Ziel ist, eine Inflationsrate von 0% zu realisieren. Sie ist als indexierte Korbwährung gedacht, die nur gegen Einzahlung nationaler Währungen der Mitgliedsländer emittiert wird. Durch die Einführung einer zusätzlichen Währung soll also die aggregierte Geldmenge des Integrationsraumes nicht stärker als ohne sie steigen.

Um die neue Währung ohne nationale Basis attraktiv zu machen, ist sie so zu konstruieren, daß sie gegenüber den anderen Mitgliedswährungen nur aufwerten kann. Das ließe sich insbesondere dadurch erreichen, daß in regelmäßigen Abständen die schwächsten, zur Abwertung neigenden Währungen aus dem Korb entfernt werden und mit den restlichen ein neuer Korb gebildet wird (Thakur 1994, 461-464; Mundell 1995, 490f.). Sie bliebe infolge dieser Vorkehrung immer stärker als zumindest eine der verbleibenden Währungen im Korb (Vaubel 1990, 941). Alle Einschränkungen des Währungswettbewerbes, wie die Festlegung eines gesetzlichen Zahlungsmittels im nationalen Recht, müssen beseitigt werden.

Auch für die nationalen Währungen sind Preisniveauziele festzulegen (Vaubel 1978b, 168f.). Bei unterstellter Geltung der relativen Kaufkraftparität (und einem nach oben abweichenden Preisniveauziel) ist damit implizit die jeweilige Abwertungsrate gegenüber dem supranationalen Währungskorb festgelegt. Eine nationale Zentralbank, die verhindern will, daß die von ihr emittierte Währung irgendwann aus dem Währungskorb entfernt wird, muß freilich auf eine Konstanz des Wechselkurses und damit auf absolute Preisstabilität achten.

Ein Wechselkursziel, das mit dem Mittel der Geldmengenpolitik erreicht werden soll, sieht dieser Vorschlag nur indirekt vor. Die oberste Zielsetzung ist ein stabiles Preisniveau. Für Mundell (1995, 492; 1996, 124) ist die Stabilität einer Weltwährung bzw. eines regionalen Währungsankers eine operative Zielgröße, die die durchschnittliche Preisstabilität in einem multipolaren Weltwährungssystem wahren soll. Das Wechselkursziel ist hier Surrogat für die eigentlich anzustrebende internationale Verständigung über die Geldwertstabilität und die Vermeidung von *Beggar-thy-neighbour*-Strategien. Vaubel (1978b, 1990) unterstellt ebenfalls eine eindeutige Kausalität von der Inflationsrate zu Wechselkursbewegungen. Aber ein fester Wechselkurs wäre bei ihm nur dann ein Zwischenziel, wenn die gemeinsame Währung aus Anlegersicht eben kein Aktivum eines natürlichen Monopols darstellt. Stabilität der Wechselkurse würde dann für gelungene Disziplinierung der weiterhin bestehenden nationalen Zentralbanken stehen.

Beide Fassungen des Parallelwährungskonzeptes unterscheiden sich darin, wie sie die durch Wechselkursschwankungen ausgelösten Wohlfahrtsverluste gewichten. Das Wechselkursziel wird nur von Mundell explizit mit dem Kooperationsargument begründet. Vaubel setzt implizit auf ein Disziplinierungsargument für den Fall, daß die Einführung der Parallelwährung nicht die Verdrängung der k Währungen des Integrationsraumes nach sich ziehen sollte. Das Telos beider Varianten ist, die währungsbezogene Politikkooperation durch Währungsvereinheitlichung zu ersetzen (Vaubel 1978b, 71-74; Mundell 1996, 114-116). Das dürfte allerdings nur gelingen, wenn die nationalen Zentralbanken sich passiv verhalten und ihrer langsamen Verdrängung nichts entgegensetzen.[60]

Für beide Fassungen gilt, daß sie unter dem Eindruck des Zusammenbruchs eines Hegemonialwährungsstandards stehen. Da seine Restaurierung weder möglich (Mundell) noch wünschbar (Vaubel) sei, treten sie für eine Parallelwährung supranationalen Ursprungs ein (Vaubel 1978b, 96-98; Mundell 1996, 89f.). Sie sprechen sich damit gegen die Alternative aus, eine Schlüsselwährung des jeweiligen Integrationsraumes offiziell zum Anwärter für eine zukünftige gemeinsame Währung zu erklären und entsprechend zu stabilisieren. Die Argumente zugunsten der supranationalen Währung reichen von der größeren politischen Akzeptanz, der vorderhand nicht nur auf das Schlüsselwährungsland beschränkten Notwendigkeit, gegebenenfalls Inflationsbekämpfung praktizieren zu müssen, bis zu geringeren Problemen der Verteilung von Seignoragegewinnen. Die Parallelwährung supranationalen Ursprungs würde einen vermeintlich symmetrischen Wettbewerb der Währungen initiieren. Der Wettbewerbsprozeß selegierte die Kandidaten, die wegen ihrer Abwertungstendenz - und das ist gleichbedeutend mit ihrer Geldmengenpolitik - aus dem Markt ausscheiden müssen.

Wie ist dieses Parallelwährungskonzept einzuschätzen, das für die immer wieder diskutierte Reform der Sonderziehungsrechte, insbesondere aber auch im Zusammenhang mit einem britischen Vorschlag zur Europäischen Währungsintegration eine große Rolle spielt (Thakur 1994, Betz/Hauskrecht 1991)? Aus ökonomischer Sicht erscheint es naheliegend, den Marktprozeß und nicht politische Dezision darüber befinden zu lassen, was das sinnvolle Maß monetärer Integration in einer Welt der Unsicherheit und Ungewißheit ist. Trotzdem ist das Konzept starken Einwänden ausgesetzt. Immanente Einwände richten sich gegen die Einschätzung des Währungswettbewerbs, insbesondere die Vorteilhaftigkeit maximalen Wettbewerbs, sowie gegen die Konstruktion des Währungskorbes. Außerdem gibt es Einwände aus einer anderen theoretischen Sicht, die Skepsis nahelegen bezüglich des prozessualen Übergangs zu einer Einheitswährung und des unterstellten Zentralbankverhaltens.

Zunächst zur Einschätzung des Währungswettbewerbes. Es bleibt zum einen unerklärt, warum der Währungswettbewerb bei formeller Politikkoordination nicht das zu leisten vermag, was er mit der Einführung einer Parallelwährung offenkundig kann: die Verdrängung sich entwertender Währungen zu leisten. Selbst wenn die EU-Länder ihre Geldmengen- und Wechselkursziele koordinie-

---

[60] Es ist der Fragwürdigkeit dieser Annahme geschuldet, daß das Parallelwährungskonzept hier als eine Form der monetären Integration unter Beibehaltung des Wechselkurses dargestellt wird. M.a.W., ich bestreite, daß der institutionalisierte Währungswettbewerb den anvisierten graduellen Übergang zu einer wertstabilen supranationalen Währung herbeiführte.

ren würden, so gäbe es immer noch den Dollar oder den Schweizer Franken als Fluchtwährung. Oder es bestünde für irgendeine der kooperierenden monetären Autoritäten ein überwältigender Anreiz, das „Inflationskartell" zu brechen. Das wäre z.B. bei einem Währungsraum mit hoher Staatsverschuldung der Fall, für den der Gewinn aus sinkenden Zinsen, den die Adressierung als (relativ) „sicherer Hafen" mit sich bringt, einen etwaigen Verlust aus Abstrichen beim Inflationsziel überwiegen würde. Der Währungswettbewerb existiert auch bei Politikkoordination (ähnlich Hellwig 1985, 583f.).

Zum anderen ist es willkürlich, Kosten nur für den Gebrauch vieler Währungen anzusetzen. Wenn man Transaktionskosten einen theoretisch gewichtigen Stellenwert verleiht, sind solche Kosten auch für den Währungswechsel zu veranschlagen.[61] Der Übergang von einer Welt vieler Währungen zu einer mit nur wenigen oder einer einzigen Währung verursacht dann sog. *switching costs*, die jenseits des Anreizes zu einer inflationäreren Politik anfallen. Einen solchen Ansatz haben Dowd/Greenaway (1993) gewählt. Sie veranschlagen positive Netzwerkeffekte des Währungsgebrauches sowie Kosten des Währungswechsels bei unvollkommener Information. Unvollkommene Information darüber, was andere Wirtschaftssubjekte machen, eröffnet die Möglichkeit für ineffiziente Erwartungsgleichgewichte. Obwohl beispielsweise der Übergang zu einer einheitlichen Parallelwährung optimal wäre, wird dieser Übergang nicht vollzogen, weil es keinen Mechanismus gibt, der die einzelnen erwarten läßt, daß auch alle anderen den Währungswechsel vollziehen. Insofern ist dies der kostenträchtigste Weg zur monetären Integration, denn der Währungswechsel ist maximal. Für die Nutzer der Schlüsselwährung fallen außerdem die Netzwerkeffekte weg (Dowd/Greenaway 1993, 1186f.). Ihr Modell kann somit in der Logik des Währungswettbewerbes begründen, warum eine Parallelwährung sich weder leicht einführen läßt noch unbedingt wohlfahrtsverbessernd ist.[62]

Zur vorgeschlagenen Konstruktion des Währungskorbes: Die asymmetrische Konstruktion des Währungskorbes sieht vor, ihm eine Aufwertungstendenz zu geben, indem die Zusammensetzung entsprechend geändert wird. Es ist konsequent, die Akzeptanz über eine Aufwertungstendenz herstellen zu wollen, wenn man den Wechselkurs als einen Vermögenspreis betrachtet. Aber diese Kon-

---

61 Es ist zu betonen, daß die Veranschlagung von Transaktionskosten eine theoretische Entscheidung ist, denn empirisch fallen solche nicht nur hier, sondern immer an.

62 Eine entsprechende Vermutung äußert bereits Hellwig (1985, 574) in seiner eindringlichen Kritik an den Befürwortern eines Währungswettbewerbs. Die Hauptstoßrichtung seiner Kritik ist, daß die Vertreter dieses Konzepts, v.a. Hayek und Vaubel, nicht zwischen Innen- und Außengeld unterscheiden würden, ihre Aussagen zu den Wirkungen des Wettbewerbs jedoch allenfalls für Innengeld triftig seien. Vgl. zu dieser Unterscheidung auch Unterkapitel 4.1.

struktion ist m.E. nicht marktkonform.[63] Denn die (negativen oder positiven) Überschußnachfragen der Marktteilnehmer lösen nicht einfach Preisänderungen aus, sondern führen zu einer anderen Zusammensetzung der Preiskomponenten des Aktivums, so daß die Preisänderung allenfalls in eine Richtung stattfinden kann. Die Überschußnachfragen sind damit in einer für die Marktteilnehmer nicht transparenten Weise mit Merkmalsänderungen des Handelsobjektes verknüpft. Der Bewertungsmodus entspricht somit keinem denkbaren Marktprozeß. Und er setzt nationale Währungen einem Wettbewerb aus, den sie bestenfalls nicht verlieren können. Aber sie können ihn nicht in dem Sinne gewinnen, daß sie sich mit einer Aufwertungstendenz gegen die supranationale Währung durchsetzen.

Letzteres Argument führt zu Einwänden, die auf einer anderen theoretischen Sicht beruhen (Betz/Hauskrecht 1991). Dem monetaristischen Ansatz entspricht es, die Zentralbank als eine Geldausgabebürokratie zu konzipieren. Daß die Einführung einer Parallelwährung zu der graduellen, kontinuierlichen Währungsintegration führt (Vaubel 1978b, 180-192; Mundell 1996, 115f.), setzt passives Verhalten der nationalen Zentralbanken voraus. Der Währungswettbewerb soll das staatliche Monopol hinsichtlich seiner Effizienz testen und möglicherweise ersetzen. Aber zu einer Marktteilnehmerin wird die alte oder neue Zentralbank dadurch dennoch nicht. Insbesondere dürfen sich die nationalen Zentralbanken nicht als solche verhalten, wenn der Übergang zu einer Einheitswährung supranationalen Ursprungs graduell verlaufen soll. Aber was ist, wenn sie sich wie alle ökonomischen Akteure als Marktteilnehmerin verhalten *muß*, sei es, um als Zentralbank ihren institutionellen Auftrag zu erfüllen, sei es, wie Vaubel (1990, 942) meint, um die Quelle ihrer Machtausübung zu erhalten? Sie wird versuchen oder sich dazu genötigt sehen, den Marktanteil des von ihr emittierten Geldes zu verteidigen. Die Nötigung ist möglich, solange sie nicht zu einer Notenpresse für die staatliche Haushaltsfinanzierung wird. Banken können dann immer eine Politik der übermäßigen Geldmengenausweitung verhindern, indem sie frühere Verbindlichkeiten bei der Zentralbank durch das neue Angebot zu niedrigerem Zinssatz ablösen. Der Kampf um Marktanteile, den eine unabhängige Zentralbank führt, wird über steigende Zinsen geführt. Ist eine Zentralbank darin erfolgreich, wird dies mit einer Deflationstendenz „erkauft".[64] Unterliegt sie, droht eine Abwertungs-Inflations-Spirale. Diese Art des Währungswettbewerbs läßt keineswegs einen graduellen Integrationsprozeß erwarten. Vielmehr ist mit einer gegenüber dem jetzigen multipolaren Währungssystem erhöhten Destabilisierung zu rechnen.

---

[63] Das widerspricht freilich den Intentionen der Anhänger des Parallelwährungskonzeptes (z.B. Luckenbach 1996, 226f.).

[64] Vgl. Betz (1993, 53-57) zu einer entsprechenden Kritik an der Hayek'schen Vorstellung des Währungswettbewerbs.

3.2.2.4 Asymmetrische Formen der Währungskooperation

Bereits in der älteren Literatur finden sich Anknüpfungspunkte für die Analyse von Währungsbeziehungen zwischen ungleichen Währungsräumen.[65] Denn ihr ursprüngliches Anliegen war es, in der Auseinandersetzung um feste versus flexible Wechselkurse darauf hinzuweisen, daß nicht allgemeine preistheoretische oder ordnungspolitische Überlegungen, sondern die Spezifika der betreffenden Ökonomien entscheidend sein sollten, um über die Eignung eines Währungsregimes zu befinden. In diese Tradition stellen sich auch die neueren Beiträge zur Theorie monetärer Integration. Sie erreichen dies, indem sie vor allem auf unterschiedliche Grade der Lohn- und Preisflexibilität oder auch unterschiedlich ausgerichtete Geld- und Fiskalpolitiken abstellen. Die Begrifflichkeit der „Asymmetrie" deutet allerdings noch darauf hin, daß dies als eine *A*nomalie, eben nicht als Regelfall, behandelt wird.[66]

Asymmetrie von Währungsräumen bezieht sich auf ihre Interdependenz, *Heterogenität* dagegen auf Eigenschaften der einzelnen Ökonomien (wie z.B. ihre Geldverfassung), die für diese Asymmetrie ausschlaggebend sein können. Asymmetrie bedeutet, daß die internationalen Auswirkungen wirtschaftspolitischer Maßnahmen oder auch exogener Schocks sehr unterschiedlich ausfallen, je nachdem, in welchem Währungsraum sie ihren Ausgang nehmen. So hatte eine Zinsveränderung im DM-Raum für die übrigen EWS-Länder deutlich stärker präjudizierende Wirkung als etwa dieselbe Zinsveränderung im Franc- oder Lira-Raum. Die Veränderung der DM-Zinsen wurde in aller Regel nachvollzogen, weil die DM eine Art regionale Leitwährungsfunktion für das EWS hatte. Im Unterschied zu einer hegemonialen Stellung mußte jedoch auch die deutsche Zinspolitik die Wirkungen auf die anderen Länder des Währungsverbundes be-

---

[65] So schreibt Ishiyama (1975, 345) in seinem immer noch lesenswerten Überblicksartikel: "Although countries vary in size, openness to foreign trade, mobility of factors of production, and policy attitude, these proponents of exchange rate flexibility [gemeint sind Friedman und Sohmen, W.S.] tended to treat all the national currencies as coequals. [...] The inadequacy of this approach is now widely recognized, largely owing to recent discussions which consider biases and asymmetries among countries in the real world."

[66] Vor allem in Untersuchungen zum europäischen Integrationsprozeß ist die Asymmetrie und Heterogenität von Wirtschaftsräumen längst ein gängiger Topos. So ist die geplante EWU für Ohr (1993), aus Sicht der älteren Theorie folgerichtig, „Integration in einem nicht-optimalen Währungsraum". In bezug auf das EWS werden seit den 80er Jahren asymmetrische Formen der Währungskooperation untersucht (Collins 1988, Mélitz 1988). Heterogenität findet sich als Ausdruck explizit bei Welfens (1997, 316f.), um die Folgen der EU-Osterweiterung zu charakterisieren. Die Stichworte in bezug auf monetäre Integration lauten: „Das EWS als DM-Block" (Mayer 1996, 22-26) und EWS II (Duijm 1997).

rücksichtigen bzw. Rückwirkungen von deren Zinsreaktionen in Betracht ziehen (Fratianni/Hauskrecht 1998, 11). Das Schlüsselwährungsland einer asymmetrischen Währungsbeziehung kann, mit anderen Worten, keine wohlwollende Vernachlässigung (*benign neglect*) aller internationalen Auswirkungen praktizieren. Ein hegemoniales Schlüssel- oder Leitwährungsland ist dagegen durch eine solche Praxis der wohlwollenden Vernachlässigung zu charakterisieren.

Heterogenität von Wirtschaftsräumen meint ganz generell strukturell bedingte Unterschiede zwischen Ökonomien, die den Prozeß der Einkommensbildung und das Anpassungsverhalten von Volkswirtschaften bestimmen. Solche Unterschiede reagieren nicht unmittelbar auf Preisänderungen, d.h. sie sind nicht als Marktlösungen zu einem bestimmten Zeitpunkt zu begreifen. Heterogene Strukturmerkmale können der Asymmetrie in den Beziehungen der Währungsräume zugrundeliegen. So kann eine anhaltend höhere Inflationsrate eines Schwachwährungsraumes beispielsweise darauf zurückzuführen sein, daß die Tarifparteien im öffentlichen Dienst die Lohnführerschaft besitzen und die Zentralbank überhöhte Lohnabschlüsse akkomodieren muß, weil sie nicht autonom in der Zinspolitik ist. Das macht ihn dann währungspolitisch zu einem Satelliten desjenigen Währungsraumes, der ein der Stabilität förderlicheres Makroregime aufweist.

Die ausgearbeiteten Vorschläge zur währungsbezogenen Politikkoordination haben eine symmetrische Wechselkursabstimmung zum Leitbild. Aber ihr Movens war, den Instabilitäten eines multiplaren Weltwährungssystems zu begegnen.[67] Ein multipolares Währungssystem ist weder ein hegemoniales noch ein symmetrisches System. Entsprechend wird das daraus resultierende Politikregime in der Literatur als asymmetrisch bezeichnet, also nur negativ bestimmt.

Die Literatur zur Politikkoordination faßt diese Asymmetrie analytisch im Stakkelberg-Verhalten (vgl. Fenster 3.8). Eine Regierung, die sich so verhält, wählt ihren Mitteleinsatz aus eigener Warte bestmöglich und in dem Bewußtsein, daß das Satellitenland auf seine Mittelwahl reagieren wird. Letzteres wird im Eigeninteresse dann genau die antizipierte (Cournot- oder Nash-)Reaktion zeigen. D.h., die Spielstruktur ist - qua Annahme - asymmetrisch. Lediglich eine Umweltbedingung, die Interdependenz der Länder, beinhaltet auch eine gewisse Restriktion für den Stackelberg-Führer und verhindert im Normalfall, daß er

---

[67] Wie Giovannini (1989) bemerken Williamson/ Miller (1987), daß bisher formelle Währungssysteme - der Goldstandard, das Festkurssystem von Bretton Woods oder das EWS - trotz symmetrischer Konstruktion immer asymmetrisch funktioniert hätten. Das hält sie und andere nicht davon ab, Symmetrisierung anzustreben: „It is interesting to observe that none of the leading proposals envisage reversion to a hegemonic system." (Williamson/ Miller 1987, 41) Für die Durchsetzung ihres eigenen Zielzonen-Vorschlags setzen sie daher auf „a high order of economic statesmanship". Vgl. dazu auch Unterkapitel 5.2.

seinen Sättigungspunkt erreicht. Ein solches Stackelberg-Modell der Politikkooperation hat unbestreitbar didaktische Meriten.[68] Allerdings dient es eher der
stilisierten Beschreibung des politischen Prozesses als einer ökonomischen Analyse der Gründe, warum das eine Land Stackelberg-Führer und das andere -
Anpasser ist.

Giovannini (1989, 20-25) bietet eine alternative spieltheoretische Modellierung
der Politikkooperation. Er unterstellt eine symmetrische Spielstruktur in dem
Sinne, daß auch das Schlüsselwährungsland auf die Politik eines Satellitenlandes
reagiert und nicht einfach dessen Reaktion setzt. Das ermöglicht einen reicheren
Begriff von asymmetrischer Koordination. Die Asymmetrie besteht nicht in unterschiedlichen Durchsetzungschancen in der Interaktion, sondern in unterschiedlichen Zielfunktionen der wirtschaftspolitischen Autoritäten.

• Sie können sich einmal inhaltlich unterscheiden: Satellitenländer verfolgen
  z.B. das Ziel der externen Stabilität, Schlüsselwährungsländer das Ziel der
  internen Stabilität.

• Sie können sich zum anderen in den verfügbaren Instrumenten unterscheiden:
  Satellitenländer müssen z.B. ihre Reserveposition, Schlüsselwährungsländer
  können den Geldmarktzinssatz variieren, um ihre Ziele zu erreichen.

• Unter Umständen kann das auch heißen, daß die Satellitenländer ein Instrument anwenden, für dessen Einsatz die Schlüsselwährungsländer keine Veranlassung haben: das Instrument der Kapitalverkehrskontrolle.

Die analytischen Grundzüge seiner Modellierung von Asymmetrie in Währungsbeziehungen finden sich im folgenden Fenster dargestellt.

Fenster 3.12: Symmetrie und Asymmetrie der Politikkoordination

Giovannini (1989, 22-25) illustriert in einem monetaristischen Modell, wie sich
asymmetrische Zielfunktionen bei symmetrischer Spielstruktur auswirken.[69] Es
besteht aus zwei - zunächst gleich großen - Ländern, die ihren Wechselkurs fixieren. Das Ausland wird durch das Subskript a gekennzeichnet.

---

[68] Vgl. dazu exemplarisch die asymmetrischen Varianten, die Collins (1988) untersucht.

[69] Mit diesem Modell untersuchen Barsky et al. (1988, 1136-1140), ob mit dem Wechsel
      eines Währungsregimes - hier der Zusammenbruch des Goldstandards und die Grün-
      dung einer Zentralbank - der Strukturbruch im Verhalten von Nominalzinsen und
      Preisen zu erklären ist. Sie nennen die Annahmen des Modells - vollkommene Kapi-
      talmärkte und Kaufkraftparität sowie vollständige Dichotomie - „probably incorrect
      and perhaps patently false" (idem, 1137).

Die Inflationsrate $\hat{P}$ wird in beiden Ländern vom Geldmengenwachstum $\hat{M}$ und einem Geldnachfrageschock v bestimmt.

(L1a) $\hat{P} = \hat{M} + v$ (F1b) $\hat{P}_a = \hat{M}_a + v_a$

Es gilt die relative Kaufkraftparität.

(L2) $\hat{P} = \hat{P}_a$

Die Bilanzgleichungen der beiden Zentralbanken besagen, daß die Veränderung der Geldmenge auf eine Ausweitung des heimischen Kredits $\hat{D} = \frac{\dot{D}}{M_0}$ oder eine Änderung des Reservebestandes ($\hat{R} = \frac{\dot{R}}{M_0}$, definiert als Reserven*abfluß*) zurückgeht.

(L3a) $\hat{M} = \hat{D} - \hat{R}$ (F3b) $\hat{M}_a = \hat{D}_a - \hat{R}_a$

In einem Modell mit zwei gleich großen Ländern sind die Reserveabflüsse des einen Landes die Reservezuflüsse des anderen. Daraus lassen sich die Inflationsraten (interne Zielsetzung) und die Reserveflüsse (externe Zielsetzung) beider Länder als Funktionen der Änderungen des heimischen Kredits (Instrumentvariable) und der Geldnachfrageschocks ermitteln.

(L4) $\hat{R} = -\hat{R}_a$

Die Inflationsrate beider Länder ist ein gewichteter Durchschnitt der aggregierten Kreditexpansion zuzüglich der Summe der Schocks (aus der Addition von (L1) unter Verwendung von (L2)). Der Reserveabfluß bzw. -zufluß wird von den Abweichungen zwischen der heimischen und ausländischen Kreditpolitik bzw. Geldnachfragestörungen bestimmt (aus der Differenz von (L3), aufgelöst nach $\hat{R}$ bzw. $\hat{R}_a$, unter Verwendung von (L4)).

(L5a) $\hat{P} = \frac{1}{2}\left[(\hat{D} + \hat{D}_a) + (v + v_a)\right]$

(L5b) $\hat{R} = \frac{1}{2}\left[(\hat{D} - \hat{D}_a) + (v - v_a)\right]$

Die nominalen Zinssätze können gemäß der Fishergleichung in die Realertragskomponente und in die Inflationskomponente zerlegt werden. Die realen Ertragsraten in beiden Ländern sind gleich bis auf einen Shift-Parameter x, der von der Geldpolitik unabhängige Änderungen der Portfoliopräferenzen repräsentiert.

(L6a) $i = r + \hat{P}$ (L6b) $i_a = r_a + \hat{P}_a$

(L6c) $r_a = r + x$

Soweit zu den symmetrischen ökonomischen Bedingungen. Symmetrie oder Asymmetrie ergibt sich in diesem Modell aus den Zielfunktionen. Um vergleichen zu können, sei zunächst von denselben Zielfunktionen ausgegangen: Beide Regierungen verfolgen ein internes Ziel, das durch das Erreichen eines Nominalzinsziels i* beschrieben wird; sowie ein externes Ziel, das durch möglichst geringen Reserveabfluß gekennzeichnet ist. Die Nominalzinssteuerung muß in diesem dichotomischen Modell mit einer optimalen Inflationssteuer begründet werden (Barsky et al. 1988, 1139n).

Sie lösen jeweils die Optimierungsprobleme (L7) unter Verwendung von (L5) und (L6).

(L7a) $\quad \underset{\hat{D}}{\min} L = (i - i^*)^2 + \beta \hat{R}^2$ $\qquad$ (L7b) $\quad \underset{\hat{D}_a}{\min} L_a = (i_a - i^*)^2 + \beta \hat{R}_a^2$

Die Bedingungen erster Ordnung lauten:

(L8a) $\quad \dfrac{\partial L}{\partial \hat{D}} = 2(r + \hat{P} - i^*)^2 \cdot \dfrac{1}{2} + 2\beta(\hat{R}) \cdot \dfrac{1}{2} = 0 \qquad \Rightarrow i = i^* - \beta \hat{R}$

(L8b) $\quad \dfrac{\partial L}{\partial \hat{D}_a} = 2(r + x + \hat{P}_a - i^*)^2 \cdot \dfrac{1}{2} + 2\beta(-\hat{R}) \cdot \dfrac{1}{2} = 0 \qquad \Rightarrow i_a = i^* + \beta \hat{R}$

Wegen (L6) ist $i_a = i + x$, so daß sich aus $i^* - \beta \hat{R} = i^* - x + \beta \hat{R}$ ergibt, daß

(L9a) $\quad \hat{R} = \dfrac{1}{2} \dfrac{x}{\beta} = -\hat{R}_a$

Eingesetzt in die Bedingungen erster Ordnung (L8) lassen sich dann die Zinsen als Funktionen des vorgegebenen Zinsziels und des Portfolioschocks ermitteln.

(L9b) $\quad i = i^* - \frac{1}{2}x$

(L9c) $\quad i_a = i^* + \frac{1}{2}x$

Eine mögliche **Asymmetrie** ist dagegen, daß sich das Schlüsselwährungsland ganz auf den Verfolg der internen Zielsetzung verlegen kann, während das Satellitenland sich auf die externe Zielsetzung eines möglichst stabilen Reservenbestandes bzw. der Aufrechterhaltung des Währungsregimes konzentrieren muß. Entsprechend asymmetrisch sind die Reaktionsfunktionen (unter Verwendung von (L6a) und (L5)) sowie die optimalen Zinssätze und Reserveänderungen.

(L10a) $\quad \underset{\hat{D}}{\min} L = (i - i^*)^2$ $\qquad$ (L10b) $\quad \underset{\hat{D}_a}{\min} L_a = \hat{R}_a^2$

(L11a) $\quad \hat{D} = 2(i^* - r) - \hat{D}_a - (v + v_a)$ $\qquad$ (L11b) $\quad \hat{D}_a = \hat{D} + (v - v_a)$

(L12a) $\quad i = i^*$ $\qquad$ (L12b) $\quad i_a = i^* + x$ $\qquad$ (L12c) $\quad \hat{R} = -\hat{R}_a = 0$

Die Reaktionsfunktion (L11a) des Schlüsselwährungslandes zeigt, daß Veränderungen des Kreditvolumens im Satellitenland vollständig absorbiert werden. Das Satellitenland muß sich dagegen der Kreditpolitik des Schlüsselwährungslandes vollkommen anpassen und das Differential der Geldnachfrageschocks kompensieren, um einen optimalen Reservenabfluß von 0 zu erzielen.

Aus den Bedingungen erster Ordnung (L12) ist ersichtlich, daß das Schlüsselwährungsland im Gleichgewicht seinen angestrebten Zinssatz erreicht und infolge der Zielerreichung des Satellitenlandes auch ein externes Gleichgewicht verzeichnet. Die aus Portfolioschocks x resultierenden Zinssatzänderungen werden - um die eigene Reserveposition zu stabilisieren - vollständig vom Satellitenland getragen.

Giovannini (1989, 25-35) untersucht die beobachtbaren Implikationen dieser Deutungen für drei asymmetrisch funktionierende Währungsordnungen (Goldstandard, Bretton Woods und EWS): 1. die Abfolge der Zinsänderungen (Schlüsselwährungsland zuerst, nachfolgend die Satellitenländer); 2. die vergleichsweise größere Stabilität des Zinssatzes eines Schlüsselwährungslandes; 3. die Unabhängigkeit von Zinsänderungen und Reservebewegungen beim Schlüsselland, dagegen hohe Korrelation bei Satellitenländern. Allerdings scheint in den drei Währungsordnungen keine dieser beobachtbaren Formen der Asymmetrie allein kennzeichnend gewesen zu sein.

Wie lassen sich diese Asymmetrien ökonomisch erklären? Solche Erklärungen müssen an spieltheoretische Modelle herangetragen werden. Die Umsetzung der Wirtschaftspolitik wird hier als Interaktion von Regierungen beschrieben, die über ein Instrument verfügen, das genau vorhersehbare Wirkungen in bezug auf die angestrebte Zielerreichung als auch in bezug auf den Spillover hat. Bei dieser Konzentration auf das Politikspiel bleiben wichtige ökonomische Fragen unbeantwortet, wie: Über welche ökonomischen Mechanismen vollzieht sich die asymmetrische Koordination, vorausgesetzt, daß Reaktionsfunktionen ein irreführend schlichtes Bild der Umsetzung von Wirtschaftspolitik zeichnen? Welche Rolle spielen dabei Marktprozesse?[70]

In der Literatur, auch bereits in der älteren, finden sich verschiedene Deutungen für Asymmetrien, die formal in einem Modell repräsentiert werden können, in dem jede Regierung auf die Politik der jeweils anderen reagiert, den Reaktionen aber unterschiedliche Zielfunktionen des Schlüssel- und des Satellitenwährungslandes zugrundeliegen:

---

[70] Vgl. zur Kritik an spieltheoretischen Modellen in diesem Zusammenhang auch Mélitz (1995a, 291), der aufgrund ihrer Unzulänglichkeit eine Rolle für die Theorie des optimalen Währungsraumes sieht.

- Mit Mundell (1968, 192-195) lassen sich unterschiedliche Zielfunktionen auf eine sinnvolle Verteilung von Anpassungslasten zurückführen, wenn die Koordination zwischen Ökonomien sehr unterschiedlicher Größe stattfindet. Im monetaristischen Wechselkursansatz hat ein kleines Land bei Fixierung des Wechselkurses definitionsgemäß kaum Einfluß auf die interne Preisstabilität. Diese wird deshalb besser vom großen Land gesichert. Umgekehrt sind die Reserveänderungen, die ein kleines Land benötigt, um im Gleichgewicht zu sein, relativ gering, eine Politik der externen Stabilisierung also entsprechend wirksam. Deshalb wird in der währungsbezogenen Kooperation das große Land ein auf Preisstabilität bedachtes Zinsziel verfolgen, das kleine Land dagegen die Reserveposition stabilisieren.

- Mit Genberg/Swoboda (1989, 101-105) könnten unterschiedliche Zielfunktionen damit begründet werden, daß eines der kooperierenden Länder die Reservewährung emittiert. Eine Geldmengenausweitung dieses Landes hat eine wesentlich größere Wirkung auf die verfügbare Liquidität und damit auf die Preisniveaustabilität im Integrationsraum. Das Reservewährungsland sollte deshalb auf dessen Stabilisierung verpflichtet werden. Zugleich würde eine gegebene Geldmengenänderung eine vergleichsweise starke Reservenänderung für das Satellitenland mit sich bringen, weil ein Reservewährungsland eine größeren Geldschöpfungsmultiplikator hat. Das würde es dem Satellitenland erschweren, ein Zinsziel zu verfolgen.

- Mit Forschungen zur Geschichte von internationalen Verschuldungskrisen und hegemonialen Währungssystemen[71] läßt sich argumentieren, daß unterschiedliche Zielfunktionen auf einen Gläubiger- bzw. Schuldnerstatus der kooperierenden Länder zurückzuführen sein können. Insbesondere kann ein Gläubigerland das Zinsinstrument ausgesprochen wirksam einsetzen. Für Schuldnerländer sind jedoch Liquiditätskrisen immer virulent, so daß die Stabilisierung der Reserveposition zu einer sine qua non für die Aufrechterhaltung eines stabilen Verschuldungspfades wird (vgl. Fenster 5.3).

- Mit Giavazzi/Pagano (1988) und anderen neueren Arbeiten zur Glaubwürdigkeit der Wirtschaftspolitik läßt sich die Asymmetrie darauf zurückführen, daß die Koordination zwischen Ländern mit unterschiedlicher Reputation für Stabilitätsorientierung stattfindet. Mit dem Verfolg des Reserveziels möchte die Regierung mit der schlechteren Reputation Glaubwürdigkeit importieren, indem sie damit signalisiert, daß sie sich vollständig an die Politik des notorisch stabilitätsorientierten Landes anpaßt. Dieses gibt dem System umgekehrt einen nominellen Anker, indem es das Zinsziel für die interne Stabilität verfolgt.

---

[71] Vgl. beispielsweise die Beiträge in Eichengreen/Lindert (1989) mit weiterführenden Hinweisen auf die umfangreiche Literatur.

An die Frage, wie Asymmetrien zu modellieren und ökonomisch zu motivieren sind, schließt sich die Frage an, der Hughes Hallett (1993) nachgeht: Kann der koordinierte Verfolg eines Wechselkursziels gerade deshalb nachteilig sein, mit einem geringeren Grad der Zielerreichung einhergehen, weil Asymmetrien vorliegen? Die von ihm betrachteten Asymmetrien sind die unterschiedlich verteilte Effektivität des wirtschaftspolitischen Mitteleinsatzes, ungleiche Wirkungen desselben Schocks auf die Zahlungsbilanzen, stark zu Lasten einer Seite anfallende Interdependenz, unterschiedlich intensive Bindung an das Wechselkursziel.

Die Analyse von Hughes Hallett (1993, 203) ergibt allgemein, daß Asymmetrien in der Koordination keine allein ausschlaggebende Rolle für ihre Wünschbarkeit spielen. So zeigt sich bei ihm, daß der koordinierte Verfolg eines Wechselkursziels immer dann nachteilig ist, wenn Schocks sehr groß und in ihrer Wirkung dem Mitteleinsatz entgegengesetzt sind, der für die Erreichung eines primären Ziels notwendig ist. Das primäre Ziel bezeichnet ein anderes als das Wechselkursziel, beispielsweise wäre das im Williamson/Miller (1987)-Vorschlag das Wachstum des Nominaleinkommens. Die Aussage, daß monetäre Integration unter Beibehaltung des Wechselkurses nachteilig ist, wenn diese Umstände vorliegen, gilt unabhängig von bestimmten Strukturparametern und Präferenzen, insbesondere auch unabhängig von Asymmetrien. Somit kann währungsbezogene Politikkoordination im symmetrischen wie im asymmetrischen Fall nachteilig sein. Freilich auch vorteilhaft.

Vorteilhaft ist die Koordination nahezu immer, also wiederum weitgehend unabhängig von besonderen Annahmen über Parameter und Präferenzen, unter einem „Lokomotiven-Regime, also bei positiver Interdependenz der Ökonomien. Das scheint auch ohne ausführliche Herleitung in einem Modell einsichtig. Umso bemerkenswerter ist, daß die Vorteilhaftigkeit der währungsbezogenen Politikkooperation selbst unter diesem Regime nicht ausnahmslos gilt. Insbesondere ist sie nicht unbedingt vorteilhaft für ein im Mitteleinsatz effektiveres oder von Spillovers relativ weniger betroffenes, in diesem Sinne unabhängigeres, Land. Der Regierung eines solchen stärkeren Partnerlandes fehlen insofern die unmittelbaren Anreize zur Koordination. Sie kommt deshalb ohne weiteres nicht zustande, obwohl sie für das andere Land - und damit im Aggregat eines zwei-Länder-Modells - ausgesprochen hilfreich wäre (Hughes Hallett 1993, 201).

Im Falle eines *Beggar-thy-neighbor*-Regimes haben Asymmetrien dagegen entscheidenden Einfluß. In einem *Beggar-thy-neighbor*-Regime wirkt der Mitteleinsatz des einen Landes negativ auf die Zielerreichung des anderen. Asymmetrien erhöhen hier den Bereich, in dem die Parameterkonstellationen theoretisch nachteilige Effekte erwarten lassen. Insbesondere in den folgenden Fällen ist dann der koordinierte Verfolg eines Wechselkursziels nachteilig gegenüber einer Welt, in der beide Regierungen auf ein Wechselkursziel verzichten.[72]

- Wenn der Mitteleinsatz in bezug auf die eigene primäre Zielsetzung (außer dem Wechselkursziel) unterschiedlich wirksam ist, eine Regierung also eine deutlich effektivere Wirtschaftspolitik ausüben kann als die andere. Sie muß entsprechend viel in bezug auf ihr primäres Ziel „opfern" und ihre Mittel nun komparativ nachteilig einsetzen.

- Wenn ein Land deutlich abhängiger ist als das andere, also von dessen Mitteleinsatz in seiner Zielerreichung stärker beeinträchtigt wird als umgekehrt. Es ist nämlich genau deshalb auch stärker betroffen, wenn das andere Land zur Wahrung des gemeinsamen Wechselkurszieles stärker intervenieren muß.

- Wenn eine Regierung, beispielsweise wegen höherem Offenheitsgrad, mit ihrem Mitteleinsatz stärkere Wechselkurseffekte erzielen kann als die andere. Die dafür verantwortliche Offenheit bewirkt zugleich, daß ihr Mitteleinsatz weniger wirksam in bezug auf die primäre Zielsetzung ist und daß es von Außeneinflüssen, insbesondere den Spillovers des anderen Landes, stark betroffen ist.

- Wenn das *Commitment*, die Selbstbindung, in Bezug auf ein Wechselkursziel bei einer Regierung sehr viel höher als bei der anderen ist. Die Regierung mit schwächeren Präferenzen für ein Wechselkursziel wird dessen Verfolg dann als nachteilig empfinden, weil es mit dem „Opfer" einer geringeren primären Zielerreichung bezahlt werden muß.

Die genannten Fälle zeigen das theoretische Dilemma auf, daß Koordination gerade dann nachteilig sein kann, wenn dies für eine Regierung besonders wünschenswert erscheint. Oder als Paradoxon der asymmetrischen monetären Integration formuliert: In einer Welt ungleicher Währungsräume haben die schwächeren Partner just dann Anlaß, währungsbezogene Politikkoordination zu suchen, wenn sie für stärkere Partner uninteressant ist oder sogar insgesamt Nachteile bringt. Unter welchen Bedingungen sich dieses Paradoxon auflösen läßt, wird in Kapitel 5 genauer untersucht.

Die Asymmetrie und Heterogenität der an der Währungsstabilisierung beteiligten Wirtschaftsräume bestimmt daher in der älteren und neueren Theorie die Grenze ökonomisch begründbarer Integration. Denn die unterschiedlichen Positionen in der Hierarchie der Währungsräume bedingen, daß Interessenlagen inkompatibel oder Vorteile aus der Integration ganz einseitig verteilt sein können. Eine Vereinbarung zur koordinierten Wechselkursstabilisierung kommt dann nicht zustande.

---

[72] Vgl. für eine ausführlichere Auflistung der ableitbaren Fälle Hughes Hallett (1993, 198-200).

Schlußbemerkung

Um nur noch einmal die wichtigsten Ergebnisse dieses Kapitel hervorzuheben: Das Zielzonenmodell illustriert, daß die Erwartungsbildung stabilisierend wirken kann, wenn bestimmte institutionelle Weichenstellungen gegeben sind. Zugleich macht dieses Modell auf ein wirtschaftspolitisches Paradoxon aufmerksam. Die mit einer Zielzone oder anderen Wechselkurszielen eingegangene Bindung ist geradezu destabilisierend, wenn sie - beispielsweise wegen einer zu hohen Wahrscheinlichkeit für *Realignments* - unglaubwürdig ist.

Wichtig an der Möglichkeit rationaler Blasen ist, daß ihr Auftreten nur vom berechtigten oder unberechtigten Zweifel an der Selbstverpflichtung wirtschaftspolitischer Instanzen genährt wird und nicht die Sanktion für irgendein Fehlverhalten darstellt. Es ist die in der Vergangenheit aufgebaute Reputation, die aktuell so manifeste Glaubwürdigkeitsprobleme aufwerfen kann, daß ein Wechselkursziel nicht zu halten ist. Die mit der Spekulationsattacke einhergehenden Veränderungen der Vermögensbestände verlangen dann ein neues gleichgewichtiges Niveau des Wechselkurses. Eine schlechte Reputation der Geld- und Wechselkurspolitik bedeutet für die wirtschaftspolitischen Instanzen der betreffenden Währungsräume, daß sie immer wieder mit starken Störungen der volkswirtschaftlichen Einkommensbildung rechnen müssen. Das kann eine langfristige Entwicklungsbarriere darstellen. Die neuere Theorie der monetären Integration wirft daher die integrationspolitische Frage auf, ob dem fatalen Zusammenhang von Glaubwürdigkeit und stabilitätsförderlicher Währungsanbindung nur durch Abschaffung des Wechselkurses zu entkommen ist (Frenkel/ Goldstein 1991, 192; Eichengreen 1994). Sie hat eine starke Tendenz, dies zu bejahen.

Jenseits eines so weitreichenden Schrittes zur monetären Integration muß jedoch auf das Instrumentarium zurückgegriffen werden, das im Rahmen der Literatur zur makroökonomischen Politikkooperation entwickelt wurde. Hier wurde dafür plädiert, die **wechselkursbezogene asymmetrische Politikkoordination unter Unsicherheit** als den Inhalt einer allgemeinen Theorie monetärer Integration zu begreifen. In den grundlegende neueren Beiträgen ist diese Literatur kaum und schon garnicht systematisch rezipiert worden. Erst allmählich wird sie wiederentdeckt, allerdings vorrangig mit Blick auf EWU-interne Koordinationsprobleme (Hughes Hallett/Mooslechner 1999, Wyplosz 1999).

B. Ausgewählte Aspekte der Theorie und Politik monetärer Integration

In den folgenden drei Kapiteln werden Grundlagenfragen und Anwendungen behandelt, die mir besonders wichtig und charakteristisch für die neuere Theorie monetärer Integration erscheinen, von den bisher vorliegenden Beiträgen aber eher vernachlässigt werden. Das betrifft erstens die geldtheoretische Frage nach einer wesentlichen Rolle von Währungen für Allokation und Beschäftigung (Kapitel 4), zweitens die Veränderung von außenwirtschaftlichen Restriktionen als zentralem Gegenstand monetärer Integrationsversuche, insbesondere unter den Bedingungen eines multipolaren Weltwährungssystems (Kapitel 5), und schließlich die Endogenität der Strukturmerkmale bei Währungsintegration (Kapitel 6).

4 Die Bedeutung von Währungsgrenzen und Währungsqualitäten

Der Argumentationsgang dieses Kapitels, das sich mit den theoretischen Grundlagen monetärer Integrationspolitik beschäftigt, kann wie folgt zusammengefaßt werden. Zunächst wird dargelegt, wie sich die Relevanz von Währungsgrenzen aus der Nicht-Neutralität der Geldversorgung begründen läßt (Unterkapitel 4.1). Die subjektiv wahrgenommenen Währungsqualitäten wirken auf das Zinsniveau und die Elastizität der Währungsnachfrage (Unterkapitel 4.2). Währungsgrenzen erhalten dadurch eine wesentliche Bedeutung für die Einkommensbildung und für die längerfristige Entwicklung der Wirtschaftsstruktur. Eingehender betrachtet werden insbesondere die Stabilität nomineller Größen, die Bedingungen für die Kapitalbildung sowie entsprechende Charakteristika der Beschäftigungsentwicklung (Unterkapitel 4.3).

4.1 Neutralität der Geldversorgung versus Bedeutung von Währungsgrenzen

Die Theorie der monetären Integration ist mit einem der großen Grundlagenprobleme der ökonomischen Wissenschaft konfrontiert. Sie muß der Geldhaltung eine wesentliche Rolle für die Ressourcenallokation und die reale Einkommensbildung geben. Wäre die Geldversorgung neutral für die Struktur der Wertschöpfung und das Aktivitätsniveau einer Ökonomie, verdiente das Ausmaß koordinierter Währungsstabilisierung oder die Größe eines Währungsraumes kaum besonderes Interesse. Ihre Fragestellung setzt die monetäre Integrationstheorie daher in ein Spannungsverhältnis zur klassisch-neoklassischen Tradition der Ökonomik. Denn seit Adam Smiths Kritik des Merkantilismus' hält sich diese als eine ihrer großen wissenschaftlichen Leistungen zugute, den „Geldschleier" über den realwirtschaftlichen Vorgängen weggezogen zu haben. Die

Existenz einer Währung neben anderen ist in dieser Tradition eher politisches Symbol als ökonomisch relevantes Faktum.

Mein Anliegen ist hier zu zeigen, daß die Theorie monetärer Integration keineswegs nur Anwendungscharakter in einer Welt des Zweitbesten hat, wie Johnson (1969) nicht ohne Grund argwöhnte. Vielmehr verweist sie immer wieder auf die Notwendigkeit, der erfahrbaren Bedeutung des Geldes für ein kapitalistisches Wirtschaftssystem auch in der Theorie einen wesentlichen Stellenwert zu geben. Das wurde seit Patinkin (1965) mit großer Intensität versucht. Ich beschränke mich auf eine nicht-rigorose Zusammenfassung dieser Debatten und gehe auf bestimmte Aussagen nur dann formal präziser ein, wenn diese Modellierungen im weiteren Gang der Arbeit als Bezugspunkte dienen.

4.1.1 Das Neutralitätspostulat

Währungsgrenzen haben prinzipiell nur Bedeutung, wenn die Geldversorgung *nicht neutral* für die Gütersphäre, also für die Allokation und Beschäftigung von Ressourcen, ist. Mit Neutralität ist bekanntlich gemeint, daß eine Erhöhung der nominalen Geldmenge lediglich zu einer proportionalen Erhöhung der absoluten Preise führt, nicht zu einer Veränderung der Zusammensetzung des Güterangebotes oder der Höhe der Beschäftigung.

Für die klassisch-neoklassische Makroökonomie hängt wiederum an der Neutralität der Geldversorgung nicht weniger als die Vereinbarkeit mit ihren mikroökonomischen oder werttheoretischen Grundlagen. Diese besagen, daß der positive Wert eines Gutes - gemessen in irgendeinem anderen Gut - durch *Knappheit* konstituiert wird, wobei Knappheit das Produkt aus objektiv begrenzter Verfügbarkeit des Gutes und subjektivem Bedürfnis danach ist. Mit Geld kommt jedoch ein „Gut" in die Ökonomie, das in der Tauschwirtschaft intrinsisch wertlos ist. Es ist ein Nominalobjekt, dessen Nutzen nur aus seiner Kaufkraft, seiner Eintauschbarkeit in andere knappe Güter, herrührt (Heering 1991, 45f.). Für dieses Tauschmittel Geld liefert nun die Quantitätstheorie des Geldwertes eine Preistheorie, die die Knappheitstheorie der relativen Güterpreise ergänzt und zugleich die Bestimmung der absoluten Güterpreise ermöglicht.[1]

Es ist das Verdienst von Patinkin (1965), erstens die Forschung zu den Bedingungen angestoßen zu haben, unter denen das Neutralitätspostulat gilt. Zweitens hat er - und dies war sein eigentliches Anliegen - den Unterschied zwischen der

---

[1]   Der Preis des Geldes ist hier das Reziproke des Preisniveaus der Güter, 1/P. Der Bruch gibt an, wieviele Einheiten des Güterkorbes einzutauschen sind, um eine Geldeinheit zu erhalten. Die Preistheorie ist also wesentlich eine Theorie der Bestimmung des Preisniveaus. Und die Quantitätstheorie besagt, daß je geringer die *Quantität* des Geldes, desto höher der *Geldwert* bzw. desto niedriger die absoluten, in Geldeinheiten gemessenen Güterpreise.

Neutralität der Geldversorgung und der Dichotomie von Geld- und Gütersphäre auf den Begriff gebracht. Während *Dichotomie* strenggenommen meint, daß die Überschußnachfragen nach Gütern (immer einschließlich Arbeitsleistungen) nur von relativen Preisen bestimmt werden, verlangt *Neutralität*, daß die Überschußnachfragen nach Gütern darüberhinaus auch von der Realkasse abhängen.

Der *Realkasseneffekt* beseitigt den Widerspruch, auf den das Postulat der Dichotomie in einer Walrasianischen Ökonomie führt. Wenn nur relative Preise die Güterüberschußnachfrage bestimmen, könnte eine Verdopplung der Geldmenge keine Auswirkungen auf diese Nachfrage haben. Die Quantitätstheorie des Geldwertes verlangt jedoch, daß sich das Preisniveau verdoppelt. Ist die Realkasse ein Argument der Güternachfragefunktionen ist, so möchten die Haushalte bei einer Verdopplung der Geldmenge ihre zu herrschenden Preisen verdoppelte Realkasse durch Güterkäufe abbauen. Da dies alle wollen, Güter knapp sind und keine unfreiwillige Arbeitslosigkeit herrscht, bewirken sie durch ihre aggregierte Überschußnachfrage im werttheoretischen Idealfall lediglich einen Anstieg der Güterpreise um 100%. Somit wird die Realkasse wieder auf ihr (gleichgewichtiges) Ausgangsniveau reduziert. Spiegelbildlich dazu sinkt der Geldwert, verstanden als Kaufkraft der Geldmenge.

Der Realkasseneffekt überwindet also die Dichotomie bzw. die mit ihr verbundene Inkonsistenz und rettet zugleich das Neutralitätspostulat. Allerdings dürfte schon aus diesem kurzen Abriß ersichtlich werden, daß es zahlreiche Einfallstore für die Theorie monetärer Integration gibt, die *Nicht-Neutralität* der Geldversorgung zu begründen. Um nur die pragmatischen Fragen aufzuwerfen: Welche Geldpolitik stellt sicher, daß jeder Haushalt einen proportionalen Anteil an der Geldmengenveränderung erhält, damit sich das Neutralitätsresultat einstellt? Was garantiert, daß jeder Haushalt seine Nachfrage nach allen Gütern gleichmäßig ausdehnt, sobald er sich mit einer höheren als gewünschten Realkasse vorfindet? Wie wirken sich die Einkommenseffekte aus, die auftreten, wenn eine endliche Zeit zwischen der Veränderung der Geldmenge und dem Hoch- bzw. Herunterbieten der Güterpreise vergeht? Und daran anschließend: Wenn Preise sich nicht instantan anpassen, wäre die Unterstellung nur freiwilliger Arbeitslosigkeit selbst in der klassisch-neoklassischen Ökonomie nicht länger gerechtfertigt,- wie wirken sich die dann möglichen Mengenreaktionen auf das Neutralitätsresultat aus?

Mit diesen Fragen sind die durchaus diskussionswürdigen entscheidungstheoretischen Prämissen des Neutralitätspostulats noch garnicht angesprochen. Sie zu diskutieren, hieße beispielsweise zu problematisieren, ob die Realkasse ein Argument in der repräsentativen Nutzenfunktion sein darf. Das wird hier nicht weiter betrachtet. Denn mir nicht anstößig erscheinende Annahmen über Rationalität und Normalität von Präferenzen genügen, um die Realkasse als Argument einer Nutzenfunktion zu rechtfertigen.[2] Die oben aufgeworfenen Fragen möchten daher keine Zweifel an den entscheidungstheoretischen Voraussetzungen des Realkasseneffekts wecken. Aber sie sollen sehr wohl Zweifel an der markttheoretischen Validität des Szenarios anmelden, das die Neutralität der Geldversorgung zeigen soll.

Die Forschung hat inzwischen die Bedingungen herausgefunden, die für die Geltung des Neutralitätspostulates strenggenommen erfüllt sein müssen (Gale 1982, Kap.1; Patinkin 1990). Diese Bedingungen lassen sich in drei Gruppen einteilen, denen in einer Theorie monetärer Integration jeweils eigenständige Bedeutung zukommt.

1. Bedingungen in Bezug auf die Geldnachfrage: Die Zusammensetzung des konsumierten Güterkorbes muß für alle Haushalte identisch sein und darf sich mit der Erhöhung der Einkommen nicht ändern. Technisch gesprochen: Die Einkommensexpansionspfade (Engelkurven) der Haushalte müssen identisch sein und linear durch den Ursprung gehen.[3] Genau das gewährleistet die Nullhomogenität der aggregierten Überschußnachfragefunktion der Güter in der Realkasse bzw. ihre Einshomogenität in der nominellen Geldhaltung. Um die Geldhaltung zu motivieren, wird ihr die Funktion der Wertaufbewahrung zugeschrieben, mit deren Hilfe die Haushalte ihre Kaufkraft in eine ungewisse Zukunft transferieren können. Ihre Güternachfrage über mindestens zwei Perioden folgt dann aus der Optimierung des Erwartungsnutzens. Auch in bezug auf die Erwartungsbildung muß dann vorausgesetzt werden, daß die Erwartungen der Haushalte identisch und nullhomogen in absoluten Preisen (sowohl gegenwärtigen wie zukünftigen) sind, damit sich das Neutralitätsresultat einstellt.

2. Bedingungen in Bezug auf das Geldangebot: Geld muß Außengeld, d.h. ein Reinvermögen der Haushalte, sein. Bei reinem Innengeld wäre das Preisniveau indeterminiert.[4] Die Emission dieses Außengeldes muß so bewerkstelligt

---

2   Vgl. dazu die sorgfältige Studie von Heering (1991, Kap.2).

3   Die Linearität der Engelkurven ist empirisch fragwürdig. Eine sehr robuste empirische Regelmäßigkeit, das sog. Engel'sche Gesetz, besagt, daß die Nachfrage nach einer Gütergruppe wie Grundnahrungsmittel einen nicht-linearen, nämlich fallenden Einkommensexpansionspfad aufweist. Die Nachfragen nach anderen Gütergruppen, beispielsweise Körperpflegemittel oder Transportleistungen, sind durch steigende Engelkurven gekennzeichnet. Dann würde sich bei Erhöhung der Realkasse und entsprechender Ausdehnung der Nachfrage die Konsumstruktur jedoch ändern, es käme somit zu einer Verschiebung relativer Preise. Das hätte Auswirkungen auf die Ressourcenallokation. Eine Geldmengenerhöhung hätte somit reale Effekte.

4   Denn bei reinem Innengeld und der für die Neutralität der Geldversorgung notwendigen Nutzenaxiomatik (lineare Engelkurven) sind die gleichgewichtigen Güterpreise

werden, daß die Kassenhaltung jedes Haushalts proportional zu seiner ursprünglichen Geldhaltung erhöht wird. Es darf außer Geld kein anderes nominalfixiertes Aktivum geben, das aus Sicht der Privatwirtschaft ein Reinvermögen darstellt. Denn andernfalls würde z.B. eine Erhöhung aller Güterpreise und der Geldmenge das Reinvermögen der Haushalte dennoch senken und die vermögensabhängige Güternachfrage ändern. Selbst eine reine Geldmengenpolitik, wie beispielsweise Offenmarktgeschäfte mit festverzinslichen Staatsschuldpapieren (Bonds), ist somit nicht vereinbar mit der Neutralität der Geldversorgung, weil dies die Vermögensposition der Privaten veränderte. Neutralität verlangt eine Geldpolitik, die den Geldangebotsprozeß völlig ausblendet (Gale 1982, 15). Friedman (1969, 4) hat diese Ausblendung der Geldversorgung bekanntlich im Bild des Hubschrauberabwurfs eingefangen. Doch selbst dies ist noch eine zu geringe Anforderung, um Neutralität sicherzustellen. Zusätzlich müßte nämlich unterstellt werden, daß jeder Haushalt gerade soviel des abgeworfenen Geldes einsammelt, daß der Anteil seiner Geldhaltung an der neuen Geldmenge gleich bleibt. Ein mit dem Neutralitätspostulat vereinbares Geldangebot müßte daher mittels eines Transfers bzw. einer Steuer bewerkstelligt werden, deren Höhe proportional zur individuellen Kassenhaltung wäre.

3. Bedingungen in Bezug auf die Preisflexibilität: Güterpreise einschließlich Nominallöhne müssen vollkommen flexibel sein. Das setzt vollkommene Information über die Art der Preisänderung voraus, insbesondere ob es sich um relative oder nur um absolute Preisänderungen handelt. Außerdem darf es keine Kosten der Preisänderung geben, wie dies beispielsweise mit dem Drucken neuer Speisekarten verbunden sein kann (sog. Menükosten). Es darf keine längerfristigen Verträge mit Nominalfixierung geben, obwohl dies bei kollektiver Vertretung der Arbeitsmarktparteien und ausgehandelten Tarifverträgen regelmäßig der Fall ist. Denn wenn die betreffenden Preise vor dem Auftreten einer Störung und einer entsprechenden geldpolitischen Reaktion darauf vereinbart werden, kommt es zur Verschiebung relativer Preise, nämlich zwischen Gütern mit flexibleren Preisen und solchen mit temporär fixierten. Auch das üblicherweise an Nominalgrößen ansetzende Steuersystem gefährdet das Neutralitätsresultat, weil es bei Preisänderungen zur Umverteilung zwischen Regierung und Privatwirtschaft kommt: Stichworte hierzu sind die „Inflationssteuer", die den Staat wegen seines zeitlichen „Ausgabenvor-

---

unabhängig von der Verteilung der Geldmenge auf die Haushalte. Man könnte das Preisniveau zwar auch bei reinem Innengeld bestimmbar machen, indem man beispielsweise eine vermögensunabhängige Transaktionskassenhaltung postuliert (vgl. dazu allerdings die kritischen Bemerkungen von Gale 1982, 192-194). Aber dann wäre Geld nicht neutral, weil der mit einer Geldmengenerhöhung einhergehende Anstieg der Preise zu größeren Transaktionskosten der Geldverwendung führt (vgl. im Text „Schuhsohlenkosten").

sprungs" zum Inflationsgewinner macht, der Olivera-Tanzi-Effekt, der ihn bei laufender Inflation wegen Steuerzahlungsverzögerungen zum Inflationsverlierer macht, und die „kalte Progression", die bei einer Einkommensinflation immer mehr Haushalte einem hohen Steuersatz unterwirft, wenn das Steuersystem einen progressiven Tarifverlauf aufweist. Schließlich darf die Geldverwendung selbst keine Transaktionskosten verursachen, wie dies etwa bei „Schuhsohlenkosten" der Geldbeschaffung der Fall ist, weil dann Preiserhöhungen mit einem Verlust an Kaufkraft verbunden sind. Diese Kaufkrafteinbuße zöge reale Wirkungen im Güternachfrage- und Arbeitsangebotsverhalten nach sich.

Offenkundig ist die Geltung des Neutralitätspostulat an so unplausible Voraussetzungen geknüpft, daß die monetäre Integrationstheorie getrost von Nicht-Neutralität ausgehen darf. Der große Raum, der diesem Postulat vor allem in den sechziger und siebziger Jahren in der geldtheoretischen Literatur eingeräumt wurde, läßt sich damit erklären, daß es eine Kardinalfrage der klassisch-neoklassischen Makroökonomie berührt: Kann sie dem - in der wirklichen Welt nun mal unabweislich vorhandenen - Phänomen Geld einen mit ihren werttheoretischen Grundlagen kompatiblen Stellenwert für den Wirtschaftsprozeß geben? Meines Erachtens ist dies zu verneinen.

Nach den Normen ihrer Theoriebildung ist es unzulässig, daß die Walrasianische Ökonomie identische Haushalte unterstellt, wenn und insofern dies ausschlaggebend für das zu erzielende theoretische Ergebnis ist.[5] Das zu erzielende theoretische Ergebnis lautet, daß der Preismechanismus die Pareto-effiziente Koordination dezentraler Entscheidungen leisten kann. Abgesehen von einigen Anforderungen an Rationalität und Konsistenz hat die Walrasianische Ökonomie keine weiteren Voraussetzungen bezüglich der idiosynkratischen Präferenzordnungen zu machen. Denn wie keine andere Theorie (und mit bewundernswerter Konsequenz) erklärte sie die Konsumentensouveränität zum Dreh- und Angelpunkt des kapitalistischen Wirtschaftsprozesses. Präferenzen sind Sache der atomistisch interagierenden Wirtschaftssubjekte und gerade die Unterschiede in Fähigkeiten und Wünschen eröffnet Tauschpotentiale. Aber genau diese Normen ihrer Theoriebildung sowie ihr forschungsleitendes Interesse muß sie schlicht mißachten, will sie ihre Geldtheorie konsistent integrieren und das für sie zwingende Resultat, nämlich Neutralität der Geldversorgung, ableiten. Nicht der Marktprozeß

---

5   Man kann hier ganz analog zur Kritik an der Phillips-Kurve argumentieren: Ausschlaggegebend für das Postulat eines stabilen Tradeoffs zwischen Arbeitslosenrate und Inflation war die Annahme adaptiver Erwartungsbildung. Sobald man lernfähige, modellkonsistente Erwartungen unterstellte, wurde der Tradeoff instabil oder verschwand ganz. Die unplausible Annahme über die Erwartungsbildung diente also keineswegs nur einer methodisch zulässigen Vereinfachung, sondern war verantwortlich für das Ergebnis.

darf dann die Koordination leisten, sondern das Handeln der Wirtschaftssubjekte muß vorab koordiniert sein, um ein bestimmtes Marktresultat zu erhalten! Die Unterstellung identischer Individuen ist somit im Falle der Walrasianischen Ökonomie keine zulässige methodische Vereinfachung, sondern hebt ihr Forschungsprogramm auf.

Meine Schlußfolgerung daraus ist, daß eine Theorie der monetären Integration mit der Voraussetzung einer Geldwirtschaft beginnen sollte und nicht mit der Voraussetzung einer Tauschwirtschaft, in die *nachträglich* Geld eingeführt wird. Eine solche Voraussetzung ist insbesondere, daß die Geldmenge aus Sicht der Privaten eine Rückzahlungsverpflichtung gegenüber der Zentralbank ist. Geldzahlungen können dann etwas leisten, was kein anderes Transaktionsmedium kann: nämlich Geldschulden auflösen (Hahn 1984, 19, 37; Betz 1993, 43-48).[6] Ironischerweise können dann sogar vereinfachende Annahmen - wie eben die Repräsentativität der Akteure - getroffen werden, ohne daß sie zu Neutralität der Geldversorgung führen würden. Noch wichtiger aber ist: Werden diese vereinfachenden Annahmen nicht getroffen und vielmehr heterogene Erwartungen der Akteure oder unvollkommene Preisflexibilität unterstellt, so stützt dies die Nicht-Neutralität zusätzlich, bedingt sie aber nicht.

Mit der Voraussetzung einer Geldwirtschaft zu beginnen hat für die monetäre Integrationstheorie vor allem die Konsequenz, daß der Zins ein monetäres Phänomen ist, also kein Phänomen der intertemporalen Disposition über Ressourcen. Und insofern der Zins ein Bestimmungsgrund relativer und absoluter Preise ist, hat eine solche Zinskonzeption auch werttheoretische Folgen. Geld- und Werttheorie, „Money" und „Principles", sind dann nicht länger geschiedene Welten. Vielmehr wird die Nicht-Neutralität der Geldversorgung zu einer Konsistenzbedingung für die Einkommenstheorie.

4.1.2 Ansatzpunkte für eine wesentliche Rolle der Geldversorgung

Die neuere Theorie monetärer Integration hat jedoch nicht die Konsequenz gezogen, die werttheoretischen Grundlagen mit der Nicht-Neutralität der Geldversorgung in Übereinstimmung zu bringen. In den meisten, expliziten oder impliziten Modellen wird stillschweigend die Markttheorie und Makroökonomie der neoklassischen Synthese unterstellt. Die Geldversorgung müßte dann langfristig irrelevant für das Beschäftigungsgleichgewicht sein. Die Geldpolitik ist aber zumindest kurzfristig wirksam, weil Preise sich nur träge anpassen bzw. die Anpassung Kosten verursacht.[7] Verantwortlich sind dafür all die Phänomene, die

---

6   Freilich stellt sich auch dann noch die Frage, warum Wirtschaftssubjekte solche eingehen (vgl. Abschnitt 4.1.2).

7   Aus einer kurzfristigen Wirkung kann eine dauerhafte werden. Mit solchen Persistenzeffekten ist z.B. der Umstand gemeint, daß von Arbeitslosigkeit Betroffene sehr

in der dritten Gruppe der Bedingungen für Neutralität zur Verletzung dieser Bedingungen führte. Preisträgheiten und Anpassungskosten sind mikroökonomisch bedingt und werden mit der expliziten Absicht modelliert, dadurch Keynes'sche Einsichten in die Existenz von Unterbeschäftigungsgleichgewichten und unvollkommene Anpassungsmechanismen zu begründen.

Diesen Weg haben bereits frühere Quantitätstheoretikern eingeschlagen.[8] Sie sahen sich ja - wie später Friedman oder Lucas - in einer paradoxen Situation, aus der sie mit dem Verweis auf die leider unvollkommene Welt zu gelangen hofften. Einerseits postulierten sie die Neutralität der Geldversorgung und damit auch die Ineffektivität der Geldpolitik als Mittel der Beschäftigungsstimulierung, andererseits aber bestanden sie auf den nachteiligen Wirkungen inflationärer Politik. In dieser Tradition stehen Versuche in der neueren Theorie, monetäre Integration damit zu motivieren, daß Regierungen das beschäftigungspolitisch wirkungslose Instrument der Geldpolitik loswerden wollen, um nicht länger - und nolens volens - Inflationserwartungen zu erzeugen. Die Phillips-Kurve in der Friedman-Phelps'schen Fassung erlaubt diese Konstellation zu modellieren, nämlich langfristige Neutralität der Geldversorgung respektive Geldpolitik und zugleich kurzfristige Wirksamkeit mit nachteiligen Spätfolgen. Deshalb nimmt die Phillips-Kurve einen bislang unersetzlichen Platz in der neueren Theorie monetärer Integration ein.

Im Vergleich zu ihrer Rezeption der Forschungen, die die Unvollkommenheit des Preismechanismus' begründen, hat die monetäre Integrationstheorie nur wenige Versuche unternommen, die Relevanz von Währungsgrenzen an Geldnachfrage und Geldangebot festzumachen.

- Die Geldnachfrage findet implizit Berücksichtigung in der Modellierung des Wechselkurses als eines Vermögenspreises. Zumindest in der portfoliotheoretischen Fassung des Wechselkurses wird die Geld- oder Währungsnachfrage mithilfe einer eigenständigen Entscheidungstheorie als genuine Vermögensnachfrage modelliert. Mit der monetären Integration ändern sich für die Währungsnachfrage die Risikoeigenschaften des Portfolios bzw. der Geldhaltung, möglicherweise auch die Zahl der Anlagealternativen oder das Niveau des entscheidungsrelevanten Vermögensangebotes. Allerdings zeigte sich, daß

---

schnell kein wirksames Arbeitsangebot mehr darstellen, etwa weil die psychischen Folgen der Arbeitslosigkeit zu abnehmender Belastbarkeit führen oder Firmenleitungen avers auf Phasen der Arbeitslosigkeit reagieren und Bewerber mit entsprechenden Biographien nicht mehr einladen. Aus konjunktureller Arbeitslosigkeit kann so strukturelle Arbeitslosigkeit werden.

8   Vgl. Patinkin (1990, 2.Abschnitt). Einen ausgezeichneten Überblick über die makroökonomische Modellierung und Empirie von Unvollkommenheiten der Preisanpassung gibt Blanchard (1990).

diese theoretische Festlegung - wonach der Wechselkurs ein Vermögenspreis ist - regelmäßig dann ignoriert wurde, wenn mögliche Grenzen der koordinierten Währungsstabilisierung zur Diskussion stehen. Der Wechselkurs ist dann doch wieder ein gütermarktbezogenes Anpassungsinstrument, dessen Verlust oder Einschränkung so gravierende Kosten verursachen können, daß eine mögliche Grenze erreicht wird. Aus einer vermögensmarkttheoretischen Sicht ist die koordinierte Einschränkung der Wechselkursflexibilität dagegen als ein potentieller Vorteil jeder Form monetärer Integration zu verbuchen, weil dies die Vermögenssicherung erleichtert. Die Grenze monetärer Integration muß dann anderweitig begründet werden.

• Das Geldangebot und die Bedeutung von Währungsgrenzen sind konventionelle Topoi der Außenwirtschaftstheorie, insofern mit der Wahl des Wechselkursregimes immer auch Bedingungen für die Geldpolitik festgelegt werden. Üblicherweise wird die Stabilisierung des Wechselkurses mit der Einschränkung souveräner Geldpolitik konnotiert. Im Falle der Fixierung oder Aufgabe des Wechselkurses muß vermeintlich völliger Verzicht auf geldpolitische Autonomie geleistet werden. Koordinierte Wechselkursstabilisierung bedeutete bei Einhaltung der *Rules of the Game*, also eine zunehmend passivere Geldpolitik und eine in diesem Sinne „endogene" Bestimmung der Geldmenge.[9] Für die monetäre Integrationstheorie lag es jedoch nahe, den Marktprozeß des Geldangebotes in den Mittelpunkt zu rücken und Endogenität nicht mit Passivität des Geldangebotes gleichzusetzen. Spieltheoretische Modelle in der Nachfolge von Barro/Gordon (1983) leisten dies, indem sie eine eigenständige Zielfunktion der Zentralbank unterstellen und Geldpolitik als Interaktion mit anderen Marktteilnehmern formulierten. Allerdings führte dies auf eine m.E. problematische „Inflationstheorie fehlerhaften Zentralbankverhaltens" (vgl. Abschnitt 2.1.1). Dabei hat das Geldangebot schon deshalb eine nicht nur auf nominelle Änderungen begrenzte Rolle für den Wirtschaftsprozeß, weil in einer offenen Volkswirtschaft ein weiteres Reinvermögensaktivum, nämlich Forderungen auf ausländische Währung, existiert. Eine positive oder negative Nettoauslandsposition wiederum begründet den Qualitätsunterschied von Gläubiger- bzw. Schuldnerwährungen. Je höher die Währungsqualität, desto effektiver kann die Geldpolitik stabilisieren und desto weniger ist sie auf koordinierte Währungsstabilisierung angewiesen.

Geldpolitik soll hier primär in ihrer Abhängigkeit von der Qualität der Währung betrachtet werden. Damit sind jene Fälle gemeint, in denen die gegenwärtige Währungsqualität ein Erbe der Vergangenheit ist, beispielsweise das einer zu-

---

[9] Laidler (1999, 5-11) weist zurecht darauf hin, daß die Unterscheidung von passiver und aktiver Geldversorgung nicht synonym mit der von endogener und exogener ist. Die Quantitätstheorie postuliert eine passiv endogene Geldversorgung bei festen Wechselkursen, wobei endogen hier „von einem Marktprozeß bestimmt" meint.

rückliegenden Geschichte von Hyperinflationen und fehlgeschlagenen Währungsreformen. Außerdem die Fälle, in denen die (mindere) Währungsqualität das Spiegelbild erfolgreicher konkurrierender Währungsräume ist, wie beispielsweise die westeuropäischen Ökonomien im Verhältnis zu der eine Unterbewertungsstrategie praktizierenden Bundesrepublik. Demgegenüber sind aus dieser Sicht vergleichsweise uninteressante Spezialfälle, in denen die Geldpolitik nur als Ausdruck marktinkonformen Zentralbankverhaltens zu verstehen ist, wie die neueren Beiträge zur dynamischen Inkonsistenz der Geldpolitik regelmäßig unterstellen.

Zusammenfassend: Die prinzipielle Bedeutung von Währungsgrenzen ist theoretisch gut begründet, und es gibt mindestens drei Ansatzpunkte für eine Theorie der monetären Integration, sie in ihre Modelle einzuführen. Das sind die Geldnachfrageseite, die Geldangebotsseite und die unvollkommene Preisanpassung auf Güter- und Arbeitsmärkten. Im nächsten Abschnitt wird nun diskutiert, wie die prinzipiell bedeutsamen Währungsgrenzen zu subjektiv wahrgenommenen Währungsqualitäten werden, welche Vermögensdispositionen beeinflussen.

4.2 Währungsqualität in einer Theorie der Vermögenshaltung

Obwohl die neuere Theorie monetärer Integration häufig Asymmetrien zwischen kooperierenden Währungsräumen thematisiert (vgl. Abschnitt 3.2.2.4), stützt sie sich dabei nicht auf den Begriff der Währungsqualität. Vielmehr wird die größere Durchsetzungsfähigkeit bestimmter Zentralbanken oder ein Zinsdifferential in aller Regel schlicht vorausgesetzt. Die Qualitäten von Währungen wurden nur in den Hochzeiten der monetaristischen Geldtheorie diskutiert, um „anomale" Eigenschaften der Geldnachfrage, insbesondere ihre Instabilität, zu rationalisieren (Klein 1977). Geld wird dabei analog zu einem dauerhaften Konsum- oder Produktionsgut behandelt. Die Bestandsnachfrage nach Geld ist insofern ein Derivat der Nachfrage nach dem Strom an Transaktionsdiensten, die es zu liefern verspricht. Aufgrund asymmetrisch verteilter Information zwischen Anbietern und Nachfragern der jeweiligen Währung herrscht Qualitätsunsicherheit über die Kaufkraft bezüglich anderer Güter und anderer Währungen (Preisniveau und Wechselkurs) sowie den Ertrag (Zinsniveau). „Qualitätsdispersionen" ergeben sich dann daraus, wie gravierend die Informationsprobleme sowie die daran anknüpfenden Verhaltensrisiken von den Nachfragern eingeschätzt werden (Schäfer 1988, 90ff.).

Dieser Ansatz zur Beschreibung und Analyse der mit unterschiedlichen Währungsqualitäten verbundenen Phänomene setzt bereits als gelöst voraus, was im letzten Abschnitt problematisiert wurde: warum stiftet Geld in einer Tauschwirtschaft Nutzen? Und die Analogie zur Produktdifferenzierung bei dauerhaften Gütern muß unterstellen, daß wir in einer Welt des Hayek'schen oder Vaubel'schen Währungswettbewerbes lebten, d.h. in jedem Währungsraum müßten zugleich verschiedene Währungen als gleichberechtigte Transaktionsmittel zirkulieren. Doch selbst in von Währungssubstitution oder „Dollarisierung" gekennzeichneten Volkswirtschaften sind es bezeichnenderweise nur ein oder zwei Währungen, die das heimische Geld in bestimmten Funktionen verdrängt haben. Und selbst wenn man konzedierte, daß dies an dem staatlich beschränkten Wettbewerb zwischen Währungen liegt, so ist dennoch auffällig, daß es sich bei dollarisierten Ökonomien um zerstörte oder erst wieder im Aufbau befindliche Geldwirtschaften handelt. Deren Währungen haben im Zuge einer Hyperinflation ihre Akzeptanz verloren. Insofern liefert dieser Ansatz zur Beschreibung von Währungsqualitäten keine plausible Theorie für unterschiedliche Qualitäten *funktionsfähiger* Währungen und deren Bedeutung für die volkswirtschaftliche Einkommensbildung.

In einer Geldwirtschaft bemißt sich die Qualität einer Währung danach, wie gut sie sich im Vergleich mit anderen Währungen eignet, Vermögen zu sichern und zu mehren. Diese Eignung läßt sich preistheoretisch mittels einer (veränderlichen) Risikoprämie erfassen, die sich auch als folgenreich für die Durchsetzungsfähigkeit der Geldpolitik erweist. Die Bewertung einer Währung ist Ausdruck eines eigenständigen Kalküls der (optimalen) Disposition über Vermögen. Der notwendig intertemporale Charakter von Vermögensdispositionen macht auch die Aufrechterhaltung der Liquidität zu einem Motiv ökonomischen Handelns. Damit die Wahrung der Zahlungsfähigkeit allerdings überhaupt zu einer bindenden Beschränkung individueller Wahlhandlungen bzw. der geldpolitischen Dispositionen für einen Währungsraum werden kann, muß ein Mindestmaß an Unsicherheit über Zahlungsein- und -ausgänge, über Gewinne und Verluste aus Vermögensbesitz herrschen.[10] Somit sind neben den Präferenzen bezüglich des Ertrages zusätzlich Risikopräferenzen zu berücksichtigen.

4.2.1 Portfoliotheoretische Grundlagen

Eine Entscheidungstheorie der Vermögenshaltung läßt sich auf das Konzept des Erwartungsnutzens gründen. Durch geeignete Modellierung der Präferenzen bezüglich dieser Unsicherheitsmomente lassen sich verschiedene Varianten von Risikoprämien, insbesondere auch die Keynes'sche Liquiditätsprämie, entscheidungstheoretisch fassen.

Vermögensbildung und -strukturierung sind in der offenen Volkswirtschaft auf mindestens eine Anlagealternative in einem anderen Währungsraum bezogen.

---

[10] Zusammengenommen kann dies erklären, warum auch schwächere Währungen zum Zwecke der Vermögenssicherung gehalten werden: nämlich wenn und insofern Zahlungsverpflichtungen auf sie lauten. Doch ihre Bewertung durch die Haushalte beinhaltet eine Abwertungstendenz bzw. ein positives Zinsdifferential. Das hat Konsequenzen für die Durchsetzungsfähigkeit der Geldpolitik, insbesondere, wie elastisch die Geldhaltung und das Kreditvolumen auf ihre Zinspolitik reagiert.

Denn in der offenen Volkswirtschaft „[beginnt] der Weltmarkt nicht jenseits der nationalen Grenzpfähle, sondern im Portefeuille der Vermögenseigentümer." (Lüken gen. Klaßen 1993, 51)

Ein möglichst einfaches Partialmodell für eine veränderliche Risikoprämie wird in Fenster 4.1 vorgestellt. Die Unsicherheit des Ertrags von Realvermögen in einer bestimmten Währung resultiert hier aus der Volatilität des Wechselkurses und des inländischen Preisniveaus, die nicht auf bestimmte Quellen zurechenbar ist. Für einen ersten Zugang scheint es mir sachgerecht und ökonomisch interessant, eine solche Volatilität für einen bestimmten Zeitraum historisch gegebenes Datum anzunehmen. So, wenn der Währungsraum eine Geschichte von Hyperinflationen aufweist und die Zentralbank mittelfristig über keine effektive Geldpolitik zur Einwirkung auf diese Varianz verfügt. Aus portfoliotheoretischer Sicht wird die Varianz des Wechselkurses und des Preisniveaus wesentlich von der Stabilität bzw. Instabilität der Vermögenshaltung bestimmt.

Es hängt ganz wesentlich von der Währungsqualität ab, ob die Geldpolitik zu stabilisieren in der Lage ist. Die Geldpolitik muß die Währungsqualität in der kurzen Frist als eine Vorgabe betrachten, die ihr eine Gleichgewichtskonstellation für das Zinsnivau liefert. Dagegen zielt *montäre Integration als eine Währungspolitik der langen Frist* unmittelbar auf Änderungen der Währungsqualität durch den Regimewechsel, der mit einer Form der koordinierten Wechselkursstabilisierung einhergeht. Darauf wird im Anschluß an die Darstellung der Risikoprämie eingegangen.

Das Modell stellt zum einen dar, daß die Vermögensnachfrage nach nominellen Aktiva umso weniger *elastisch* auf eine Änderung des Ertragsratendifferentials, beispielsweise durch Veränderung des heimischen Zinssatzes, reagiert, je höher die Varianz des Wechselkurses ist. Die so gemessene Volatilität hat insbesondere Auswirkungen auf die soeben angesprochene Effektivität der Geldpolitik, stabilisieren zu können. Zum anderen wird in diesem Modell abgeleitet, daß die gleichgewichtige Risikoprämie auf eine Fremdwährungsanlage (und damit das gleichgewichtige Zinsniveau in der entsprechenden Währung) steigt:

• mit der Varianz des Wechselkurses;

• mit der Risikoaversion der Anleger;

• und mit abnehmender Korrelation von Schwankungen des Wechselkurses und des heimischen Preisniveaus;

• mit dem Anteil des auf die betreffende Währung lautenden Aktivums am Vermögen, was umgekehrt heißt: mit abnehmender Verschuldung in der betreffenden Währung.

Die Risikoprämie ist ein zusammenfassender Preisausdruck für die von den einzelnen Anlegern wahrgenommene **Qualität der Währung**, insbesondere hinsichtlich ihrer Eignung zur Vermögenssicherung, gemessen in anderen Währungen oder gemessen in der Erhaltung der Kaufkraft für einheimische Güter. Je schlechter die Qualität beispielsweise wegen hoher Varianz, die aus Sicht der einzelnen Vermögensanleger ein Datum ist, desto höher muß die Risikoprämie sein. Entsprechend höher ist auch die geforderte Verzinsung für Aktiva, die auf die betreffende Währung lauten. Das hat Folgen für Beschäftigung und Wachstum.

Fenster 4.1: Vermögenshaltung und Risikoprämie

Ein zentrales Anliegen der Portfoliotheorie ist zu zeigen, daß sich der Erwartungsnutzen durch Diversifikation in riskanten Vermögensanlagen maximieren läßt, und zwar bei Risikoneutralität, -vorliebe oder -aversion. Der Erwartungsnutzen bei Risikoaversion hat z.B. die Form

$$(A1) \qquad \max \ W = E\left(\tfrac{dv}{v}\right) - \frac{1}{2}R\left[\text{var}\left(\tfrac{dv}{v}\right)\right]$$

wobei W für den Erwartungsnutzen steht, E(dv/v) für die erwartete Zunahme des realen Vermögenswertes v, var(dv/v) für die Schwankungen dieses erwarteten Ertrages.

R ist ein Maß der Risikoaversion. Meist wird das *Arrow-Pratt-Maß der relativen Risikoaversion* gewählt, das die Konkavität der Erwartungsnutzenfunktion dimensionsunabhängig, hier: währungsunabhängig, mißt.[11] In makroökonomischen Anwendungen wird in aller Regel eine konstante relative Risikoaversion unterstellt, weil dann die gewünschte Portfolioallokation von der Vermögensentwicklung und -verteilung unabhängig ist, so daß die Entscheidung über die Struktur der Vermögensbildung von derjenigen über die Höhe (Vermögensallokation und Ersparnis) separierbar ist.

In der neueren Portfoliotheorie wird mithilfe des Instrumentariums der stochastischen Differentialrechnung die (positive oder negative) **Risikoprämie einer Fremdwährungsanlage** modelliert, die von ihrem Anteil am Portfolio, den Risikopräferenzen sowie den stochastischen Prozessen abhängt (Branson/Henderson 1985, 782-788; Black/Salemi 1988, 207f.). Betrachtet sei der einfachste Fall, in dem das gegebene Ausgangsvermögen V in ausländischen oder inländischen festverzinslichen Vermögenstiteln (Bonds) angelegt werden kann. Ausländische Titel F werden zum nominalen Wechselkurs S in inländischer Währung bewertet.

---

[11] Eine gut verständliche Darstellung verschiedener Risikomaße findet sich bei Mas-Colell/Whinston/Green (1995, Kap.6). Die relative Risikoaversion ist definiert als das Produkt aus absoluter Aversion A und dem Vermögensargument, d.h. R = vA = - vW''/W'.

(A2) $V = SF + B = \phi V + (1-\phi)V$

Die beiden Bonds seien kurzfristige Anlagen, um keine Kapitalgewinne berücksichtigen zu müssen, und sie werden mit den sicheren Nominalrenditen i_a (für SF) bzw. i (für B) verzinst.

(A3a) $dF/F = i_a \cdot dt$ (A3b) $dB/B = i \cdot dt$

Der reale Wert des Vermögens, $v = V/P$, schwanke mit den stochastischen Schwankungen des Wechselkurses S und des Preisniveaus P. Beide Größen folgen einfachen stochastischen Prozessen, die naheliegenderweise positiv korreliert sind.

(A4) $v = \dfrac{V}{P} = \dfrac{B+SF}{P}$

(A5a) $dS/S = \varepsilon \cdot dt + \sigma_S dz_S$ mit ε als dem Erwartungswert für dS/S

(A5b) $dP/P = \pi \cdot dt + \sigma_P dz_P$ mit π als dem Erwartungswert für dP/P

(A5) beschreibt die stochastischen Prozesse als Brown'sche Bewegung, mit dz_i als Wiener Prozessen, die einen Erwartungswert von 0 haben (sog. „weißes Rauschen" sind). ε bzw. π beschreiben den Abwertungs- bzw. Inflationstrend.

Die beiden Argumente der Zielfunktion (A1), E(dv/v) und var(dv/v), werden nun als explizite Funktionen der Ertragsraten und der stochastischen Parameter ermittelt.

Zunächst wird eine Taylor-Reihenentwicklung bis zur zweiten Ordnung vorgenommen.

(A6a)

$$d\left(\frac{V}{P}\right) = \frac{1}{P}\left(dB + SdF + FdS\right) - \frac{V}{P^2}\,dP$$

$$+ \frac{1}{2}\left(-\frac{1}{P^2}\,dBdP + \frac{1}{P}\,dFdS - \frac{S}{P^2}\,dFdP + \frac{1}{P}\,dSdF - \frac{F}{P^2}\,dSdP\right)$$

$$+ \frac{1}{2}\left(-\frac{1}{P^2}\,dP(dB + SdF + FdS) + \frac{2V}{P^3}\,dPdP\right)$$

Durch Multiplikation mit $1/v=P/V$, Zusammenfassung der Terme und Einsetzen von (A5) ergibt sich:

(A6b)

$$\frac{dv}{v} = \left[(1-\lambda)i + \lambda i_a + \lambda(\varepsilon dt + \sigma_S dz_s)\right] - (\pi dt + \sigma_P dz_P)$$

$$+ \left[-(1-\lambda)idt(\pi dt + \sigma_P dz_P) + \lambda i_a dt(\varepsilon dt + \sigma_S dz_s) - \lambda i_a dt(\pi dt + \sigma_P dz_P)\right.$$

$$\left. - \lambda(\varepsilon dt + \sigma_S dz_s)(\pi dt + \sigma_P dz_P) + (\pi dt + \sigma_P dz_P)^2\right]$$

Die stochastischen Differentiale werden mithilfe von *Itô's Lemma* zur Bildung eines stochastischen Differentials bestimmt, das folgende Beziehungen und Näherungen verwendet (Dixit/Pindyck 1994, 79-81).

1. $(dt)^2 \approx 0$ Potenzen höherer Ordnung von dt streben gegen 0

2. $dz_i dt = 0$ $i = S, P$; dz_i ist weißes Rauschen

3. $dz_P dz_S = \rho_{PS} dt > 0$ ρ_{ps} ist die Kovarianz von Preisniveau und Wechselkurs

Nur die letzte Zeile von (A6b) sei gesondert betrachtet:

$$-\lambda \left[\underbrace{\pi\varepsilon(dt)^2}_{\approx 0} + \underbrace{\varepsilon dt \cdot \sigma_P dz_P}_{=0} + \underbrace{\pi dt \cdot \sigma_S dz_S}_{=0} + \underbrace{\sigma_S dz_S \cdot \sigma_P dz_P)}_{=\rho_{PS} dt} \right]$$

$$+ \left(\underbrace{\pi^2 (dt)^2}_{\approx 0} + \underbrace{2\pi\sigma_P dt dz_P}_{=0} + \underbrace{\sigma_P^2 (dz_P)^2}_{\sigma_p^2 dt} \right)$$

Die Veränderung des realen Vermögens und ihres Erwartungswertes ist entsprechend:

(A7a) $\dfrac{dv}{v} = \left[(1-\lambda)i + \lambda i_a + \lambda\varepsilon - \pi - \lambda\rho_{ps} + \sigma_P^2 \right] dt + \lambda\sigma_s dz_s - \sigma_p dz_p$

(A7b) $E\left(\dfrac{dv}{v} \right) = (1-\phi)i + \phi i_a + \phi(\varepsilon - \rho_{PS}) - (\pi - \sigma_P^2)$

Der erwartete reale Ertrag steigt insbesondere mit der (gewichteten) Nettoabwertungsrate (ε-ρ_{PS}), denn in diesem Ausmaß werden Auslandsanlagen in inländischer Kaufkraft gemessen aufgewertet, und er sinkt (insgesamt) in der schwankungsbereinigten Inflationsrate (π-σ_P^2), denn von bloßen Schwankungen wird der *mittlere* reale Ertrag nicht verändert.

(A8) $\text{var}\left(\dfrac{dv}{v} \right) = E\left[\left(\dfrac{dv}{v} - E(\dfrac{dv}{v}) \right)^2 \right] = \lambda^2 \sigma_s^2 - 2\lambda\rho_{ps} + \sigma_p^2$

Die Volatilität ist eine Funktion der Wechselkurs- und Preisniveauschwankungen, wobei eine Auslandsanlage F im Maße der Kovarianz ρ_{PS} gegen inländische Inflation(sschwankungen) zu hedgen erlaubt.

Die optimale Portfolionachfrage nach dem Auslandsaktivum ergibt sich dann aus $\max_{\phi} W\left(E(\dfrac{dv}{v}), \text{var}(\dfrac{dv}{v}) \right)$, d.h. der geeigneten Wahl des Anteils von Fremdwährungsaktiva am Portfolio (für ein gegebenes Zinsdifferential):

(A9) $\phi^* = \dfrac{i_a + \varepsilon - i}{R\sigma_S^2} + \dfrac{(R-1)}{R} \dfrac{\rho_{PS}}{\sigma_S^2}$

Der erste Term auf der rechten Seite bezeichnet das Ertragsratendifferential oder die Risikoprämie auf F, gewichtet mit der Risikoaversion und der Varianz des Wechselkurses. Der zweite Term bezeichnet eine reine Risikokomponente, die außer vom Präferenzparameter R auch von dem Verhältnis zwischen der Kovarianz von Preisniveau und Wechselkurs ρ_{PS} und Varianz des Wechselkurses bestimmt wird.

Der erste Term läßt sich als das Ertragsmotiv interpretieren. Der zweite steht dagegen für das Sicherungsmotiv der Vermögensstrukturierung (bei einer relativen Risikoaversion R > 1) und ergibt sich daraus, daß Fremdwährungsanlagen auch zur Sicherung gegen heimische Inflationsrisiken nachgefragt werden. Unmittelbar läßt sich die Ertragsminderung durch Inflation π nicht wegdiversifizieren, weshalb sie in (A9) ebensowenig auftaucht wie die Varianz σ_P^2.

Eingesetzt in (A2) lassen sich nun die optimalen Vermögensanteile von SF und B ermitteln. Wird das Ertragsratendifferential als gegeben und damit als unabhängige Bestimmungsgöße der Vermögensnachfrage betrachtet, so zeigt sich, daß die Vermögensnachfrage - sowohl nach dem Auslandsaktivum wie (mit negativem Vorzeichen) nach dem Inlandsaktivum - umso weniger elastisch auf seine Veränderung reagiert, je höher die Varianz des Wechselkurses und je stärker die Risikoaversion:

$$(A10) \qquad \frac{\partial SF}{\partial(i_a + \varepsilon - i)} = -\frac{\partial B}{\partial(i_a + \varepsilon - i)} = \frac{V}{R\sigma_S^2}$$

Das Ertragsratendifferential kann jedoch auch als impliziter **Ausdruck der gleichgewichtigen Risikoprämie** betrachtet werden, ermittelbar aus (A9). Eine positive Prämie heißt, daß die Verzinsung ausländischer Vermögensanlagen wegen des damit verbundenen Währungsrisikos höher sein muß. Das wird deutlich, wenn man i = i_a setzt. Die positive Risikoprämie wird dann gerade durch die Abwertungsrate der inländischen Währung ε bzw. die Aufwertungsrate der ausländischen Währung kompensiert.

$$(A11) \qquad \left(i_a + \varepsilon - i\right)^* = R\sigma_S^2 \cdot \frac{SF}{V} + (1 - R) \cdot \rho_{PS}$$

Es wird somit eine veränderliche Risikoprämie abgeleitet, die mit dem Anteil des betreffenden Aktivums am Vermögen ϕ steigt. Ist F<0, sind die inländischen Vermögensanleger also im Ausland verschuldet, so wirkt die Wechselkursvolatilität gegen die heimische (Schuldner-)Währung (weitergehend dazu Abschnitt 4.2.2 und Fenster 5.3).

Außerdem steigt die Risikoprämie mit der Varianz des Wechselkurses σ_S^2, und sie sinkt mit der Korrelation der Schwankungen von Wechselkurs und heimischem Preisniveau ρ_{PS} (für R > 1) - eben weil Fremdwährungsanlagen dann umso besser der Realwertsicherung des Vermögens dienen. Die Prämie steigt oder sinkt mit der Risikoaversion R, je nachdem ob das Wechselkursrisiko aus Fremdwährungsanlagen ($\sigma_S^2\phi$) höher oder niedriger als ihr Beitrag zur Sicherung gegen Inflation (ρ_{PS}) ist.

Dieses Modell mit zwei Aktiva läßt sich völlig analog auf den Fall mit n Auslandsaktiva und einem inländischen Aktivum übertragen (Branson/Henderson 1985, 794-798). Es werden dann (n-1) Risikoprämien endogen bestimmt, die die n Devisenmärkte für exogen gegebene Veränderungen der Wechselkurse räumen.

Die konventionelle Portfoliotheorie kann somit zeigen, welche Determinanten entscheidend dafür sind, daß Vermögensanlagen in verschiedenen Währungen nur als unvollkommene Substitute angesehen werden: objektive Risikofaktoren wie Varianzen und Korrelationen, die zu Ertragsschwankungen gemessen in inländischer Währung führen, sowie die subjektive Einstellung zu diesem Risiko. Sie kann unterschiedliche Währungsqualitäten entscheidungstheoretisch begründen, indem sie entsprechende Wirkungen auf die Elastizität der abgeleiteten Währungsnachfrage und auf die Höhe der Risikoprämie ableitet.

4.2.2 Motivation der Geldhaltung

Die veränderliche Risikoprämie des letzten Abschnitts wurde ganz unabhängig von einer spezifischen Rolle des nationalen Geldes hergeleitet. Das Modell in Fenster 4.1 wurde nur in zwei zinstragenden Nominalaktiva formuliert, was aber genügte, die Existenz einer positiven oder negativen Risikoprämie für Fremdwährungsaktiva zu zeigen. Die Rolle der Geldhaltung und der Geldpolitik läßt sich jedoch in dieses Modell einführen, wenn man sich die Bestimmungsgründe der sicheren Zinssätze i (oder i_a) betrachtet, die in diesem kurzfristigen Partialmodell vorgegeben waren, sowie auf die Bestimmungsgründe der Stochastik von Wechselkurs und Preisniveau eingeht, die aus Sicht einzelner Anleger ebenfalls gegeben waren.

Eine auf solche Motivation der Geldhaltung zielende Frage hat Tobin (1958) in seinem berühmten Aufsatz „Liquidity preference as behaviour towards risk" für die geschlossene Volkswirtschaft gestellt: Warum wird Geld gehalten, obwohl es keinen pekuniären Ertrag abwirft? Im Mittelpunkt seiner Antwort steht eben der Beitrag der Geldhaltung zur Liquiditätssicherung im Rahmen von Vermögensdispositionen. Geld unterliege nicht wie andere Bestandteile eines Portfolios der Gefahr von Kapitalverlusten, wenn es zu Zahlungen verwendet werden muß, die im Zeitpunkt unvorhergesehen waren. Zinstragende Aktiva unterliegen einem solchen Risiko und in der Regel sind auch Transaktionskosten (Bankgebühren o.ä.) einzugehen, wenn sie unvorhergesehenermaßen liquidiert werden müssen.

Selbst ohne solche Unsicherheit über die Synchronisation von Zahlungsein- und -ausgängen läßt sich die Geldhaltung im Rahmen der Portfoliohaltung begründen. Wenn die Preise zinstragender Aktiva permanenten Änderungen unterworfen sind, gibt es selbst bei bekannter Stochastik ein Motiv für Geldhaltung. Sie kann das Risiko einer allgemeinen Deflation der Aktivapreise reduzieren, wenn die Kurse aller Aktiva anhaltend unter das Niveau fallen, das beim Erwerb der Aktiva galt. Tobin (1958) zufolge wird ein rationaler risikoaverser Anleger Geld halten, sobald mit dieser Möglichkeit gerechnet werden muß (vgl. Allen/Kenen 1980, 208f.). Deshalb weise es den höchsten Liquiditätsgrad auf und sei dasjenige Aktivum, für dessen Haltung man gerade auf einen pekuniären Ertrag verzichten müsse.[12]

Die Dienste zur Aufrechterhaltung der Zahlungsfähigkeit und zur Reduktion des Risikos eines zinstragenden Portfolios begründen eine Untergrenze der pekuniären Ertragsrate, die für die Haltung des Aktivums mit dem zweithöchsten Liquiditätsgrad gefordert wird. Die Existenz dieser Untergrenze ist - im Unterschied zu dem, was Keynes' „Liquiditätsfalle" suggeriert - nicht von unelastischen Zinserwartungen abhängig, sondern Ausdruck des normalen Umgangs mit Unsicherheit in Vermögensdispositionen, wobei diese Unsicherheit nicht einmal fundamentaler Natur sein muß.

In nuce enthält dies das entscheidungstheoretische Fundament der Zinstheorie von Keynes (1936, Kap.13 und 17). Geld wird von rationalen Vermögensanlegern gehalten, um die Zahlungsfähigkeit bei möglichst geringen Vermögenseinbußen zu gewährleisten und um die Varianz des Vermögensertrages insgesamt zu senken. Die Liquiditätspräferenz liefert die Erklärung für positive Zinssätze und ist insofern eine zur Zeitpräferenz („Minderschätzung zukünftigen Konsums") alternative, nämlich *monetäre* Erklärung des Zinsphänomens. Schließlich: Die Geldnachfrage reagiert nicht unter allen Umständen zinselastisch, denn es ist die Zusammensetzung des Portfolios, die auf den Zins reagiert, nicht die Geldhaltung unmittelbar.[13] Tobin zeigte damit, daß die Keynes'sche Zinstheorie auch in einer modernen entscheidungstheoretischen Formulierung Bestand hat und eine Alternative zu güterwirtschaftlichen Zinstheorien darstellt. Für die offene Volks-

---

[12] Außerdem sei es das sichere Aktivum, wenn man in einer Partialanalyse oder einperiodigen Betrachtung von möglichen Kaufkraftverlusten durch Inflation absehe (so auch Betz 1993, 70). Diese Annahme, auf deren Fragwürdigkeit Tobin selbst hinweist, hat vor allem die Funktion, ein Separationstheorem aufzustellen: Bei Existenz eines solchen sicheren, keinen Ertragsrisiken unterworfenen Aktivums, kann die Entscheidung über die Allokation des Vermögens zwischen liquiditätssichernden und zinstragenden Aktiva getrennt werden von der Entscheidung über die Zusammensetzung der zinstragenden Aktiva (Tobin 1958, 3.Abschnitt).

[13] D.h. die Zinselastizität ergibt sich nicht aus einem einfachen Opportunitätskostenkalkül wie in bestimmten Fassungen der Quantitätstheorie. Wenn Substitutions- und Einkommenseffekte einer Zinserhöhung entgegengesetzt sind, kann die Geldhaltung bei steigenden Zinsen sogar zunehmen.

wirtschaft heißt das, daß der Zins monetär begründet ist, insofern seine Höhe von den liquiditätssichernden Qualitäten der nationalen Währung abhängt.

Auf Währungsräume übertragen beinhaltet die Betonung der Zahlungsfähigkeit, daß **Schuldnerländer** ein Zinsdifferential zu weniger verschuldeten bzw. zu Gläubigerwährungsräumen aufweisen (vgl. (A11) in Fenster 4.1). Ein Land, das laufend und in der Zukunft eine Nettonachfrage nach einer Fremdwährung hat, die es nicht selbst emittieren kann, ist offensichtlich Liquiditätsrisiken ausgesetzt. Eine Abwertung, die die Zentralbank eines Schuldnerlandes spätestens mit Erschöpfung ihrer Reserven und Ziehungsmöglichkeiten zulassen muß, wertet die Auslandsschulden auf, macht also ihre Bedienung drückender. Die Handelsbilanz reagiert häufig weniger schnell oder sogar mit einer zumindest temporären Verschlechterung auf die Abwertung. Somit kann die Erhöhung der laufenden Fremdwährungsverbindlichkeiten zur Bedienung des Schuldendienstes auf eine nicht schnell genug steigende Erhöhung oder sogar Senkung der Deviseneinnahmen aus Leistungstransaktionen zurückzuführen sein. Das Land muß dann ein Moratorium erklären. Insofern läßt sich eine Risikoprämie für Anlagen in einer Schuldnerwährung erklären, selbst wenn es keine Unsicherheit über den Zeitpunkt von Währungsabwertungen gibt. Sie bezieht sich allein auf die Eventualität einer möglichen Zahlungsunfähigkeit des betreffenden Landes (vgl. Abschnitt 4.3.2).

Jede Einheit einer als internationales Zahlungsmedium anerkannten Währung hat in Bezug auf finanzielle Forderungen (Auslandsschulden) immer einen Vermögenswert von 1, d.h. eine Forderung im Wert einer Währungseinheit wird eben von der Bezahlung mit einer Einheit dieser Währung erfüllt. Betrachtet man nationales Geld in seiner Schuldendeckungs- und nicht in seiner Transaktionsmittelfunktion, ist es in der Tat das sichere Aktivum - in bezug auf finanzielle Schulden. Allgemeiner noch gesagt: die Portfoliotheorie gewinnt ihre eigentliche Bedeutung für die Theorie der monetären Integration erst, wenn sie nicht nur als eine Theorie der Vermögenshaltung, der Aktivseite der Bilanzen gesehen wird, sondern auch als eine der Vermögensstrukturierung mit Blick auf beide Seiten der Bilanz. Die Geldhaltung auf der Aktivseite ist zu erklären aus ihrer Funktion für die Passivseite.

Deshalb ist seine Akzeptanz aber auch so prekär. Es kann seine genuine und in der Tat singuläre Funktion der Vertragsauflösung nur erfüllen, wenn es von anderen zu diesem Zweck angenommen wird. Und der (nicht-pekuniäre) Ertrag seiner Verwendung hängt strikt davon ab, daß andere es benutzen. D.h. der Gebrauch eines nationalen gesetzlichen Zahlungsmittels ebenso wie der einer Schlüsselwährung ist mit einer positiven Netzwerkexternalität verbunden. Dieser Begriff ist der konventionellen Charakterisierung als nationales oder internatioles „öffentliches Gut" vorzuziehen (De Grauwe 1996, Kap.1), weil die Geldhaltung in der individuellen Verwendung eben doch konkurriert.

Noch in einer anderen Hinsicht läßt sich Tobin's Integration der Geldhaltung in eine allgemeine Theorie der Vermögensallokation modifizieren, um sie unmißverständlich abzusetzen von der tauschwirtschaftlichen Rationalisierung des Geldes, wie sie die Quantitätstheorie darstellt. Wenn Zentralbankgeld nicht aus dem Hubschrauber abgeworfen wird, sondern durch einen Marktprozeß in Umlauf kommt, dann ist auch Zentralbankgeld kein Rein- oder Nettovermögen der Privaten. Modernes Geld entsteht typischerweise, wenn Geschäftsbanken sich bei der Zentralbank verschulden und es als Teil des Kredit- und Depositengeschäftes ihren Kunden anbieten. Jeder Forderung auf Geld(rück-)zahlung steht somit eine Verbindlichkeit zur Geldrückzahlung gegenüber. Geld ist dann *Innengeld*.

Im Hinblick auf die Effektivität der Zinspolitik wird es sich als relevant erweisen, eine Liquiditätsprämie des Geldes zu unterscheiden von konventionellen Risikoprämien für zinstragende, in unterschiedlichen Währungen denominierte Aktiva. Die Liquiditätsprämie, so sie überhaupt größer 0 ist, verschwindet trotz zunehmenden Vermögens nicht.[14] Zusammen erfassen sie einen doppelten Aspekt von Unsicherheit. Rationale Vermögensdispositionen müssen einerseits umgehen mit der subjektiv erwarteten Riskanz einer Anlageentscheidung, die eine hinreichende Bekanntheit des einzugehenden Risikos voraussetzt. So wurde in dem Modell einer veränderlichen Risikoprämie (Fenster 4.1.) die Wechslekursvolatilität σ_S und die mittlere Abwertungsrate ε als bekannt vorausgesetzt. Andererseits müssen rationale Vermögensdispositionen aber auch der subjektiven Ungewißheit Rechnung tragen, ob die eigene Risikoeinschätzung angemessen ist.[15]

Als eine reine Risikoprämie läßt sich die geforderte Kompensation dafür bezeichnen, eine als gegeben unterstellte Abweichung vom Erwartungswert hinzunehmen. Die Bereitschaft zur Übernahme eines Risikos, dessen Verlust- und Gewinnverteilung als bekannt vorausgesetzt wird, steigt mit der erwarteten Rendite. Die Risikopräferenz in diesem engeren Sinne läßt sich formal durch eine

---

[14] Die Untergrenze der nicht-pekuniären Ertragsrate der Geldhaltung, also der Liquiditätsprmie eines Geldes, ist 0. Ein solches Geld würde keinerlei Liquiditätsdienste mehr leisten. Das ist nur bei nahezu vollständiger Währungssubstitution vorzustellen, insbesondere wenn auch die Regierung ihre Steuerforderungen in Fremdwährung erhebt.

[15] Diese Differenzierung legt Keynes (1936, 240) nahe, wenn er zwischen der Einschätzung des Risikos und dem Vertrauen in die eigene Einschätzung unterscheidet: „The liquidity premium [...] is partly similar to the risk-premium, but partly different;—the difference corresponding to the difference between the best estimates we can make of probabilities and the confidence with which we make them." In seinem berühmten Aufsatz referiert Arrow (1951, 410-413) durchaus sympathetisch das Keynes'sche Insistieren auf diesem Vertrauensaspekt der Unsicherheit, sieht aber technische Schwierigkeiten der Umsetzung.

abnehmende absolute Risikoaversion und gleichbleibende relative Risikoaversion fassen. D.h. die zugrundeliegende (absolute) Risikoaversion sinkt mit zunehmendem Vermögen, das Wirtschaftssubjekt orientiert sich also ausschließlich an der relativen Verlusterwartung. Es gibt bei solchen Risikopräferenzen immer ein hinreichend hohes Vermögen, das das Subjekt der Entscheidung dazu veranlassen würde, jede in diesem Sinne riskante Investitionsmöglichkeit mit positivem Erwartungswert wahrzunehmen (Heering 1991, 63). Eine solche Risikoprämie könnte also selbst bei der normalerweise unterstellten Risikoaversion keinen positiven Zinssatz begründen.

Mit der Liquiditätsprämie wies Keynes noch auf ein anderes Moment von Entscheidungen unter Unsicherheit hin, nämlich auf die *Ungewißheit* über die eigene Einschätzung. Werden Spielfreude oder Risikovorliebe als Motivationen in ökonomischen Anwendungen ausgeschlossen, so kann eine höhere erwartete Rendite nicht dafür kompensieren, daß die Ungewißheit, „welches Spiel hier überhaupt gespielt wird", steigt. Heering (1991, Kapitel 5 und 6) hat diese Liquiditätspräferenz formal als konstante absolute Risikoaversion - und entsprechend steigende relative Risikoaversion - erfaßt. Diese Präferenzen bilden ein Verhalten ab, das auch bei größerem Vermögen die Möglichkeit eines Verlustes nie als völlig vernachlässigbar betrachtet. Man kann die subjektive Haltung zu diesem Moment auch als Konfidenz bezeichnen bzw. die konstante absolute Risikoaversion als Konfidenzparameter, der die *Ungewißheit* einer Wahlhandlung im entscheidungstheoretischen Sinne reflektiert.

Bei Vermögensdispositionen wissen Anleger im Regelfalle, daß der Erwartungswert und die Varianz des Ertrages vom durchschnittlichen Verhalten anderer Anleger abhängt, aber nicht, wie dieses durchschnittliche Verhalten konkret aussieht. Wenn Preise an Finanzmärkten jedoch auf der Antizipation der Durchschnittsmeinung beruhen, dann kann ein Entscheidungssubjekt bei realisierten Abweichungen vom Erwartungswert nie gewiß sein, ob es trotzdem die wahre Zufallsverteilung beobachtet oder ob die Zufallsverteilung durch ein Umschwenken der durchschnittlichen Meinung verändert wurde. D.h. bei Vertrauensschwankungen können die jeweiligen Realisationen nicht zugeordnet, nicht als Teil einer Serie, die zu einer ganz bestimmten Zufallsverteilung gehört, interpretiert werden (Cymbalista 1998, 73-79).

Die Ausführungen in den beiden zurückliegenden Abschnitten dienten der entscheidungstheoretischen Grundlegung einer monetären Theorie der Integration. Im folgenden wird nun zu zeigen versucht, inwiefern die Existenz einer veränderlichen Risikoprämie, eine monetären Zinsbegründung und die Konzeption von Geld als Innengeld relevant ist. Relevant nämlich für die Frage, inwiefern die Währungsqualität „nicht-neutral" für die Wirtschaftsstruktur ist und inwiefern die Währungsqualität bzw. die Wirtschaftsstruktur durch monetäre Integration verändert wird.

4.3 Wirkungen der Währungsqualität auf die Einkommensbildung

Die Existenz von Währungsqualitäten, die preistheoretisch durch Risiko- und Ungewißheitsprämien ausgedrückt werden können, hat weitreichende Folgen. So läßt sich argumentieren, daß die Währungsqualität die Effektivität der Geldpolitik bestimmt und damit auch die Stabilisierbarkeit makroökonomischer Größen (4.3.1). Außerdem sind die Wirkungen hoher Zinsen von so weitreichender Wirkung auf Kapitalbildung und Beschäftigung, daß sich daraus zumindest für Schwachwährungsräume ein starker Anreiz zur monetären Integration ableiten läßt (4.3.2). Diese Wirkungen des Zinsniveaus fallen noch drastischer aus, wenn der Zins nicht güterwirtschaftlich bestimmt ist und die Geldversorgung nicht exogen erfolgt (4.3.3). Meines Erachtens ergibt sich aus der Relevanz von Währungsqualitäten ein entscheidungstheoretisch stabileres und markttheoretisch befriedigenderes Fundament für die Begründung monetärer Integrationsversuche als diejenige, die vorrangig auf dynamische Inkonsistenz der Wirtschaftspolitik abstellt. Freilich schließt dies an die Glaubwürdigkeitsliteratur insofern an, als auch für den Begriff der Währungsqualität das Vertrauen zentral ist, das sich in Inflations- und Abwertungserwartungen manifestiert. Zudem betrachtet die Glaubwürdigkeitsliteratur dieses Vertrauen als ein dem Währungsregime endogenes Strukturmerkmal einer Makroökonomie.[16] Genau dies ist das Thema des nächsten Abschnittes.

4.3.1 Der Zusammenhang von Währungsqualität, Geldpolitik und Volatilität

Die Qualität einer Währung, genauer: das kollektive Vertrauen in die Vermögenssicherungsqualität einer Währung, ist ein Strukturmerkmal, das kurz- und mittelfristig die Effektivität der Geldpolitik bestimmt. Je niedriger die Qualität, desto weniger effektiv insbesondere die Zinspolitik, d.h. desto weniger elastisch reagieren Banken und Haushalte auf eine Zinsänderung. Mithilfe koordinierter Währungsstabilisierung kann versucht werden, die damit verbundenen Instabilitäten einzudämmen oder sogar die Qualität der Währung zu heben. Ist eine gezielte Veränderung der Währungsqualität durch monetäre Integration im Prinzip möglich, so heißt das auch, daß die Qualität langfristig selbst durch die Geldpolitik beeinflußt werden kann.

Ein für die Geldpolitik besonders wichtiger Kanal, durch den sich dieser wechselseitige Zusammenhang mitteilt, ist die Volatilität makroökonomischer Größen. In jedem Zeitpunkt muß die Geldpolitik auf volatile Wechselkurse oder auch andere Größen wie Preise und Einkommen reagieren, wird also durch deren Volatilität in ihren Handlungen bestimmt. Über geraume Zeit hin betrachtet, ist

---

[16] Damit ist v.a. der Topos der aufgeklärten Selbstbindung nach Giavazzi/Pagano (1988) gemeint (vgl. Abschnitt 2.1.1.2).

die Volatilität aber freilich kein exogener Bestimmungsfaktor, sondern selbst Resultat der praktizierten Geld- und Reservenpolitik.[17] Die Unterscheidung zwischen gegebener und wirtschaftspolitisch bestimmter Volatilität bzw. Währungsqualität ist analog der Unterscheidung von Individualexperiment und Marktexperiment bei Patinkin (1965).

Auf diese beiden Wirkungsrichtungen sei hier nacheinander eingegangen. Für die *Motivation* monetärer Integrationsversuche relevant ist die kurz- bis mittelfristig gegebene Bestimmung der geldpolitischen Effektivität durch die Währungsqualität. Für die *Nachhaltigkeit* monetärer Integration, ihren entwicklungspolitischen Stellenwert, relevant ist die mittel- bis langfristig ausschlaggebende Bestimmung der Währungsqualität durch die Geldpolitik.

Zunächst also zu der Frage, wie die *gegebene* Währungsqualität die geldpolitischen Handlungsspielräume und vor allem auch Handlungszwänge bestimmt. Zu ihrer Beantwortung lassen sich zunächst einmal die verschiedenen Phänomene der Erwartungsbildung heranziehen, die im Mittelpunkt der neueren Wechselkurstheorie stehen und in Abschnitt 3.1.2 hinsichtlich ihres Beitrages zu einer Theorie monetärer Integration untersucht wurden. So zwingen sich selbst erfüllende Währungsattacken und entsprechende Kettenreaktionen die Geldpolitik ins Obligo, nämlich in die Verteidigung der Währung bzw. in die nachholende Stabilisierung des Preisniveaus und des Nominaleinkommens, wenn die Parität nicht zu halten war. Selbst eine an sich stabilisierende Erwartungsbildung, wie diejenige im Falle gleichgewichtig überschießender Wechselkurse, nötigt die Zentralbank zum Eingreifen, wenn Wechselkursbewegungen eine Abwertungs-Inflations-Spirale auszulösen drohen und dies nicht neutral für die Beschäftigung ist. Typischerweise droht ein solch kumulativer Prozeß bei stark export- oder importabhängigen Volkswirtschaften. Solch einseitige Abhängigkeit kann Ökonomien auf ganz unterschiedlichen Entwicklungsniveaus kennzeichnen.

Der für die Theorie monetärer Integration wichtige Gesichtspunkt ist hier, daß diese Phänomene auf die **Notwendigkeit und Unvermeidlichkeit der Währungspolitik** hinweisen. Es ist dann nicht die Geldpolitik, die die Privatwirtschaft Handlungszwängen aussetzt, indem sie eine eigenwillige Zielfunktion optimiert, also z.B. eine dezisionistische Beschäftigungspolitik verfolgt, wie die Glaubwürdigkeitsliteratur regelmäßig unterstellt. Vielmehr wird die Geldpolitik

---

[17] Selbstverständlich sind Geld- und Reservenpolitik nicht isolierte Maßnahmenbündel, sondern stehen im Zusammenspiel mit anderen Wirtschaftspolitiken. So wurde in der ausführlichen Diskussion des Zielzonen-Vorschlags von Williamson u.a. darauf hingewiesen, daß es aus portfoliotheoretischer Sicht unmöglich ist, Geld- und Fiskalpolitik als unabhängige Instrumente zu betrachten, wie dies der Ziel-Mittel-Ansatz voraussetzen muß (Abschnitt 3.2.2.1). Aber all diese Interdependenzen zu betrachten, läuft offenkundig auf den Gemeinplatz eines „alles hängt mit allem zusammen" hinaus, weshalb ich im folgenden bewußt diskriminiere.

Handlungszwängen ausgesetzt, wenn sie als Marktteilnehmerin die Funktionsfähigkeit des von ihr emittierten Geldes erhalten will. Die Währungsqualität bestimmt in diesem Kontext, wie zahlreich und wie triftig die Anlässe für Wechselkurserwartungen sind, die in ihren Folgen destabilisierend wirken. So gibt es bei einer Schuldnerwährung selbst bei überschüssiger Handelsbilanz und guten makroökonomischen Daten immer Anlaß für die Vermutung, daß die Verteidigung der abwertungsverdächtigen Währung nicht unter allen Umständen möglich oder im Falle eines bereits hohen Zinsdifferentials nicht gewünscht ist (vgl. Unterkapitel 5.2). Es genügen dann für die Wirtschaft exogene Ereignisse, wie politische Unruhen, Grenzkonflikte oder Naturkatastrophen, um die latente Vermutung manifest werden zu lassen und die Attacke auszulösen.

Doch bestimmt die Währungsqualität nicht nur die Häufigkeit und Dramatik solcher Handlungszwänge, sondern auch die Erfolgschancen der Stabilisierungsbemühungen. Die gegebene Währungsqualität bedingt, wie effektiv die Geldpolitik im Sinne der *Einwirkungsmöglichkeiten auf die Währungsnachfrage* sein kann. So zeigt das in Fenster 4.1 dargestellte Modell, daß die Nachfrage nach in- und ausländischen Vermögensaktiva umso unelastischer reagiert, je höher die Volatilität des Wechselkurses. Und zwar gilt dies in der Formulierung von (A10)

$$\frac{\partial SF}{\partial rp} = -\frac{\partial B}{\partial rp} = \frac{V}{R\sigma_s^2}$$ sogar prinzipiell aus Sicht beider beteiligten Zentralbanken.

Das überrascht nur auf den ersten Blick. Schließlich ist die Volatilität eines Wechselkurses immer eine zweiseitige Angelegenheit und konstituiert damit eine Interdependenz, der die nationale Wirtschaftspolitik nicht entgehen kann. Der Abwertungsschock für den einen Währungsraum ist ein Aufwertungsschock für den anderen. Für Banken, die in beiden Währungen Forderungen und Verbindlichkeiten halten, oder Unternehmen, die offene Währungspositionen haben, kann das eine wie das andere ein Ertrags- und Liquiditätsrisiko darstellen.

Solche Interdependenzen waren der Stein des Anstoßes für die Literatur zur makroökonomischen Politikkoordination (vgl. Unterkapitel 3.2). Mit ihr läßt sich begründen, warum es ein zweiseitiges Interesse an koordinierter Währungsstabilisierung geben kann, selbst wenn die Währungsbeziehung asymmetrisch und das Entwicklungsgefälle groß ist. Für die monetären Autoritäten beider Währungsräume könnte sich daraus ein Zugewinn an Effektivität der Geldpolitik in Bezug auf die bilaterale Währungsnachfrage ergeben.

Dennoch sind die Kosten des Gefälles von Währungsqualitäten typischerweise zu Lasten der Währung minderer Qualität verteilt. Hohe Volatilität des Wechselkurses verlangt eine positives Risikoprämiendifferential für Forderungen auf eine Schuldnerwährung zu zahlen, entsprechend ein negatives für solche auf die Gläubigerwährung.[18] Währungsschwankungen machen bei einem Schuldnerland

---

18 Vgl. (A11) in Fenster 4.1, für SF<0 bei Verschuldung des Auslands bzw. SF>0 bei Verschuldung des Inlands (gegeben ein noch vorhandenes positives Nettovermögen

darauf aufmerksam, daß die Zahlungsfähigkeit gefährdet werden kann, bei einem Gläubigerland betreffen sie dagegen im Normalfall nur die Rentabilität der Forderungen.

Nachdem die Notwendigkeit der Währungspolitik bei gegebener Währungsqualität betrachtet wurde, können nun die längerfristig interessierenden - und damit für die Integrationspolitik wichtigeren - **Möglichkeiten der gezielten Veränderung der Währungsqualität** durch monetäre Integration angesprochen werden. Das Potential zu einer Veränderung ergibt sich aus dem endogenen Charakter der Volatilität geldpolitischer Zielgrößen. Drei Zusammenhänge spielen für die Realisierung dieses Potentials eine Rolle:

(1) Durch monetäre Integration ändern sich Strukturmerkmale, insbesondere die Offenheit und wirtschaftsgeographische Ausdehnung und Zusammensetzung des geldpolitisch relevanten Gebietes, was mittelbar die Bedeutung von Wechselkursbewegungen für die Geldpolitik verändern kann.

(2) Mit der monetären Integration können unmittelbar Veränderungen im makropolitischen, insbesondere geld- und fiskalpolitischen Regime vereinbart werden, die zur Stabilisierung bestimmter Größen und zur Destabilisierung anderer Größen führen.

(3) Durch monetäre Integration werden die Voraussetzungen für die geldpolitische Marktteilnahme verändert, wovon sich eine kooperierende Zentralbank versprechen kann, daß ihre Stabilisierungsbemühungen effektiver werden.

ad (1): Die Veränderung der Strukturmerkmale Größe, Ausdehnung und Zusammensetzung des geldpolitisch relevanten Gebietes kann sich ändern, indem die am intensivsten miteinander Handel treibenden Volkswirtschaften die Aufrechterhaltung fester Wechselkurse vereinbaren oder sogar ihre Währungen vereinheitlichen. Für die monetären Autoritäten würde das geldpolitisch relevante Gebiet damit größer und weniger offen. Die Vertreter dieses Argumentes behaupten, beides wirke in der Tendenz zugunsten einer „wohlwollenden Vernachlässigung" von Wechselkursschwankungen im Verhältnis zur Außenwelt.[19] Damit steigt die nominelle Wechselkursvolatilität gegenüber dem Rest der Welt, während sie innerhalb des Integrationsraumes sinkt. Das müßte in der Tendenz auch für die reale Volatilität gelten, wenn das geldpolitisch relevante Gebiet

---

der inländischen Haushalte V).- Unterscheiden könnten sich die beiden Währungsräume natürlich in den Präferenzen des durchschnittlichen Vermögenseigentümers, die hier durch R ausgedrückt sind. Aber a priori ist nicht zu sagen, ob die Risikoaversion im Raum mit einer Währung hoher Vermögensqualität größer oder kleiner ist.

[19] Die Bedeutung der Größenveränderung wird in einem neueren Beitrag z.B. von Ghironi/Giavazzi (1998) in den Mittelpunkt gestellt, die Bedeutung der Offenheit von Cohen (1997). Vgl. auch Abschnitt 2.2.1.3.

tatsächlich weniger offen und größer wird. Freilich können sich aus dieser Umverteilung der Volatilitäten für die kooperierenden Länder sehr unterschiedliche
Folgen ergeben, je nachdem wie wichtig die Handels- und Kapitalmarktbezie-
hungen zum Rest der Welt gegenüber denjenigen zu den Ländern des Integrationsraumes sind. Nur wenn der Anstieg der Volatilität im Außenverhältnis nicht
die Abnahme der Bedeutung dieses Außenverhältnisses überwiegt, läßt sich aus
Sicht eines integrierten Währungsraumes die Volatilität senken.

Gegen diesen Automatismus, daß Zunahme der Größe und Abnahme der Offenheit zwingend zu einer wohlwollenden Vernachlässigung des externen effektiven
Wechselkurses führen, lassen sich mindestens zwei Argumente vorbringen.[20]
Der Literatur zur makroökonomischen Politikkoordination ist zu entnehmen, daß
die Vergrößerung des Integrationsraumes auch die Bedeutung größerer Repräsentativität hat. Die interne Festlegung von Wechselkurszielen legt unvermeid-
lich auch den effektiven Wechselkurs jedes einzelnen Landes zum Rest der Welt
fest. Damit wird aber auch die Koordination der Währungsstabilisierung mit dem
Rest der Welt sowohl leichter wie zwingender. Denn kein Land des Integrationsraumes kann sich der Abstimmung entziehen, solange es in diesem verbleiben
will. Das erhöht zugleich die Anreize, gemeinsam die Abstimmung zu suchen,
um notfalls ungünstige Entwicklungen des effektiven externen Wechselkurses für
die eigene Nation abzuwenden. Gilt dieses Argument, wonach Zwänge und Anreize zur globalen Koordination mit der Bildung eines Integrationsraumes steigen, dann sinkt die Wechselkursvolatilität und in gewissem Maße auch die des
Preisniveaus - aber keineswegs automatisch, sondern durch intensivere Koordination.

Ein anderer Einwand ergibt sich aus dem Umstand, daß ein für die Geldpolitik
relevant größerer Wirtschaftsraum in der Regel auch heterogener in der Zusammensetzung ist. So kann sich die Branchenstruktur der beteiligten Wirtschaftsräume erheblich unterscheiden und damit z.B. die Terminierung von Konjunk-
turverläufen und die Reaktion auf Zinsbewegungen.[21] Oder die Lohnfindungssysteme können sich stark unterscheiden, z.B. eine prozyklische oder aber eine
verstetigte Änderung der Nominallöhne begünstigen. Die geldpolitische Orientierung an der Bewegung von Preisniveauaggregaten kann dann sehr mißverständlich sein bzw. ist bei Integration unter Beibehaltung der Wechselkurse kaum
praktikabel. Es wird ausgesprochen schwierig für die monetären Autoritäten,
nationale, regionale oder sektorale Preisverschiebungen, die nur die Änderung
relativer Preise darstellen, zu unterscheiden von einem Prozeß steigender abso-

---

[20] Sie finden sich beispielsweise - wenn auch mit anderer Akzentsetzung - bei Mas-
son/Turtelboom (1997, 214ff.).

[21] Vgl. für den Nachweis solcher Effekte in den USA z.B. Carlino/DeFino (1997).

luter Preise und Löhne, die Inflation und drohenden Spillover bedeuten.[22] Die Änderung relativer Preise zu verhindern ist nicht die Aufgabe von Zentralbanken, Inflationsprozesse zu unterbinden aber sehr wohl. Insofern könnten sich die Zentralbanken eines heterogenen Integrationsraumes gezwungen sehen, sich an einem Wechselkursziel gegenüber einer externen Referenzwährung zu orientieren, statt an einem Inflationsziel oder gar dem noch vermittelteren Geldmengenziel. Wiederum ergäbe sich also größere Stabilität des externen effektiven Wechselkurses, wenn Heterogenität zu einer Anpassung der geldpolitischen Strategie führt, freilich gerade nicht im Sinne einer Vernachlässigung der Wechselkurse.

ad (2): Dies leitet unmittelbar über zu den mit der Währungsstabilisierung vereinbarten oder aufgenötigten Veränderungen des makropolitischen Regimes und ihrer Wirkung auf die Volatilität geldpolitischer Zielgrößen. So kann die Anwendung von Kapitalverkehrskontrollen als nicht vereinbar mit der monetären Kooperation ausgeschlossen werden. Es können den nationalen Regierungen fiskalpolitische Beschränkungen auferlegt werden, um dem Eintreten der Kollektivhaftung (bail out) vorzubeugen. Oder es können einheitliche geldpolitische Zielsetzungen und Strategien verbindlich werden. All dies kann die Volatilität des Wechselkurses im Außenverhältnis erhöhen oder senken bzw. auf andere Größen verschieben.[23]

Dieser Zusammenhang von makropolitischem Regime und Volatilität nomineller und realer Größen wurde theorienotorisch, als Ende der 70er, Anfang der 80er Jahre die reifen Industrieländer zu einer Politik der an Geldmengenzielen orientierten Inflationsbekämpfung übergingen. In zahlreichen empirischen und theoretischen Arbeiten wurde nachgewiesen bzw. begründet, warum es zu größerer Volatilität der Zinsen und der Einkommensbildung führt, wenn Zentralbanken zu einem intermediären Ziel der Geldmengensteuerung übergehen, nachdem sie

---

[22] Exemplarisch zu beobachten war diese Schwierigkeit der Unterscheidung von Inflation und relativen Preisänderungen, die sich in Preisniveauschüben äußern, im Vollzug der deutschen Vereinigung Anfang der 90er Jahre. Besonders die Preise der Wohnungsnutzung (Mieten, Bau- und Grundstückspreise) stiegen stark an und suggerierten wegen ihres Gewichts im Preisindex der Lebenshaltung einen Inflationsanstieg. Die Schwierigkeiten rühren daher, daß das Preisniveau eben kein reines Geldmarktphänomen ist, sondern sich aus dem Zusammenspiel von Vermögensmärkten (Zins, Wechselkurs), Arbeitsmarkt (Nominallohnniveau) und Gütermarkt (effektive Nachfrage) ergibt, wie in Fenster 4.3A dargestellt wird.

[23] Vgl. zu entsprechenden Argumentationen in neuerer Zeit z.B. Bayoumi/Eichengreen (1998) oder auch die bereits erwähnten Cohen (1997) und Masson/Turtelboom (1997). Auf die Bedeutung geldpolitischer Zielsetzungen und deren Auswirkungen auf die Volatilität makroökonomischer Größen, die die Risikoprämie verändert, haben explizit Belongia/Ott (1989) hingewiesen.

zuvor Zinssteuerung oder ein direktes Inflationsziel verfolgten (Goodhart 1989a, 95-103).

Der m.E. wichtigste Grund dafür ist, daß die Inelastizität des Geldangebotes, die mit der Befolgung einer Geldmengenregel zumindest angekündigt wird, eine Einladung für destabilisierende Wechselkurserwartungen ist. Aus Sicht der Vermögensmärkte beschwört die Einhaltung des Geldmengenziels bei einer gesamtwirtschaftlichen Störung die Gefahr einer Liquiditätskrise herauf. Dagegen wird die Nichteinhaltung eines Geldmengenziels als Unfähigkeit der Zentralbank interpretiert, ihre selbstgesetzten Maximen zu realisieren, was gleichfalls nicht beruhigend auf die Märkte wirkt.[24] So kann also eine kollektive geldpolitische Strategie, intermediäre Geldmengenziele zu verfolgen, die Volatilität geradezu erhöhen.

Umgekehrt kann die Wechselkurs- und Preisniveauvolatilität gesenkt werden, wenn eine koordinierte Währungsstabilisierung es den einzelnen Zentralbanken ermöglicht, von solch einer geldpolitischen Strategie abzusehen. Zu einer Geldmengenpolitik mag sich eine Zentralbank genötigt sehen, wenn sie auf sich allein gestellt, also weitgehend ohne Ziehungsmöglichkeiten auf andere Hartwährungsreserven ist, und wegen fehlender Unabhängigkeit das staatliche Budget mitfinanzieren muß oder zumindest in ihrer Zinspolitik auf die Staatsverschuldung Rücksicht zu nehmen hat. Die Zinspolitik ist dann gebunden im Reserven- oder Finanzmanagement und nicht primär einsetzbar für die Geldversorgung. Die ostentative Einhaltung von Geldmengenzielen kann dann das einzige Mittel zur Signalisierung einer stabilitätsbewußten Politik sein (vgl. Giovannini 1989, Fenster 3.12). Sie macht freilich die Bankenliquidität zu einer residual bestimmten Größe der Leistungsbilanzentwicklung und des staatlichen Haushalts.[25] Eine

---

[24] Der naheliegende Verweis auf die Bundesbank scheint mir dieses Argument kaum zu entkräften. Zwar hat ihrer Reputation die überwiegende Verfehlung ihrer Geldmengenziele nicht erkennbar geschadet (dazu Bofinger/Reischle/Schäfer 1996, 269-277). Doch hatte die Bundesbank ihre Reputation als eine sehr preisstabilitätsbewußte Zentralbank bereits erworben, bevor sie in den 80er Jahren zu einer Politik der deklarierten und opportunistisch gehandhabten Geldmengensteuerung überging. Außerdem teile ich die Einschätzung, daß die Bundesbankpolitik zur Volatilität makroökonomischer Größen beitrug, z.B. die EWS-Krise durch ihre Strategie zumindest auch befördert wurde.

[25] Eine solche Geldpolitik praktizierte beispielsweise die indische Zentralbank (Reserve Bank of India). Von der Weltbank und dem Internationalem Währungsfond wurde ihr immer eine „solide" Makropolitik zugute gehalten. Tatsächlich wurde das Ausbrechen der lateinamerikanischen Krankheit, d.h. Konvulsionen der Hyperinflation und des Währungsverfalls nach Phasen hohen Wachstums, stets vermieden. Ich habe dies aber in Schelkle (1994, Kap.5) eher als eine Politik der unterdrückten Inflation interpre-

solche „quantitätstheoretische Situation" kann schwerlich die Norm für eine funktionierende Geldpolitik abgeben. Mit der Vereinbarung einer beidseitigen wechselkursorientierten Geldpolitik und der Einräumung von Ziehungsmöglichkeiten auf Hartwährungsreserven kann die Zentralbankpolitik einzelner Schwachwährungsräume solcher, im geldpolitischen Ernstfall kontraproduktiver Signale enthoben sein (vgl. weitere Ausführungen unter (3)).

Eine eng damit zusammenhängende Änderung, die in diesem Zusammenhang diskutiert wird, ist die mit monetärer Integration einhergehende Umwidmung der geld- und fiskalpolitischen Mittel auf wirtschaftspolitische Ziele. Dürfen Angebotsschocks durch die Geldpolitik nicht mehr akkomodiert werden, beispielsweise wegen der Verpflichtung auf die Einhaltung eines Geldmengenziels, so erhöht das die Wechselkurs- und Einkommensvolatilität. Und dürfen Nachfrageschocks nicht mehr durch die Fiskalpolitik akkomodiert werden, erhöht das ebenfalls die Wechselkurs- und Einkommensvolatilität.[26] Diese Vereinbarungen zur geld- und fiskalpolitischen Harmonisierung folgen offenkundig einer Art negativem Ziel-Mittel-Ansatz. Sie schließen bestimmte Mittelanwendungen zur Erreichung bestimmter Ziele aus, eventuell garnicht als Primärzweck, aber um willen anderer Zwecke wie Stabilitätsorientierung und Disziplinierung.[27] Der Preis dafür kann freilich höhere Volatilität sein. Umgekehrt könnte ein Inflations- oder Dollar-Wechselkursziel sowie eine aktive Fiskalpolitik diesem Argument zufolge stabilisierend wirken.

ad (3): Durch monetäre Integration können überhaupt erst die Voraussetzungen für eine Marktteilnahme der Zentralbank geschaffen werden. Mit geldpolitischer Marktteilnahme ist dabei gemeint, daß die Zentralbank mithilfe von Preissignalen das Verhältnis von Geldmenge und Kreditvolumen in der gewünschten Richtung verändern kann. Bei drohender Gefährdung der Preisstabilität sollte sie durch Zinserhöhung dieses Verhältnis erhöhen können, indem sie Banken zu einer im Verhältnis zur Vorsichtskasse unterproportionalen Ausweitung der Kreditvergabe veranlaßt. Bei rezessiven Tendenzen sollte sie durch Zinssenkung das Verhältnis von Geldmenge und Kreditvolumen senken können.

---

tiert, die zu einer Dichotomisierung des Finanzsystems führte und mit der Liberalisierungspolitik Ende der 80er Jahre unweigerlich in eine Krise mündete.

[26] Vgl. auch Eichengreen/Wyplosz (1998, 92-97) und den Kommentar von Bean (ebd., 106) zu einer empirischen Schätzung des Tradeoffs von Preisniveau- und Outputvariabilität in Bezug auf die EWU und den Stabilitätspakt. Poole (1970) thematisierte erstmals diesen Volatilitäts-Tradeoff im Ziel-Mittel-Ansatz.

[27] Beides bedeutet offenkundig, daß eine Europäische Währungsunion, die nach der Norm der Bundesbankpolitik und unter strikter Einhaltung des Stabilitätspaktes funktionierte, den effektiven Wechselkurs des Euro destabilisierte. So explizit Cohen (1997, 400f.).

Die Voraussetzungen für eine solche Marktteilnahme der Zentralbank sind freilich nicht ohne weiteres erfüllt, insbesondere auch nicht nur von ihrem Wohlverhalten abhängig. Im letzten Punkt war auf die Notwendigkeit der operativen und funktionalen Unabhängigkeit verwiesen worden. Operativ bedeutet in diesem Zusammenhang, daß sie nicht von Weisungen der Regierung abhängig ist. Funktional bedeutet, daß sie ihre Zinspolitik allein unter geldpolitischen Rücksichten einsetzen kann. Letztere Voraussetzung ist etwa bei hoher Inlandsverschuldung nicht mehr gegeben, aber auch nicht, wenn die inländische Preisentwicklung von starken Einflüssen außerhalb der Kontrolle einer Zentralbank bestimmt wird, z.B. von klimatischen Bedingungen bei einer Agrarökonomie. Eine Zinserhöhung, die mit Blick auf die Inflationsentwicklung gefordert ist, kann sich dann leicht zur endemischen Finanzkrise ausweiten, die zu verhindern ebenfalls ihre Aufgabe als *Lender of Last Resort* ist. Da dies - hoher Verschuldungsgrad oder erhebliche Fremdbestimmtheit der Preisentwicklung - antezipiert werden kann, wirkt ein Zinssignal in solchen Ökonomien nicht mehr eindeutig. Die stabilisierend gemeinte Erhöhung kann geradezu eine Flucht aus der Währung auslösen.

Darin deutet sich im Umkehrschluß bereits an, warum die geldpolitische Marktteilnahme moderierend auf die Volatilität der Zielgrößen Wechselkurs, Preisniveau, Kreditvergabe - und damit der nominellen Einkommensbildung - wirkt. Sofern monetäre Integration die Voraussetzungen für eine Marktteilnahme in diesem Sinne verbessert, trägt sie zugleich zu einer Senkung der Volatilität bei.

Geldpolitische Marktteilnahme meint durchaus ständige Präsenz am Geldmarkt und gerade nicht Verfolgung einer hoheitlich gesetzten Regel. Sie ist die Alternative zur Geldmengensteuerung, bei der die Ausübung einer hoheitlichen Monopolstellung im Vordergrund steht. Die Vorstellung, daß Zentralbanken ihre Politik als Marktteilnehmer geltend machen müssen, stützt sich theoretisch auf eine monetäre Zinstheorie und auf die Konzeption von Geld als Innengeld. Beides wendet sich zunächst einmal gegen die Vorstellung, man könne durch eine Geldmengenausdehnung „bis zum Sättigungspunkt" das Zinsniveau unter das Gleichgewichtsniveau senken, um so dauerhaft höhere Beschäftigung zu erreichen, wie Keynes (1930, Kap.37) meinte. Wenn Geld Innengeld ist, können Banken den Versuch einer Ausdehnung der Geldmenge solange konterkarieren, wie sie ihre ausstehenden Diskontkredite durch die bereitgestellten billigeren Diskontfazilitäten ablösen können (Betz 1993, 65). Und wenn die Risiko- und Liquiditätsprämie preistheoretische Ausdrücke dafür sind, wie hoch die Vermögenssicherungsqualität einer Währung eingeschätzt wird, dann ist eine expansive Geldmengenpolitik gerade nicht dazu geeignet, den Zinssatz zu senken. Dem Versuch, die geforderte Rendite für die Geldaufgabe zu drücken, können sich Vermögensanleger dadurch entziehen, daß sie in bedingt produzierbares Sachvermögen bzw. in ausländische Vermögenstitel investieren. Der entsprechende Preisauftrieb, der Abwertungsdruck und die damit einhergehende Volatilität würden das Geld gerade seiner überlegenen Liquiditätseigenschaften berauben.[28] Als Schuldendeckungsmittel im engeren Sinne büßt es seine Nützlichkeit ein, weil durch die Entknappung auch das Liquiditätsrisiko einer Verschuldung vermindert, die Passivseite weniger drückend wird. Beides reduziert den gewünschten Anteil der Geldhaltung am (Brutto-)Vermögen. Die Funktionseinbuße oder sogar der Funktionsverlust, die sich über die Substitution des inländischen Zentralbankgeldes durch ausländische Währungen und Sachvermögen vollziehen, erzeugt entsprechend neben einer steigenden Risikoprämie auch höhere Volatilität von Wechselkurs und Preisniveau.[29]

Eine wichtige integrationspolitische Konsequenz daraus ist, daß es kein Verlust sein kann, die Möglichkeit zu einer Geldmengenpolitik *à outrance* durch koordinierte Wechselkursstabilisierung einzuschränken. Denn die forcierte Ausdehnung einer Innengeldmenge hat keinen zinssenkenden Effekt mit expansiver Einkommenswirkung, wie im Falle von Außengeld und dem entsprechenden Realkasseneffekt. Vielmehr erfordert eine Expansion der Geldmenge zwingend eine Erhöhung des gleichgewichtigen Geldmarktzinses, um mit dem steigenden Verschuldungsgrad der Ökonomie auch die Bereitschaft zum Halten der Forderungen zu erhöhen. Einem geldpolitisch ausnutzbaren Tradeoff von Preisstabilität und Beschäftigung ist damit die Grundlage entzogen.

Aber monetäre Zinsbegründung und Innengeldkonzeption wenden sich auch gegen die Vorstellung, man könne durch das Gegenteil, die fühlbare Rationierung der Geldmenge stabilisieren. Das Argument wurde im letzten Punkt (2) bereits genannt: Wenn Geld absolute Liquidität ist, dann wirkt eine inelastische Geldversorgung destabilisierend. Soll sie fühlbar gemacht werden, müssen einzelne Unternehmen und Banken in Liquiditätschwierigkeiten geraten. In einer auf Zahlungskreisläufen basierenden Wirtschaft können sich einzelwirtschaftliche Zahlungsschwierigkeiten zu einer systemischen Liquiditätskrise ausdehnen. Spätestens dann ist irgendein Geldmengenziel nicht mehr einzuhalten. Aber die endogene Geldmengenbestimmung erfolgte in einem solchen Fall durch Panik.

Die integrationspolitische Konsequenz daraus wurde genannt: Monetäre Integration kann Zentralbanken, deren Marktposition schwach und deren Geldpolitik

---

[28] Wie so oft findet man Unterstützung für diese Kritik an Keynes bei Keynes selbst: „[...] it is unlikely that an asset, of which the supply can be easily increased or the desire for which can be easily diverted by a change in relative price, will possess the attribute of 'liquidity' in the minds of owners of wealth. Money itself rapidly loses the attribute of 'liquidity' if its future supply is expected to undergo sharp changes." (Keynes 1936, 241, Fn.1)

[29] Das ist eine Möglichkeit, den empirisch feststellbaren Zusammenhang von hohem Niveau und hoher Volatilität der Inflationsraten zu erklären. Vgl. zu diesem Zusammenhang den immer noch lesenswerten Beitrag und Überblick von Taylor (1981).

entsprechend wenig effektiv ist, unter Umständen der Notwendigkeit entheben, sich auf Geldmengenziele zu verpflichten, um Stabilisierungswillen zu signalisieren.[30] Vielmehr würde die Abstimmung der Zinspolitik mit Zentralbanken, die eine Währung höherer Qualität emittieren, diese Signalfunktion ausüben, allerdings mit weit weniger destabilisierenden Rationierungsandrohungen. Validiert würde ein solches Signal koordinierter Währungsstabilisierung durch die Einräumung von Ziehungsmöglichkeiten auf Hartwährungsreserven. Auch dies dient einer elastischeren Geldversorgung, die moderierend auf die Volatilität wirkt. Die Einräumung solcher Ziehungsmöglichkeiten verlangt gerade keinen unbegrenzten Zugriff des Schwachwährungsraumes auf Devisen. Das würde vielmehr die Grundlage des vertrauensstabilisierenden Effektes aufheben. Die Ziehungsmöglichkeiten müssen für die Währungsspekulation erkennbar endlich, doch als definitive Grenze nicht absehbar sein. Dadurch würde sich die Chance für das Überwiegen stabilisierender Arbitrageaktivitäten erhöhen, ganz analog dem Mechanismus, der den Kontinuitätsbedingungen für eine Zielzone (*Honeymoon*-Effekt und *Smooth Pasting*) zugrundeliegt.

Monetäre Integration kann somit in Maßen dazu beitragen, die Voraussetzungen für eine geldpolitische Marktteilnahme zu verbessern. Dieser mögliche Beitrag ist - wenig überraschend - vielfältiger im Falle eines Schwachwährungslandes. Aber sie kann auch die Geldpolitik für eine Währung hoher Qualität effektivieren. Allgemein gesagt: Wenn die Maxime der Geldpolitik um willen ihrer eigenen Effektivität sein muß, das Gleichgewicht der Vermögensmärkte zu vollziehen, so kann monetäre Integration die Existenz und die Bestimmung eines Vermögensmarktgleichgewichtes unterstützen.

4.3.2 Zinsniveau, Kapitalbildung und Beschäftigung

Die Güte oder Qualität einer Währung drückt sich portfoliotheoretisch vor allem in der Höhe des Zinsdifferentials zu einer Referenzwährung aus. Eine niedrige Währungsqualität bedeutet, daß Portfoliobesitzer eine hohe Risikoprämie und/oder eine hohe Ungewißheitsprämie für Anlagen in der betreffenden Währung verlangen. Die langfristigen Wirkungen eines erhöhten Gleichgewichtszinses auf Beschäftigung, Wachstum und Wirtschaftsstruktur werden im folgenden skizziert.

---

[30] Exemplarisch läßt sich die quantitätstheoretische Funktionsweise der Geldpolitik schwacher Währungsräume am Goldstandard zeigen, wie bereits im Zusammenhang mit dem McKinnon'schen Vorschlag zur koordinierten Währungsstabilisierung ausgeführt wurde (vgl. Abschnitt 3.2.2.2).

Als Referenz diene das gängige Modell (in Fenster 4.1) einer veränderlichen Risikoprämie:

$$rp^* = i_a - i = R \frac{SF}{V} \cdot \sigma_S^2 + (1-R) \cdot \rho_{PS}, \text{ wobei } R \geq 1.$$

Diese Risikoprämie auf eine ausländische Vermögensanlage F setzt sich zusammen aus einem Risiko erhöhenden Ausdruck für die Wechselkursvolatilität σ_S^2 (gewichtet mit der relativen Risikoaversion R und dem Portfolioanteil ausländischer Aktiva) und einem Risiko mindernden Ausdruck für die Kovarianz von Wechselkurs und Preisniveau. Der einzige Unterschied bestehe in einer mittleren erwarteten Wechselkursänderung ε von 0. Unterstellt sei ferner die in dieser Formulierung implizite Situation des *Auslandes*: Es herrsche ein Ertragsraten-differential rp>0, was einem Risikoabschlag auf inländische Vermögensanlagen B entspricht. Wenn F>0, ist das Ausland gegenüber dem Inland verschuldet. Die ausländische Zentralbank versuche ausschließlich mit ihrer Zinspolitik das Ver-mögensmarktgleichgewicht zu vollziehen, das mit einem festen Wechselkurs vereinbar sei. Es sei daran erinnert, daß in diesem Portfoliomodell ein höherer Gleichgewichtszins nicht nur erforderlich ist, damit der Bestand ausländischer Aktiva im Inland gehalten wird, sondern auch, um die in diesem Bestand stei-gende Risikoprämie auf ausländische Aktiva zu kompensieren. Denn mit dem Bestand an Wertpapieren F im Besitz internationaler Kapitalanleger steigt die Gefahr, daß die ausländische Zentralbank zahlungsunfähig wird, weil ihr Reser-vebestand relativ zu den Auslandsverbindlichkeiten zu klein wird, um einen Wechselkursverfall aufzuhalten. Entsprechend läßt sich das ausschließliche Set-zen auf die Zinspolitik damit motivieren, daß so destabilisierenden Wechselkur-sänderungserwartungen vorgebeugt wird.[31] Zum anderen zeigt diese Beschrän-kung auf eine Betrachtung der Zinswirkungen, welche Folgen die *un*koordinierte Wechselkursstabilisierung für eine Ökonomie hat bzw. wie sich durch Wäh-rungsintegration die Bedingungen für die Einkommensbildung verändern könn-ten.

Zunächst sei auf konventionelle Wirkungen eingegangen, die etwa in einem Modell der neoklassischen Synthese und einem dazu passenden Standardwachs-tumsmodell zu erwarten wären.[32] Verglichen werden Allokation und Wachstum

---

[31] Im Abschnitt 5.2.2 wird allerdings auch der Fall von Schuldnerländern untersucht, bei denen die Zinspolitik unter Umständen nicht effektiv gemacht werden kann. Die mo-netären Autoritäten verschuldeter Ökonomien haben deshalb häufig keine Wahl und sind deshalb verstärkt Währungsattacken ausgesetzt.

[32] Ein solches Modell, ergänzt um die hier vorgeschlagenen Vermögensmärkte, wird in der Makroökonomik auch als sog. Finanzmarktmodell bezeichnet. Vgl. die gediegenen Lehrbuch-Darstellungen bei Jarchow/Rühmann (1994, fünfter Teil) und Schmitt-Rink/Bender (1992, Teil II §2 und Teil III), letztere sowohl für die stationäre wie die

einer Ökonomie, in der Wechselkursstabilität einen hohen Gleichgewichtszins erfordere, mit einer fiktiven Ökonomie, die ihr bis auf die fehlenden Fremdwährungsverbindlichkeiten gleiche. Es ist also gewissermaßen ein Gedankenexperiment, das eine verschuldete Volkswirtschaft vor und nach einem Erlaß dieser Schulden (SF) mit sich selbst vergleicht. Man denke zum Beispiel an Italien, das bei Eintritt in das Festkursgefüge des EWS ein Schuldnerland war, nach einer gewissen Frist keine Kapitalverkehrskontrollen mehr anwenden durfte und seine Zinspolitik in den Dienst des Verbleibs im Wechselkursverbund stellen mußte. Verglichen wird es mit einer fiktiven italienischen Ökonomie, die bei Eintritt in das EWS entschuldet worden wäre.

Mit diesem Gedankenexperiment soll gezeigt werden, daß die aus konventioneller Makroökonomie abzuleitenden Wirkungen wichtig genug sind, den (erleichternden) Zinseffekten koordinierter Währungsstabilisierung mehr Aufmerksamkeit in der monetären Integrationstheorie zu widmen. Anschließend wird auf monetär begründbare Wirkungen eingegangen, die dieses Argument noch verstärken.[33]

Zunächst zur **Allokation** in einer Ökonomie mit hohem Gleichgewichtszins:

- Aus der Reaktion der Kapitalbildung ergibt sich ein Beschäftigungs- und Reallohneffekt. Die effektive Nachfrage nach Investitionen ist in der Ökonomie mit höherem Gleichgewichtszins niedriger. Das führt zu Anpassungen im Güterangebot der Unternehmen. Die Intensität des Kapitaleinsatzes ist verringert. Entsprechend ist die Kapitalproduktivität unter den als normal unterstellten Produktionsbedingungen höher. Umgekehrt hat dies eine niedrigere Arbeitsproduktivität zur Folge, weil der Arbeitseinsatz relativ zum Kapitaleinsatz höher ist. Das bedeutet mittel- und langfristig eine Arbeitsmarktlösung bei niedrigerem Reallohnniveau und geringerem Vollbeschäftigungsvolumen, die letztlich auf die Angebotsschranke eines verminderten Arbeitsangebotes zurückgeht.

- In einer Mehrsektoren-Ökonomie hätte ein höherer Gleichgewichtszins außerdem Folgen für die *Zusammensetzung der Wertschöpfung*. Kapitalintensiver produzierende Sektoren sind absolut und im Verhältnis zu den arbeitsintensiv produzierenden Sektoren schwächer ausgeprägt. Denn der höhere Zinssatz zeigt eine größere Knappheit des Kapitalangebotes an, der mit Faktorsubstitution zugunsten vermehrten Arbeitseinsatzes begegnet werden kann. Kapitalintensiv produzierende Sektoren benötigen im Verhältnis zum Durchschnitt überproportional viele zusätzliche Einheiten Arbeitskraft, um eine

---

wachsende offene Volkswirtschaft. Eine anregende dogmengeschichtliche Diskussion von Zinstheorien und Zinswirkungen liefert Spahn (1986, Kap.5 und 6).

[33] Auf die (De-)Stabilisierungswirkungen *steigender* Zinsen wird in Kapitel 5 eingegangen. Vgl. außerdem Mishkin (1998).

Einheit des Faktors Kapital zu ersetzen. Deshalb müssen sie aufgrund der Verknappung des Kapitalangebotes stärker mit einer Einschränkung ihres Outputs reagieren als die mit relativ arbeitsintensiven Technologien produzierenden Sektoren.

Die Wirkungen auf das Wachstum können m.E. im Solow (1956)-Modell diskutiert werden, da es die kongeniale Fortführung des stationären Modells der neoklassischen Synthese ist. In der langen Frist gewinnen dort die neoklassischen, realwirtschaftlichen Anpassungsmechanismen Oberhand. Der Finanzmarkt-„Überbau" ist dafür unerheblich.[34] So wird einerseits die Ersparnis - keynesianisch - auf gewohnheitsmäßiges, konventionelles Verhalten und nicht etwa auf dynamische Optimierung zurückgeführt, andererseits wird - neoklassisch - ein exogen evolvierender Ressourcenbestand vorgegeben, an den sich die Unternehmen mit Faktorsubstitution anpassen. Letzteres ist der für die Mechanik und die Resultate des modellierten Wachstums entscheidende Vorgang. Seit Solow (1956) wird in Wachstumsmodellen eine bestimmte demographische Wachstumsrate vorgegeben und dann gefragt, welche Mechanismen für die damit vereinbare gleichschrittige Kapitalbildung sorgen.[35]

Damit zu den **Wachstumseffekten** eines höheren Gleichgewichtszinses:

- Unter Umständen kann sich die Einkommensverteilung zu Lasten der Lohneinkommen beziehenden Haushalte ändern. Ein höherer Zinssatz in einer verschuldeten Ökonomie muß in einem Wachstumsmodell als Verringerung des Ersparnisangebots bei jedem Zinssatz interpretiert werden (graphisch: eine Rückverschiebung der Sparkurve). Genau wie im stationären Modell bewirkt die Verknappung des Sparangebotes eine niedrigere Kapitalintensität der Produktion bzw. eine Steigerung der marginalen und durchschnittlichen Kapitalproduktivität. Wie dies auf die funktionale Einkommensverteilung zwischen Arbeitnehmern und Kapitalgebern wirkt, hängt von der Substituti-

---

[34] Umgekehrt wird auch in herkömmlichen Finanzmarktmodellen, sofern sie überhaupt in der langen Frist betrachtet werden, von einem steady-state-Wachstum aller realen Bestände und Ströme ausgegangen, das der natürlichen Wachstumsrate entspricht. Vgl. Tobin/Buiter (1980, 110) oder Aoki (1981, 109f.).

[35] Selbst in den als „keynesianisch" bezeichneten Standardmodellen der Ära nach Harrod/Domar gilt diese Aussage. Im Kaldor- oder Pasinetti-Modell paßt sich die Sparquote an, indem ein erhöhter Zinssatz eine Umverteilung zu den Haushalten mit höherer Sparquote, eben den Zinseinkommensbeziehern, bewirkt. Dadurch wächst die Kapitalbildung wieder mit der Rate, die mit dem demographischen Wachstum vereinbar ist. Es wird also die Kapitalproduktivität (Kehrwert des Auslastungsgrades des Kapitalstocks) parametrisch behandelt, bei Solow dagegen die durchschnittliche Sparquote. Das folgende orientiert sich an Schmitt-Rink/Bender (1992, 357-368) sowie Barro/Sala-i-Martin (1995, Kap.1).

onselastizität der Produktionstechnologie ab: Ist diese Substitutionselastizität genau 1, ist die Senkung der Kapitalintensität genau gleich der Senkung der Lohn-Zins-Relation, so daß Lohn- und Zinsquote unverändert bleiben. Ist die Substitutionselastizität kleiner 1, sinkt die Lohnquote, wenn Lohn-Zins-Relation und Kapitalintensität sinken, und vice versa.

- Die Steigerungsrate des Sozialprodukts im steady state ist infolgedessen nicht verändert, allerdings wird das Niveau des Einkommens bei Erhöhung des Gleichgewichtszinses einmalig gesenkt. Das entspricht der einmaligen Niveauabsenkung der Kapitalbildung und dem anschließend auf den ursprünglichen Pfad zurückkehrenden Wachstum des Kapitalbestandes, ein Pfad, der durch das demographische Wachstum und die durchschnittliche Spareigung vorgegeben ist.[36] Das Wachstum des Sozialprodukts ergibt sich aus dem Wachstum der Faktorbestände, genauer: aus der Summe der mit den Produktionselastizitäten gewichteten Wachstumsraten der Faktoren. (Wenn exogener technischer Fortschritt vorliegt, muß das effektive Wachstum des Faktors, bei dessen Einsatz der Fortschritt zu verzeichnen ist, berücksichtigt werden.) In den herkömmlich unterstellten Produktionsfunktionen sind diese Elastizitäten konstant, so daß bei gleichbleibenden Wachstumsraten der Faktorbestände auch die des Pro-Kopf-Einkommens gleichbleiben.[37]

---

[36] Die entscheidenden Gleichungen ergeben sich wie folgt: Vorgegeben ist die Wachstumsrate der Bevölkerung g_N. Damit Beschäftigungsgleichgewicht herrscht, muß der Kapitalstock mit derselben Rate g_K wachsen: $g_N = g_K$. Aus dem Gütermarktgleichgewicht für die geschlossene Volkswirtschaft $I = \sigma Y$ (wobei σ die gegebene Sparquote bezeichne) sowie der Definition der durchschnittlichen Kapitalproduktivität $\kappa \equiv Y/K$ folgt aus der Gleichgewichtsbedingung $g_N = g_K$, daß $g_N = \sigma \cdot \kappa$. Aus dieser Formel erhält man das Pro-Kopf-Einkommen $y = Y/N$ durch identische Erweiterung beider Seiten mit der Kapitalintensität $k = K/N$, so daß $g_N \cdot k = \sigma \cdot y$ oder $y = g_N \cdot k/\sigma$. Wenn k sinkt, muß auch y sinken, da g_N und σ Parameter sind. D.h. durch einen höheren Zins werden die Individuen zwar ärmer: das Niveau des Pro-Kopf-Lebenseinkommens sinkt. Aber die Wachstumsrate des Einkommens ändert dies nicht.

[37] Die Aussagen zum Wachstum des Sozialprodukts ergeben sich einfach aus der dynamischen Formulierung einer linear-homogenen Produktionsfunktion: $Y(t) = N(t)^\alpha \cdot K(t)^{1-\alpha}$ ergibt $g_Y = \alpha g_N + (1-\alpha)g_K$ bzw. in Pro-Kopf-Größen ergibt sich aus $y(t) = 1^\alpha \cdot k(t)^{1-\alpha}$, daß $g_Y - g_N = n_0 + (1-\alpha)g_k$. D.h. die Zunahme der Arbeitsproduktivität ($g_Y - g_N$) ist eine lineare Funktion des Wachstums der Kapitalintensität g_k. Diese dynamische Formulierung einer Cobb-Douglas-Funktion in intensiver Form hat Kaldor (1957) als eine technische Fortschrittsfunktion in die Wachstumstheorie eingeführt. Offenkundig täuschte er sich über den für die Neoklassik seines Erachtens revolutionären Charakter eines solchen endogenen technischen Fortschritts.

• Weitere Wachstumseffekte können sich aus endogenem technischen Fortschritt ergeben. Kaldor (1957) hat erstmals eine technische Fortschrittsfunktion eingeführt, nach der das Wachstum der Arbeitsproduktivität eine lineare Funktion des Wachstums der Kapitalintensität ist. Wird also die Kapitalintensität infolge eines höheren Zinssatzes dauerhaft abgesenkt, so würde auch die Zunahme der Arbeitsproduktivität anhaltend verlangsamt. Daß die Steigerung der Produktivität eine Funktion der Kapitalintensität ist, läßt sich beispielsweise mit steigenden Skalenerträgen begründen, die herrühren aus der Verbreitung von Ideen und der Einübung eines versierteren Umgangs mit Technologie (*Learning by doing*). Oder ganz einfach damit, daß bei Erneuerungsinvestitionen niemals die gleiche, sondern immer eine verbesserte und in der Regel kapitalintensivere Technologie eingesetzt wird. Der der Kapitalbildung inhärente technologische Fortschritt würde somit bei einem höheren Zinssatz sinken. Das wiederum flachte den Wachstumstrend der Reallöhne und damit auch des Sozialprodukts, insgesamt und durchschnittlich, ab.

Welche Wirkungen hat also zusammenfassend ein höherer Zinssatz in einem Modell der neoklassischen Synthese, das den realwirtschaftlichen Unterbau für Finanzmarktmodelle liefert? Vollbeschäftigung bleibt erhalten, allerdings bei einem geringeren Beschäftigungsvolumen. Die funktionale Einkommensverteilung ändert sich unter Umständen, was aber von einer Eigenschaft der Produktionsfunktion abhängt, die unter der üblichen Annahme einen solchen Verteilungseffekt ausschließt. Schließlich können Effekte auf die Wertschöpfungsstruktur abgeleitet werden, wenn die Ein-Gut-Ökonomie in zwei oder mehr Sektoren disaggregiert wird und dort unterschiedlich kapitalintensive Technologien zum Einsatz kommen. Die allokativen Ergebnisse werden auch bestätigt von einer wachstumstheoretischen Betrachtung, die sich eng an die stationäre Ökonomie der neoklassischen Synthese anlehnt. Dabei zeigt sich, daß der durch die Verknappung des Kapitalangebotes ausgelöste Rückgang des Beschäftigungsvolumens keinen dauerhaften Rückgang des Einkommenswachstums beinhaltet. Zu einem flacheren Wachstumspfad des Sozialprodukts kommt es nur, wenn der technische Fortschritt endogen ist.

Diese langfristigen Zinswirkungen scheinen mir so bedeutend, daß ihre vergleichsweise bescheidene Erörterung in der monetären Integrationstheorie überrascht. Wie in den beiden voranstehenden Kapiteln zu sehen war, wird darüber auch in neueren Beiträgen allenfalls in Anwendungskontexten gesprochen. So beispielsweise im Zusammenhang mit der Entlastung hochverschuldeter Staatshaushalte, die sich aus der Senkung des Zinsniveaus in der Europäischen Währungsunion ergeben könnte. Aber in Bezug auf solche Argumente gilt wiederum, was Johnson (1969) bereits der älteren Literatur vorhielt: Vorausgesetzt wird eine Welt des Zweitbesten, was in der wohlfahrtsökonomischen Literatur und so auch bei Johnson eine Welt meint, die von Politikfehlern gezeichnet ist. Warum aber in einer solchen Welt schwierige Projekte wie die Koordination von Makropolitiken lancieren? Warum nicht einfach die Politikfehler und ihre Folgen beseitigen, also z.B. die Staatsverschuldung abbauen? Man benötigt theoretisch ausgewiesene Argumente, um die Relevanz von Zinseffekten im besonderen und die Relevanz monetärer Integration im allgemeinen zu untermauern.

4.3.3 Monetär begründete Wirkungen

Die Zinseffekte können wesentlich drastischer und nachhaltiger ausfallen, wenn der Geldversorgung eine wesentliche Rolle für die Einkommensbildung gegeben wird. Neben der theoretisch konsistenten Verbindung von Geld- und Werttheorie, die oben als Desiderat bezeichnet wurde, hätte dies auch erfahrungswissenschaftliche Vorteile für eine Theorie monetärer Integration. So scheint es eben durchaus verharmlosend, im stationären Modell den Beschäftigungseffekt auf eine einmalige Absenkung des Investitionsniveaus zu beschränken, was angebotsseitige Anpassungsmaßnahmen auslöst und wieder zu Vollbeschäftigung in der Folgeperiode führt. Länder, in denen der gleichgewichtige Zins auf Dauer relativ hoch sein muß, fallen in ihrem Wachstum stark zurück. Das läßt sich indirekt auch den Widerständen von Regierungen entnehmen, die etwa im Rahmen von Stabilisierungsprogrammen des Internationalen Währungsfonds zu einer Hochzinspolitik genötigt sind. Der einperiodige Investitionseffekt kann dafür kaum ausschlaggebend sein, weil die empirische Evidenz für eine recht niedrige Zinselastizität der Investitionstätigkeit - jedenfalls im Zeithorizont einer irgendwie sinnvoll definierten Periode - überwältigend ist (Dixit 1992, 107f.).

Deshalb noch einige Bemerkungen zu den im engeren Sinne monetär begründbaren Wirkungen. Ein monetärer Zins ist kein relativer Faktorpreis. Als Preis für die Verfügung über Geld ist er vielmehr eine Art Vermögenssteuer auf die Beschäftigung. Und eine Innengeld-Konzeption versperrt den Weg, die Kapitalbildung durch die Ersparnis als eine Angebotsschranke zu begrenzen. Es gibt dann keine Ressourcengrenze für die Finanzierung von Investitionen, sondern ein Stabilitätsproblem.[38] Denn in einer Geldwirtschaft muß ex ante kein Konsumverzicht geleistet werden, damit investiert werden kann. Vielmehr läßt die ohne Ressourcenaufwand mögliche Kreditfinanzierung von Ausgaben erst das Einkommen entstehen, aus dem heraus gespart werden kann. Deshalb muß ein **Zinseffekt auf die Einkommens- und Kapitalbildung** über die Nachfrageseite erklärt werden.

---

[38] Auf dieses Stabilitätsproblem einer im Verhältnis zur Investitionsbereitschaft zu geringen Sparwilligkeit ist im vorigen Abschnitt hingewiesen worden. Hier wende ich mich gegen die Vorstellung, wie sie exemplarisch das Solow-Modell beinhaltet, in einer Geldwirtschaft sei es die gegebene Ersparnisbildung im Sinne der Konsumverzichtsbereitschaft (σ) eines exogen evolvierenden Arbeitskräftebestandes (g_N), die langfristig als Angebotsschranke wirksam werde und die Anpassung der Kapitalbildung (κ) erzwinge.

- Die Nachfrageschranke des Konsums wird mit einem höheren gleichgewichtigen Zinssatz für die Unternehmen insgesamt bindender, wenn Vermögenseinkommen Q beziehende Haushalte eine höhere Sparquote als Lohneinkommen W beziehende Haushalte aufweisen.[39] Die mit der Zinserhöhung stattfindende Umverteilung zugunsten der Vermögenseigentümerhaushalte erhöht das Sparvolumen und die durchschnittliche Sparquote. Das bewirkt einen Rückgang der Nachfrage, denn wegen der negativen Beschäftigungs- und Reallohneffekte steigt die Zinsquote zu Lasten der Lohnquote eindeutig. Doch das erhöhte Sparangebot kann einen monetär bestimmten Zinssatz nicht senken. Warum sollte es auf eine entsprechende Nachfrage der Unternehmen treffen bzw. ein entsprechendes Kreditangebot der Banken auslösen, wenn größere Schwierigkeiten des Absatzes des bestehenden, geschweige denn eines erweiterten, Güterangebots zu gewärtigen sind? Das Sparangebot schafft sich also keineswegs seine eigene Investitionsnachfrage. Vielmehr erfolgt die Anpassung an eine bindendere Nachfrageschranke über (niedrigere) Preise für Güterangebote und/oder über die rückläufige Beschäftigung, die die Haushaltseinkommen solange senkt, bis diese nicht mehr sparen als die Unternehmen investieren wollen. Die Marktform der monopolistischen Konkurrenz kann schließlich erklären, warum die für die Unternehmen insgesamt bestehende Konsumnachfrageschranke auch für jedes einzelne Unternehmen bindend ist.

- Die andere Nachfrageschranke bildet, wie auch im Modell der neoklassischen Synthese, die Investitionstätigkeit. Gegeben die Liste der Investitionsprojekte mit erwarteten positiven Erträgen, verschulden sich Unternehmen nur zur Durchführung solcher Projekte, deren erwartete Renditen an der Grenze zumindest den Kreditzins abwerfen. Je höher dieser gleichgewichtige Kreditzins, desto weniger Projekte kommen in Frage.[40] Denn die erwarteten Ren-

---

[39] Die Trennung ist bei diesem Argument personal zu verstehen. Das ist empirisch plausibel: für abhängig beschäftigte Haushalte ist trotz zinstragender Ersparnis in aller Regel das Lohneinkommen die überwiegende Einkommensquelle. Man könnte alternativ gleich mit der Einkommensverteilung und nicht mit Einkommensklassen argumentieren, da die Vermögenskonzentration normalerweise höher ist als die Einkommenskonzentration. Wenn Zinseinkommen überwiegend bei Vermögenden anfallen und die Einkommensexpansionspfade (Engelkurven) nicht linear-homogen sind, so daß Konsum im Verhältnis zur Vermögensbildung ein relativ inferiores Gut ist, dann steigt die Zinsquote mit dem Zinssatz bzw. ergibt sich das beschriebene unterschiedliche Sparverhalten. Offenkundig erfordert dies aber mehr Erklärungsaufwand als die klassische Fiktion personal gefaßter Einkommensklassen.

[40] Gemeint ist mit der „Liste der Investitionsprojekte" eine gegebene Grenzleistungsfähigkeit des Kapitals, die graphisch eine im erwarteten Ertrag fallende Nachfragekurve nach Investitionsvolumina darstellt.- Auch eine Eigenfinanzierung von Investitionen

diten der Investitionsprojekte fallen mit der Ausweitung des Kapitalstocks. Das hat mit der zweiten Schranke, der in jedem Zeitpunkt beschränkten Haushaltsnachfrage, zu tun. Wenn Unternehmen sich einer auf den Preis negativ reagierenden Nachfrage (graphisch: einer fallenden Güternachfragekurve) gegenübersehen, können sie ihre Kapazitäten nicht beliebig erweitern. Dieser Effekt ist freilich nicht auf eine einmalige Absenkung beschränkt, wenn es zu einer *Rückwirkung* der geringeren Konsumnachfrage auf die Investitionstätigkeit kommt (Akzeleratorprinzip). Zumindest bei wiederholtem Anstieg des gleichgewichtigen Zinses ist nicht länger von exogenen Profiterwartungen ('animal spirits') oder einer gegebenen Liste anvisierter Investitionsprojekte auszugehen. Und zwar müßten sich die Profiterwartungen verschlechtern, wenn hohe Zinssätze zu einer Verminderung der effektiven Konsumnachfrage führen. Die laufende Einkommensbildung wird dann nicht nur einmalig reduziert (graphisch: eine Wanderung entlang der Investitionsnachfrage- bzw. IS-Kurve stattfindet). Vielmehr kann es zu einem nachhaltigen Rückgang der Einkommensbildung in allen Folgeperioden kommen und die Investitionstätigkeit sich zu jedem Zinsniveau abschwächen (graphisch: Rückverschiebung der Investitionsnachfrage- bzw. IS-Kurve). Das erklärte ein anhaltend niedrigeres Einkommenswachstum in Ökonomien mit hohen Gleichgewichtszinsen.

Diese Zusammenhänge zwischen effektiver Nachfrage, Preisbildung und Profitrealisation sind in Fenster 4.2 genauer dargestellt.

Fenster 4.2: Effektive Nachfrage, Preisbildung und Realisation des Gleichgewichtszinses

Zunächst soll gezeigt werden, wie der Zinssatz in die Preisbildung der monopolistisch konkurrierenden Unternehmen eingeht. Die Erklärung des Preisniveaus aus der Aufschlagskalkulation der Unternehmen stellt eine Alternative zur Quantitätstheorie dar, sofern der Aufschlag abhängig von einem monetär (liquiditätspräferenztheoretisch) bestimmten Zinssatz ist.

---

widerspricht nicht der im Text getroffenen Aussage, daß Unternehmen sich zum Zwecke ihrer Investitionen „verschulden" müssen. Das Opportunitätskostenprinzip legt nahe, daß Unternehmen, selbst wenn sie über Eigenmittel verfügen, ein Investitionsprojekt kalkulieren müssen, als ob sie dieses fremdfinanzieren würden. Verspricht es nicht den Durchschnittsertrag fremdfinanzierter Projekte, würden sie sich mit der bloßen Finanzierung eben dieser anderen Projekte oder einer wenig riskanten Geldanlage besser stellen.

Das **angebotsseitig gleichgewichtige Preisniveau** P^S* ergibt sich aus der Bedingung, daß aus Sicht eines Unternehmens der realisierte Produktionswert der Güter der geforderten Wertschöpfung entsprechen muß (B1). In der offenen Volkswirtschaft setzt sich die Wertschöpfung zusammen aus dem Nominalwert der geleisteten Produktionsvorschüsse (für den Arbeitseinsatz WN und importierte Zwischenprodukte SP_aX_{im}) sowie dem geforderten Überschußeinkommen (der vom Vermögensmarktgleichgewicht vorgegebenen Verzinsung des eingesetzten Kapitals i*PK).

(B1) $P^S*\cdot Y^S = [WN + SP_aX_{im}] + Q = WN + S\cdot P_aX_{im} + i*\cdot PK$

(B2a) $P^S* = W\dfrac{N}{Y^S} + SP_a\dfrac{X_{im}}{Y^S} + \dfrac{Q*}{Y^S} = \left(1 + \dfrac{PK}{WN}i*\right)\dfrac{W}{v} + \left(1 + \dfrac{PK}{SP_aX_{im}}i*\right)\dfrac{SP_a}{\tau}$

$= \left(1 + a_1\underset{+}{(i*,.)}\right)\dfrac{W}{v} + \left(1 + a_2\underset{+}{(i*,.)}\right)\dfrac{SP_a}{\tau}$

Diese Formulierung verdeutlicht die Behauptung im Haupttext, daß der Zins als eine Art „Vermögenssteuer auf die Beschäftigung" (von N bzw. X_{im}) wirkt. Genauer: Er bestimmt die Aufschläge a_1 bzw. a_2 auf die Produktionsstückkosten, wobei v die durchschnittliche Arbeitsproduktivität (Y/N) und τ den technischen Koeffizienten für importierte Inputs (Y/X_{im}) angeben. Wenn der Zins und damit die gleichgewichtigen Aufschläge a_i steigen, erhöht sich das Preisniveau. Entsprechend sinkt i.d.R. der gleichgewichtige Reallohn und der reale Wechselkurs wertet auf.

(B2b) $\dfrac{W}{P^{S*}} = \dfrac{v}{1 + a_1} - \dfrac{1 + a_2}{1 + a_1}\dfrac{v}{\tau}\dfrac{SP_a}{P^{S*}}$

Diese makroökonomische Funktion des Zinses für die Produktion wird nicht ersichtlich bei einzelwirtschaftlicher Betrachtung. Gleichwohl läßt sich auch hier die **Bildung relativer Preise** inn ihrer Abhängigkeit vomZinsniveau zeigen.

Die Gewinnmaximierung eines monopolistisch konkurrierenden Unternehmens i ergibt sich bei einer linear-limitationalen Technologie T (aus der Menge aller möglichen Technologien mit unterschiedlichen Kapitalintensitäten, die technologisch bestimmt sind):

(B3) $\underset{Y_i,K_i}{max\Pi_i} = P_i(Y^D_i)\cdot Y(K_i) - WN_i(Y^S_i) - iPK_i - SP_aX_{im}(Y^S_i)$

(B4) $Y^S_i = min\{\kappa_TK_i, v_TN_i, \tau_TX_{im}\}$

Wenn der Kapitaleinsatz in reifen Geldwirtschaften normalerweise die Beschäftigung begrenzt[41] und Unternehmen nur soviel produzieren, wie sie glauben, absetzen zu können ($Y_i^D = Y_i^S$), ergibt sich für die einzelwirtschaftliche Preissetzung:

$$\text{(B5a)} \quad \left(1 - \frac{1}{\eta_i}\right)\kappa_i P_i = W\frac{1}{v_i}\kappa_i + iP + SP_a\frac{1}{\tau_i}\kappa_i$$

$$\text{(B5b)} \quad P_i = \frac{\eta_i}{1-\eta_i}\left[\frac{W}{v_i} + \frac{SP_a}{\tau_i}\right] + \frac{\eta_i}{(1-\eta_i)\kappa_i}iP$$

$$\text{(B5c)} \quad P_i = P_i(i, W, P; S, P_a,.)$$

mit $\eta_i = \left|\dfrac{\partial Y_i}{\partial P_i}\dfrac{P_i}{Y_i}\right|$ als dem Betrag der Preiselastizität der Nachfrage ($1 < \eta \ll \infty$).

Die erste Formulierung (B5a) ergibt die Standard-Bedingung für ein Gewinnmaximum bei monopolistischer Konkurrenz. Konventionell wird sie jedoch nur als konstanter Aufschlag ($\frac{\eta}{1-\eta}$) auf die Grenzkosten des Arbeitseinsatzes formuliert (Burda/Wyplosz 1997, Kap.12). So auch in der neueren Theorie monetärer Integration. Das kappt jedoch die Verbindung zu den Vermögens- und Geldmärkten.

Die hier gewählte Formulierung (B5b) macht deutlich, daß nicht nur unmittelbar Produktionskosten wie Reallohnsatz und realer Wechselkurs sowie individuelle Absatzbedingungen (η_i) die Preissetzung bestimmen, sondern auch das herrschende Zinsniveau. Die dritte Formulierung listet schließlich noch einmal auf, welche Preisänderungen ein einzelnes Unternehmen durchsetzen muß, das mittel- und langfristig am Markt bestehen will. Es muß einen höheren Preis für sein Güterangebot durchsetzen, wenn das Zinsniveau und Nominallöhne steigen, wenn die Währung abgewertet wird (die offenkundig einen Preisniveauschub im Inland impliziert) und wenn im Ausland die Preise steigen (Stichwort: „internationaler Inflationszusammenhang").

---

[41] In Entwicklungsländern mit einem Regime der Devisenadministration können importierte Zwischengüter durchaus zum begrenzenden Faktor werden, und in der Annäherung an die Vollbeschäftigung kann dies auch die Arbeitskraft werden. Doch die daraus drohende Entwertung von Finanzvermögen kann immer abgewehrt werden, denn niemand wird zur Finanzierung einer Investition - als Anleger oder Unternehmen - gezwungen. Durch Verknappung der Investitionen würden Importe von Vorprodukten zurückgehen und Arbeitskräfte freigesetzt.

Die Wirkung des Preisniveaus ergibt sich aus der Bewertung von Kapital zu laufenden Preisen. Es indiziert für den Einzelunternehmer steigende Wiederbeschaffungskosten.

Mit (B2) und (B5b) sind jedoch nur die gesamt- und einzelwirtschaftlichen Bedingungen für eine profitsichernde Preisbildung angegeben. Damit die Bedingung gesamtwirtschaftlich erfüllt wird, ist eine bestimmte Höhe der effektiven Nachfrage erforderlich. In Höhe der Ersparnis und der Importausgaben lohnbeziehender Haushalte fließen die Lohnvorschüsse nicht an den Unternehmenssektor zurück. Diese Diskrepanz zwischen maximal möglicher und tatsächlicher inländischer Nachfrage aus Lohneinkommen kann kompensiert werden durch die Investitionsnachfrage I der Unternehmen selbst, durch die Nettonachfrage des Auslandes (Ex-Im, Exportüberschuß), die Nettonachfrage des Staates (G-T, Budgetdefizit, „netto" im Sinne von „nicht steuerfinanziert") und schließlich die Konsumausgaben C_Q der Überschußeinkommen Q beziehenden Haushalte.[42] All diese nicht aus inländischen Löhnen stammenden Ausgaben bescheren den Unternehmen insgesamt höhere nominelle Einnahmen als sie im Aggregat vorgeschossen haben (die Vorschüsse für importierte Zwischengüter mindern den Exportüberschuß). Das **nachfrageseitig gleichgewichtige Preisniveau** P^{D*} läßt sich deshalb aus der Saldenbedingung herleiten, daß die Wertschöpfung in der Produktion dem Wert der Endnachfrage entsprechen muß:

(B6a) $WN + Q \overset{!}{=} C + I + Ex\text{-}Im + G\text{-}T = (c_Q Q + c_W WN) + I + Ex\text{-}Im + G\text{-}T$

(B6b) $(1 - c_W)WN = s_W WN$

(B6c) $Q \overset{!}{=} c_Q Q + I + Ex\text{-}Im + G\text{-}T - s_W W$

(B7) $P^{D*}\Big|_{Y^S = Y^D} \overset{!}{=} \dfrac{W}{v} + \dfrac{Q*}{Y^S}$

$$= \frac{W}{v} + \frac{C_Q(i*,.) + I(i*,.) + Ex - Im + G - T - S_W(i*,.)}{Y^S(i*,.)}$$

In (B7) markiert i* die Vermögensmarktschranke der Einkommensbildung, die in C_Q, I und S_W zugleich eine effektive Nachfrageschranke der Profitrealisation bildet.

---

[42] Mit Blick auf diese letzte Ausgabenkategorie sowie auf Investitionsausgaben hat Kaldor das Bonmot geprägt: „Arbeiter geben aus, was sie verdienen, Kapitalisten verdienen, was sie ausgeben." (vgl. Kaldor 1960) Das gilt für die „Kapitalisten" freilich nur im Aggregat.

Schließlich war im Text nahegelegt worden, daß ein höherer gleichgewichtiger Zinssatz die effektive Nachfrage einschränkt. Das gilt einmal, wenn es eine positive Zinsabhängigkeit der volkswirtschaftlichen Sparquote gibt, die nicht das Ergebnis des *Say'schen Theorems* liefert, wonach jedes (Spar-)Angebot sich seine (Investitions-)Nachfrage schafft.

$$(B8) \quad \frac{d\frac{S}{Y}}{di*}\bigg|_{Y=Y_0} = \frac{d\left[\frac{s_Q Q + s_w WN}{Y}\right]}{di*} = \frac{\partial s_Q}{\partial i}\frac{Q}{Y_0} + \frac{s_Q}{Y_0}\cdot\left(PK + \frac{\partial P}{\partial i}K\right) + \frac{\partial s_w}{\partial i}\frac{WN}{Y} \geq 0$$

Jedes einzelne dieser partiellen Differentiale ist größer oder gleich 0. Selbst wenn die durchschnittlichen Sparneigungen rein verhaltensbestimmt wären und nicht auf den Zins reagierten, ergäbe sich durch die Einkommensumverteilung (mittlerer Term auf der rechten Seite) immer noch ein positiver Zusammenhang zwischen durchschnittlicher Sparquote und Zins. Die effektive Nachfrage sinkt also eindeutig, da die Investionsnachfrage ohnehin eine negative Funktion im laufenden Zinssatz ist. Hinzukommt, daß die durchschnittliche Sparquote dadurch steigen kann, daß Y sinkt (genauer: bei Beschäftigungsrückgang stärker sinken muß als der Zähler).

Die zweite Einschränkung der effektiven Nachfrage ergibt sich, wenn in der langen Frist beachtet wird, daß die Profiterwartungen nicht nur *animal spirits*, sondern selbst auf die Entwicklung der effektiven Nachfrage reagieren (Akzelerator). Zunächst einmal ist es plausibel anzunehmen, daß das Wachstum des Kapitalstocks I/K eine autonome Komponente γ_0 hat, negativ vom laufenden Zins i und positiv von der erwarteten Profitrate r^e (GLK) abhängt (vgl. auch Taylor 1983, 14f.).

$$(B9a) \quad \frac{\dot{K}}{K} = \hat{K} = \gamma_0 - \gamma_1 \cdot i + \gamma_2 r^e$$

Im **langfristigen Gleichgewicht** muß gelten: $i \overset{!}{=} r \overset{!}{=} r^e$. Die angebotsseitig gleichgewichtige Preisniveaubestimmung kann vereinfacht werden zu

$$(B9b) \quad P^S* = (1+a)\left(\frac{w}{v} + \frac{SP_a}{\tau}\right)$$

Aus der Definition der laufenden Profitrate ergibt sich unter Verwendung von (B9b), daß sie eine Funktion der „Kapitalproduktivität" $\kappa = Y/K$ und des Aufschlags a ist

$$(B9c) \quad \frac{PY^S - \frac{w}{v}Y^S - \frac{SP_a}{\tau}Y^S}{PK} \equiv r = \frac{a\left(\frac{w}{v} - \frac{SP_a}{\tau}\right)Y^S}{(1+a)\left(\frac{w}{v} - \frac{SP_a}{\tau}\right)K} = \frac{a}{1+a}\kappa = \underset{+\quad +}{r(a,\kappa)}$$

Wenn man nun die Output-Kapital-Koeffizienten κ im Hinblick auf erwartete Profite r^e als den Auslastungsgrad κ^* interpretiert, der von der effektiven Nachfrage abhängt, ergibt sich für die **Grenzleistungsfähigkeit des Kapitals** unter Verwendung von (A9c):

$$(B9d) \quad r^e = \frac{a}{1+a} \frac{Y^D(i^*,.)}{K} = \frac{a}{1+a} \kappa^* = r^e(\underset{+}{a}, \underset{-}{i^*}, \underset{-}{K})$$

Die positive Abhängigkeit der Profiterwartungen vom mark-up a erklärt sich aus der Annahme, daß eine gelingende Durchsetzung profitsichernder Preise das Vertrauen der Investoren verbessert; die negative Abhängigkeit von i* steht für die Reaktion auf einen Rückgang der effektiven Nachfrage und schließlich ergibt sich die negative Abhängigkeit vom Realkapitalbestand K daraus, daß die Absatzmärkte in jedem Zeitpunkt beschränkt sind (weil sich das Einkommen nur infolge von Investitionen ausdehnt). Somit läßt sich (B9a) reformulieren als

$$(B10) \quad \hat{K} = \gamma_0 + \frac{a}{1+a}\left(\gamma_2 \kappa^* - \gamma_1 \kappa\right)$$

Empirisch ist wahrscheinlich, daß $\gamma_2 > \gamma_1$, d.h. der Akzeleratorkoeffizient größer ist als die Elastizität in bezug auf die laufende Profitrate (Taylor 1983, 17). Trotzdem kann ein höherer gleichgewichtiger Zinssatz i* die Differenz ($\gamma_2 \kappa^* - \gamma_1 \kappa$) kleiner oder gar negativ werden lassen. Das verlangsamt die Kapitalbildung oder führt sogar zu einem Rückgang der Kapitalbildung.

Schließlich noch kurz zu den monetär begründbaren Wirkungen eines hohen Zinssatzes, die über die **Angebotsseite** wirken.

- Wenn ein monetärer Zins kein relativer Faktorpreis ist, so wird durch seine Erhöhung auch *keine Faktorsubstitution* zugunsten relativ erhöhten Arbeitseinsatzes ausgelöst. Denn dann sind auch die Profitrate und ihre Bezugsgröße Kapital monetäre Kategorien. In einer portfoliotheoretischen Betrachtung wird über Kapital als einen in Währungseinheiten - zu laufenden oder konstanten Preisen - notierten Vermögenswert disponiert. Dieser Vermögenswert eines Kapitalbestandes steht in keinem stetigen, monotonen Zusammenhang mit dem (Reproduktions-)Wert seines Gütersubstrats, den produzierten Produktionsmitteln.[43] Und deshalb läßt sich eine von den Vermögensmärkten

---

43 Diese Bemerkung richtet sich implizit gegen die Vorstellung einer „fundamentalen" Bewertung von Aktien, wonach ein Gleichgewicht dadurch gekennzeichnet sei, daß der Börsenwert eines Aktienbestandes den zugrundeliegenden Verkaufswert einer Firma verkörpere. Das schließt die q-Theorie der Investitionen von Tobin/ Brainard (1977) ein, weil sie eine solche fundamentale Bewertung voraussetzen muß. An der q-Theorie bleibt allerdings verdienstvoll, daß sie die Investitionsnachfrage in eine allgemeine Theorie der Vermögenshaltung integriert, indem sie als eine Bestandsände-

angezeigte Verknappung des Kapitals auch nicht durch Arbeitseinheiten „substituieren" (Spahn 1999, 160f.). Dieser Sachverhalt wird durch linear-limitationale Produktionstechnologien (Technologie mit einer Substitutionse-lastizität von 0) abgebildet. Diese Technologienanehme ist nicht auf die kurze Frist beschränkt, sondern trägt dem Umstand Rechnung, daß die Lohn-Zins-Relation keinen monotonen Einfluß auf eine veränderliche Kapitalintensität hat.[44]

• Aber natürlich gibt es Technologien mit unterschiedlich hohen Kapitalauf-wendungen je eingesetzter Einheit Arbeit. Der Zinssatz bestimmt, welche Technologie gewählt wird, bzw. die Erhöhung des Zinssatzes bestimmt, daß eine andere Technologie gewählt werden sollte. Denn unter anderem ist ein hoher Zins ein Marktsignal, das eine Verkürzung der durchschnittlichen Amortisationsfristen von Investitionen anzeigt. Das kann höhere oder niedri-gere Investitionen je Arbeitsplatz erfordern. Die Zugrundelegung einer linear-limitationalen Produktionstechnologie bedeutet schließlich, daß die effizien-ten Kapitalaufwendungen je eingesetzter Einheit Arbeit technisch bestimmt sind. Die Verkürzung der Amortisationsfristen von investiertem Kapital be-deutet für die Produktion unmittelbar kürzere Entwicklungs- und Ausrei-fungszeiten von Technologien, Verstärkung der anwendungsorientierten For-schung zulasten der Grundlagenforschung usw. Das hat im Normalfall eine Verlangsamung des technischen Fortschritts zur Folge. Für die sektorale Wirtschaftsstruktur zöge dies erfahrungsgemäß eine Begünstigung des Dienstleistungssektors relativ zum Industriesektor nach sich, und tendenziell auch eine von Dienstleistungsbranchen mit geringeren Qualifikationsprofilen gegenüber spezialisierten, lange Ausbildungszeiten erfordernden.

Damit läßt sich abschließend der Unterschied zu den konventionellen Beschäfti-gungs- und Wachstumseffekten eines erhöhten Gleichgewichtszinses herausstel-len, wie sie im letzten Abschnitt vorgestellt wurden. Ist Kapital kein Produkti-onsfaktor, sondern ein Vermögenswert, so unterbindet das die Faktorsubstitution

---

rungsnachfrage und nicht als Güterstromnachfrage formuliert wird wie bei Keynes und den IS-LM-Keynesianern.

[44] Das ist die ohnehin gebotene Konsequenz aus der 'Reswitching'- oder Cambridge-Cambridge-Debatte: Man darf auch in der neoklassischen Produktionstheorie allge-mein nicht von einem monotonen Zusammenhang zwischen relativem Faktorpreis und Kapitalintensität ausgehen. Die Neoklassik kann den Kapitalbegriff insofern nur noch metaphorisch gebrauchen, wie Lucas (1988, 36) explizit macht: „The fiction of 'coun-ting machines' is helpful in certain abstract contexts but not at all operational or use-ful in actual economies - even primitive ones. If this was the issue in the famous 'two Cambridge' controversy, then it has long since been resolved in favor of [the English side]. Physical capital [...] is best viewed as a force, not directly observable, that we postulate in order to account in a unified way for certain things we *can* observe [...]."

zugunsten einer gleichbleibenden Lohnquote. Haben Lohnbezieher eine höhere Ausgabenquote, so verschlechtert der Umverteilungseffekt eines höheren Zinses die Investitionsaussichten von Unternehmen. Dieser Effekt verschwindet auch nicht, wenn man eine geringe Zinselastizität der laufenden Investitionsnachfrage konzediert. Die überwiegende Reaktion auf einen dauerhaften Anstieg des Gleichgewichtszinses ist deshalb der Rückgang der Kapitalbildung, weil die Nachfrageschranke bindender wird, und ein Rückgang der Beschäftigung, weil Arbeit entsprechend freigesetzt wird. Andere erfahrungsgemäß auftretende Effekte, wie die auf die Reallöhne, den technologischen Fortschritt und die sektorale Wirtschaftsstruktur, lassen sich ebenfalls festmachen. Dies wäre freilich auch im Modell der neoklassischen Synthese möglich.

Der für Fragen monetärer Integration wichtige theoretische Ertrag all dieser Überlegungen ist, daß sie begründen können, warum das Augenmerk auf Zinswirkungen als Motivation für koordinierte Wechselkursstabilisierung zu richten ist. Denn das Gesagte weist e contrario darauf hin, was die betrachtete verschuldete Ökonomie im Extremfall einer Währungsintegration gewinnen könnte: ein marktkonform steigendes Beschäftigungsvolumen, steigende Reallöhne als Reflex eines sinkenden Zinssatzes und einer steigenden Arbeitsproduktivität, günstigere Voraussetzungen für einen Anstieg der Kapitalbildung und für eine Beschleunigung des endogenen technischen Fortschritts.

Schlußbemerkung

Dieses Kapitel läßt sich resümieren, indem an die integrationspolitisch interessierenden Fragen erinnert wird, die ihm zugrundeliegen: Welche Folgen hat es, wenn eine Volkswirtschaft eine „weiche" oder eine „harte", eine „schwache" oder „starke" Währung hat? Und warum wirkt monetäre Integration auf die „Härte" oder „Stärke" der Währung bzw. die mit der Währungsqualität verbundenen Folgen? Die metaphorischen Bezeichnungen zielen auf Qualitätsunterschiede zwischen Währungen, die genau dann relevant werden, wenn die Geldversorgung nicht neutral für die Ressourcenallokation und die Beschäftigungshöhe ist. Die Währungsqualität wirkt sich dann auf das Anpassungs- und Wachstumsverhalten einer Volkswirtschaft aus. Mit der hier vorgestellten Theorie der geldwirtschaftlichen Zins- und Beschäftigungsbestimmung ließe sich beispielsweise ein steigender Verlauf der langfristigen Phillips-Beziehung begründen. Kann ein monetär bestimmter, um die Inflationsrate bereinigter Gleichgewichtszins anhaltend sinken, weil die Stabilisierung des Geldwertes besser gelingt - d.h. weil die Volatilität nomineller Größen abnimmt und die Auslandsverschuldung abgebaut werden kann -, so schafft dies Voraussetzungen für steigende Beschäftigung. Die langfristige Phillipskurve wäre kein Tradeoff, sondern stellte eine sich selbst verstärkende Gleichgewichtsbeziehung von sinkender Inflationsrate, sinkendem Realzins und steigender Beschäftigung dar. Und vice versa bei steigender Inflationsrate.

Damit sei nicht behauptet, die Währungsqualität sei allein für das Anpassungs- und Wachstumsverhalten einer Volkswirtschaft verantwortlich. Aber die für die Politik der monetären Integration relevante Blickrichtung ist die Wirkung der Währungsqualität auf die Wirtschaftsstruktur. Und deshalb benötigt die Theorie monetärer Integration Elemente, durch den sich diese Wirkung bemerkbar machen kann. Mein Vorschlag war der einer portfoliotheoretisch bestimmten Risikoprämie. Sie deutet auf zwei Kanäle, durch die die Währungsqualität langfristig Einfluß auf Strukturmerkmale nehmen kann: erstens die Effektivität der Währungspolitik (aufgrund der Elastizität der Aktivanachfragen in bezug auf die Risikoprämie) und zweitens das Zinsniveau (aufgrund der Höhe der Risikoprämie).

5 Monetäre Integration als Veränderung externer Restriktionen

Im letzten Kapitel wurde ausgeführt, daß die Theorie monetärer Integration eine wesentliche Rolle für die Geldversorgung begründen muß, wenn koordinierte Währungsstabilisierung von grundsätzlicher Bedeutung für die Allokation und Beschäftigung von Ressourcen sein soll. Nur dann ist sie Teil einer Theorie der Währungspolitik für die lange Frist.

Entsprechend kann die integrationspolitische Fragestellung so reformuliert werden: wie verändern sich Restriktionen der Einkommensbildung und der Wirtschaftspolitik infolge der verschiedenen Formen koordinierter Währungsstabilisierung einschließlich der Währungsintegration?[1] Oder anders formuliert, um die Stoßrichtung einer Bedingungsanalyse zu verdeutlichen: unter welchen Umständen suchen Regierungen die koordinierte Währungsstabilisierung, weil sie sich davon eine vorteilhafte Änderung im Sinne der Gewinnung von Freiheitsgraden oder des Aufhebens von Beschränkungen der nationalen Wirtschaftspolitik erwarten können?

Die Veranlassung zur monetären Integration wird mit solchen Fragestellungen *funktional* bestimmt, nämlich unter dem Gesichtspunkt, wie die Wirtschaftspolitik infolgedessen ihre Aufgaben effektiver erfüllen kann. Das ist eine m.E. notwendige Ergänzung zu den beiden etablierten Ansätzen der Wirtschaftspolitik. Sie sehen die Veranlassung zur monetären Integration entweder in der Maximierung der gesellschaftlichen Wohlfahrt im Sinne eines repräsentativen oder normgebenden Haushaltes, oder aber in dem Verfolg eines privatwirtschaftlichen Ziels der Einkommensmaximierung, wie es das Kalkül rentenmaximierender Oligopolisten ist. Das sind Motive, die einer eigenständigen und genuinen Rolle des wirtschaftspolitischen Handelns äußerlich sind (vgl. auch Sinn 1997, 10f.). Diese Rolle scheint mir angemessener durch eine funktionale Betrachtung zu erfassen.

---

[1] Beispiele für den Verfolg dieser Fragestellung finden sich in einigen Länderstudien des verdienstvollen Sammelbandes von Alogoskoufis/Papademos (1991), z.B. bei Dolado/Viñals (1991, 313f.) oder Nielsen/ Søndergaard (1991, 367ff.). Sie knüpfen damit an eine prä-Mundell'sche Literatur zu Integrationsfragen an, die von Neumann Whitman (1972) zusammenfaßt. Mit Mundell (1961) scheinen sich die Beiträge jedoch separiert zu haben, in die Diskussion verschiedener Ansätze der Zahlungsbilanzanpassung einerseits und in die Theorie des optimalen Währungsraumes andererseits.

5.1 Restriktionen in verschiedenen wirtschaftsräumlichen Konstellationen

Die europäische Währungsintegration ist ein für die Theorie systematisch wichtiges Phänomen, weil sie unabweisbar machte, analytisch zwischen Region, Nation(alstaat) und Währungsraum zu unterscheiden. Es entsteht ein Währungsraum, der weit über seine politschen Grenzen hinausreicht, weil der Euro eine Schlüsselwährung ist. Im ökonomischen Sinne sind die Mitgliedsländer alle Regionen in diesem Währungsraum. Doch als Regionen, die unterschiedlichen Nationen angehören, sind sie angesichts der fiskalischen Dezentralisierung unterschiedlich gut versorgt mit öffentlichen Gütern. Insbesondere unterscheiden sie sich hinsichtlich der zu erwartenden Absicherung, wenn sie von einem asymmetrischen Schock getroffen werden.[2]

Die Beziehungen zwischen den drei analytischen Einheiten (Region, Nation und Währungsraum) werden systematisch im ersten Abschnitt (5.1.1) behandelt. Anschließend werden die außenwirtschaftlichen Restriktionen für einen Währungsraum in Abhängigkeit von der Währungsqualität betrachtet. Monetäre Integration verändert potentiell die Restriktionen der Einkommensbildung und der Wirtschaftspolitik, die aus diesem Status erwachsen (5.1.2). Sie in dieser Abhängigkeit zu betrachten steht im Kontrast zur konventionellen Sichtweise, in der die Kapitalmobilität und das Währungsregime fixer oder flexibler Kurse die externen Restriktionen bestimmen.

5.1.1 Region, Nation, Währungsraum

Die Einkommensbildung von Regionen, Nationen und Währungsräumen unterliegt jeweils charakteristischen Bedingungen hinsichtlich des Stabilisierungsbedarfs und der Stabilisierungsmöglichkeiten. Für integrationstheoretische und -politische Fragestellungen scheinen mir deshalb folgende terminologische Festlegungen sinnvoll:

• Unter Regionen seien hier distinkte, **realwirtschaftlich** (relativ) **homogene Räume** ohne eigene oder einheitliche Geldemission verstanden. Die Quellen dieser Distinktion bzw. Homogenität sind vielfältig und umfassen einen Großteil der Strukturmerkmale, die die ältere Theorie des optimalen Währungsraumes als mögliche Kriterien diskutierte. Eine Region kann soziokulturell homogen sein, was die *intra*regionale Mobilität der Arbeitskräfte gegen-

---

2   Die für die Europäische Kommission angefertigte Analyse von Emerson et al. (1992, Kap.9) spricht dagegen von Region in einem doppelten Sinne: Im Sinne von homogenen Wirtschaftsräumen innerhalb eines Mitgliedslandes und von Mitgliedsländern innerhalb der zukünftigen EWU. Dagegen wird der Begriff der Region hier nur im ersteren Sinne (und erweitert auf identifizierbare Wirtschaftsräume, die Mitgliedsländergrenzen überlappen) verwandt, im zweiten Sinn spreche ich dagegen von Nation.

über der *trans*regionalen erhöht. Die Wirtschaftsstruktur kann homogen im Sinne einer merklichen sektoralen Spezialisierung, also z.B. landwirtschaftlich geprägt, sein. Diese Homogenität ist freilich auch gegeben, wenn sie gegenüber spezialisierten Regionen eine diversifizierte Wirtschaftsstruktur aufweist. Oder sie ist durch eine von Nachbarregionen deutlich unterschiedene ökononomische Geographie charakterisiert, die bestimmte Aktivitäten begünstigt, in städtisch geprägten Regionen z.B. die meisten Dienstleistungen. Eine Region im integrationstheoretischen Sinne ist daher definitionsgemäß anfällig für Schocks wie technologische Neuerungen, klimatische Sondereinflüsse oder Präferenzänderungen.[3]

- Nationen sind **politisch-rechtlich homogene Räume**, in denen wirtschaftspolitische Maßnahmen wie die Bereitstellung öffentlicher Güter ihren Ursprung haben und sich legitimieren müssen. Integrationstheoretisch ist eine Nation als Fiskal- und Sozialunion zu kennzeichnen. Eine nationale Regierung ist durch das nationale Parlament legitimiert, die Steuerhoheit auszuüben und auch an nachgeordnete Regierungsebenen zu übertragen. Die Steuer- und Transferverfassung ist entscheidend für die redistributiven Wirkungen der Fiskalpolitik, die aufgrund des für Nationen kennzeichnenden Postulats der Solidargemeinschaft unternommen wird. Die Stabilisierung konjunktureller Schwankungen der Nachfrage und der Kapazitätsauslastung findet aus Gründen der Subsidiarität auf nationaler Ebene statt. Schließlich übernehmen nationale Budgets oder - sofern es sich nicht um einen Zentralstaat handelt - die Einrichtungen des fiskalischen Föderalismus auch bestimmte Versicherungsfunktionen für Schwankungen des regionalen Aktivitätsniveaus. Die von der Theorie des optimalen Währungsraumes angeführten Anpassungsmechanismen, die die Wechselkursanpassung potentiell ersetzen können, wie die Fiskalpolitik oder rechtlich bedingte Mobilitätsfaktoren, sind somit Gegenstand der nationalen Regelungskompetenz.

- Ein Währungsraum ist eine **monetär homogene Union von Ländern**, die selbst wiederum Nationen oder Regionen sein können. Er läßt sich ökonomisch durch die Existenz eines aggregierten Devisen- und Geldmarktes für die Notenemission definieren. Monetäre Phänomene, wie Inflation oder das durchschnittliche Zinsniveau, sind demnach solche des Währungsraums. Seine Ausdehnung wird von der Verwendung der betreffenden Währung als

---

3 Diese Definition einer Region mag tautologisch klingen, insofern asymmetrische Schocks eben regionenspezifische Schocks sind. Die Theorie des optimalen Währungsraumes hat in diesem Sinne tautologisch als Währungsraum diejenige Einheit begriffen, die einen realwirtschaftlich homogenen (gegenüber anderen spezialisierten oder diversifizierten) Raum bezeichnete. Aber bekanntlich sind auch die USA keine in diesem Sinne homogenen Einheit, d.h. keine Region in meinem Sinne (dazu Atkeson/Bayoumi 1993 oder Carlino/DeFino 1997).

Zahlungsmittel und in der Vermögenshaltung begrenzt. Er kann größer oder kleiner sein als die geographische Ausdehnung der Nation. Er ist größer, wenn die inländisch emittierte Währung in nationalen oder internationalen Transaktionen von Drittländern Verwendung findet (Stichwort: Vehikelwährung).[4] Er ist kleiner, wenn sie nicht für alle inländischen Transaktionen verwandt, sondern durch andere Währungen substituiert wird (Stichwort: Dollarisierung). Die Ausdehnung des Währungsraumes in diesem Sinne beeinflußt die stabilisierungspolitischen Handlungsspielräume.

Daran wird deutlich, daß die Kriterien, anhand derer die ältere Theorie (optimale und suboptimale) Währungsräume unterschied, eigentlich Merkmale von Regionen oder Nationen sind. So sind die Kriterien der Mobilität oder der Spezialisierung bereits auf der Ebene von Regionen ausgeprägt und machen sie in einem ökonomischen Sinne unterscheidbar. Und die zur Wechselkursänderung alternativen Anpassungsmechanismen sind typischerweise an den politischen Raum der Nation gebunden.

Diese drei analytischen Einheiten decken meines Erachtens die integrationstheoretisch und -politisch wichtigen Fälle ab. Ihre Unterscheidung wird relevant, wenn man die konventionelle Frage der monetären Integrationstheorie stellt, wie sich die koordinierte Währungsstabilisierung auf den Stabilisierungsbedarf und auf die Stabilisierungsmöglichkeiten auswirkt. Insofern die Region in bestimmten Hinsichten eine wirtschaftsräumlich homogene Einheit ist,[5] unterliegt die regionale Einkommensbildung realwirtschaftlich bedingten Schwankungen, die nicht vollständig mit denen anderer Regionen korrelieren und deshalb versicherbar sind. Sie unterliegt aber auch monetär bedingten Schwankungen, die die Regionen unterschiedlich betreffen können. So wird eine diversifizierte Region von einer Energiepreiserhöhung oder einer Zinserhöhung angebotsseitig weniger stark betroffen als eine Region, in der die Schwerindustrie eines Landes angesiedelt ist, die einen hohen Fremdfinanzierungsgrad aufweist. Von den genannten Konstellationen hängt es ab, wie Schwankungen verarbeitet werden und welche Ausprägung sie annehmen.

Die folgende Übersicht gibt zunächst Beispiele für alle denkbaren Konstellationen zwischen diesen drei wirtschaftsräumlichen Einheiten.

---

[4]   Vgl. dazu Fenster 5.3.

[5]   Ihre Homogenität oder Identifizierbarkeit als Einheit kann darin bestehen, daß eine Region gegenüber allen anderen spezialisierten Regionen diversifiziert ist, oder aber darin, daß sie eine von anderen Regionen abweichende Spezialisierung aufweist.

Übersicht 5.1: Konstellationen von Region, Nation und Währungsraum

	realwirtschaft-lich homogen ("Region")	politisch-rechtlich homogen ("Nation")	monetär homogen ("Währungsraum")
a. Grenzgebiet (Drei-Länder-Eck[a])	+	-	-
b. monetäre Union (EWU, CFA[b])	-	+	-
c. zerstörte Geld-wirtschaft (Rußland)	-	-	+
d. Region in zerstörter Geldwirtschaft	+	+	-
e. Nation (USA, BRD in der EU)	-	+	+
f. Grenzgebiet in der EWU (Baskenland)	+	-	+
g. nationale Agglo-merationen (RMG[c])	+	+	+
h. Freihandelszone, Fest-kursverbund (EWS)	-	-	-

+ bedeutet „vorhanden", - bedeutet „nicht vorhanden"
a Name für die Wirtschaftsregion südwestlich des Bodensees, die Teile der Schweiz, Frankreichs und Deutschlands umfaßt.
b Bezeichnet die afrikanische Franc-Zone.
c Gemeint ist der Ballungsraum um Frankfurt a.M., das Rhein-Main-Gebiet.

Der Überblick macht darauf aufmerksam, daß „Region" ganz verschiedene Konstellationen meinen kann, wenn und insofern sie realwirtschaftlich homogen ist. Sie kann verschiedene Nationen und verschiedene Währungsräume übergreifen (Fall a); Teil einer Nation, aber monetär inhomogen sein (Fall d); einem Währungsraum, aber mehreren Nationen angehören (Fall f) oder sowohl der Nation wie dem Währungsraum angehören (Fall g). Schließlich ist (mit Fall h) auch der Wortgebrauch von „Regionalisierung" klassifiziert, der die Verdichtung von Handels- und Investitionsräumen in der Weltwirtschaft meint. Solche realwirtschaftlich inhomogenen Großräume - wie Europa, die westliche Hemisphäre, Südasien etc. - werden hier nicht als Regionen bezeichnet. Trotzdem kann ein solcher Großraum eine Integrationseinheit bezeichnen, weil er die Koordination bestimmter Wirtschaftspolitiken beinhaltet, in monetärer Hinsicht beispielsweise eine abgestimmte Wechselkursstabilisierung.

Warum ist es integrationstheoretisch und -politisch relevant, in welcher der obigen Konstellationen sich eine Region befindet?[6]

Die Zugehörigkeit zu einer Nation bestimmt, welche Stabilisierungsmöglichkeiten über die regionale Anpassung hinaus verfügbar sind. Wie bereits angedeutet, werden bei einem regionalspezifischen negativen Schock die zentralstaatlichen Transfers in Form von Arbeitslosenunterstützung steigen, die steuerlichen Abgaben der Region jedoch mit dem rückläufigen Einkommen sinken. Außerdem kann der Zentralstaat über die im Steuer- und Transfersystem eingebaute Umverteilung redistributive Maßnahmen ergreifen, um bei dauerhaften Veränderungen den Strukturwandel in einer Region zu unterstützen. So können aus dem Bundeshaushalt Mittel für spezielle Maßnahmen der aktiven Arbeitsmarktpolitik oder für einen forcierten Ausbau der Infrastruktur bereitgestellt werden. Eine Region, die mehr als einer Nation zugehört, hat das notorische Problem, daß internationale öffentliche Güter von nationalen Regierungen in zu geringen Mengen angeboten werden.[7] Der Finanzierung aus nationalen Steuermitteln stehen auf die nationalen Steuerbürger nicht begrenzbare Vorteile gegenüber, was Trittbrettfahrer-Verhalten jeder einzelnen Regierung begünstigt.

Generell ist die Zugehörigkeit zu einem Währungsraum ein Bestimmungsfaktor für die langfristige regionale Einkommensbildung, also für den Trend, um den herum die regional spezifischen Schwankungen auftreten. Denn zwischen Regionen desselben Währungsraumes herrscht ein einheitliches durchschnittliches Zinsniveau. Die Untergrenze wird vom Refinanzierungszinssatz der monetären Autorität des Währungsraumes vorgegeben. Regionalspezifische Risikoprämien sind nicht auszuschließen, aber erfahrungsgemäß niedrig.[8] Das Zinsniveau reflektiert die nominelle und reale Stabilität der Währung nach innen und außen. Und die Reagilibität der Vermögensnachfrage auf Zinssignale bestimmt die Effektivität der Geldpolitik, diese Stabilität zu gewährleisten.

Darüberhinaus bestimmt die Zugehörigkeit einer Region zu einem Währungsraum auch den monetären Stabilisierungsbedarf und die monetären Stabilisie-

---

[6] Das Verhältnis von Währungsraum und Nation ist mit der EWU in den Mittelpunkt des theoretischen und politischen Interesses gerückt. Diesem integrationstheoretisch aufschlußreichen Fall einer monetären Union, die keine politische Union ist, wird in Kapitel 6 eigens nachgegangen.

[7] So lautet eine mögliche Erklärung für die mangelnde Stabilität der gegenwärtigen Weltfinanzordnung (Eichengreen 1989, 255).

[8] Dafür sprechen zum Beispiel Untersuchungen zu Zinsdifferentialen zwischen Staatsschuldpapieren einzelner US-Bundesstaaten. Sie betragen im Höchstfall 100 Basispunkte, also ein Prozent (vgl. z.B. Goldstein/Woglom 1992 sowie den dazugehörigen Kommentar von Mervyn King, 262).

rungsmöglichkeiten. Inflation, Deflation, Währungsauf- und -abwertungen sind monetäre Phänomene und betreffen alle in einem Währungsraum Wirtschaften-den.[9] Sie können sich jedoch für einzelne Regionen des Währungsraumes ganz unterschiedlich auswirken. Die Währungsinstabilität trifft die regionale Wirtschaftsleistung stärker, wenn diese exportorientiert ist. Oder die regionale Produktion ist zinsempfindlicher, wenn sie überwiegend eine hohe langfristige Kapitalbindung erfordert. Entsprechend unterschiedlich reagiert die regionale Einkommensbildung auf Versuche der monetären Stabilisierung. Eine Erhöhung des Zinsniveaus und die entsprechende Verknappung des Kredits in einem Währungsraum wirkt sich unterschiedlich aus, je nach dem, wie zinselastisch die regionale Produktion reagiert, wie leicht regional ansässige Unternehmen die Finanzierung durch Bankkredite substituieren können oder wie groß die Diversifikationsmöglichkeiten des regional ansässigen Kreditgewerbes sind (Carlino/DeFina 1997; Belke/Gros 1998b, 7f.).[10] D.h. die Folgen einer Zinsänderung und die nachfrage- wie angebotsseitige Kreditverknappung können zwischen Regionen unterschiedlich ausfallen und entsprechend differentielle Stabilisierungswirkungen nach sich ziehen.

Die Kompensationsmöglichkeiten bei Schwankungen der regionalen Einkommensbildung, die sich aus der Zugehörigkeit zu einer Nation bzw. zu einem Währungsraum ergeben, werden in Fenster 5.1 systematisch aufgelistet und die Ergebnisse empirischer Erhebungen zusammengefaßt.

Fenster 5.1: Kompensation wirtschaftsräumlicher Einkommensschwankungen

Asdrubali/Sørensen/Yosha (1996, 1083-86) und Sørensen/Yosha (1998, 220-223) haben einen Modellrahmen entwickelt, der es erlaubt, die Quellen der Kompensation von Schwankungen der Einkommensbildung systematisch zu erfassen und empirisch zu quantifizieren. Sie gehen von der folgenden identischen Zerlegung des Bruttoinlandsprodukts (GDP) einer Nation n bzw. des Bruttoproduktionswertes (GRP) einer Region r aus.

---

[9]   Aus monetaristischer Sicht sind sie sogar ausschließlich monetäre Phänomene, aus keynesianischer Sicht in erheblichem Maße.

[10]   Entsprechend finden Carlino/DeFina (1997) für die USA regional stark unterschiedliche Effekte: es gibt Regionen, deren Einkommensbildung eine 1,5fach stärkere Reaktion auf eine einprozentige Zinserhöhung zeigte als der nationale Durchschnitt, sowie Regionen, die nur halb so stark reagierten. Die regionalen Unterschiede sind ihrer Erhebung zufolge vor allem auf sektoral unterschiedliche Zinselastizitäten der Kreditnachfrage zurückzuführen.

$$(A1) \quad BIP_i \equiv \frac{BIP_i}{SP_i} \cdot \frac{SP_i}{VVE_i} \cdot \frac{VVE_i}{(C_i + G_i)} \cdot (C_i + G_i)$$

Saldo der	Saldo der	Ersparnis und
Faktoreinkommen	int ernat. / int erreg.	einbehalte ne
abz. Abschreibu ng	Transferzahlungen	Gewinne

Die Angaben unter den Brüchen benennen die Einkommensbestandteile einer Nation bzw. einer Region i, die Schwankungen der inländischen Wertschöpfung ausgleichen können. Beispielsweise ist der Unterschied zwischen Bruttoinlands oder -regionalprodukt (BIP) und dem Sozialprodukt (SP) zurückzuführen auf den internationalen bzw. interregionalen Saldo der Arbeits- und Zinseinkommen sowie auf die kalkulatorischen Abschreibungen des nationalen bzw. regionalen Kapitalstocks. Ist bei einer Nation das Bruttosozialprodukt (d.h. SP ohne Berücksichtigung von Abschreibungen) größer als das BIP, so beziehen die Inländer im Ausland erwirtschaftetes Nettoeinkommen: im Ausland tätige Inländer überweisen per saldo Arbeitseinkommen ans Inland und/oder der Währungsraum bezieht ein Nettozinseinkommen auf seine ausländische Vermögensanlagen. Entsprechendes gilt für eine Region bzw. die in ihr Wirtschaftende im Unterschied zu den in ihr Ansässigen. Dieses Einkommen kann Schwankungen der inländischen bzw. regionalen Produktion und Beschäftigung ausgleichen, weil in diesem Maße das Einkommen der Ansässigen nicht von der heimischen Produktion und Beschäftigung abhängt.- Darüberhinaus steht VVE für verfügbares Volkseinkommen, C und G für privaten und öffentlichen Konsum.

Der Saldo der Faktoreinkommen wurde bereits beispielhaft erläutert. Bei OECD-Ländern besteht dieser Saldo überwiegend aus Zinseinkommen und ist dann näherungsweise ein Maß für die **Kapitalmarktintegration**. Dieses Zinseinkommen stammt beispielsweise aus Anlagen bei international bzw. national diversifizierten Versicherungen, Investment- und Pensionsfonds. In diesem Umfang korreliert das Einkommen der Inländer von i mit dem Einkommen anderer Nationen oder Regionen. Das den Abschreibungen des Kapitalstocks entsprechende Einkommen kann theoretisch ebenfalls zur Glättung von nationalen (und regionalen) Einkommensschwankungen dienen.[11]

---

11 Da sich das Kapital-Ausbringungs-Verhältnis jedoch kontrazyklisch bewegt - in einer Rezession wegen des rückläufigen Einkommens steigt, in einer Hochkonjunktur wegen höherer Auslastung des Kapitalstocks sinkt - ist bei einer konstanten Abschreibungsrate eher eine Verstärkung von Einkommensschwankungen zu verzeichnen. Das der Abschreibung zuzurechnende Einkommen steigt anteilsmäßig in der Rezession und sinkt anteilsmäßig in der Hochkonjunktur (Sørensen/Yosha 1998, 220f.). Das bestätigt auch die empirische Untersuchung, d.h. die Abschreibungstätigkeit der Unternehmen ist prozyklisch.

Der Saldo der Transferzahlungen ergibt sich aus dem nationalen Steuer- und Transfersystem sowie Umverteilungsmaßnahmen wie dauerhafte Hilfe für Regionen mit unterdurchschnittlichem Einkommen. Aber auch internationale Quellen wie Strukturfonds aus dem EU-Haushalt oder subventionierte Kredite von IWF und Weltbank sind darunter zu rechnen. Dieser Saldo wirkt wie eine **staatliche Versicherung** für das inländische Einkommen, wenn er bei einer negativen Abweichung vom Trend steigt und bei einer positiven Abweichung sinkt oder sogar negativ wird (vgl. auch Unterkapitel 6.2).

Der Nicht-Konsum der Haushalte, bestehend in Ersparnisbildung und Thesaurierung von Gewinnen in den Unternehmen, trägt zur intertemporalen Glättung von Einkommensschwankungen bei. Weil dieser Einkommensbestandteil die Refinanzierung von Kreditinstituten und den Finanzierungsbedarf der Unternehmen berührt, wird er auch als ein Maß für die **Kreditmarktintegration** gedeutet. Ein Rückgang der Ersparnis bzw. der einbehaltenen Gewinne kann negative Abweichungen vom Trend kompensieren und vice versa.

Aus der Zerlegung in (A1) läßt sich ein Ausdruck ermitteln, der angibt, wieviel der Varianz von nationaler bzw. regionaler Produktion durch Änderung des Saldos der Faktoreinkommen (und Abschreibungen), durch Änderung des Transfersaldos sowie durch Änderung der Vermögensbildung aufgefangen wird. Eine solch kompensatorische Wirkung würde angezeigt durch positive Kovarianzen der Änderungen dieser Einkommensbestandteile mit der Änderung des nationalen oder regionalen Bruttoproduktionswertes. Das Residual ist die Varianz, die vom privaten und staatlichen Konsum getragen werden muß.

Man erhält diesen Ausdruck, indem man (A1) logarithmisiert, angedeutet mithilfe von Kleinbuchstaben, d.h. bip = ln(BIP) oder c+g = ln(C+G), und dann die Statistiken var und cov bildet. Die empirischen Untersuchungen, die vorliegen, deuten auf folgende Größenordnungen für die Kompensation von Einkommensschwankungen hin (vgl. Atkeson/Bayoumi 1993, Asdrubali/Sørensen/Yosha 1996, Sørensen/Yosha 1998).

(A2) $\text{var}\{\Delta bip_i\}$	empirisches Gewicht für Nationen	empirisches Gewicht für Regionen
$= \text{cov}\{\Delta bip_i - \Delta sp_i, \Delta bip_i\}$	unbedeutend	sehr bedeutend
$+ \text{cov}\{\Delta sp_i - \Delta vve_i, \Delta bip_i\}$	unbedeutend	moderat bedeutend
$+ \text{cov}\{\Delta vve_i - \Delta(c+g)_i, \Delta bip_i\}$	bedeutend	bedeutend
$+ \text{cov}\{\Delta(c+g)_i, \Delta bip_i\}$	sehr bedeutend	bedeutend

Nationale Einkommensschwankungen werden selbst zwischen OECD-Ländern kaum durch Kapitalmärkte, d.h. das transnationale Halten von Vermögensansprüchen, geglättet. Internationale Transfers tragen unwesentlich zur Verstetigung des Konsums bei. Dagegen ist der Nicht-Konsum der Haushalte ein sehr wichtiger Kompensationsmechanismus, der mehr als 40% der Schwankungen auffängt. Mehr als die Hälfte nationaler Einkommensschwankungen kann jedoch nicht geglättet werden und schlägt sich deshalb in einem Rückgang der Konsumnachfrage nieder.

Die Volatilität der regionalen Einkommensbildung wird zumindest in den USA überwiegend durch Kapitalmärkte (den Saldo der Faktoreinkommen) aufgefangen. Kreditmärkte (Ersparnisbildung und Gewinnthesaurierung) sind die zweitwichtigste Quelle der Kompensation regionaler Einkommensschwankungen. Transfers bzw. Steuerzahlungen leisten selbst bei nicht sehr ausgeprägtem fiskalischem Föderalismus einen bedeutsamen Beitrag zur Glättung von Schwankungen der Arbeitseinkommen. Rund ein Viertel der regionalen Einkommensschwankungen werden nicht kompensiert.

Die konzeptionellen Überlegungen, was die Zugehörigkeit einer Region zu einer Nation bzw. einem Währungsraum bedeutet, werden von den wenigen bisher vorliegenden Untersuchungen gestützt. Die Zugehörigkeit zu einer Nation bedingt zumindest in den OECD-Staaten mit ihren ausgebildeten Steuer- und Transfersystemen eine beachtliches Maß an Kompensation durch redistributive Transferzahlungen und durch automatische Stabilisierung. Die Zugehörigkeit zu einem Währungsraum beinhaltet ein höheres Maß individueller Absicherungsmöglichkeiten über integrierte Kapital- und Kreditmärkte. Fällt beides zusammen, ist also die Region (eine US-Region) Teil einer Nation (USA) und eines Währungsraumes (Dollar-Raum), werden rund 75% aller Schwankungen über die drei Kanäle Fiskus, Kapitalmarkt und „Kreditmarkt" ausgeglichen (Asdrubali/Sørensen/Yosha 1996, 1092f.). Dagegen werden deutlich weniger als die Hälfte aller nationalen cum währungsräumlichen Einkommensschwankungen kompensiert, wenn - wie zwischen Nationen - Transferzahlungen unbedeutend sind und - wie zwischen Währungsräumen - der Handel mit Eigentumsrechten auf Kapitalmärkten beschränkt ist (Sørensen/Yosha 1998, 226f.). Die Elemente des Kreditmarktkanals, eine gegenläufige inländische Ersparnisbildung und Gewinnthesaurierung, sind dann die wichtigsten Mechanismen zur Glättung des Konsums.

Die große Bedeutung der Kapitalmärkte für die Kompensation regionaler Einkommensschwankungen und ihre überraschend geringe Bedeutung für den Ausgleich national-währungsräumlicher Schwankungen selbst zwischen OECD-Ländern ist ein Indiz für die Bedeutung von Währungsgrenzen. Daß Kapitalmarktinstrumente, die auf unterschiedliche Währungen lauten, keine vollkommenen Substitute sind, ist grundlegend für die hier vertretene portfoliotheoretische Sicht monetärer Integration. In wirtschaftsräumlicher Sicht ist dabei entscheidend, daß die Existenz von Währungsgrenzen die externen Restriktionen der Einkommensbildung und der Wirtschaftspolitik verändert. Während Regionen gegenüber anderen Regionen desselben Währungsraumes hohe und dauerhafte Leistungsbilanzungleichgewichte aufrechterhalten können, wohnt dieser Konstellation zwischen Währungsräumen eine krisenhafte Dynamik inne.

5.1.2 Interregionale und internationale Zahlungsbilanzrestriktion

Die integrationstheoretisch relevanten Einheiten der Region, der Nation und des Währungsraumes beinhalten unterschiedliche Arten und Gewichtungen vorhandener Kompensationsmechanismen. Auch deshalb stehen sie für ungleiche Restriktionen, denen die Einkommensbildung in den jeweiligen räumlichen Einheiten unterliegt. Sie werden allerdings erst wirksam, wenn die unterschiedlichen Kompensationsmöglichkeiten wahrgenommen werden müssen. Andere Restriktionen, die Vermögensmarktbeziehungen geschuldet sind, gehen ihnen marktlogisch voraus. Denn interregionale und internationale Leistungsbilanzsalden haben unterschiedliche Implikationen für die Liquidität und Solvenz ansässiger Wirtschaftssubjekte.

Warum, so läßt sich mit Scitovsky (1957, 26) fragen, ist praktisch niemals von Zahlungsbilanzschwierigkeiten zwischen Regionen innerhalb eines Währungsraumes die Rede, während Zahlungsbilanzkrisen selbst reifer Geldwirtschaften - wie Großbritannien - eine lange Geschichte haben? Das liegt nicht daran, daß zwischen Regionen eines Währungsraumes keine hohen und dauerhaften Leistungsbilanzsalden auftreten würden. Im Gegenteil: Zumindest für die US-Regionen läßt sich empirisch belegen, daß die Leistungsbilanzsalden und die aus interregionalen Gläubiger-Schuldner-Verhältnissen resultierenden Zinseinkommen weit höher und persistenter als bei Nationen eines vergleichbaren Entwicklungsstandes sind (Atkeson/Bayoumi 1993, 306-309). Diesen empirischen Befund für die USA kann man generalisieren.

Allgemein läßt sich die Hypothese aufstellen, daß zwischen Regionen kumulative Leistungsbilanzsalden aufrechterhalten werden können, die zwischen Nationen zu Zahlungsbilanz- und Währungskrisen führten. Es gibt dafür mindestens drei Begründungen: (1) den fiskalischen Föderalismus, (2) gegenläufige Arbeitskräftewanderungen und (3) Vermögensmarktbeziehungen.

ad (1): Die erste wurde bereits im letzten Abschnitt und wird noch ausführlich im nächsten Kapitel behandelt. Regionen nehmen qua ihrer Zugehörigkeit zu einer Nation am Steuer- und Transfersystem des Zentralstaates bzw. am fiskalischen Föderalismus mit seinen automatisch stabilisierenden sowie umverteilenden Wirkungen teil. Große Leistungsbilanzdefizite einer Region lassen sich dann durch eine Erhöhung der Nettotransfers in diese Region ausgleichen, also durch Entwicklungshilfe, oder - zahlungsbilanztechnisch gesprochen - durch administrierten Kapitalimport. Das würde sich in einer anhaltenden Diskrepanz zwischen der regionalen Wertschöpfung in der Produktion und dem regionalen Einkommen zeigen. Doch zumindest für die USA ist dies nicht ausschlaggebend

(Atkeson/Bayoumi 1993, Tab.1). Das liegt nicht nur an dem minimalstaatlich ausgeprägten fiskalischen Föderalismus.

Grundsätzlicher ist in Frage zu stellen, ob Regionen, die positive Nettotransfers beziehen, notwendigerweise diejenigen mit einem Leistungsbilanzdefizit sind. Das ist in aller Regel zu verneinen: Regionen mit schwacher oder rückläufiger Einkommensbildung sind durch die Marktbedingung einer *überschüssigen* Leistungsbilanz gekennzeichnet (Stützel 1978, 141-144). Denn die wirtschaftliche Schwäche solcher Regionen besteht genau darin, daß erzielte Gewinne und verdiente Abschreibungen nicht dort reinvestiert werden. Sie verzeichnen also privatwirtschaftlich einen Nettokapitalexport, dem ein Leistungsbilanzüberschuß gegenüber den Kapital importierenden Regionen entsprechen muß. Zentralstaatliche Transfers oder strukturpolitische Anreize zur Reinvestition können dem zwar im Aggregat entgegenwirken. Aber sie sind nicht als Reaktionen auf regionale Leistungsbilanzdefizite zu verstehen, sondern bewirken diese allenfalls. Ihren Zweck erfüllten sie damit, wenn sie die regionalen Investitionsbedingungen nachhaltig verbessern und dadurch den privatwirtschaftlichen Saldo marktkonform passivieren. Allerdings haben Transfers auch das Potential, den regionalen Nettokapitalexport sogar noch zu begünstigen, indem sie ihn beispielsweise durch zinsgünstige Kredite an lokale Investoren subventionieren.

ad (2): Die zweite Begründung, warum kumulative Leistungsbilanzsalden zwischen Regionen keine makroökonomischen Stabilitätsprobleme aufwerfen, verweist auf die Mobilität der Arbeitskräfte. Die konventionelle Außenwirtschaftstheorie wie auch die Mundell'sche Integrationstheorie beruhen darauf, daß zwischen Regionen die Arbeitskräftewanderung höher als zwischen Nationen/Währungsräumen ist. Kapital und Arbeit wandern in dieser Theorie in entgegengesetzte Richtungen, bis das Faktoreinsatzverhältnis zwischen Regionen egalisiert ist. Die gegenläufige relative Erhöhung der Arbeitseinkommen, durch Zuwanderung sinkend in der Region mit bisher hoher Kapitalintensität und durch Abwanderung steigend in der mit bisher niedriger Kapitalintensität, sorgte so für den Faktorpreisausgleich.

Wiederum ist jedoch festzustellen, daß beides für die Regionen der USA keine ausschlaggebende Rolle spielt (Atkeson/Bayoumi 1993, 307-310). Vielmehr bewegen sich Arbeitskräftewanderung und Kapitalbewegungen in dieselbe Richtung. Der Faktorsubstitionseffekt wird also nicht wirksam. Eine mögliche Interpretation ist, daß Wanderungen vor allem aufgrund exogener Schocks erfolgen - bei einem Kapitalexodus aufgrund eines Nachfrageschocks steigt id eArbeitsintensität der Produktion passiv, entsprechend sinkt das Grenzprodukt und der gleichgewichtige Reallohn in der Region, die Arbeitskräfte folgen dem Kapitalfluß. Aus Sicht der im letzten Kapitel skizzierten Beschäftigungstheorie wäre der Grund in der nachfrageseitigen Rationierung der Arbeitskräfte zu suchen. Wenn Unterbeschäftigung der Normalfall bei geldwirtschaftlicher Einkommensbildung ist, dann wandern Arbeitskräfte, so sie wandern, zu Arbeitsplätzen, die mit Investitionen neu entstehen. An einem Ort, an dem per saldo Desinvestition stattfindet, finden sich bei Unterbeschäftigung immer genügend Arbeitskräfte, die in der Umstrukturierung freiwerdende Stellen besetzen können. Denn mit einer Desinvestition geht makroökonomisch keine Substitution von Kapital durch Arbeit einher, sondern eine Absenkung des Niveaus der beschäftigten Ressource Arbeitskraft. Kommt es infolge der Desinvestition zu einem niedrigeren Kapitaleinsatz je beschäftigter Arbeitskraft kommt, so ergibt sich bei homogenen Arbeitskräften eine niedrigere Produktivität, die den gleichgewichtigen Reallohn sinken läßt. Bei heterogenen Arbeitskräften bedeutet niedrigerer Kapitaleinsatz je beschäftigter Arbeitskraft, daß sich tendenziell der Anteil weniger qualifizierter Arbeit zu Lasten der qualifizierteren erhöht. Entsprechend leicht fällt die Besetzung der in diesem Desinvestitionsprozeß entstehenden Stellen, nämlich aus der Freisetzung ortsansässiger, in der Tendenz „überqualifizierter" Arbeitskräfte.

ad (3): So bleibt der dritte als der wichtigste Grund. Mit Leistungsbilanzsalden zwischen zwei Regionen entsteht aus der Sicht dieses Währungsraumes nur Vermögen, das auf die inländische Währung lautet. Die dabei entstehenden Vermögenstitel lassen sich als vollkommene Substitute zu anderen Inlandsaktiva vergleichbarer Laufzeit betrachten (Goodhart 1989a, 386-392). Und wie bereits im Zusammenhang mit dem ersten Grund ausgeführt, wirkt die Verteilung des Innenvermögens geradezu stabilisierend, weil ausgleichend. Die Region R1 mit schwacher laufender Einkommensbildung wird zum Gläubiger, d.h. die dort Ansässigen erwerben per saldo Eigentumstitel in der prosperierenden und Kapital importierenden Region R2. Deshalb hat diese Schuldner-Gläubiger-Konstellation von Regionen keine makroökonomisch destabilisierende Wirkung, selbst wenn diese Konstellation dauerhaft sein sollte. Es wird zunehmend das in R1 erwirtschaftete Arbeitseinkommen durch Vermögens- oder Rentierseinkommen ersetzt. Für ihre Solvenz und Liquidität ist dies im Aggregat offenkundig unproblematisch. Für R2 ist dies unproblematisch, solange die *einzelwirtschaftliche* Solvenz und Liquidität in der heimischen Währung gewährleistet ist.

Der Unterschied von interregionaler und internationaler Leistungsbilanzbeziehung läßt sich an einem Grenzfall verdeutlichen: Es ist denkbar, daß eine Region R1 mit schwacher laufender Einkommensbildung alle Eigentumstitel in R2 halten und im wesentlichen von diesem Zinseinkommen leben kann. Die langfristige Gleichgewichtsbedingung lautete dann, daß der Handelsbilanzüberschuß der Kapitalimportregion R2 gerade ihrem laufenden Schuldendienst entspricht, die regionalen Leistungsbilanzen zwischen den beiden Regionen also ausgeglichen sind. In der Schuldendienst leistenden Region verblieben nur die Arbeitseinkommen. Damit dies auf Dauer geschehen kann, muß dann aber die Nettoimportnachfrage aus Zinseinkommen gerade das für den Schuldendienst notwendige Einkommen entstehen lassen.[12] Gelingt dies nicht, kommt es bei einzelnen

---

[12] Das gilt für ein Zwei-Regionen-Modell. Bei mehreren Regionen kann die Nettoimportnachfrage selbstverständlich auch aus anderen Regionen stammen.

Unternehmen zu Zahlungsverzug und Konkurs, womit auch die Vermögensansprüche untergehen. Das führt zu Beschäftigungs- und Einkommensverlusten. In einer Zahlungsbilanzkrise würde sich ein solches Ungleichgewicht zwischen den Regionen jedoch nicht entladen. Denn selbst wenn dies das regional ansässige Bankensystem in R2 wegen mangelnder Diversifikation schwer in Mitleidenschaft ziehen würde, so kann die Zentralbank als Lender of Last Resort eine systemische Liquiditätskrise verhindern.

Worin bestehen also die Restriktionen der Einkommensbildung und der Wirtschaftspolitik einer Region? Sie bestehen für eine anhaltend Kapital importierende Region im wesentlichen in einzelwirtschaftlichen Liquiditäts- und Solvenzbedingungen. Werden die einzelwirtschaftlichen Restriktionen eingehalten, dann ist erstens die Liquidität der Region gewährleistet im dem Sinne, daß der laufende Schuldendienst aus dem regionalen Handelsbilanzüberschuß (genauer Leistungsbilanzüberschuß ohne Zinsbilanzsaldo) geleistet wird. Und zweitens ist die Solvenz der Region gewährleistet in dem Sinne, daß der Wert des regionalen Schuldenbestandes gleich dem Gegenwartswert zukünftiger Primärüberschüsse[13] der regionalen Leistungsbilanz ist.

Die Wirtschaftspolitik kann sich aus siedlungspolitischen Gründen zu Maßnahmen genötigt sehen, die Abwanderung aus der einen Region und die Konzentration der Beschäftigung in der anderen zu verhindern, somit einen kumulativen Prozeß der Entvölkerung bzw. Agglomeration verhindern. Doch gibt es dafür keine stabilitätspolitisch zwingenden Gründe, solange die Region im Niedergang hinreichend klein ist und nicht auf die aggregierte Einkommensbildung im Währungsraum ausstrahlt. Ein Zahlungsproblem entsteht für die Abwanderungsregion jedenfalls in der Regel nicht angesichts des hohen Substitutionsgrades der Aktiva. Die Grenze der Finanzierung ist wiederum mit der einzelwirtschaftlichen Kreditwürdigkeit gegeben, besteht aber nicht in der Endlichkeit eines Zahlungsmittelbestandes wie Devisenreserven.

Dies ändert sich, wenn **anhaltende und kumulierende Leistungsbilanzsalden zwischen Währungräumen** auftreten. Die einzelwirtschaftlichen Liquiditäts- und Solvenzrestriktionen gelten selbstverständlich auch hier und betreffen die Zahlungsfähigkeit bei gegebenem Wechselkurs und Preisniveau. Doch die einzelwirtschaftliche Liquiditäts- und Solvenzsicherung genügt bei einer Fremdwährungskreditvergabe nicht, sondern ihr Gelingen hängt von der des Währungsraumes insgesamt ab (Stützel 1978, 159-161). Selbst wenn bei einer einzelnen Investition auf die Devisenproduktivität, d.h. auf die Weltmarktfähigkeit der finanzierten Produktion, geachtet wird, kann die Realisation daran scheitern, daß

---

[13] Also ohne Zinszahlungen. Beim Solvenzkriterium wird auf die prinzipielle Rückzahlbarkeit des Schuldenbestandes, nicht auf seine laufende Bedienung abgestellt. Vgl. dazu auch Fenster 5.2.

bei einem erheblichen Teil der übrigen Investitionen nicht darauf geachtet wird. Kommt es deshalb zu Liquiditätsengpässen bzw. Überschuldung in Fremdwährung, führt dies zu einer Zahlungsbilanzkrise. Eine starke Abwertung oder die Rationierung von Devisen wird die Bedienung und Rückzahlung von Fremdwährungskrediten per saldo unmöglich machen. Aus der zu alten Rahmendaten profitablen Investition kann so gesamtwirtschaftlich gesehen Konsum in Form einer „Investitionsruine" werden.

Daher werden bei einer Verschuldung in anderer Währung drei weitere Restriktionen wirtschaftsräumlichen Ursprungs wirksam, die notwendige Bedingungen für die Wahrung der einzelwirtschaftlichen Liquidität und Solvenz sind.[14]

- **Liquiditätsrestriktion der Reserven**: Im Zuge kumulativer Leistungsbilanzsalden werden Forderungen und Verbindlichkeiten in einer Währung aufgebaut. Aus naheliegenden und noch zu erörternden Gründen sind sie im Regelfalle nicht in der Währung des Schuldnerlandes denominiert.[15] Das heißt, die Verbindlichkeiten des Schuldnerlandes lauten auf eine Währung, die die zugehörige Zentralbank nicht selbst emittieren kann. Für den verschuldeten Währungsraum entsteht daraus ein Liquiditätsrisiko. Dessen Höhe hängt von den endlichen Währungsreserven der Zentralbank sowie der Mobilisierbarkeit von Kapitalimporten ab. Bei anhaltender Verschuldung ist beides prekär. Währungsreserven werden wegen der anhaltenden Leistungsbilanzdefizite nicht erwirtschaftet, sondern sind am Markt oder von Entwicklungsbanken geliehen. Entsprechend schwer wird es für einen solchen Währungsraum, mit steigenden Zinsen zusätzliche Kapitalimporte zu attrahieren. Die Risikoprämie steigt mit zunehmender Verschuldung (Bean 1991, 204), unter Umständen sogar bereits aufgrund des bloßen Signals, daß weitere Verschuldung notwendig ist, um die Liquidität aufrecht zu erhalten.

- **Makroökonomische Stabilitätsrestriktion**: Anhaltende und kumulative Leistungsbilanzsalden lassen eine zunehmende Nachfrage für die Kontraktwährung und eine rückläufige Nachfrage für die Währung des Schuldnerlandes erwarten. Das liegt an den antizipierbaren Angebots-Nachfrage-Konstellationen. Für die Kontraktwährung ist in der Zukunft eine Nettonachfrage zur Bedienung und Rückzahlung der Verbindlichkeiten zu erwarten, die die Verfügung über solch eine Währung heute schon attraktiv macht. Umgekehrt bei der Schuldnerwährung, für die ein Nettoangebot zu erwarten ist. Infolgedessen können dann die nachfrageseitig bestimmten Netzwerkexternalitäten wirksam werden, Kontraktwährungen also zunehmende Verwendung finden, Schuldnerwährungen dagegen abnehmende. Entsprechend wertet die

---

[14] Vgl. auch Alogoskoufis/Papademos/Portes (1991, 1-3) und Stützel (1978, 146ff.).

[15] Auf den Sonderfall der USA bzw. die Rolle des US-Dollars wird im Abschnitt 5.2.2 eingegangen.

Kontraktwährung tendenziell auf, und die Kontraktwährungsmenge wird ausgeweitet. Letzteres gefährdet die interne Preisstabilität in dem Maße, wie die erhöhte Liquidität auf partielle Knappheiten trifft und die Ausweitung der ausländischen Komponente der Geldbasis nicht sterilisiert wird. Ihr kann durch Aufwertung nur bedingt entgegengewirkt werden. Denn die Aufwertung macht bestehende Anlagen in der Kontraktwährung noch attraktiver, insbesondere erhöht sie auch den Devisenwert der laufenden Zinszahlungen. Die Situation bei der Schuldnerwährung ist nicht einfach das Reversbild der Gläubigerwährung, sondern wegen der Liquiditätsrestriktion der Reserven asymmetrisch: Die Kontraktion der inländischen Geldmenge hat in den verfügbaren und mobilisierbaren Reserven ihre definitive Grenze. Eine Abwertung aber macht das Halten von Forderungen auf inländische Währung gerade nicht attraktiv, senkt insbesondere auch den Devisenwert der laufenden Zinszahungen auf diese Forderungen (Stützel 1978, 200-202). Hinzukommen die inflationären Wirkungen einer Abwertung, die die Flucht aus der Währung zusätzlich schürt. Somit wohnt anhaltenden Leistungsbilanzungleichgewichten zwischen Währungsräumen ein die makroökonomische Stabilität gefährdendes Moment inne - und zwar auf beiden Seiten.

- **Solvenzrestriktion**: Bei anhaltenden Leistungsbilanzsalden entsteht bei den betreffenden Währungsräumen ein positives oder negatives Außenvermögen. Durch Wechselkursänderungen wird der jeweilige Bestand umbewertet. Insbesondere steigt durch eine Abwertung der Rückzahlungswert einer Fremdwährungsschuld. Der Bestandseffekt einer Abwertung kann einzelwirtschaftlich, d.h. bei gegebenem Wechselkurs, solvente und liquide Unternehmen des Inlandes in den Konkurs treiben, sofern sie Fremdwährungkredite aufgenommen haben. Und die Zentralbank ist aus Gründen, die im letzten Punkt beschrieben wurden, nicht fähig, in Bezug auf Devisenverbindlichkeiten als Lender of Last Resort zu agieren. Ein Währungsraum, der in der Vergangenheit eine negative Nettoauslandsposition in ausländischer Währung aufgebaut hat, wird entsprechend zurückhaltend mit nominellen Abwertungen sein. Mit einem überbewerteten Wechselkurs geht freilich eine anhaltend steigende Verschuldung bzw. die Erosion einer Gläubigerposition einher. Deshalb muß die inländische Preisentwicklung und die inländische Absorption in Einklang mit der Solvenzrestriktion gebracht werden. Sie besteht letztlich darin, daß der *zum herrschenden Wechselkurs* bewertete Schuldenbestand in Fremdwährung dem Gegenwartswert der primären Leistungsbilanzüberschüsse (ohne Zinszahlungen) entsprechen muß. Das verlangte in Bezug auf eine gleichgewichtige Dynamik, daß die reale Wachstumsrate der verschuldeten Ökonomie höher als der Realzins ist (vgl. Fenster 5.2).

Die drei genannten Restriktionen werden häufig als spezifisch für bestimmte Währungsregime und den Grad der Kapitalmobilität angesehen, zumindest in der kurzen Frist.[16] So sei die Liquiditätsrestriktion der Reserven bindend für Festkursregime bei niedriger Kapitalmobilität, die makroökonomische Stabilitätsrestriktion dagegen unter Bedingungen flexibler Wechselkurse und hoher Mobilität. Die zuletzt angesprochene Solvenzrestriktion wird als die langfristige, unabhängig von Währungsregime und Mobilität gültige Grenze maximaler intertemporaler Leistungsbilanzdefizite angesehen. Bevor diese Interpretation diskutiert wird, werden die zugrundeliegenden Konzepte in Fenster 5.2 formal genauer beschrieben.

Fenster 5.2: Externe Restriktionen von Währungsräumen

Die Strom-Bestands-Dynamik außenwirtschaftlicher Beziehungen läßt sich dadurch verdeutlichen, daß zwischen der Leistungsbilanz ohne Zinsbilanz, der Kapitalertrags- oder Zinsbilanz sowie der Kapitalbilanz im engeren Sinne und der Devisenbilanz unterschieden wird. B^f bezeichne den im ausländischen (f) Besitz befindlichen Bestand an inländischen Wertpapieren, entsprechend F^h den im heimischen (h) Besitz befindlichen Bestand an ausländischen Wertpapieren. Die Kapitalbilanz im weiteren Sinne wird konventionell aufgespalten in die Bilanz des Kapitalverkehrs im engeren Sinne (v.a. privatwirtschaftlicher Natur) und in die Bilanz für die Änderung der Devisenreserven bei der Zentralbank (R wie *R*eserven). Diese Trennung ist theoretisch plausibel, da sie von deutlich unterscheidbaren Kalkülen bestimmt werden. Es wird in Gleichung (B1a) zunächst die Zahlungsbilanzidentität in Stromgrößen bzw. Bestandsänderungsgrößen formuliert, dann (B1b) in Bestandsgrößen zu einem Stichtag, weshalb der Index t für die betreffende Periode entfällt. NFA (für *N*et *F*oreign *A*sset Position, die positiv oder negativ sein kann) bezeichnet den Schuldner- bzw. Gläubigerstatus gegenüber dem Ausland.

$$
\text{(B1a)} \quad \underbrace{\sum_t X_t \left(\frac{S_t P_{at}}{P_t}, \frac{Y_t}{P_t}, \frac{Y_{at}}{P_{at}} \right)}_{\substack{\text{Leistungsbilanzsaldo} \\ \text{ohne Zinsbilanz (Ex-Im)}}} + \underbrace{\sum_t \left(i_{at} \cdot S_t F_t^h - i_t \cdot B_t^f \right)}_{\text{Zinsbilanzsaldo}}
$$

$$
\underbrace{\hspace{8cm}}_{\text{Leistungsbilanzsaldo (LB)}}
$$

$$
+ \underbrace{\sum_t \left[\Delta B_t^f - S_t \cdot \Delta F_t^h \right]}_{\substack{\text{Kapitalbilanzsaldo i.e.S.} \\ \text{(KIm-KEx)}}} - \underbrace{\sum_t S_t \cdot \Delta R_t}_{\substack{\text{Devisenbilanzsaldo} \\ \text{(Nettozugang)}}} \qquad \equiv 0
$$

$$
\underbrace{\hspace{8cm}}_{\text{Kapitalbilanzsaldo i.w.S.(KB)}}
$$

---

[16] Vgl. die Beiträge in Alogoskoufis/Papademos (1991), insbesondere auch Alogoskoufis/Papademos/Portes (1991, 1-3).

(B1b) $\underbrace{NFA}_{\substack{\text{Nettoauslands-}\\ \text{position}}}$ + $\underbrace{B^f - S \cdot F^h}_{\substack{\text{privater Kapita lim port (>0)}\\ \text{bzw.-exp ort (<0)}}}$ − $\underbrace{S \cdot R}_{\substack{\text{Devisenres erven-}\\ \text{bes tan d}}}$ ≡ 0

Die **Liquiditätsrestriktion der Reserven** läßt sich dann so formulieren, daß die Veränderung der privaten Salden im Falle einer Nettonachfrage nach Devisen (Leistungsbilanzdefizit betragsmäßig größer als privater Nettokapitalimport) unter dem Vorbehalt ausreichender Reserven der Zentralbank steht. Der fehlende Zeitindex am nominellen Wechselkurs S entspricht dem konventionellen Verständnis, wonach diese Restriktion im strengen Sinne bei festem Wechselkurs bindend ist.

(B2a) $$\sum_t LB_t + \sum_t (\Delta B_t^f - S\Delta F_t^h) \overset{!}{=} \sum_t S\Delta R_t$$

(B2b) $NFA + (B^f - S \cdot F^h) \overset{!}{=} S \cdot R$

Die **Stabilitätsrestriktion** läßt sich in diesem Zusammenhang durch die Preis- und Einkommensabhängigkeit des Leistungsbilanzsaldos repräsentieren: Eine Preisniveauerhöhung relativ zum Ausland (gegebenes P_a) führt zu einer realen Aufwertung, die den Leistungsbilanzsaldo passiviert. Folgt dem eine nominelle Abwertung, besteht die Gefahr einer Abwertungs-Inflations-Spirale. Eine Realeinkommenserhöhung wirkt ebenfalls passivierend auf die Leistungsbilanz. Somit steht die binnenwirtschaftliche Expansion unter dem Vorbehalt, daß eine entsprechend defizitäre Leistungsbilanz steigende Verschuldung, eine Abwertungs-Inflationsspirale und eine Erschöpfung der Devisenreserven auslösen könnte.

(B3a) $$\sum_t LB_t (\frac{S_t P_a}{P_t}, \frac{Y_t}{P_t}, .) \overset{!}{=} \sum_t S_t (\Delta F_t^h + \Delta R_t) - \sum_t \Delta B_t^f$$
$$\qquad\qquad\quad + \quad -$$

(B3b) $NFA(P, S, Y, .) \overset{!}{=} S(F^h + R) - B^f$
$\qquad\quad\; - + -$

Die **Solvenzrestriktion** ist durch die langfristige Gleichgewichtsbedingung gekennzeichnet, daß eine bestimmte Nettoauslandsposition aufrechterhalten wird, also durch Abwesenheit einer Strom-Bestands-Dynamik. Das hat für Gläubiger- und Schuldnerländer unterschiedliche Implikationen für die Teilbilanzen:

(B4a) $$\sum_t LB_t (\frac{S_t P_{at}}{P_t}, .) \overset{!}{=} 0$$
$$\qquad\qquad +$$

(B4b) $NFA(S, .) = S \cdot (F^h + R) - B^f \overset{!}{=} const.$

(B4c) $\quad \sum_t X_t\,(.) = \sum_t (i_t \cdot \Delta B_t^f - i_{at} \cdot S_t \Delta F_t^h\,) < 0$

$\quad\quad$ für $\sum S \cdot \Delta F^h > \sum \Delta B^f$ sowie $i_a \geq i$

(B4d) $\quad \sum_t X_t\,(.) = \sum_t (i_t \cdot \Delta B_t^f - i_{at} \cdot S_t \Delta F_t^h\,) > 0$

$\quad\quad$ für $\sum \Delta B^f > \sum S \cdot \Delta F^h$ sowie $i \geq i_a$

Für ein langfristiges Gleichgewicht ist es erforderlich, daß ein *Gläubigerland* gemäß (B4c) seine überschüssige Zinsbilanz durch eine defizitäre zinsbereinigte Leistungsbilanz X ausgleicht, ein *Schuldnerland* gemäß (B4d) dagegen seine defizitäre Zinsbilanz durch einen Überschuß der übrigen Leistungsbilanzsalden kompensiert.

Die Zinsbedingungen für das Gläubigerland ($i_a \geq i$) bzw. das Schuldnerland ($i \geq i_a$) deuten an, daß der jeweilige Status mit einem negativen bzw. positiven Zinsdifferential, d.h. einer relativ niedrigeren bzw. höheren Risikoprämie als die Anlagen in der Referenzwährung einhergehen (vgl. Gleichung (A11) in Fenster 4.1).

In **dynamischer Sicht** beinhaltet die Solvenzrestriktion ein konstantes Verhältnis zwischen (negativer) Nettoauslandsposition und Einkommen. Für diese Betrachtung der langen Frist bietet sich die Formulierung in kontinuierlicher Zeit an.[17]

Da die Solvenzrestriktion nur bei negativer NFA bindend wird, muß diese mit dem entsprechenden Vorzeichen versehen werden und sei jetzt als NFL (= -NFA, für *Net Foreign Liabilities*) bezeichnet. Sie setzt sich aus dem Primärdefizit der Leistungsbilanz (-X=Im-Ex) sowie dem daraus resultierenden Zinsbilanzdefizit zusammen.

(B5a) $\quad (B^f - SF^h - SR) = NFL = \int_0^t -LB = \int_0^t \left(Im - Ex + iB^f - i_a SF^h \right)$

Entsprechend ergibt sich die Veränderung von NFL bezogen auf das steady state-Einkommen Y aus dem Primärsaldo und (näherungsweise) der realen Zinszahlung auf den Bestand an ausländischen Verbindlichkeiten:

(B5b) $\quad \dfrac{\dot{NFL}}{Y} = \dfrac{Im - Ex}{Y} + \dfrac{(i - \dot{P}) \cdot NFL}{Y}$

---

[17] Für eine Formulierung in diskreter Zeit vgl. Currie/Levine (1991, 43).

Zugleich ist zu berücksichtigen, daß Y wächst (mit der Rate g_Y, d.h. $Y(t) = Y(0) \cdot e^{g_Y t}$) und in dem Maße die relative Erhöhung der NFL aus Leistungsbilanzdefiziten absorbiert. Die Auslandsverschuldungsquote $nfl = \frac{NFL}{Y}$ verändert sich demnach mit dem Primärdefizit und der mit dieser Quote gewichteten Differenz von Realzins und Einkommenswachstumsrate.

$$(B5c) \qquad \dot{nfl} = \frac{Im-Ex}{Y} + \frac{(i-\dot{P}) \cdot NFL}{Y} - g_Y \frac{NFL}{Y} = \frac{Im-Ex}{Y} + (i - \dot{P} - g_Y) \cdot nfl$$

Die allgemeine Lösung dieser Differentialgleichung lautet:

$$(B5d) \qquad nfl(t) = nfl^* + [nfl(0) - nfl^*] \cdot e^{-[g_Y - (i-\dot{P})]t}$$

Offenkundig konvergiert die Verschuldungsquote selbst bei anhaltendem Primärdefizit gegen einen konstanten Wert nfl^* (für $t \to \infty$), wenn das Einkommenswachstum größer als der Realzins ist:

$$(B6) \qquad \lim_{t \to \infty} nfl(t) = nfl^* = \frac{\frac{Im-Ex}{Y}}{g_Y - i + \dot{P}} \qquad \text{für} \qquad g_Y > i - \dot{P}$$

Diese Gleichgewichtsbedingung zwischen Zunahme der Verschuldung aus einer defizitären Leistungsbilanz, Einkommenswachstum und Realzinssatz drückt aus, daß die fortwährende Existenz eines Leistungsbilanzdefizits mit Stabilität vereinbar ist, solange eine hinreichend hohe Dynamik des Einkommenswachstums herrscht.

Genau dies aber steht in Frage, wie ein Blick auf (B5d) zeigt. Steigt - etwa im Zuge der Abwehr einer Währungsattacke - der Realzins über die Wachstumsrate, explodiert die Auslandsverschuldung und zwar selbst, wenn dann die primäre Leistungsbilanz ausgeglichen (Im=Ex) sein sollte. In einer solchen Zins-Wachstums-Konstellation muß ein Primärüberschuß X erzielt werden, um die vorhandene Auslandsverschuldungsquote zu stabilisieren.

Die vermeintlich kurzfristigen Restriktionen bezüglich Liquidität und Stabilität scheinen mir auch als die langfristig entscheidenden und wirtschaftspolitisch operativen anzusehen.[18] Berücksichtigt man das Vermögenssicherungsmotiv, so ist zu erwarten, daß Kapitalflucht und Krise einsetzen, bevor die langfristige Solvenzrestriktion bindend wird. Liquiditäts- und Stabilitätsrestriktionen gelten

---

[18] Beispielsweise zeigt Bean (1991, insbes. 202f.) in einer langfristigen, den Zeitraum von 1860-1989 umfassenden Untersuchung für das Vereinigte Königreich, daß die Solvenzrestriktion im strengen Sinne nie von praktischer Relevanz war, obwohl die „Boom-and-bust"-Zyklen zumindest der Zwischen- und Nachkriegszeit eine solche Bindungswirkung erwarten ließen.

meines Erachtens auch unabhängig vom jeweiligen Währungsregime. So ist es nicht die Freigabe der Wechselkurse, die eine Reservehaltung weitgehend überflüssig machte. Das ist vielmehr der Fall, wenn ein Währungsraum über eine Gläubigerposition verfügt. Dann kann die Zinspolitik bei drohenden Reserveverlusten oder bei drohendem Wechselkursverfall effektiv eine Nachfrage nach der eigenen Währung erzeugen. Die Zinserhöhung macht eine Repatriierung von Auslandsanlagen für die inländischen Finanzintermediäre attraktiver und erhöht den durchschnittlichen Schuldendienst für die Schuldnerländer, die deshalb verstärkt die Gläubigerwährung nachfragen müssen. D.h. Reserven werden erst garnicht oder nur übergangsweise in Anspruch genommen, vielmehr wird eine Reservenachfrage aus Sicht anderer Währungsräume erzeugt. Die notwendige Reservehaltung, die zur Verteidigung fester wie auch zur Festigung volatiler Wechselkurse erforderlich ist, erscheint deshalb primär von der Währungsqualität, insbesondere einem Gläubiger- oder Schuldnerstatus, bestimmt.[19]

Entsprechend scheint mir auch die Frage der Kapitalmobilität präziser als eine der Währungsqualität zu bezeichnen. Zumindest ist das Argument der Kapitalmobilität mißverständlich: Es wird als ein für die Weltwirtschaft kennzeichnendes Strukturmerkmal präsentiert, obwohl sich die Kapitalmobilität für die einzelnen Länder in derselben Weltwirtschaft und selbst ohne administrative Beschränkungen für den Kapitalverkehr sehr unterschiedlich darstellt. Die Kapitalmobilität oder Zinselastizität der Nachfrage nach Nominalvermögen läßt sich auf die Risikowahrnehmung der Vermögensanleger zurückführen. Die Währungsqualität ist neben der Einschätzung des politischen Länderrisikos das entscheidende Element dieser Risikowahrnehmung, die die Wahl zwischen inländischen und ausländischen Finanzanlagen betrifft. Mit ihr läßt sich auch erklären, warum Kapitalbewegungen hochempfindlich reagieren, wenn neue Informationen, insbesondere über drohende Vermögensverluste, auftreten,- aber nur langsam zurückkehren, wenn ein Vertrauensverlust und der entsprechende Exodus eingetreten ist. Um solche Variabilität und die asymmetrische Reaktion von Kapitalbewegungen zu erklären, muß die Nachfrage nach Aktiva, die auf andere Währungen lauten, auch auf Kalküle der Vermögenssicherung zurückgeführt werden. Insoweit das Kriterium der Kapitalmobilität auf administrative Hemmnisse und Transaktionskosten abstellt, kann es die Bindungswirkung, die aus Vertrauenseffekten resultiert, schwerlich plausibel machen.

Somit lassen die obigen Restriktionen zwar Währungspolitik unabdingbar erscheinen, insofern sie nicht durch Einhaltung der einzelwirtschaftlichen Restriktionen gewahrt werden können. Aber der Hinweis auf die Währungsqualität be-

---

[19] Daneben gibt es eine strategische Reservehaltung, die im Zuge einer Unterbewertungspolitik anfällt. Deshalb weisen auch Gläubigerländer oft hohe Devisenreserven auf. Markttheoretisch haben sie aber einen anderen Sinn und gehen auf andere Kalküle als die Liquiditäts- und Solvenzsicherung zurück.

inhaltet zugleich, daß die notwendige Währungspolitik von den monetären Autoritäten nicht ohne weiteres wirksam ausgeübt werden kann. So stellt sich dann die Frage, inwiefern eine währungspolitische Regimeänderung, wie sie Formen der monetären Integration darstellen, dafür langfristig die Bedingungen verbessern könnte.

Generell lassen sich die genannten Restriktionen der Einkommensbildung und der Wirtschaftspolitik durch monetäre Integration folgendermaßen verändern:

- **Lockerung der Reservenbeschränkung**: Koordinierte Währungsstabilisierung beinhaltet einen unter bestimmten Bedingungen einsetzenden Währungsbeistand. Diese Bedingungen können das Erreichen eines Schwellenwertes der Abweichung von einem Wechselkursziel umfassen. Oder der Beistand kann an begleitende wirtschaftspolitische Maßnahmen des unter Abwertungsdruck stehenden Landes gebunden werden, analog zur Auflagenpolitik des IWF, wenn dieser Zahlungsbilanzhilfe über die Quotenziehung hinaus gewährt. Bei einer Währungsintegration besteht dieser Beistand schließlich im Poolen von Reserven. Das erlaubt in der Regel ein Reserveniveau zu halten, das niedriger ist als die Summe der zuvor vereinzelt Reserven haltenden Zentralbanken (McCauley 1997, 55f.). Denn zumindest die bilaterale Reservehaltung der Länder, die nunmehr eine monetäre Union bilden, erübrigt sich. Findet allerdings die neugebildete Währung geringe Akzeptanz an den Devisenmärkten, ist nicht auszuschließen, daß die notwendige Reservehaltung sogar steigt.

- **Koordinierte Einhaltung der Stabilitätsrestriktion**: Die Koordination der Währungspolitik ist nicht nachhaltig ohne ein gewisses Maß an Koordination der Fiskalpolitik. Insofern konjunkturellen Schwankungen ein monetäres Moment eignet,[20] ist eine größere Kongruenz der Konjunkturzyklen zu erwarten, die entsprechend gleichgerichtete fiskalische Impulse nahelegen. Durch Ausgleichsmechanismen wie kurzfristige Stützungsfonds, die das „nationale" Element einer Fiskal- und Sozialunion simulieren, würde dies noch unterstützt. In dem Maße, wie diese Koordination zunimmt, bedeutete monetäre Integration eine Verminderung des Auf- und Abwertungsdrucks für die jeweiligen Währungen. Dies ergibt sich letztlich daraus, daß die beteiligten Regierungen sich in ihrer antizyklischen Fiskalpolitik an den möglichen

---

[20] Vgl. dazu auch die Überlegungen bei Belke/Gros (1998b, 6f.). Nach dem im 4. Kapitel skizzierten Verständnis hängt die Investitionstätigkeit über die Profiterwartungen von monetären Bedingungen ab, weil diese bestimmen, ob die Durchsetzung profitsichernder Preise gelingt oder erschwert ist. Allerdings kann sich die räumliche Arbeitsteilung aufgrund monetärer Integration verstärken und dadurch das realwirtschaftliche Moment von Konjunkturzyklen so verändern, daß sich eine größere Inkongruenz der Zyklen ergibt (Krugman 1993).

Auswirkungen auf das vereinbarte Wechselkursziel orientieren. Das können Regierungen freilich auch ohne monetäre Integration. Ohne Koordination wird dies aber einen einseitigen Anpassungszwang für die Fiskalpolitik der Satellitenwährungsräume bedeuten, die dem Konjunkturzyklus im Schlüsselwährungsland folgen müssen. Insofern bedeutet die koordinierte Einhaltung der Stabilitätsrestriktion vor allem eine größere Gleichverteilung der Anpassungslasten. Das Schlüsselwährungsland kann dazu um willen einer größeren Wechselkursstabilität bereit sein (vgl. auch Unterkapitel 5.2).

- **Transformation der Solvenzrestriktion**: Die Restriktion, wonach der Barwert der Leistungsbilanzüberschüsse (inkl. Zinsbilanzsaldo) dem Wert der Auslandsverschuldung entsprechen muß, entfällt mit einer Währungsintegration. Aus dieser Solvenzrestriktion, der alle in einem Währungraum Wirtschaftenden unterliegen, wird eine nur noch für die Schuldner geltende einzelwirtschaftliche Restriktion in dem Maße, wie die monetäre Union die Schuldnerländer und die zugehörigen Gläubigerländer umfaßt. Andernfalls gilt dies allein für die in der Währung des Partnerlandes verschuldeten Wirtschaftssubjekte. Eine konditionale Lockerung dieser Restriktion kann aber auch mit monetärer Integration unter Beibehaltung des Wechselkurses verbunden sein. Denn die damit in aller Regel vereinbarten präferentiellen Handelsbeziehungen garantieren dem Schuldnerland freien Zugang zu den Märkten des Gläubigerlandes und die Abschaffung effektiver Protektion. Konditional ist diese Lockerung allerdings, weil es immer noch von der Wettbewerbsfähigkeit der Produktion im Schuldnerland abhängt, ob es Leistungsbilanzüberschüsse realisiert. Außerdem ist damit auch nicht ausgeschlossen, daß die monetären Autoritäten des Gläubigerlandes auf anhaltende Exporterfolge des Partnerlandes mit Zinserhöhungen und entsprechender Erschwernis der Schuldenbedienung reagieren, um das Gleichgewicht der eigenen Nettoauslandsposition zu wahren.

Aus dieser Aufzählung wird deutlich, daß monetäre Integration theoretisch vor allem zwischen Schuldner- und Gläubigerländern zu erwarten ist. Die Effektivierung der nationalen Wirtschaftspolitik, die aus dem Poolen von Reserven und einer partiellen Aufhebung der Solvenzrestriktion des Währungsraumes resultiert, hängt an dieser Schuldner-Gläubiger-Konstellation. Koordinierte Währungsstabilisierung oder gar Währungsintegration, die sich entweder ausschließlich auf Entwicklungsländer beschränkt oder aber ausschließlich auf Schlüsselwährungsländer, ist aus Sicht der hier vertretenen Bedingungsanalyse im strengen Sinne nicht zu erklären. Denn beide Konstellationen lassen keine nennenswerte Veränderung externer Restriktionen erwarten.

5.2 Restriktionen bei hierarchischen Währungsbeziehungen

Die bilateralen Währungsbeziehungen stehen gegenwärtig und auf absehbare Zeit im Zeichen eines multipolaren Währungssystems. Der US-Dollar und der Euro, aber auch Schlüsselwährungen wie der Yen, Schweizer Franken und das britische Pfund Sterling, sind international kontraktfähige Währungen, in denen überproportional Vermögen angelegt und Handelsbeziehungen auch zwischen Drittstaaten abgewickelt werden. Säkulare Ab- bzw. Aufwertungstendenzen dieser Schlüsselwährungen untereinander haben daher weitreichende Implikationen für die Leistungsbilanzsalden und die Vermögensposition der Länder, die ihre Währungspolitik an ihnen ausrichten bzw. in diesen Währungen verschuldet sind. *Schlüsselwährungen* seien dadurch gekennzeichnet, daß sie binnen kurzem zu einem „sicheren Hafen" für Vermögensanlagen werden können, auch zu Lasten einer der anderen Schlüsselwährungen, was entsprechend große Wechselkurs- und Zinsverschiebungen auslöst. Den daraus resultierenden Instabilitäten und Restriktionen der Anpassung zu entgehen, stellt eine eigenständige Veranlassung zu monetärer Integration dar.

So wird zunächst dargestellt, welche Schranken der Wechselkursanpassung mit der Koexistenz von international und nur national kontraktfähigen Währungen auferlegt sind (5.2.1). Dabei wird diese Koexistenz zunächst als ein mit Gleichgewicht vereinbares Marktphänomen betrachtet. Anschließend wird diskutiert, was es für Mitglieder eines Währungsblocks bedeutet, daß in einem multipolaren Währungssystem kein Schlüsselwährungsland mehr „wohlwollende Vernachlässigung" seines effektiven Wechselkurses praktizieren kann und entsprechende Überbestimmtheit des Währungssystems droht (5.2.2). Die gegenwärtige Multipolarität des Weltwährungssystems wird dabei als eine Anomalie gekennzeichnet, die auf die Funktionsstörung der Leitwährung US-Dollar und ihr nachgeordneter Schlüsselwährungen zurückgeht.

5.2.1 International kontraktfähige Währungen und monetäre Abhängigkeit

Die Existenz einer begrenzten Zahl von international kontraktfähigen Währungen kann als ein Vermögensmarktgleichgewichte herstellendes und sicherndes Phänomen betrachtet werden. Jede Schlüsselwährung erfüllt in internationalen Transaktionen die Funktion, die ein akzeptiertes nationales Geld in binnenwirtschaftlichen Transaktionen erfüllt. Sie dient vor allem als Medium der Vertragserfüllung und der Schuldendeckung, als „medium of deferred payment".

Die Emergenz einer **Schlüsselwährung** ist dabei aus dem Kalkül der Vermögens- und Liquiditätssicherung zu erklären, begünstigt durch den Skaleneffekt und die Netzwerkexternalität des Gebrauchs eines einzigen Zahlungsmittels. Die Alternative einer anderen, international kontraktfähigen Währung erlaubt Vermögen bildenden Haushalten, sich der Entwertung des inländischen Nominalvermögens durch Inflation und Abwertung zu entziehen. Das stellt eine Marktrestriktion für die jeweilige inländische Geldemission dar. Das Halten von Fremdwährungsaktiva ist somit zu verstehen als Ausdruck einer gleichgewichtigen Strukturierung von Portfolios, die eine entsprechend gleichgewichtige Ausdehnung und Bewertung von Devisenangeboten impliziert. Demgegenüber wäre weder die begrenzte Zahl an Schlüsselwährungen, die sich wirtschaftsgeschichtlich beobachten läßt, noch überhaupt die Ausprägung von Schlüsselwährungen erklärlich, bestünde das Motiv von Vermögensanlegern ausschließlich in der Ertragserzielung: Jede Anlage in einer Währung müßte infolge der Arbitrage denselben erwarteten Ertrag bieten. Das gilt a forteriori, wenn Transaktionskosten des Währungswechsels berücksichtigt werden: allenfalls ließe sich dann eine Vehikelwährung begründen, die zahlreiche bilaterale Transaktionen zu ökonomisieren erlaubt, aber keine Vermögensanlagewährung. Tatsächlich versprechen Anlagen in Schlüsselwährungen einen unterdurchschnittlichen pekuniären Ertrag gegenüber Anlagen in anderen frei handelbaren Währungen. Das Ertragsgleichgewicht läßt sich auch hier ganz analog zum inländischen Geld durch eine Liquiditätsprämie erfassen, die bei Schlüsselwährungen am höchsten ist.

Prinzipiell genügt freilich eine international kontraktfähige Währung, diese Vermögenssicherungsfunktion für nationale Vermögensanleger zu übernehmen. Denn für die Vermögenssicherung genügt eine alternative Anlagemöglichkeit in Fremdwährung. Und die Skalenerträge und Netzwerkexternalitäten, die aus Transaktionskostengründen den Gebrauch einer Vehikelwährung nahelegen, werden ebenfalls optimiert, wenn nur eine Währung das „natürliche Monopol" innehat.[21] Wird allerdings aus einer Schlüsselwährung eine Leitwährung, so entsteht aus Sicht von Anlegern ein Problem der Vermögenssicherung, das analog der Beschränkung auf ausschließlich in inländischer Währung denominierte Aktiva ist: Wodurch könnten dann Marktteilnehmer eine zu starke Ausweitung der Leitwährung und damit eine Entwertung der auf sie lautenden Nominalvermögen konterkarieren?[22]

Die Existenz einer zweiten Schlüsselwährung beinhaltete eine solche Schranke. Bei einer Kredit- und Geldangebotsausweitung, die die Bereitschaft zur zusätzlichen Geldhaltung und Nominalvermögensbildung in der einen Währung über-

---

[21] Dazu mehr in Abschnitt 5.2.2. Vgl. Krugman (1984, 168-173) mit Hinweisen auf frühere Ansätze zu einer Theorie des Weltgeldes. Diese entwickelt auch Herr (1989, v.a. 130ff.), für den die Existenz von mehr als einer Schlüsselwährung jedoch immer ein Ungleichgewichtsphänomen ist, ein Hegemonialwährungssystem dagegen die größte Stabilität verspricht. Ich unterscheide dagegen zwischen einem Leitwährungs- und einem Hegemonialwährungssystem, wobei mir letzteres eine aus nachfolgend genannten Gründen problematische Weltmarktkonstellation scheint.

[22] Diesem Problem wollte McKinnon (1988, 1996) mit seinem Vorschlag zur Simulation des Goldstandards begegnen (vgl. 3.2.2.2).

steigt, würde der betreffenden Zentralbank die inländische Währung präsentiert, um dagegen Forderungen auf die andere Schlüsselwährung zu erhalten. Je enger die Substitutionsbeziehung zwischen den beiden Schlüsselwährungen, desto massiver setzt dieser Prozeß ein. Die Geldangebotsausweitung würde über die Devisenmärkte ganz oder teilweise rückgängig gemacht. Sterilisiert die betrachtete Zentralbank dies, nimmt der Abwertungsdruck zu. Entsprechend wird sie gezwungen, die Zinsen anzuheben, um den Kapitalexodus zu stoppen. Damit müßte sie sich auf die eine oder andere Art dem simultanen Gleichgewicht der Kredit- und Vermögensmärkte annähern oder sogar zu. dessen Vollzug bereit finden. Dazu kann sie durch die aggregierten Vermögensdispositionen genötigt werden, wenn eine hinsichtlich der Vermögensqualität gleichwertige Alternative existiert. Somit erscheint als ein durchaus gleichgewichtiges Marktresultat, daß eine dominante Schlüsselwährung koexistiert mit einer zweiten Schlüsselwährung, die für Vermögensanlagezwecke ein nahes Substitut zur dominanten Währung darstellt.[23]

Eine solche Koexistenz soll hier als *Leitwährungssystem* im Unterschied zu einem Hegemonialwährungssystem genannt werden. Ein *Hegemonialwährungssystem* erscheint ohne solch ein nahes Substitut für Vermögensanlagezwecke fragil, weil auf das durch Marktteilnehmer schwer sanktionierbare Wohlverhalten der monetären und fiskalischen Autoritäten eines Landes angewiesen. Schließlich ist von einem Leitwährungssystem auch ein *multipolares Währungssystem* zu unterscheiden, in dem es aus Vermögensmarktsicht keine eindeutig dominierende Schlüsselwährung mehr gibt (vgl. Abschnitt 5.2.2).

Freilich bergen Wechselkurs- und Zinsbewegungen zwischen Schlüsselwährungen immer ein erhebliches Destabilisierungspotential für die **Satellitenwährungsräume**. Es spielt dafür keine Rolle, ob diese Portfolioverschiebungen zwischen Schlüsselwährungen der Vermögenssicherung dienen und geeignet sind, ein Gleichgewicht herzustellen. Denn die Satelliten müssen ihre außenwirtschaftlichen Beziehungen in diesen international kontraktfähigen Währungen abwickeln und haben aufgrund von Leistungsbilanzdefiziten auf sie lautende Verbindlichkeiten. Die Abwertung der einen und die Aufwertung der anderen Schlüsselwährung verändert den effektiven Wechselkurs im Außenhandel und hat entsprechende Umbewertungen des Auslandsschuldenportfolios zur Folge. Dieser Bestandsbewertungseffekt kann dem Effekt auf den Schuldendienst entgegengesetzt sein. Ist die Satellitenwährung beispielsweise stärker in der unter Abwertungsdruck stehenden Schlüsselwährung verschuldet, so wird der Schuldenbestand zwar effektiv entwertet, aber zugleich erhöht sich der effektive Zinssatz, was den Schuldendienst entsprechend erschwert.

---

[23] Eine solche Stellung hatte in der Nachkriegszeit immer der Schweizer Franken.

Es soll an dieser Stelle nicht diskutiert werden, ob das prototypische Entwicklungsland ein strukturelles Leistungsbilanzdefizitland ist und deshalb zum Schuldner- und Satellitenwährungsland werden muß.[24] Hat ein Land jedoch erst einmal einen Schuldenbestand aufgehäuft - ob aus strukturellen Gründen, wegen sukzessiver Anpassung an adverse Schocks oder aufgrund kontraproduktiver Wirtschaftspolitiken in der Vergangenheit sei dahingestellt -, dann hat eine solche Position eine starke Beharrungstendenz. Das liegt zum einen an der monetären Dependenz eines Schuldnerlandes.[25] Zum anderen liegt es an der Schwächung bzw. Pervertierung von Anpassungsmechanismen, die mit der Schuldnerposition verbunden sind.

Mit einer negativen Nettoauslandsposition gerät ein Währungsraum in mehr oder weniger starke **monetäre Abhängigkeit**.[26] Sie zeigt sich in erster Linie an der Asymmetrie in der geldpolitischen Handlungsfähigkeit, die ein abwertungsverdächtiger und ein aufwertungsverdächtiger Währungsraum besitzen. Denn selbst eine Abwertung der eigenen Währung läßt sich nicht *graduell* bewerkstelligen, wenn andere Währungsräume ihre komplementäre Aufwertung verhindern wollen. Das gilt nicht umgekehrt, d.h. eine unter Abwertungsdruck stehende Währung muß diesem aufgrund der Erschöpfung ihrer Reserven nachgeben, wenn der Gegenpart aus Gründen der internen Preisstabilisierung oder der Zinsentlastung eine kontinuierliche Aufwertung zuläßt. Die monetären Autoritäten der aufwertungsverdächtigen Währung haben nämlich immer die Möglichkeit, die ihnen präsentierten Devisen aufzuschatzen und durch solch strategischen Kapitalex-

---

[24] Mir scheinen strukturalistische Erklärungen generell, freilich *nicht* in jedem Einzelfall, fragwürdig. Es sei durchaus konzediert, daß das prototypische Entwicklungsland den Großteil der Kapitalgüter importieren muß, weil es entsprechende Produktionskapazitäten im Lande noch nicht gibt, oder daß die Steuersysteme in Entwicklungsländern auch aus erhebungstechnischen Gründen schwach sind. Trotzdem gibt es keinen prinzipiellen ökonomischen Grund, warum die Ausgaben für Importe bzw. Entwicklungsaufgaben nicht in Einklang gebracht werden könnten mit den (niedrigen) Einnahmen aus Exporten bzw. Steuer-, Gebühren- und Zollerhebungen. Das kann geringere Ausgaben verlangen oder vermehrte Anstrengungen zur Steigerung der Einnahmen. Auf beiden Seiten läßt sich sowohl die Preis- als die Mengenkomponente gestalten. Anhaltend große Leistungsbilanzdefizite sind daher in aller Regel nicht hinreichend durch wirtschaftspolitisch kaum beeinflußbare Daten zu erklären, sondern durch eine normative Vorgabe des Wachstumsziels, das gestützt auf Auslandshilfe verfolgt wird.

[25] Diese Aussage gilt offenkundig nicht für die USA, die eine Ausnahme darstellen und daher gesondert erklärt werden müssen (vgl. dazu Abschnitt 5.2.2).

[26] Vgl. zu diesem Konzept auch die Ausführungen bei Lüken-Klaßen/Betz (1989, 241ff.).

port, d.h. geldpolitisch motivierte Nachfrage nach Fremdwährungsguthaben, eine Aufwertung ihrer Währung zu verhindern oder zumindest zu verzögern. Das erhält eine überschüssige Leistungsbilanzposition aufrecht, die Beschäftigungs- gewinne und eine Effektivierung der Geldpolitik verspricht. Ihre Grenze findet diese Strategie zum einen an der Sterilisierbarkeit der expansiven Wirkungen einer solchen Unterbewertung der Währung. Und zum anderen findet sie ihre Grenze an den Spekulationsattacken auf die Währungen, deren kontinuierliche Abwertung so verhindert wurde. Der jäh erfolgenden Abwertung korrespondiert dann eine ebenso plötzlich eintretende Aufwertung.

Die Beharrungstendenz einer Schuldnerposition ergibt sich weiterhin daraus, daß herkömmliche Anpassungsmechanismen wie eine Wechselkursänderung akut destabilisierend werden oder aber, wie Zinssignale, unwirksam bzw. kontrapro- duktiv sind.

- Im Falle souveräner Verschuldung können Erhöhungen der Zinsen auf Aus- landsverbindlichkeiten eine Reaktion auf gelingende Entschuldung sein. Ent- schuldung gelingt bei anhaltend hohen Leistungsbilanzüberschüssen gegen- über Ländern mit kontraktfähiger Währung. Dadurch können sich diese Schlüsselwährungsländer zu einer Stabilitätspolitik gezwungen sehen, die die spiegelbildlichen Defizite durch Zinserhöhung unterbindet. Die Entschuldung wird so erschwert, unter Umständen effektiv verhindert. Ein ausschließlich mikroökonomischer Fokus verstellt den Blick dafür, daß souveräne Verschul- dung und Entschuldung wesentlich ein Marktergebnis ist, das nicht allein den wirtschaftspolitischen Maßnahmen einer Regierung zuzurechnen ist.[27]

- Eine Währungsabwertung erhöhte den Auslandsschuldenbestand und die Kosten des Imports, was die Gefahr einer Zahlungskrise mit sich ständig er- neuernden Abwertungsspekulationen heraufbeschwört. Um die Zahlungsfä- higkeit aufrecht zu erhalten, kann also eine Überbewertung des Wechselkur- ses angezeigt sein.[28] Daraus entsteht freilich ein Dilemma von laufender Be- dienung der Auslandsverschuldung, die durch die anhaltende Überbewertung erleichtert wird, und laufender Erhöhung der Auslandsverschuldung, die sich aus der defizitären Leistungsbilanz ergibt. Besonders naheliegt die Aufrecht-

---

[27] Auf die genannten Besonderheiten der Fremdwährungsverschuldung gehen auch Lüken-Klaßen/ Betz (1989, 241ff.) ein.

[28] Diese Interpretation, daß Überbewertung der Aufrechterhaltung der internationalen Zahlungsfähigkeit dient, scheint mir naheliegender als die von Tomann (1997, 112f.), der die Ratio von Überbewertungsregimen in ihrer disziplinierenden Wirkung bezüg- lich der Preisstabilität sieht. Mein Einwand dagegen lautete: Warum sollten sich hei- mische Produzenten und Arbeitnehmervertreter davon beeindrucken lassen, wenn sie kollektiv Preis- und Lohnerhöhungen durchsetzen, die das Problem heraufbeschwö- ren? Freilich schließen sich beide Interpretationen im strikten Sinne nicht aus.

erhaltung einer Überbewertung in weltwirtschaftlichen Hochzinsphasen, d.h. bei Erwartung sinkender Zinsen, um dann die Abwertung bei Eintreffen der Erwartung erfolgen zu lassen.

- Die Unwirksamkeit der Zinssignale läßt sich als eine unmittelbare Funktion der Wechselkurs- und Preisvolatilität verstehen, die, wie gerade ausgeführt, der monetären Abhängigkeit inhärent ist.[29] Kontraproduktiv können sie sogar werden, wenn Zinserhöhungen angesichts eines hohen Verschuldungsgrades der Unternehmen und der Regierung die Erwartung erzeugt, daß dieser erhöhte Schuldendienst nicht zu leisten ist. Diese Erwartung genügt, um eine Attacke auszulösen, die sich selbst bestätigt, wenn der Zins, der notwendig wäre, um die Währung zu verteidigen, eine akute Bankenkrise heraufbeschwört (Mishkin 1998, 31). Das kann der Fall sein, weil das Kreditausfallrisiko der Banken steigt, und die von Banken geleistete Fristentransformation bedeutet, daß die Refinanzierungskosten schneller als die Zinseinnahmen steigen. Die Schwäche bzw. die Destabilisierungswirkung des Zinsinstrumentes verweist die monetären und fiskalischen Autoritäten dann auf inferiore Methoden der geldpolitischen Steuerung, wie Kapitalverkehrskontrollen, Devisenadministration und Fiskalpolitik.

- Mit der zuletzt erwähnten geldpolitischen Steuerung durch Fiskalpolitik ist vor allem die Begebung von Schuldtiteln in Fremdwährung gemeint, die aus währungspolitischen Gründen erfolgt. So können beispielsweise zusätzliche auf Schlüsselwährung lautende Schuldtitel emittiert werden, wenn die Schlüsselwährung aufwertet und die eigene Währung entsprechend unter Abwertungsdruck gerät. Diese fiskalische Substitution der Währungspolitik ist inferior, weil damit allenfalls kurzfristige Stabilisierung erreicht wird, die die mittelfristigen Stabilitätsbedingungen aber verschlechtert. Denn die Regierung ist damit dauerhafte Fremdwährungsverbindlichkeiten eingegangen. Und sie begünstigt das Entstehen eines „Zwillingsdefizits" (*twin deficit*), also eines Ausgabenüberschusses der öffentlichen Hand, die sich aus der Bedienung der Staatsverschuldung nährt, und eines negativen Leistungsbilanzsaldos, der sich aus der Zinsbilanz speist.

Die administrative oder fiskalische Ersetzung währungspolitischer Maßnahmen unterminiert das Vertrauen potentieller Anleger, das zu wahren durchaus ihr Zweck sein kann. Solche Paradoxien sind im einfachsten Fall darauf zurückführen, daß sich Länder in außenwirtschaftlichen Beziehungen international kontraktfähiger Währungen bedienen müssen, also monetär abhängig sind (Fenster 5.3).

---

[29] Die preistheoretischen Grundlagen dieser Ineffektivität wurden in Unterkapitel 4.3 behandelt.

Fenster 5.3: Anpassung bei monetärer Abhängigkeit

Schuldnerländer bzw. Schwachwährungsräume sind dadurch gekennzeichnet, daß sie Anleihen in international kontraktfähigen Währungen aufnehmen müssen, um beispielsweise Importrechnungen zu bezahlen (Mishkin 1998, 26). Darin manifestiert sich ihre monetäre Abhängigkeit, die insbesondere zur Folge hat, daß ein solches Land an einem überbewerteten Wechselkurs festzuhalten Grund findet.- Zunächst wird gezeigt, wie sich eine so verstandene monetäre Abhängigkeit ganz einfach anhand der Zahlungsbilanz zeigen läßt. Anschließend wird das Destabilisierungspotential einer Wechselkursanpassung gezeigt.

Die Begebung von Auslandsanleihen bedeutet, daß z.B. die inländische Regierung ein auf ausländische Währung lautendes Wertpapier F anbietet (F^{hs}, Index s für supply). Infolgedessen kann F_{net}^h (F^h-F^{hs}, die *Netto*bestandshaltung von F) durchaus negative Werte annehmen. Die daraus folgende Zahlungsbilanzrestriktion wird deutlich, wenn man die Summe aus X, Zinsbilanz, Kapital- und Devisenbilanzsaldo wie folgt ausschreibt (vgl. Gleichung (B2) in Fenster 5.2 sowie Gleichung 4 bei Golub 1989, 291f.):

(C1a)
$$\sum_t X_t\left(\frac{S_t P_{at}}{P_t},..\right) + \sum_t \left[i_{at} \cdot S_t (F_t^h - F_t^{hs}) - i_t \cdot (B_t^f - B_t^{fs})\right]$$

$$+ \sum_t (S_t \Delta F_t^{hs} - \Delta B_t^{fs}) - \sum_t (S_t \Delta F_t^h - \Delta B_t^f) - \sum_t S_t \Delta R_t \overset{!}{=} 0$$

(C1b)
$$NFA^h(S_t,.) = S_t \cdot (F_{net}^h + R) - B_{net}^f$$

$$\text{mit} \quad \begin{aligned} F_{net}^h &= \sum_t (\Delta F_t^h - \Delta F_t^{hs}) = (F^h - F^{hs}) \overset{\geq}{_<} 0 \\ B_{net}^f &= \sum_t (\Delta B_t^f - \Delta B_t^{fs}) = (B^f - B^{fs}) \overset{\geq}{_<} 0 \end{aligned}$$

F_{net}^h ist positiv für Gläubigerwährungen und negativ für Länder mit Verschuldung in Fremdwährung. Umgekehrt ist B_{net}^f typischerweise negativ für Schlüsselwährungen (ausländische Anleger halten mehr auf die Gläubigerwährung lautende Vermögenstitel als die Inländer auf andere Währungen lautende Wertpapiere begeben), positiv für Schwachwährungen. Wie (C1a) zeigt, ist dann für letztere der Zinsbilanzsaldo aus beiden Komponenten (F_{net}^h und B_{net}^f) negativ. Eine Zinserhöhung im Ausland wie im Inland passiviert diesen Zinsbilanzsaldo weiter. Wie (C1b) schließlich deutlich macht, passiviert eine Abwertung den Zinsbilanzsaldo *und* den Kapitalbilanzsaldo, wenn die Verschuldung betragsmäßig größer als die Zentralbankreserven ist, d.h. $\left|F_{net}^h\right| > R$.

Die darin schon angedeutete **Instabilität der Anpassung** soll exemplarisch am Fall der Wechselkursabwertung verdeutlicht werden. Die Abhängigkeit eines prototypischen Entwicklungslandes manifestiere sich im internationalen Konjunkturzusammenhang, d.h. Auslöser der Veränderung sei eine Rezession im Ausland. Der Einkommenseffekt führt zu einem niedrigeren oder stärker defizitären Außenbeitrag beim (verschuldeten) Inland. Dieser rückläufigen Güternachfrage muß eine Nettobestandsveränderungen auf den Vermögensmärkten entsprechen. Zu fragen ist dann, ob und wodurch die Vermögensnachfrage an das rückläufige ausländische Wertpapierangebot angepaßt wird.

Das Modell[30] besteht wie üblich aus den Definitionen des Nominalvermögens (C2), den Gleichgewichtsbedingungen für die Bestandsveränderungen auf den Vermögensmärkten (C3) sowie je einer Gleichung für die Bestimmung des Konsumentenpreisindex' (C4) und des realen Einkommens (C5). Das Subskript -1 bezieht sich auf Nettobestände, die aus der Vorperiode übernommen wurden und damit für die laufende Periode gegeben sind (in (C1) durch das Subskript *net* markiert, das jetzt ebenso weggelassen wird wie *t* zur Markierung der laufenden Periode). Großbuchstaben stehen für Niveaugrößen, zunächst für nominelle.

Die jeweiligen Nettovermögen (gemessen in der jeweiligen Währung) bestehen nur aus Staatsschuldpapieren B und ausländischen Wertpapieren F, die sowohl von inländischen Anlegern (Superskript h) als auch ausländischen Anlegern (Superskript f) gehalten werden können.

(C2a) $W \equiv B^h + SF^h$ (C2b) $W_a \equiv \dfrac{1}{S}B^f + F^f$

Einer Bestandsveränderung inländischer Bonds entspricht die Nettonachfrage aus der Staatstätigkeit, also ein Budgetdefizit, wobei G hier nur die Primärausgaben bezeichnet, also nicht den Zinsdienst auf die Staatsschuld.

(C3a) $b^h(\overset{+}{i},\overset{-}{i_a},\overset{-}{\Delta S^e})W + S \cdot b^f(\overset{+}{i},\overset{-}{i_a},\overset{-}{\Delta S^e})W_a - B_{-1} = G + i \cdot B_{-1} - T$

Die Veränderung des Nettobestands an ausländischen Bonds, gemessen in inländischer Währung, ergibt sich aus dem primären Leistungsbilanzsaldo und dem Saldo der Zinsbilanz.[31]

---

[30] Folgendes ist an die vorbildlich klare Darstellung von Erbeldinger (1996, 19ff.) angelehnt, ergänzt um den „Währungsansatz der Zahlungsbilanz" von Golub (1989).

[31] Damit werden keineswegs nur induzierte Kapitalbewegungen betrachtet. Die Nettobestandsveränderungen - und nur das Nettovermögen und seine Zusammensetzung interessieren im portfoliotheroetischen Kontext - müssen saldenmechanisch dem Leistungsbilanzsaldo entsprechen. Aber reine Kapitalbilanztransaktionen verändern die

$$(C3b) \quad S \cdot f^h(\overset{-}{i}, \overset{+}{i_a}, \overset{+}{\Delta S^e})W + S \cdot f^f(\overset{-}{i}, \overset{+}{i_a}, \overset{+}{\Delta S^e})W_a - SF_{-1}$$

$$= X(\overset{-}{Y^r}, \overset{+}{Y_a^r}, \overset{+}{\frac{SP_a}{P}}) + \left[i_a \cdot SF_{-1}^h - i \cdot B_{-1}^f \right]$$

Der Konsumentenpreisindex P_c verändert sich mit dem Wechselkurs, während eine effektive Einkommenspolitik im In- und Ausland für *konstante Preisniveaus* P bzw. P_a sorge, die auf 1 normiert sind.

$$(C4a) \quad P \equiv P_a \equiv 1$$

$$(C4b) \quad P_c = P^{1-\alpha} \cdot (SP_a)^\alpha = S^\alpha$$

Das Güterangebot sei vollkommen elastisch, also von der effektiven Nachfrage bestimmt. Um nur eine Bestandsveränderung betrachten zu müssen, wird in der laufenden Periode erstens ein *ausgeglichenes Budget* unterstellt, gegeben einen nicht-negativen Altschuldenbestand der Regierung ($B_{-1} > 0$). Somit entspricht der Primärüberschuß (T-G) gerade den Zinszahlungen $i \cdot B_{-1}$. Die Verzinsung des ausländisch gehaltenen Altschuldenbestands erscheint in der Zinsbilanz wieder, indem sie die Auslandsposition verschlechtert. Sie ist eine Quelle für das „Zwillingsdefizit" eines negativen Budget- und Leistungsbilanzsaldos.[32]- Es gebe zweitens keine Nettoinvestitionen. X entspricht dem primären Leistungsbilanzsaldo als der einzigen Quelle einer Strom-Bestands-Dynamik. Superskript r bezeichne das *r*eale Einkommen.

$$(C5a) \quad Y^r = \frac{P_c}{P} C(\overset{-}{i}, \overset{+}{i_a}, \overset{-}{\Delta S^e}, \overset{+}{Y^r}) + \frac{G - T + i \cdot B_{-1}}{P}$$

$$+ \frac{1}{P} X(Y^r, Y_a^r, \frac{SP_a}{P}) + \frac{i_a \cdot SF_{-1}^h - i \cdot B_{-1}^f}{P}$$

$$(C5b) \quad Y^r = S^\alpha \cdot C(.) + X(.) + \left[i_a \cdot SF_{-1}^h - i \cdot B_{-1}^f \right]$$

Nettoauslandsposition einer Volkswirtschaft nicht, weil der Nachfrage nach ausländischen Wertpapieren dann immer ein Angebot an inländischen Vermögenstiteln (z.B Guthaben in eigener Währung, aus Sicht des Auslandes ein Devisenreservenzufluß) entspricht.

[32] Wenn auf die Implikationen für die effektive Nachfrage abgestellt werden soll, können (A3a) und (A3b) in der Einkommensbestimmungsgleichung auch zusammengefaßt, d.h. die Zinszahlungen auf den von Ausländern gehaltenen inländischen Bondbestand saldiert werden ($i \cdot B_{-1} - i \cdot B_{-1}^f = i \cdot B_{-1}^h$). Das zeigt, daß die von ausländischen Vermögensanlegern bezogenen Zinseinkommen nicht unbedingt im Binnenmarkt nachfragewirksam werden.

Für (C5b) wurden die Information (C4) und die Annahme eines ausgeglichenen Budgets benutzt.

Damit zu dem einleitend skizzierten Szenario: Eine *Senkung des ausländischen Realeinkommens* Y_a^r verringert den realen Außenbeitrag X (für P≡1). Die Verschlechterung des Außenbeitrags entspricht einem verringerten Nettoangebot an ausländischen Wertpapieren F. In einem ersten Schritt ist zu zeigen, daß die Senkung des ausländischen Wertpapierangebots betragsmäßig größer ausfällt als der Rückgang der Nachfrage nach ausländischen Wertpapieren. In einem zweiten Schritt läßt sich dann untersuchen, unter welchen Bedingungen eine Wechselkursänderung zu einem Ausgleich von Angebot und Nachfrage nach ausländischen Wertpapieren führte. Erwartungsgemäß unterscheiden sich die Ergebnisse deutlich, je nachdem, ob das Inland einen Gläubiger- oder einen Schuldnerstatus hat.

Zunächst also die Herleitung der Bedingung, unter denen aufgrund der Änderung von Y_a ein Ungleichgewicht auf dem Markt für ausländische Wertpapiere entsteht (der Index r wird im folgenden weggelassen, um die Notation zu vereinfachen). Das ergibt sich zunächst aus der Beziehung (C3b) zwischen dem Außenbeitrag aus inländischer Sicht und dem Wertpapierangebot ΔF^S des Auslandes.

$$(C6a) \qquad \frac{\partial X}{\partial Y_a} dY_a = \frac{\partial F}{\partial Y_a} dY_a \equiv \Delta F^S \qquad < 0 \qquad \text{wegen } dY_a < 0$$

Die Senkung des Außenbeitrags verringert das inländische Einkommen entsprechend dem Multiplikatoreffekt (C6b) gemäß (C5), zunächst unter der Bedingung eines gegebenen Wechselkurses.

$$(C6b) \qquad \left. \frac{\partial X}{\partial Y_a} dY_a \right|_{dS=0} = (1 - \frac{\partial C}{\partial Y} S^\alpha - \frac{\partial X}{\partial Y}) dY$$

Dieser Einkommenseffekt wirkt sich negativ auf die Nachfrage nach ausländischen Wertpapieren aus, wie sich im totalen Differential von F unter Verwendung von (A6b) für dY zeigen läßt.

$$(C6c) \qquad \Delta F \equiv \frac{\partial F}{\partial Y} dY = -\frac{\partial X}{\partial Y} dY = -\frac{\partial X}{\partial Y} \frac{\frac{\partial X}{\partial Y_a}}{(1 - \frac{\partial C}{\partial Y} S^\alpha - \frac{\partial X}{\partial Y})} dY_a \qquad < 0$$

Der Rückgang des Wertpapierangebots ist genau dann betragsmäßig größer als der einkommensbedingte Rückgang der Wertpapiernachfrage, d.h. es gibt eine Überschußnachfrage nach F, wenn es eine positive Sparneigung gibt (C6d). Dieses Ergebnis ist dem Umstand geschuldet, daß Ersparnisse diversifiziert angelegt bzw. abgebaut werden.

$$(C6d) \quad \left|\Delta F^s\right| > \left|\Delta F\right| \Leftrightarrow \frac{\partial X}{\partial Y_a} dY_a > \frac{-\frac{\partial X}{\partial Y}}{(1 - \frac{\partial C}{\partial Y} - \frac{\partial X}{\partial Y})} \frac{\partial X}{\partial Y_a} dY_a \quad \Leftrightarrow 1 - \frac{\partial C}{\partial Y} > 0$$

In nächsten Schritt muß gefragt werden, ob eine **Wechselkursänderung**, hier: eine Abwertung der inländischen Währung $dS>0$, dazu beitragen könnte, ein Gleichgewicht herzustellen. Bei Verbesserung der Leistungsbilanz müßte das Angebot an F stärker steigen als die Nachfrage nach F. Aber reagiert die (Netto-)Nachfrage überhaupt positiv auf eine Abwertung? Um dies zu beantworten, bildet man das totale Differential von (C3b) und fragt, unter welchen Bedingungen eine Abwertung die Nachfrage nach ausländischen Wertpapieren steigern würde (C7).[33]

$$(C7a) \quad \left[\left(\frac{\partial f^h W}{\partial \Delta S^e} + \frac{\partial f^f W_a}{\partial \Delta S^e}\right)\frac{\partial \Delta S^e}{\partial S} + f^h W + f^f W_a - F_{-1} - \frac{\partial X}{\partial S} - i_a F_{-1}^h\right] dS = 0$$

$$(C7b) \quad \frac{\partial F}{\partial S} dS > 0 \quad \Leftrightarrow \quad \frac{\partial F}{\partial \Delta S^e}\frac{\partial \Delta S^e}{\partial S} dS = F_{-1} - F + \frac{\partial X}{\partial S} + i_a F_{-1}^h \quad > 0$$

Ob eine Abwertung zu einer Erhöhung der Wertpapiernachfrage nach F und damit zu einer gleichgewichtigen Anpassung auf den Vermögensmärkten führt, ist offenkundig nicht ohne weiteres gewährleistet. Konventionell und wenig überraschend ist, daß erstens die Leistungsbilanz normal reagieren, damit es zu einer stabilen Anpassung kommt ($\partial X/\partial S > 0$, d.h. erfüllte Marshall-Lerner-Bedingung). Insbesondere sollte das Land aber eine Gläubigerposition innehaben (F_{-1} bzw. $F_{-1}^h > 0$).

Das sind freilich keineswegs selbstverständlich erfüllte Stabilitätsbedingungen. Betrachtet man etwa den *Fall des prototypischen Entwicklungs- und Schuldnerlandes*, so sprechen sie für eine instabile Anpassung. Die Marshall-Lerner-Bedingung ist in aller Regel nicht erfüllt, sondern bedarf handelspolitischer Unterstützung: denn der J-Kurven-Effekt ist aufgrund begrenzter Substitutionsmöglichkeiten für Importe in der Regel ausgeprägt, so daß sich die laufende Verschuldung erhöht. Und die Nettoauslandsposition ist negativ ($F_{-1}^h < 0$), infolgedessen eine Abwertung den Bestand an Auslandsschuld wertmäßig steigert. Mit diesem einfachen Modell läßt sich also begründen, warum Rezessionen in Schlüsselwährungsländern, die zugleich wichtige Handelspartner sind, für das prototypische Entwicklungsland die Gefahr einer Schuldenkrise heraufbeschwören.

---

[33] Der folgende Ausdruck unterschlägt eine Verbindung der Vermögens- und Gütersphäre, die sich ergibt, wenn eine Einkommensabhängigkeit der Vermögensnachfragen in (C3) und eine Vermögensabhängigkeit des Konsums in (C5) unterstellt wird.

Angesichts der Schwäche des Zinsinstrumentes oder sogar kontraproduktiver Wirkungen der gängigen Anpassungsmechanismen bedarf es keiner tiefschürfender Begründungen, warum monetär abhängige Länder die koordinierte Währungsstabilisierung mit Schlüsselwährungsländern suchen. Im Falle des Zustandekommens der Integration würde ein Schwachwährungsland mit der außengestützten Wechselkursfestigung eine Quelle der Destabilisierung verschließen oder zumindest verengen. Das wird durch die Berücksichtigung hierarchischer Währungsbeziehungen und ihres Destabilisierungspotentials unmittelbar einsichtig.

Darüberhinaus läßt sich mit diesem Ansatz eine Antwort auf die theoretisch problematischere Frage geben, warum sich die **monetären und fiskalischen Autoritäten von Schlüsselwährungsländern** zu Formen monetärer Integration, sogar zu Währungsintegration, veranlaßt sehen können. So ist ihre geldpolitische Steuerungsfähigkeit deutlich eingeschränkt, wenn Regierungen von Schwachwährungsräumen auf ihre Währung lautende Schuldtitel begeben. Insbesondere kann die stabile positive Beziehung von Geldmengenänderung und Kreditvolumenänderung gestört sein. Steigende Zinsen und starker Aufwertungsdruck führen nicht zur Verknappung, sondern zur Ausweitung des Angebots an Vermögenstiteln in der Schlüsselwährung. Damit können Versuche einer restriktiven Geldpolitik zumindest zeitweise konterkariert werden, um sich dann, gegebenenfalls bei hoher Volatilität, doch durchzusetzen.[34] Entsprechend sind mit der Möglichkeit von Anleihen in der Schlüsselwährung, die ausländische Regierungen begeben, vorderhand erstaunliche, portfoliotheoretisch anomale Wechselkursreaktionen verbunden (Golub 1989, 291f.).

Eine solche Situation sei zum Beispiel eine Phase hoher Einkommensdynamik im Schlüsselwährungsland, die die inländische Preisstabilität gefährdet. Damit einher gehe eine Aufwertungstendenz aufgrund hoher Kapitalimporte. Diese Aufwertungstendenz der Schlüsselwährung kann nun die fiskalischen Autoritäten der Satellitenwährungsräume dazu veranlassen, verstärkt Schuldtitel zu begeben, die auf die Schlüsselwährung lauten, um so den Abwertungsdruck vom eigenen Wechselkurs zu nehmen. Das konterkariert die Aufwertungstendenz der Schlüsselwährung und erhöht die gleichgewichtige Verzinsung. Versucht die Zentralbank des Schlüsselwährungslandes durch eine darüberhinausgehende Zinserhöhung das interne Stabilitätsziel zu wahren, erweist sich dies als kontraproduktiv, weil es weitere Vermögensangebote in ihrer Währung hervorruft. So würde die Kontraktion der Geldmenge zu einer von ihr nicht gewollten Erhöhung des Kredit- oder Anleihevolumens führen. Es käme infolgedessen sogar zur Desintermediation, indem sich das klassische Bankgeschäft zugunsten von Kapitalmarkt-

---

[34] Dafür spricht insbesondere auch die Evidenz in Bezug auf die Rolle der D-Mark im EWS. Zwar sprechen die Indikatoren für asymmetrische Durchsetzungschancen der deutschen Geldpolitik, aber keineswegs für ihre Insularität (Gros/Thygesen 1992, Kap.4.5; Fratianni/Hauskrecht 1998).

transaktionen - getragen von ausländischen staatlichen Emittenten - zurückbil-
dete. Kurzfristig gelingt es also der Zentralbank des Schlüsselwährungslandes
nicht, das Kapitalangebot in ihrer Währung zu verknappen.

Der Übergang zwischen dieser kurzen Frist und einer mittelfristig sich durchset-
zenden restriktiven Geldpolitik kann sich allerdings jäh vollziehen. In der mittleren Frist würde drückt das hohe Vermögensangebot nämlich auf die Anleihekur-
se und erhöht damit die Kapitalmarktrendite. Das macht die Emission immer
teurer. Der Übergang zur mittleren Frist ist mit einem jäh sich verstärkenden
Aufwertungsdruck verbunden, wenn sich ausländische Emittenten vom Markt
zurückziehen und der restriktive Kurs voll zum Tragen kommt. Dieser Aufwertungsdruck ist dann das Reversbild der Abwertungsattacken auf die Schwachwährungen. Diese Abwertungsattacken haben ihr ökonomisches fundamentum in
re darin, daß die fiskalische Substitution der geldpolitischen externen Stabilisierung die Fremdwährungs- und Nettoauslandsposition des Schwachwährungsraumes verschlechtert hat. Es zeigt sich somit, daß auch die Schlüsselwährungsposition geldpolitisch keine völlig komfortable Stellung verleiht, weder kurz- noch
mittelfristig.

Diese Überlegungen legen allerdings auch nahe, daß die Regierung eines Schlüsselwährungslandes aus diesen Gründen nur Anlaß hat zur asymmetrischen monetären Integration, d.h. zur Koordination mit Schwachwährungsländern. Aus
den soeben genannten Gründen kann es aus Sicht der Autoritäten eines Schlüsselwährungslandes durchaus sinnvoll sein, die Schwachwährungsländer durch
Währungsbeistand und abgestimmte Wechselkursstabilisierung dabei zu unterstützen, von fiskalischen Substituten für monetäre Währungspolitik Abstand zu
nehmen. Darin würden sich die Interessen beider Parteien einer hierarchischen
Währungsbeziehung treffen. Das gilt nicht in der Beziehung eines Schlüsselwährungslandes zu einem anderen. Der Fiskus eines anderen Schlüsselwährungslandes begibt seine Fremdwährungsanleihen in der Regel nicht unter währungspolitischen Gesichtspunkten. Dessen Zentralbank verfügt über eine Zinspolitik, die
einem Abwertungsdruck in der oben geschilderten Situation begegnen könnte.
Das würde keine inversen Preis-Mengen-Reaktionen auf Kredit- und Anleihe-
märkten hervorrufen, vielmehr ergänzten sich die marktkonformen Geldpolitiken
beider Schlüsselwährungsländer. Insofern bedürfte es auch nicht vorrangig der
Koordination, sondern nur der Wahrnehmung der geldpolitischen Aufgaben
durch die beiden Zentralbanken.[35]

---

[35] Zu einer ähnlich skeptischen Einschätzung muß man m.E. in Bezug auf die sog. Süd-
Süd-Integration gelangen: Entwicklungsländer sind bezeichnenderweise Schuldnerländer. Ihr Zusammenschluß zu einer monetären Union verspricht wenig Gewinn aus
dem Poolen von Reserven, da sie diese typischerweise nicht zur Verteidigung des bilateralen Wechselkurses halten. Es ist markttheoretisch nicht ersichtlich, warum eine
gemeinsame Zentralbank weniger als die Summe der einzelnen Hartwährungsreserven

5.2.2 Währungsblöcke in einem multipolaren Weltwährungssystem

Die gleichberechtigte Verwendung mehrerer Schlüsselwährungen in internationalen Transaktionen kann auch eine tiefgreifende Funktionsstörung der Weltwirtschaft anzeigen. Am Beginn und am Ende des 20. Jahrhunderts ist diese Funktionsstörung jeweils durch den Abstieg der Leitwährung bedingt. Und verschärft wird sie damals wie heute dadurch, daß sich die Emittenten der potentiellen Ersatzkandidaten im Prozeß der Erosion des Leitwährungssystems weigern, die Rolle des dominanten Schlüsselwährungslandes anzunehmen.[36] Eine solche Rollenübernahme beinhaltete, auf eigenständige Wechselkursziele zu verzichten und sich im eigenen Interesse als Anbieter eines öffentlichen Gutes, nämlich der Liquidität des Weltwährungssystems, zu begreifen. Die Verarbeitung dieser währungshistorischen Situation bestand seit den 70er Jahren in der Herausbildung mindestens eines weiteren gewichtigen Währungsblocks, des europäischen um die lokale Leitwährung DM. Die monetäre Integration Westeuropas, in Zukunft möglicherweise Asiens, läßt sich ökonomisch begreifen als der Versuch, den Instabilitäten des gegenwärtigen Weltwährungssystems zu entgehen.

Diese beiden Sachverhalte sollen nacheinander abgehandelt werden: einerseits wird gefragt, warum der Prozeß des Abstiegs eines Leitwährungslandes mit erhöhter Instabilität verbunden ist und Versuche der monetären Integration begünstigt; und andererseits, warum Währungsblöcke in einem multipolaren Weltwährungssystem selbst fragile Gebilde sind.

Zunächst zu der Frage, worin sich der Prozeß des Abstiegs eines Leitwährungslandes genau manifestiert. Der Prozeß besteht meines Erachtens darin, daß der bisherige „Hahn im (Währungs-)Korb" seine einzelnen Weltgeldfunktionen verliert, genauer: daß sich seine vorherrschende Stellung in der Wahrnehmung dieser Funktionen relativiert.

---

halten müßte. Die Währungsbeziehungen mit der Außenwelt saldieren sich typischerweise nicht erheblich in dem Sinne, daß das eine Land Forderungen gegen einen dritten Währungsraum hat, bei dem das andere Land verschuldet ist. Entsprechend wird auch die Solvenzrestriktion des Währungsraumes bei Süd-Süd-Integration nicht aufgehoben bzw. nicht in eine einzelwirtschaftliche Solvenzrestriktion transformiert, weil sie in den bilateralen Beziehungen keine Bindungswirkung hat. Ausführlicher dazu Schelkle (1999a).

[36] Damit sind unter der *Pax Britannica* Frankreich und Deutschland, aber vor allem die USA gemeint, wo es bis 1913 nicht einmal eine eigenständige Zentralbank gab und deren Tätigkeit bis 1933 durch regionale Konflikte über die angemessene Geldpolitik gelähmt war (Eichengreen 1992, v.a. 25f.). Unter der *Pax Americana* waren der Yen- und der DM-Raum solch zurückhaltende Anwärter auf die dominante Schlüsselwährungsposition.

Worin bestehen diese Weltgeldfunktionen? Sie sind den konventionellen Geld-
funktionen des Wertstandards, des Zahlungsmittels und des Wertaufbewah-
rungsmediums analog. Doch lassen sich diese Funktionen noch einmal unterscheiden, je nachdem, ob sie von anderen monetären Autoritäten für Zwecke der
Währungspolitik in Anspruch genommen werden oder aber von privatwirtschaftlichen Akteuren zur Abwicklung von Transaktionen und zur Vermögenssicherung.

Übersicht 5.2: Weltgeldfunktionen

Geldfunktionen	währungspolitische Leitwährungsfunktion	privatwirtschaftliche Leitwährungsfunktion
Wertstandard	**(1) Währungsanker**	**(4) Handelsfakturierung**
Zahlungsmittel	**(2) Devisenmarkt-intervention**	**(5) Zahlungsverkehr**
Wertaufbewahrungs-medium	**(3) Reservehaltung**	**(6) Vermögenshaltung**

nach: Krugman (1984)

Es ist für die geldtheoretischen Grundlagen dieser Arbeit höchst aufschlußreich,
wie ungleich ausgeprägt der Funktionsverlust im Falle des US-Dollars ist. Zum
Zeitpunkt der Einführung des Euros läßt sich folgendes Bild zeichnen:[37]

• Den stärksten Niedergang erlebte der Dollar als (1) Währungsanker. Kurz
  nach dem Zusammenbruch der Festkursvereinbarung von Bretton Woods
  1975 waren es noch 54 Währungen, die sich explizit an den US-Dollar ban-
  den, 1997 dagegen waren es bis auf Argentinien und Nigeria nur noch 19 ka-
  ribische und afrikanische Kleinstaaten (IWF 1997). Die Währungen der ost-
  asiatischen Schwellenländer wiesen bis zur Währungskrise von 1997/98 eine
  informelle, handelspolitisch motivierte Orientierung am Dollar auf, die gerade nicht auf seine Stärke, sondern auf seine säkulare Abwertungstendenz
  setzte.

---

[37] Das folgende stützt sich auf ECU-Institute (1995, Teil II A) und McCauley (1997).
Selbstverständlich hat diese Rationalisierung eines einzigen Falles, nämlich des suk-
zessiven Verlustes der Weltgeldfunktionen des Dollars, nicht die Qualität eines in-
duktiven geldtheoretischen Schlusses. Aber sie erzeugt integrationspolitisch interessante Forschungsfragen, z.B. welche Weltgeldfunktionen erfüllt der Euro zunächst
und überwiegend?

- Als (2) Reservemedium und (3) Interventionswährung verliert der US-Dollar stark und anhaltend bei den Industrieländern, während er als Reservemedium bei den Entwicklungsländern in den 70er Jahren stark verlor, seitdem aber diesen stabilen (reduzierten) Anteil hält. Der Funktionsverlust bei den Industrieländern ist der monetären Integration Westeuropas geschuldet. Der Funktionserhalt bei den Entwicklungsländern verdankt sich in erheblichem Maße dem Umstand, daß an Rohstoffmärkten überwiegend in Dollar kontrahiert wird.

- Im privaten Gebrauch ist die Rolle des Dollars anhaltend dominant als (4) Wertstandard für Handelsverträge und zur (5) Währungsindexierung von Zahlungen. Wenn man in Bezug auf diese Funktion den gesunkenen Wert der OPEC-Exporte herausrechnet, ist seine Stellung unangefochten. Das ist vor allem darauf zurückzuführen, daß japanische Exporteure ihre Lieferungen - und damit das absolut größte Exportvolumen einer Nation - fast zur Hälfte in Dollar denominieren, um so auch bei einer Yen-Aufwertung Marktanteile zu halten (sog. *pricing to the market*). In Bezug auf Devisenmarkttransaktionen, die nicht auf Handelsgeschäfte zurückgehen, hat der Dollar an die DM Anteile verloren, behauptet allerdings in Futures- und Swapmärkten eine dominante Position.

- Im globalen Portfolio der von Privaten gehaltenen Aktiva haben (6) Dollaranlagen hingegen stark und anhaltend verloren. Ihr Anteil sank von mehr als zwei Dritteln (67%) 1981 auf weniger als die Hälfte (45%) 1993.

Dieser empirische Befund ist so aufschlußreich, weil er die hier zugrundegelegte Vermögensmarktperspektive einerseits bestätigt, andererseits bereichert. Einmal ist daraus zu schließen, daß sich die Vermögensqualität einer Währung in deutlichem Unterschied zu ihrer **Transaktionsqualität** entwickeln kann. Exemplarisch läßt sich die Bedeutung dieser letzteren Qualität für Hedgingoperationen deutlich machen. Die Transaktionsqualität bemißt sich an der Tiefe und Breite des betreffenden Devisenmarktes, der Verfügbarkeit veschiedenster Absicherungsinstrumente wie Swaps und standardisierte Terminkontrakte (Futures) über viele Laufzeiten und Losgrößen. Sie ist zu einem Gutteil historisches Resultat, d.h. Märkte in Hedging-Instrumenten sind tief und breit, weil die betreffende Währung seit geraumer Zeit eine wichtige Rolle spielt, die Finanzintermediäre in einem solchen Währungsraum ein entsprechendes Knowhow aufgebaut haben etc. Der Gebrauch einer Währung verstärkt sich insofern selbst, weil zu seinen Gunsten eine positive Netzwerkexternalität wirkt (De Grauwe 1996, 10f.): Marktteilnehmer bedienen sich dieser Währung, weil und wenn nur andere sich ihrer bedienen. Und die Verwendung heute wird dadurch wahrscheinlicher, daß sie auch gestern schon stattfand. Auch Skalenerträge spielen für die Entstehung und Aufrechterhaltung dieser Transaktionsqualität eine große Rolle: Eine Vehikelwährung löst das Problem der doppelten Koinzidenz, das entsteht, wenn nur direkter Tausch von Währungen möglich ist. Für eine international kontraktfähige Währung findet sich immer ein Tauschpartner, der sie kostengünstig ins Währungsportfolio nimmt, eben weil er erwartet, daß er seinerseits dafür Nachfrage findet ohne große Abschläge gewähren zu müssen. Somit sind es *Geschichte, Netzwerkexternalitäten und Skaleneffekte*, die die Transaktionsqualität einer Währung bedingen und dafür sorgen, daß es einen hohen Grad der Persistenz in bestimmten Weltgeldfunktionen gibt.

Der bedeutende und anhaltende Stellenwert, den der Dollar und selbst das Pfund Sterling noch wegen ihrer hohen Transaktionsqualitäten genießen, konnte freilich nicht die säkulare Abwertungstendenz dieser ehemals dominanten Schlüsselwährungen verhindern. Das ist meines Erachtens eine Bestätigung für eine Vermögenspreiskonzeption des Wechselkurses. Denn dafür sind nach der hier vertretenen Auffassung die fundamentalen Bestimmungsfaktoren der Vermögensmärkte ausschlaggebend, wie sie sich am deutlichsten in den Funktionseinbußen für die Vermögenshaltung und als währungspolitischer Anker zeigen.[38]

Warum erzeugt eine währungshistorische Situation, die durch einen so zu charakterisierenden Abstieg einer dominanten Schlüsselwährung gekennzeichnet ist, erhöhte Instabilität? Zu erklären ist die Zunahme der Instabilität gegenüber der im letzten Abschnitt zugrundegelegten Situation eines Leitwährungssystems, in dem neben einer begrenzten Anzahl von anderen Anlagewährungen eine unangefochten dominante Schlüsselwährung existiert. Ich sehe dafür vier Gründe.

1. Zunächst ist dafür der zuletzt angesprochene Funktionsverlust als Währungsanker und entsprechend als Medium der Vermögenssicherung entscheidend. Für die Bestimmung eines Bestandshaltepreises sind es nicht Informationen an sich, die zählen, sondern wie diese Informationen Erwartungen beeinflussen. Hier existiert jenseits der im einzelnen strittigen Formulierungen ein Konsens, der sich aus den Modellen über „rationale Instabilitäten" von Wechselkursbewegungen herauskristallisiert (vgl. Unterkapitel 3.1). Den Marktteilnehmern mögen alle entscheidungsrelevanten Informationen in gleicher Weise vorliegen, und dennoch könnten die Erwartungen über den zukünftigen Euro-Dollar-Kurs sehr verschieden sein, solange es keine offizielle Festlegung auf ein diesbezügliches Wechselkursziel gibt. Denn dieses erst würde die Einschätzung jedes einzelnen rechtfertigen, daß der offizielle Kurs wohl für eine erhebliche Zahl von Marktteilnehmern ausschlaggebend zu werden verspricht. Das lenkt die eigene Erwartung in dieselbe Richtung. Insofern sind nicht notwendigerweise Informationsunvollkommenheiten wie

---

[38] Daß diese beiden Funktionen eng zusammenhängen, legt auch der rückläufige Stellenwert bzw. der sinkende Kurs des Goldes seit der Aufkündigung der Dollareinlösepflicht durch die Nixon-Administration nahe. Seitdem Gold einer reinen Marktbewertung unterliegt, hat es seine Rolle als Währungsanker und seine herausragende Stellung als Anlagemedium verloren. Das Ergebnis ist ein entsprechender langfristiger Kursverfall.

asymmetrisch verteilte Informationsmengen ausschlaggebend für die beobachtbare Instabilität von Finanzmärkten. solche Unvollkommenheiten gibt es schließlich immer, und sie dürften heute zumindest nicht größer als zu Beginn der Nachkriegszeit sein. Die Betonung von Informationsasymmetrien verschließt den Blick dafür, daß immer auch ein Problem der Informationsauswahl und der Informationsbewertung vorliegt.[39] Das Novum ist der Wegfall eines Ankers für die Erwartungsbildung, wie das in Zeiten des Abstieges einer Leitwährung notwendig eintritt. Dafür sprechen empirisch nachweisbare Effekte: während die Risikoprämien in den bilateralen Währungsbeziehungen zum US-Dollar stiegen, trat dieser Effekt in den bilateralen Kursen von EWS-Währungen zur DM nicht auf.[40]

2. Diese Persistenz hat aber noch einen tieferliegenden Grund, der darüberhinaus eine eigenständige Quelle der Destabilisierung von Erwartungen ist. Jede absteigende Leitwährung wird irgendwann zu einer Schuldnerwährung. Das muß zwar nicht notwendigerweise eine eindeutige Nettoschuldnerposition beinhalten, doch zumindest gilt dies für die bilateralen Beziehungen zu den anderen aufsteigenden Schlüsselwährungen. Denn genau dadurch steigt die eine in der Währungshierarchie auf und die andere ab. Die USA sind, wenn die Europäische Währungsunion beginnt, seit rund 15 Jahren ein Nettoschuldnerland und inzwischen zum absolut gesehen weltgrößten Schuldner geworden.[41] Aber daraus entstehen kaum gesamtwirtschaftliche Liquiditätsrisiken für sie, sowenig wie für Regionen mit einem dauerhaften interregionalen Leistungsbilanzdefizit. Denn wegen der zuletzt genannten Persistenz ihrer Währungsqualität im Hinblick auf Handels- und Hedgingtransaktionen verschuldet sich ein absteigender Leitwährungsraum zunächst überwiegend in eigener Währung. Die Auslandsverschuldung in eigener Währung ist einerseits eine Beruhigung für Halter von Dollaranlagen. Die USA können

---

[39] Diesen blinden Fleck erzeugt letztlich das Ideal des „the data tells me". Danach ist das Problem der Erwartungsbildung bzw. der monetären Instabilität immer im Zustand der unzureichenden Informationsmenge zu verorten. Das wäre mein zentraler Einwand gegen die ansonsten hochinformativen Ausführungen Mishkins (1998) zu einer "asymmetric information theory of financial instability".

[40] De Grauwe (1996, 172f). Vgl. auch Collignon (1998, 62ff., besonders 76-79) für eine theoretische Ableitung dieses Effektes, bei der allerdings Volatilität und Niveau des Wechselkurses exogen sind und die (In-)Stabilität allein währungspolitischen Maßnahmen geschuldet ist.

[41] Die USA haben eine negative Nettoauslandsposition, die zu Beginn der Europäischen Währungsunion am 1.1.1999 deutlich über 1000 Mrd. $ liegen wird (Ende 1996: 831 Mrd.$). Zum Nettoschuldner wurden sie in der Mitte der 80er Jahre während der Amtszeit von Präsident Reagan.

trotz immenser, die absoluten Außenstände anderer hochverschuldeter Ökonomien um ein Vielfaches übersteigender Auslandsverbindlichkeiten nicht in eine akute Zahlungsbilanzkrise geraten, in deren Gefolge per saldo Forderungen abgeschrieben werden müßten. Denn die Federal Reserve Bank kann das Medium der Vertragserfüllung selbst emittieren. Andererseits besteht für Halter von Dollaraktiva anhaltend die Gefahr, daß sich die USA eines Teils ihrer Verbindlichkeiten durch Abwertungsschübe des Dollars entledigen. Daher waren wiederholt starke und plötzliche Kursverluste zu beobachten, sobald der Eindruck entstand, daß die wirtschaftspolitischen Autoritäten ein Interesse an einem schwachen Dollar hatten. Je nachdem, wieviel Abwertung des Dollars sie zuläßt, kann die Zentralbank der USA bestimmen, wie leicht die Rückzahlung und der Schuldendienst werden müssen, um eventuell auftretende Zahlungsschwierigkeiten zu beseitigen. Damit ist ein fundamentales Prinzip der Kreditwirtschaft verletzt, wonach der Schuldner niemals in der Lage sein darf, das Medium der Vertragserfüllung einfach herzustellen, vielmehr wirtschaften muß, um es zu erzielen. Aus diesem Prinzip erklärt sich schließlich auch die Notwendigkeit einer vom Finanzbedarf der Regierung unabhängigen Zentralbank.

3. Eine weitere Quelle erhöhter Instabilität ist eben die für den Prozeß des Abstiegs charakteristische Ungleichzeitigkeit des Funktionsverlustes. Daraus resultieren gemischte Signale für die Entwicklung des Wechselkurses.[42] Starke Anleihetätigkeit in Dollar, beispielsweise in Zeiten eines florierenden Welthandels oder starken Wachstums in Schwellenländern, wird die Leitwährung als solche weiter schwächen, wenn die Nachfrage nicht im selben Maße steigt. Das aber ist wahrscheinlich, weil die Entknappung von Dollaranlagen sie zugleich nicht für die Vermögenssicherung und Ertragserzielung empfehlen. Das erzeugt bzw. verfestigt ihre Überbewertung. Versucht die Zentralbank der absteigenden Leitwährung ihre Position zu verteidigen, indem sie ihrerseits die Zinsen anhebt und die Verschuldung in Dollar damit verteuert, wird sie ein weltweites Nachlassen der Einkommensdynamik einleiten.[43] Löst die im Abstiegskampf befindliche Leitwährung dadurch sogar eine Weltrezession aus, kann sie selbst Opfer werden. Denn sie trifft nicht nur die Investitionstätigkeit im eigenen Land, sondern unmittelbar auch diejenigen Währungsräume, gegen die sie selbst (noch) Dollarforderungen hält. Müssen einige dieser Länder umschulden, so ist sie es selbst, die Forderungen abschreiben muß. Die nachrückenden Schlüsselwährungen, gegen die sie sich behaupten wollte, könnten geradezu gestärkt aus der Selbstverteidigung

---

[42] Das ist die gut belegte Botschaft der Studie von McCauley (1997) in Bezug auf den Dollar-Euro-Wechselkurs.

[43] Dieser Sachverhalt ist bekanntlich durch das Triffin-Dilemma (Triffin 1960, insbes. 64-69) in die wissenschaftliche Debatte eingeführt worden.

des dominanten, aber bereits geschwächten Schlüsselwährungsraumes hervorgehen.

4. Damit ist ein letztes Destabilisierungspotential angesprochen, nämlich das in der Verarbeitung dieser währungshistorischen Situation durch andere Währungsräume enthaltene. Es resultiert vor allem aus der Verarbeitung durch die in der Hierarchie nachrückenden Länder bzw. deren Regierungen.[44] Die Bedingungen für eine rasche Ersetzung durch eine andere dominante Schlüsselwährung sind im Übergang nicht nur wegen der bereits genannten Persistenzeffekte ungünstig. Denn solange der Prozeß des Abstiegs andauert, ist eine solche Funktionsübernahme nicht notwendigerweise im Interesse des betreffenden Schlüsselwährungsraumes. Verlangt ist von einem aufsteigenden Schlüsselwährungsraum, die Option zu einer Unterbewertung der eigenen Währung bzw. das zweite währungspolitische Instrument eines endlich elastischen Geldangebotes aufzugeben. Denn eine Strategie der verhinderten Aufwertung trotz steigender preislicher Wettbewerbsfähigkeit beinhaltet, den Zins nicht auf sein Gleichgewichtsniveau zu senken. Der dadurch anhaltende Kapitalimport muß dann beispielsweise mithilfe von Offenmarktoperationen sterilisiert, also die Refinanzierung inländischer Banken verknappt werden. Wie oben bereits ausgeführt, kann dies eine verstärkte Anleihetätigkeit in der Schlüsselwährung hervorrufen, die von Regierungen der Währungsräume ausgeht, die unter Abwertungsdruck stehen. Das Schlüsselwährungsangebot wird somit elastisch,- aber eben auch als Instrument der betreffenden Zentralbank bis zur Unwirksamkeit eingeschränkt, da die Sterilisierung durch Offenmarktoperationen eben nur dann ein Instrument ist, wenn es in vorhersehbarer Weise das Kredit- und Anleihevolumen beeinflussen kann.

Im Gegenzug erhalten die wirtschaftspolitischen Autoritäten die Möglichkeit, die Untergrenze des Weltzinsniveaus zu bestimmen und einer weniger bindenden makroökonomischen Stabilitätsrestriktion ausgesetzt zu sein. Letzteres ergibt sich daraus, daß andere Währungsräume ihren Wechselkurs an die dominante Schlüsselwährung binden. Die Preisänderungsrate im Schlüsselwährungsraum gibt somit die der anderen vor. Auch das hat selbstverständlich Grenzen. Bei steigender Inflationsrate im (lokalen oder globalen) Leitwährungsraum eröffnet sich für einzelne Länder die Option, erfolgreich eine Unterbewertungsstrategie durchzuführen. In dem Maße, wie dies gelingt, wird die Leitwährungsposition ausgehöhlt und die Schlüsselwährungsposition relativiert.[45] Doch während der

---

[44] Vgl. Eichengreen (1992) zu den USA am Beginn dieses Jahrhunderts und McCauley (1997) zu Deutschland und Japan am Ende dieses Jahrhunderts.

[45] Vor diesem Hintergrund macht es Sinn, daß die Bundesbank im EWS peinlich genau auf eine so geringe Preissteigerungsrate achtete, daß kein europäischer Währungsraum dauerhaft und deutlich darunter bleiben konnte. Sie hat durch die Bekämpfung der

Verlust währungspolitischer Gestaltungsmöglichkeiten sofort eintritt und sich in einer verstärkten Aufwertungstendenz bemerkbar macht, treten die Zinsentlastung sowie das Hinausschieben der Stabilitätsrestriktion erst später ein, nämlich genau dann, wenn die betreffende Schlüsselwährung sich mit der Zeit als „Hahn im Korb" etabliert hat.

Der Abstieg eines dominanten Schlüsselwährungslandes als Marktphänomen ist daher ein langwieriger Prozeß. Dafür sorgen die genannten Persistenzeffekte. Die Weltwirtschaft befindet sich in diesem Prozeß in einer Situation des Währungswettbewerbes zumindest unter den Schlüsselwährungen. Jede Zentralbank, die eine Schlüsselwährung emittiert, erfüllt ihren institutionellen Auftrag, indem sie ihre Position behauptet, und hat Anreize, kurzfristig keine Monopolstellung anzustreben, um so die Effektivität ihrer Geldpolitik zu erhalten. Anders als die Vertreter des Währungswettbewerbs versichern, ist dies freilich keine stabile Situation.[46] Die damit einhergehende Unsicherheit für die Erwartungsbildung bereitet den Grund für große Portfolioverschiebungen, zu denen sich immer wieder Anlässe, auch der ökonomisch schwer erklärbaren Art, finden.

Damit tritt die **Bedeutung integrationspolitischer Maßnahmen** in einer solchen währungshistorischen Situation hervor. Sie stehen in diesem Kontext paradigmatisch für Wirtschaftspolitik als Marktteilnahme, insofern sie langfristig orientierte Versuche der Beschleunigung und Gestaltung von Marktprozessen darstellen, die von diesen selbst herausgefordert werden. Die Situation eines fehlenden nominellen Ankers erzeugt Unsicherheit an den Vermögensmärkten und dadurch auch an den Gütermärkten, so daß auf Formen der monetären Integration gesetzt wird, um für die fehlende bilaterale Orientierung an einer Leitwährung zu kompensieren. Im einzelnen ergeben sich die Veranlassungen dazu aus den soeben genannten Quellen der erhöhten Instabilität:

- Die koordinierte Wechselkursstabilisierung bildet Währungsblöcke mit lokal dominierenden Schlüsselwährungen als deren Anker aus. Die (k-1) Mitgliedsländer eines Währungsblocks verfolgen mit ihren Geldpolitiken ein Wechselkursziel, während die k-te Währung ein internes Preisstabilitätsziel verfolgt. Diese k-te Währung ist naheliegenderweise die lokale Schlüsselwährung. Nachhaltig ist ihre Stellung, wenn dieser Währungsraum die Unter-

---

Preisniveauschübe nach der deutschen Vereinigung 1990 freilich eine tiefe Rezession im EWS-Raum ausgelöst (De Grauwe 1998, 6).

[46] Auf die systematischen Gründe dafür wurde in Abschnitt 3.2.2 eingegangen. Zu einer Kritik an der Übertragung des Modells der Unternehmenskonkurrenz auf Währungsräume vgl. Hellwig (1985), auf Staaten und Sozialsysteme generell vgl. Sinn (1997).

grenze für die Preisänderungsrate und das Zinsniveau des Währungsblocks vorgibt.[47]

- Mitgliedsländer eines Währungsblocks um die aufsteigende Schlüsselwährung müssen mit einer säkularen Aufwertungstendenz rechnen und können sich davon eine kollektive Härtung ihrer Währungen versprechen. Spürbar wird sie an einem sinkenden Zinsdifferential zur bisherigen Leitwährung. Umgekehrt Länder im Währungsblock um die absteigende Schlüsselwährung. Sie können sich davon handelspolitische Vorteile versprechen, die der Vermögenssicherung immerhin insofern Rechnung tragen, als das inländische Vermögen seinen Wert gemessen in der absteigenden Leitwährung behält und damit ein hohes Maß an Zahlungsfähigkeit für inländische Anleger gewährleistet ist.

- Die koordinierte Wechselkursstabilisierung begünstigt verstärkten Handel unter den kooperierenden Ländern, da hier das Wechselkursrisiko entfällt. Damit wird zugleich die Transaktionsqualität der lokal dominanten Schlüsselwährung gestärkt. Sofern dies nicht die frühere Leitwährung ist, wird dadurch deren Ablösung als Weltgeld beschleunigt.

- Aus Sicht der aufsteigenden Schlüsselwährungen beinhaltet die koordinierte Wechselkursstabilisierung, daß die geldpolitischen Nachteile dieser Position im Übergang vermindert werden und die Vorteile einer dominanten Stellung beschleunigt eintreten. Die Koordination beinhaltet wegen der großräumlichen Ankerfunktion, daß die Stabilitätsrestriktion hinausgeschoben wird. Und der Aufwertungsdruck wird abgemildert, weil kollektiv hinausgezögert, um so das stabile Wechselkursgefüge wie vereinbart zu gewährleisten (Mélitz 1988). Zugleich gibt die lokal dominante Schlüsselwährung die Untergrenze des Zinssatzes und der Preissteigerungsrate vor. Ihr geldpolitischer Gestaltungsspielraum wird also ausgedehnt.

So läßt sich auch begründen, warum Währungsblöcken in einem multipolaren System eine Dynamik zur Währungsintegration oder aber zur Auflösung der koordinierten Währungsstabilisierung innewohnt (Eichengreen 1994; Spahn 1995, 187-195). Ein **Währungsblock** ist ein Währungsverbund von k Währungen in einer Welt von n Währungen. Er ist dadurch definiert, daß die k Währungen untereinander eine deutlich geringere (nominale und reale) Varianz in ihren

---

[47] Das heißt nicht, daß daraus keine Spannungen innerhalb des Währungsblocks entstünden. An dieser Stelle soll dies nur heißen: selbst wenn die Spannungen so stark werden, daß bestimmte Mitgliedsländer die koordinierte Stabilisierung aufgeben, so bleibt die Schlüsselwährungsposition doch unangefochten, solange die genannten Bedingungen (Untergrenze für Inflation und Zinsniveau) gelten. Vgl. zu weiteren Ausführungen den Haupttext.

$\frac{k \cdot (k-1)}{2}$ bilateralen Wechselkursen aufweisen als in ihren k effektiven Wechselkursen. Ein Währungsblock kann sich auch ohne monetäre Integration im hier betrachteten institutionellen Sinne bilden, d.h. ohne formell vereinbarte Koordination der Wechselkursstabilisierung.

Der nominelle Anker der lokalen Schlüsselwährung stellt für die Währung jedes Mitgliedslandes zugleich die Verbindung zu den (n-k) Währungen außerhalb des Blocks dar. Die Zentralbank einer nur lokal dominanten Schlüsselwährung kann sich jedoch nicht, wie es die Lösung des (n-1)-Problems erforderte, auf die interne Preisstabilisierung beschränken. Denn die Räume außerhalb des Blocks lassen sich die Untergrenze der Inflationsrate und des Zinsniveaus definitionsgemäß nicht vorgeben. Die interne Preisstabilität zu sichern, kann daher verlangen, die externe Stabilität gegenüber diesen Räumen zu sichern. Zum Beispiel könnte eine starke Expansion in einem dieser Blöcke wegen der damit verbundenen Einkommenseffekte zu einem Exportboom führen, der die interne Preisstabilität aufgrund der hohen Güter- und Währungsnachfrage gefährden kann. Die Zentralbank des lokalen Schlüsselwährungslandes mag sich dann dazu veranlaßt sehen, dem expansiven Kurs der Weltwirtschaft präventiv entgegenzutreten. Das bedeutete zum Beispiel, eine Aufwertung zuzulassen, um der internen Preisstabilität willen, aber auch zur Verhinderung einer als übermäßig erachteten Verschuldung des anderen Währungsblocks.

Verfolgt das lokale Schlüsselwährungsland k so ein Wechselkursziel, müssen das die (k-1) übrigen Mitgliedsländer nolens volens nachvollziehen.[48] Eine Aufwertung der k-ten Währung, die für deren Geldwertstabilität förderlich und für deren Leistungsbilanz erträglich ist, kann für die Satellitenwährungsräume schwerwiegende Zahlungsbilanz- und Beschäftigungsprobleme bedeuten. Sie können, wie die Erfahrung im EWS lehrt, dann versuchen, die Aufwertung gegenüber dem anderen Währungsblock dadurch abzumildern, daß sie selbst gegen die lokale Schlüsselwährung soweit abwerten, wie es die vereinbarten Bandbreiten um die bilateralen Wechselkursziele zulassen. Diese Abwertung und das Erreichen der Grenzen der Zielzone zwingt sie freilich, die Zinsen zu erhöhen. Denn damit wird angedeutet, daß die nominelle Ankerfunktion der k-ten Währung auch suspendiert werden könnte. Das läßt darauf schließen, daß mit Erreichen der oberen Bandbreiten eines Wechselkurskorridors die Zinsen um mehr als die Abwertungsrate erhöht werden müssen, um zugleich die Entschlossenheit zu demonstrieren, daß die Zielzone verteidigt wird.

---

[48] Vgl. Giavazzi/Giovannini (1989, Kap.6) für einen umfassenden Überblick zur Empirie und Theorie dieses Polarisierungsphänomens im EWS. Ihr Beitrag ist gerade deshalb überzeugend, weil er Belege dafür beibringt, die noch nicht von der deutschen Vereinigung beeinflußt sein konnten.

Somit gerät die Einkommensbildung der Satellitenwährungsräume aufgrund der Aufwertung des lokalen Schlüsselwährungslandes in zweifacher Hinsicht unter rezessiven Einfluß: Sie werten effektiv gegenüber dem Rest der Welt auf, was den Außenbeitrag verschlechtert, und sie erfahren eine Zinserhöhung, um den Verbleib im Wechselkursverbund zu sichern (Kenen 1998, 10f.). Eine gewisse Entlastung ergibt sich nur infolge der Verbesserung der bilateralen Leistungsbilanzsalden gegenüber dem lokalen Schlüsselwährungsland.

Ein *Realignment* gegenüber der k-ten Währung, wenn immer sie gegenüber der absteigenden Schlüsselwährung und dem dazugehörigen Block aufwertet, würde das Fundament der koordinierten Wechselkursstabilisierung untergraben. Denn dies erzeugt die Erwartung, daß alle k Währungen ein Wechselkursziel gegenüber Drittwährungen verfolgen. Das vereinbarte Währungssystem wäre dann überbestimmt. Das ist ein Einfallstor für destabilisierende Wechselkurserwartungen, weil eine solche Situation die Entschlossenheit und Durchsetzungskraft der einzelnen Währungspolitiken einzuschätzen verlangt.

Daraus folgt, daß ein formell vereinbarter Wechselkursverbund eine Dynamik zu weitergehender monetärer Integration, nämlich zu einer Währungsintegration, aufweist - oder aber eine Dynamik zu seiner Auflösung (Eichengreen 1994, Frankel 2000). Der ökonomische Sinn beider Entwicklungsverläufe bestünde, technisch gesprochen, darin, der Aporie des (n-1)-Problems in einem multipolaren Weltwährungssystem zu entgehen: der Tendenz zu einer Überbestimmung des lokalen Systems von k Währungen und des globalen Systems von n Währungen. Das lokale, hier als (k-1)-Problem geschilderte Dilemma ergibt sich nicht, wie De Grauwe (1996, Kap.3.2) nahelegt, allein aufgrund der Zwänge einer asymmetrischen Währungsbeziehung.[49] Die Bindungswirkung, die die Orientierung an einer Schlüsselwährung erzeugt, ist schließlich genau das, was die Satellitenwährungsräume allein nicht erreichen können. Insofern ist die Asymmetrie als eine Funktionsbedingung nachhaltiger monetärer Integration unter Beibehaltung des Wechselkurses anzusehen.

Das Dilemma ergibt sich vielmehr aus der Polarisierung gegenüber mindestens einem anderen Währungsblock (Giavazzi/Giovannini 1989, 144f.; Kenen 1998, 11). Um es zur Verdeutlichung überspitzt zu formulieren: Die Instabilität, die aus dem (k-1)-Problem herrührt, ist eher einem Zuviel an Symmetrie geschuldet, nämlich einer aufgelösten Hierarchie zwischen den Schlüsselwährungen in ihrer Vermögensfunktion. Die Polarität zwischen diesen kann zu einer Sprengkraft für

---

[49] Ihm zufolge entsteht es daraus, daß, nachdem die Phase der Inflationsbekämpfung vorbei ist, das lokale Schlüsselwährungsland immer noch eine stärkere Präferenz für Preisstabilität exekutiert und damit den (k-1) Satellitenwährungsräumen auferlegt, als von diesen gewünscht (De Grauwe 1996, 39-43).

Formen monetärer Integration unter Beibehaltung des Wechselkurses werden (Collignon 1998, Kap.4).

Eine Währungsintegration würde einem Mitgliedsland dagegen in Aussicht stellen, daß die gemeinsame Zentralbank Wechselkursziele mit Rücksicht auf den Gesamtraum verfolgte. Bei einer Aufwertung entfiele die von der älteren Theorie beschworene Möglichkeit der kompensierenden Abwertung. Aber zugleich entfielen auch Zinserhöhungen, die theoretisch mehr als die Abwertungsrate, nämlich auch den erwarteten Regimewechsel, kompensieren müssen. Und eine Währungsintegration verspricht ein durchschnittlich fallendes Zinsniveau zumindest für die Satellitenwährungsräume. Schließlich könnte die Neubildung eines Währungsraumes nach dem Vorbild des bisherigen lokalen Schlüsselwährungsraumes den Übergang zu einem Leitwährungssystem beschleunigen. Diese Aussicht würde Widerstände auf der Seite eben dieses regionalen Schlüsselwährungsraumes überwinden helfen, das schließlich eine effektive Geldpolitik aufgeben bzw. vergemeinschaften muß und ein höheres Zinsniveau zu gewärtigen hat, weil der gemeinsame Währungsraum eine geringere Nettoauslandsposition aufweist.

Schlußbemerkung

In diesem Abschnitt wurden zwei Bedingungen für Versuche monetärer Integration diskutiert: Einmal die Veranlassung von Schuldner- und Gläubigerländern, die koordinierte Wechselkursstabilisierung zu suchen; zum anderen die Existenz eines Währungsblocks und die Veranlassung seiner verschiedenen Mitglieder, die Koordination durch Währungsintegration zu verbreitern und zu institutionalisieren. Diese beiden Veranlassungen unterschieden sich hinsichtlich der weltwirtschaftlichen Konstellation, eines Leitwährungssystems einerseits, eines multipolaren Währungssystems andererseits. Sie unterschieden sich aber nicht im Hinblick auf die konstitutive Bedeutung hierarchischer oder asymmetrischer Währungsbeziehungen. Diese Eigenschaft von Währungsbeziehungen ist aus einer vermögensmarkttheoretischen Sicht konstitutiv, weil aufgrund solcher Hierarchie und Asymmetrie bzw. ihrer Veränderung monetäre Integration überhaupt gesucht wird und nachhaltig stattfindet.

Zur Verdeutlichung mag abschließend die hieraus folgende Position zu Frankels These dienen, die Theorie des optimalen Währungsraumes erlebe eine Renaissance.[50] Denn sie liefere eine Begründung für die sog."corners hypothesis", den

---

[50] Seine Diagnose ist vor dem Hintergrund dieser Arbeit erstaunlich gleichlautend: "Although the context of the corners hypothesis [free floating and firm fixing are viable, but intermediate regimes are not, W.S.] is the new world of financial crises, a theoretical rationale may be available in an updated version of the optimum currency area literature. Some of the key OCA criteria, which are supposedly parameters, in fact change over time, particularly the degree of trade integration and correlation of

vor dem Hintergrund immer neuer Finanzkrisen herausgebildeten Konsens, es gebe nur eine Wahl zwischen den beiden Extremen von Währungregimen: "free floating and firm fixing". Meine Gegenposition läßt sich in drei Schritten begründen. Erstens, die Alternative ist nur scheinbar eine solche. Für integrierte Währungsräume stellt sie sich als simultane Lösung in einem multipolaren Weltwährungssystem dar. So versuchen die Mitglieder von Währungsblöcken, ihren Wechselkurs gegenüber der regionalen Leitwährung möglichst festzuhalten, wodurch sie gegenüber einer anderen Schlüsselwährung dann entsprechend floaten und ihr gegenüber auch kein eigenständiges Wechselkursziel verfolgen können. Zweitens, wenn die Alternative weniger in einer modernisierten Theorie des optimalen Währungraumes besteht, sondern, wie hier vorgeschlagen, in einer Theorie der wechselkursbasierten Politikkoordination, so wird auch klar, daß die Mehrzahl der Währungsräume weiterhin ohne Kooperation und formelle Koordination mit anderen versuchen muß, die eigene Währung zu stabilisieren. Sie finden keine Gläubigerländer als Kooperationspartner. Drittens ist es dann kein Zufall, daß die meisten Länder offiziell oder inoffiziell *managed floating* betreiben. Ein völlig frei floatender Wechselkurs ist allenfalls temporär denkbar, um ein Gravitationszentrum zu ermitteln, langfristig aber unvereinbar mit einer Vermögenspreiskonzeption des Wechselkurses. Insofern greift die *corners hypothesis* zu kurz, wenn sie nur auf die historisch einmalige Häufung von Finanzkrisen hinweist, nicht aber auf die Besonderheit des Preises Wechselkurs.

---

shocks. Furthermore, they change in response to the decision to form a monetary union itself." (Frankel 2000, 13)

6 Strukturwandel durch Währungsintegration

Monetäre Integration beinhaltet in aller Regel eine über die Prozeßpolitik hinausgehende Änderung der Weichenstellungen für die Wirtschaftspolitik und ihre Transmission in Marktergebnisse, einen Regimewechsel. Ein Regime bezeichne eine nicht-beliebige Kombination von Makropolitiken, nämlich der Währungs-, Geld-, Fiskal- und Lohnpolitik. In der wirtschaftswissenschaftlichen Literatur erscheint der Begriff des Regimes nahezu immer in Verbindung mit der Wahl eines Wechselkursregimes und meint dann das konsistente Zusammenspiel der Makropolitiken, wenn eine währungspolitische Festlegung, etwa für feste oder flexible bilaterale Wechselkurse, getroffen wird.[1]

Geradezu unausweichlich ist ein Regimewechsel im Falle der Währungsintegration, der intensivsten Form einer koordinierten Wechselkursstabilisierung. Mit ihr wird die Währungs- und Geldpolitik der nationalen monetären Autoritäten vereinheitlicht. Selbst ohne Anpassung ändern sich dadurch die Marktbedingungen für die Fiskal- und Lohnpolitik. Dies kann geradezu gewollt sein: Monetäre Integration stellt dann einen forcierten Regimewechsel dar, in dem die Vereinheitlichung der Geldpolitik als Vehikel dient, in anderen Politikbereichen und anderen Märkten als dem Geldmarkt einen Strukturwandel zu initiieren.

Diese Argumentation spielt eine große Rolle für die europäische Währungsintegration. Die mit ihr einhergehenden Änderungen sollen insbesondere die nationalen Arbeitsmärkte einem Anpassungszwang aussetzen, der sich positiv auf die Beschäftigungsentwicklung auswirke. Die lohnpolitischen Disziplinierungsargumente für Währungsintegration werden im Unterkapitel 6.1 diskutiert. Eine eingehendere Betrachtung erscheint nicht nur wegen dieser erfahrungswissenschaftlichen Relevanz des Kriteriums der Lohnflexibilität gerechtfertigt. Sie ist in dieser Arbeit auch wegen der grundsätzlichen Bedeutung vonnöten, die der Endogenität des optimalen Währungsraumes in neueren Beiträgen beigemessen wird (vgl. Unterkapitel 2.2). Allerdings gelange ich in einem Modell, das den Vertretern dieses Argumentes weitgehend entgegenkommt, zu einer deutlich skeptischeren Einschätzung bezüglich der Beschäftigungswirkungen der Disziplinierung. Nicht Optimierung des Währungsraumes, sondern Analyse der Bedingungen und Wirkungen der Lohnpolitik sind dann das Thema einer Theorie der Währungsintegration.

---

[1] So verlangen die klassichen *Rules of the (Goldstandard) Game*, daß bei einer Festlegung des Wechselkurses die Geldpolitik endogen i.S. von bloßer Reflex des Devisenbilanzsaldos werde, entsprechend die Fiskal- und Lohnpolitik das interne Gleichgewicht zu sichern hätten (vgl. Abschnitt 4.1.2).

In Unterkapitel 6.2 wird untersucht, welche weiteren wirtschaftspolitischen Anpassungen der durch Vereinheitlichung der Geldpolitik forcierte Regimewechsel erfordert. Die Betonung der **Anpassung im Unterschied zur Disziplinierung** ist eine Konsequenz aus der in dieser Arbeit vertretenen Konzeption, daß Wirtschaftspolitik sich als Marktteilnahme verstehen muß, wenn sie nachhaltig und im gewünschten Sinne wirken möchte. Mit dieser Konzeption unvereinbar ist die technokratische oder wohlwollend-diktatorische Vorstellung, Märkte ließen sich durch einen wirtschaftspolitischen Regimewechsel disziplinieren. Eingehender diskutiert werden Grundfragen der fiskalischen Stabilisierung sowie der beschäftigungsorientierten Sozialpolitik. Unterstellt wird dabei immer eine monetäre Union, die einen ökonomisch heterogenen Währungsraum und eine Föderation politisch selbständiger Nationen darstellt. Insofern möchte dieses Kapitel zu einer Bedingungsanalyse der marktkonformen Aufrechterhaltung der EWU beitragen.

6.1 Währungsintegration als forcierter Regimewechsel: Das Beispiel der Lohnfindung

Die Idee, monetäre Integration als forcierten Regimewechsel zu begreifen, stellt eine Instrumentalisierung der Lucas-Kritik dar, die so nicht im Sinne des Urhebers lag. Denn zwar beinhaltet sie eine langfristig orientierte Wirtschaftspolitik, ist aber zugleich auch eine sehr aktive, interventionsfreundliche Konzeption. Sie zieht bewußt die Konsequenz aus der Lucas-Kritik, daß jede wirtschaftspolitische Maßnahme auf die Funktionsweise des Marktmechanismus oder die ökonomische Struktur wirken kann. Von da aus ist es nur ein kleiner Schritt, die Lucas-Kritik auf die Wirtschaftspolitik selbst anzuwenden: wenn sich die Struktur einer Volkswirtschaft mit einem wirtschaftspolitischen Regimewechsel ändert, dann kann der Regimewechsel auch dezidiert zum Zwecke der Erzeugung eines gerichteten Strukturwandels vorgenommen werden. Das wohlfahrtsökonomische Interesse an Währungsintegration richtet sich so auf die wünschbaren Veränderungen, die dadurch in Arbeits- und Gütermärkten ausgelöst werden.[2]

Diese Argumentation soll im ersten Abschnitt (6.1.1) exemplarisch an den mit einer monetären Union verbundenen Änderungen für die institutionalisierte Lohnfindung in reifen Volkswirtschaften untersucht werden. Das Ergebnis wird sein, daß die Disziplinierung der Lohnfindung durch eine einheitliche, stabilitätsorientierte Geldpolitik durchaus nicht so eindeutig wirkt, wie die Vertreter

---

2 Exemplarisch für diese optimistische oder teleologische Lesart der Lucas-Kritik ist die Studie im Auftrag der Europäischen Kommisson von Buti/Sapir (1998, 3 sowie Kap. 10 und 13) in der Nachfolge von Emerson et al. (1992). Vgl. auch Beetsma/Bovenberg (2000, 248) für eine konstitutionenökonomische Grundlegung dieser Sichtweise, mit der sie explizit die Theorie des optimalen Währungsraumes „erweitern" möchten. Skepsis bezüglich dieser Argumentation meldet von Hagen (1999, 370) an.

der verschiedenen Disziplinierungsargumente annahmen. Im zweiten Abschnitt (6.1.2) werden daraus Schlußfolgerungen für die überbetriebliche Lohnfindung in einer monetären Union gezogen. Ausgehend von den Gründen für eine überbetriebliche Lohnfindung in Geldwirtschaften wird gefragt, welche prinzipiellen Wirkungen die Lohnpolitik auf die Allokation der Beschäftigung und die Entwicklung der Regionen in einem heterogenen Währungsraum hat.

6.1.1 Disziplinierungsargumente für eine monetäre Union

Im Zusammenhang mit der EWU ist von maßgeblichen Befürwortern einer gemeinsamen Währung argumentiert worden, es sei von der damit verbundenen Regimeänderung eine Disziplinierung der Arbeitsmarktparteien zu erwarten, die zu positiven Beschäftigungseffekten führe.[3] Es können drei Quellen einer vermeintlichen Disziplinierung unterschieden werden. Erstens wird eine Geldpolitik, die um willen einer glaubwürdigen Stabilitätsorientierung vereinheitlicht wurde, keine Alimentierung überhöhter Lohnabschlüsse vornehmen, so daß Arbeitslosigkeit droht. Zweitens werden Lohnverhandlungen bezogen auf den größeren Währungsraum dezentralisiert, und drittens wird die Verhandlungsmacht der Arbeitsangebotsseite geschwächt, was beides zu einem intensiveren Wettbewerb auf Arbeitsmärkten führt.

Diese drei Disziplinierungsargumente, das geldpolitische und die am Wettbewerb auf dem Arbeitsmarkt ansetzenden, haben zwei zentrale Voraussetzungen. Zum einen wird angenommen, daß es die Rationalität der Akteure am Arbeitsmarkt gebiete, sich auf eine unabhängige Geldpolitik so einzustellen, daß entsprechend moderatere Lohnabschlüsse getätigt werden. Zum anderen wird Arbeitslosigkeit auf zu hohe Reallöhne zurückgeführt, die die Arbeitsmarktparteien unter Bedingungen unvollkommenen Wettbewerbs aufrechterhalten können.[4]

Diese Argumentation soll im folgenden in einem Modellrahmen diskutiert werden, der einen breiten Konsens in der neueren Theorie des optimalen Währungsraumes widerspiegelt und der die beiden genannten Voraussetzungen des Disziplinierungsargumentes - Rationalität und Erklärung der Arbeitslosigkeit aus unvollkommenem Wettbewerb - teilt. Den neueren Beiträgen zur Theorie des optimalen Währungsraumes liegt dieser analytische Rahmen (meist implizit) zugrunde, insofern er die in der früheren Literatur diskutierten Kriterien wie

---

3   So die Europäische Kommission (Emerson et al. 1992, 149f.; Buti/Sapir 1998, Kap.13) oder in Deutschland ein namhafter Volkswirtschaftsprofessor und Landeszentralbankpräsident (Sievert 1993) sowie Wissenschaftler des arbeitgebernahen Instituts der deutschen Wirtschaft (Fröhlich et al. 1997, 82f.).

4   Das schließt die Begründung von Arbeitslosigkeit mit *zu wenig differenzierten* Löhnen ein, denn zu wenig Differenzierung bedeutet zu hohe Reallöhne für bestimmte Segmente des Arbeitsmarktes, sofern das Arbeitsangebot heterogen ist.

begrenzte Lohn- und Preisflexibilität oder träge Verarbeitung asymmetrischer Schocks mikroökonomisch fundiert (De Grauwe 1997, 11-17).

Die Hauptaussage des Modells lautet, daß sich die gleichgewichtige Arbeitslosenrate (NAIRU) aus dem Zusammenspiel von Preissetzung monopolistisch konkurrierender Unternehmen und der Lohnfestsetzung in Verhandlungen zwischen Gewerkschaften und Arbeitgeberseite ergibt.[5] Die Preissetzung der Unternehmen liefert einen wichtigen Kanal für die unter Umständen nachhaltige Wirkung der Geldpolitik. Die Bedingungen der Lohnfestsetzung verändern sich mit der Bildung einer monetären Union und werden zum Einfallstor für den dadurch ausgelösten Strukturwandel.

Zunächst also zum geldpolitischen Disziplinierungsargument, das auf der Antizipation einer glaubwürdigen Hartwährungsstrategie durch die Tarifparteien beruht. Anschließend wird genauer auf die ökonomische Struktur eingegangen, die sich mit der Dezentralisierung der Lohnverhandlungen sowie der Schwächung der gewerkschaftlichen Verhandlungsmacht ändert und dadurch disziplinierend wirken soll.

6.1.1.1 Disziplinierung durch eine Hartwährungsstrategie der gemeinsamen Zentralbank?

Disziplinierung durch eine Hartwährungsstrategie macht nur Sinn für einen Währungsraum, der bisher ein negatives Inflationsdifferential zu einem anderen Währungsraum aufwies. Eine monetäre Union mit dem Währungsraum, der eine höhere Geldwertstabilität aufweist, ist eine sehr radikale Form, dies zu erreichen, sofern die monetäre Union die Stabilitätsorientierun beibehält. Die monetären Autoritäten nehmen sich die Möglichkeit der kompensatorischen Abwertung und zwingen die Ökonomie zu einem Inflationsdifferential von 0.

Die Wettbewerbsverhältnisse auf dem Güter- und Arbeitsmarkt spielen für die Wirkungen einer solchen Hartwährungsstrategie eine bedeutsame Rolle. Nichtatomistischer Wettbewerb auf diesen Märkten bedingt einen positiven Zusammmenhang zwischen der Unterbeschäftigungsrate und dem realen Wechsel-

---

[5] Das hier verwendete Standardmodell der Beschäftigungsbestimmung wurde ursprünglich entwickelt, um die Bestimmungsgründe der NAIRU sowie die Dynamik der Arbeitslosenentwicklung in den OECD-Wohlfahrtsstaaten zu untersuchen (Layard/Nickell/Jackman 1991, Kap.1). Es führt Diskussionsstränge aus der Theorie des Arbeitsmarktes (z.B. Franz 1992) und der mikroökonomischen Forschung zu Preisrigiditäten zusammen (vgl. Layard/Nickell/Jackman 1991, Kap.7). Es sei bereits an dieser Stelle vermerkt, daß das Modell in der empirischen Anwendung erheblichen Einwänden ausgesetzt ist (Manning 1993). Es dient hier nur der systematischen Diskussion der in den Disziplinierungsargumenten unterstellten ökonomischen Mechanismen.

kurs (in Logarithmen: s+p$_a$-p) bzw. dem Inflationsdifferential (für s=0). Anders gesagt: Mit höherer Arbeitslosigkeit läßt sich eine größere Wettbewerbsfähigkeit gegenüber dem anderen Währungsraum erreichen bzw. ein negatives Inflationsdifferential verlangt, zumindest temporär höhere Arbeitslosigkeit in Kauf zu nehmen. Denn die Arbeitslosigkeit senkt die durch kollektive Vertretungen ausgehandelten Löhne, die in der Regel über dem Vollbeschäftigungsniveau liegen. Und sie begrenzt die Preissetzungsspielräume monopolistisch konkurrierender Unternehmen. Die Angebotsseite läßt in diesem Modellrahmen also höhere Unterbeschäftigung einer disziplinierenden Geldpolitik erwarten.

Dem steht jedoch ein negativer Zusammenhang von Wettbewerbsfähigkeit und Unterbeschäftigung auf der Nachfrageseite gegenüber. Je höher die Wettbewerbsfähigkeit (je höher der reale Wechselkurs bzw. betragsmäßig größer das negative Inflationsdifferential), desto niedriger die Arbeitslosigkeit und vice versa. Denn eine hohe preisliche Wettbewerbsfähigkeit erhöht die Nachfrage des Auslands bzw. läßt das Angebot der ausländischen Konkurrenz im Inland relativ teuer erscheinen. Damit lockert sich die nachfrageseitige Beschäftigungsrestriktion für die Unternehmen. Sie fragen mehr Arbeitskräfte nach und können höhere Quasi-Renten realisieren. Die Nachfrageseite würde also positive Beschäftigungseffekte einer disziplinierenden Geldpolitik erwarten lassen. Wann sie eintreten, hängt von den Trägheiten der Lohn- und Preisanpassung ab. Je flexibler Löhne und Preise sind, desto schneller sind Beschäftigungsgewinne zu erwarten.

Bei dieser Erörterung der Nachfrageeffekte höherer Wettbewerbsfähigkeit bleibt allerdings unberücksichtigt, wie sich eine Hartwährungsstrategie auf die effektive Nachfrage im Inland auswirkt. Eine Hartwährungsstrategie erreicht eine höhere Wettbewerbsfähigkeit dadurch, daß sie zunächst die Realkasse der Haushalte senkt, entsprechend die Nachfrage nach produzierten Gütern einschränkt und damit Preiserhöhungen restringiert. Die Realkassensenkung ergibt sich daraus, daß eine Verknappung der inländischen nominellen Geldmenge nicht vollständig durch sinkende Preise neutralisiert wird. Denn wenn Unternehmen monopolistisch konkurrieren, haben sie nicht vernachlässigbare Preissetzungsspielräume, so daß ihre Anpassung sowohl in einer Mengen- als auch in einer Preisreaktion besteht. Und auch auf der Lohnseite gibt es eine Mengenreaktion (steigende Arbeitslosigkeit) sowie die dadurch bedingte Preisreaktion (niedrigere Lohnabschlüsse). Ist also die verfügbare reale Geldmenge auch nach der Lohn- und Preisanpassung niedriger als zuvor, kommt es zu einer Verschiebung der simultanen Güter- und Geldmarktgleichgewichte. Und zwar derart, daß für *jeden* im gemeinsamen Währungsraum herrschenden Indikator der Wettbewerbsfähigkeit eine höhere Arbeitslosigkeit im bisherigen Inland resultiert.

Eine Hartwährungsstrategie dürfte somit die nachfrageseitige Beschäftigungsrestriktion für die Unternehmen im Inland bindender werden lassen, sofern der negativ wirkende Realkasseneffekt auf die Nachfrage gewichtiger ist als die positiv wirkende höhere Wettbewerbsfähigkeit, d.h. die vermehrte Nachfrage aus dem Partnerland. Jedenfalls ist der Gesamteffekt der geldpolitischen Disziplinierung ambivalent, in diesem Modellrahmen auch langfristig. Diese beiden Wirkungen der geldpolitischen Disziplinierung werden in Fenster 6.1 graphisch und algebraisch dargestellt.

Fenster 6.1: Hartwährungsstrategie und gleichgewichtige Arbeitslosigkeit

Der Zusammenhang von Hartwährungstrategie und Beschäftigung läßt sich durch zwei Gleichgewichtsbeziehungen erfassen und in einer einfachen Graphik illustrieren (Blanchard/Muet 1993, 15).[6]

Die **SS-Beziehung** bildet die Angebotsseite der Währungsunion ab, bestehend aus der Lohnsetzung der Arbeitsmarktparteien und der Preissetzung monopolistisch konkurrierender Unternehmen. Sowohl Lohnsetzung als auch Preissetzung sind positiv abhängig vom realen Wechselkurs $c=s+p_a-p$, einem Indikator der internationalen Wettbewerbsfähigkeit (*competitiveness*). Die nominellen Lohnforderungen sind umso höher, je höher der reale Wechselkurs c, um den Kaufkraftverlust der Löhne bei höherer internationaler Wettbewerbsfähigkeit (c > 0) zu kompensieren. Die Preissetzung der Unternehmen ist positiv von c abhängig, weil unterstellt wird, daß größere Exportfähigkeit die Preissetzungsspielräume und damit die Profitabilität erhöht. Beide, Lohn- und Preissetzung, sind außerdem negativ abhängig von der Unterbeschäftigungsrate u. Arbeitslosigkeit dämpft Lohnforderungen, wenn Gewerkschaften nicht nur ein Reallohn-, sondern auch ein Beschäftigungsziel verfolgen. Preissetzungsspielräume verringern sich durch Arbeitslosigkeit wegen der restringierenden Wirkung auf die effektive Nachfrage. Entsprechend steigt der SS-Gleichgewichtslokus: höhere Arbeitslosigkeit (geringere Lohnforderungen, geringere Preissetzungsspielräume) muß im simultanen Güter- und Arbeitsmarktgleichgewicht mit größerer Wettbewerbsfähigkeit einhergehen.

Die **DD-Beziehung** bildet das simultane Güter- und Geldmarktgleichgewicht ab. Größere Wettbewerbsfähigkeit (höheres c) erhöht die Nachfrage, der sich die Unternehmen gegenübersehen, und entsprechend steigt ihre Arbeitsnachfrage. Sie ist also ein im c-u-Diagramm fallender Gleichgewichtslokus.

---

[6] Ihr Modell, das eine stilisierte Beschreibung der Franc-fort-Strategie ist, wird für die Zwecke der Analyse einer Währungsunion angepaßt und mithilfe von Blanchard/Kiyotaki (1987) um die mikroökonomischen Grundlagen ergänzt. Diese werden benötigt, um die in den Disziplinierungsargumenten anvisierten Strukturveränderungen, aber auch die ambivalenten Effekte einer Hartwährungsstrategie zu zeigen.- Eine neuklassische Variante dieses Modells liefert Jerger (1996, insbes. 130f). Bei ihm wird die aggregierte Nachfrage einfach durch den Realkassenstrom der Periode repräsentiert. Die Angebotsbedingung der monopolistischen Konkurrenz ist dann ad hoc. Eine solche Nachfragemodellierung läßt Nominallohnzurückhaltung eindeutig beschäftigungsfördernd werden (vgl. Abschnitt 6.1.2).

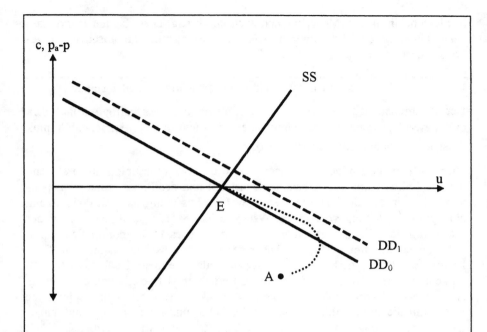

Der **Disziplinierungseffekt** kommt zum Tragen, wenn ein Währungsraum seinen bilateralen Wechselkurs mit einem anderen Währungsraum abschafft, gegenüber dem er bisher ein positives Inflationsdifferential aufwies ($c < 0$) und durch diskrete Abwertungen ($\Delta s > 0$) immer wieder Gleichgewicht schaffte. Befindet sich die betreffende Ökonomie in einem Punkt A, also unterhalb der gleichgewichtigen (höheren) Wettbewerbsfähigkeit, so steigt unter dem neuen geldpolitischen Regime zunächst die Arbeitslosigkeit, wenn sich Löhne und Preise nur verzögert anpassen. Die höhere Arbeitslosigkeit moderiert jedoch Lohn- und Preisforderungen, bis der Schnittpunkt auf der Abszisse erreicht ist. Antizipierten Arbeitsmarktparteien und Unternehmen dies, würde die Ökonomie mit Fixierung der Wechselkurse sofort in das Gleichgewicht E springen.

Diese Überlegung geht jedoch von feststehenden Gleichgewichtsloki aus. Doch die lage von DD_0 entspricht einer bestimmten Realkasse $(k-p_c)_0$. Wird die Ökonomie nun einer stabilitätsbewußteren Geldpolitik ausgesetzt, so bedeutet das in diesem Modell ohne Zinssatz, daß die nominelle Geldversorgung verknappt wird. Wird dies nicht über proportional sinkende Preise kompensiert, verschiebt sich die DD-Kurve nach rechts auf DD_1. Die Unterbeschäftigung ist dann für *jedes* Niveau von c höher als vor Ergreifen der „Disziplinierungsmaßnahme monetäre Union".

Dieser Effekt auf die DD-Kurve wird ersichtlich, wenn man ihre Herkunft explizit macht:[7] Die aggregierte Güternachfrage ergibt sich aus der Nutzenmaximierung des repräsentativen Haushaltes j mit Präferenzen für Gütervarietät (vgl. Dixit/Stiglitz 1977, Blanchard/Kiyotaki 1987). Er hält außerdem eine Realkasse K/P_c (Großbuchstaben bezeichnen Niveaugrößen).

(A1) $$U_j = \left\{ F^{\frac{1}{1-\eta}} C_j \right\}^{1-\gamma} \left(\frac{K_j}{P_c} \right)^{\gamma} \text{ mit } C_j = \left[\sum_i^F C_{ij}^{\frac{\eta-1}{\eta}} \right]^{\frac{\eta}{\eta-1}} \text{ und } \sum_j K_j \overset{!}{=} K_0$$

Der erste Term in geschweiften Klammern stellt den vom Haushalt j konsumierten Güterkorb dar; η ist die konstante Substitutionselastizität zwischen Gütern im Nutzen; die Zahl der Güter (=Firmen) F wird mit $1/(1-\eta)$ so normalisiert, daß eine Zunahme der Zahl der konsumierten Güter keine Auswirkungen auf den Grenznutzen nach der Optimierung hat. Der zweite Ausdruck gibt den Nutzen aus der Realkassenhaltung K/P_c an. Die Bedingung, daß die Summe der individuellen Kassenhaltungen gerade der exogenen Geldmenge K_0 entsprechen muß, zeigt das implizite Geldmarktgleichgewicht.

Das Preisniveau der Lebenshaltung P_c ist definiert als die (ad hoc) mit α bzw. $(1-\alpha)$ gewichtete Summe der ausländischen und heimischen Gütervarianten, die die Haushalte nachfragen.

(A2) $$P_c = \left(\frac{1}{F} \sum_{i=1}^F P_i^{1-\eta} \right)^{\frac{1}{1-\eta}} \equiv (SP_a)^{\alpha} P^{1-\alpha}$$

Aus der Maximierung von (A1) resultiert die aggregierte Nachfrage für Gut i. Wird der Index der aggregierten Nachfrage Y^d durch die Quantitätsgleichung (Produkt aus Realkasse K/P_c und Umlaufgeschwindigkeit v) ersetzt, erhält die Geldpolitik einen Ansatzpunkt, um auf die Beschäftigung zu wirken.

(A3a) $$Y_i^d = \left(\frac{P_i}{P_c} \right)^{-\eta} \cdot \frac{Y^d}{F} = \left(\frac{P_i}{P_c} \right)^{-\eta} \cdot \frac{\frac{K^*}{P_c} v}{F}$$

---

[7] Blanchard/Muet (1993, 17) postulieren einfach eine reduzierte Gleichung für die DD-Kurve: $u = -\theta(p_a-p)$. Weder werden die Bestimmungsgründe von θ erläutert noch auf ein etwaiges Absolutglied verwiesen: "There is obviously no implication that only competitiveness affects unemployment. [...] We leave [many other variables] out [...] only for notational simplicity." Wodurch die Geldpolitik in ihrem Modell dann aber einen Einfluß erzielen kann, bleibt unerfindlich.

(A3b) $y^d = -\eta[p - (\alpha c + p)] + [k - p_c + \ln v] = \eta\alpha c + [k - p_c + \ln v]$

mit $\eta > 1$

(A3b) ist die über alle Haushalte aggregierte, logarithmisierte Fassung von (A3a), wobei f=1. Dabei wird außerdem die Definition des Preisindex der Lebenshaltung (A2) verwendet sowie c für den Logarithmus des realen Wechselkurses (s+p_a-p).

Das aggregierte Güterangebot ergibt sich aus dem Einsatz von Arbeit mit der konstanten Produktionselastizität δ.

(A4) $y^s = \delta n$

Unter Berücksichtigung der Definition der Unterbeschäftigungsrate u in (A5) läßt sich das Gütermarktgleichgewicht $y^d \overset{!}{=} y^s$ als Unterbeschäftigungsmodell (A6) formulieren.

(A5) $u \equiv \ell_0 - n$

(A6) $c = \dfrac{\delta\ell_0 - [k - p + \ln v]}{(\eta - 1)\alpha} - \dfrac{\delta}{(\eta - 1)\alpha} u = c(u)$

(A6) ist die DD- Beziehung, wobei der erste Bruch den Ordinatenabschnitt angibt. Es ist unmittelbar ersichtlich, daß dieser Ordinatenabschnitt höher ansetzt, wenn eine monetäre Union zu einer niedrigeren Realkasse (k-p) in dem „disziplinierungsbedürftigen" Land führt.

Es kommt also zu der oben angesprochenen Rechtsverschiebung des DD-Lokus. Dabei ist vorausgesetzt, daß p nicht proportional mit k sinkt. Diese Unterstellung ist bei monopolistischer Gütermarktkonkurrenz gerechtfertigt (Fenster 6.2). Dies wäre eine sehr einfache und innerhalb des Modells verbleibende Erklärung dafür, warum Blanchard/Muet (1993) in ihrer empirischen Analyse anhaltend negative Beschäftigungsfolgen einer solchen Hartwährungsstrategie ermitteln.

Das geldpolitische Disziplinierungsargument setzt auf der Nachfrageseite an. Damit sich daraus positive Besschäftigungseffekte ergeben, müßte unterstellt werden, daß die rückläufige inländische Nachfrage mehr als ersetzt wird durch zusätzliche Nachfrage aus dem (bisherigen) Ausland. Das scheint für reifere Volkswirtschaften mit einem großen Binnenmarkt unwahrscheinlich.

Um es noch einmal festzuhalten: eine Hartwährungsstrategie durch Bildung einer monetären Union bedeutet in diesem Modellrahmen mit unvollkommenem Wettbewerb auf Güter- und Arbeitsmärkten, daß die (bisher) inländische Güternachfrage und damit die Beschäftigung für jedes Preisniveau sinkt. Denn die Realkasse der Haushalte wurde für jedes Realeinkommen gesenkt, da monopolistisch konkurrierende Unternehmen keine zur verminderten Geldmenge proportionale Preissenkung vornehmen. Dieser Zusammenhang wird deutlicher, wenn man sich die Angebotsseite etwas genauer betrachtet. Das erlaubt zugleich, zu den beiden anderen Disziplinierungsargumenten überzugehen.

6.1.1.2 Disziplinierung durch Dezentralisierung der Lohnverhandlungen?

In Bezug auf den neuen Währungsraum werden die Lohnverhandlungen in einer monetären Union dezentraler. Das mag für Verhandlungen auf Betriebsebene keinen großen Unterschied ausmachen. In kleineren Ländern wie Österreich, Dänemark oder Irland fanden die Lohnverhandlungen jedoch auf nationaler Ebene statt und lieferten damit der Geldpolitik die entscheidende Orientierungsgröße. Und in Ländern wie der Bundesrepublik waren die Lohnverhandlungen infolge des Instituts der Pilotabschlüsse zentralisierter als es die für Branchen und Regionen separaten Verhandlungen vermuten ließen (Soskice 1990). Selbst wenn Lohnverhandlungen nach Bildung des neuen Währungsraumes also ihre nationale Geltungskraft behalten, werden sie aus geldpolitischer Sicht doch zu regionalen Abschlüssen. Jeder einzelne Lohnabschluß hat einen zumindest geringeren Einfluß auf das Preisniveau des Währungsraumes. Das muß sich in den Verhandlungspositionen und -strategien der Tarifparteien niederschlagen. Der Dezentralisierungseffekt läßt sich deshalb als eine Strukturveränderung für die Arbeitsmärkte der monetär vereinigten Länder begreifen.

Der Zusammenhang zwischen Zentralisierungsgrad der Lohnverhandlungen und Höhe der Arbeitslosigkeit (sowie Inflation) wurde intensiv im Zusammenhang mit der „Buckel-Hypothese" von Calmfors/Driffill (1988) diskutiert. Sie behauptet eine nicht-lineare Beziehung zwischen Zentralisierungsgrad und Unterbeschäftigungsrate dergestalt, daß die geringste Arbeitslosigkeit mit weitgehend dezentralisierten (z.B. auf Betriebsebene stattfindenden) und stark zentralisierten (etwa auf nationaler Ebene stattfindenden) Lohnverhandlungen verbunden sind. Ein mittlerer Zentralisierungsgrad (in Branchen und Regionen) sei dagegen mit den schlechtesten Beschäftigungsergebnissen konnotiert.[8] Diese These darf inzwischen als widerlegt gelten (z.B. Soskice 1990; Schmidt 1996, 125f.). Doch der Ertrag der dadurch ausgelösten Debatte war unter anderem, den Unterschied zwischen zentralisierten und dezentralisierten Verhandlungen genauer zu erfassen.

---

[8] Entsprechend ergibt sich in einem Diagramm mit der Unterbeschäftigungsrate an der Ordinate und dem Zentralisierungsgrad an der Abszisse der nichtlineare Zusammenhang in Gestalt eines Buckels oder umgekehrten U's, der der Calmfors/Driffill-Hypothese ihren Namen gab.- Der Zentralisierungsgrad allein ist jedoch wenig aussagefähig. Für die empirische Analyse muß er vielmehr mit anderen Merkmalen wie Organisationsgrad der Arbeitsmarktparteien, arbeitsmarktpolitische Flankierung etc. kombiniert werden, um generalisierbare Aussagen über seine Wirkung zuzulassen. Vgl. dazu die sorgfältige empirische Analyse von Schmidt (1996).

Als ein bedeutsamer Unterschied zwischen zentralisierten und dezentralisierten Lohnverhandlungen wird betrachtet, wie stark die Kosten der Arbeitslosigkeit von den Tarifparteien internalisiert werden (Mulder 1993, Fitzenberger 1995). Exemplarisch kann man sich diese Argumentation an der fiskalischen Externalität verdeutlichen. Bei zentralen Lohnverhandlungen sind die von den Tarifparteien vertretenen Mitglieder und die Beitragszahler zu den Sozialversicherungen identisch. Im theoretischen Grenzfall werden daher die Kosten der Arbeitslosigkeit, die überhöhte Lohnabschlüsse erzeugen können, vollständig internalisiert. Denn was zentralisierte Gewerkschaften an - gemessen an der Vollbeschäftigungsnorm - überhöhten Lohnabschlüssen erzielen, holt ihre beschäftigten Mitglieder in Form höherer Sozialbeiträge und Steuern bzw. sie selbst in Form geringerer Mitgliedsbeiträge durch Arbeitslosigkeit ein. Weitgehend zentralisierte Lohnverhandlungen haben daher in diesem theoretischen Grenzfall eine Vollbeschäftigungslösung als Gleichgewicht (Layard/Nickell/Jackman 1991, 132). Das Realkalkül führt zu einem flexiblen Vollbeschäftigungslohn, der nur in Bezug auf den realen Wechselkurs rigide ist. Bei zunehmender Dezentralisierung werden dagegen die Kosten der Arbeitslosigkeit, die durch hohe Lohnabschlüsse verursacht werden, anteilig immer weniger von den unmittelbar vertretenen Mitgliedern der Gewerkschaften bzw. der Arbeitgeberverbände getragen. Es kommt zu Lohnabschlüssen oberhalb der Vollbeschäftigungslösung.

In einer monetären Union werden Kosten der Arbeitslosigkeit in dem Maße externalisiert, wie Kompensationsmöglichkeiten in Form erhöhter Arbeitskräftemobilität, in Form von Transfers der fiskalischen Föderation oder (aus Sicht bestimmter einzelner Regierungen) zinsgünstigerer Verschuldungsmöglichkeiten im gemeinsamen Währungsraum eröffnet werden. Diese Externalisierung läßt sich in dem hier diskutierten Modellrahmen dadurch berücksichtigen, daß alternative Einkommensquellen (Arbeitslosenunterstützung, Sozialhilfe, informelle oder unregulierte Beschäftigungsverhältnisse, öffentlicher Dienst) einen Einfluß auf die Verhandlungskalküle erhalten. Und zwar würden diese alternativen Einkommensquellen einen die „natürliche" Arbeitslosigkeit steigernden Effekt haben (Fenster 6.2).

Fenster 6.2: Zentrale und dezentrale Lohnverhandlungen

Der Disziplinierungseffekt, der von einer Dezentralisierung der Lohnverhandlungen ausgehen soll, wirkt über die Angebotsseite (SS-Kurve im Diagramm des Fensters 6.1). Diese läßt sich mithilfe der reduzierten Gleichungen, die das Ergebnis der gewinnmaximierenden Preissetzung (B1) sowie das Ergebnis von Lohnverhandlungen (B2) festhalten. Letztere können zentral oder dezentral erfolgen. Zentrale Lohnverhandlungen führen zu einer Vollbeschäftigungslösung bei starrem Produktreallohn (w-p im Unterschied zu w-p_c), der sich mit der Wettbewerbsfähigkeit (bzw. den ausländischen Preisen p_a) ändert. Eine reale Abwertung bzw. höhere Preise des Auslandes führen zu höheren Lohnabschlüssen, weil Gewerkschaften eine Kompensation für den Kaufkraftverlust durch teurere importierte Güter verlangen.[9] Mit der Dezentralisierung bzw. dem damit verbundenen Externalisierungseffekt erhalten das (Unter-)Beschäftigungsniveau u und das Alternativeinkommen z einen Einfluß.

(B1) $p = b_0 - b_1 u + \beta c + w$

   mit $c \equiv p_a + s - p$ und $p_c \equiv \alpha(s + p_a) + (1-\alpha)p$ (vgl. Fenster 6.1)

(B2a) $w_{zen} = p_c = \alpha c + p$

(B2b) $w_{dez} = a_0 - a_1 u + \alpha c + p + z$

Entsprechend resultiert eine SS-Beziehung für zentrale und dezentrale Lohnverhandlungen. Sie ergibt sich aus der Zusammenfassung der güter- und arbeitsmarktseitigen Einflüsse der Arbeitslosigkeit.

(B3a) $c_{zen} = -\dfrac{b_0}{\alpha + \beta}$

(B3b) $c_{dez} = \dfrac{a_1 + b_1}{\alpha + \beta}u - \dfrac{a_0 + b_0}{\alpha + \beta} - \dfrac{z}{\alpha + \beta} = c(u)_+$

Bei zentralen Lohnverhandlungen (B2a) ist in (B1) u=0, so daß sich nur ein mit Vollbeschäftigung kompatibler realer Wechselkurs c_{zen} ermitteln läßt. Er ist negativ von den autonomen Verteilungsansprüchen der Unternehmen b_0 abhängig, und positiv von dem Anteil asuländischer Güter am inländischen Konsum α sowie dem Maß für Preissetzungsspielräume aufgrund höherer Wettbewerbsfähigkeit β.

Mit dem **Übergang zu einer monetären Union** werden Lohnverhandlungen dezentral und der Wechselkurs entfällt. Entsprechend können die Beschäftigungseffekte stilisiert dargestellt werden als der Übergang von (B3a) zu (B4) (aus (B3b) mit s=0 in c):

(B4) $u = \dfrac{\alpha + \beta}{a_1 + b_1}(p_a - p) + \dfrac{a_0 + b_0}{a_1 + b_1} + \dfrac{z}{a_1 + b_1} = u(p_a - p)_+$

---

[9]   In den Gleichungen (B1) bzw. (B2) könnte immer berücksichtigt werden, daß die Unternehmen ihre Preise aufgrund erwarteter Löhne (E[w]) kalkulieren bzw. die Lohnverhandlungen aufgrund erwarteter Preise (E[p]) stattfinden. Das bzw. die unterstellten Erwartungshypothesen sind für die Verarbeitung von Schocks wichtig, spielen aber für die hier verfolgte Langfristbetrachtung keine Rolle.

Selbst bei identischer Preisentwicklung im neuen Währungsraum (p_a=p) wäre die Arbeitslosigkeit größer als 0, solange es die autonomen Verteilungsansprüche der Gewerkschaften a_0 bzw. der Unternehmen b_0 sowie keine unendlich elastische Reaktion der Lohn- und Preissetzung auf steigende Arbeitslosigkeit gibt (a_1, b_1 << ∞) und eine alternative Einkommensquelle z vorhanden ist.

Diese Parameter lassen sich aus den Kalkülen ermitteln, die den Lohnverhandlungen (repräsentativer Akteure i) zugrundeliegen. Generell wird in *right-to-manage*-Lohnverhandlungen der Nash-Maximand J unter der Nebenbedingung maximiert, daß die Unternehmensleitung ihre profitmaximale Arbeitsnachfrage realisiert (Inputregel). Die Zielfunktion J der repräsentativen Lohnverhandlungen besteht im einfachsten Fall aus der Nettonutzenfunktion der Gewerkschaft G und der Profitfunktion der Unternehmensleitung Π. Sie sind gewichtet mit dem Faktor ϕ, der die relative Verhandlungsmacht der Gewerkschaft anzeigt.

(B5a) $\max\limits_{W_i,N_i} J_i + \lambda[\frac{W_i}{P_e} - R'(N_i)]$

(B5b) $J_i = [G_i]^{\frac{\phi}{1+\phi}}[\Pi_i]^{\frac{1}{1+\phi}}$

Die Profitfunktion ist konventionell definiert als Erlös R abzüglich der Kosten des Arbeitseinsatzes. Aus der Gewinnmaximierung (B6a) ergibt sich die Preissetzung (B6c), in Form eines Aufschlages μ auf die Grenzkosten der Produktion, der von der Elastizität der Nachfrage η bestimmt wird (zur Erinnerung: η bezeichnet einen Präferenzparameter in der Nutzenfunktion (A1); (B6b) ist die Produktionsfunktion (A4) in Niveaugrößen formuliert).[10]

(B6a) $\max\limits_{Y_i,N_i} \Pi_i = R(N_i) - \frac{W_i}{P}N_i = \frac{P_i(Y_i^d)}{P} \cdot Y(N_i) - \frac{W_i}{P}N_i$

(B6b) $Y_i = N_i^{\delta}$

(B6c) $P_i = \frac{1}{\delta\mu}W_iN_i^{1-\delta} = \frac{1}{\mu}MC_i \; mit \mu \equiv \left(1 - \frac{1}{\eta}\right), \eta = \left|\frac{\partial Y_i}{\partial P_i}\frac{P_i}{Y_i}\right|$

Aus dem Einsetzen des gewinnmaximalen Preises (B6c) in die Gütermarktgleichgewichtsbedingung (Fenster 6.1) ergibt sie die gewinnmaximale Arbeitsnachfrage der Unternehmen. Daran wird der im Haupttext angesprochene **Einfluß einer Geldmengenpolitik auf die Beschäftigung** ersichtlich (via K).

---

[10]   Vgl. auch das Gleichungssystem (B5) in Fenster 4.2.

Die Nachfrage der Haushalte nach dem nicht-produzierten „Gut" Realkasse beschränkt die Nachfrage nach produzierten Gütern (Blanchard/Kiyotaki 1988, 649f.).

(B6d) $N_i = \left[\frac{1}{\delta\mu} \frac{W}{P} \left(\frac{1}{F} \frac{Kv}{P_c} \right)^{-\frac{1}{\eta}} \right]^{\frac{-\eta}{\delta+\eta(1-\delta)}} = N_i(K,.) \atop +$ $0 \leq \eta << \infty, \, 0 < \delta$

≤ 1

Die Zielfunktionen der Gewerkschaften G unterscheiden sich je nach Zentralisierungsgrad[11]:

(B7a) $G_{zen} = \left[q\left(\frac{N}{L}\right) V(\frac{W}{P_c}) \right]$ mit $\frac{\partial q_{zen}}{\partial N} > 0$

(B7b) $G_{dez} = \left[q\left(\frac{N}{M}\right)\left(V(\frac{W}{P_c}) - V(\frac{Z}{P_c}) \right) \right]^{\frac{\phi}{1+\phi}}$ mit $\frac{\partial q_{dez}}{\partial N} > 0$

Bei zentralen Lohnverhandlungen bezieht die Gewerkschaft Nutzen V aus der Steigerung der Beschäftigungswahrscheinlichkeit q aller verfügbaren Arbeitskräfte L, die sie vertritt, sowie aus dem Lohn bei Beschäftigung. Bei dezentralen Verhandlungen bezieht die Gewerkschaft einerseits Nutzen V aus der Steigerung der Beschäftigungswahrscheinlichkeit q ihrer Mitglieder M sowie aus der Erhöhung des Lohnes gegenüber dem Alternativeinkommen Z.

Wichtig für die folgenden Ergebnisse ist, daß Z/P$_c$ bei zentralen Verhandlungen keinen Nettonutzen stiftet, da das Alternativeinkommen von den beschäftigten Beitrags- und Steuerzahlern getragen wird. Diese Aussage gilt so bei Risikoneutralität; im Falle von Risikoaversion jedoch nur unter der zusätzlichen Annahme, daß die Mehrbelastung durch verzerrende Besteuerung gerade dem Nettonutzen der Versicherung entspricht.

Aus der Ausführung des Programmes in (B5a) ergibt sich die Optimalbedingung, daß der Grenzertrag der Lohnverhandlungen den Grenzkosten in Form von Beschäftigungseinbußen entsprechen muß. In die Grenzkosten gehen insbesondere die Beschäftigungselastizität des Unternehmensabsatzes R sowie die Lohnelastizität der unternehmerischen Arbeitsnachfrage ein. Die resultierenden Ausdrücke sind eher unübersichtlich. Z.B. ergibt die Ausführung des Programms (B6a) bei dezentralen Lohnverhandlungen (B7b) folgende Bedingung erster Ordnung:

---

11 Der Index i wird im folgenden wegen vollkommener Symmetrie der verhandelnden Gewerkschafts-Firmen-Paare weggelassen. Die Modellierung von Verhandlungen auf Firmenebene läßt sich mit qualitativ unbedeutenden Modifikationen auf sektorale Verhandlungen übertragen (Layard/Nickell/Jackman 1991, Kap.2.6).

(B8)

$$\frac{\frac{W}{P}\left\{U'(\frac{W}{P})\right\}}{U(\frac{W}{P}) - U(\frac{Z}{P})} + \frac{R'(N)}{R''(N)} \frac{U_N'(\frac{Z}{P})}{U(\frac{W}{P}) - U(\frac{Z}{P})}$$

$$= \frac{\delta\mu}{\phi(1 - \delta\mu)} - q'_W \frac{\frac{W}{P}}{q} - q'_N \frac{N}{q} \frac{R'(N)}{N \cdot R''(N)}$$

Durch Linearisierung und logarithmische Differenzierung zur Feststellung des qualitativen Einflusses der einzelnen Parameter erhält man schließlich die obigen Lohngleichungen (B2).[12] So lassen sich die Parameter a_0 und a_1 als implizite Funktionen der gewerkschaftlichen Verhandlungsmacht ϕ ausweisen, wie im nächsten Abschnitt zu sehen ist (Fenster 6.3).

Eine totalanalytische Betrachtung zeigt, daß die Validität dieses Disziplinierungsargumentes in hohem Maße von den Wettbewerbsverhältnissen auf den Gütermärkten abhängt. Bei Dezentralisierung liegen die ausgehandelten Löhne über dem Alternativeinkommen. Und zwar ist die Diskrepanz umso höher, je höher die verteilbaren Renten, die am Gütermarkt zu erzielen sind.[13] Findet die Dezentralisierung der Arbeitsmärkte statt, während die Güter- und Dienstleistungsmärkte geringen Wettbewerb oder sogar Konzentrationstendenzen aufweisen, so können sich autonome Lohnansprüche umso stärker, nämlich betriebsspezifisch, geltend machen. Das ermöglichte geradezu eine „Indisziplinierung" der Lohnforderungen.[14]

Die Untersuchung dieses Disziplinierungsargumentes läßt sich dahingehend zusammenfassen, daß Dezentralisierung nur dann die erwünschte Wirkung moderater Lohnabschlüsse hat, wenn sie nicht zur Externalisierung der sozialen Kosten einzelwirtschaftlicher Lohnverhandlungen führt. Andernfalls erweist sich ein Mehr an so verstandenem Wettbewerb auf Arbeitsmärkten als kontraproduktiv für Lohnhöhe und Beschäftigung in einer offenen Volkswirtschaft bzw. in einer mit anderen Regionen in Konkurrenz stehenden Nationalökonomie. Dem ließe sich innerhalb dieser Argumentation nur dadurch begegnen, daß zugleich

---

[12] Vgl. zur Vorgehensweise etwa Layard/Nickell/Jackman (1991, 181-185).

[13] Formal: Die Parameter a_0 und a_1 der Lohngleichung sind Funktionen des Aufschlags μ auf die Grenzkosten.

[14] Anders gesagt: unvollkommener Wettbewerb auf Gütermärkten und Dezentralisierung von Arbeitsmärkten begünstigt die Herausbildung von Insider-Outsider-Verhältnissen in Lohnverhandlungen. Sind solche Beziehungen ausgeprägt, werden Lohnverhandlungen von den Interessen der „Kernbelegschaften" dominiert, die aufgrund ihres firmenspezifischen Humankapitals nur von Arbeitslosigkeit betroffen sind, wenn die Beschäftigung insgesamt schrumpft.

der Gütermarktwettbewerb intensiviert und das Alternativeinkommen z abgesenkt wird. Die Dezentralisierung der Lohnverhandlungen bezogen auf einen
größeren Währungsraum verspricht hingegen per se keine eindeutig positiven
Beschäftigungseffekte.

6.1.1.3 Disziplinierung durch Schwächung der gewerkschaftlichen Verhand-lungsmacht?

Schließlich kann Währungsintegration auch die Verhandlungsmacht jeder einzelnen der kollektiven Vertretungen des Arbeitsangebots verringern. Die Gründe
hierfür sind naheliegend: jede Gewerkschaft repräsentiert einen geringeren Anteil der Arbeitnehmerschaft des nunmehr größeren Währungsraumes; Unternehmen können durch Wegfall der Währungsgrenzen leichter den Standort wechseln
und sich in Niedriglohngebieten ansiedeln.

In dem hier zugrundegelegten Modellrahmen, der unvollkommenen Wettbewerb
in den Mittelpunkt stellt, bestimmt die Verhandlungsmacht der Gewerkschaften
die Höhe der autonomen Lohnforderungen. Je größer ihre Durchsetzungschancen, desto höher dieser Aufschlag auf ein vorhandenes Alternativeinkommen, das
etwa bei Arbeitslosigkeit oder bei Nicht-Beschäftigung im Sektor mit Lohnverhandlungen zu erzielen ist. Sinkt also die Verhandlungsmacht, so sinkt der Nominallohn, und weil preissetzende Unternehmen diese Kostensenkung nicht
vollständig weitergeben, sinkt auch der Reallohn. Somit steigt die Beschäftigung.
Betrachtete man nur diesen Effekt auf die autonomen Lohnforderungen, so be-
stätigte sich dieses Disziplinierungsargument, das auf sinkende gewerkschaftliche Verhandlungsmacht durch Währungsintegration setzt.

Aber dies ist nur ein Teil der theoretisch zu erwartenden Wirkungen. Mit sinkender Verhandlungsmacht der Arbeitsangebotsseite nimmt zugleich die Elastizität der Lohnabschlüsse in Bezug auf Unterbeschäftigung ab. D.h. die Lohnverhandlungen reagieren weniger empfindlich auf eine etwaige Disziplinierung
durch Arbeitslosigkeit. Dieser zweite, dem Disziplinierungsargument widerspre-
chende Effekt einer sinkenden Unterbeschäftigungselastizität der Lohnverhandlungen ergibt sich aus der Annäherung an atomistischen Wettbewerb.

Interessanterweise ist dafür die Arbeitsnachfrage der Unternehmen verantwortlich, die mit sinkender Gewerkschaftsmacht unelastischer wird. In dem hier
unterlegten Modell liegt das daran, daß Löhne ausgehandelt werden und zwar
unter der right-to-manage-Bedingung. Danach legen Lohnverhandlungen den
Preis des Arbeitseinsatzes fest, während die Unternehmen die für sie gewinnmaximale Beschäftigungsmenge bestimmen. Mit geringerer Verhandlungsmacht der
Gegenseite wird die eigene Mengenreaktion der Unternehmensvertreter unelastischer. Solche Reaktionen einer Marktseite auf die Veränderungen einer anderen

sind der strategischen Interaktion in Lohnverhandlungen einer bestimmten Form geschuldet.[15]

Eine andere Begründung lautet, daß mit größerem Währungsgebiet, der die Gewerkschaftsmacht senkt, auch der Gütermarkt größer und die Haushaltsnachfrage elastischer wird.[16] Die Preissetzungsspielräume der Unternehmen werden dadurch geringer. Die aus dem Güterabsatz abgeleitete Arbeitsnachfrage der Unternehmen wird infolgedessen unelastischer. Die Wirkung sinkender Gewerkschaftsmacht läßt sich dann so interpretieren, daß zunehmend nur noch die „keynesianische" Beschäftigungsrestriktion, die effektive Nachfrage, relevant für die Arbeitsnachfrage der Unternehmen wird, nicht ihre „klassische" Preisrationierung auf den Arbeitsmärkten. Solche nachfrageseitig beschränkten Unternehmen aber weisen ein elastisches Güterangebot und eine unelastische Arbeitsnachfrage auf. Erst eine totalanalytische Betrachtung macht auf diesen Effekt aufmerksam.

In beiden Varianten wird dieser Elastizitätseffekt nur erkennbar, wenn man die Veränderung auf der Arbeitsangebotsseite auch als Veränderung auf der Arbeits*nachfrage*seite berücksichtigt. Daraus ergibt sich ein zur Wirkung auf die autonomen Lohnforderungen gegenläufiger Einfluß auf die NAIRU bzw. die Wettbewerbsfähigkeit der Unternehmen (Fenster 6.3).

Fenster 6.3: Gewerkschaftliche Verhandlungsmacht und Lohnabschlüsse

Die Dezentralisierung der Lohnverhandlungen wurde in Fenster 6.2 dadurch repräsentiert, daß Einflußgrößen wie etwa das Alternativeinkommen, die Unterbeschäftigungsrate etc. in das Verhandlungsergebnis einflossen. Formal wurde das mit dem Übergang von (B3a) zur Gleichung (B4) erfaßt, die hier als (C2) wieder erscheint. Ein Rückgang der gewerkschaftlichen Verhandlungsmacht ϕ beeinflußt in diesem Modell darüberhinaus die Parameter der Lohngleichung, insbesondere die Komponente der autonomen Lohnforderungen a_0 sowie die Elastizität der Lohnforderungen in Bezug auf die Arbeitslosigkeit a_1.

---

[15] Diese right-to-manage-Annahme entspricht herkömmlicher Unternehmenstheorie, wonach die gewinnmaximale Technologie gewählt wird: Bei einem für das Unternehmen gegebenen Faktorpreis, sei es wegen atomistischen Wettbewerbs oder aufgrund überbetrieblicher Lohnverhandlungen, wird die Grenzproduktivität des Faktoreinsatzes dem Faktorpreis angepaßt, nicht umgekehrt.

[16] So Emerson et al. (1992, 149) in Bezug auf den europäischen Binnenmarkt: eine elastischere Güternachfrage bedingt einen unelastischeren Trade-Off der Lohnverhandlungen. Für ihre Erwartung, rationale Arbeitsmarktparteien müßten daraufhin größere Reagiblität zeigen, findet die von ihnen selbst als Beleg angeführte empirische Forschung (Marsden 1989, 127f.) allerdings keine Bestätigung.

(C1) $\quad w_{dez} - p = a_0(\phi,.) - a_1(\phi,.)u + \alpha[p_a - p] + z$
$\qquad\qquad\qquad\quad + \qquad\quad +$

(C2) $\quad p_a - p = \dfrac{a_1(\phi) + b_1}{\alpha + \beta}u - \dfrac{a_0(\phi) + b_0 + z}{\alpha + \beta}$

Eine Schwächung der Verhandlungsmacht der repräsentativen Gewerkschaft hat demnach eine ambivalente Wirkung:

Zwar würde $\Delta\phi < 0$ die autonome Komponente a_0 senken, aber sie würde ganz entsprechend auch die Elastizität a_1 - und damit die Disziplinierungs*fähigkeit* der Lohnverhandlungen durch Arbeitslosigkeit - vermindern. Dieser Befund deckt sich weitgehend mit anderen Modellen, die beispielsweise ein anderes Verhandlungskonzept als das von Nash verwenden (Carlin/Soskice 1990, 392-397). In diesem Modell liegt dies an einer unelastischer werdenden Arbeitsnachfrage der Unternehmen, wenn der Arbeitsmarkt sich (auf der Angebotsseite) der atomistischen Konkurrenz nähert.

Graphisch läßt sich dieses Ergebnis wie folgt veranschaulichen ($\phi_0 > \phi_1$).

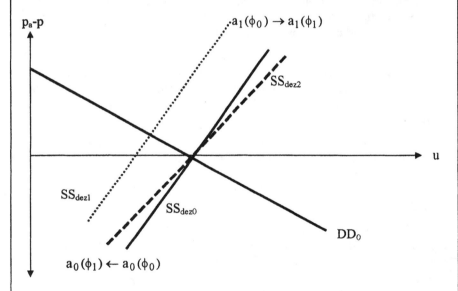

Die Verschiebung von SS_{dez0} nach SS_{dez1} beschreibt die Senkung der autonomen Komponente der Lohnforderungen. Die Drehung von SS_{dez1} nach SS_{dez2} beschreibt die weniger elastische Reaktion der Lohnverhandlungen auf Arbeitslosigkeit: Es bedarf nun einer stärker steigenden Arbeitslosigkeit, um ein bestimmtes Maß an zusätzlicher Wettbewerbsfähigkeit zu gewinnen.

Um die Ambivalenz der Wirkungen eines sinkenden ϕ auf die Beschäftigung aufzuzeigen, wurde die Verschiebung und die Drehung in der obigen Graphik gerade so gezeichnet, daß im Preisgleichgewicht ($p_a=p$) dieselbe Arbeitslosigkeit resultierte. Offenkundig würde eine weniger starke Drehung zu einem niedrigeren gleichgewichtigen u führen, eine stärkere Drehung könnte sie sogar erhöhen.

Die zentrale Botschaft lautet, daß dieses Disziplinierungsargument implizit nur die Wirkung auf die autonome Komponente (a_0) berücksichtigt, nicht aber die auf ($-a_1u$). Die Vernachlässigung dieser „Elastizitätswirkung" ist entweder darauf zurückzuführen, daß das strategisch-interaktive Moment von Lohnverhandlungen außer Acht gelassen oder der Arbeitsmarkt nur isoliert, partialökonomisch betrachtet wird. Der vermeintlich paradoxe Effekt, daß eine Senkung der gewerkschaftlichen Verhandlungsmacht eher negativ auf die Beschäftigungshöhe wirkt, läßt sich als ein Reflex des Einflusses der Unternehmen und damit des Güterabsatzes auf die Lohnverhandlungen interpretieren. - Damit können die wichtigsten Ergebnisse zusammengefaßt werden:

- Eine Hartwährungsstrategie, die sich in diesem Modellrahmen an einer Absenkung der realen Geldmenge bemißt, hat ambivalente Effekte auf die effektive Nachfrage, der sich die Unternehmen gegenübersehen. Entsprechend zweideutig sind die Wirkungen auf die Beschäftigung.

- Der Übergang zu dezentralen Formen der Lohnverhandlung hat eine lohnsteigernde Wirkung in dem Maße, in dem Kosten der Arbeitslosigkeit externalisiert werden, die von (annahmegemäß) zentral verhandelnden Tarifparteien internalisiert waren. Der Beschäftigungseffekt ist in diesem Falle negativ.

- Wenn die gewerkschaftliche Verhandlungsmacht in einer monetären Union durchschnittlich sinkt, hat dies eine mäßigende Wirkung auf die Höhe der Lohnabschlüsse. Allerdings reagieren Lohnabschlüsse zugleich schwächer auf Arbeitslosigkeit. Der Gesamteffekt auf die Beschäftigung ist in diesem Modell wahrscheinlich positiv, theoretisch aber nicht eindeutig.

Sicherlich genügt eine solche theoretische Untersuchung allein nicht, diese Disziplinierungsargumente zu evaluieren. Dazu müßten auch empirische Vorstellungen über die Größenordnung der gegenläufigen Effekte vorliegen.[17] Doch wurde innerhalb eines Modells argumentiert, das wesentliche Prämissen der Disziplinierungsargumente teilt und ihnen eine theoretisch diskutierbare Form gibt. Insofern können diese Ergebnisse als Warnung vor den Hoffnungen dienen,

---

[17] Für empirische Überlegungen vgl. Schmidt (1996) und Schelkle (1997). Einen Überblick zur Diskussion geben auch Jacobsen/Tomann (1998), deren Schlußfolgerungen für eine europäische Lohnpolitik allerdings meiner Analyse widersprechen.

die auf eine Disziplinierung der Arbeitsmarktparteien durch Währungsintegration setzen.

6.1.2 Überbetriebliche Lohnfindung in einem heterogenen Währungsraum

Der in den Disziplinierungsargumenten angesprochene Strukturwandel erscheint in einem anderen Licht, wenn die Versorgung mit einem Innengeld und monetär begründete Zinsen wesentlich für die Einkommensbildung und Beschäftigung sind (vgl. Kapitel 4). Die Veränderungen in Bezug auf die überbetriebliche Lohnfindung bergen dann die Möglichkeit der Deflation, sofern Nominallöhne ihre Ankerfunktion verlieren. Jenseits dieses generellen Beitrags zur Deflationsverhinderung in Geldwirtschaften hat die koordinierte Lohnfindung einen spezifischen Stellenwert für die Geldpolitik einer monetären Union, sowie für die Allokation der Beschäftigung und die Entwicklung der Regionen.

6.1.2.1 Die makroökonomische Funktion der überbetrieblichen Lohnfindung

Die überbetriebliche Lohnfindung hat makroökonomisch vor allem die Funktion, einen generellen Rückgang von Nominallöhnen zu verhindern.[18] Diese Aussage muß abwegig erscheinen angesichts des oben dargestellten, einen breiten Konsens widerspiegelnden Modellrahmens. Und auch angesichts der weit verbreiteten Überzeugung, kollektive Lohnabschlüsse seien geradezu verantwortlich dafür, daß überhaupt Unterbeschäftigung herrscht: Niedrigere Lohnabschlüsse, z.B. wegen geringerer autonomer Lohnforderungen der Gewerkschaften, würden zu einer höheren Beschäftigung führen. Überbetriebliche Lohnfindung mit ihrer empirisch feststellbaren Tendenz, Nominallohnsenkungen zu unterbinden, verhindert demnach die normale Funktionsweise des Preismechanismus, wonach die Preise für ein überschüssiges Angebot, hier an Arbeitsleistungen, sinken müssen.

Demgegenüber läßt sich die Funktionalität überbetrieblicher Lohnabschlüsse begründen, wenn die Geldversorgung nicht exogen und der Zins monetär begründet ist, beispielsweise dem nicht-pekuniären Ertrag der Vorsichtskassenhaltung entspricht. Dabei kann das oben diskutierte Szenario unterstellt werden, wonach eine monetäre Union weitreichende Konsequenzen für die Lohnfindung hat. Und es sei zugunsten der Vertreter der Disziplinierungsargumente unterstellt, stabilitätsorientierte Geldpolitik, Dezentralisierung der Lohnverhandlungen und Schwächung der gewerkschaftlichen Verhandlungsmacht führten ein-

---

[18] Vgl. auch Akerlof/Dickens/Perry (1996, v.a. 2f.) zu älteren Begründungen von Tobin, Samuelson/Solow und Schultze. Sie liefern eine eigene, effizienzlohntheoretische Erklärung für die Notwendigkeit und Wünschbarkeit nach unten starrer Nominallöhne. Eine Keynes folgende Erklärung gibt Goodhart (1989a, 395f., 402 sowie Kap.12).

deutig zu niedrigeren Lohnabschlüssen. Inwiefern berührt das die makroökonomische Funktion von Lohnverhandlungen?[19]

Auf dem Weg zu einer Antwort hierauf ist erstens festzustellen, daß der für die Beschäftigung relevante Preis der Reallohn ist, während Lohnverhandlungen nur den Nominallohn festlegen. Wenn jedoch die nominellen Kosten des Arbeitseinsatzes sinken, so sinkt auch das Preisniveau. Das erste Unternehmen, das niedrigere Nominallöhne mit seinem Betriebsrat vereinbart, kann billiger anbieten und so Marktanteile gewinnen. Das zwingt die Belegschaften anderer Unternehmen, Lohnzugeständnisse zu machen, den betreffenden Firmen ebenfalls billiger anzubieten. Somit sinken die Reallöhne keineswegs proportional zu den Nominallöhnen. Je flexibler Nominallöhne und Güterpreise, desto rigider die Reallöhne. Es ist komparativ-statisch also ungewiß, in welchem Ausmaß die erforderliche Senkung der Nominallöhne relativ zu den durchschnittlichen Güterpreisen gelingt.[20]

Der Zusammenhang von Nominallohn- und Preisniveauveränderung ergibt sich aus der Aufschlagskalkulation auf die Stückkosten für den Arbeitseinsatz und für die Verwendung importierter Vorprodukte. Demnach gilt für die offene Volkswirtschaft im einfachsten Falle, daß $P = (1+a)[W/v + SP_a/\tau]$, wie in Fenster 4.2 ausgeführt wurde. Sinkt der Nominallohnsatz W, so sinkt auch das gleichgewichtige Preisniveau P. Allerdings sinkt P unterproportional. Der Rückgang ist umso degressiver, je höher der Anteil importierter Vorprodukte an den Produktionsinputs. Daraus folgt, daß die relativen Preise für den Import von Vorprodukten, die Terms of Trade P/SP_a sich verschlechtern. Das löst einen Substitutionsprozeß zugunsten inländisch hergestellter Vorprodukte aus, sofern solche vorhanden sind. Die Leistungsbilanz der monetären Union würde sich durch die relative Verteuerung von Importen und die größere Wettbewerbsfähigkeit heimischer Exporte verbessern. Insofern hat die Nominallohnzurückhaltung positive Beschäftigungswirkungen in dem Maße, wie Umlenkung der effektiven Nachfrage des Auslandes auf die inländische Produktion gelingt.[21]

Zweitens hängt die Stabilität einer Nominallohnsenkung, die auf den Reallohn zielt, kritisch von der exogenen Festlegung der Geldmenge ab. So wies bereits Keynes (1936, 266) darauf hin, daß Nominallohnsenkungen in aller Regel keinen

---

[19] Vgl. dazu auch die ausgewogenen Darstellungen von Spahn (1999, Kap.3.1) und Tober (1998).

[20] Vgl. für eine wirtschaftshistorische Untersuchung zur Brüning'schen Deflationspolitik und ihrer Wirkung auf die Lohnhöhe bzw. die Lohnstückkosten die Beiträge in von Kruedener (1990), insbesondere denjenigen von Holtfrerich (1990).

[21] Dabei handelt es sich um einen Export von Arbeitslosigkeit, worauf Betz/Fritsche (1998, 14) hinweisen in ihrer Auseinandersetzung mit der Forderung des Sachverständigenrates, Lohnzurückhaltung zu üben.

Weg aus der Unterbeschäftigung weisen, wenn Geld Innengeld ist. Ist die Geldmenge nämlich selbst eine Funktion des Nominallohn- und Preisniveaus, weil sie
Reflex des Kreditvolumens ist, so sinkt ise mit dem Nominallohn- und dem
Preisniveau. Es müssen geringere Vorschüsse in die Produktion geleistet werden,
d.h. die Kreditnachfrage der Unternehmen geht schon aus diesem Grund zurück.
Außerdem werden die Banken zurückhaltender in ihrem Kreditangebot, weil die
dem Preisrückgang entsprechende Aufwertung der Unternehmensschulden höhere Kreditausfallrisiken bedeutet. Sie fragen entsprechend weniger Refinanzierung
nach bzw. entschulden sich bei der Zentralbank. Aus dem selben Grunde, einer
drückenderen Schuldenlast, werden auch Unternehmen vorsichtiger in Bezug auf
eien Neuverschuldung, selbst wenn diese billiger geworden ist. Schließlich geht
auch die Konsumentenkreditnachfrage zurück, weil sinkende Lohneinkünfte und
fallende Güterpreise eine Verschiebung von Güterkäufen nahelegen.

Sinkt jedoch die Geldmenge mit dem Lohn- und Preisniveau, so bleiben zwei
Effekte aus, die bei exogener Geldmengenvorgabe die Restauration eines Gleich-
gewichtes bei höherer Beschäftigung gewährleisten. Es kommt weder zu einer
höheren Güternachfrage aufgrund des Realkasseneffektes. Noch kommt es zu
sinkenden Zinsen, wie dies bei gegebener Geldmenge, aber geringerer Geldnachfrage dem Keynes-Effekt zufolge sein müßte.[22]

Demgegenüber kann die in allen reifen Geldwirtschaften anzutreffende Geldversorgung durch das Bankensystem begründen, warum der Versuch, durch Nominallohnsenkungen unfreiwillige Arbeitslosigkeit zu beseitigen, keine oder sogar
gegenläufige Beschäftigungseffekte haben wird. Denn die Existenz von Innengeld bedeutet, daß die Privatwirtschaft, allen voran die Unternehmen, netto bei
der Zentralbank verschuldet sind. Ein durch Lohnsenkungen ausgelöster Preisrückgang wertet Schulden (und Forderungen) auf. Da die verschuldeten Unternehmer aber auch diejenigen sind, die aufgrund von *erwarteten* Profiten über die
Entstehung von Beschäftigungsverhältnissen entscheiden, wirkt dies asymmetrisch zu Lasten der Beschäftigung.[23]

---

22 Man sieht daran auch, wieviel Beschäftigungstheorie an der exogenen Vorgabe der
    Geldmenge hängt, oder besser: warum sich diese Annahme so hartnäckig hält, obwohl
    funktionierende Geldwirtschaften, die herkömmlicherweise unterstellt werden, keine
    solche Geldversorgung aufweisen. Ein Beispiel dafür liefert Jerger (1996, 136), bei
    dem Nominallohnzurückhaltung positive Beschäftigungseffekte hat und als „beschäf-
    tigungsorientierte Nominallohnpolitik" befürwortet wird, immer unter der Vorausset-
    zung, daß die Geldmenge exogen vorgegeben bleibt.

23 So stellt Patinkin (1992, 307) fest: "Granted the statistical significance of the real-
    balance effect, the question remains as to whether it is strong enough to offset the ad-
    verse expectations generated by a price decline - including those generated by the wa-
    ve of banktruptcies that might well be caused by a severe decline."

Insbesondere gibt es Gründe, warum die einmalige Absenkung der Nominallöhne nicht zu einer einmaligen Anpassung des Preisniveaus führt, sondern die Gefahr eines Prozesses von Preissenkungen, also Deflation, heraufbeschwört. Die Aufwertung der Unternehmensschulden bei gleichzeitiger Erhöhung der effektiven realen Verzinsung verlangt, die Rentabilität der Produktion zu steigern, um den Schuldendienst aufrechterhalten zu können. Aber sie müssen dies in einer Situation tun, in der der Güterabsatz wegen des Hinausschiebens von Käufen seitens der Haushalte stagniert. Die Aufrechterhaltung des Schuldendienstes übt so einen Druck zu weiteren Preisnachlässen aus, woraus dem Preisrückgang ein kumulatives Moment erwächst.

Ein monetär bestimmter Zinssatz hat in einer solchen Situation keinerlei Tendenz zu fallen, im Gegenteil. Bei sinkenden Preisen ergibt sich immer eine implizite Realverzinsung der Geldhaltung, denn Nominalzinsen, etwa nominelle Refinanzierungszinssätze, können nicht negativ werden. Und aus der Sicht einer einzelnen Bank ist es sowohl wegen der angespannten Liquiditätslage der Unternehmen als auch wegen des steigenden Kreditausfallrisikos angezeigt, die Überschußreserven eher aufzustocken und allenfalls zu steigenden Zinsen zu einer Ausdehnung des Kredits bereit zu sein, etwa um solventen Kreditnehmern über Liquiditätskrisen hinwegzuhelfen.

Gegen einen bereits im Gang befindlichen Prozeß der Deflation ist die Geldpolitik weitgehend unwirksam. Der Innengeldcharakter des von ihr emittierten Mediums beinhaltet ja gerade, daß Banken sich in der Vergangenheit bei der Zentralbank verschuldet haben. Bietet sie billigere Refinanzierungsmöglichkeiten an, so kann eine Bank, die aus den soeben genannten Gründen zurückhaltend in Bezug auf weitere Ausleihungen ist, schlicht die älteren Refinanzierungskredite substituieren. Die nachfragestimulierende Geldmengenausdehnung würde unterbleiben.

Aus alledem ergibt sich die makroökonomische Funktion übertrieblicher Lohnverhandlungen. Sie unterbinden den normalerweise an einem Markt, auf dem ein Überangebot herrscht, wirksamen Preismechanismus. Das ist insofern *marktkonform*, als der von Lohnverhandlungen bestimmte Preis - der Nominallohn - nicht der Preis zur Räumung des Arbeitsmarktes ist. Indem sie eine Untergrenze der Nominallöhne festlegen, wirken sie dem einzelwirtschaftlich rationalen, gesamtwirtschaftlich aber nicht gelingenden und dann destabilisierenden Unterbieten der Löhne entgegen. Einzelne Arbeitslose werden verständlicherweise versuchen, durch Unterbieten der beschäftigten Arbeitskräfte ein Einkommen zu beziehen, das zumindest höher als die Lohnersatzleistung ist. Die kollektive Vereinbarung und rechtliche Sanktionierung eines solchen Unterbietungswettlaufes kann dies verhindern.

Um es noch einmal deutlich zu sagen: Der in Lohnverhandlungen bestimmte Preis ist eben nicht der Reallohn und damit nicht der Preis für die Räumung des Arbeitsmarktes. Der Nominallohn ist funktional gesehen ein Anker für die Preisniveaubildung, analog zum nominellen Anker der Quantitätstheorie, der exogenen Geldmenge. Der Reallohn ergibt sich als gesamtwirtschaftliches Resultat: zu jedem Nominallohnniveau gibt es ein profitsicherndes Preisniveau. Dessen Durchsetzung ist eine Frage der effektiven Nachfrage (vgl. Unterkapitel 4.3). Insofern steht der gleichgewichtige Reallohn fest, bevor Lohnverhandlungen überhaupt beginnen: der Zinssatz legt fest, in welchem Verhältnis die kalkulierten Preise zu den nominellen Stückkosten stehen müssen. Das Nominallohnniveau bestimmt nicht, wie hoch der gleichgewichtige - mit den Zinsansprüchen vereinbare - Reallohn ist. Es bestimmt nur, wie hoch das profitsichernde Preisniveau sein muß und hat damit - bei gegebenem Wechselkurs - Einfluß auf die Leistungsbilanz. Insofern hat Nominallohnpolitik einen mittelbaren Beschäftigungseffekt. Aber, wie Betz/Fritsche (1998, 4) zurecht anmerken: wenn die Steigerung der Exportfähigkeit das erklärte Ziel von Nominallohnsenkungen ist, dann liegt das Problem zu geringer Beschäftigung offenkundig auf der (Güter-)Nachfrageseite und nicht auf der (Arbeits-)Angebotsseite, wie es die Argumentation mit überhöhten Lohnabschlüssen suggeriert.

Für die ökonomische Funktion kollektiv garantierter Mindestlöhne spricht, daß es in allen voll entwickelten Geldwirtschaften - und auch in weniger entwickelten - institutionalisierte Vorkehrungen gegen ein allgemeines Absenken der Nominallöhne gibt. Eine häufig anzutreffende Alternative zu der zwischen Tarifparteien vereinbarten Lohnuntergrenze bietet die *Vorschrift gesetzlicher Mindestlöhne*.[24] Gesetzlich festgelegte Mindestlöhne sind wesentlich weniger - z.B. nach Branchen oder Regionen - differenziert als ein tariflich vereinbarter Mindestlohn (OECD 1998, 31). Insofern scheinen sie fast noch unmittelbarer den Numéraire der Preisniveaubildung zu sichern. Doch die Verhinderung von Deflation ist selten ihr erklärtes Ziel. Vielmehr soll damit in der Regel „unfaire" Lohndrückerei und Diskriminierung bestimmter Gruppen (identifizierbar durch Geschlecht, Hautfarbe oder nationale Zugehörigkeit) sanktionierbar gemacht werden.

Eine funktional gleichwertige Vorkehrung gegen Deflation stellen gesetzlich festgelegte Mindestlöhne selbstverständlich nur dann dar, wenn sie nicht an einen Index der Lebenshaltung gebunden werden. Bei einer gleichschrittigen Veränderung stellt das Mindestlohnniveau schließlich keinen Anker für das Preisniveau dar. Insbesondere im Falle der Inflation konfligiert daher die stabilisierungspolitische Funktion eines Mindestlohns mit der sozialpolitischen Funkti-

---

[24] Dies ist in den USA, einem vergleichsweise heterogenen Währungsraum mit nichtrepräsentativen Gewerkschaften der Fall, aber auch in kleinen korporatistischen Volkswirtschaften wie den Benelux-Ländern. Schließlich gibt es auch in vielen Entwicklungsländern gesetzliche Mindestlohnvorschriften. Allerdings sind sie hier meist nicht als Deflationssperren konzipiert, sondern werden indexiert und dienen erkennbar dem Erhalt der Reallöhne bestimmter Bevölkerungsgruppen bei anhaltend hoher Inflation.

on, den Lebensstandard von Lohneinkommensbeziehern zu sichern. Da letztere Funktion in der Regel auch das politische Motiv für Mindestlohn-Vorschriften ist, dürfte in einer inflationären Situation ein hoher Druck zur Indexierung entstehen. Damit wird freilich der Automatismus einer Lohn-Preis-Spirale installiert.

Somit bleibt festzuhalten: Die überbetriebliche Lohnfindung erfüllt eine wichtige Stabilisierungsfunktion in einer Geldwirtschaft. Der von der Bildung eines heterogenen Währungsraumes ausgehende Strukturwandel kann diese Funktion gefährden. Die Dezentralisierung der Lohnverhandlungen und die Schwächung der kollektiven Vertretungen auf der Arbeitsangebotsseite versprechen Beschäftigungsgewinne nur zu Lasten anderer Währungsräume. Vielmehr beinhalten sie eine Herabsetzung von institutionalisierten Deflationssperren und gefährden damit die Stabilität der Einkommensbildung.

Es mag überraschen, daß hier die Funktion überbetrieblicher Lohnfindung, zumindest im Niedriglohnbereich, vor allem in der Deflationsverhinderung gesehen wird. Gegner wie Befürworter kollektiver Lohnfindung diskutieren sie meist im Zusammenhang mit dem Problem der Inflation. Das ist zunächst einmal ein Hinweis darauf, wie nachhaltig das wirtschaftshistorisch keineswegs singuläre Phänomen der Deflation bewältigt wurde, zumindest in den Industrienationen mit stark institutionalisierter Lohnfindung und ausgebauter sozialer Sicherung (dazu auch Abschnitt 6.2.2). Doch zur Inflationsverhinderung eignen sich überbetriebliche Lohnfindung nicht im selben Maße wie zur Deflationsverhinderung. Warum sollten die Arbeitsmarktparteien angesichts hoher Nachfrage auf Güter- und Arbeitsmärkten zurückhaltend in ihren Preis- und Lohnforderungen sein?[25] Der Unterschied zur Destabilisierung durch Deflation ist, daß die Zentralbank einer drohenden Inflation die Alimentierung entziehen kann. Das ist aufgrund ihrer Marktstellung glaubwürdig. Sie kann Banken und Unternehmen die Verschuldung, d.h. die Kreditausweitung, prohibitiv verteuern. Aber sie kann sie nicht zur Verschuldung zwingen, wie sie es in einer Deflation müßte. Insofern kann die Geldpolitik die Lohnverhandlungen restringieren, indem sie eine Zinsreaktion androht. Marktkonform ist eine solche Feedback-Strategie, wenn und insofern sie damit keine eigensinnige Zielfunktion verfolgt, sondern lediglich ihre Aufgabe wahrnimmt, stabilisierend in Marktprozesse einzugreifen.

6.1.2.2 Stellenwert der Lohnpolitik in einer monetären Union

Im folgenden wird gefragt, welche prinzipiellen Wirkungen und zugleich welchen spezifischen Stellenwert die Lohnpolitik für eine monetäre Union hat. Im

---

[25] Entsprechend negativ waren die Erfahrungen mit einer einkommenspolitischen Bekämpfung der Inflation in den 60er und 70er Jahren, besonders in den USA. Auf die systematischen Gründe geht Spahn (1999, Abschnitt 5.2.1) ein.

letzten Abschnitt war argumentiert worden, daß mit der Währungsintegration die Partikularisierung der Lohnfindung begünstigt wird. Die Existenz verschiedener Lohnfindungssysteme im neugebildeten Währungsraum, die sich beispielsweise hinsichtlich des Organisationsgrades der Arbeitsmarktparteien, der maßgeblichen Verhandlungsebene und der arbeitsmarktpolitischen Flankierung unterscheiden können, kann ganz unterschiedliche Transmissionen derselben Störung oder derselben Geldpolitik beinhalten. Faßt die Union ehemals selbständige Währungen mit verschiedenen Vermögensqualitäten zusammen, so ist wegen der Nicht-Neutralität der Währungsstärke für Einkommensbildung und Ressourcenallokation von bedeutsamen Unterschieden in den Entwicklungsniveaus der Länder auszugehen. In diesem Kontext eines institutionell und ökonomisch heterogenen Währungsraumes soll die Lohnpolitik im Sinne einer Koordination der Lohnfindung für eine monetäre Union untersucht werden.

Eine Wirkung ist im Zusammenhang mit der Frage nach der Ratio überbetrieblicher Lohnverhandlungen bereits angesprochen worden: Lohnverhandlungen wirken auf das durchschnittliche Niveau der Nominallöhne sowie auf die Veränderung der einzelnen Tarife, aus dem sich dieser Durchschnitt zusammensetzt. Damit ist implizit auch die zweite Wirkung angesprochen, die für einen neugebildeten, annahmegemäß heterogenen Währungsraum besonders problemträchtig ist, nämlich diejenige auf das Tarifgefüge oder auf die Lohnstruktur. Insofern die Lohnstruktur auch relative Güterpreise beeinflußt, hat dies wiederum Folgen für die Allokation der Beschäftigung und die regionale Entwicklung. Beide Wirkungen gewinnen in einem institutionell und ökonomisch heterogenen Währungsraum besondere Bedeutung.

Zunächst zum **Stellenwert der koordinierten Festlegung der Lohnhöhe** und ihrer Veränderung.[26] Ihre Relevanz für die Geldpolitik ergibt sich generell daraus, daß ein hoher Grad der Koordination das Erkennen einer Lohninflation erleichtert. Eine Zentralbank, die die Währung einer heterogen zusammengesetzten monetären Union emittiert, hat ein deutlich verschärftes Problem, relative von absoluten Lohnänderungen zu unterscheiden. Denn kein einzelner Lohnabschluß ist repräsentativ und regionale Sonderentwicklungen treten häufiger auf als bei einem homogenen Wirtschaftsraum. Eine koordinierte Lohnfindung für die einzelnen Tarifgebiete kann dieses Identifikationsproblem der Zentralbank entschärfen. Pilotabschlüsse oder Lohnabschlüsse, die für große regionale oder sektorale Einheiten gelten, indizieren eher als eine betrieblich, regional und sektoral stark partikularisierte Lohnfindung, ob geldpolitischer Handlungsbedarf besteht. Regionale Differenzierung in Abweichung von der generellen Tendenz der Lohnabschlüsse ist dann als solche zu erkennen und zuzulassen, wodurch

---

26 Vgl. auch Hall/Franzese (1997), die naheliegenderweise einen „Signalisierungsansatz" für die Interaktion von Gewerkschaften und Zentralbank verwenden, und zu skeptischen Schlußfolgerungen in Bezug auf die EWU gelangen.

beispielsweise eine beschleunigte Reallokation von Arbeitsplätzen stattfinden kann. Ist dagegen die generelle Tendenz eine Gefahr für die interne und externe Preiskursstabilität, kann die Zentralbank diese zumindest bei Abweichung nach oben wirksam unterbinden, bevor eine Lohn-Preis-Spirale in Gang gesetzt wird.

Das Identifikationsproblem der Zentralbank ist allerdings selbst bei einem hohen Grad an Koordination nicht vollkommen aus dem Weg geräumt. Mit der Festlegung der (Änderung der) durchschnittlichen Lohnhöhe wird immer auch zugleich die tariflich vereinbarte Lohnstruktur bestimmt. Und die tariflich vereinbarte kann von der tatsächlichen Lohnstruktur abweichen, was in der nächsten Lohnrunde entsprechende Anpassungen hervorrufen wird. Die tatsächliche Lohnstruktur kann von der tariflichen abweichen, weil Tarifverträge zum einen unterlaufen werden und weil zum anderen außertarifliche Zulagen gezahlt werden (sog. „Lohndrift"). Beides, Unterlaufen der vereinbarten Mindesttarife oder außertarifliche Zulagen, beinhaltet eine stärkere Spreizung der Lohnstruktur. Aus Sicht der Geldpolitik kann eine solche Spreizung einen Prozeß der Deflation bzw. der Inflation ankündigen. Sie müßte ihr dann entgegentreten. Allerdings bieten auch hier institutionalisierte Formen der Koordination eher die Möglichkeit, Ungleichgewichte auf einzelnen Arbeitsmärkten, die sich auszubreiten drohen, durch bloße Androhung einer geldpolitischen Reaktion zu unterbinden.

Aus dem Gesagten folgt bereits, daß die Lohnpolitik in aller Regel nivellierend auf die Lohnstruktur wirkt, vergleicht man sie mit derjenigen, die sich als Resultat atomistischer Lohnbestimmung einstellte.[27] Die Lohnstruktur bezieht sich auf relative Löhne, also das Verhältnis von Löhnen für qualifizierte und unqualifizierte Tätigkeit, für Berufsanfänger und Berufserfahrene oder für Facharbeitertätigkeiten in unterschiedlichen Branchen. Wie diese Nivellierung für eine monetäre Union zu beurteilen ist, kann einmal unter dem Aspekt der allokativen Effizienz betracht werden, zum anderen unter dem Aspekt der damit gegebenen Entwicklungsbedingungen.

Nivellierung der Lohnstruktur kann zu größerer *allokativer Effizienz* beitragen, wenn Arbeitskräfte in der monetären Union weitgehend homogen sind. Eine solche Konstellation ergäbe sich zum Beispiel, wenn die Reallohndifferentiale vor bzw. direkt nach der Währungsintegration ausschließlich auf unterschiedliche Währungsqualitäten zurückzuführen sind. Im theoretischen Grenzfall sind zwei Volkswirtschaften denkbar, die sich hinsichtlich der ökonomisch relevanten Merkmale der Arbeitskräfte, z.B. in Bezug auf den Ausbildungsstand, die Berufsethik oder die demographische Zusammensetzung, weitgehend gleichen. Und dennoch ergäben sich Reallohnunterschiede daraus, daß zwischen den beiden ein Zinsdifferential herrschte, das auf unterschiedliche Währungsqualitäten zurück-

---

[27] Dieselbe nivellierende Tendenz läßt sich auch in Bezug auf gesetzlich festgelegte Mindestlöhne feststellen (OECD 1998, 48f.).

zuführen war. In der Volkswirtschaft mit dem höheren Zins entfiel von jeder Geldeinheit Wertschöpfung ein höherer Anteil auf Zinseinkommen. Entsprechend weniger blieb für den durchschnittlichen Reallohn. Eine koordinierte Lohnfindung müßte hier auf Angleichung der Löhne in beiden Ländern dringen, also regionale Differenzierung der Lohnstruktur möglichst rasch abbauen. Unter dem Gesichtspunkt der nominellen Stabilität verlangte dies weitgehende Konstanz des Lohnniveaus im Gebiet mit ehemals niedrigerem Zinssatz, einen Anstieg der Löhne auf dieses Niveau dagegen in dem Land, das die schlechtere Währungsqualität aufwies.

Die Nivellierung der Lohnstruktur verletzt dagegen die Effizienzbedingung, gleicher Lohn für gleiche Arbeit,[28] wenn die monetäre Union durch regional heterogene Arbeitskräfte gekennzeichnet ist. Formal bedeutet das, daß Arbeitskräfte bei derselben Ausstattung des Arbeitsplatzes über den gesamten Einsatzbereich unterschiedliche Produktivität aufweisen. Das kann auf unterschiedliche Ausbildungssysteme, beispielsweise die Gewichtung des technischnaturwissenschaftlichen Unterrichts, vorhandene oder fehlende Handwerkstraditionen, Werthaltungen in Bezug auf manuelle und intellektuelle Arbeit etc. zurückgehen. In diesem Falle muß regionale Differenzierung der Löhne trotz gleicher Beschäftigung, etwa einer gelernten Kraft in der chemischen Industrie, zugelassen werden, wenn die räumliche Verteilung von Arbeitsplätzen stabilisiert werden soll. Andernfalls kommt es zu einer Abwanderung von Unternehmen aus der Region mit den weniger produktiven Arbeitskräften, die sich bei Angleichung der Lohnsätze in höhere Lohnstückkosten übersetzen.

Es ist darauf hinzuweisen, daß unterschiedliche Kapitalausstattung eines Arbeitsplatzes nicht als Argument für regionale Heterogenität der Arbeitskräfte und damit für Lohndifferenzierung herhalten kann. Die Länder einer monetären Union können sich darin systematisch unterscheiden, eben weil sie in der Vergangenheit unterschiedlich harte Währungen aufwiesen.[29] Mit der Vereinheitlichung des Kapitalmarktes in einer monetären Union kommt es hier durch den Marktprozeß selbst zu einer Angleichung, weil Unternehmen derselben Branche dieselbe gewinnmaximale Technologie wählen.

Die Nivellierung der Lohnstruktur hat schließlich auch Folgen für die *regionale Entwicklung*. Sie würde etwa die Lohnkonkurrenz zwischen Ländern entschärfen, die mit unterschiedlichen durchschnittlichen Einkommensniveaus in eine monetäre Union starten. Das kann von den Regionen mit niedrigerem Einkommen als Behinderung eines raschen Aufholprozesses betrachtet werden. Dieser ließe sich

---

[28] Es ist mit Nachdruck darauf hinzuweisen, daß dies eine Effizienzbedingung der Beschäftigung und kein „verteilungspolitisches Ziel" ist.

[29] Auf diesen Zusammenhang, u.a. die Technologiewahl in Abhängigkeit vom Zinssatz, wurde in den Abschnitten 4.3.2 und 4.3.3 eingegangen.

durch eine Strategie der Lohndifferenzierung befördern, durch die die regional beschäftigte Arbeitskraft unterbewertet wird. Von „Unterbewertung" ist zu sprechen, weil nur eine regionalpolitisch gezielte Verletzung der Effizienzbedingung erlaubte, die Lohnstückkosten unter denen der konkurrierenden Unternehmen in anderen Regionen zu halten. Andernfalls kommt es nicht zu einer Verlagerung von Produktionen in die betreffende Region.

Es ist nicht zu bestreiten, daß solche Strategien des Regionalmerkantilismus durch eine stabilitätskonforme Nivellierung der Lohnstruktur - also Konstanz der Nominallöhne in den Hochlohnregionen und „Aufwärtsangleichung" der Niedriglohnregionen - behindert werden. Aus Sicht der gesamten Währungsunion bedeutet diese Behinderung lediglich, daß die bestehende Verteilung der Beschäftigung weitgehend aufrechterhalten bleibt, sich die Lebensverhältnisse aber schneller angleichen. Diese Angleichung ist marktkonform, wenn die Niedriglohnregion ein ehemals schwacher Währungsraum war, der nun durch die Integration eine gleichgewichtige Zinssenkung erfährt.[30]

Aber es ist auch aus Sicht der einzelnen Nation in einem Währungsraum zu fragen, wie relevant die Behinderung des Regionalmerkantilismus ist. Der Erfolg einer solchen Strategie würde sich vor allem an einem positiven Migrationssaldo sowie einer positiven Direktinvestitionsbilanz zeigen. Ein regionaler Leistungsbilanzüberschuß ist wahrscheinlich, aber nicht notwendigerweise damit verbunden, weil der Anstieg des regionalen Einkommensvolumens, der Ausbau von Produktionsstandorten und der Zuzug von Arbeitskräften durchaus einen hohen Importsog auslösen können (der für die anderen Regionen spiegelbildlich einen Anstieg der Exporte bei gleichzeitigem Beschäftigungsabbau bedeutete). Eine Region innerhalb eines Währungsraumes kann dies nicht durch handelspolitische Maßnahmen oder Kapitalimportkontrollen kanalisieren. Zugleich besteht weniger Anlaß zu einer solchen Kanalisierung, weil eine etwaige Verschuldung der

---

[30] Diese Argumentation ist nicht auf den Fall der deutschen Vereinigung anwendbar. Die DDR kannte als Planwirtschaft überhaupt keine Zinssteuerung der Produktion, insofern war die Produktionsstruktur und die Verschuldung des Unternehmenssektors auch nicht an einen höheren Zins angepaßt. Außerdem wurden mit der Vereinigung die Schulden der DDR-Unternehmen aufgewertet, während mit der EWU die Schulden der Unternehmen lediglich auf eine neue Währungseinheit umgestellt werden. Die ehemaligen DDR-Betriebe wurden erstmals einer Zinssteuerung der Produktion ausgesetzt, weshalb die Angleichung der Löhne ein politischer Imperativ und nicht Marktergebnis war. Die EWU-Unternehmen bisher schwächerer Währungsräume kommen dagegen in den Genuß eines niedrigeren Schuldendienstes, weshalb die Reallöhne dort marktkonform steigen können.

Region gegenüber anderen Regionen keine Effekte auf die Währung und damit das Zinsniveau hat.[31]

Mit dem Fehlen handelspolitischer Instrumente in binnenwirtschaftlichen Verhältnissen und ausbleibenden Zinseffekten sind allerdings auch wichtige Unterschiede zwischen einer Unterbewertungsstrategie durch Lohndumping und einer Unterbewertungsstrategie der verhinderten Währungsaufwertung genannt (letztere ist an einem positiven Leistungsbilanzsaldo bei hoher Investitionstätigkeit ablesbar). Selbst wenn der Regionalmerkantilismus erfolgreich ist, so können sich wegen des regionalen Charakters keine Zinswirkungen aus diesem Erfolg ergeben. D.h. die gleichgewichtigen Zinsen werden nicht sinken, selbst wenn die Region einen Leistungsbilanzüberschuß aufweisen würde. Damit entfällt ein die Dynamik der Einkommensbildung verstetigendes Moment einer Unterbewertungsstrategie, wenn sie gegenüber anderen Währungsräumen stattfindet. Die fehlende handelspolitische Unterstützung, d.h. Verzicht auf selektive Protektion, bedeutet, daß ein Instrument zur Veränderung relativer Preise fehlt, das die regionale Produktion hin zu Aktivitäten mit höherem Verarbeitungsgrad und entsprechend höherem Wertschöpfungspotential lenken könnte. Selbst die - für die öffentlichen Finanzen kostenträchtigeren - Instrumente der Industriepolitik wie Subventionen, Steuererleichterungen oder präferentielle öffentliche Auftragsvergabe dürften nur begrenzt einzusetzen sein, weil dies zu politischen Konflikten mit den anderen Mitgliedsländern führen muß. Insbesondere stehen sie aufholenden Regionen mit ihrer geringeren Finanzkraft auch weniger zur Verfügung als den Hochlohnländern.

Zusammengenommen bedeutet dies, daß bei einer regionale Unterbewertungstrategie in höherem Maße die Gefahr besteht, daß die betreffende Region sich zu einem dauerhaften Niedriglohngebiet entwickelt. Tradierte Muster der Arbeitsteilung und der komparativen Vorteile können ein Entwicklungsgefälle zementieren, für dessen Überwindung die Währungsintegration selbst günstigere Bedingungen schafft, indem sie die zinsbedingten Unterschiede zwischen den regionalen Reallohnniveaus aufhebt.

Zwischenergebnis

Die Untersuchung der Disziplinierungsargumente ergab, daß Währungsintegration durchaus einen Strukturwandel auslösen kann, wie ihn die Lucas-Kritik a priori erwarten läßt. Aber die theoretische Fallstudie zu den nachhaltigen Wirkungen auf die institutionalisierte Lohnfindung ergab zugleich, daß dieser Strukturwandel sich durchaus nicht in eine genau vorhersehbare und wünschbare

---

[31] Vgl. dazu auch Abschnitt 5.1.1 sowie Stützel (1978, 140).

Richtung bewegt.[32] Das folgte aus einem totalanalytischen Modell, das wesentliche Prämissen der Disziplinierungsargumente teilt: unvollkommener Wettbewerb auf Güter- und Arbeitsmärkten ist für Arbeitslosigkeit verantwortlich, die Rationalität der Marktteilnehmer verlangt Anpassung an den geldpolitischen Regimewechsel.

Damit sollte an einer konkreten Verwendung der Lucas-Kritik gezeigt werden, was ihre Rezeption in der Theorie der Wirtschaftspolitik meines Erachtens zu wenig beachtet hat: Weder ist es bei einem Regimewechsel zulässig, die Konstanz der Struktur zu unterstellen, noch ist es zulässig, auf einen ganz bestimmten Strukturwandel zu schließen. Für die Politik der Währungsintegration spezifischer folgt daraus, daß die Veränderungen in der Lohnfindung, die mit einer monetären Union unweigerlich auftreten, eine Beschäftigung und Geldwert stabilisierende Zentralbankpolitik geradezu erschweren könnten. Mehr noch: Setzt man keine ressourcenbeschränkte Ökonomie mit exogener Geldversorgung voraus, sondern eine Geldwirtschaft, so bergen Dezentralisierung der Lohnfindung und die Schwächung der kollektiven Vertretungen der Arbeitsangebotsseite immer ein deflationäres Potential.

Die Geldpolitik ist in Bezug auf die Gefährdung der Preisstabilität durch Deflation weitgehend machtlos. Insofern ist eine marktteilnehmende - um willen ihrer eigenen Effektivität an der Stabilität von Marktprozessen interessierte - Wirtschaftspolitik darauf verwiesen, überbetriebliche Formen der Lohnfindung in einem neugebildeten Währungsraum zu begünstigen oder funktional gleichwertige Formen der Deflationsverhinderung zu implementieren, wie etwa einen gesetzlich verfügten Mindestlohn.

Dieses stabilisierungspolitische Postulat an die kollektive Lohnfindung kann freilich in Konflikt geraten mit den entwicklungspolitischen Anforderungen, die sich den einzelnen Regionen stellen. Für sie ist eine mögliche Strategie, die Konvergenz der Realeinkommen dadurch zu beschleunigen, daß man regionale Lohndifferenzierung betreibt und so eine Umverteilung der Beschäftigung in die eigene Region zu erzielen sucht. Eine Lohnpolitik durch gezieltes Unterbieten ist schon deshalb naheliegend, weil andere Instrumente - wie Zollpolitik oder Industriepolitik - in einer monetären Union nur begrenzt einsetzbar sind. Allerdings wurde darauf hingewiesen, daß eben das Fehlen dieser anderen Instrumente auch die Entwicklung zum dauerhaften Niedriglohngebiet, zur „verlängerten Werkbank" begünstigt.

---

[32] Im geldpolitischen Kontext kritisiert Goodhart (1989a, Kap.15) ebenfalls die Vorstellung, Zentralbanken seien durch Regelbindung zu disziplinieren, und weist auf die damit verbundene Destabilisierung von Marktprozessen hin. Grundsätzlich dazu auch McCallum (1994).

Die in diesem Abschnitt begründete Notwendigkeit, die Lohnpolitik an veränderte geldpolitische Gegebenheiten anzupassen, läßt sich generalisieren: wenn Regime nicht-beliebige Kombinationen von Währungs-, Geld-, Fiskal- und Lohnpolitik sind, dann legt eine fundamentale Politikänderung im Bereich der Währungspolitik nahe, auch in anderen Bereichen Anpassungen vorzunehmen. Weitere Politikbereiche, wie die fiskalische Stabilisierung und die makroökonomische Funktion der Sozialpolitik, werden im folgenden Unterkapitel diskutiert.

6.2 Stabilisierung der Einkommensbildung in einem heterogenen Währungsraum

Die Stabilität einer monetären Union erfordert langfristig, sie fiskalpolitisch und sozialpolitisch zu flankieren. Die grundlegenden Anforderungen, die diese beiden Flankierungen erfüllen müssen, werden nacheinander erörtert. Ihre Diskussion steht unter dem für die EWU wichtigen Vorbehalt, daß der Währungsraum auf absehbare Zeit heterogen bleibt und politisch eine Föderation ohne starkes Zentrum ist. Das setzt weitgehender Vereinheitlichung bzw. Vergemeinschaftung der Fiskal- und Sozialpolitik enge Grenzen.

Ökonomisch ergibt sich der Zusammenhang zwischen einer monetären Union und einer Fiskal- und Sozialföderation aus ihren wechselseitigen Beiträgen zur makroökonomischen Stabilisierung der Einkommensbildung. So kann selbst eine unabhängige Geldpolitik die Destabilisierung der Währung nicht verhindern, wenn eine dezentralisierte Fiskalverfassung bei vereinheitlichtem Kapitalmarkt dazu führt, daß die öffentlichen Haushalte sich im Aggregat zu stark verschulden oder prozyklische Salden aufweisen. Und sie kann Deflationsprozesse kaum aufhalten, wenn ihre Liquiditätsbereitstellung nicht ergänzt wird durch eine expansive Staatsnachfrage und ein soziales Netz, das das Unterbieten von tariflich vereinbarten oder gesetzlich vorgeschriebenen Mindestlöhnen verhindert. Umgekehrt sind eine tragfähige Finanzierung von Staatsausgaben und eine nachhaltige soziale Sicherung darauf angewiesen, daß es der Geldpolitik gelingt, die Währung zu stabilisieren.

Selbstverständlich hat die Fiskalpolitik und die Fiskalverfassung nicht nur eine Stabilisierungsfunktion, sondern auch eine redistributive Aufgabenstellung. Für die sozialstaatliche Absicherung von Einkommensrisiken steht dies sogar im Vordergrund. Die Verteilungsaspekte einer Fiskal- bzw. Sozialunion werden hier ebenso wie deren Stabilisierungsfunktionen als spezifische Versicherungsarrangements betrachtet, die zur Nachhaltigkeit der Währungsintegration beitragen. Das heißt, ich betrachte die Fiskal- und Sozialunion ausschließlich unter der eingeschränkten Fragestellung, inwiefern sie eine monetäre Union, die sich eine stabilitätsorientierte Geldverfassung gegeben hat, darin unterstützen können, diese Stabilitätsorientierung im Marktprozeß geltend zu machen. Das verlangt, die traditionellen Versicherungen gegen regionale und individuelle Einkommensrisiken anzupassen.

6.2.1 Der Beitrag des fiskalischen Föderalismus

Die Notwendigkeit, im Zuge der Währungsintegration einen fiskalischen Stabilisierungsmechanismus einzurichten, kann sich aus Sicht dieser Arbeit nicht generell daraus ergeben, daß der Wechselkurs als Anpassungsinstrument entfällt. Fiskalische Stabilisierung auf Unionsebene wird vielmehr notwendig, weil eine einheitliche Geldpolitik einzelne Regionen ganz unterschiedlich betreffen kann bzw. weil antizyklische Maßnahmen für einzelne Regionen nicht mehr von einer spezifischen Zinspolitik und Liquiditätsversorgung durchgeführt werden können.[33] In beiden Fällen wirft der geldpolitische Regimewechsel die Frage nach der stabilisierenden Rolle der Fiskalpolitik auf.

6.2.1.1 Stabilisierung und Redistribution

Stabilisierung reagiert auf die negativ eingeschätzte *Abweichung* eines gewählten Indikators von seinem Trend, Redistribution stellt dagegen auf die Veränderung im *Niveau* des Trends ab. Diese Unterscheidung läßt sich verdeutlichen an dem Vergleich des regionalen Primäreinkommens, i.e. des Einkommens vor Steuern, mit dem verfügbaren regionalen Einkommen, also nach Zahlung von Steuern und Erhalt von Transferleistungen (Italianer/Pisani-Ferry 1994, 156f.). **Stabilisierung** findet statt, wenn das verfügbare Einkommen einer bestimmten (reichen oder armen) Region weniger transitorische Schwankungen aufweist als das Primäreinkommen. **Redistribution** findet statt, wenn das Verhältnis zwischen verfügbarem Einkommen und Primäreinkommen höher ist für eine arme Region (mit geringem Primäreinkommen) als für eine reiche Region.

In den meisten föderalen Gemeinwesen ist die fiskalische Stabilisierung ein Nebenprodukt des unter redistributiven Gesichtspunkten gestalteten Steuer- und Transfersystems (Italianer/Pisani-Ferry 1994, 183). Ein solches System beinhaltet „eingebaute" oder *automatische Stabilisatoren* in dem Maße, in dem bei einer Abweichung vom normalen Einkommenstrend die Veränderung der Steuerlast in dieselbe Richtung abweicht, die der Transferausgaben in die gegenläufige Richtung. Die Unterscheidung zwischen automatischen Stabilisatoren und redistributiven Maßnahmen ist oft nur eine Frage des Zeithorizontes: Eine proportionale Einkommenssteuer wirkt stabilisierend, insofern die Einnahmen aus ihr zurückgehen, wenn das Einkommen einer Region fällt. Und eine solche Steuer wirkt redistributiv, insofern die Einnahmen auf einem niedrigeren Niveau verbleiben,

---

[33] Inwiefern geldpolitische Maßnahmen auch bei einem regionale Ungleichgewicht hilfreich sein könnten, weil Liquiditätsprobleme entstehen, hängt stark von der Verfassung des ansässigen Bankensystems ab (Majocchi/Rey 1993, 463, und Abschnitt 5.1.1). Das dürfte insbesondere für die zentraleuropäischen Transformationsländer mit ihren schwachen Banken ein relevanter Gesichtspunkt sein, der einer raschen Währungsintegration in die EWU entgegensteht.

wenn das Einkommen dauerhaft zurückgegangen ist. Zugleich ist die Stabilisierungswirkung einer Einkommenssteuer umso höher, je gezielter sie der Redistribution dient. Eine progressive Steuer entlastet bei einem Einkommensrückgang
überproportional (Goodhart/Smith 1993, 435). Demgegenüber ist etwa eine zeitlich befristete Gewährung von Arbeitslosengeld ein Beispiel für einen nur stabilisierenden automatischen Stabilisator.

Für die Einrichtung eines fiskalischen Stabilisierungsmechanismus' in einer
monetären Union sprechen im Prinzip drei Überlegungen.[34]

1. Versicherungsprinzip: Vorausgesetzt wird, daß das jeweilige Wahlvolk
   und/oder die verantwortlichen Politiker risikoavers sind. Wenn negative
   Schocks die Jurisdiktionen einer monetären Union zufällig treffen, so kann
   sich das betroffene Gemeinwesen weniger Stabilisierung leisten und muß eine
   höhere Verschuldung eingehen, als wenn es auf eine gegenseitige Versicherung zurückgreifen kann, die in einem solchen Fall Beistand gewährt. Offenkundig ist dieses Versicherungsprinzip bei einem heterogenen Währungsraum nicht ohne weiteres erfüllt. Seine Anwendbarkeit setzt voraus, daß alle
   Jurisdiktionen, also auch die reicheren, einen positiven Nettoertrag von einer
   solchen Versicherung erwarten können.

2. Internalisierung von Externalitäten bei Koordinationsversagen: Dezentrale
   fiskalische Einheiten haben zuwenig Anreiz, stabilisierend einzugreifen. Die
   Erträge der Stabilisierung kommen offenen Ökonomien nur zu einem Bruch-
   teil zugute, während der betreffende öffentliche Haushalt die ganzen Kosten
   des Eingriffs zu tragen hat. Insofern ist auch ad hoc Koordination der Fiskalpolitiken schwierig und kann prohibitiv aufwendig werden, wenn sie viele
   und diverse Jurisdiktionen umfassen soll. Es bedarf dann der Einrichtung
   permanenter Stabilisierungsfonds auf der den Ländern übergeordneten Ebene.

3. Verhinderung einer deflationären Tendenz:[35] Der Umstand, daß in einer
   dezentralen Fiskalverfassung die Kosten der Stabilisierung in Gänze bei der
   betreffenden Jurisdiktion anfallen, die Erträge jedoch nur teilweise, bedingt
   auch ein deflationäres Übergewicht der Stabilisierung. Restriktive Maßnahmen - Steuererhöhungen oder Ausgabenreduzierungen - werden von allen Ju-

---

[34] Vgl. Goodhart/Smith (1993, 423f., hier: 440) für eine Aufzählung neuerer Beiträge,
      die aus diesen Gründen feststellen, „that fiscal stabilization measures are highly desi-
      rable in a unified economy and that these are best done at the central, federal level
      [...]." Grundsätzlich dazu auch Nowotny (1997, 110-114), Fatás (1998) und Obst-
      feld/Peri (1998, 235-242).

[35] Vgl. Nowotny (1997, 111). Majocchi/Rey (1993, 461) meinen, das EWS sei durch
      diesen deflationären *bias* einer unkoordinierten Fiskalpolitik gekennzeichnet gewesen.
      De Grauwe (1998) sieht diese Gefahr für die EWU.

risdiktionen ergriffen, weil hier der stabilisierende Eingriff zugleich der Ertrag ist. Dagegen werden expansive Maßnahmen - Beschäftigungsprogramme oder Steuererleichterungen - nur zögerlich ergriffen, weil die Ausweitung der Nachfrage sich angesichts der Offenheit der Regionen zu einem erheblichen Anteil in erhöhten Importen niederschlägt, die die Produzenten anderer Regionen begünstigen.

Das Versicherungsargument kommt zum Tragen im Falle asymmetrischer Schocks. Die beiden anderen Argumente sind auf Schocks anwendbar, die den gesamten Währungsraum oder zumindest einen gewichtigen Teil der monetären Union betreffen.

Stabilisierungsmaßnahmen sollen theoretisch nur bei transitorischen Schocks angewandt werden oder einen Zeitgewinn für die Anpassung an permanente Veränderungen verschaffen. In beiden Fällen ist die fiskalische Stabilisierung nur von wesentlicher Bedeutung, wenn Preise und Löhne sich nicht instantan anpassen (Goodhart/Smith 1993, 420-422; Majocchi/Rey 1993, 459f.). Im letzten Abschnitt wurde darauf hingewiesen, daß diese Trägheiten nicht notwendigerweise auf Marktunvollkommenheit zurückzuführen sind, die aus wohlfahrtsökonomischer Sicht möglichst unmittelbar - in den Arbeits- und Gütermärkten - korrigiert werden sollten. In Geldwirtschaften hat die Rigidität der Nominallöhne nach unten eine stabilisierende Funktion. Das bedingt auch die Rigidität des Niveaus der absoluten Güterpreise nach unten.[36]

Die marktkonforme Anpassung an einen negativen Schock besteht dann darin, daß die Durchsetzung profitsichernder Preise gelingt und sich so die Profiterwartungen der Investoren stabilisieren. Das wird durch ein elastisches Geldangebot zumindest ermöglicht. Fiskalische Stabilisierung kann diesen Prozeß beschleunigen oder - bei einem schweren Schock mit starkem Nachfrageeinbruch - dafür sogar erst die Voraussetzungen schaffen. Die Konstanz der Nominallöhne gewährleistet, daß sich mit der Durchsetzung profitsichernder Preise zugleich niedrigere gleichgewichtige Reallöhne einstellen, sofern dies erfordert ist.

Redistributive Maßnahmen haben konzeptionell nicht diesen temporären Charakter. Sie unterbinden vielmehr, daß bestimmte, normativ nicht gewünschte Anpassungsprozesse eintreten. Nicht erwünscht sein können zum Beispiel massive Abwanderungen, die zur Entvölkerung der einen Region, zu starker räumlicher Konzentration in einer anderen Region führen. Die Norm ist hier eine Zielvorstellung über die Verteilung der Beschäftigung im Raum. Aus Stabilisie-

---

[36] Freilich nicht die Rigidität einzelner Güterpreise. Diese können natürlich gesenkt werden, wenn Produktivitätsfortschritte dies ohne Beeinträchtigung der Profitabilität erlauben und der Wettbewerb dadurch Marktanteile zu gewinnen verspricht. Eine Variante dieser Senkung *relativer* Güterpreise ist, daß überlegene Qualitäten einer Güterart zum selben Preis angeboten werden.

rungsgründen könnte es allenfalls temporär sinnvoll sein, die Mobilität herabzu-
setzen, um den Druck auf Nominallöhne in der Zuwanderungsregion abzuschwä-
chen und so einen deflationären Spillover zu verhindern.

Der - intendiert - anpassungshemmende Charakter der fiskalischen Redistribution spricht gegen eine stark redistributive Ausgestaltung eines Stabilisierungsmechanismus' für eine monetäre Union. Beispielsweise wäre die unbefristete Gewährung von Einkommensbeihilfen für Beschäftigte in Sektoren, denen eine
starke Konkurrenz aus dem Ausland erwächst, damit nicht vereinbar. Das würde
nämlich nicht die inländischen absoluten Preise nach unten stabilisieren, sondern
die Anpassung relativer Preise unterbinden.

Stabilisierung soll demnach vor allem eine Dynamik kumulativer Prozesse verhindern. Der rechtzeitige Einsatz des stabilisierungspolitischen Instrumentariums
ist deshalb keine bloß wünschbare Eigenschaft jeglicher Wirtschaftspolitik, sondern berührt elementar ihre Wirksamkeit. Erfolgt er zu spät, wirkt er prozyklisch.
Die Theorie der Fiskalpolitik hat folgerichtig auch eine ganze Typologie von
Lags aufgestellt, die den rechtzeitigen Einsatz verhindern können. Nicht zufällig
hat der maßgebliche Gegner diskretionärer Wirtschaftspolitik, Milton Friedman
(1953b), rigoros die Bedingungen abgeleitet, unter denen ein stabilisierend ge-
meinter Eingriff kontraproduktiv werden kann, wenn er zu spät erfolgt. Die unmittelbar einleuchtende Faustregel lautet, daß es um so wichtiger ist, daß der
Einsatz des stabilisierungspolitischen Instrumentariums zeitlich zusammenfällt
mit dem Auftreten des Schocks, je größer die Wirksamkeit des Eingriffs relativ
zum Gewicht des Schocks (beides gemessen in gegenläufigen Wirkungen auf das
Einkommen). Oder kürzer: Je effektiver die Wirtschaftspolitik, desto leichter
kann sie kontraproduktiv werden, wenn sie zu spät kommt.

Die Frage der Zeitnähe berührt unmittelbar die Frage, ob ein Stabilisierungsmechanismus diskretionär in Gang gesetzt oder automatisch ausgelöst werden
soll.[37] In einer monetären Union, die noch keine politische Union ist, wären die
Abstimmungsprobleme für einen diskretionären Einsatz sicherlich enorm und
damit die Zeitverzögerung bis zur Beschlußfassung und Durchführung zu hoch.
Allerdings ist in dieser für die EWU kennzeichnenden Konstellation auch nicht
ersichtlich, daß die wichtigsten automatischen Stabilisatoren - auf Personen er-
hobene Abgaben wie Einkommenssteuern oder Sozialversicherungsleistungen -

---

[37] Goodhart/Smith (1993, 430-435) und Majocchi/Rey (1993, 475-477) diskutieren diese
Frage konträr, wobei die letzteren ihr Plädoyer für diskretionäre Zuweisungen aus einem jährlich neu zu beschließenden Stabilisierungsfonds vor allem damit begründen,
daß beim Stand der politischen Union noch nicht vorstellbar sei, daß ein Großteil des
Steuer- und Transfersystems auf die EWU-Ebene verlagert würden. Diese Begründung wird durch den im folgenden dargestellten Stabilisierungsmechanismus entkräf-
tet.

auf die Gemeinschaftsebene verlegt werden. Aus diesem Grunde ist ein spezifischer Mechanismus zu implementieren, der die automatische Stabilisierung gewährleistet oder so klare Kriterien für seine Aktivierung beinhaltet, daß er durch die Administration diskretionär gehandhabt werden kann.

Die Veränderung des Indikators für die automatische Stabilisierung bzw. das Kriterium für eine diskretionäre Aktivierung des Mechanismus' sollte möglichst der Veränderung des Realeinkommens vorausgehen oder zumindest zeitlich mit ihm zusammenfallen. Zwei empirisch verläßliche Größen für einen Indikator, die diese Anforderungen erfüllen, sind der Energieverbrauch und die Häufigkeit von Telephonanrufen (Goodhart/Smith 1993, 436). Sie dürften aber kaum eine politisch akzeptable Grundlage für die Auslösung von Transferzahlungen sein. Die naheliegenden Größen, nämlich Arbeitslosigkeit und Investitionsvolumen, verändern sich dagegen in der Nachfolge des Realeinkommens und erscheinen daher wenig geeignet. Allerdings ließen sie sich möglicherweise durch erwartungsbestimmte Größen approximieren und ergänzen: die Veränderung der Arbeitslosenrate durch geplante Einstellungen bzw. Entlassungen der Unternehmen, das Investitionsvolumen durch Investitionspläne. Beides wird bereits durch regelmäßige, repräsentative Umfragen in allen OECD-Ländern erhoben. Erforderlich wäre eine Standardisierung dieser Erhebungen und möglicherweise eine von nationalen Behörden unabhängige Durchführung, um wirklichen oder vermeintlichen Manipulationen entgegenzuwirken.

Als Zwischenresultat dieser Überlegungen läßt sich festhalten: Die Möglichkeit zur wirksamen Stabilisierung ist eine zentrale Bedingung für die Bildung einer monetären Union. Man kann dies mit den empirisch feststellbaren Trägheiten der Marktanpassung begründen oder auch mit der Virulenz von Deflationsprozessen. In gewachsenen Steuer- und Transfersystemen sind die stabilisierenden und die redistributiven Elemente nicht zu trennen. Wenn sich die Fiskalverfassung einer monetären Union, die nur dies und nicht auch politische Union sein will, auf Stabilisierung beschränken soll, dann ist ein spezifischer, nur darauf abstellender Mechanismus zu implementieren.

6.2.1.2 Ein spezifischer Stabilisierungsmechanismus für eine monetäre Union

Die Europäische Kommission hat zu der Frage, wie ein solcher Stabilisierungsmechanismus aussehen könnte, Forschungen in Auftrag gegeben (Italianer/Vanheukelen 1993, Italianer/Pisani-Ferry 1994). Notwendig wurde dies, weil es die historische Einmaligkeit der EWU ausmacht, eine monetäre Union als Hebel für eine zukünftige politische Union einzusetzen. Empirisch gehen die primären Stabilisierungswirkungen von Einkommenssteuern, Leistungen der Arbeitslosenversicherung und der betrieblichen Altersvorsorge aus (Goodhart/Smith 1993, 431f.; Italianer/Pisani-Ferry 1994, 170f.). Das aber sind Steuer- und Transferarten, deren Hoheit auf nationaler Ebene verbleiben dürfte, solange es europäische Nationalstaaten in einem mehr als symbolischen Sinne gibt. Das beinhaltet auch, daß der gemeinsame EWU-Haushalt kein so großes Gewicht - gemessen am Volkseinkommen der EWU - erhält, daß er über traditionelle Stabilisatoren ausreichend Hebelwirkung entfalten könnte. Aus diesen Gründen ist es erforderlich, einen ökonomisch begründeten Stabilisierungsmechanismus zu konzipieren.

Der Vorschlag, der sich aus diesen Forschungen ergab, soll hier wegen seines systematischen Stellenwerts für eine Theorie der Währungsintegration dargestellt werden. Die Literatur hat sich mit ihm - vergleicht man dies etwa mit den theoretischen Beiträgen über die fiskalische Regelbindung - so gut wie nicht beschäftigt.[38] Vermutlich liegt dies daran, daß hier der Disziplinierungsgedanke allenfalls eine untergeordnete Rolle spielt, nämlich im Zusammenhang mit dem Moral Hazard-Problem, von dem noch zu handeln ist. Mir scheint dieser untergeordnete Stellenwert des Disziplinierungsgedankens angemessen. Denn es ist vor allem in den wirtschaftspolitischen Konsequenzen problematisch, polit-ökonomische Rücksichten weitgehend an die Stelle der Markttheorie zu setzen (Sinn 1997, 11). Selbst wenn die Zähmung des Leviathan gelingt, ist damit noch nicht das Potential für destabilisierende Marktprozesse aus der Welt geschaffen.[39]

Der folgende Vorschlag ist demgegenüber marktkonform in dem Sinne, daß er die Wirtschaftspolitik ins Obligo zwingt, sobald Marktprozesse zu Instabilitäten führen, die zumindest eingedämmt werden können. Obwohl deutlich von keynesianischen Vorstellungen über den (begrenzten) Beitrag der Preisanpassung getragen, erfordert dieser Vorschlag nicht mehr an theoretischem Konsens, als daß es eine Funktion antizyklischer Fiskalpolitik gibt.

---

[38] So zum Beispiel Belke/Gros (1998b), die bei ihrer sorgfältigen Auseinandersetzung mit verschiedenen Vorschlägen zur fiskalischen Stabilisierung in der EWU genau diesen Mechanismus aussparen. Er würde manchen ihrer Einwände gegen eine fiskalische Stabilisierung für alle Mitgliedsländer entkräften, wie die Unzulänglichkeit des EU-Budgets (ebd. 16) oder die Warnung vor Moral Hazard (ebd., 17, 27 und passim).

[39] Vor diesem Hintergrund ist zu bezweifeln, ob der Stabilitätspakt für die EWU seinen Namen verdient. So schreiben Goodhart/Smith (1993, 433): „It should be noted that the 'binding rules' [...] in order to ensure solvency and to avoid potential financial crises and bail-outs, are conceptually entirely separate from the need for coordination of national policies to achieve the optimal fiscal/monetary mix. Given that a particular country's deficit is within the agreed limit for solvency purposes, there is no particular merit in achieving an aggregate tightening for conjunctural purposes by trying to force the countries with the largest deficits to do all the adjustment." Diese skeptische Einschätzung teilen Autoren, die im übrigen ganz unterschiedliche Positionen in Bezug auf die Erfolgschancen der EWU vertreten (z.B. Fatás 1998, 191f.; Obstfeld/Peri 1998, 246).

Sein Grundgedanke ist einfach: Transferzahlungen setzen ein, sobald ein Schock - und nicht nur eine saisonale Schwankung - dazu führt, daß die Arbeitslosenrate eines Mitgliedsstaates stärker steigt als diejenige im Durchschnitt der anderen Mitgliedsstaaten.[40] Es wird also ein asymmetrischer Schock kompensiert und zwar durch Zahlungen an die Regierung des Mitgliedsstaates, nicht etwa durch Zusatzzahlungen an die arbeitslos gewordenen Personen.

Das **Ausmaß der Stabilisierung**, das auf diesem Wege gewährt und erreicht wird, läßt sich über drei politisch zu bestimmende Parameter variieren:

(1) die Höhe der Transferzahlungen,

(2) einen Schwellenwert für die Abweichung der Arbeitslosenrate vom Durchschnittstrend, bei dessen Überschreiten die Transferzahlungen einsetzen,

(3) eine Höchstgrenze für den jährlichen Transfer, den ein Mitgliedsstaat maximal erhalten kann.

Ist der in (2) genannte Schwellenwert gleich 0, so spricht man von *vollem Ausgleich*, ist der Schwellenwert größer 0, so spricht man von *partiellem Ausgleich*. Damit, wie auch mit der Höchstgrenze (3) lassen sich die Budgetaufwendungen für diesen Stabilisierungsmechanismus begrenzen. In Fenster 6.4 wird die Bestimmung der Transferzahlungen, das Auszahlungskriterium und mögliche Varianten dieses Stabilisierungsmechanismus' genauer dargestellt.

Fenster 6.4: Ein Stabilisierungsmechanismus für eine monetäre Union

Der Stabilisierungsmechanismus soll nur in Kraft treten, wenn ein Mitgliedsstaat i aufgrund eines Schocks einen stärkeren Rückgang der Beschäftigung als der Durchschnitt der anderen Mitgliedsstaaten verzeichnet. Zu diesem Zweck müssen zunächst die zyklischen Schwankungen eliminiert werden, indem man die Differenz zwischen der Arbeitslosenrate u(t) im Monat t und der Arbeitslosenrate u(t-12) zwölf Monate früher als Anstieg berechnet. Die Arbeitslosenrate u des Mitgliedsstaates ist mit i indiziert, die durchschnittliche Arbeitslosenrate der anderen - also unter Ausschluß von i - mit u_{iMU}. Ein Mitgliedsstaat i würde eine Transferzahlung erhalten, wenn der Anstieg der monatlichen Arbeitslosenrate positiv und zugleich höher als im Durchschnitt der anderen ist:

---

[40] Die Arbeitslosenrate wird aus technischen Gründen gewählt, da sie weitgehend harmonisiert gemessen werden kann. Über Okun's Gesetz, wonach die Veränderung der Arbeitslosigkeit eine stabile negative Funktion des Einkommenswachstums ist, wird darüber ein Zusammenhang zur Änderung des Sozialprodukts herstellbar (Italianer/Verheukelen 1993, 496f.). Die Autoren sind sich des Einwands einer möglicherweise prozyklischen Wirkung bewußt.

(D1a) $\Delta u_i(t) = u_i(t) - u_i(t-12) > 0$ *und*

(D1b) $\Delta u_i(t) > \Delta u_{iMU}(t) = u_{iMU}(t) - u_{iMU}(t-12)$

Die Transferzahlung Tr wird proportional zum Sozialprodukt des letzten Jahres bezahlt, ist also ein Prozentsatz ω (von beispielsweise 1%) der monatlichen Einkommenseinbuße, die der Mitgliedsstaat aufgrund des höheren Anstiegs der Arbeitslosigkeit erfährt. Je höher diese Abweichung, desto höher also die Transferzahlung.

Bei **vollem Ausgleich** ergäbe sich also folgende monatliche Transferzahlung (Y_i bezeichnet dabei ein Zwölftel des letztjährigen Sozialprodukts von i):

(D2) $TR_i(t) = \omega[\Delta u_i(t) - \Delta u_{iMU}(t)] \cdot Y_i$

      für $\Delta u_i(t) > 0,$ $\Delta u_i(t) - \Delta u_{iMU}(t) > 0$

Bei **partiellem Ausgleich** ergibt sich, wenn σ den Schwellenwert bezeichnet, ab dem Zahlungen geleistet werden:

(D3) $Tr_i(t) = \omega[\Delta u_i(t) - \Delta u_{iMU}(t) - \sigma] \cdot Y_i$

      für $\Delta u_i(t) > 0,$ $\Delta u_i(t) - \Delta u_{iMU}(t) > \sigma$

Der partielle Ausgleich könnte auch diskretionär ausgestaltet werden, indem man das Erreichen des Schwellenwertes nur zu einer notwendigen, aber nicht hinreichenden Bedingung für Zahlungen erklärt. Der Nachteil eines solchen Entscheidungsspielraums wäre, daß Unternehmen und Haushalte sich nicht auf diese Nachfragestabilisierung verlassen können und daß aufgrund politischer Verhandlungen eine erhebliche Zeitverzögerung eintreten kann.

Um die Ausgaben zu begrenzen, können die mit der Differenz $\Delta u_i(t) - \Delta u_{iMU}(t)$ steigenden Transfers allerdings auch gekappt werden. Die Autoren (Italianer/Vanheukelen 1993, Italianer/Pisani-Ferry 1994) zeigen zwei Varianten:

- ab einer bestimmten maximalen Differenz $\overline{\delta} = [\Delta u_i(t) - \Delta u_{iMU}(t)]_{max}$, beispielsweise 2%, steigt die Transferzahlung nicht mehr an;

- ab einem bestimmten Anteil $\overline{\tau}$, von beispielsweise 1,5%, der monatlichen Transferzahlungen an der Bemessungsgrundlage Y_i (ein Zwölftel des letztjährigen Sozialprodukts) steigen sie nicht mehr an.

Das ergäbe zusätzlich zu (D2) und (D3) eine der folgenden Auszahlungsbedingungen:

(D4a) $Tr_i(t) = \omega \cdot \overline{\delta} \cdot Y_i$ für $\Delta u_i(t) - \Delta u_{iMU}(t) > \overline{\delta}$

(D4b) $Tr_i(t) = \overline{\tau} \cdot Y_i$ für $\omega[\Delta u_i(t) - \Delta u_{iMU}(t) - \sigma] > \overline{\tau}$

Der **Grad der Stabilisierung** läßt sich wie folgt ermitteln (Italianer/Pisani-Ferry 1994, 159): Das verfügbare oder *d*isponible Einkommen Yd ist gleich dem Primäreinkommen Y abzüglich der Steuern Tax und zuzüglich der Transfers Tr (der Konsum öffentlicher Güter sei vernachlässigt, weil kurzfristig gegeben). Aus der Bildung der ersten Differenz kann dann der Grad der fiskalischen Stabilisierung FS errechnet werden, den der Mitgliedsstaat bei einer Senkung des Primäreinkommens erfährt:

(D5a) $\Delta Yd_i = \Delta Y_i - \Delta Tax_i + \Delta Tr_i$

(D5b) $FS_i \equiv \underbrace{\dfrac{\Delta Tax_i}{\Delta Y_i}}_{>0} - \underbrace{\dfrac{\Delta Tr_i}{\Delta Y_i}}_{>0} = 1 - \dfrac{\Delta Yd_i}{\Delta Y_i} > 0$ für $\Delta Y_i < 0$

FS besteht bei diesem Stabilisierungsmechanismus allein aus $-\Delta Tr_i/\Delta Y_i$, entsprechend (D2) oder (D3). Werden die Transferzahlungen gemäß (A4) gekappt, so ergibt sich ein nicht-linearer Verlauf: bei wachsender Differenz $[\Delta u_i(t) - \Delta u_{iMU}(t)]$ steigt der Grad der Stabilisierung FS zunächst mit den Transferzahlungen an und fällt dann mit Kappung der Zahlungen.

Die genannten Beiträge von Italianer et al. zeigen in Simulationsstudien, wie diese Parameter gesetzt werden müßten, damit ein Mitgliedsstaat der EWU ein vergleichbares Maß an Stabilisierung wie ein Bundesstaat in den USA erfahren würde. Nach einigermaßen gesicherten und mit verschiedenen Verfahren erhobenen Werten werden in den USA vom Zentralstaat ca. 15-20% einer negativen Abweichung vom Einkommenstrend (also 15-20 Cents von einem Dollar Einkommensrückgang) kompensiert.[41] Das geschieht durch automatische Stabilisierung, also den Rückgang von Steuerzahlungen einerseits und den Anstieg von einkommensabhängigen Bundeszuweisungen andererseits.[42] Der hier vorgestellte „reine" Mechanismus würde diesen Stabilisierungswert des US-amerikanischen Bundesstaates mit deutlich geringerem Budgetaufwand erreichen.

- Bei vollem Ausgleich: Dieser liegt vor, wenn ein Mitgliedsstaat sofort Transfers in Höhe von $\omega=1\%$ seines durchschnittlichen Einkommensrückgangs erhielte, der Schwellenwert σ also 0% betrüge und es keine Obergrenze für den

---

[41] Atkeson/Bayoumi (1993, 316) schätzen außerdem, daß von dieser Kompensation etwas mehr als die Hälfte auf die regionalen Arbeitseinkommen und knapp die Hälfte auf regionale Gewinneinkommen entfällt.

[42] Dieser Wert von knapp 20% liegt zwischen den viel höheren, bei 35-40% liegenden Werten, die zuerst Sachs/Sala-i-Martin (1991) erhoben, und den Schätzungen von Hagens (1992), die bei 10% lagen. Vgl. zu diesen und anderen Untersuchungen Italianer/Pisani-Ferry (1994, 158-163) sowie Athanasoulis/van Wincoop (1998, 4-7).

maximalen jährlichen Transfer gäbe. Die Kosten eines solchen vollen Ausgleichs lassen sich ermessen, wenn man eine Höchstgrenze für den jährlichen
Transfer einführt, indem z.B. ab einer bestimmten maximalen Differenz zwischen den Veränderungen der Arbeitslosenraten kein höherer Transfer mehr
gezahlt wird. Legte man diese maximale Differenz mit $\bar{\delta}$ = 2% fest, so bedeutet das, daß ein mehr als 2%iger Anstieg der Arbeitslosigkeit über den
Durchschnitt der anderen (was einem mehr als 10% stärkeren Einkommensrückgang entspräche) nicht mehr durch höhere Transferzahlungen kompensiert wird. Unter dieser Bedingung hätte ein solcher Stabilisierungsmechanismus in den 80er Jahren ein jährliches Budget von 0,23% des EU-
Sozialprodukts (1990) erfordert.[43] Allerdings würde bei Ländern, die über
der Höchstgrenze $\bar{\delta}$ liegen, der Stabilisierungsgrad unter das in den USA erzielte Maß sinken.

• Bei partiellem Ausgleich: Erhält ein Mitgliedsstaat monatliche Transferzahlung erst, wenn seine Arbeitslosenrate um einen Schwellenwert von σ = 0,3%
  stärker als der Durchschnitt ansteigt, so müßte eine dann einsetzende Zahlung
  großzügiger bemessen sein, nämlich ω=2% des monatlichen Einkommensrückgangs betragen, um einen vergleichbaren (de facto etwas höheren) Stabilisierungswert von 25% zu erhalten. Die Kosten dieser partiellen, marginal
  aber höheren Kompensation ließen sich in dem Bereich des vollen Ausgleichs
  (mit den dort angegebenen Parametern) halten, wenn die maximalen Transferzahlungen $\bar{\tau}$ gleichzeitig auf 1,5% des jährlichen Sozialprodukts eines
  Mitgliedsstaates begrenzt werden (Italianer/Pisani-Ferry 1994, 181).

Die vergleichsweise niedrigen Budgetaufwendungen für ein Ausmaß an Stabilisierung, das dem des US-amerikanischen fiskalischen Föderalismus entspricht,
mag überraschen. Dies ist dem Umstand geschuldet, daß die Stabilisierung hier
nicht als Nebenprodukt der Redistribution, beispielsweise einer progressiven
Einkommensbesteuerung, eintritt. Vielmehr dient der Mechanismus gezielt diesem Zweck.

Selbstverständlich können die Zahlungen auch an einzelne Regionen - innerhalb
eines Mitgliedstaates oder verschiedene Mitgliedstaaten übergreifend - geleistet
werden. Das ist für die EWU von empirisch größerer Relevanz, weil zu erwarten
ist, daß regionale oder industriespezifische Schocks häufiger und gewichtiger
sind bzw. werden als nationale (Krugman 1993; Belke/Gros 1998b, 10f.).

Über die **Finanzierung** wird in diesen Vorschlägen nichts gesagt. Das aber ist in
einem Währungsraum mit großen Einkommensunterschieden ein Haupthindernis

---

[43] Zum Vergleich: Das 1990 im Rahmen des deutschen Finanzausgleichs umverteilte
Volumen entsprach 0,13% des westdeutschen Sozialprodukts (Italianer/Pisani-Ferry
1994, 179).

für die Einrichtung eines solchen Stabilisierungsmechanismus. Vorstellbar sind (Italianer/ Vanheukelen 1993, 496)

(1) kontrazyklische Zahlungen der Mitgliedsstaaten, die einen stärkeren als durchschnittlichen Anstieg ihres Sozialprodukts bzw. ihrer Beschäftigung erfahren,

(2) Zahlungen aus dem Gemeinschaftsbudget, was im Falle der EWU eine Erhöhung um rund ein Fünftel erforderte,

(3) Zahlungen aus einem speziell dafür einzurichtenden Fonds.

Ersteres hätte den Vorteil, daß *ex ante* jedes Land eine Chance hätte, Nettoempfänger von Zahlungen zu werden. Es käme nicht auf die Unterschiede in den regionalen Einkommensniveaus an. Vielmehr hätten nur Länder mit einer deutlich größeren Volatilität der Einkommensbildung eine höhere Chance, Transfers zu erhalten, die ihre Zahlungen der „Versicherungsprämie" übersteigen. Ein solcher Finanzierungsmechanismus könnte insbesondere bei Mitgliedsstaaten mit höherem Einkommen den Widerstand gegen eine solche Gemeinschaftsaufgabe abbauen (Spahn 1993).[44] Die beiden letzteren Finanzierungsarten würden überproportional von den reicheren Mitgliedsstaaten finanziert. Unterschiede zwischen ihnen ergäben sich lediglich, wenn sie unterschiedlichen Budgetrestriktionen unterworfen wären. Die Budgetfinanzierung ist im Falle der EWU nur sehr bedingt für antizyklische Maßnahmen geeignet, weil sie einem strikten Vorbehalt des periodischen Haushaltsausgleichs unterworfen ist. Einen speziell für antizyklische Stabilisierungsaufgaben eingerichteten Fonds könnte man dagegen unter den Vorbehalt stellen, daß der Budgetausgleich nur intertemporal zu erfüllen ist, auf einer jährlichen Basis aber negative und positive Salden erlaubt sind.

Besonders der partielle Ausgleich macht den **Versicherungsgedanken** deutlich, der hinter diesem Stabilisierungsmechanismus steht. Da die automatischen Stabilisatoren der einzelnen Mitgliedsstaaten weiterhin in Kraft sind, versichert man sich durch den Beitrag zur Finanzierung eines solchen Ausgleichs lediglich gegen sehr schwere Schocks. Die nur partielle Absicherung entspricht einem Selbstbehalt, wie er von Versicherungen verlangt wird, um dem Anreizproblem des Moral Hazard zu begegnen. Sogar die Zahlung des Ausgleichs an andere Mitgliedsstaaten kann in solchen Fällen im eigenen Interesse sein, weil damit

---

[44] Umgekehrt gibt es ein politisches Akzeptanzproblem bei Vorschlägen, die den Kreis der möglichen Empfängerländer von vornherein beschränken. So schlagen Belke/Gros (1998b, 19f.) vor, nur Länder mit einem niedrigeren als durchschnittlichen BIP in den Genuß von Transferzahlungen aus einer Faszilität des EU-Kohäsionsfonds kommen zu lassen. Abgesehen von der politischen Erwägung, widerspricht das dem Versicherungsprinzip.

Spillovers auf die (im politischen Sinne) inländische Volkswirtschaft, sei es über Absatzmärkte oder Migration, abgeschwächt werden.

Das bei Versicherungen notorische Moral Hazard-Problem ist hier theoretisch nicht gravierend (Goodhart/Smith 1993, 425). Erstens werden keine Zahlungen an Personen geleistet. Entsprechend gäben diese Transferzahlungen den betroffenen Personen auch keinen Anlaß, infolge des Bezugs von Arbeitslosengeld ihr Verhalten so zu ändern, daß sie nicht wieder in den Arbeitsmarkt eingegliedert werden können. Zweitens haben die Regierungen wenig Anreiz, ihre Wirtschaftspolitik beschäftigungsfeindlich zu gestalten, um in den Genuß der Versicherungsleistung zu kommen. Denn nur die Abweichung vom durchschnittlichen Anstieg der Arbeitslosigkeit wird kompensiert. Die fiskalische Hauptlast steigender Unterbeschäftigung trägt die betreffende Volkswirtschaft, die Last eines konstant hohen Niveaus der Unterbeschäftigung sogar vollständig.

Die Grenze dieses Stabilisierungsmechanismus wird mit diesen letzteren Hinweisen auf die Inzidenz eines hohen Niveaus der Unterbeschäftigung allerdings auch deutlich: Er ist so konzipiert, daß er nur eine destabilisierende Dynamik unterbinden kann. Gegen hohe Arbeitslosigkeit in einer Region und ihre möglicherweise destabilisierenden Folgen bietet er jedoch keine Handhabe. Deshalb soll im nächsten Abschnitt gefragt werden, welche Elemente einer Sozialföderation stabilisierend wirken könnten in einem Währungsraum, der von erheblichen Beschäftigungs- und Einkommensunterschieden geprägt ist.

6.2.2 Die Versicherungs- und Stabilisierungsfunktion der Sozialpolitik

Der Versicherungsgedanke ist für die ökonomische Theorie der Sozialpolitik grundlegend. Durch sozialstaatliche Einrichtungen versichert die Gemeinschaft ihre Mitglieder gegen individuelle Risiken, die - wie Krankheit und Arbeitslosigkeit - jeden treffen können. Diese Risiken dürfen nicht vollständig positiv korreliert sein, weil sonst keine Versicherung möglich ist. Das war auch auf der Ebene von Regionen eine Bedingung für die Stabilisierkeit asymmetrischer Schocks: definitionsgemäß sind solche regionalen Schocks in Maßen unabhängig, so daß die soeben dargestellte Versicherungsmöglichkeit durch fiskalischen Föderalismus besteht. Für die in der betroffenen Region Ansässigen bedeutet ein solcher Schock positiv korrelierte individuelle Risiken, gegen die sie sich nicht untereinander versichern können.

Für die hier verfolgte Frage nach den Bedingungen einer monetären Union, die politisch eine Föderation mit weitgehend dezentralen Entscheidungshoheiten ist (i.e. der Fall der EWU), sind nur Mindestanforderungen an die Sozialpolitik zu bestimmen. Eine an diese Vorgaben angepaßte Sozialunion sollte zu einer Gestaltung des fiskalischen Wettbewerbs beitragen, so daß weder die Freizügigkeit behindert wird noch die Wohlfahrtsstaaten der Mitgliedsländer ausgehöhlt werden (Sinn 1995b). Theoretisch wäre dann nämlich zu erwarten, daß die aggregierte Einkommensbildung sinkt und instabiler wird. Dieser Zusammenhang von

Sozialversicherung und Einkommensbildung wird zunächst dargestellt. Anschließend werden mögliche Vorkehrungen gegen einen kontraproduktiven Abbau sozialstaatlicher Sicherungen angesprochen.

6.2.2.1 Sozialversicherung und Einkommensbildung

Eine große Zahl individueller Einkommensrisiken ist nicht durch Markttransaktionen abzusichern, sei es durch Abschluß privatwirtschaftlich angebotener Versicherungen oder durch Inanspruchnahme von Vermögensmärkten. Das Versagen oder die Unvollständigkeit von Versicherungs- und Vermögensmärkten legitimiert in einer Wirtschaftsordnung, die normativ auf dem Vorrang des Privateigentums und der Konsumentensouveränität basiert, die Einrichtung von Sozialversicherungen mit Pflichtcharakter.

Das Versagen oder die Unvollständigkeit von Versicherungsmärkten ist vor allem dem Problem der adversen Selektion geschuldet. Deshalb werden bestimmte Versicherungsprodukte, wie etwa eine Arbeitslosenversicherung für Alleinstehende, privatwirtschaftlich nicht angeboten. Auf seiten der Versicherungsgeber besteht „Qualitätsunsicherheit" über die prospektive Klientel, weil sie in der Regel nur statistische Informationen über die Risikoeigenschaften der Versicherungsnehmer hat. Die Kalkulation der Versicherungsprämie muß dann das durchschnittliche Risiko des Samples zugrundelegen. Eine so ermittelte Prämie bietet aber nur für Hochrisikogruppen einen Anreiz, sich zu versichern. Für diese ist sie wiederum zu niedrig kalkuliert. Gibt es keine Möglichkeit, die Gruppen zu identifizieren und durch Vertragsgestaltung zu separieren, wird die Versicherungsleistung erst gar nicht angeboten. Marktversagen ist dies, weil es durchaus eine zahlungsbereite Nachfrage beider Risikogruppen nach Versicherung gäbe, die kostendeckend befriedigt werden könnte, wenn sich die Gruppen identifizieren ließen. Eine Arbeitslosenversicherung, in die jeder abhängig Beschäftigte eintreten muß, kann dieses Problem der adversen Selektion beseitigen, indem sie schlicht die Selbstselektion der Versicherungsnehmer unterbindet. Die Pflichtversicherung ist in der Lage, zu geringeren Prämien eine kostendeckende Versicherungsleistung anzubieten, die auch Niedrigrisikogruppen schützt.[45]

Das Versagen oder die Unvollständigkeit von Vermögensmärkten in Bezug auf die Absicherung individueller Lebenseinkommensrisiken hat vielfältige Ursachen. In der Regel sind sie bedingt durch Informations- und Transaktionskosten der Vertragsgestaltung und -durchsetzung, gegeben bestimmte Restriktionen der Rechtsordnung. So bieten Vermögensmärkte keine oder nur sehr eingeschränkte

---

[45] Das gilt unter der Einschränkung, daß die *Moral Hazard*-Probleme einer solchen Sozialversicherung nicht allzu gravierend sind. Dieses Problem einer Verhaltensänderung der Versicherungsnehmer ex post tritt unabhängig davon auf, ob die Versicherung privatwirtschaftlich oder sozialstaatlich organisiert wird.

Finanzierung für Ausbildungsvorhaben außerhalb einer festen Anstellung. Die Verpfändung eines vorab festgelegten Einkommensanteils würde die Rückzahlung sehr unsicher machen. Denn eine solche Vereinbarung würde entweder offenkundige *Moral Hazard*-Probleme aufwerfen, indem manche Versicherungsnehmer in ihren Anstrengungen nachließen, eine gut bezahlte Anstellung zu erhalten. Oder der abzuführende Anteil wäre bei einem - durch eigenes Verhalten verschuldet oder unverschuldet - niedrigen Einkommen sittenwidrig, weil dem Versicherungsnehmer nicht genug für eine angemessene Lebenshaltung bliebe. Diese Probleme ließen sich im Prinzip lösen, wenn die Arbeitskraft für einen bestimmten Zeitraum nach Abschluß der Ausbildung übereignet und nach Maßgabe des Kreditgebers eingesetzt werden könnte. Das aber ist rechtswidrig in einer Gesellschaftsordnung, die Schuldknechtschaft und Sklaverei untersagt (Sinn 1996, 7). Unter Informations- und Transaktionskosten lassen sich auch die Gründe subsumieren, die zu einer geringen regionalen und internationalen Diversifikation von Haushaltsvermögen führen und deshalb bei asymmetrischen Schocks kaum Kompensation bieten (Atkeson/Bayoumi 1993, 304, 315). An die Stelle der individuellen Absicherung über Kapitalmärkte muß daher die staatliche Finanzierung und Stabilisierung treten, wenn Ausbildungs-, Beschäftigungs- oder Einkommensrisiken der einzelnen abgefedert werden sollen.

Die im hiesigen Kontext relevante Funktion der Sozialpolitik ist also die des Risikoausgleichs zwischen Individuen. Dafür gibt es stabilisierungspolitische und effizienztheoretische Gründe. Der erste folgt daraus, daß individuelle Risikoverarbeitung gesamtwirtschaftlich destabilisierend sein kann, während der zweite darauf abstellt, daß eine erhöhte individuelle Risikoübernahme das Durchschnittseinkommen steigern kann.

Die **stabilisierungspolitische Begründung** eines Risikoausgleichs zwischen Individuen knüpft daran an, daß es für Arbeitskräfte in einer Geldwirtschaft ein systembedingtes, von individuellen Merkmalen unabhängiges Risiko der Arbeitslosigkeit gibt. Denn in einer Geldwirtschaft ist Unterbeschäftigung durchaus mit einem Gleichgewicht des Marktsystems vereinbar.[46] Die tatsächliche Beschäftigung muß nur kleiner, höchstens gleich der zum herrschenden Reallohn maximal möglichen sein, die vom realen Kapitalstock bestimmt wird. Die Annäherung an ein Vollbeschäftigungsgleichgewicht ist mit partiellen Enpässen in Arbeitsmärkten verbunden, der immer die Tendenz zu einer Lohn-Preis-Spirale innewohnt. Inflation ist dann der Weg, den realen Kapitalstock zu entwerten und damit die Beschäftigung zu senken. Insofern gibt es eine Asymmetrie zwischen

---

[46] Die NAIRU ist dafür ein angebotstheoretischer Ausdruck, der an der Vorstellung von einem Vollbeschäftigungsgleichgewicht festhält. In Abschnitt 4.3.2 wurde zu zeigen versucht, daß es eine vermögenstheoretische Alternative gibt. Vgl. dazu auch Betz (1993, Kap.II.5), der die Logik der Beschäftigungsbestimmung in einem statischen Modell der geschlossenen Geldwirtschaft verdeutlicht.

der Möglichkeit einer Unterbeschäftigung und der Möglichkeit einer Überbeschäftigung, wenn Vermögensdispositionen eine wesentliche Rolle für die Einkommensbildung spielen. Mit Vermögenssicherung ist Unterbeschäftigung sehr wohl vereinbar, Überbeschäftigung aber nicht. Entsprechend erzeugen Marktkräfte selbst eine Tendenz zu Unterbeschäftigung, die jede Arbeitskraft treffen kann und einzelne Arbeitskräfte jedenfalls treffen muß.

Die individuell rationale Verarbeitung des Einkommensrisikos aus Arbeitslosigkeit weist allerdings eine negative Externalität für die nominelle Stabilität auf. Da die Einzelnen dies nicht ins Kalkül ziehen, wenn sie um Arbeitsplätze konkurrieren, sorgt der Marktprozeß für zuwenig Stabilität. Insofern dient es dem Systemerhalt, die einzelnen für den Fall des Arbeitsplatzverlustes zu versichern. Die Versicherung besteht darin, Arbeitslosen ein Alternativeinkommen zu bieten, das die Anreize mindert, die Nominallöhne vergleichbar Beschäftigter zu unterbieten. Das liegt im Interesse der Solidargemeinschaft, da sie zugleich Nutznießer nomineller Stabilität ist. Dieses Alternativeinkommen ist die proportional zum letzten Einkommen gewährte Arbeitslosenunterstützung und im äußersten Fall die Sozialhilfe. Sie darf freilich nicht indexiert, also real definiert sein, wenn sie die Funktion eines nominellen Ankers *of last resort* erfüllen soll.

Die stabilisierungspolitische Überlegung spricht gegen einen großen Lohnabstand zwischen dem Niveau der Arbeitslosenunterstützung und dem der niedrigsten Lohngruppe. Denn untere Lohngruppen verlieren dann ihre Funktion für die Preisbildung am Arbeitsmarkt. Bei großem Lohnabstand könnten sich Arbeitslose besser stellen dadurch, daß sie ihre Arbeitskraft zu einem wesentlich niedrigeren Preis als die unterste Lohngruppe anbieten, der zugleich deutlich über ihrem Transfereinkommen läge. Der Sozialhilfesatz würde zum politisch bestimmten Mindestlohn. Offenkundig gibt es in Bezug auf das Lohnabstandsgebot ein Dilemma zwischen seiner Stabilisierungfunktion, die für einen geringen Abstand spricht, und seiner effizienten Ausgestaltung, die einen spürbaren Abstand forderte. Der große Abstand wäre in einer monetären Union mit großen Einkommensunterschieden schon deshalb angezeigt, weil sonst der Sozialhilfesatz in Hochlohnregionen über dem Durchschnittseinkommen in Niedriglohnregionen liegen könnte und damit Armutswanderung auslöste.

Aus diesem Dilemma gibt es keine Auswege, die ohne weitreichende Änderungen in den bestehenden Steuer- und Transfersystemen gangbar wären. Ein theoretisch bestechender, praktisch noch nicht erprobter Ausweg ist, das separate Transfersystem für die Einkommenssicherung aufzugeben und an dessen Stelle ein Steuersystem mit der Möglichkeit zur Gewährung einer negativen Einkommenssteuer treten zu lassen. Ein solch einheitliches Steuer-Transfersystem ermöglicht einen fließenden Übergang zwischen Nicht-Beschäftigung, Teilzeit- und Vollzeit-Niedriglohnbeschäftigung, weil es ein bestimmtes Basiseinkommen unabhängig vom Beschäftigungsstatus gewährleistet und zugleich die Aufnahme von Erwerbsarbeit honoriert.[47]

Die **effizienztheoretische Begründung** eines sozialpolitischen Risikoausgleichs geht einfach von der Überlegung aus, die auch Portfoliomodellen zugrundeliegt: ein höheres Risiko muß durch einen höheren Erwartungswert der Erträge kompensiert werden. Das zumindest ist das Marktergebnis, wenn wirtschaftlich Handelnde überwiegend risikoavers sind.[48]. Sie wählen die die Projekte, die für einen gegebenen erwarteten Ertrag die niedrigsten Risiken aufweisen bzw. für gegebenes Risiko die höchsten Erträge versprechen. Weil der Markt solche Projekte selegiert, die einen positiven Zusammenhang von Höhe des erwarteten Gewinns und Höhe des einzugehenden Risikos aufweisen, kann man auch von der „Produktivität" der Risikoübernahme sprechen.[49] Jedenfalls ist eine Steigerung der Wertschöpfung zu erwarten, wenn in einer Volkswirtschaft riskantere Projekte durchführbar werden,- die freilich mit entsprechend größerer Wahrscheinlichkeit scheitern.

Die sozialstaatliche Umverteilung ist eine Möglichkeit, den Risikoausgleich zwischen Individuen zu bewerkstelligen und dadurch ihre Bereitschaft für eine einkommenssteigernde Übernahme weiterer Risiken zu erhöhen. So beinhaltet progressive Besteuerung einer Art Verlust- und Gewinnbeteiligung des Steuerstaates am individuellen Einkommensrisiko. Im Falle der schlechten Realisation, beispielsweise einem Arbeitsplatz mit geringerem oder unregelmäßigem Einkommen, werden die Betreffenden überproportional von Steuerzahlungen entlastet. Im Falle einer guten Realisation, die gemäß ökonomischer Logik einer Beschäftigung mit hohem Einkommen entspricht, muß der Betreffende dagegen überproportional zum Sozialsystem beitragen. Die Umverteilung via progressiver Besteuerung und anderer Maßnahmen kann als eine Art Versicherungskontrakt betrachtet werden, der die Verlierer zulasten der Gewinner kompensiert. Dabei

---

[47] Freilich wäre auch dann noch nicht das Problem der Armutswanderung zur Erlangung eines höheren Basiseinkommens gelöst. Dazu wird nachfolgend ein auf Sinn (1990, 1995b) zurückgehender Vorschlag ausgeführt, der allerdings auch der Steuerflucht vorbeugen soll.

[48] Diese Formulierung läßt zu, daß sich Anleger in ihrer Freizeit (als nicht wirtschaftlich Handelnde) an Glücksspielen beteiligen, die höheres Risiko nicht mit einem höheren Ertrag honorieren, während sie als wirtschaftlich Handelnde immer darauf bestehen würden, daß ein riskanteres Investitionsprojekt auch einen höheren Ertrag abwerfen muß.

[49] Konrad (1992) geht auf die weit zurückreichenden dogmenhistorischen Wurzeln dieser Vorstellung von einer „Risikoproduktivität" ein, gibt ihm eine rigorose Fassung und zieht steuerpolitische Schlußfolgerungen aus der Berücksichtigung von Risiko als einem Produktionsfaktor.

sollte das Ereignis, Verlierer oder Gewinner zu werden, selbstverständlich zu einem erheblichen Teil zufallsbestimmt sein.[50]

Das Einverständnis der Steuerbürger zu einem solchen redistributiven Steuersystem steht nicht im Widerspruch zur konventionellen ökonomischen Handlungslogik, wonach Opportunitäten eigennützig ausgewählt werden. Das hat den methodischen Vorteil, daß keine voraussetzungsvollen Annahmen über die Reichweite altruistischer Regungen erfordert sind, um eine solche Ausgestaltung beobachtbarer Steuersysteme ökonomisch zu motivieren. Risikoaverse Individuen, wenn und insofern sie sich bezüglich ihrer späteren Einkommensposition nicht sicher sein können, müßten für progressive Besteuerung votieren.

Die Übernahme weiterer Risiken, die durch solche sozialstaatliche Absicherung möglich wird, kann in höherer Mobilität, in einer stärkeren beruflichen Spezialisierung mit entsprechend längeren Ausbildungszeiten oder in der Gründung eines eigenen Unternehmens bestehen. Die sozialstaatliche Absicherung ist dabei in einem sehr weiten Sinne zu verstehen, umfaßt also beispielsweise auch die Subventionierung von weiterführenden Ausbildungen oder ein Konkurs- und Vergleichsgesetz. Effizienzsteigernd ist dies, wenn die Kosten, die der Sozialstaat verursacht, um eine höhere individuelle Risikotragfähigkeit zu ermöglichen, geringer sind als die geldwerten Vorteile, die sich daraus für die (risikoaversen) Steuerbürger im Aggregat ergeben.

Der Verweis, daß es in Wohlfahrtsstaaten ein Potential effizienzsteigernder Risikozunahme gibt, wirft auch ein interessantes Licht auf die allfällige Diagnose eines *Moral Hazard*-Problems. Selbst wenn es Anzeichen dafür gibt, daß in Wohlfahrtsstaaten riskanteres Verhaltens säkular zunimmt - längere Studienzeiten in vermeintlichen Orchideenfächern oder mit ungewöhnlichen Fächerkombinationen verbracht werden, ausgefallene Geschäftsideen realisiert und hochspezialisierte Dienstleistungen angeboten werden -, so läßt dies keineswegs darauf schließen, daß es sich dabei um eine Verhaltensänderung handelt, an der soziale Sicherungssysteme zugrundegehen müssen. Vielmehr kann es sich dabei um Manifestationen einer größeren Risikobereitschaft handeln, die nach landläufiger Auffassung ökonomische Dynamik erzeugen: "Under the protection of the welfare state, more can be dared." (Sinn 1995a, 507)

Es gibt einen **Zusammenhang zwischen den beiden Begründungen** für die ökonomische Sinnhaftigkeit eines sozialpolitischen Risikoausgleichs zwischen Individuen. Die effizienztheoretische Begründung muß eine gegebene Menge von Zufallsverteilungen unterstellen, aus der bei Existenz von Versicherungsarrangements verstärkt diejenigen gewählt werden, die bei größerer Wahrscheinlichkeit einer positiven oder negativen Abweichung einen höheren mittleren Ertrag

---

[50]   Vgl. Sinn (1996, 3) sowie Wildasin (1995, 528n) zu diesem "social insurance view of redistribution".

versprechen. Die stabilisierungspolitische Begründung macht darauf aufmerksam, daß den Individuen diese Menge vorgegeben ist, ihr eigenes Verhalten aber diese Vorgabe gefährden kann. Die Gefährdung nomineller Stabilität ist eine Externalität der individuellen Konkurrenz um Arbeitsplätze, durch die sich die Möglichkeitsmenge der Verteilungen nachteilig verändern kann. Die Verteilungswirkung einer Deflation auf das Primäreinkommen wirkte der Sekundärverteilung durch das Steuer- und Transfersystem entgegen. Denn in einer Deflation wird der Einkommenserwerb zugunsten des Vermögensbesitzes erschwert. Die Schulden der Unternehmen werden aufgewertet, Arbeitseinkommen sinken zugunsten der implizit steigenden realen Vermögensverzinsung. Dadurch würde der Erwartungswert der Einkommen sinken. Insofern sind die effizienztheoretisch begründbaren Effekte darauf angewiesen, daß die makroökonomischen Bedingungen ihrer Entstehung gewährleistet sind.

Zu betonen ist, daß die Stabilität der Einkommensbildung auf gesamtwirtschaftlicher Ebene durchaus vereinbar mit einer höheren Varianz der personellen Einkommensverteilung ist. Wenn Individuen riskantere Erwerbsbiographien wählen, erhöht sich der Unterschied zwischen den Gewinnern und Verlierern.[51] Infolgedessen steigt zwar die Dispersion der personellen Einkommen,- bei durchschnittlich höherem Einkommen, sofern Moralischer Hasard kein zu gravierendes Problem ist. Der Durchschnitt selbst kann aber im Niveau durchaus weniger volatil sein.

Die Stabilisierungsfunktion des Sozialsystems ist deshalb auch für seine im Vordergrund stehende Umverteilungsfunktion unabdingbar.[52] Mit dieser sekundären

---

[51] Die Einkommensunterschiede steigen also infolge der stattfindenden Umverteilung. Entsprechend kann man von einem „Redistributionsparadoxon" sprechen (Sinn 1995a, 515-520).

[52] Insofern scheint es mir widersprüchlich, wenn Sinn (1998, 10f.) dafür plädiert, die Lohnuntergrenze in Form der Sozialhilfe möglichst abzuschaffen, zugleich aber die im folgenden Abschnitt dargestellte Anwendung des Herkunftslandprinzips für die Sozialhilfe befürwortet, weil sonst „der Sozialstaat im Systemwettbewerb über alle Maßen zu schrumpfen droht." (ebd., 13) Wenn er sich positive Wirkungen von einer Laissez-faire-Bestimmung der Lohnuntergrenze verspricht, gilt auch das Argument von Wildasin (1995, 528): „[...] while greater factor mobility may add constraints to the ability of governments to redistribute income, it can also itself provide a form of market insurance against income risk. Access to 'external' factor markets limits the extent of factor price variation through spatial arbitrage and may, to some degree, obviate the need for public sector insurance of such risks." Die hier vertretene Position lautet dagegen, daß Arbeitskräftewanderungen nur dann zu einer Effizienzsteigerung und Einkommenskonvergenz beitragen können, wenn zugleich gewährleistet ist, daß die Arbitrage keine Deflationstendenzen begünstigt.

Funktion der Sozialpolitik läßt sich sogar das Paradoxon erklären, daß einige nationale Sicherungssysteme - wie das deutsche - wenig Umverteilungselemente enthalten. Sie sind umlagefinanziert und nach kurzfristigen Äquivalenzprinzipien konstruiert (Sinn 1998, 30). Die Umlagefinanzierung aber entfaltet eine starke automatische Stabilisierungswirkung. Aus strikt integrationstheoretischer Sicht muß man also dafür plädieren, der Umlagefinanzierung von nationalen Sozialversicherungen großen Stellenwert einzuräumen bzw. die Umlagefinanzierung zu erhalten, selbst wenn ihre redistributive Effektivität eher schwach ist (Italianer/Pisani-Ferry 1994, 167).

6.2.2.2 Freizügigkeit und kompetitiver Sozialstaatsabbau

In einem Währungsraum mit erheblichen Unterschieden hinsichtlich der sozialen Absicherung von Einkommensrisiken zwischen den Mitgliedsstaaten entsteht ein starker Druck zum Abbau von Sozialleistungen. Diesen Druck erzeugt die Freizügigkeit im Binnenmarkt, die mit der Währungsintegration in aller Regel einhergeht. Dazu ist keine starke Erhöhung der allgemeinen Arbeitskräfte- und Steuerbürgermobilität erfordert (Wildasin 1995, 530f.; Sinn 1996, 29). Vielmehr genügt die selektive Steigerung der Mobilität, die vor allem an den Extremen der Einkommensverteilung zunehmen dürfte. So erfahren Armutsflüchtlinge selbst bei unsicheren Beschäftigungsaussichten eine deutliche Besserung ihres Lebensstandards, wenn das Entgelt bei Beschäftigung oder informeller Tätigkeit im Zielland einen höheren Erwartungswert verspricht als die sichere Anstellung in der Heimatregion. Und hochverdienende, gut ausgebildete Haushalte werden versuchen, zumindest ihren ersten Wohnsitz unter dem Gesichtspunkt der Steuerveranlagung zu wählen.

Daraus ergibt sich für jede Jurisdiktion ein Anreiz, die Sozialtransfers zu senken, um das erwartete Einkommen von Armutsflüchtlingen zu senken und um generell Ausgaben einzuschränken. Denn auf der Einnahmenseite sieht sich jede Jurisdiktion dazu veranlaßt, Steuern zu senken, um hochverdienende Steuerflüchtlinge anzuziehen. Aus Sicht des Fiskus resultiert somit die beste Zusammensetzung der Steuerbasis, wenn keine Umverteilung oder sogar eine Umverteilung von unten nach oben vorgenommen wird. Die betreffende Jurisdiktion erreichte damit sogar das Ziel einer egalitären Einkommensverteilung und zwar auf hohem Niveau. Entsprechend sieht Sinn (1995b, 246) den „Grund für die Ineffizienz einer Wettbewerbslösung" in der Existenz positiver Migrationsexternalitäten der Umverteilung: „In dem Maße wie die Umverteilung Reiche vertreibt und Arme anlockt, verteilt sich ihr egalisierender Effekt auf andere Länder." Von den nationalen Regierungen werde diese passive Angleichung der Einkommensverteilung zwischen Wohlfahrtsstaaten mit egalitärer Verteilung und Minimalstaaten mit großer Einkommensungleichheit jedoch nicht berücksichtigt, da sie eine positive Externalität aktiver Umverteilungspolitik ist.[53] Sie sind daher versucht, nur noch auf den passiven Umverteilungseffekt durch Zu- und Abwanderung zu setzen, was „eine Unterversorgung mit Sozialpolitik" impliziere.

Umgekehrt sieht sich ein Wohlfahrtsstaat, der vergleichsweise hohe Standards aufrecht zu erhalten versucht, in strikt fiskalischer Hinsicht den Wirkungen adverser Selektion ausgesetzt. Haushalte mit höheren Einkommensrisiken wandern zu, diejenigen mit niedrigen wandern ab. Dadurch schrumpft die Steuerbasis. Im theoretischen Grenzfall endet der Wettbewerb zwischen den Sozialsystemen daher in einer Situation ohne Umverteilung. Nach den obigen Ausführungen läßt eine solche Entwicklung Destabilisierung und Effizienzverluste erwarten.

Doch das **sozialpolitische Dilemma des heterogenen Währungsraumes** besteht darin, daß die Festschreibung einheitlicher Mindeststandards, selbst wenn sie einen Kompromiß darstellten, die Niedriglohnregionen überfordern, die Hochlohnregionen aber unterfordern würde. Sozialleistungen sind implizite Lohnbestandteile, die teils von den Lohnbeziehern direkt getragen werden und in der Diskrepanz zwischen Brutto- und Nominallohn erscheinen, teils von den Unternehmen in die Preise überwälzt werden und in der Diskrepanz zwischen (Netto-)Nominallohn und (Netto-)Reallohn erscheinen. Die Höhe des gleichgewichtigen Bruttoreallohns wird von Sozialleistungen dagegen nicht berührt, weil sie für jeden Nominallohnsatz durch den Zinssatz und den Wechselkurs bestimmt ist (vgl. Fenster 4.3). Somit senkt eine Erhöhung der Sozialleistungen das *verfügbare* reale Lohneinkommen eines Arbeitnehmerhaushalts.

Die Beschneidung des verfügbaren Einkommens durch Sozialversicherungsabgaben ist akzeptabler bei einem durchschnittlich hohen Niveau der Löhne als bei niedrigem, wenn das Bedürfnis nach sozialer Absicherung durch eine positive Einkommenselastizität gekennzeichnet ist.[54] Entsprechend dürften sich auch die kollektiven Arbeitnehmervertretungen in einem Währungsraum mit bedeutenden Einkommensunterschieden nicht einig sein, wie hoch die Anteile am gesamten Lohnzuwachs sein sollen, die jeweils auf eine Erhöhung der verfügbaren Einkommen und auf eine Verbesserung der sozialen Absicherung entfallen sollen.

---

[53] Der angesonnene Mechanismus größerer Gleichverteilung steht freilich in einem Spannungsverhältnis zum Redistributionsparadoxon, wonach ein hohes Maß an Umverteilungsaktivität - gerade wenn ihr Zweck erreicht wird - größere Ungleichheit zur Folge hat (vgl. dazu auch die vorletzte Fußnote und ausführlicher Sinn 1995a, 515-520; idem 1996, 21-24).

[54] Ein dem zumindest nicht widersprechender empirischer Hinweis darauf ist, daß die Staatsquote und insbesondere der Anteil der Transferausgaben mit dem Einkommen mehr als proportional steigt, also eine Einkommenselastizität von größer 1 aufweist. Warum dies so sein könnte, ist Thema der Literatur zum Wachstum der Staatsausgaben (Peltzman 1984, 211, 219; Barr 1993, 758-765).

Ein weiterer Faktor, der für unterschiedliche regionale Interessenlagen sorgt, sind die Wirkungen auf die Wettbewerbsfähigkeit der regionalen Produktion. Wie bereits erwähnt, führt die Finanzierung von Sozialleistungen, die über Arbeitgeberbeiträge erfolgt, zu einer Erhöhung der Preise, weil gewinnmaximierende Unternehmen diese Kosten langfristig überwälzen werden. Selbst wenn man sich innerhalb eines Währungsraumes auf eine Harmonisierung der Arbeitgeberanteile verständigte, kann es signifikante Unterschiede in der Überwälzbarkeit dieser Kosten geben, weil die jeweiligen Nachfragen nach den regional hergestellten Produkten unterschiedliche Preiselastizitäten aufweisen.[55] Für standardisierte Massenprodukte gibt es größere Schwierigkeiten, die Arbeitgeberbeiträge weiterzugeben, weil die Nachfrage danach sehr preiselastisch ist. Regionen, in denen solche Fertigungen überwiegend angesiedelt sind, würden sich also gegen eine Angleichung der sozialen Absicherung auf höherem Niveau und gegen ihre Finanzierung über Arbeitgeberbeiträge wehren, weil sie zurecht fürchteten, Marktanteile an die Importkonkurrenz bzw. auf Exportmärkten zu verlieren.

Die naheliegende Schlußfolgerung daraus ist, daß sich die sozialen Sicherungssysteme in einem heterogenen Währungsraum gegen eine rasche Harmonisierung sperren. Insofern wird hier die Notwendigkeit einer Sozialföderation im Unterschied zu einer Sozialunion begründet. Entlastend wirkt freilich der Spielraum für einen marktmäßigen Konvergenzprozeß, der sich aus dem mit der Integration verbundenen Zinseffekt ergibt. Wie in Unterkapitel 6.1 bereits ausgeführt, verzeichnen Niedriglohnregionen bei einer stabilitätsorientierten Währungsintegration eine gleichgewichtige Zinssenkung. Der entsprechende Realeinkommenszuwachs kann in einer Kombination aus höherem verfügbaren Einkommen und höheren Sozialleistungen bestehen. Zumindest eröffnet dies einen Kanal für die Homogenisierung des Sozialraums, denn die Aufteilung stellt eine Gestaltungsmöglichkeit für Tarifverhandlungen und die Sozialgesetzgebung dar. Ob der Effekt jedoch stark genug ist, um eine spürbare Konvergenz in absehbaren Zeiträumen herbeizuführen, ist theoretisch offen, weil von unterschiedlichen Präferenzen und Institutionalisierungen der Sozialpolitik abhängig.[56]

Angesichts dieses Befundes stellt sich die Frage, wie einem kontraproduktiven Wettbewerb der Sozialsysteme Grenzen gesetzt werden können, ohne elementare

---

[55] Das folgt aus der mikroökonomischen Theorie der Preisbildung bei monopolistischem Wettbewerb (vgl. Fenster 4.3), bei allerdings heterogenen Anbietern.

[56] Soweit die wenigen Erfahrungen eine Übertragung erlauben, ist die Stärke dieses Effektes nicht allzu hoch einzuschätzen So sind die USA bis heute ein sehr heterogener Sozialraum, der keine einheitliche Arbeitslosenversicherung oder Sozialhilfe kennt, sondern nur eine nationale Mindestlohnvorschrift und ein nationales Einkommenssubventionsprogramm (den Earned Income Tax Credit). Vgl. dazu Skocpol (1995, Kap.7) sowie Schelkle (1999b, 49-58).

Motive für die Bildung einer monetären Union in Frage stellen zu müssen. Zu diesen Motiven gehört eben die Freizügigkeit der Arbeitskräfte sowie die Erwartung, daß dadurch bessere Bedingungen für die Angleichung der Lebensverhältnisse auf einem durchschnittlich höheren Niveau geschaffen werden.

Sinn (1990; 1995b, 247) hat mit Blick auf die Europäische Union eine Reform vorgeschlagen, wonach **Sozialleistungen nach dem Herkunftslandprinzip** zu gewähren und finanzieren sind. Das Steuersystem müßte dafür zweigeteilt werden. Wie bisher würden öffentliche Güter wie Schulen, Verkehrsinfrastruktur etc. nach dem Wohnsitz- oder Quellenlandprinzip finanziert. Dazu eigneten sich beispielsweise Konsumsteuern. Umverteilung würde jedoch mithilfe von Einkommenssteuern und Abgaben bewerkstelligt, die an die Nationalität der Steuerpflichtigen anknüpfen. Ausländische Arbeitnehmer müßten redistributive Steuern und Sozialabgaben nur in der Höhe entrichten, wie dies in ihren Heimat- oder Herkunftsland erfordert ist. Im Gegenzug erhalten er oder sie aber auch nur in dieser Höhe Sozialtransfers zum Ausgleich von Einkommensverlusten.

Freilich entsteht ein Verdrängungsproblem, wenn Arbeitgeberbeiträge in die Sozialversicherungen zu leisten sind. Die Einstellung ausländischer Arbeitskräfte könnte für ein inländisches Unternehmen dann kostengünstiger werden als die Einstellung von Inländern, wenn der im Herkunftsland zu leistende Arbeitgeberbeitrag niedriger ist. Deshalb muß sichergestellt werden, daß der Produktlohn, den ein Unternehmen zu zahlen hat, unabhängig von der Nationalität des Lohnempfängers ist. Eine Möglichkeit wäre, den Arbeitgeberanteil ganz abzuschaffen. Das läge insofern nahe, als diese Kosten der Beschäftigung von den im Markt verbleibenden Unternehmen ohnehin in der Preissetzung kalkuliert werden. Im langfristigen Gleichgewicht muß es daher für die verfügbaren realen Lohneinkommen bedeutungslos sein, wie die Finanzierung der Sozialleistungen auf Arbeitnehmer- und Arbeitgeberbeiträge verteilt ist.

Allerdings kann dies im Konjunkturverlauf einen Unterschied machen: Die Beitragszahlungen der Unternehmen in die Sozialversicherungen sind automatische Stabilisatoren. Bei steigender Arbeitslosigkeit tritt eine entsprechend stärkere Kostenentlastung der Unternehmen zulasten einer steigenden Belastung der Sozialversicherungen ein, umgekehrt bei einem Anstieg der Beschäftigung. Will man also diesen automatischen Stabilisator nicht aufgeben, müßten in Weiterentwicklung des Vorschlages von Sinn (1990; 1995b) die Arbeitgeberbeiträge aufgespalten werden. Ein Teil wird an das Herkunftsland überwiesen, und zwar in Höhe der dort üblichen Beiträge. Der Differenzbetrag zu den am Standort üblichen Beiträgen wird an den inländischen Fiskus entrichtet. Diese Einnahme, für die der Fiskus des Wohnsitzlandes keine sozialpolitischen Verbindlichkeiten eingeht, kann der Finanzierung öffentlicher Güter dienen.

Bei dieser Regelung wird der verfügbare Nettolohn, den eine ausländische Arbeitskraft für eine vergleichbare Tätigkeit erzielt, in der Regel höher sein als der einer inländischen. Denn Migration findet überwiegend in Länder mit hohen

Löhnen und einem entsprechend hohen Sozialleistungsniveau statt, d.h. per saldo wandern mehr spanische Arbeitskräfte nach Deutschland als umgekehrt. Da sich die Arbeitnehmerbeiträge und die Lohnsteuer nach dem niedrigeren Niveau des Herkunftslandes bemessen, der Produktlohn für die Unternehmen dagegen unabhängig von der Nationalität des Lohnempfängers sein muß, entsteht aus Arbeitnehmersicht ein Lohndifferential. Theoretisch effizient wäre diese Differenz zwischen den verfügbaren Nettolohneinkommen der ausländischen und der inländischen Arbeitskraft, wenn die abgezinste Summe des monatlichen Lohndifferentials gerade dem Barwert der höheren Sozialansprüche des inländischen Arbeitnehmers entspräche. Dieser Barwert müßte zugleich höher sein als das, was eine ausländische Arbeitskraft an zusätzlichen Versicherungsleistungen aus seinem höheren Nettolohn am Markt erwerben könnte. Das wäre der Ausweis dafür, daß die nur dem Inländer offenstehende Sozialversicherung mit Pflichtcharakter ökonomisch gerechtfertigt ist.

Die Gewährung und Finanzierung von Sozialleistungen nach dem Herkunftslandprinzip beseitigt ein Motiv für die Wanderung von Arbeitskräften, das kompetitiven Sozialabbau begünstigt.[57] Zu einer Beschränkung der Freizügigkeit wird dies nicht, wenn diese Regelung ergänzt wird um ein angepaßtes Einbürgerungsrecht. In jungen Jahren müßte es Migranten freigestellt und einfach gemacht werden, die Nationalität zu wechseln und damit in die Sozialversicherung des Wohnsitzlandes einzutreten. Entsprechend schwer muß es älteren Arbeitskräften gemacht werden, die Nationalität zu wechseln. Letzteres würde nämlich wieder die Kräfte freisetzen, die zu einem kompetitiven Sozialstaatsabbau führen, da ältere Arbeitnehmer eher von Langzeitarbeitslosigkeit, Invalidität und Krankheit betroffen sind. Ein liberalisiertes, nach Alter gestaffeltes Einbürgerungsrecht würde die Freizügigkeit aufrechterhalten, zugleich aber sicherstellen, daß man die Zugehörigkeit zu einer Sozialversicherung nur noch beschränkt wählen kann, *nachdem* man die eigene Einkommensposition kennengelernt hat.[58]

Die Wirkungen auf die Mobilität sind theoretisch nicht eindeutig. Bestimmte Arbeitskräfte aus Hochlohnregionen hätten einen größeren Anreiz zu wandern, weil sie damit keine Ansprüche an die Arbeitslosen-, Renten- und Krankenversicherung in ihrem Heimatland verlieren würden. Dabei würde es sich wohl vor allem um Arbeitskräfte mit Qualifikationen handeln, die im Niedriglohnland nicht ausreichend vorhanden sind. Es würde also eine Art umgekehrter *Brain*

---

[57] In Schelkle (2000; 1999b, Kap. C) habe ich mich mit dieser *Rush to the bottom*-Hypothese in der EU bzw. in den USA auseinandergesetzt.

[58] Die Teilnahme an einem Umverteilungssystem ist genau dann als Abschluß einer Versicherung zu interpretieren, wenn die einzelnen über ihre Teilnahme vor „Lüftung des Schleiers der Unwissenheit" über die eigene Einkommensposition entscheiden (Sinn 1997, 30).

Drain, also die selektive Abwanderung besonders gut qualifizierter Arbeitskräfte, in die Niedriglohnregion begünstigt. Aus Sicht der typischen Abwanderungsregion wird die Mobilität der einheimischen Arbeitskräfte ceteris paribus gebremst, weil dadurch ein Wanderungsgrund entfällt.

Schlußbemerkung

Die Überlegungen dieses Abschnitts sind exemplarischen Charakters. Ähnlich wie der oben dargestellte fiskalische Stabilisierungsmechanismus scheint mir der Vorschlag von Sinn (1990; 1995b), Sozialleistungen in einem heterogenen Währungsraum nach dem Herkunftslandprinzip zu gewähren, wegen seiner grundsätzlichen Bedeutung für die Theorie und Politik monetärer Integration bemerkenswert. Damit wird dem Regimecharakter der Währungsintegration Rechnung getragen. Die Bildung einer monetären Union bedeutet eben nicht nur die Vereinheitlichung der Geldpolitik, für die nur glaubwürdige Stabilitätsorientierung gewährleistet sein muß, um den verheißenen Wohlfahrtsgewinn zu erzielen. Vielmehr birgt Währungsintegration ohne weitere Anpassung im Bereich der Lohn-, Fiskal- und Sozialpolitik das Potential ihrer eigenen Auflösung. Es ist eine Bedingung für ihre Nachhaltigkeit, daß die Integrationspolitik in diesen Bereichen aktiv wird.

7 Schlußwort

Im Mittelpunkt dieses Versuches der Bestandsaufnahme und Weiterentwicklung der Theorie monetärer Integration standen zwei fundamentale Neuerungen gegenüber der von Mundell begründeten Lehre vom optimalen Währungsraum: die Neuerungen in der Theorie der Wirtschaftspolitik und in der Wechselkurstheorie. Die erstere ergab sich aus der Rezeption der Lucas-Kritik am Ziel-Mittel-Ansatz der Wirtschaftspolitik, die zweite aus der vermögenspreistheoretischen Fassung des Wechselkurses. Diese Neuerungen sind in der makroökonomischen Literatur weithin rezipiert worden und zwischen den großen Paradigmen - Neo- und Neuklassik, Post- und Neokeynesianismus - nicht umstritten.

Dieser Konsens erlaubt diesseits paradigmatischer Unterschiede einen neuen theoretischen Zugang zu Fragen monetärer Integration. Zwar gelangt man aufgrund einer monetaristisch-neoklassischen Wechselkurskonzeption durchaus zu anderen Aussagen über Zielsetzung und Problematik koordinierter Währungsstabilisierung als aufgrund einer keynesianischen Portfoliotheorie des Wechselkurses. Und sicherlich betonen die Wohlfahrtsökonomie und die Politische Ökonomie auch andere Gründe für monetäre Integration als die hier vertretene Theorie der Integrationspolitik als Marktteilnahme. Doch all diese verschiedenen Ansätze kommen nicht umhin, den regimeverändernden Charakter monetärer Integration anzuerkennen und eine vermögenspreistheoretische Wechselkurskonzeption zugrunde zu legen. Entsprechend wurden Argumente aus Sicht einer keynesianischen Interpretation der Geldwirtschaft nur angeführt, um die aus den Neuerungen in der Makroökonomie sich ergebenden Schlußfolgerungen für Fragen der monetären Integration zu unterstreichen und zu konkretisieren.

Aus dieser Sicht darf eine Theorie monetärer Integration nicht monetaristisch verengt werden. Neben geldpolitischen Fragen sind Forschungen über die Funktionsweise von Arbeitsmärkten, des fiskalischen Föderalismus oder der Makroökonomie der Sozialpolitik heranzuziehen, um die weitreichende Regimeänderung zu erfassen, die eine koordinierte Wechselkursstabilisierung nach sich zieht. In dieser Zusammenführung separierter Forschungsgebiete liegt der Reiz und die Schwierigkeit einer den Anforderungen moderner Makroökonomie genügenden Theorie monetärer Integration. Exemplarisch wurde dies im letzten Kapitel gezeigt: aus der Problematik der Einkommensstabilisierung ergab sich ein Zusammenhang von monetärer Union und (angepaßten Formen der) Tarif-, Fiskal- und Sozialföderation.

Daneben ist ein erhöhtes Maß grundbegrifflicher Arbeit erfordert, um diese Zusammenführung zu leisten. Das wurde anhand der Diskussion um die Nicht-Neutralität der Geldversorgung zu zeigen versucht. Ein anderer Ansatzpunkt für solch grundbegriffliche Arbeit ist die Risikothematik, die in mehreren Kontexten eine zentrale Rolle spielte. Sie spielte diese nicht nur und naheliegenderweise für die Wechselkurstheorie, sondern auch für die Konzeption der Politikkoordinati-

on, für die Begründung des fiskalischen Föderalismus und die ökonomische
Theorie der Sozialpolitik.

Das Anliegen der Arbeit bestand in dem Nachweis, daß die genannten Neuerungen in der Makroökonomie weitreichende Folgen für Fragestellungen monetärer
Integration haben. Wiederholt wurde darauf hingewiesen, daß neu begründet
werden muß, was der koordinierten Währungsstabilisierung entgegensteht, wenn
die Festlegung des Wechselkursniveaus nicht auf der Verlustseite monetärer
Integration zu verbuchen ist. Zur konzeptionellen Bewältigung dieser und anderer Folgen wurden Vorschläge unterbreitet, gestützt auf neuere Forschungen zur
europäischen Integration einerseits, auf eine Theorie der Geldwirtschaft andererseits. Hervorzuheben ist aus meiner Sicht im einzelnen:

- Die für eine Theorie der Integrationspolitik relevanten wirtschaftsräumlichen
  Einheiten müssen neu bestimmt werden, wenn eine Fixierung von Wechselkursen nicht dasselbe sein kann wie ihre Abschaffung oder wenn ein wirtschaftspolitisches Regime zentrale Bedeutung für die Theorie erhält, seine
  Reichweite aber nicht durch Währungsgrenzen abgesteckt wird. Entsprechend
  wurde zwischen Region, Nation und Währungsraum unterschieden. Diese
  Einheiten erlauben meines Erachtens, die wesentliche Veränderung bzw. Gestaltung der Marktbedingungen zu bezeichnen, die die Einkommensbildung
  durch eine koordinierte Wechselkursstabilisierung erfährt.

- Einer Theorie monetärer Integration muß es um die Modalitäten der Koordination verschiedener Wirtschaftspolitiken gehen, nicht um die Bestimmung
  der optimalen Größe oder Grenze von Währungsräumen. Denn die Anwendung von Optimalitätskriterien unterstellt eine Gegebenheit von Strukturparametern sowie eine marginale Veränderbarkeit isolierbarer Entscheidungsva-
  riablen. Beides ist mit dem regimeverändernden Charakter der Integration
  schwerlich vereinbar. Darüberhinaus verändert die Existenz oder der Wegfall
  eines Wechselkurses, der nicht als relativer Güterpreis bestimmt wird,
  grundlegend den Charakter von Leistungsbilanzsalden aus Sicht der jeweiligen wirtschaftsräumlichen Einheit. Im Zuge dieser Koordination werden also
  ihre externen Restriktionen der Einkommensbildung substituiert oder hinausgeschoben, insbesondere durch Formen des Währungsbeistands und der makropolitischen Ausrichtung.

- Koordinierte Währungsstabilisierung findet typischerweise zwischen Gläubi-
  ger- und Schuldnerländern statt. Das legt nahe, die Analyse darauf zu konzentrieren, wie monetäre Integration die externen Restriktionen der Einkommensbildung und der Wirtschaftspolitik verändert. So macht die Betrachtung
  von Schuldnerpositionen darauf aufmerksam, daß es den monetären Autoritäten eines solchen Landes aus Gründen der effektiveren Stabilitätspolitik und
  einer verstetigten Einkommensbildung darum gehen muß, die Veränderbarkeit bilateraler Wechselkurse stärker zu konditionieren oder gar ganz abzuschaffen. Sie verlieren damit kein Instrument, sondern werden im Idealfalle

eine Quelle der Destabilisierung los. Der Hinweis auf das Destabilisierungs-potential flexibler Kurse kann sogar zur Beantwortung der notorisch schwie-rigen Frage beitragen, warum regionale Schlüsselwährungsländer ihre geld-politische Souveränität einzuschränken bereit sind. Wechselkursinstabilität betrifft immer mindestens zwei Währungsräume. Freilich beschränken oder verlieren Gläubigerländer mit ihrer zur Aufwertung tendierenden Währung definitiv ein geldpolitisches Instrument. Daraus ist schließlich eine - der em-pirischen Untersuchung zugängliche - Hypothese dazu abzuleiten, was einer Koordination entgegensteht. Den hier angestellten Überlegungen zufolge ist es im Normalfall der Widerstand eines Gläubigerlandes.

- Symmetrische Formen der koordinierten Wechselkursstabilisierung sind aus der hier vertretenen Sicht die ökonomische Ausnahme, nicht die Regel. Denn danach sind die Veranlassung zu und die Nachhaltigkeit von monetärer Inte-gration wesentlich von Schuldner-Gläubiger-Beziehungen zwischen den be-teiligten Ländern bzw. eines neugebildeten Währungsraumes zu anderen be-stimmt. Mit portfoliotheoretischen Überlegungen zu einer veränderlichen Risi-koprämie können die daraus entstehenden hierarchischen Währungsbezie-hungen begründet und analysiert werden. Für die Integration zwischen zwei Gläubigerländern fehlt die Veranlassung, da die Stabilisierung mithilfe einer effektiven nationalen Währungspolitik gewährleistet werden kann. Ähnlich skeptisch einzuschätzen ist die im entwicklungsökonomischen Kontext immer wieder propagierte Integration zwischen Entwicklungsländern, die sog. Süd-Süd-Integration. Die Solvenzrestriktion der Schwachwährungsräume wird bei Süd-Süd-Integration nicht aufgehoben, weil ihre gegenseitigen Forderungen in den bilateralen Währungsbeziehungen keine Bindungswirkung haben.

- Schließlich beinhaltet koordinierte Wechselkursstabilisierung immer mehr als nur eine geldpolitische Regimeänderung. Koordinierte Wechselkursstabilisie-rung hat Auswirkungen auf das ganze makropolitische Regime, insbesondere das Zusammenspiel von Geld-, Lohn- und Fiskalpolitik. Aufgrund ihrer Ei-genständigkeit sind diese letzteren Politikbereiche aber auch keine einfachen Funktionen der Geldpolitik bzw. ihrer Veränderung, wie es das Ideal einer geldpolitischen Disziplinierung unterstellt. Es sind für jeden Bereich besonde-re Überlegungen anzustellen, wie diese Politikbereiche eine nachhaltige mo-netäre Union flankieren und zugleich ihre eigenen Aufgabenstellungen wah-ren können.

Unabhängig von diesen Neuerungen erscheint mir als ein Desiderat, daß die Theorie monetärer Integration den Status einer Theorie der Währungspolitik für die lange Frist erlangt. Das bedeutet, ein dauerhaftes Grundlagenproblem der Ökonomie anzugehen, nämlich das der langfristigen Nicht-Neutralität des Gel-des. Selbstverständlich - und entgegen der in Lehrbüchern häufig gepflegten Vorstellung - ist Nicht-Neutralität vereinbar mit einem Szenario, in dem eine exogene Geldmengenerhöhung sich in Preiseffekten erschöpft. In Frage steht jedoch die wesentliche Funktion eines Innengeldes, das in einem Marktprozeß zwischen Zentralbank und Geschäftsbanken bereitgestellt wird. Hier wurde sie genauer gefaßt als eine Nicht-Neutralität der Vermögensqualität der Währung, die sich im Niveau des Zinssatzes und der Volatilität bzw. Stabilisierbarkeit nomineller Größen manifestiert. Dadurch wirkt die Geldversorgung bzw. die Geldpolitik auf die Allokation der Ressourcen sowie auf die Höhe und Struktur der Einkommensbildung. Aus der zentralen Bedeutung der Währungsqualitäten ergibt sich vor allem ein markttheoretisch befriedigenderes Fundament für die Begründung monetärer Integrationsversuche als diejenige, die vorrangig auf dynamische Inkonsistenz der Wirtschaftspolitik abstellt. Die Theorie monetärer Integration hat das Potential, sowohl der Währungspolitik für die lange Frist als auch der reinen Theorie des Geldes neue Einsichten zu vermitteln.

Verzeichnis der Fenster

Die erste Zahl gibt das jeweilige Kapitel an, in dem die Fenster fortlaufend gezählt werden. Die rechtsbündig stehenden Ziffern geben die Seitenzahlen an.

Literaturverzeichnis

Agénor, P.-R., Bhandari, J., Flood, R.P. (1992): Speculative Attacks and Models of Balance of Payments Crisis. *IMF Staff Papers 39*, 357-394

Akerlof, G.A., Dickens, W.T., Perry, G.L. (1996): The Macroeconomics of Low Inflation. *Brookings Papers on Economic Activity* (1996, Nr. 1), 1-76

Alesina, A., Perotti, R. (1995): The Political Economy of Budget Deficits. *IMF Staff Papers 42*, 1-31

Allen, P.A., Kenen, P.B. (1980): *Asset Markets, Exchange Rates, and Economic Integration*. Cambridge University Press, Cambridge

Alogoskoufis, G.S. (1989): Stabilization policy, fixed exchange rates and target zones. In: Miller, M., Eichengreen, Portes, B. R. (Hrsg.): *Blueprints for exchange-rate management*. Academic Press, London u.a., 75-94

Alogoskoufis, G., Papademos, L., Portes, R. (Hrsg.) (1991): *External constraints on macroeconomic policy: the European experience*. Cambridge University Press, Cambridge u.a.

Alogoskoufis, G., Martin, C. (1991): External constraints on European unemployment. In: Alogoskoufis, G., Papademos, L., Portes, R. (Hrsg.): *External constraints on macroeconomic policy: the European experience*. Cambridge University Press, Cambridge u.a., 120-162

Alogoskoufis, G., Portes, R. (1992): European Monetary Union and international currencies in a tripolar world. In: Canzoneri, M.B., V. Grilli, P.R. Masson (Hrsg.): *Establishing a central bank: issues in Europe and lessons from the US*. Cambridge University Press, Cambridge, 273-300

Andersen, T.M., Dogonowski, R.R. (1999): EMU and budget norms. In: Hughes Hallett, A., Hutchison, M.M., Jensen, S.E.H. (Hrsg.): *Fiscal aspects of European monetary integration*. Cambridge University Press, Cambridge New York, 69-95

Aoki, M. (1981): *Dynamic Analysis of Open Economies*. Academic Press, New York

Ardant, G. (1978): *Histoire de l'impôt, Livre I: De l'antiquité aux XVIIe siècle*. Fayard, Paris

Arndt, S.W. (1973): Joint Balance: Capital Mobility and the Monetary System of a Currency Area. In: Johnson, H.G., Swoboda, A.K. (Hrsg.): *The Economics of Common Currencies*. Allen & Unwin, London, 196-209

Arrow, K.J. (1951): Alternative Approaches to the Theory of Choice in Risk-Taking Situations. *Econometrica 19*, 404-437

Artis, M.J. (1991): Review essay: 'One Market, One Money: An Evaluation of the Potential Benefits and Costs of Forming an Economic and Monetary Union'. *Open Economies Review 2*, 315-321

Artis, M.J. (1994): European Monetary Union. In: Artis, M.J., Lee, N. (Hrsg.): *The Economics of the European Union*. Oxford University Press, Oxford, 346-367

Artis, M.J., Ormerod, P. (1994): Is There an 'EMS Effect' in European Labour Markets?. In: Johnson, C., Collignon, S. (Hrsg.): *The Monetary Economics of Europe*. Pinter, London, 227-249

Artis, M., Winkler, B. (1998): *The Stability Pact: Safeguarding the Credibility of the European Central Bank*. Unveröff. Manuskript, European University Institute (Januar 1998), San Domenico di Fiesole

Artus, P., Dupuy, C. (1992): The Entry of Southern Countries Into the European Monetary System. In: Baltensperger, E., Sinn, H.-W. (Hrsg.): *Exchange-Rate Regimes and Currency Unions*. Macmillan, Basingstoke, Hampshire u.a., 13-35

Asdrubali, P., Sørensen, B.E., Yosha, O. (1996): Channels of Interstate Risk Sharing: United States 1963-1990. *Quarterly Journal of Economics 111*, 1081-1110

Athanasoulis, S., van Wincoop, E. (1998): *Risksharing within the United States: What have financial markets and fiscal federalism accomplished?* Research Paper Nr. 9808, Federal Reserve Bank of New York

Atkeson, A., Bayoumi, T. (1993): Do Private Capital Markets Insure Regional Risk? Evidence from the United States and Europe. *Open Economies Review 4*, 303-324

Baldwin, R., Krugman, P.R. (1989): Persistent Trade Effects of Large Exchange Rate Shocks. *Quarterly Journal of Economics 104*, 635-654

Ball, L., Mankiw, N.G. , Romer, D. (1988): The New Keynesian Economics and the Output-Inflation-Tradeoff. *Brookings Papers on Economic Activity (1988, Nr. 1)*, 1-82

Bansal, R., Dahlquist, M. (2000): The forward premium puzzle: different tales from developed and emerging economies. *Journal of International Economics 51*, 115-144

Barr, N. (1992): Economic Theory and the Welfare State: A Survey and Interpretation. *Journal of Economic Literature 30*, 741-803

Barro, R.J. (1984): *Macroeconomics*. Wiley, New York u.a.

Barro, R.J., Gordon, D.B. (1983): Rules, Discretion, and Reputation in a Model of Monetary Policy. *Journal of Monetary Policy 12*, 101-121

Barro, R.J., Sala-i-Martin, X. (1995): *Economic Growth*. McGraw-Hill, Boston MA

Barsky, R.B., Mankiw, N.G., Miron, J.A., Weill, D.N. (1988): The Worldwide Change in the Behavior of Interest Rates and Prices in 1914. *European Economic Review 32*, 1123-1154

Baßeler, U., Naser, R. (1997): 'Klassische' Theorie versus 'Monetary Approach' der Währungsintegration. Ein Beitrag zur Relevanz realer und nomineller Konvergenzkriterien für die Europäische Währungsunion. *Konjunkturpolitik 43*, 371-405

Bayoumi, T. (1994): A Formal Model of Optimum Currency Areas. *IMF Staff Papers 41*, 537-554

Bayoumi, T.A., Eichengreen, B. (1994): *One money or many? Analyzing the prospects for monetary unification in various parts of the world*. Princeton studies in international finance Nr. 76, Princeton NJ

Bayoumi, T.A., Eichengreen, B. (1998): Exchange rate volatility and intervention: implications of the theory of optimum currency areas. *Journal of International Economics 45*, 191-209

Bayoumi, T.A., Eichengreen, B., von Hagen, J. (1997): European Monetary Unification: Implications of Research for Policy, Implications of Policy for Research. *Open economies review 8*, 71-91

Bean, C.R. (1991): The external constraint in the UK. In: Alogoskoufis, G., Papademos, L., Portes, R. (Hrsg.): *External constraints on macroeconomic policy: the European experience*. Cambridge University Press, Cambridge u.a., 193-215

Beemtsma, R.M.W.J., Bovenberg, L. (2000): Designing fiscal and monetary institutions for a European Monetary Union. *Public Choice 102*, 247-269

Belke, A., Gros, D. (1998a): *Evidence on the Costs of Intra-European Exchange Rate Variability*. Discussion Paper Nr. 9814, Center for Economic Research, Tilburg University, Tilburg

Belke, A., Gros, D. (1998b): *Asymmetric Shocks and EMU: On a Stability Fund*. Diskussionsbeiträge des Instituts für Europäische Wirtschaft der Universität Bochum

Belongia, M.T., Ott, M. (1989): The US monetary policy regime, interest differentials, and dollar exchange risk premia. *Journal of International Money and Finance 8*, 137-145

Bender, D. (1998): Wechselkursüberwälzung, Marktstruktur und Leistungsbilanz. In: Hüpen, R., Werbeck, T. (Hrsg.): *Wirtschaftslehre zwischen Modell und Realität*. Lucius & Lucius, Stuttgart.

Bensaid. B.. Jeanne, O. (1997): The instability of fixed exchange rate systems when raising the nominal interest rate is costly. *European Economic Review 41*, 1461-1478

Bergsten, C.F., Williamson, J. (1994): Is the Time Ripe for Target Zones or the Blueprint?. In: Bretton Woods Commission (1994): *Bretton Woods: Looking to the Future*. Bretton Woods Committee, Washington D.C, C-21-C-30

Bertola, G. (1989): Factor Flexibility, Uncertainty and Exchange Rate Regimes. In: De Cecco, M., Giovannini, A. (Hrsg.): *A European Central Bank? Perspectives on monetary unification after ten years of the EMS*. Cambridge University Press, Cambridge u.a., 95-119

Bertola, G. (1994): Continuous-time Models of Exchange Rates and Intervention. In: van der Ploeg, F. (Hrsg.): *Handbook of International Macroeconomics*. Blackwell, Oxford, Kap. 9

Bertola, G., Caballero, R.J. (1992): Target Zones and Realignment. *American Economic Review 82*, 520-536

Betz, K. (1993): *Ein monetärkeynesianisches makroökonomisches Gleichgewicht*. Studien zur monetären Ökonomie 13. Metropolis, Marburg

Betz, K. (1997): *Drei Partial-Modelle des kurzfristigen Gleichgewichts mit endogenem Geld*. Diskussionsbeiträge des Fachbereichs Wirtschaftswissenschaft der Freien Universität Berlin 1997/6

Betz, K., Hauskrecht, A. (1991): Der 'Major-Plan' - ein Weg zur Europäischen Währungsunion?. *Evangelische Kommentare 8/91*, 456-458

Betz, K., Fritsche, U. (1998): *Verhindern uneinsichtige Gewerkschaften die Vollbeschäftigung? Kritische Anmerkungen zur Position des IfW und des SVR*. Unveröff. Manuskript FU Berlin

Black, S., Salemi, M.K. (1988): FIML Estimation of the Dollar-Deutschemark Risk Premium in a Portfolio Model. *Journal of International Economics 25*, 205-224

Blanchard, O.J. (1990): Why does Money Affect Output? A survey. In: Friedman, B.M., Hahn, F.H. (Hrsg.): *Handbook of Monetary Economics*, Bd. 2. North-Holland, Amsterdam u.a., Kap.15

Blanchard, O.J., Fischer, S. (1989): *Lectures on Macroeconomics*. MIT Press, Cambridge, MA u.a.

Blanchard, O.J., Kiyotaki, N. (1987): Monopolistic Competition and the Effects of Aggregate Demand. *American Economic Review 77*, 647-666

Blanchard, O.J., Muet, P.A. (1993): Competitiveness through disinflation: an assessment of the French macroeconomic strategy. *Economic Policy 16*, 11-56

Bloomfield, A. (1959): *Monetary Policy under the International Gold Standard.* Federal Reserve Bank, New York

Bofinger, P. (1993): Ist das Gebiet der ehemaligen Sowjetunion ein optimaler Währungsraum?. In: *Hamburger Jahrbuch für Wirtschafts- und Gesellschaftspolitik, 38. Jahr*, 65-83

Bofinger, P. (1994): *Is Europe an Optimum Currency Area?.* CEPR Discussion Paper Nr. 915. London

Bofinger, P. (1998): *The Euro and the 'New Bretton Woods'.* Vortrag für die Jahreskonferenz der Wirtschaftsfakultät der Universität Pavia, 10.10.1998

Bofinger, P., Reischle, J., Schächter, A. (1996): *Geldpolitik. Ziele, Institutionen, Strategien und Instrumente.* Vahlen, München

Boughton, J.M. (1989): Policy assignment strategies with somewhat flexible exchange rates. In: Miller, M., Eichengreen, Portes, B. R. (Hrsg.) (1989*): Blueprints for exchange-rate management.* Academic Press, London u.a., 125-154

Branson, W.H. (1979): Exchange Rate Dynamics and Monetary Policy. In: Lindbeck, A. (Hrsg.): *Inflation and Unemployment in Open Economies.* North-Holland, Amsterdam u.a., 189-224

Branson, W.H. (1990): Financial market integration, macoreconomic policy and the EMS. In: Bliss, C.J., de Macedo, J.B. (Hrsg.): *Unity within diversity in the European economy: the Community's Southern frontier.* Cambridge University Press, Cambridge u.a., 104-130

Branson, W.H., Henderson, D.W. (1985): The Specification and Influence of Asset Markets. In: Jones, R.W., Kenen, P.B. (Hrsg.): *Handbook of International Economics II.* North-Holland, Amsterdam u.a., 739-805

Bryant, R.C. (1995): *International Coordination of National Stabilization Policies.* Brookings Instution, Washington D.C.

Buiter, W., Corsetti, G., Roubini, N. (1993): Excessive deficits: sense and nonsense in the Treaty of Maastricht. *Economic Policy 16*, 57-90

Bulow, J., Rogoff, K. (1989): Sovereign Debt: Is to Forgive to Forget?. *American Economic Review 79*, 43-50

Burda, M.C. (1995): *Migration and the option value of waiting.* Institute for International Economic Studies, Seminar paper Nr. 597, Stockholm

Burda, M., Wyplosz, C. (1997): *Macroeconomics. A European Text.* 2.Auflage. Oxford University Press, New York Oxford

Buti, M., Sapir, A. (1998*): Economic Policy in EMU. A Study by the European Commission Services.* Clarendon Press, Oxford

Caesar, R. (1994): Koordinierung der nationalen Finanzpolitiken in der Wirtschafts- und Währungsunion. In: Caesar, R., Scharrer, H.-E. (Hrsg.): *Maastricht: Königsweg oder Irrweg zur Wirtschafts- und Währungsunion?* Europa Union Verlag, Bonn, 236-268

Calmfors, L., Driffill, J. (1988): Bargaining structure, corporatism and macroeconomic performance. *Economic Policy 3*, 13-61

Canzoneri, M.B. (1982): Exchange Intervention Policy in a Multiple Country World. *Journal of International Economics 13*, 267-289

Canzoneri, M.B., Gray, J.A. (1985): Monetary Policy Games and the Consequences of Non-Cooperative Behavior. *International Economic Review 26*, 547-564

Carlin, W., Soskice, D. (1990): *Macroeconomics and the Wage Bargain: A Modern Approach to Employment, Inflation, and the Exchange Rate.* Oxford University Press, Oxford

Carlino, G., DeFino, R. (1997): *The Differential Regional Effects of Monetary Policy: Evidence from the U.S. States.* Federal Reserve Bank of Philadelphia, Working Paper Nr. 97-12

Carraro, C., Giavazzi, F. (1992): Exchange-Rate Regimes and the Desirability of International Cooperation. In: Baldassari, M., Paganetto, L., Phelps, E.S. (1992): *International Economic Interdependence, Patterns of Trade Balances and Economic Policy Coordination.* Macmillan, Basingstoke, Hampshire u.a., 235-261

Cesarano, F. (1997): Currency Areas and Equilibrium. *Open economies review 8*, 51-59

Clarida, R., Galí, J., Gertler, M. (1997): *Monetary Policy Rules in Practice: Some International Evidence.* C.V.Starr Center for Applied Economics Working Paper 97-32

Cohen, D. (1994): Growth and External Debt. In: van der Ploeg, F. (Hrsg.): *Handbook of International Macroeconomics.* Blackwell, Oxford, Kap.14

Cohen, D. (1997): How Will the Euro Behave?. In: Masson, P.R., Krueger, T.H., Turtelboom, B.G. (Hrsg.): *EMU and the International Monetary System.* International Monetary Fund, Washington D.C, 397-417

Coles, M., Philippopoulos, A. (1997): Are exchange rate bands better than fixed exchange rates? The imported credibility approach. *Journal of International Economics 43*, 133-154

Collignon, S. (1998): *In Search of Monetary Stability. From Bretton Woods to Sustainable EMU.* Unveröffentliche Habilitationsschrift, Freie Universität Berlin, Paris

Collins, S.M. (1988): Inflation and the European Monetary System. In: Giavazzi, G., Micossi, S., Miller, M.H. (Hrsg.): *The European Monetary System*. Cambridge University Press, Cambridge u.a., 112-136

Cooper, R.N. (1969): Macroeconomic Policy Adjustment in Interdependent Economies. *Quarterly Journal of Economics 83*, 1-24

Cooper, R.N. (1985): Economic Interdependence and Coordination of Economic Policies. In: Jones, R.W., Kenen, P.B. (Hrsg.): *Handbook of International Economics II*. North-Holland, Amsterdam u.a., 1195-1234

Cooper, R.N., Eichengreen, B., Henning, C.R., Holtham, G., Putnam, R.D. (Hrsg.) (1989*): Can Nations Agree? Issues in International Economic Integration*. Brookings Inst., Washington D.C.

Corden, W.M. (1972): *Monetary Integration*. Essays in International Finance 93. Princeton University, Princeton NJ

Corsetti, G., Pesenti, P. (1999): Could the ‚ins‘ hurt the ‚outs‘? A welfare analysis of international fiscal links. In: Hughes Hallett, A., Hutchison, M.M., Jensen, S.E.H. (Hrsg.)*: Fiscal aspects of European monetary integration*. Cambridge University Press, Cambridge New York, 320-333

Corsetti, G., Roubini, N. (1991*): Tax Smoothing Discretion versus Balanced Budget Rules in the Presence of Politically Motivated Fiscal Deficits: The Design of Optimal Fiscal Rules for Europe after 1992*. CEPR Discussion Paper Nr. 682, London

Cukierman, A. (1992): *Central Bank Strategy, Credibility, and Independence: Theory and Evidence*. MIT Press, Cambridge MA u.a.

Currie, D. (1990): International policy coordination. In: Llewellyn, D. (Hrsg.): *Current issues in international monetary economics*. Macmillan, Basingstoke u.a., 125-148

Currie, D., Levine, P. (1991): The solvency constraint and fiscal policy in an open economy. In: Alogoskoufis, G., Papademos, L., Portes, R. (Hrsg.): *External constraints on macroeconomic policy: the European experience*. Cambridge University Press, Cambridge u.a., 41-67

Currie, D., S. Wren-Lewis (1989): A comparison of alternative regimes for international macropolicy coordination. In: Miller, M., Eichengreen, Portes, B. R. (Hrsg.): *Blueprints for exchange-rate management*. Academic Press, London u.a., 181-202

Cymbalista, F. (1998*): Zur Unmöglichkeit rationaler Bewertung unter Unsicherheit. eine monetär-keynesianische Kritik der Diskussion um die Markteffizienzthese*. Studien zur monetären Ökonomie 23. Metropolis, Marburg

Davis, D.R. (1995): Intra-industry trade: A Heckscher-Ohlin-Ricardo approach. *Journal of International Economics 39*, 201-226

De Grauwe, P. (1975): Conditions for Monetary Integration - A Geometric Interpretation. *Weltwirtschaftliches Archiv* 111, 634-646

De Grauwe, P. (1990): The Cost of Disinflation and the European Monetary System. *Open Economies Review 1*, 147-173

De Grauwe, P. (1994): The Need for Real Convergence in a Monetary Union. In: Johnson, C., Collignon, S. (Hrsg.): *The Monetary Economics of Europe*. Pinter, London, 269-279

De Grauwe, P. (1996): *International Money. Postwar Trends and Theories*. 2nd Edition. Oxford University Press, Oxford u.a.

De Grauwe, P. (1997): *The Economics of Monetary Integration*. 3.Auflage. Oxford University Press, Oxford u.a.

De Grauwe, P. (1998): *The risk of deflation in the future EMU: lessons of the 1990s*. CEPR Discussion Paper Nr. 1834, London

De Grauwe, P., Dewachter, H., Embrechts, M. (1993): *Exchange Rate Theory. Chaotic Models of Foreign Exchange Markets*. Blackwell, Oxford u.a.

Dixit, A. (1989): Hysteresis, Import Penetration, and Exchange Rate Pass-Through. *Quarterly Journal of Economics 104*, 205-228

Dixit, A. (1992): Investment and Hysteresis. *Journal of Economic Perspectives 6*, 107-132

Dixit, A.K. , Pindyck, R.S. (1994): *Investment under Uncertainty*. Princeton University Press, Princeton u.a.

Dornbusch, R. (1976): Expectations and Exchange Rate Dynamics. *Journal of Political Economy* 84, 1167-1176

Dornbusch, R. (1980): *Open Economy Macroeconomics*. Basic Books, New York

Dornbusch, R. (1982): Equilibrium and Disequilibrium Exchange Rates. *Zeitschrift für Wirtschafts- und Sozialwissenschaften 102*, 573-599

Dornbusch, R., Giovannini, A. (1990): Monetary Policy in the Open Economy. In: Friedman, B.M., Hahn, F.H. (Hrsg.): *Handbook of Monetary Economics*, Bd. 2. North-Holland, Amsterdam u.a., Kap. 23

Dowd, K., Greenaway, D. (1993): Currency Competition, Network Externalities and Switching Costs: Towards an Alternative View of Optimum Currency Areas. *Economic Journal 103*, 1180-1189

Duijm, B. (1997): Auf dem Weg zum EWS II. *List Forum für Wirtschafts- und Finanzpolitik 23*, 10-27

Durlauf, S.N. (1996): Controversy. On the Convergence and Divergence of Growth Rates. An Introduction. *The Economic Journal 106*, 1016-1018

ECU-Institute (Hrsg.) (1995): *International Currency Competition and the Future Role of the Single European Currency*. Kluwer Law International, London u.a.

Edison, H.J., Miller, M.H., Williamson, J. (1987): On Evaluating and Extending the Target Zone Proposal. *Journal of Policy Modeling 9*, 199-224

Eichengreen, B. (1989): Hegemonic Stability Theories of the International Monetary System. In: Cooper, R.N., Eichengreen, B., Henning, C.R., Holtham, G., Putnam, R.D. (Hrsg.): *Can Nations Agree? Issues in International Economic Integration*. Brookings Inst., Washington D.C., 255-298

Eichengreen, B. (1992): *Golden Fetters: The Gold Standard and the Great Depression, 1919-1939*. Oxford University Press, Oxford

Eichengreen, B. (1994): *International Monetary Arrangements for the 21st Century*. Brookings Inst., Washington D.C.

Eichengreen, B., Lindert, P.H. (Hrsg.) (1989): *The international debt crisis in historical perspective*. MIT Press, Cambridge MA u.a.

Eichengreen, B., Rose, A., Wyplosz, C. (1996): *Contagious Currency Crises*. EUI Working Paper Nr. 96/2, San Domenico di Badia Fiesole

Eichengreen, B., Wyplosz, C. (1998): The Stability Pact: more than a minor nuisance?. *Economic Policy (1998, Nr. 26)*, 65-113

Emerson, M., Gros, D., Italianer, A., Pisani-Ferry, J., Reichenbach, H. (1992): *One Market, One Money. An Evaluation of the Potential Benefits and Costs of Forming an Economic and Monetary Union*. Oxford University Press, Oxford (erstmals unter demselben Titel: Commission of the European Communities 1990)

Erbeldinger, H.J. (1996): *Konsistente Stock-Flow-Modellierung*. Working Paper des Instituts für Wirtschaftstheorie, Freie Universität Berlin

Fatás, A. (1997): *EMU: Countries or Regions? Lessons from the EMS Experience*. CEPR Discussion Paper Nr. 1558, London

Fatás, A. (1998): Does EMU need a fiscal federation?. *Economic Policy (1998, Nr. 26)*, 163-203

Feldstein, M., Horioka, C. (1980): Domestic Savings and International Capital Flows. *Economic Journal 90*, 314-329

Fitzenberger, B. (1995): Zentralisierungsgrad von Lohnverhandlungen und Lohnbildung in Ländern der Europäischen Union. In: Oberender, P., Streit, M. (Hrsg.): *Europas Arbeitsmärkte im Integrationsprozeß*. Nomos, Baden-Baden, 77-112

Flandreau, M. (1998): The burden of intervention: externalities in multilateral exchange rates arrangements. *Journal of International Economics 45*, 137-171

Fleming, J.M. (1971): On Exchange Rate Unification. *The Economic Journal 81*, 467-488

Flood, R.P., Garber, P.M. (1984a): Collapsing Exchange Rate Regimes: Some Linear Examples. *Journal of International Economics 17*, 1-13

Flood, R.P., Garber, P.M. (1984b): Gold Monetization and Gold Discipline. *Journal of Political Economy 92*, 90-107

Flood, R.P., Garber, P.M. (1992): The linkage between speculative attack and target zone models of exchange rates: some extended results. In: Krugman, P., Miller, M. (Hrsg.): *Exchange rate targets and currency bands.* Cambridge University Press, Cambridge u.a., 17-28

Flood, R.P., Hodrick, R.J. (1990): On Testing for Speculative Bubbles. *Journal of Economic Perspectives 4*, 85-101

Flood, R.P., Isard, P. (1989): Monetary Policy Strategies. *IMF Staff Papers 36*, 612-632

Fontagné, L., Freudenberg, M. (1999): Endogenous Symmetry of Shocks in a Monetary Union. *Open economies review 10*, 263-287

Frankel, J.A. (1989): *Quantifying international capital mobility in the 1980s.* NBER Working Paper Nr. 2856, Cambridge MA

Frankel, J.A. (1991): The obstacles to macro-economic policy co-ordination in the 1990s and an analysis of international nominal targeting. In: Koekkoek, A., Mennes, L.B.M. (Hrsg.): *International trade and global development. Essays in honour of Jagdish Bhagwati.* Routledge, London u.a., 211-236

Frankel, J.A. (2000): *EMU and the euro: 18 months on.* EMU Watch Nr. 87. Deutsche Bank Research, Frankfurt a.M.

Frankel, J.A., Rockett, K.E. (1988): International macroeconomic policy coordination when policymakers do not agree on the true model. *American Economic Review 78*, 318-340

Frankel, J.A., Rose, A.K. (1996): *The Endogeneity of the Optimum Currency Area Criteria.* NBER Working Paper Nr. 5700, Cambridge MA

Franz, W. (1992): Arbeitslosigkeit: Ein makroökonomischer Analyserahmen. In: Franz, W. (Hrsg.): *Mikro- und makroökonomische Aspekte der Arbeitslosigkeit.* Beiträge zur Arbeitsmarkt- und Berufsforschung 165. IAB, Nürnberg, 9-24

Fratianni, M., Hauskrecht, A. (1998): From the Gold Standard to a Bipolar Monetary System. *Open Economies Review 9*, 609-636

Frenkel, J.A. (1976): A Monetary Approach to the Exchange Rate: Doctrinal Aspects and Empirical Evidence. *Scandinavian Journal of Economics 78*, 200-224

Frenkel, J.A., Goldstein, M. (1991): The Macroeconomic Policy Implications of Trade and Currency Zones. In: Federal Reserve Bank of Kansas (Hrsg.) (1991): *Policy implications of trade and currency zones*, Kansas City, 157-211

Friedman, B.M. (1990): Targets and Instruments of Monetary Policy. In: Friedman, B.M., Hahn, F.H. (Hrsg.) (1990): *Handbook of Monetary Economics*, Bd. 2. North-Holland, Amsterdam u.a., Kap. 22

Friedman, B.M., Kuttner, K.N. (1992): Money, Income, Prices, and Interest Rates. *American Economic Review 82*, 472-492

Friedman, M. (1953a): The case for flexible exchange rates. In: Friedman, M. (1953): *Essays in Positive Economics*. University of Chicago Press, Chicago, 157-203

Friedman, M. (1953b): The effects of a full-employment policy on economic stability: a formal analysis. In: Friedman, M. (1953): *Essays in Positive Economics*. University of Chicago Press, Chicago, 117-132

Friedman, M. (1968): The Role of Monetary Policy. *American Economic Review 58*, 1-17

Friedman, M. (1969): The Optimum Quantity of Money. in: Friedman, M. (1969): *The Optimum Quantity of Money and Other Essays*. Aldine, Chicago, 1-50

Fröhlich, H.-P., Klös, H.-P., Kroker, R., Schnabel, C., Schröder, C. (1997): *Lohnpolitik in der Europäischen Währungsunion*. Beiträge zur Wirtschafts- und Sozialpolitik 234. Deutscher Instituts.-Verlag, Köln

Funke, M. (1991): Das Hysteresis-Phänomen. *Zeitschrift für Wirtschafts- und Sozialwissenschaften 111*, 527-551

Gärtner, M. (1997): *Makroökonomik flexibler und fester Wechselkurse*. 2.Auflage. Springer, Berlin Heidelberg u.a.

Gale, D. (1982): *Money: in equilibrium*. Nisbet, Cambridge

Galor, O. (1996): Convergence? Inferences from Theoretical Models. *The Economic Journal 106*, 1056-1069

Gandolfo, G., Padoan, P.C. (1992): Perfect Capital Mobility and the Italian Economy. In: Baltensperger, E., Sinn, H.-W. (Hrsg.): *Exchange-Rate Regimes and Currency Unions*. Macmillan, Basingstoke, Hampshire u.a., 36-61

Garber, P.M., Svensson, L.E.O. (1995): The Operation and Collapse of Fixed Exchange Rate Regimes. In: Grossman, G.M., Rogoff, K. (Hrsg.): *Handbook of International Economics vol. III.* Elsevier, Amsterdam u.a., 1865-1911

Genbach, H., Swoboda, A.K. (1989): Fixed Exchange Rates, Flexible Exchange Rates, or the Middle of the Road: A Re-examination of the Arguments in View of Recent Experience. In: Aliber, R.Z. (Hrsg.): *The Reconstruction of International Monetary Arrangements, Reprint 1989.* Macmillan, Basingstoke, Hampshire u.a., 92-113

Gerlach, S., Smets, F. (1995): Contagious speculative attacks. *European Journal of Political Economy 11*, 45-63

Ghosh, A.R., Masson, P.R. (1994): *Economic Cooperation in an Uncertain World.* Blackwell, Oxford u.a.

Ghosh, A.R., Wolf, H.C. (1994): *How many Monies? A Genetic Approach to Finding Optimum Currency Areas.* NBER Working Paper Nr. 4805, Cambridge MA

Ghironi, F., Giavazzi, F. (1998): Currency areas, international monetary regimes, and the employment-inflation tradeoff. *Journal of International Economics 45*, 259-296

Giavazzi, F., Giovannini, A. (1987): Models of the EMS: is Europe a Greater Deutschmark Area?. In: Bryant, R.C., Portes, R. (Hrsg.): *Global Macroeconomics. Policy Conflict and Cooperation.* St. Martin's Press, New York, 237-265

Giavazzi, G., Giovannini, A. (1989): *Limiting Exchange Rate Flexibility. The European Monetary System.* MIT Press, Cambridge MA

Giavazzi, G., Micossi, S., Miller, M.H. (Hrsg.) (1988): *The European Monetary System.* Cambridge University Press, Cambridge u.a.

Giavazzi, G., Pagano, M. (1988): The Advantage of Tying One's Hands: EMS Discipline and Central Bank Credibility. *European Economic Review 32*, 1055-1082

Giovannini, A. (1989): How do fixed-exchange-rate regimes work? Evidence from the gold standard, Bretton Woods and the EMS. In: Miller, M., Eichengreen, Portes, B. R. (Hrsg.): *Blueprints for exchange-rate management.* Academic Press, London u.a., 13-41

Giovannini, A., Turtelboom, B. (1994): Currency substitution. In: van der Ploeg, F. (Hrsg.): *Handbook of International Macroeconomics.* Blackwell, Oxford, Kap.12

Girton, L., Roper, D. (1981): Theory and Implications of Currency Substitution. *Journal of Money, Credit and Banking 13*, 12-30

Goldstein, M., Woglom, G. (1992): Market-based fiscal discipline in monetary unions: evidence from the US municipal bond market. In: Canzoneri, M.B., V. Grilli, P.R. Masson (Hrsg.): *Establishing a central bank: issues in Europe and lessons from the US*. Cambridge University Press, Cambridge, 228-260

Golub, S. (1989): Foreign-currency government debt, asset markets, and the balance of payments. *Journal of International Money and Finance 8*, 285-294

Goodhart, C.A.E. (1989a): *Money, Information and Uncertainty*. 2nd Edition. Macmillan, Basingstoke, Hampshire u.a.

Goodhart, C.A.E. (1989b): The Conduct of Monetary Policy. *Economic Journal 99*, 293-346

Goodhart, C.A.E., Smith, S. (1993): Stabilization. *European Economy (1993, Nr. 5)*, 417-455

Gordon, R.J. (1997): The time-Varying NAIRU and Its Implications for Economic Policy. *Journal of Economic Perspectives 11*, 11-32

Gros, D. (1996): Germany's Stake in Exchange Rate Stability. *Intereconomics 31*, 236-240

Gros, D., Thygesen, N. (1992): *European Monetary Integration*. Longman, Harlow UK u.a.

Guggenheim, T. (1973): Some Early Views on Monetary Integration. In: Johnson, H.G., Swoboda, A.K. (Hrsg.) (1973*): The Economics of Common Currencies*. Allen & Unwin, London, 93-98

Hahn, F.H. (1965): On some problems of proving the existence of an equilibrium in a monetary economy. Wiederabgedruckt in: Hahn, F.H. (1984): *Equilibrium and Macroeconomics*. Blackwell, Oxford, 148-157

Hahn, F.H. (1984): *Equilibrium and Macroeconomics*. Blackwell, Oxford

Hall, P.A., Franzese Jr., R.J. (1997): *Mixed Signals: Central Bank Independence, Coordinated Wage Bargaining, and European Monetary Union*. Discussion Paper FS I 97-307, Wissenschaftszentrum Berlin für Sozialforschung, Berlin

Hallwood, C.P. , MacDonald, R. (1994): *International Money and Finance*. Blackwell, Oxford u.a.

Hamada, K. (1977): A Strategic Analysis of Monetary Independence. *Journal of Political Economy 84*, 677-700

Hamada, K. (1979): Macroeconomic Strategy and Coordination under Alternative Exchange Rates. In: Dornbusch, R., Frenkel, J.A. (Hrsg.) (1979): *International Economic Policy. Theory and Evidence*. John Hopkins University Press, Baltimore u.a., Kap.9

Hamada, K. (1985): *The Political Economy of International Monetary Interdependence*. MIT Press, Cambridge MA u.a.

Hamada, K., Kawai, M. (1997): International Economic Policy Coordination: Theory and Policy Implications. In: Fratianni, M.U., Salvatore, D., von Hagen, J. (Hrsg.): *Macroeconomic Policy in Open Economies*. Handbook of Comparative Economic Policies 5. Greenwood Press, Westport CO u.a., 87-147

Heering, W. (1991): *Geld, Liquiditätsprämie und Kapitalgüternachfrage. Studien zur entscheidungstheoretischen Fundierung einer Monetären Theorie der Produktion*. Studien zur monetären Ökonomie 10. Transfer Verlag, Regensburg.

Hellwig, M.F. (1985): What do we know about Currency Competition?. *Zeitschrift für Wirtschafts- und Sozialwissenschaften 105,* 565-588

Henderson, D.W., Rogoff, K. (1982): Negative Net Foreign Asset Positions and Stability in a World Portfolio Balance Model. *Journal of International Economics 13*, 85-104

Herr, H. (1989): Weltgeld und die Instabilität der 70er und 80er Jahre. In: Riese, H., Spahn, H.-P. (Hrsg.): *Internationale Geldwirtschaft*. Studien zur monetären Ökonomie 2. Transfer Verlag, Regensburg, 106-154

Hildenbrand, W. (1998): Zur Relevanz mikroökonomischer Verhaltenshypothesen für die Modellierung der zeitlichen Entwicklung von Aggregaten. Johann-Heinrich-von-Thünen-Vorlesung des Vereins für Socialpolitik 1997. In: Duwendag, D. (Hrsg.): *Finanzmärkte im Spannungsfeld von Globalisierung, Regulierung und Geldpolitik*. Schriften des Vereins für Socialpolitik 261. Duncker und Humblot, Berlin, 195-218

Holtfrerich, C.-L. (1990): Was the policy of deflation in Germany unavoidable?. In: von Kruedener, J. (Hrsg.): *Economic crisis and political collapse*. Berg, New York u.a., 63-80

Hughes Hallett, A.J. (1993): Exchange Rates and Asymmetric Policy Regimes: When Does Exchange Rate Targeting Pay?. *Oxford Economic Papers 45*, 191-206

Hughes Hallett, A., G. Holtham, G. Hutson (1989): Exchange-rate targeting as surrogate international cooperation. In: Miller, M., Eichengreen, Portes, B. R. (Hrsg.): *Blueprints for exchange-rate management*. Academic Press, London u.a., 239-278

IMF (1997): *International Financial Statistics*. Washington D.C.

Italianer, A., Vanheukelen, M. (1993): Proposals for Community stabilization mechanisms: Some historical applications. *European Economy (1993, Nr. 5)*, 493-510

Italianer, A., Pisani-Ferry, J. (1994): The regional-stabilisation properties of fiscal arrangements. In: Mortensen, J. (Hrsg.): *Improving Economic and Social Cohesion in the European Community.* Macmillan, Basingstoke, Hampshire u.a., 155-194

Ishiyama, Y. (1975): The Theory of Optimum Currency Areas: A Survey. *IMF Staff Papers 22*, 344-383

Jacobsen, A., Tomann, H. (1998): Europäische Währungsunion und Lohnpolitik. *Hamburger Jahrbuch für Wirtschafts- und Gesellschaftspolitik, 43. Jahr,* 195-214

Jarchow, H.-J., Rühmann, P. (1994): *Monetäre Außenwirtschaft, I: Monetäre Außenwirtschaftstheorie.* 4. Auflage. Vandenhoek & Ruprecht, Göttingen

Jensen, S.E.H. (1999): Nominal stability, real convergence, and fiscal transfers in a monetary union. In: Hughes Hallett, A., Hutchison, M.M., Jensen, S.E.H. (Hrsg.): *Fiscal aspects of European monetary integration.* Cambridge University Press, Cambridge New York, 124-144

Jerger, J. (1996): Leitlinien für eine beschäftigungsorientierte Nominallohnpolitik. In: Külp, B. (Hrsg.): *Arbeitsmarkt und Arbeitslosigkeit.* Haufe, Freiburg i.Br., 123-152

Johnson, H.G. (1969): The 'Problems' Approach to International Monetary Reform. In: Mundell, R.A., Swoboda, A.K. (Hrsg.): *Monetary Problems of the International Economy.* University of Chicago Press, Chicago, 393-399

Johnson, H.G. (1971): Problems of European Monetary Union. *Journal of World Trade Law 5,* 377-387

Kaldor, N. (1957): A Model of Economic Growth. *The Economic Journal 67,* 591-624

Kaminsky, G.L., Reinhart, C.M. (2000): On crises, contagion, and confusion. *Journal of International Economics 51,* 145-168

Kareken, J., Wallace, N. (1980): On the Indeterminacy of Equilibrium Exchange Rates. *Quarterly Journal of Economics 96,* 207-222

Kenen, P.B. (1969): The Theory of Optimum Currency Areas: An Eclectic View. In: Mundell, R.A., Swoboda, A.K. (Hrsg.): *Monetary Problems of the International Economy.* University of Chicago Press, Chicago, 41-60

Kenen, P.B. (1995): What Have We Learned from the EMS Crises?. *Journal of Policy Modeling 17,* 449-461

Kenen, P.B. (1997): Preferences, Domains, and Sustainability. *American Economic Review 87,* 211-213

Kenen, P.B. (1998): *EMU and Transatlantic Relations.* HWWA-Diskussionspapier 60, Hamburg

Keynes, J.M. (1930): *A Treatise on Money.* The Collected Writings of John Maynard Keynes V. Macmillan, Basingstoke u.a.

Keynes, J.M. (1936): *The General Theory of Employment, Interest and Money.* The Collected Writings of John Maynard Keynes VII. Macmillan, Basingstoke, u.a.

Kirman, A. (1989): The Intrinsic Limits of Modern Economic Theory: The Emperor has no Clothes. Conference 1989, *The Economic Journal 99*, 126-139

Klein, B. (1977): The Demand for Quality-adjusted Cash Balances: Price Uncertainty in the U.S. Demand for Money Function. *Journal of Political Economy 85*, 691-715

Klein, L.R. (1987): *The Choice Among Alternative Exchange Rate Regimes. Journal of Policy Modeling 9*, 7-18

Kletzer, K. (1999): Monetary union, asymmetric productivity shocks and fiscal insurance: an analytical discussion of welfare issues. In: Hughes Hallett, A., Hutchison, M.M., Jensen, S.E.H. (Hrsg.): *Fiscal aspects of European monetary integration.* Cambridge University Press, Cambridge New York, 96-123

Koekkoek, A., Mennes, L.B.M. (Hrsg.) (1991): *International trade and global development. Essays in honour of Jagdish Bhagwati.* Routledge, London u.a.

Kösters, W. (1989): Transmission und Koordination nationaler Wirtschaftspolitiken bei weltwirtschaftlicher Verflechtung. *Kredit und Kapital 22*, 18-42

Konrad, K. (1992): *Risikoproduktivität.* Springer, Berlin u.a.

Kouri, P.J.K. (1976): The Exchange Rate and the Balance of Payments in the Short Run and in the Long Run: A Monetary Approach. *Scandinavian Journal of Economics 78*, 280-304

Krugman, P. (1979): A Model of Balance of Payments Crisis. *Journal of Money, Credit and Banking 11*, 311-325

Krugman, P. (1984): The International Role of the Dollar: Theory and Prospect. In: Bilson, J.F.O., Marston, R.C. (Hrsg.): *Exchange Rate Theory and Practice.* University of Chicago Press, Chicago

Krugman, P. (1989a): The case for stabilizing exchange rates. *Oxford Review of Economic Policy 5*, 61-72

Krugman, P. (1989b): *Exchange-Rate Instability.* MIT Press, Cambridge MA u.a.

Krugman, P. (1991): Target Zones and Exchange Rate Dynamics. *Quarterly Journal of Economics 106*, 669-682

Krugman, P. (1993): Lessons of Massachusetts for EMU. In: Torres, F., Giavazzi, F. (Hrsg.): *Adjustment and Growth in the European Monetary Union.* Cambridge University Press, Cambridge, 241-261

Krugman, P. (1995): What Do We Need to Know about the International Monetary System?. In: Kenen, P.B. (Hrsg.): *Understanding Interdependence. The Macroeconomics of the Open Economy.* Princeton University Press, Princeton NJ, 509-529

Krugman, P., Miller, M. (Hrsg.) (1992): *Exchange rate targets and currency bands.* Cambridge University Press, Cambridge u.a.

Krugman, P., Rotemberg, J. (1992): Speculative attacks on target zones. In: Krugman, P., Miller, M. (Hrsg.): *Exchange rate targets and currency bands.* Cambridge University Press, Cambridge u.a., 117-132

Kydland, F.E., Prescott, E.C. (1977): Rules Rather than Discretion: The Inconsistency of Optimal Plans. *Journal of Political Economy 85,* 473-491

Külp, B. (Hrsg.) (1996): *Arbeitsmarkt und Arbeitslosigkeit.* Haufe, Freiburg i.Br.

Kulatilaka, N., Kogut, B. (1996): Direct Investment, Hysteresis, and Real Exchange Rate Volatility, *Journal of the Japanese and International Economies 10,* 12-36

Laidler, D. (1999): *The Quantity of Money and Monetary Policy.* Bank of Canada Working Paper 99-5, Ottawa

Layard, R., Nickell, S., Jackman, R. (1991*): Unemployment. Macroeconomic Performance and the Labour Market.* Oxford University Press, Oxford

Levin, J.H. (1983): A Model of Stabilization Policy in a Jointly Floating Currency Area. In: Bhandari, J.S., Putnam, B.H. (Hrsg.): *Economic Interdependence and Flexible Exchange Rates.* MIT Press, Cambridge MA u.a., 329-349

Lucas, R.E. (1976): Econometric Policy Evaluation: A Critique. In: Brunner, K., Meltzer, A.H. (Hrsg.): *The Phillips Curve and Labor Markets.* Carnegie-Rochester Conference Series on Public Policy 1, North-Holland, Amsterdam. Wiederabgedruckt in: Lucas, R.E. (1981): *Studies in Business Cycle Theory.* MIT Press, Cambridge MA u.a., 104-130

Lucas, R.E. (1981): *Studies in Business Cycle Theory.* MIT Press, Cambridge MA u.a.

Lucas, R.E. (1988): On the Mechanics of Economic Development. *Journal of Monetary Economics 22,* 3-42

Luckenbach, H. (1996): Von der Volks- zur Weltwirtschaftspolitik - Entwicklungslinien und Institutionen der internationalen Wirtschaftspolitik. *Hamburger Jahrbuch für Wirtschafts- und Gesellschaftspolitik,* 41. Jahr, 217-233

Lüken gen. Klaßen, M. (1993): *Währungskonkurrenz und Protektion. Peripherisierung und ihre Überwindung aus geldwirtschaftlicher Sicht.* Studien zur monetären Ökonomie 12. Metropolis, Marburg

Mahdavi, M., Kazemi, H.B. (1996): Indeterminacy and Volatility of Exchange Rates under Imperfect Currency Substititution. *Economic Inquiry 34*, 168-181

Majocchi, A., Rey, M. (1993): A special financial support scheme in economic and monetary union: Need and nature. *European Economy (1993, Nr. 5)*, 457-480

Manning, A. (1993): Wage Bargaining and the Phillips Curve: The Identification and Specification of Aggregate Wage Equations. *Economic Journal* 103, 98-118

Manning, A. (1995): Developments in Labour Market Theory and their Implications for Macroeconomic Policy. *Scottish Journal of Political Economy 42*, 250-266

Markowitz, H. (1952): Portfolio Selection. *Journal of Finance 7*, 77-91

Marsden, D. (1989): Occupations. The influence of the unemployment situation. In: Molle, W., Van Mourik, A. (Hrsg.): *Wage Differentials in the European Community.* Avebury, Aldershot u.a., 105-139

Marston, R.C. (1985): Financial Disturbances and the Effects of an Exchange Rate Union. In: Bhandari, J.S. (Hrsg.): *Exchange Rate Management under Uncertainty.* MIT Press, Cambridge MA u.a., 272-291

Mas-Colell, A., Whinston, M.D., Green, J.R. (1995): *Microeconomic Theory.* Oxford University Press, Oxford u.a.

Masson, P.R., Taylor, M.P. (1993): Currency unions: a survey of the issues. In: Masson, P.R., Taylor, M.P. (Hrsg.): *Policy issues in the operation of currency unions.* Cambridge University Press, Cambridge u.a., 3-51

Masson, P.R., Turtelboom, B.G. (1997): Characteristics of the Euro, the Demand for Reserves, and Policy Coordination Under EMU. In: Masson, P.R., Krueger, T.H., Turtelboom, B.G. (Hrsg.): *EMU and the International Monetary System.* Internationational Monetary Fund, Washington D.C, 194-224

Mayer, G. (1996): Die D-Mark als Leitwährung in Europa?. Peter Lang, Frankfurt a.M. u.a.

McCallum, B.T. (1994): *Monetary Policy Rules and Financial Stability.* NBER Working Paper Nr. 4692, Cambridge MA

McCauley, R.N. (1997): *The Euro and the Dollar.* BIS Working Paper November 1997, Basel

McKibbin, W.J., Sachs, J.D. (1991): *Global Linkages. Macroeconomic Interdependence and Cooperation in the World Economy.* Brookings Inst., Washington D.C.

McKibbin, W.J. (1997): Empirical Evidence on International Policy Coordination. In: Fratianni, M.U., Salvatore, D., von Hagen, J. (Hrsg.): *Macroeconomic Policy in Open Economies.* Handbook of Comparative Economic Policies 5. Greenwood Press, Westport CO u.a., 148-176

McKinnon, R.I. (1963): Optimum Currency Areas. *American Economic Review 53*, 717-725

McKinnon, R.I. (1984): An International Standard for Monetary Stabilization. Institute for International Economics, Washington D.C.

McKinnon, R.I. (1988): Monetary and Exchange Rate Policies for International Financial Stability: A Proposal. *Journal of Economic Perspectives 2*, 83-103

McKinnon, R.I. (1996): A Common Monetary Standard or a Common Currency for Europe? The Fiscal Constraints. In: Baldassari, M., Imbriani, C., Salvatore, D. (Hrsg.): *The International System between New Integration and Neo-Protectionism.* Macmillan, Basingstoke, Hampshire u.a., 59-79

Meade, J.E. (1957): The balance of payments problems of a European free trade area. Economic Journal 67, 379-396

Meese, R.A., Rogoff, K. (1983): Empirical exchange rate models of the seventies. Do they fit out of samples?. *Journal of International Economics 14*, 3-24

Mélitz, J. (1988): Monetary discipline and cooperation in the European Monetary System: a synthesis. In: Giavazzi, G., Micossi, S., Miller, M.H. (Hrsg.): *The European Monetary System.* Cambridge University Press, Cambridge u.a., 51-79

Mélitz, J. (1995a): Review essay. A Suggested Reformulation of the Theory of Optimal Currency Areas. *Open economies review 6*, 281-298

Mélitz, J. (1995b): The current impasse in research on optimum currency areas. *European Economic Review 39*, 492-500

Mélitz, J. (1996): The Theory of Optimum Currency Areas, Trade Adjustment, and Trade. *Open economies review 7*, 99-116

Menkhoff, L., Sell, F.L., Stiefl, J. (1993): What About Optimum Currency Areas Within the EMS? A Cost-Benefit-Analysis. *Asian Economies 22*, 73-93

Miller, M., P. Weller (1989): Exchange-rate bands and realignments in a stationary stochastic setting. In: Miller, M., Eichengreen, Portes, B. R. (Hrsg.) (1989*): Blueprints for exchange-rate management.* Academic Press, London u.a., 161-174

Miller, M., Weller, P. (1991): Currency Bands, Target Zones, and Price Flexibility. *IMF Staff Papers 38*, 184-215

Mishkin, F.S. (1998): International Capital Movements, Financial Volatility and Financial Instability. In: Duwendag, D. (Hrsg.): *Finanzmärkte im Spannungsfeld von Globalisierung, Regulierung und Geldpolitik.* Schriften des Vereins für Socialpolitik 261. Duncker und Humblot, Berlin, 11-40

Möller, J. (1992): Lohnbildung und Beschäftigung - Neuere makroökonomische Evidenz. In: Franz, W. (Hrsg.): *Mikro- und makroökonomische Aspekte der Arbeitslosigkeit.* Beiträge zur Arbeitsmarkt- und Berufsforschung 165. IAB, Nürnberg, 113-132

Mooslechner, P., Schuerz, M. (1999): International Macroeconomic Policy Coordination: Any Lessons for EMU? A Selective Survey of the Literature. *Empirica* 26, 171-199

Mulder, C.B. (1993): Wage-Moderating Effects of Corporatism: Decentralized *Versus* Centralized Wage Setting in a Union, Firm, Government Context. *The Manchester School of Economic and Social Studies 61*, 287-301

Mundell, R.A. (1961): A Theory of Optimum Currency Areas. *American Economic Review 51*, 657-665

Mundell, R.A. (1962): The Appropriate Use of Monetary and Fiscal Policy under Fixed Exchange Rates. *IMF Staff Papers 9*, 70-79

Mundell, R.A. (1973): Uncommon Arguments for Common Currencies. In: Johnson, H.G., Swoboda, A.K. (Hrsg.): *The Economics of Common Currencies.* Allen & Unwin, London, 114-132

Mundell, R.A. (1995): The International Monetary System: The Missing Factor. *Journal of Policy Modeling 17*, 479-492

Mundell, R.A. (1996): European Monetary Union and the International Monetary System. In: Baldassari, M., Imbriani, C., Salvatore, D. (Hrsg.): *The International System between New Integration and Neo-Protectionism.* Macmillan, Basingstoke, Hampshire u.a., 81-128

Mundell, R.A. (1997): Currency Areas, Common Currencies, and EMU. *American Economic Review 877 (Nr. 2)*, 214-216

Murphy, R.G., van Duyne, C. (1980): Asset Market Approaches to Exchange Rate Determination: A Comparative Analysis. *Weltwirtschaftliches Archiv 116*, 627-656

Mussa, M. (1976): The Exchange Rate, the Balance of Payments and Monetary and Fiscal Policy under a Regime of Controlled Floating. *Scandinavian Journal of Economics 78*, 229-248

Mussa, M. (1995): The Evolving International Monetary System and Prospects for Monetary Reform. *Journal of Policy Modeling 17*, 493-512

Newell, A., Symons, J.S.V. (1987): Corporatism, Laissez-faire and the Rise in Unemployment. *European Economic Review 31*, 567-614

Niehans, J. (1968): Monetary and Fiscal Policies in Open Economies under Fixed Exchange Rates: An Optimizing Approach. *Journal of Political Economy 76*, 893-920

Nowotny, E. (1997): Zur regionalen Dimension der Finanzverfassung der EU - gegenwärtiger Stand und Perspektiven. In: Oberhauser, A. (Hrsg.): *Fiskalfödera-lismus in Europa*. Schriften des Vereins für Socialpolitik N.F. 253. Duncker und Humblot, Berlin, 97-145

Obstfeld, M. (1986): Rational and self-fulfilling balance of payments crises. *American Economic Review 76*, 72-81

Obstfeld, M. (1995): International Capital Mobility in the 1990s. In: Kenen, P.B. (Hrsg.) (1995): *Understanding Interdependence. The Macroeconomics of the Open Economy*. Princeton University Press, Princeton NJ, 201-261

Obstfeld, M. (1996): Models of currency crises with self-fulfilling features. *European Economic Review 40*, 1037-1047

Obstfeld, M. (1997a): Destabilizing effects of exchange-rate escape clauses. *Journal of International Economics 43*, 61-78

Obstfeld, M. (1997b): *Open-Economy Macroeconomics: Developments in Theory and Policy*. NBER Working Paper Nr. 6319, Cambridge MA

Obstfeld, M., Stockman, A.C. (1985): Exchange Rate Dynamics. In: Jones, R.W., Kenen, P.B. (Hrsg.): *Handbook of International Economics II*. North-Holland, Amsterdam u.a., 917-977

Obstfeld, M., Peri, G. (1998): Regional non-adjustment and fiscal policy. *Economic Policy (1998, Nr. 26)*, 205-259

OECD (1998): Employment Outlook (June 1998). OECD, Paris

Ohno, K. (1994): The Case for a New System. In: Bretton Woods Commission (Hrsg.): *Bretton Woods: Looking to the Future*. Bretton Woods Committee, Washington D.C., C-5-12

Ohr, R. (1993): Integration in einem nicht-optimalen Währungsraum. *Hamburger Jahrbuch für Wirtschafts- und Gesellschaftspolitik, 38. Jahr*, 29-47

Oudiz, G., Sachs, J. (1984): Macroeconomic Policy Coordination among the Industrial Economies. *Brookings Papers on Economic Activity (1984, Nr. 1)*, 1-64

Papademos, L., Modigliani, F. (1990): The Supply of Money and the Control of Nominal Income. In: Friedman, B.M., Hahn, F.H. (Hrsg.): *Handbook of Monetary Economics*, Bd. 2. North-Holland, Amsterdam u.a., Kap.10

Patinkin, D. (1965): *Money, Interest and Prices*. 2.Auflage. Harper & Row, New York

Patinkin, D. (1990): Real Balances. In: Eatwell, J., Milgate, M., Newman, P. (Hrsg.): *The New Palgrave: Money*. Macmillan, Basingstoke u.a., 303-309

Peltzman, S. (1984): The Growth of Government. *Journal of Law and Economics 27*, 209-287

Persson, T., Tabellini, G. (1993): Designing Institutions for Monetary Stability. *Carnegie-Rochester Conference Series on Public Policy 39*, 53-84

Persson, T., Tabellini, G. (1995): Double-Edged Incentives: Institutions and Policy Coordination. In: Grossman, G.M., Rogoff, K. (Hrsg.): *Handbook of International Economics vol. III*. Elsevier, Amsterdam u.a., 1973-2030

Phelps, E.S. (1967): Phillips-Curves, Expectations of Inflation and Optimal Unemployment over Time. *Economica 43*, 254-281

Phelps, E.S. (Hrsg.) (1971): *Microeconomic Foundations of Employment and Inflation*. Macmillan, New York u.a.

Phelps, E.S. (1994): *Structural slumps: the modern equilibrium theory of unemployment, interest, and assets*. Harvard University Press, Cambridge MA

Pindyck, R.S., Rubinfeld, D.L. (1991): *Econometric Models & Economic Forecasts*, 3.Auflage. McGraw-Hill, New York

Poole, W. (1970): Optimal choice of monetary policy instruments in a simple stochastic macro model. *Quarterly Journal of Economics 84*, 197-216

Reither, F. (1993): Geldpolitische Koordination in einer Währungsunion. *Hamburger Jahrbuch für Wirtschafts- und Gesellschaftspolitik, 38. Jahr*, 49-63

Ricci, L.A. (1997): *A Model of an Optimum Currency Area*. IMF Working Paper WP/97/76, Washington D.C.

Riese, H. (1978): Strukturwandel und unterbewertete Währung in der Bundesrepublik Deutschland. Bemerkungen zur theoretischen Position des Instituts für Weltwirtschaft Kiel. *Konjunkturpolitik 24*, 143-169

Riese, H. (1986): *Theorie der Inflation*. Mohr, Tübingen

Riese, H. (1988): Wider den Dezisionismus der Theorie der Wirtschaftspolitik. In: Vogt, W. (Hrsg.): *Politische Ökonomie heute*. Beiträge zur Tagung des Arbeitskreises Politische Ökonomie im Herbst 1987. Transfer Verlag, Regensburg, 91-116

Riese, H. (1989): Geld, Kredit, Vermögen. In: Riese, H., Spahn, H.-P. (Hrsg.) (1989): *Internationale Geldwirtschaft.* Studien zur monetären Ökonomie 2. Transfer Verlag, Regensburg , 1-59

Riese, H. (1995): Das Grundproblem der Wirtschaftspolitik. In: Betz, K., Riese, H. (Hrsg.): *Wirtschaftspolitik in einer Geldwirtschaft.* Studien zur monetären Ökonomie 14. Metropolis, Marburg, 9-28

Rødseth, A. (1996): Exchange Rate versus Price Level Targets and Output Stability. *Scandinavian Journal of Economics 98,* 559-577

Rogoff, K. (1985a): Can International Monetary Policy Cooperation be Counterproductive?. *Journal of International Economics 18,* 199-217

Rogoff, K. (1985b): The Optimal Degree of Commitment to an Intermediate Monetary Target. *Quarterly Journal of Economics 100,* 1169-1190

Rose, K., Sauernheimer, K. (1999): *Theorie der Außenwirtschaft.* 13.Auflage. Verlag Vahlen, München

Sachs, J., Sala-i-Martín, X. (1991): *Federal fiscal policy and optimum currency areas: evidence for Europe from the United States.* NBER Working Paper 3855, Cambridge MA.

Salvatore, D. (1995): The Operation and Future of the International Monetary System. *Journal of Policy Modeling 17,* 513-530

Samuelson, P.A., Solow, R.M. (1960): Analytical Aspects of Anti-Inflation Policy. *American Economic Review 50,* 177-194

Sargent, T.J., Wallace, N. (1975): 'Rational' expectations, the optimal monetary instrument, and the optimal money supply rule. *Journal of Political Economy 83,* 241-254

Sauernheimer, K. (1984): 'Fiscal Policy' in einer Wechselkursunion. *Finanzarchiv 42,* 143-157

Schäfer, H. (1988): *Währungsqualität, asymmetrische Information und Transaktionskosten.* Informationsökonomische Beiträge zu internationalen Währungsbeziehungen. Schäfer, Berlin u.a.

Schelkle, W. (1994): *Constitution and Erosion of a Monetary Economy. Problem's of India's Development since Independence.* GDI Book Series Nr. 3. Cass, London

Schelkle, W. (1997): Die Bedeutung der Arbeitsmarktsysteme für die Beschäftigungsentwicklung in einer zukünftigen Europäischen Währungsunion. *List Forum für Wirtschafts- und Finanzpolitik 23,* 373-394

Schelkle, W. (1999a): Regional integration among less developed economies: discordant variations on an evergreen. In: Metzger, M., Reichenstein, B. (Hrsg.): *An Increasingly Interdependent World*, Macmillan, Houndmills Basingstoke, 65-88

Schelkle, W. (1999b): *Welfare Reform in the United States - Lessons for a Social Federation of EMU.* Policy Paper No.9, Robert Bosch Foundation Research Program in Comparative Public Policy and Institutions, American Institute for Contemporary German Studies, Washington D.C. 1999

Schelkle, W. (2000): Sozialpolitischer Handlungsbedarf in Europa. *Beihefte zur Konjunkturpolitik 50*, 55-70

Schmidt, P.-G. (1996): Strukturmerkmale des Arbeitsmarktes und gesamtwirtschaftliche Stabilität. in: Zohlnhöfer, W. (Hrsg.): *Die Tarifautonomie auf dem Prüfstand.* Schriften des Vereins für Socialpolitik N.F. 244. Duncker und Humblot, Berlin, 95-148

Schmitt-Rink, G., Bender, D. (1992): *Makroökonomie geschlossener und offener Volkswirtschaften.* 2. Auflage. Springer, Berlin u.a.

Scitovsky, T. (1958): *Economic Theory and Western European Integration.* Unwin, London

Siebert, H. (1998): Disziplinierung der nationalen Wirtschaftspolitik durch die internationale Kapitalmobilität. In: Duwendag, D. (Hrsg.): *Finanzmärkte im Spannungsfeld von Globalisierung, Regulierung und Geldpolitik.* Schriften des Vereins für Socialpolitik 261. Duncker und Humblot, Berlin, 41-67

Sievert, O. (1993): Geld, das man nicht selbst herstellen kann - Ein ordnungspolitisches Plädoyer für die Europäische Währungsunion. In: Bofinger, P., Collignon, S., Lipp, E.-M. (Hrsg.): *Währungsunion oder Währungschaos?.* Gabler, Wiesbaden, 13-24

Sinn, H.-W. (1984): Rationale Erwartungen, Rationierung und Rezession - Braucht keynesianische Politik dumme Bürger?. *Jahrbücher für Nationalökonomie und Statistik 199/2*, 158-178

Sinn, H.-W. (1990): Tax Harmonization and Tax Competition in Europe. *European Economic Review 34*, 489-504

Sinn, H.-W. (1995a): A Theory of the Welfare State. *Scandinavian Journal of Economics 97*, 495-526

Sinn, H.-W. (1995b): Implikationen der vier Grundfreiheiten für eine nationale Fiskalpolitik. *Wirtschaftsdienst 75*, 240-249

Sinn, H.-W. (1996): *Social Insurance, Incentives and Risk Taking.* CES Working Paper Nr.102, München

Sinn, H.-W. (1997): Das Selektionsprinzip und der Systemwettbewerb. In: Oberhauser, A. (Hrsg.): *Fiskalföderalismus in Europa*. Schriften des Vereins für Socialpolitik N.F. 253. Duncker und Humblot, Berlin, 9-60

Sinn, H.-W. (1998): *Sozialstaat im Wandel. Eröffnungsvortrag zur Jahrestagung des Vereins für Socialpolitik, Rostock, September 1998* (Redemanuskript)

Skocpol, T. (1995): *Social Policy in the United States. Future Possibilities in Historical Perspective*. Princeton University Press, Princeton NJ

Solow, R. (1956): A Contribution to the Theory of Economic Growth. *Quarterly Journal of Economics 70*, 69-94

Soskice, D. (1990): Wage Determination: The Changing Role of Institutions in Advanced Industrialized Countries. *Oxford Review of Economic Policy 6*, 36-61

Spahn, B. (1993): The design of federal fiscal constitutions in theory and in practice. *European Economy (1993, Nr. 5)*, 63-99

Spahn, H.-P. (1986): *Stagnation in der Geldwirtschaft. Dogmengeschichte, Theorie und Politik aus keynesianischer Sicht*. Campus, Frankfurt u.a.

Spahn, H.-P. (1995): Die Krise des EWS und die brüchigen Grundlagen der Leitwährungsordnung. In: Thomasberger, C. (Hrsg.): *Europäische Geldpolitik zwischen Marktzwängen und neuen institutionellen Regelungen*. Metropolis, Marburg, 171-196

Spahn, H.-P. (1998): *Geldpolitik als Spiel gegen den Markt. Zur Kritik des mikroökonomischen Optimierungsansatzes in der Theorie makroökonomischer Stabilisierung*. Diskussionsbeiträge aus dem Institut für Volkswirtschaftslehre Universität Hohenheim Nr. 160/1998, Stuttgart

Spahn, H.-P. (1999): *Makroökonomie. Theoretische Grundlagen und stabilitätspolitische Strategien*. 2. Auflage. Springer, Berlin u.a.

Stark, O. (1994): Frontier Issues in International Migration. *Proceedings of the World Bank Annual Conference on Development Economics 1994*. World Bank, Washington D.C., 361-403

Stockman, A. (1989): Comment [on Bertola (1989)]. In: De Cecco, M., Giovannini, A. (Hrsg.): *A European Central Bank? Perspectives on monetary unification after ten years of the EMS*. Cambridge University Press, Cambridge u.a., 119-123

Stützel, W. (1978): *Volkswirtschaftliche Saldenmechanik*. 2. Auflage. Mohr, Tübingen

Summers, L.H. (1987): Comments [zu Newell / Symons (1987)]. *European Economic Review 31*, 606-614

Swoboda, A.K., H. Genberg (1982): Gold and the Dollar: Asymmetries in World Money Stock Determination, 1959-1971. In: Cooper, R.N., Kenen, P.B., de Macedo, J.B., van Ypersele, J. (Hrsg.): *The International Monetary System under Flexible Exchange Rates. Essays in Honor of Robert Triffin.* Ballinger, Cambridge MA, 235-257

Tavlas, G. (1993): The 'New' Theory of Optimum Currency Areas. *The World Economy 33*, 663-685

Tavlas, G. (1994): The Theory of Monetary Integration. *Open economies review 5*, 211-230

Taylor, J.B. (1981): On the relations between the variability of inflation and the average inflation rate. *Carnegie-Rochester Conference Series on Public Policy 15*, 57-86

Taylor, J.B. (1993): Discretion versus policy rules in practice. *Carnegie-Rochester Conference Series on Public Policy 39*, 195-214

Taylor, L. (1983) *Structuralist Macroeconomics. Applicable Models for the Third World.* Basic Books, New York

Taylor, M.P. (1995): Exchange-Rate Behavior under Alternative Exchange-Rate Arrangements. In: Kenen, P.B. (Hrsg.): *Understanding Interdependence. The Macroeconomics of the Open Economy.* Princeton University Press, Princeton NJ, 34-83

Thakur, S. (1994): The 'Hard' SDR. An Exploratory Analysis. *IMF Staff Papers 41*, 460-487

Thomas, L.R. (1985): Portfolio Theory and Currency Substitution. *Journal of Money, Credit and Banking 17*, 347-357

Thygesen, N. (1999): Fiscal institutions in EMU and the Stability Pact. In: Hughes Hallett, A., Hutchison, M.M., Jensen, S.E.H. (Hrsg.): *Fiscal aspects of European monetary integration.* Cambridge University Press, Cambridge New York, 15-36

Tinbergen, J. (1952): *On the Theory of Economic Policy.* North-Holland, Amsterdam

Tober, S. (1998): *Lohnzurückhaltung als Mittel zur Bekämpfung der Arbeitslosigkeit? Eine Analyse vor dem Hintergrund der Mehrheits- und Minderheitsvoten in den Gutachten der Wirtschaftsforschungsinstitute.* Diskussionspapier Nr. 77. Institut für Wirtschaftsforschung Halle

Tobin, J. (1958): Liquidity Preference as Behavior Towards Risk. *Review of Economic Studies 65*, 65-86

Tobin, J. (1982): The State of Exchange Rate Theory. Some Sceptical Observations. In: Cooper, R.N., Kenen, P.B., de Macedo, J.B., van Ypersele, J. (Hrsg.): *The International Monetary System under Flexible Exchange Rates. Essays in Honor of Robert Triffin.* Ballinger, Cambridge MA, 115-128

Tobin, J., Brainard, W. (1977): Asset Markets and the Cost of Capital. In: Balassa, B., Nelson, R. (Hrsg.): *Economic Progress, Private Values, and Public Policy.* North Holland, Amsterdam, 235-262

Tobin, J., Buiter, W. (1980): Fiscal and Monetary Policies, Capital Formation, and Economic Activity. In: von Furstenberg, G.M. (Hrsg.): *The Government and Capital Formation.* Ballinger, Cambridge MA, 73-151

Tomann, H. (1997): *Stabilitätspolitik. Theorie, Strategie und europäische Perspektive.* Springer, Berlin u.a.

Torres, F., Giavazzi, F. (Hrsg.) (1993): *Adjustment and Growth in the European Monetary Union.* Cambridge University Press, Cambridge

Tower, E., Willett, T. (1976): *The Theory of Optimum Currency Areas and Exchange Rate Flexibility.* Special Papers in International Finance Nr. 11, Princeton, NJ

Triffin, R. (1960): *Gold and the Dollar Crisis. The Future of Convertibility.* Yale University Press, New Haven

Vaubel, R. (1978a): Real Exchange-Rate Changes in the European Community: A New Approach to the Determination of Optimum Currency Areas. *Journal of International Economics 8,* 319-339

Vaubel, R. (1978b): *Strategies for Currency Unification. The Economics of Currency Competition and the Case for a European Parallel Currency.* Kieler Studien 156. Mohr, Tübingen

Vaubel, R. (1990): Currency Competition and European Monetary Integration. *Economic Journal 100,* 936-946

von Hagen, J. (1992): Fiscal arrangements in a monetary union: evidence from the US. In: Fair, D.E., Alworth, J. (Hrsg.): *Fiscal Policy, Taxation and the Financial System in an Increasingly Integrated Europe.* Kluwer, Dordrecht u.a., 337-359

von Hagen, J. (1993): Monetary union and fiscal union: a perspective from fiscal federalism. In: Masson, P.R., Taylor, M.P. (Hrsg.): *Policy issues in the operation of currency unions.* Cambridge University Press, Cambridge u.a., 264-296

von Hagen, J. (1999): Macroeconomic Consequences of the EMU. *Empirica 26,* 359-374 von Hagen, J., Fratianni, M. (1996): Monetary and Fiscal Policy in a European Monetary Union: Some Public Choice Considerations. In: Welfens, P.J.J. (Hrsg.): *European Monetary Integration. EMS Developments and International Post-Maastricht Perspectives*. 3rd Edition. Springer, Berlin u.a., 275-302

von Neumann Whitman, M. (1972): *International and Interregional Payments Adjustment: A Synthetic View*. Princeton Studies in International Finance Nr. 19, Princeton NJ

Walsh, C. (1993): Fiscal federalism: An overview of issues and a discussion of their relevance for the European Community. *European Economy (1993, Nr. 5)*, 25-62

Welfens, P.J.J. (1997): Europäische Union: Wirtschaft und Wirtschaftspolitik. In: von Hagen, J. , Welfens, P.J.J., Börsch-Supan, A. (Hrsg.): *Springer's Handbuch der Volkswirtschaftslehre 2*. Springer, Berlin u.a., Kap.Q

Weller, P. (1992): Discussion [zu Flood, Garber (1992)]. In: Krugman, P., Miller, M. (Hrsg.): *Exchange rate targets and currency bands*. Cambridge University Press, Cambridge u.a., 28-34

Wildasin, D.E. (1995): Factor Mobility, Risk and Redistribution in the Welfare State. *Scandinavian Journal of Economics 97*, 527-546

Williamson, J. (1976): The Benefits and Costs of an International Monetary Non-system. In: Bernstein, E.M (Hrsg.): *Reflections on Jamaica*. Essays in International Finance 115. Princeton University, Princeton NJ, 54-59

Williamson, J., Miller, M.H. (1987): *Targets and Indicators: Blueprint for the International Coordination of Economic Policy*. Institute for International Economics, Washington D.C.

Williamson, J. (1993): Exchange Rate Management. *Economic Journal 103*, 188-197

Wyplosz, C. (1991): *Monetary Union and Fiscal Policy Discipline*. CEPR Discussion Paper Nr. 488, London

Wyplosz, C. (1999): *Economic Policy Coordination in EMU: Strategies and Institutions*, Paper presented at the German-French Economic Forum, Bonn, January 12, 1999

Zimmermann, K.F. (1994): European Migration: Push and Pull. *Proceedings of the World Bank Annual Conference on Development Economics 1994*. World Bank, Washington D.C., 313-360

Wirtschaftswissenschaftliche Beiträge

Band 146: E. Lübke, Ersparnis und wirtschaftliche Entwicklung bei alternder Bevölkerung, 1997. ISBN 3-7908-1022-3

Band 147: F. Deser, Chaos und Ordnung im Unternehmen, 1997. ISBN 3-7908-1023-1

Band 148: J. Henkel, Standorte, Nachfrageexternalitäten und Preisankündigungen, 1997. ISBN 3-7908-1029-0

Band 149: R. Fenge, Effizienz der Alterssicherung, 1997. ISBN 3-7908-1036-3

Band 150: C. Graack, Telekommunikationswirtschaft in der Europäischen Union, 1997. ISBN 3-7908-1037-1

Band 151: C. Muth, Währungsdesintegration – Das Ende von Währungsunionen, 1997. ISBN 3-7908-1039-8

Band 152: H. Schmidt, Konvergenz wachsender Volkswirtschaften, 1997. ISBN 3-7908-1055-X

Band 153: R. Meyer, Hierarchische Produktionsplanung für die marktorientierte Serienfertigung, 1997. ISBN 3-7908-1058-4

Band 154: K. Wesche, Die Geldnachfrage in Europa, 1998. ISBN 3-7908-1059-2

Band 155: V. Meier, Theorie der Pflegeversicherung, 1998. ISBN 3-7908-1065-7

Band 156: J. Volkert, Existenzsicherung in der marktwirtschaftlichen Demokratie, 1998. ISBN 3-7908-1060-6

Band 157: Ch. Rieck, Märkte, Preise und Koordinationsspiele, 1998. ISBN 3-7908-1066-5

Band 158: Th. Bauer, Arbeitsmarkteffekte der Migration und Einwanderungspolitik, 1998. ISBN 3-7908-1071-1

Band 159: D. Klapper, Die Analyse von Wettbewerbsbeziehungen mit Scannerdaten, 1998. ISBN 3-7908-1072-X

Band 160: M. Bräuninger, Rentenversicherung und Kapitalbildung, 1998. ISBN 3-7908-1077-0

Band 161: S. Monissen, Monetäre Transmissionsmechanismen in realen Konjunkturmodellen, 1998. ISBN 3-7908-1082-7

Band 162: Th. Kötter, Entwicklung statistischer Software, 1998. ISBN 3-7908-1095-9

Band 163: C. Mazzoni, Die Integration der Schweizer Finanzmärkte, 1998. ISBN 3-7908-1099-1

Band 164: J. Schmude (Hrsg.) Neue Unternehmen in Ostdeutschland, 1998. ISBN 3-7908-1109-2

Band 165: A. Rudolph, Prognoseverfahren in der Praxis, 1998. ISBN 3-7908-1117-3

Band 166: J. Weidmann, Geldpolitik und europäische Währungsintegration, 1998. ISBN 3-7908-1126-2

Band 167: A. Drost, Politökonomische Theorie der Alterssicherung, 1998. ISBN 3-7908-1139-4

Band 168: J. Peters, Technologische Spillovers zwischen Zulieferer und Abnehmer, 1999. ISBN 3-7908-1151-3

Band 169: P.J.J. Welfens, K. Gloede, H.G. Strohe, D. Wagner (Hrsg.) Systemtransformation in Deutschland und Rußland, 1999. ISBN 3-7908-1157-2

Band 170: Th. Langer, Alternative Entscheidungskonzepte in der Banktheorie, 1999. ISBN 3-7908-1186-6

Band 171: H. Singer, Finanzmarktökonomie, 1999. ISBN 3-7908-1204-8

Band 172: P.J.J. Welfens, C. Graack (Hrsg.) Technologieorientierte Unternehmensgründungen und Mittelstandspolitik in Europa, 1999. ISBN 3-7908-1211-0

Band 173: T. Pitz, Recycling aus produktionstheoretischer Sicht, 2000. ISBN 3-7908-1267-6

Band 174: G. Bol, G. Nakhaeizadeh, K.-H. Vollmer (Hrsg.) Datamining und Computational Finance, 2000. ISBN 3-7908-1284-6

Band 175: D. Nautz, Die Geldmarktsteuerung der Europäischen Zentralbank und das Geldangebot der Banken, 2000. ISBN 3-7908-1296-X

Band 176: G. Buttler, H. Herrmann, W. Scheffler, K.-I. Voigt (Hrsg.) Existenzgründung, 2000. ISBN 3-7908-1312-5

Band 177: B. Hempelmann, Optimales Franchising, 2000. ISBN-3-7908-1316-8

Band 178: R.F. Pelzel, Deregulierte Telekommunikationsmärkte, 2001. ISBN 3-7908-1331-1

Band 179: N. Ott, Unsicherheit, Unschärfe und rationales Entscheiden, 2001. ISBN 3-7908-1337-0

Band 180: M. Göcke, Learning-by-doing und endogenes Wachstum, 2001. ISBN 3-7908-1343-5